JN411045

아프리카의 문화와 예술

서아프리카를 중심으로

장태상 지음

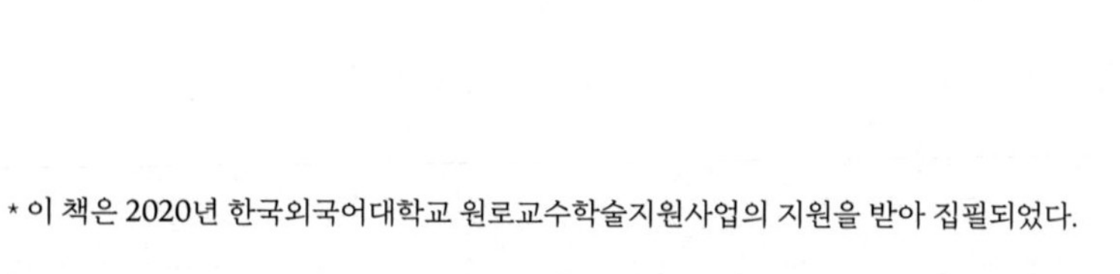

* 이 책은 2020년 한국외국어대학교 원로교수학술지원사업의 지원을 받아 집필되었다.

아프리카의 문화와 예술

서아프리카를 중심으로

장태상 지음

Cultures and Arts in Africa

HU:iNE

한국외국어대학교 아프리카학부 졸업생들에게

머리말

표준의 표준! 정복자가 피정복민에게 붙인 경의와 경외의 표현이다. 16세기 말 지금의 말리공화국을 중심으로 번성했던 송가이 제국을 침략한 모로코의 병사들은 팀북투의 상코레대학 총장 아흐메드 바바 에스 수다네(1564년~1627년)를 그렇게 불렀다. 그의 학식과 인격은 침략자들조차 감동시켰던 것이다. 아프리카는 외부 세계와 단절되어 있지 않았다. 송가이 제국 이전의 말리 제국(13세기~15세기)과 가나 제국(9세기~11세기)도 중동 및 북아프리카의 이슬람 세계와 교류하면서 당대의 아프리카 문화를 화려하게 수놓았다. 14세기 중엽 말리를 방문한 이븐 바투타의 여행기, 1550년 이탈리아 로마에서 출간된 레오 아프리카누스의 불세출의 걸작 『아프리카의 역사와 서술』, 지금의 중남부 나이지리아에 있었던 베닌 제국을 왕래한 포르투갈인들의 기록, 이 밖에도 아랍인, 이집트인, 프랑스인, 독일인, 영국인들이 남긴 수많은 문헌들은 당시 서아프리카 사회의 문명화된 생활상을 묘사하고 있다.

아프리카는 평화의 땅이다. 간혹 종족 간의 다툼이 없었던 것은 아니지만 아프리카가 유라시아 대륙의 70%에 달하는 방대한 땅이라는 것을 감안하면 그 다툼의 정도는 무시할 수 있는 수준이다. 아프리카는 전쟁의 참화 속에서도 광기와 야만이 지배하는 땅이 아니었다. 19세기 초 북부나이지리아의 하우사 칠왕국을 멸망시키고 하우사-풀라니 제국을 건설한 우스만 단 포디오(1754년~1817년)의 종족을 초월한 박애정신, 차드호수 서쪽에 있었던 보르누 제국의 수호자 엘 카네미(1776년~1837년)의 모든 적의(敵意)를 잠재우는 성자와도 같은 미소, 송가이 제국 아스키아 대왕(1443년~1538년)의 포용정책 등. 아프리카사(史)를 돌아보면 대부분의 전쟁이 종족들 사이의 평화가 위협받을 때 일어났다는 것을 알 수 있다. 일례로, 18~19세기 서아프리카 전역을 휩쓴 풀라니족의 성전(聖戰)은 비록 프랑스와 영국의 방해로 그 목적을 이루지는 못했지만, 송가이 제국의 멸망이 초래한 정치사회적 불안을 정상으로 되돌리기 위한 것이었다. 현대사회에서도 마찬가지다. 400개가 넘는 종족과 2억 명이 넘는 인구를 가진 나이지리아가 독립 후 지금까지 구성원들 간의 내적 갈등을 극복하면서 발전해 올 수 있었던 것은 그들의 몸속에 흐르는 평화와 공존의 정신 때문이었다. 이 책의 상당 부분은 이 문명화된 의식에 대한 객관적 서술이다.

아프리카인들은 19세기 말과 20세기 초중엽 제국주의 세력에 극렬하게 저항했다. 현재의 가나공화국에 있었던 아산테 제국과 영국 간의 네 차례에 걸친 앵글로-아산테 전쟁(1823년~1895년), 용감한 여전사(女戰士)들의 활약으로 유명한 지금의 베닌공화국에 있었던 다호메이 제국과 프랑스 간의 전쟁, 1950년대 영국령 케냐에서 일어난 키쿠유족의 마우마우 무장투쟁, 20세기 초 독일령 탄자니아에서 발생한 마지마지 저항운동(1905년~1907년), 1779년부터 1879년까지 아홉 차례에 걸쳐 치러진 아프리카의 백년전쟁으로 불리는 남아공 케이프의 백인들과 꼬사족 간의 전쟁 등. 평화가 파괴되고 문화적 자존이 짓밟힐 때 아프리카인들은 우리가 상상할 수 없을 정도로 용감하게 싸웠다. 아프리카는 문화적 자존(自尊)의 땅이었다. 그리고 이 정신은 지금도 계승되고 있다. 나이지리아만 예로 들더라도 하우사족, 카누리족, 요루바족, 에도족, 누페족을 위시한 많은 종족들은 아직도 그들의 왕을 존경하며, 왕들은 현대의 정치 체제하에서도 전통 지도자로서의 품위를 유지하면서 그 권위에 걸맞은 영향력을 행사한다.

2차 대전 후 서구 지성계는 소위 합리성과 이성에 근거한 자문화중심주의를 반성하면서 그들이 무시했던 다른 세상으로 눈을 돌리기 시작했다. 그러나 그 변화는 이미 오래전 유럽의 한 빈민가에서 싹트고 있었다. 아프리카의 조형 예술에서 영감을 받은 피카소의 <아비뇽의 처녀들>은 수천 년을 이어오던 서양 미술사의 전통을 파괴한 일대 사건이었으며 20세기의 새로운 예술 사조를 연 시발점이 되었다. 아프리카는 철학, 문학, 문화이론 등에도 많은 영향을 미쳤지만, 아프리카와 직접 접촉할 기회가 없었던 한국인들은 이러한 변화에 간접적, 수동적으로 반응하는 수밖에 없었다. 이 책은 서아프리카를 중심으로 아프리카대륙을 소개하면서 아프리카가 현대사회의 탈근대주의적 의식 형성에도 기여했다는 것을 보여준다.

이 책은 필자가 지난 28년 동안 한국외국어대학교 아프리카학부에서 강의한 과목들의 강의 노트를 수정, 보완해 아프리카문화 개론서로 읽힐 수 있도록 편집한 것이다. 이 교과목들은 다음과 같다. (제3장 언어와 커뮤니케이션은 필자가 영국 런던대학교 동양아프리카학대학 석사과정에서 공부했던 아프리카역사비교언어학의 최근 동향을 참고해 작성했다.)

1. 서아프리카의 종족과 역사적 문화적 특성 (제1장, 제2장, 제7장)
2. 아프리카 문학 개론 (제4장)
3. 아프리카의 구전 전통과 현대 사회 (제5장)
4. 아프리카 미학 개론 (제6장)

본문에 삽입된 사진과 그림은 대부분 위키피디아 영문판에서 인용했으며 일부는 필자가 직접 만든 것이다.

이 책은 아프리카에 관심이 있는 사람이면 누구나 쉽게 읽을 수 있도록 집필했지만 제4장 영어권 소설문학과 제5장 구전전통과 현대사회의 내용 중 일부는 인문학과 세계문화사에 대한 지식이 어느 정도 있으면 읽기가 좀 더 수월할 것이다. 각 장과 절은 내용상 서로 독립적이거나 느슨하게 연관되어 있기 때문에 독자에 따라 필요한 부분만 골라서 읽을 수 있다. 국내의 아프리카 관련 서적이 대부분 여행서에 치우쳐 있는 현실을 고려할 때 이 책이 독자들의 아프리카에 대한 이해에 조금이나마 도움이 될 수 있기를 바란다.

끝으로 복잡한 교정 작업을 친절하게 마무리해 주시고 남다른 창의력으로 책을 보기 좋게 만들어 주신 한국외국어대학교 지식출판콘텐츠원 선생님들의 노고에 이 자리를 빌려 깊은 감사의 말씀을 드린다.

2023.3

저자 장태상

서론

이 책은 일곱 개의 장으로 구성되어 있다. 제1장 자연환경과 인문지리는 아프리카의 자연지리, 기후, 주요 종족과 국가를 개관한다. 자연지리는 고원, 분지, 협곡, 사막, 하천, 산, 식생에 관한 설명을 포함하며, 기후는 열대 우림 기후대, 열대 사바나 기후대, 사헬 기후대, 지중해성 기후대처럼 지역을 구분하는 기준으로 이용되기도 한다.[1] 아프리카에는 오십 개가 넘는 나라들이 있으며 흑인종만 있는 것도 아니다. 피그미, 부시먼, 칼라드, 백인, 인도인, 아시아인 등 여러 인종의 사람들이 함께 살고 있다. 수천의 크고 작은 종족으로 이루어진 흑인종은 나이지리아의 하우사족처럼 수천만의 인구를 가진 큰 종족이 있는 반면, 탄자니아의 핫짜족처럼 인구가 1,200명밖에 안 되는 작은 종족도 있다.[2]

역사는 인류가 살아온 삶의 흔적이다. 동양사와 서양사는 이 거대한 흔적의 일부에 불과하며 그것이 인류사의 모든 것을 설명할 수는 없다. 아프리카의 역사는 비록 문자로 전해진 것은 많지 않지만 다양한 자료들을 통해 많은 부분을 재구성 할 수 있다. 구전설화와 연대기, 유적지, 고고학적 발굴은 그리스인과 로마인, 아랍인과 베르베르인이 남긴 기록과 함께 중요한 사료(史料)로 간주된다.

제2장 종족과 역사는 오늘날의 말리 공화국과 그 주변 지역에서 번성했던 가나 제국, 말리 제국, 송가이 제국, 북부나이지리아와 남부니제르의 사헬 기후대에 있었던

---

1 이 밖에도, 지리적 위치에 따라 동아프리카, 서아프리카, 남아프리카, 북아프리카로 나누는 방법도 있고, 영어권 아프리카, 불어권 아프리카, 포어권 아프리카처럼 식민 종주국의 언어로 나누는 방법도 있으며, 사하라 사막을 경계로 해서 사하라 이북의 아랍-이슬람권 아프리카와 사하라 이남의 흑아프리카로 나누는 방법도 있다.

2 핫짜어는 사용인구가 적음에도 불구하고 아직까지 자연어로서의 생명력을 유지하고 있다.

하우사 칠왕국과 하우사-풀라니 제국, 차드 호수 동쪽과 서쪽에 있었던 카넴-보르누 제국, 18~19세기에 서아프리카 전역을 이슬람 성전의 열기로 몰아넣은 풀라니족의 국가들, 영국과 다섯 차례에 걸친 앵글로-아산테 전쟁에서 패한 후 역사의 무대에서 사라진 가나 공화국 중남부에 있었던 아산테 제국, 다호메이 아마존스로[3] 유명한 베닌 공화국의 다호메이 제국, 기니만 열대 우림 기후대에 세워진 최초의 국가인 남서 나이지리아에 있었던 오요 제국, 베닌 청동예술로 유명한 중남부 나이지리아의 베닌 제국, 현재의 세네감비아 지역에 있었던 졸로프 제국과 졸로프 왕국[4] 등을 중심으로 서아프리카의 정치사와 문화사를 소개한다.[5]

제3장 언어와 커뮤니케이션은 아프리카의 언어 상황, 언어 정책, 언어지도를 다룬다. 아프리카의 모든 국가는 다언어 사회다. 학교, 병원, 관공서에서는 공용어가 쓰이고, 집에서는 종족어를 쓰며, 다른 종족의 사람들과 말할 때는 교통어를 사용한다. 이렇게 복잡한 언어 생활은 언어 정책을 국가의 가장 중요한 정책으로 만든다. 언어지도에서는 아프리카 언어들의 계통 관계와 사용 지역에 대해서 살펴본다. 사하라 사막 이남의 아프리카에 광범위하게 분포하는 반투어군은 무엇이며, 반투어군에 속하는 언어들 사이의 유사성이 강한 이유는 무엇인지, 그리고 여러 분과 학문에서 오래전부터 사용되어 온 '햄-셈'이라는 이분법이 왜 잘못된 것인지 알게 될 것이다.

한 사회를 이해하는 데 있어 문학만큼 중요한 도구는 없다. 19세기 말 서양의 선교사들이 아프리카에 정착하면서 발생하는 주민들 사이의 갈등, 식민 통치하에서 벌어진 독립투쟁, 대학을 갓 졸업한 젊은이들의 눈에 비친 현대 아프리카 사회의 모습, 기본권조차 박탈당한 채 살아가는 남아공 칼라드의 비참한 삶, 강제결혼에 희생당하는 어린 소녀들. 오늘날 아프리카의 작가들이 다루는 주제에는 제한이 없다. 제4장 영어권 소설문학은 상기(上記)한 주제들과 더불어 현대 아프리카 소설의 독자적인 전통

---

3 다호메이 아마존스(Dahomey Amazons) = 다호메이 제국에 있었던 여자들로 편성된 전투부대

4 16세기 중엽 졸로프 제국이 붕괴된 후 제국의 영내에 있던 왕국들이 독립하게 된다. 이 왕국들을 졸로프 왕국이라고 한다.

5 상기한 제국과 왕국의 존립 시기는 다음과 같다: 가나 제국 (9세기-11세기); 말리 제국 (13세기-15세기); 송가이 제국 (15세기-16세기); 하우사 칠왕국 (10세기-19세기 초); 하우사-풀라니 제국 (19세기 초-20세기 초); 카넴-보르누 제국 (8세기-19세기 말); 아산테 제국 (17세기-19세기 말); 다호메이 제국 (17세기-20세기 초); 오요 제국 (12세기-19세기); 베닌 제국 (13세기-19세기); 졸로프 제국 (14세기-16세기); 졸로프 왕국 (16세기-19세기).

을 확립한 작가들과 그 전통의 구체적인 내용을 소개한다.

* 제1절 아모스 투투올라와 전통의 부활은 '표현 매체로서의 문학어의 선택'과 '구전 전통과 현대소설'이라는 주제를 다루며,
* 제2절 치누아 아체베와 고전의 탄생은 서양의 문화와 대등한 위치에서 경쟁하는 아프리카의 문화를 문화충돌의 관점에서 설명하고,
* 제3절 월레 소잉카와 문학의 세계화는 아프리카 사회가 직면한 문제점을 아프리카적 특수성이 아닌 인간의 보편적 문제로 인식하는 태도를 조명하며,
* 제4절 씨프리안 에크웬시와 오니짜 문학은 아프리카의 대중문학을 소개하고,
* 제5절과 제6절 응구기와 동아프리카 문학의 태동은 아프리카의 저항문학과 언어주체성의 문제를 논하며,
* 제7절 알렉스 라 구마와 남아공의 칼라드 문학은 가난, 불행, 폭력, 불결함이 난무하는 사회의 절망을 통해 억압하는 자들과 억압받는 자들이 모두 어떻게 파멸되어 가는지 보여주고,
* 제8절 개브리얼 오카라와 언어적 실험은 영어와 이조어의 '섞임'을 통해 창조되는 작가적 차원의 '영어 변이형'과 언어 정체성의 예를 보여주며,
* 제9절 알루코와 문화충돌은 아체베와 구별되는 또 다른 문화충돌을 다룬다.

아프리카인들은 글이 아닌 말을 이용해 문학 활동을 했다. 제5장 아프리카의 구전 전통과 현대 사회는 서사시, 찬양시, 구연설화, 속담과 같은 개별 장르와 현대 사회 속에서의 구전 전통을 다룬다. 청중 앞에서 즉흥적으로 만들어지는 문학은 형식, 스타일, 내용 면에서 문자문학과 많은 차이점을 드러낸다.

미(美)를 창조하고 감상하는 행위는 인간한테서만 관찰된다. 그러나 그 창조와 감상이 항상 똑같은 방법으로 이루어지는 것은 아니다. 일반적으로 시학의 연구 대상은 텍스트 구성의 원리로서의 구조에 관한 것이며, 동서양의 많은 문화권에서 구조는 율격의 문제로 귀착되지만, 아프리카의 구연시에서는 다른 요소가 텍스트 구성에 관여한다. 민족시학은 율격 이외의 어떤 것들이 시적 텍스트의 행과 연을 조직하는 데 개입하는지 탐구한다. 아프리카의 구연문학은 이 민족시학의 주된 연구 대상이다.

아프리카의 구전 전통은 문화의 잔존물이 아니다. 구연서사시는 문화적 정체성을

확인하는 데 이용되고 있으며, 속담과 구연설화는 '아프리카적 소설'을 구현하는 데 기여한다. 구연설화의 전유물이었던 환상(幻想)은 소설적 환상으로 부활하고, 서구적 개념의 리얼리즘은 아프리카적 리얼리즘으로 발전하며, 사건 전개나 등장인물의 성격도 속담을 통해 압축적으로 묘사된다. 소위 '소설의 토착화'는 일부 식자층의 비판을 받고 있지만, 이 비판에 대한 반론 또한 논리적이다. 아프리카인들이 숭배하는 죽은 조상은 죽은 조상이 아니다. 그들은 후손들을 지켜주며 집 안의 사당에서 또는 종교 의식이나 연례행사에서 늘 살아 있는 사람들과 함께 하는 존재다. 따라서 조상신과의 소통은 비현실이 아니라 완전한 현실이다. 구연문학은 현대시에도 영향을 주고 있다. 아프리카의 많은 시인들은 시적 상징을 중시하는 서양의 모더니즘 전통에서 벗어나 반복적 표현과 감정에 호소하는 아프리카 구연시의 시작법을 계승하고 있다.

아프리카의 구연문학은 변화를 거부하지 않는다. 청중의 반응이 구연자의 즉흥 개작을 유도하듯이, 21세기의 산업화와 정보화의 물결은 구연문학의 거시적 변화를 요구한다. 경제적 이득에 민감한 구연예술가들은 TV 출연이나 음반 취입에 적합하도록 구연 행위를 기획하고 텍스트의 내용을 줄이거나 늘이기도 한다. 제5장 구전 전통과 현대 사회는 아프리카 구연문학의 이러한 역동성에도 주목한다.

현대 미술이 피카소에서 비롯되었다는 것은 잘 알려진 사실이다. 기하학적 단순성과 추상성을 특징으로 하는 아프리카의 조형 예술에서 감명을 받은 피카소는 아비뇽의 처녀들이라는 작품으로 현대 미술의 길을 열었다. 제6장 아프리카의 조형 예술은 서아프리카를 나이지리아, 열대 사바나 기후대와 사헬 기후대, 기니 해안으로 삼분(三分)해 각 지역의 예술을 조각상과 가면을 중심으로 소개한다. 아프리카의 예술은 지상파 TV 방송의 소위 '원시문화' 탐구라는 열성적 프로그램의 공세에 밀려 아직까지 국내에 제대로 알려지지 못했다.

* 나이지리아: 고대 나이지리아 녹 문화의 예술, 이페와 요루바족, 에도족, 이조족, 익보족, 풀라니족, 하우사족, 에코이족, 누페족
* 열대 사바나 기후대와 사헬 기후대: 말리 공화국의 도곤족과 밤바라족, 니제르강 내륙 삼각주 지대의 중세 도시 젠네와 팀북투의 건축물, 코트디부아르의 세누포족, 부르키나파소의 브와족과 모시족

* 기니 해안: 기니비사우의 비됴고족, 기니 공화국의 바가족, 시에라리온의 멘데족, 라이베리아와 코트디부아르의 단족, 가나의 아산테족

제7장 음식과 음식 문화는 서아프리카의 주된 음식 재료, 대표적인 음식, 발효음식 등을 소개한다. 발효는 인류 최초의 발명으로서 발효음식이 없었으면 인류는 오래전에 멸망했을 것이다. 곡물 발효(된장), 우유 발효(치즈), 생선 발효(젓갈)는 농사를 짓는 사람들, 유목민들, 바닷가에서 물고기를 잡는 사람들이 각자 찾아낸 음식 저장 수단이었다. 발효는 맛을 변화시키고 카사바의 발효처럼 식물의 독성을 제거하기도 한다. 음식은 음식 문화를 낳았으며 축제와 종교 의식도 음식과 깊은 관계를 맺고 있다. 아프리카의 음식은 지금까지 학자들의 주 관심 대상에서 벗어나 있었다. 제7장은 서아프리카의 음식과 음식 문화에 대한 포괄적인 설명은 아니지만 향후의 본격적인 연구를 위한 실험적인 틀을 제시했다는 점에서 전체적인 분량은 작지만 중요한 단원이라고 할 수 있다.

차례

머리말 7

서론 11

제1장 자연환경과 인문지리 19

1.1. 자연환경 21

1.2. 인문지리 38

1.3. 니제르강과 니제르강 유역의 도시들 80

제2장 종족과 역사 91

2.1. 하우사족과 하우사 칠 왕국 95

2.2. 풀라니족과 이슬람 성전 107

2.3. 익보족과 개인주의 134

2.4. 요루바족과 오요 제국의 분열 141

2.5. 만데 어군(語群)의 종족들과 서(西) 수단의 흑인 제국들 148

2.6. 송가이 제국과 이슬람 문화의 만개(滿開) 163

2.7. 천 년의 제국 카넴-보르누 176

2.8. 아산테(아샨티) 제국과 앵글로-아산테 전쟁 190

2.9. 베닌 제국과 베닌 예술 201

2.10. 다호메이 왕국 211

2.11. 월로프족과 세레르족 220

제3장 언어와 커뮤니케이션 227

3.1. 아프리카의 언어 상황 229

3.2. 아프리카의 언어지도 236

제4장 영어권 소설문학 267

4.1. 전통의 부활: 아모스 투투올라 272
4.2. 고전의 탄생: 치누아 아체베 279
4.3. 아프리카 문학의 세계화: 월레 소잉카 293
4.4. 대중문학: 오니짜 시장 문학과 씨프리안 에크웬시 311
4.5. 동아프리카 현대문학의 태동과 발전 324
4.6. 저항문학과 언어 선택의 문제: 응구기와 씨옹고 342
4.7. 남아공의 칼라드 문학: 알렉스 라 구마, 피터 아브라함스, 에제키엘 음팔렐레 350
4.8. 아프리카 문학의 정체성과 언어적 실험: 개브리얼 오카라 364
4.9. 또 다른 문화충돌: 티모시 알루코 379

제5장 구전 전통과 현대 사회 391

5.1. 찬양시 394
5.2. 서사시 413
5.3. 속담 442
5.4. 구연설화 479
5.5. 아프리카의 구전 전통과 현대 사회 489

제6장 조형 예술 507

6.1. 아프리카의 조형 예술과 현대 미술의 탄생 509
6.2. 미학적 기준, 작품의 관찰, 가면 512
6.3. 서아프리카 주요 종족의 조형 예술 516

제7장 음식과 음식 문화 587

7.1. 서아프리카의 주된 음식 재료 591
7.2. 서아프리카의 대표적인 음식 594
7.3. 서아프리카의 발효 음식 598

외래어 표기 602

색인 619

제1장

자연환경과 인문지리

본 장의 목적은 아프리카의 자연환경과 인문지리에 관한 기본적인 지식을 전달하는 데 있다. 제1절은 아프리카의 자연환경을 지형, 사막, 기후를 중심으로 소개하며, 제2절은 아프리카의 주요 국가를 개관하고, 인종과 종족, 지역 구분을 위한 다양한 기준들을 소개한다. 마지막으로, 제3절에서는 앞으로 수십 번 이상 언급될 니제르강의 역사적, 지정학적 의미와 더불어 니제르강 유역의 문화적 고도(古都)와 주요 도시들을 살펴볼 것이다. 다시 한번 강조하지만 이 단원은 아프리카의 문화와 예술을 본격적으로 배우기에 앞서 알아야 할 최소한의 정보를 알기 쉽게 설명하는 데 의의를 두고 있다. 이 책을 읽다 보면, 일례로, 베르베르인과 투아레그족이 많이 등장하는데 이들이 누구이며, 어디에 살고 있고, 어떤 역사적, 문화적, 인종적 배경을 가지고 있고, 인구는 얼마나 되는지 잘 모른다면 글의 전후 문맥을 이해하는 데 큰 어려움을 느끼게 될 것이다. 제1장 자연환경과 인문지리는 이러한 어려움을 막기 위한 것이다.

1.1. 자연환경

아프리카 대륙의 크기가 유라시아 대륙의 70%에 달하며 남북미 신대륙을 합친 면적과 비슷하다는 것을 아는 사람은 드물다.[1] 메르카토르 도법으로 표시된 아프리카는 러시아 북쪽이나 캐나다와는 달리 실제의 크기를 그대로 반영한다.[2] 원구의 형태를 띠는 지구를 종이 위에 펼쳤을 때 적도에 가까운 지역일수록 확대 비율이 영(零)에 수렴하기 때문이다. 30,321,130평방킬로미터에[3] 이르는 아프리카 대륙의 면적은 중국, 미국, 인도, 유럽, 아르헨티나, 뉴질랜드를 합친 것보다 더 크다.[4] 남한의 면적이 99,720평방킬로미터이니 아프리카는 우리나라의 약 304배에 달하는 거대한 땅임을 알 수 있다.

---

1 아프리카 대륙의 최북단은 모로코의 케이프 블랑카 근방의 라스 벤 삭카(북위 37도 21분)이며, 최남단은 남아공의 희망봉에서 인도양 쪽으로 수십 킬로미터 떨어져 있는 케이프 아굴루스(남위 34도 51분 15초)다. 최동단은 소말리아의 라스 하푼(동경 51도 27분 52초)이고, 최서단은 카보베르데(서경 17도 33분 22초)다.

2 1569년 네덜란드의 메르카토르가 고안한 메르카토르 도법에서는 실제 거리가 60°의 위도에서는 2배, 80°의 위도에서는 57.3배 확대되어 나타난다.

3 11,707,000평방마일

4 중국 3,705,390평방마일, 미국 3,618,770평방마일, 인도 1,266,595평방마일, 유럽 1,905,000평방마일, 아르헨티나 1,065,189평방마일, 뉴질랜드 103,736평방마일

1.1.1. 지형(地形)

아프리카 대륙의 평균 해발고도는 600m이며, 3,000m 이상의 고지대와 180m 이하의 저지대는 극히 제한적으로 존재한다. 전체적으로 완만하게 융기된 탁자 모습을 취하는데 대륙의 동부와 남부가 서부와 북부에 비해 높은 동고서저, 남고북저의 형태를 띤다. 해안의 저지대가 내륙으로 길게 이어지는 경우는 드물며 해안을 벗어나 내륙으로 들어갈수록 지형이 완만하게 높아진다. 남부와 동부의 평균 해발고도는 1,000m 안팎이며 600m 이하의 지역은 많이 관찰되지 않는다. 특히 동부 내륙은 지대가 높기 때문에 적도상에 위치함에도 불구하고 온난한 기후대가 자리 잡고 있다. 동고서저의 지형적 특성은 빅토리아 폭포가 있는 잠베지강을 제외한 대부분의 강들이 동쪽 인도양이 아닌 서쪽 대서양으로 흘러들어 가게 만든다.

동부 고원 지대에는 대 지구대와 동아프리카 지구대가 있다.[5] 화산작용으로 생성된 대 지구대는 아시아 남서부 요르단강 계곡에서 시작해 아프리카 동남부 모잠비크까지 이어지는 세계 최대의 단층 협곡으로 동아프리카 지구대와 함께 주변의 저지대에 앨버트호, 에드워드호, 루돌프호, 키부호, 탕가니카호, 니아사호 등 많은 호수를 만들어냈다. 4,000~5,000m가 넘는 고산들도 주로 이 지역에 분포한다. 아프리카에서 가장 높은 산은 탄자니아 북동쪽 케냐-탄자니아 접경지에 있는 킬리만자로산으로(아래 지도의 D) 키보 분화구의 우후루봉은 높이가 5,895m에 달한다. 150년 전에 폭발한 휴화산인 킬리만자로산은 적도상에 있지만 높은 고도로 인해 모든 기후대의 식물이 관찰된다. 최근에는 지구 온난화로 정상의 만년설이 빠른 속도로 녹고 있어 많은 기후학자들의 관심의 대상이 되고 있다. 킬리만자로산에는 키보 분화구 이외에도 사화산(死火山)인 마웬지 분화구와 쉬라 분화구가 있다.

남부아프리카는 중앙부가 높고 해안가로 내려갈수록 고도가 급격히 낮아지는 탁자형 모습을 취한다. 이 남부 고원 지대의 동쪽 끝이 드라켄스버그산맥(위 지도의 j)이다. 인도양과 거의 평행으로 달리는 드라켄스버그산맥은 동남부아프리카의 뼈대를이루는데 남아공 줄루족 지역인 크와줄루 나탈과 레소토의 경계를 이루는 곳은 빼어난 경관을 자랑한다. 줄루족은 3,000m 내외의 뾰족한 고산들이 이어지는 드라켄스버그

5 대 지구대 = Great Rift Valley, 동아프리카 지구대 = East African Rift Valley

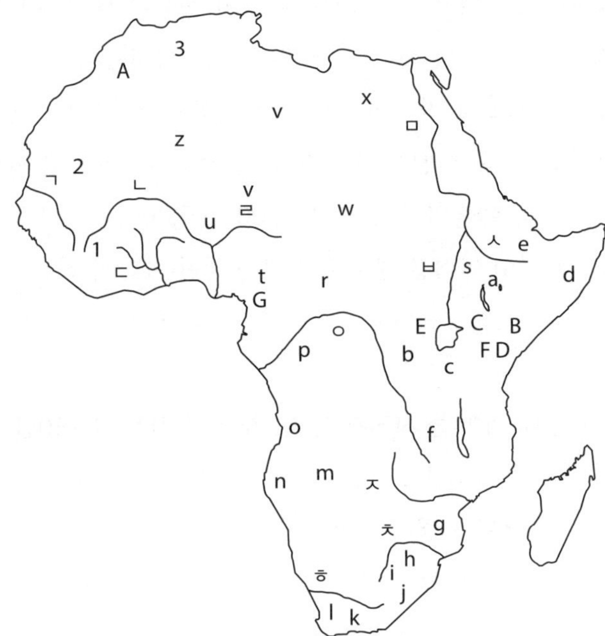

아프리카의 주요 하천, 산맥, 산, 협곡, 고원, 분지

ㄱ. 세네갈강 1,440km (기니, 말리, 모리타니, 세네갈)

ㄴ. 니제르강 4,184km (기니, 말리, 니제르, 베닌, 나이지리아)

ㄷ. 볼타강 (왼쪽부터 블랙볼타, 레드볼타, 화이트볼타) (부르키나파소, 가나)

ㄹ. 베누에강 1,400km (카메룬, 나이지리아)

ㅁ. 나일강 + ㅂ. 백나일강 = 6,671km (부룬디, 탄자니아, 르완다, 우간다, 수단, 이집트)

ㅅ. 청나일강 1,370km (에티오피아, 수단)

ㅇ. 콩고강 4,374km (콩고 민주 공화국(자이레), 콩고, 앙골라)

ㅈ. 잠베지강 2,736km (잠비아, 앙골라, 보츠와나, 짐바브웨, 모잠비크)

ㅊ. 림포포강 1,600km (남아공, 보츠와나, 짐바브웨, 모잠비크)

ㅎ. 오렌지강 2092km (레소토, 남아공, 나미비아)

1. 기니대간 2. 엘 쥬프 분지 3. 아틀라스산맥

A. 투브칼산 4,167m(모로코) B. 케냐산 5,195m(케냐) C. 엘곤산 4,321m(케냐, 우간다) D. 킬리만자로산 5,895m(탄자니아) E. 스탠리산 5,119m(콩고, 우간다) F. 메루산 4,566m(탄자니아) G. 카메룬산 4,075m(카메룬)

a. 동부 단층 협곡 b. 서부 단층 협곡 c. 중부 고원 d. 소말리 고원 e. 에티오피아 단층 지괴 f. 콩고-잠베지 고지 g. 마타벨레 고지 h. 저지대 초원 i. 고지대 초원 j. 드라켄스버그산맥 k. 케이프산맥 l. 고지대 황무지 m. 오카방고 분지 n. 다마라-나마 고지 o. 비에고원 p. 자이레 분지 q. 남기니산지 r. 우방기-샤리 분수령 s. 중나일 분지 t. 카메룬산맥 u. 조스고원 v. 차드 분지 w. 다르푸르 고지 x. 웨나트 단층 지괴 y. 티베스티 단층 지괴 z. 아하가르고원

산맥을 창의 장벽이라고 부른다. 드라켄스버그의 북쪽은 대부분 나탈 드라켄스버그 공원으로 지정되었다. 이곳을 흐르는 투겔라강은 세계에서 두 번째로 높은 낙차(950m)를 지닌 투겔라 폭포를 거느리고 있다. 드라켄스버그산맥은 부시먼으로 불리는 산족이 남긴 암각화로 유명하다. 가장 오래 된 암각화는 800년 전으로 거슬러 올라가지만 대부분은 산족 예술의 황금기인 1,600년~1,800년 사이에 만들어졌다. 남부 드라켄스버그는 개발이 어려울 정도로 깊고 장엄한 자연의 위용을 드러낸다.

1.1.2. 사막

아프리카 대륙에는 네 개의 큰 사막이 있다. 가장 큰 것은 약 250만 년 전에 생성된 사하라 사막으로 미국과 비슷한 920만 평방킬로미터의 면적을 가지고 있다. '사하라'는 사막을 뜻하는 아랍어의 영어식 발음이다. 사하라 사막은 서쪽은 대서양, 북쪽은 아틀라스산맥과 지중해, 동쪽은 이집트, 남쪽은 서아프리카 북단의 사헬 기후대 및 수단 공화국과 경계를 이룬다. 사하라 사막에서 가장 높은 곳은 차드 공화국 북쪽에 있는 티베스티산맥의 에미코시 봉으로 약 3,415m의 높이를 자랑한다.

사하라 사막에 모래만 있는 것은 아니다. 알제리 남쪽의 중부 사하라에 고립된 섬처럼 솟아 있는 아하가르산맥은(위 지도의 z) 일명 호가르산맥으로도 불리는 산괴(山塊), 즉, 암석 사막이다. 평균 해발고도가 900m에 달하는 이곳은 알제리의 수도 알제에서 남쪽으로 1,500km 떨어진 지점에 위치하며 최고봉은 타하트산(3,003m)이다. 산맥은 삼면이 깎아지른 절벽이며 나머지 한 면은 목마름의 사막이라고 불린다. 전체적인 지형은 거대한 고원의 형태를 띠고 있다.

화산암으로 이루어진 타하트산은 여름에는 아주 덥고 겨울에는 기온이 영하로 내려간다. 사하라 사막의 다른 곳들에 비해 상대적으로 강우량이 많은 편이어서 생태계적 다양성도 어느 정도 보여준다. 암석 잔존 생물은 생태 과학자들의 큰 관심의 대상이며, 화산암의 풍화작용으로 생겨난 주변의 바위 풍경은 죽기 전에 꼭 가봐야 할 자연 관광지로 유명하다. 바람에 부식된 화산암 기둥들은 각양각색의 침봉(針峰)을 만들며 절경을 자아낸다. 아하가르산맥은 유목 생활을 하는 투아레그족에게는 없어서는 안 될 휴식처다. 투아레그족은 이 땅을 신성시하고 있는데 타망가셋 도시 근처의 오하시스 아발랏싸에는 투아레그족의 여러 갈래들 중의 하나인 아하가르 투아레그족의 조상으로 알려진 전설의 여왕 틴 히난의 무덤이 있다.

왼쪽: 호가르(아하가르)산맥의 풍경 / 오른쪽: 호가르(아하가르)산맥의 위치

사헬이라 불리는 반 건조 사바나 지역은 기니만(灣) 내륙의 열대 우림 기후대와 사하라 사막 사이의 완충지로서 사하라 종단 무역로상의 주요 도시들이 이곳에 있었다. 제3절 '니제르강'에서 살펴볼 팀북투는 이 도시들 중 대표적인 곳으로서 비록 지금은 쇠잔한 땅으로 변했지만 서양인들에 의한 대서양 횡단 무역이 등장할 때까지 가나, 말리, 송가이 제국을 거치면서 서 수단 흑인 세계와 북아프리카의 이슬람 문명권을 연결하는 가교 역할을 했다.

사하라 사막은 약 50만 년 전부터 인류의 조상들이 거주했던 것으로 추정되며 현재는 모리타니, 모로코, 알제리를 중심으로 수백만 명의 사람들이 살고 있다. 사하라 사막의 원주민으로는 베르베르인, 베르베르인의 한 갈래인 투아레그족, 사막 서쪽의 서 사하라, 모리타니, 모로코 남부, 알제리 남서부에 거주하는 사라위족, 무어족 등이 있으며, 흑인 종족으로는 투부족, 누비아족, 자가와스족, 카누리족이 있다. 모리타니의 수도인 누악쇼트, 말리 공화국의 팀북투, 사하라 사막의 남쪽 관문이라고 불리는 니제르의 아가데즈, 리비아의 가트, 차드 공화국의 파야 등이 사하라 사막 내의 주요 도시들이다.

보츠와나, 나미비아, 남아공, 짐바브웨에 걸쳐 있는 칼라하리 사막은 보츠와나 국토의

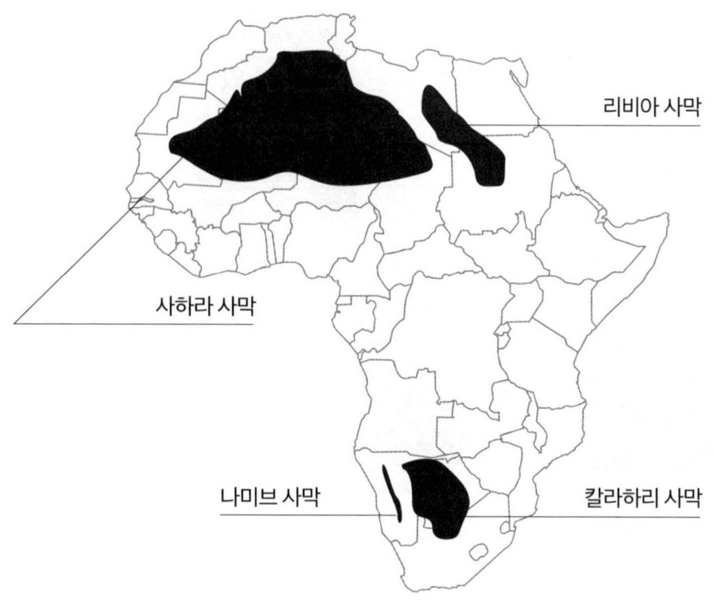

70%를 차지하며, 전체 면적은 약 500,000평방킬로미터에 달한다. 칼라하리는 '큰 목마름'을 뜻하는 츠와나족의 말 칼라가디에서 유래했다고 전해진다. 건조한 기후로 인해 화석이 많이 출토되며, 남서쪽은 연 평균 강우량이 170mm 이하인 극도로 건조한 지형이지만 일부 지역은 250mm 이상의 강우량을 갖는 곳도 있다. 여름에는 섭씨 40도를 웃도는 더운 날씨가 이어지고 겨울은 춥고 건조하다. 많은 지역이 보츠와나 정부에 의해 자연 보호 구역으로 묶여 있으며 다양한 종의 동식물과 다이아몬드, 구리, 니켈, 석탄 등이 풍부하게 매장되어 있다. 북동 지역인 마카디카디의 오라파에는 세계에서 가장 큰 다이아몬드 광산의 하나가 위치한다.

해발고도 1,000m 안팎의 고원 지대인 칼라하리 사막은 적갈색의 모래로 이루어진 반건조 사헬 기후 사막으로서 모래와 자갈, 바위만 있는 서쪽의 나미브 사막과는 달리 연평균 강우량이 가장 적은 곳은 100~200mm, 가장 많은 곳은 500mm 이상이다. 칼라하리 사막의 북쪽은 오카방고 내륙 삼각주다. 앙골라에서 발원해 남동쪽으로 1,600km 이상을 달려온 오카방고강은 바다로 향하는 출구가 없다. 강물은 모두 칼라하리 사막으로 흘러들어 광활한 지역에 내륙 선상지(扇狀地)를 형성한다. 사막으로 유입된 물은 절반 이상이 동식물들에 의해 소비되며 나머지는 대기 중으로 증발하거나 사막의 모래 밑으로 스며들어 사라진다. 칼라하리 사막과 오카방고강이 함께 만들어내는 이 자연 현상은 태초의 신비를 그대로 간직하고 있으며 주변의 모든 생명체들도 이 변화의 주기에 적응하며 생존해 왔다.

칼라하리 사막은 반투족한테 밀려난 남부아프리카의 원주민인 부시먼에게 오랫동안 피난처이자 삶의 터전이 되어 왔다. 보츠와나 정부는 야생동물을 보호한다는 빌미로, 그리고 다른 한편으로는 부시먼들에게 전기, 수도, 위생과 같은 현대 문명의 이기를 제공한다는 명분으로 이들을 다른 곳으로 이주시키는 정책을 1995년부터 추진해 왔지만 실상은 다이아몬드를 비롯한 칼라하리 사막의 자원개발에 이들이 방해가 되는 것을 막기 위함이었다. 부시먼과 보츠와나 정부의 갈등은 인문지리 편에서 더 자세히 다룰 것이다.

세 번째로, 나미브 사막은 세계에서 유일한 해안 사막이며 생성 연대가 약 8천만 년 전까지 거슬러 올라가는 가장 오래된 사막이다. 나미브라는 말은 과거에 호텐토트로 불리던 나마족의 언어인 나마어로 방대한 황무지를 뜻한다. 동서로 50~160km, 남북으로 1,600km나 뻗어 있는 나미브 사막은 대서양의 한류 벵구엘라에 의해 냉각된 건조한 기류가 내륙으로 동진해 하강하면서 수천만 년의 시간 동안 주변의 바위와 토양을 부식시킨 결과다. 뜨겁고 건조한 사막의 공기와 바다의 수증기가 만나 형성된 짙은 안개와 빠른 해류로 인해 나미브 사막 인근의 바다는 한때 선원들의 무덤으로 불리기도 했다. 사하라 주변부가 점점 사막화되는 것처럼 나미브 사막도 동쪽으로 확산하고 있다. 사막 내에는 텅스텐, 암염, 다이아몬드 광산이 산재한다.

나미브 사막은 강우량은 거의 전무하고 수원(水原)은 남서쪽에서 불어오는 짙은 안개 바람뿐이다. 몸집이 큰 포유류는 살기 힘든 곳이지만 도마뱀, 뱀 같은 파충류와 딱정벌레 같은 곤충류, 남아프리카산 대형 영양인 겜즈복과 작은 영양인 스프링복, 큰 줄기 양쪽에 잎이 한 장씩만 달리는 높이 1피트 미만의 웰위치아 같은 동식물이 척박한 환경에 적응하며 서식한다.

앙골라의 카룬잠바강에서 시작해 나미비아 공화국을 지나 남아공 웨스턴케이프 지방의 오렌지강에 이르기까지 1,600km를 대서양과 평행으로 달리는 나미브 사막은 모래 언덕인 사구로 유명하다. 높이가 200~300m에 이르는 사구는 북서쪽에서 남동쪽 방향으로 열을 지어 늘어서 있는데 그 길이 또한 수 킬로미터에서 수십 킬로미터에 이르기까지 다양하다. 나미브 사막의 모래는 붉은색 또는 노란색을 띠고 있다. 붉은색 모래는 철 성분을 함유한 모래가 오랜 산화작용을 거쳐 붉게 변한 것으로서 유난히 곱다. 사구의 칼날 같은 능선에 태양이 내리쬐면 능선 좌우의 명암 대비는 극에 달해 지구상에서 가장 아름다운 풍광을 연출한다. 나미브 사막은 처절하리만치 황량하지만 그 처절함이 오히려 아름다움으로 승화되어 수많은 사진작가들의 마음을 뒤흔드는 곳이기도 하다.

나미브 사막의 모래언덕

이집트 남서부, 리비아 동부, 수단 북서부에 걸쳐 있는 리비아 사막은 대략 인도만한 크기의 사막으로 세계에서 가장 건조한 곳이다. 전체 면적은 약 110만 평방킬로미터에 달하며 이집트에 속한 부분만을 따로 떼어 서부(웨스턴) 사막으로 부르기도 한다. 대부분의 지역이 해발고도 200m 이하이고 남고북저의 형태를 띤다. 리비아 사막의 남부는 지구상에서 인간이 거주하기에 가장 열악한 곳으로 여름에는 한낮의 평균기온이 영상 50도를 넘어가고 겨울에는 밤 기온이 영하 10도 근처까지 떨어진다. 지중해에 가까운 북쪽은 바다에서 내륙으로 부는 해풍의 영향으로 비교적 덜 덥고 덜 건조하다. 리비아 사막은 지표면의 온도가 뜨거워 온도 차이로 인해 생기는 신기루가 자주 목격되는 곳이다. 서리가 내리는 겨울철 밤에는 빛이 서리에 반사되는 현상이 일어나는데 현지인들은 이것을 (북극 근처의 백야와는 다른 의미의) 백야(白夜)라고 부른다.

리비아 사막 북쪽에 있는 카타라 분지는 지중해 연안에서 약 100km 떨어진 지점에서 시작해 사막 북단까지 이어진 길이 약 200km, 너비 약 100km의 저지대로 가장 낮은 곳은 해수면 아래로 130m나 내려간 곳도 있다. 카타라 분지에는 소금기가 있는 호수와 늪지가 산재해 있어 육로 여행이 불가능하다. 카타라 분지를 제외한 리비아 사막 곳곳에 오아시스가 흩어져 있는데 나일강에 가까운 저지대의 오아시스 근처에서는 농작물 재배가 가능한 곳도 있다. 리비아 사막은 전갈, 살무사 등의 천국이지만 석유도 풍부하게 매장되어 있다. 여기서 채굴된 석유는 송유관을 통해 지중해까지 운반된다.

1.1.3. 기후

아프리카 대륙은 적도를 중심으로 해서 남북으로 퍼져 있기 때문에 전반적으로 기온이 높은 편이지만 지역별 실제 기후는 적도와의 거리보다 강우량과 해발고도에 더 큰 영향을 받는다. 적도가 통과하는 아프리카 대륙 중앙부는 열대 우림 기후대에 속하며 그 이북과 서남부 아프리카는 사막 기후에 속한다. 대륙의 북단과 남단은 전형적인 지중해성 날씨를 보여준다. 열대 우림, 사막, 지중해성 기후가 아프리카 대륙이 떠올리는 선입견이지만 유라시아 대륙의 삼분의 이에 달하는 이 방대한 땅에는 여러 다양한 기후대가 동시에 존재한다.

아프리카에서는 크게 여덟 개의 기후대가 관찰된다. 열대 우림 기후, 아열대 습지 기후, 지중해성 기후, 열대 사바나 기후, 스텝 기후, 사막 기후, 고산(高山) 기후, 해양성 기후. 여기서는 서아프리카에서 주로 관찰되는 열대 우림, 열대 사바나, 스텝 기후를 중심으로 아프리카의 기후대를 살펴볼 것이다. 사막 기후는 사막을 언급할 때 이미 다루었다. 앞에서 제시된 분류는 강우량과 해발고도, 바다의 영향을 일차적으로 고려한 것이다. 이 중에서 가장 중요한 것은 강우량이다. 아프리카 대륙의 절반 이상의 지역에서 강우량이 부족하며, 90% 이상의 지역에서 물 공급이 원활하게 이루어지지 않는다. 이것은 단순히 물이 부족하다는 것을 의미하는 것이 아니다. 물이 필요할 때 부족하거나 물이 필요 없을 때 과다하게 공급되는 것을 말한다. 아프리카 대륙 전체

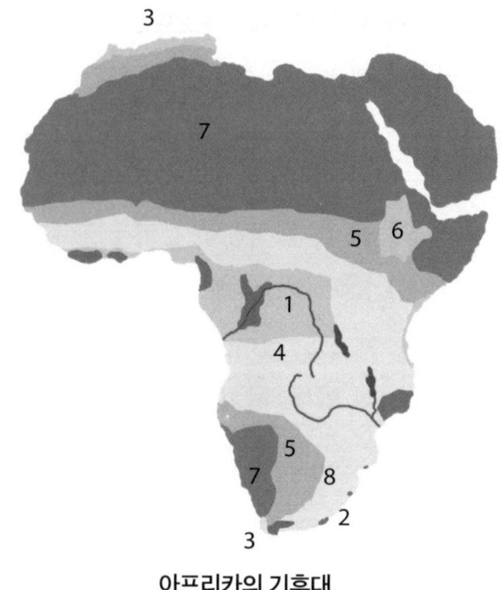

아프리카의 기후대

1. 열대 우림 기후 2. 아열대 습지 기후 3. 지중해성 기후 4. 열대 사바나 기후 5. 스텝 기후 6. 고산 기후 7. 사막 기후 8. 해양성 기후

면적의 약 8%가 연중 10개월에서 12개월 동안 비가 오는 열대 우림 기후대에 속하며 전 세계 건조 지역의 1/3이 아프리카에 있다. 서아프리카는 기니만에서 북쪽으로 올라가면서 열대 우림, 열대 사바나, 스텝, 사막 기후대가 순차적으로 나타난다.

열대 우림 기후대는 늘 고온 다습하며 계절에 따른 온도 차이가 크지 않다. 서아프리카에서는 나이지리아 중남부, 카메룬 서부 및 남부, 가나 남부, 기니만 서쪽에 위치한 코트디부아르, 라이베리아, 시에라리온, 기니, 기니비사우, 세네갈 서부가 이 기후대에 속한다. 열대 우림 기후대의 주요 산물은 고무, 니스나 래커 등의 원료가 되는 천연수지, 콜라너트, 야자유, 얌, 카사바, 목재 등이다. 운반이 용이한 콜라너트는 최고의 환금작물로서 북쪽의 열대 사바나 기후대와 스텝 기후대로 수출된다.

열대 우림 기후대는 연중 내리는 비 때문에 농경이 제한적으로만 가능하며 목초지가 부족해 가금류를 제외한 몸집이 큰 소나 질병에 취약한 돼지 같은 동물은 사육하기가 힘들다. 농지 확보가 어려운 데에는 여러 가지 이유가 있다. 첫째는, 빽빽이 들어찬 수림으로 인해 농작물을 심는 데 필요한 넓은 땅을 얻기 힘들고, 둘째는 비로 인한 토양의 유실이다. 척박한 땅에서도 잘 자라는 얌이나 카사바 같은 뿌리에 영양분을 저장하는 식물이 이 기후대의 대표적인 농산물이다.

아프리카 대륙의 기후적 특성은 정치와 역사에도 영향을 미쳤다. 열대 우림 기후대는 사람이 뚫고 들어가기 힘든 울창한 나무들로 덮여 있다. 하늘을 가릴 정도로 높이 자란 아름드리나무들은 말이나 소는 물론 사람조차 비집고 들어갈 틈이 없다. 이러한 지형적 특성은 자연의 보호막이 되어 이곳에 사는 사람들의 흑인 순혈성(純血性)을 보전했지만 다른 한편으로는 종족들 사이의 자유로운 왕래에도 걸림돌이 되었다. 남동나이지리아의 익보족은 열대 우림을 방패 삼아 오랫동안 외침을 당하지 않고 평화로운 삶을 영위했다. 제2장에서 다룰 요루바족의 오요 제국, 에도족의 베닌 제국, 아산테족의 아산테 제국, 폰족의 다호메이 제국도 열대 우림 기후대에 건설된 나라들이었다. 필자가 나이지리아에 체류할 때 북쪽의 카노에서 남동쪽의 항구 도시 포트 하르코트까지 자동차 여행을 한 적이 있다.[6] 나이지리아 중부에서 니제르강과 베누에강의 합류 지점을 지나 남쪽으로 내려가면서 목격한 풍경은 매우 인상적이었다. 차가 언덕에서 내리막길을 달릴 때 눈앞에 펼쳐진 것은, 마치 영화 십계(十戒)에서 바다가 갈라지고 그 가운데로 길이 난 것처럼, 도로 양옆으로 끝없이 펼쳐진 수림의 바다였다. 접근 불가능성은 기니만에 요새를 구축한 서양인들에게도 예외는 아니었다. 해안에서 내륙으로 들어갈 수 없었던 백인 노예상들은 바닷가의 종족들을 부추겨 더 안쪽에 살고 있던 이웃 종족들을 잡아 오게 했다. 아프리카 대륙의 기후적 특성은 이렇게 종족들 간의 갈등을 유발하는 정치적 요인이 되기도 했다.

서아프리카 북쪽 스텝 기후대의 사막화와 남쪽 열대 우림 기후대의 삼림 파괴는 이 지역 주민들의 생존 환경을 심각하게 위협하고 있다. 삼림 파괴의 원인에는 두 가지가 있다. 첫째는 외국으로 목재를 수출하기 위한 삼림 훼손이고, 둘째는 땔감용으로 쓰기 위한 삼림 벌채이다. 서유럽 국가들은 2차 대전이 끝난 후 동유럽이 공산화되고 이들과의 교역이 단절되자 목재를 구하기 위해 서아프리카로 눈을 돌렸다. 이

---

6 리버스주(Rivers State)의 주도(州都)이자 나이지리아에서 다섯 번째로 큰 도시인 포트 하르코트(Port Harcourt)는 1912년 영국인 총독 루가드(Frederick Lugard)가 에누구(Enugu)에서 발견된 석탄을 해외로 수출하기 위해 건설했다. 현재는 나이지리아 석유산업의 중심지가 되었다. 포트 하르코트를 현지인들은 포타코트라고 발음한다.

후(以後) 목재를 해외로 수출하기 위한 기니만 국가들의 삼림 파괴는 현재까지 계속되고 있다. 땔감용 나무를 얻기 위한 무분별한 벌채는 상황을 더욱 악화시킨다. 사하라 사막 이남의 아프리카에서 소비되는 열에너지의 75% 이상이 나무에서 나온다는 사실은 충격적이다. 기니, 라이베리아, 코트디부아르에는 손상되지 않은 삼림이 거의 없고, 가나와 기니비사우, 세네갈, 나이지리아는 사정이 더 안 좋다. 이들 국가에서는 위성사진을 통해서도 식별할 수 있을 정도로 매년 수백 평방킬로미터 이상의 삼림이 파괴되고 있다.

열대 우림 기후대를 둘러싸는 열대 사바나 기후대는 사하라 이남의 아프리카에 광범위하게 분포한다. 중부아프리카와 동부아프리카 거의 전 지역이 여기에 속하며, 서아프리카에서는 북부나이지리아 하우사족의 거점 도시인 카노가 위치한 위도대(緯度帶)가 여기에 속한다. 열대 사바나 기후대에서는 우기와 건기가 주기적으로 반복된다. 우기와 건기의 길이는 지역에 따라 차이를 보이는데 6개월 이상 우기가 지속되는 곳도 있고 건기에 비해 우기가 짧은 곳도 있다. 열대 우림 기후대에 가까울수록 강우량이 많고 스텝 기후대에 가까울수록 강우량이 적다. 겨울에는 건조하고 여름에는 습한 지역이 많지만 카노는 이 기후대의 북쪽에 있어 여름에도 비교적 건조한 편이다. 건기에는 비가 내리지 않아 농작물을 재배할 수 없다. 우기가 시작되면 사람들은 밭에 나가 씨를 뿌린다. 비는 건기를 몰아내고 망가진 모든 것들을 원상으로 돌리는 자연의 주술사다. 하우사족의 인사표현에서 비에 대한 현지인들의 경외심을 확인할 수 있다. 하우사족은 인사를 할 때 날씨를 자주 언급하는데 그중의 하나를 축어적으로 번역하면 다음과 같다.

A: Ina ruwa? (비가 어떻습니까?)
B: Ruwa ya yi gyara. (비가 고쳐놓았습니다.)

수개월 동안 이어지는 건기는 동식물은 물론 사람도 지치게 만든다. 지구의 북반구에 사는 사람들이 겨울의 첫눈을 반기듯이 이곳 사람들은 우기의 시작을 알리는 동쪽 하늘의 먹구름을 반긴다. 젊은이들과 아이들은 웃통을 벗고 처마 밑에 서서 홈통을 타고 떨어지는 빗물에 흠뻑 젖는다. 필자도 이들 중의 하나였다. 비는 대지도 부드럽게 적신다. 아낙들은 농기구를 들고 들녘에 나가 자연의 축복에 화답한다. 하우사 시인 나이비 왈리의 시 '우기의 노래'는 이 순간을 생생히 포착한다.

우기(雨期)의 노래 (번역: 장태상)

신의 이름으로! 알라는 영원한 분,
그 분은 우리의 창조주, 자비로우신 분
많은 축복을 동시에 만들어내시는 분,
추운 계절을 만들고, 더운 계절을 만드신 분,
건기와 우기를 만드신 분.
…… (중략)
노마우, 웃고 있는 농부여,
잠시 일을 그만두게, 내 그대에게 묻고 있으니,
무엇이 그대에게 웃음을 선사하는지를,
그대는 돈 가방이라도 갖고 있는가?
그대는 우기의 풍요를 맛보았는가?

그러자 그는 곧 침묵을 깨고,
나에게 말했습니다, "이런!, 좋은 소식이 있어요,
오늘은 마음이 무척 즐겁습니다,
그 달콤함이란 꿀보다 낫습니다,
나는 우기의 징조를 보았으니까요."
…… (중략)
비는 밤새 투덜거리며 내렸습니다,
두레박으로 퍼붓는 폭포처럼,
우박이 온 천지를 뒤덮고,
무너진 오막살이엔 신이 베푸는 자비의 손길!
오늘 우기는 정말이지 우기였습니다!

엄청난 일들이 벌어지고 있습니다. 동틀 무렵에,
둘러보는 곳마다 마법처럼,
무수히 많은 사람들을 보게 됩니다,
그들은 각자 자기들의 농장으로 나아갑니다.
씨앗을 가지고, 우기에 심기 위해서.

머지않아 온 천지에서
여인들의 즐거운 비명소리와 북소리를 듣게 됩니다.
오늘 농부들은 연회에 초대된 것처럼 기쁩니다,
괭이를 던지고 주먹을 들어 올려 인사를 나눕니다.
아이유리리이~~ 우기의 우리들.

며칠 후, 당신들은 듣게 됩니다.
땅콩과 옥수수와 수수가
모두 파란 싹으로 터지는 소리를, 극한의 아름다움.
어린 것들이 펴져 나갑니다.
우기의 습기를 품고.
…… (이하 생략)

스텝 기후대는 사막과 경계를 이루는 지역이다. 연 강수량은 250~500mm로 반건조한 기후와 제한된 강수량을 보여준다. 아프리카에서는 사하라 사막 남단과 접한 지역, 칼라하리 사막 북쪽과 동쪽 지역이 스텝 기후대인데 이곳은 중앙아시아의 초원 지대와는 달리 고온 스텝에 속한다. 서아프리카의 스텝 기후대는 사막 주변의 대초원이라는 뜻의 '사헬'로 불리기도 한다. 사하라 사막과 열대 사바나 기후대 사이에 위치한 사헬은 서아프리카의 중세사를 수놓은 가나 제국, 말리 제국, 송가이 제국, 카넴-보르노 제국의 활동무대이기도 했다.

사헬과 열대 사바나 기후대의 서쪽은 로마 제국 시절부터 수단이란 이름으로 불렸다. 스텝 또는 사헬이 생태환경적 용어라면 수단은 단순한 지리적 용어다. 필자도 수단이라는 용어를 자주 사용하는데 현재의 수단 공화국과 혼동해서는 안 된다. 이 책에서 수단 공화국은 항상 수단 공화국으로 표기했으며 '공화국'이 빠진 '수단'은 방금 위에서 말한 지역을 가리킨다는 것을 꼭 기억해 두기 바란다. '수단'이라는 단어를 사용하는 것은 이것이 갖는 역사-문화적 함축성과 편리성 때문이다. 이 단어가 없으면 '사헬-사바나 지역의 서쪽' 또는 '서아프리카 서쪽의 북쪽'처럼 어색한 표현을 써야 할 것이다. 사하라 사막 주변의 사헬 기후대에 속하는 곳들을 열거하면 다음과 같다: 세네갈 북부, 모리타니 남부, 말리 중부, 부르키나파소 북부, 알제리 남단, 니제르 남단, 나이지리아 북단, 차드 중부, 수단 공화국의 중부와 남부, 카메룬 북단, 중앙아프리카 공화국 북단, 에리트리아 북단, 에티오피아 북단 등.

사헬 기후대에 살고 있는 종족들 중에서 풀라니족만큼 독특한 위상을 가지는 종족은 없다. 풀라니족은 사헬의 목초지를 따라 이동하며 유목 생활을 했다. 몽골족이 한때 중앙아시아 초원의 지배자였다면 풀라니족은 18세기 이후 서아프리카 사헬의 지배자였다. 주변 종족들에 비해 상대적으로 밝은 피부색, 풀라쿠라 불리는 도덕률, 이슬람, 성전(聖戰), 용감한 전사, 경건함, 지식 따위는 풀라니족이 연상시키는 이미지다. 풀라니족과 이들이 세운 18~19세기의 이슬람 국가들은 다음 장에서 소개될 것이다. 여기서 페이지를 건너뛰어 제3장 풀라니족을 먼저 읽어 보면 서아프리카 문화의 냄새를 미리 느끼는 데 도움이 될 것이다.

아열대 습지 기후는 아프리카 대륙 동남부 일부 지역에서만 관찰되며 인도양에 면한 남아공의 더반이 대표적인 도시다. 이 기후대는 습한 것이 특징이다. 습한 날씨를 싫어하는 필자는 더반을 방문했을 때 삼 일을 버티지 못하고 탈출했다. 늑대 피하려다 호랑이 만난다고 할까. 더반에서 차로 약 40~50분 거리에 있는 북쪽의 바닷가 마을 솔트 락에서 해수욕을 하다가 상어가 나타났다는 소리에 혼비백산한 적이 있다. 이 일이 있은 후로는 이곳의 날씨가 아무리 습해도 온 몸이 늘 서늘했다. 더반 영어는 매우 인상적이었다. 아프리카에는 서아프리카에서 쓰이는 피진처럼 영어의 많은 지역적 변이형들이 있다. 케이프타운 영어는 좀 낯설게 느껴졌는데 더반 영어는 영국 표준 영어처럼 깨끗하게 들렸다. 더반 북쪽에는 솔트 락을 비롯해 발리토, 샤카스 락과 같은 휴양지들이 크와줄루-나탈 주의 돌고래 해안을 따라 길게 늘어서 있다. 인도양을 마주보고 있는 더반에는 인도인들이 많이 살고 있다.

바닥의 왼쪽 표지판에 INDIAN OCEAN, 오른쪽 표지판에 ATLANTIC OCEAN 이라고 써 있다.[7]

지중해성 기후대는 아프리카의 최북단과 최남단에만 분포한다. 여름은 덥고 건조하며 겨울은 온난하고 습하다. 겨울철 강우량은 비교적 많은 편이다. 남아공의 케이프타운과 지중해에 면한 북아프리카 북단이 이 기후대에 속한다. 케이프타운은 일년 내내 날씨가 청명하며 케이프타운에서 내륙으로 조금만 들어가면 포도농원이 끝없이 펼쳐진다. 바닷가에는 서양 부호들의 별장이 늘어서 있고 별장들은 집에서 바다로 직접 나갈 수 있는 요트 정박 시설을 갖추고 있다. 흔히들 케이프반도의 희망봉이 아프리카의 남쪽 끝이라고 알고 있지만 인도양과 대서양을 가르는 아프리카의 최남단은 케이프타운에서 남동쪽으로 170km 떨어져 있는 케이프 아걸러스다. 케이프 아걸러스는 조그만 시골 마을이다. 아걸러스의 해변에는 인도양과 대서양의 경계를 가리키는 작은 석조물이 서 있다.

고산 기후는 말 그대로 해발고도가 높은 지역에서 나타난다. 에티오피아의 아디스아바바, 케냐의 나이로비는 적도 근처에 있음에도 불구하고 지대가 높아 날씨가 항상 선선하다. 적도 바로 밑에 위치한 나이로비는 늘 우리나라의 초가을 날씨 같다. 영국인들은 아프리카를 식민 지배할 때 자연환경이 좋은 곳에는 영구 정착촌을 만들려고 했다. 케냐 중부고원의 농경민족인 키쿠유족은 영국인들에 의해 하루아침에 삶의 터전을 빼앗기는 불운을 겪었다. 이들은 영국의 토지 정책에 맞서 싸우는 마우마우

---

7 https://en.wikipedia.org/wiki/Cape_Agulhas#/media/File:Agulhas.jpg

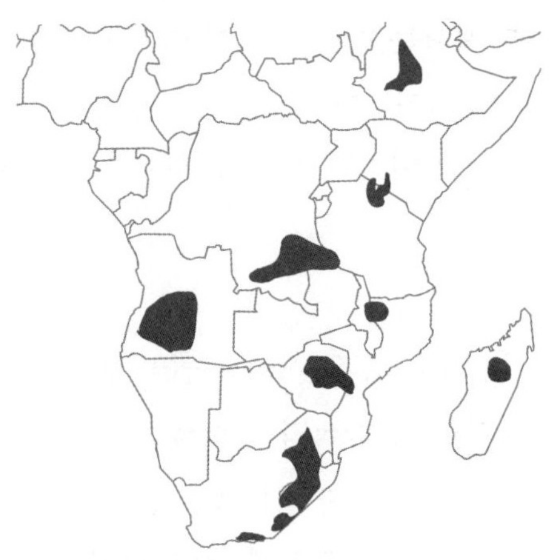

아프리카의 해양 기후대 (회색으로 표시된 곳)

무장투쟁을 시작했다. 1952년에 일어나 1960년에 끝난 이 투쟁은 1956년 10월 21일 자유투사들의 지도자 데단 키마시가 영국군에 체포되면서 전세가 기울기 시작했다. 마우마우 투쟁은 키쿠유족 내의 내분과 종족들 사이를 이간질하는 영국의 책략으로 성공을 거두지 못했지만 제국주의에 맞선 아프리카인들의 불굴의 항쟁 의지를 보여주는 사건이었다. 동아프리카를 대표하는 대문호 응구기의 소설 『아이야 울지마라』는 이 기간 중에 발생한 한 가정의 몰락을 통해 동시대를 살다 간 현지인들의 비극을 격정적으로 묘사한다. 서아프리카의 열대 우림 기후대를 설명할 때 기후와 정치가 깊은 관련이 있다고 말한 적이 있다. 마우마우는 동아프리카의 또 다른 예다. 아프리카의 고산 기후는 주변을 둘러싼 다른 기후대에 비해 강우량이 많은 편이며 강우량은 주로 여름에 집중된다. 고산 기후대에 인접한 저지대는 사바나 기후대와 비슷한 특성을 드러낸다.

끝으로, 해양 기후대는 아프리카 대륙의 여러 곳에 흩어져 있다. 해양 기후대는 아열대 습지 기후대처럼 대륙의 동남부에 몰려 있으며, 일부는 더 깊은 내륙에 분포하는데 주변의 다른 기후대 안에 둥지를 튼 고립된 섬을 이룬다. 앙골라 남서부, 콩고민주 공화국 남동부, 짐바브웨 중서부, 케냐-탄자니아 접경지대의 중앙부, 모잠비크-말라위 접경지대의 일부, 마다가스카르의 정 중앙부, 에티오피아 중서부 일부가 여기에 속한다. 해양 기후대에서는 연중 고르게 비가 내리며 겨울보다는 여름에 강우량이 집중된다. 기온의 연교차가 크지 않고, 위도에 비해 여름에 선선하며 겨울에도 춥지 않다. 남아공의 요하네스버그가 이 기후대에 속하는 대표적인 도시다.

1.2. 인문지리

아프리카에는 2022년 1월 기준, 총 56개의 주권국가가 있다.[8] 이 국가들은 지리적 위치에 따라 분류되기도 하지만 과거 식민 종주국을 기준으로 분류되기도 한다. 인종도 다양하며 나이지리아처럼 400개가 넘는 종족들이 한 나라에 속해 있는 경우도 있다. 아프리카에는 흑인종 이외에도, 유럽계 백인, 사하라 사막의 원주민인 코카서스계의 베르베르인, 중앙아프리카 공화국과 탄자니아의 피그미, 보츠와나를 중심으로 나미비아와 남아공에 거주하는 부시먼, 아라비아반도에서 이주해 온 북아프리카의 유목민인 베드윈족, 남아공의 흑백혼혈인인 칼라드, 인도인 등이 살고 있다. 이들에 대한 올바른 이해는 파편화된 현상들의 단순한 암기가 아닌 문화적 배경이 결부된 체계적인 설명을 통해서만 가능하다. 본 단원은 이러한 맥락에서 이 책을 읽어나가는 데 있어 꼭 필요한 것들을 간추려 정리한다.

1.2.1. 국가

아프리카 대륙은 지리적 위치에 따라 다섯 개의 권역으로 구분된다. 동아프리카, 서아프리카, 남아프리카, 중앙아프리카, 북아프리카. 각각의 권역은 다시 세부 권역으로 나뉘는데 여기서는 이슬람 문화권에 속하는 북아프리카를 제외한 나머지 권역들에 대해서만 살펴볼 것이다.

동아프리카에는 여섯 개의 세부 권역이 있다: 중동아프리카, 아프리카의 뿔, 인도양도서 아프리카, 남동아프리카, 남동내륙아프리카, 나일강 권역 북동아프리카. 먼저, 중동아프리카에 속하는 나라들은 여섯 개로 모두 동아프리카공동체의 구성원이다: 케냐, 탄자니아, 우간다, 르완다, 부룬디, 남수단 공화국. 남수단 공화국을 제외한 앞의 다섯 나라는 아프리카 대 호수 지역에 위치한다. 이집트는 전통적으로 북아프리카로

8 이 중 54개의 국가가 유엔에 가입되어 있다.

아프리카 국가지도

국가명

① 르완다
② 부룬디
③ 말라위
④ 에스와티니
⑤ 레소토
⑥ 코모로
⑦ 세이셸
⑧ 모리셔스
⑨ 적도 기니
⑩ 상투메 프린시페
⑪ 카보베르데
⑫ 감비아
⑬ 기니비사우
⑭ 토고
⑮ 베냉

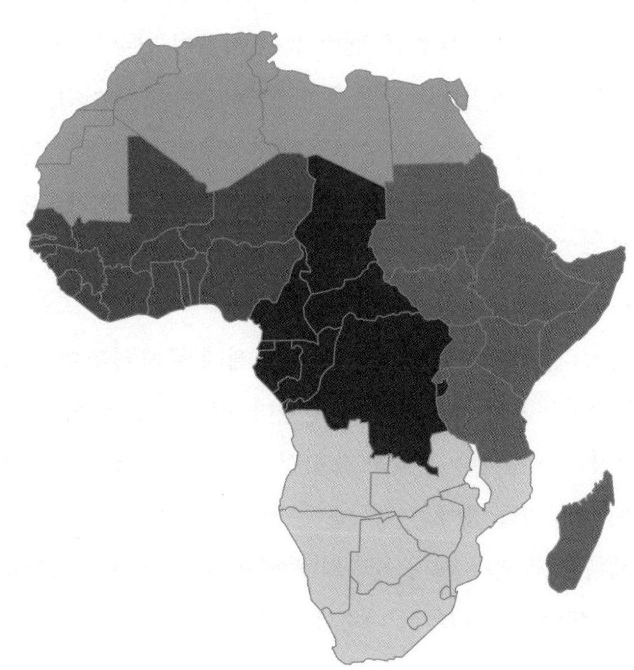

아프리카의 5개 권역

분류되어 왔으며, 최근에 독립한 남수단 공화국은 수단 공화국 및 이집트와 함께 나일강 권역 북동아프리카에 포함되는 경우도 있다.

탄자니아는 탕가니카와 잔지바르 섬이 합쳐진 이름이다. 탕가니카는 원래 독일령이었는데 독일이 1차 대전에 패전하면서 영국의 식민지가 되었다. 탄자니아 해안에 최초로 상륙한 서양인은 포르투갈의 항해자 바스코 다가마이다. 포르투갈은 케냐에서 모잠비크에 이르는 동아프리카 해안 지역에 요새를 구축하고 노예 무역에 종사했다. 1699년 잔지바르에서 포르투갈을 몰아내는 데 성공한 아라비아반도의 오만은 술탄 세이드 사이드 치세인 1837년에 케냐의 몸바사를 점령하고 1840년에는 동아프리카 무역을 강화하기 위해 수도를 잔지바르로 옮겼다. 잔지바르는 이후 아랍 노예 무역의 중심지가 되었다. 이때부터 해안 도서 지방에 살던 반투족과 아랍인 사이에서 태어난 스와힐리족의 인구가 불어나기 시작했다. 해안에서만 사용되던 스와힐리어가 노예 무역의 통로를 따라 내륙으로 전파되기 시작한 것도 이때부터다.

1861년 오만에서 분리된 잔지바르는 아랍인 술탄이 계속 다스렸지만 공식적으로는 1963년까지 영국의 보호령이었다. 1964년 1월 12일은 17세기 이래 이 섬을 지배해 온 사람들에게 최후의 날이 되었다. 펨바 섬에 머물며 원수를 자칭하던 존 오콜로가 사주한 수백 명의 무장 흑인들이 난을 일으켜 만 명이 넘는 아랍, 아시아계 주민들을 살해하고 잔지바르 인민 공화국을 수립했다. 잔지바르 혁명은 이탈리아 영화감독 괄티에로 야코페티의[9] 다큐 영화 〈안녕, 아프리카〉의 소재가 되기도 했다. 술탄 잠시드 빈 압둘라는 가족과 함께 영국으로 망명했고 잔지바르는 탕가니카와 합병해 탄자니아의 자치주가 되었다.

1967년 탄자니아의 초대 대통령 줄리어스 녜레레는 사회주의 정책을 표방하고 주요 산업을 국유화하는 아루샤 선언을 단행했다. 이 사건으로 가장 큰 타격을 입은 사람들은 당시 탄자니아 경제를 장악하고 있던 인도인들이었다. 사회주의 정책으로 설 자리를 잃게 된 지식인들 중에는 고향을 등지고 이웃 나라인 케냐로 이주하는 사람들도 있었다. 케냐는 독재자 이디 아민의 박해를 피해 우간다를 떠나온 사람들한테도 안식처를 제공했다. 탄자니아는 나중에 사회주의 대신 실용주의 노선을 채택하

9 야코페티는 기록영화를 통해 인간 내면의 잔혹성을 묘사했다.

며 1992년에는 정치적 다당제를 허용했다. 1995년에는 이 제도하에서 첫 번째 대통령선거가 치러져 벤자민 음파카가 대통령에 당선되었다. 탄자니아는 비록 가난하지만 아프리카에서 국가통합을 가장 성공적으로 달성한 나라다. 민족 간, 종교 간의 갈등이 거의 없으며 집 밖에서는 모든 국민이 스와힐리어로 소통한다. 탄자니아는 원조 개발 모범국가이기도 하다.

아프리카의 뿔 권역에 속하는 나라들에는 에티오피아, 소말리아, 에리트레아, 지부티가 있다. 에티오피아는 장구한 역사와 문화를 갖고 있는 나라다. 아라비아반도 남부 예멘 지역에 살던 셈족의 일파가 발달된 농경 기술과 철기를 가지고 홍해를 건너와 세운 악숨 왕국(100년~940년), 솔로몬 왕과 시바 여왕의 후예를 자처했던 아비시니아 제국(1137년~1930년), 에티오피아 제국(1931년~1974년)[10], 외세의 지배를 거의 받지 않은 역사, 에티오피아 정교회, 게에즈 문자, 커피의 원산지, 베타 이스라엘인 등은 이 나라가 연상시키는 것들이다.

에티오피아는 기독교를 일찍 받아들인 몇 안 되는 초기 기독교 국가들 중의 하나였다. 약 1억 2천만 명에 달하는 에티오피아 인구의 30%를 차지하는 암하라족은 그들이 솔로몬 왕과 시바 여왕의 후손이라고 믿는다. 시바는 구약성경, 코란, 에티오피아 역사서, 유대교 경전, 서남아시아 여러 민족의 전래설화에 나오는 아라비아반도 남서부에 있던 왕국의 이름이다. 시바 왕국은 홍해 양안에 영토를 가지고 있었다. 14세기에 쓰인 암하라족 역사서에는 지혜를 얻고자 솔로몬 왕을 방문한 시바의 여왕 마케다가 솔로몬 왕과 하룻밤을 보내고 아들을 낳았다는 기록이 있다. 이 사람이 고대 암하라족의 왕이 된 메넬리크 1세다. 메넬리크는 장성한 후 스물두 살이 되었을 때 어머니가 준 약속의 반지를 가지고 솔로몬 왕을 찾아갔다. 솔로몬은 메넬리크가 자기 후계자가 되기를 원했지만 메넬리크는 아버지의 뜻을 멀리한 채 십계명이 담긴 상자와 1만 명이 넘는 유대인, 장인(匠人)들과 함께 홍해를 건너 북 에티오피아의 악숨에 또 다른 솔로몬 왕국을 열었다. 암하라족 역사서에 따르면 이때가 기원전 1,000년경이었다.

에티오피아 기독교는 서기 325년 지금의 에리트레아 및 에티오피아 북부에 있던

---

10 아비시니아 제국과 에티오피아 제국은 같은 나라다. 아비시니아 제국은 1931년 이름을 에티오피아 제국으로 바꿨다.

악숨 왕국이 기독교를 국교로 선포한 이래 고대 솔로몬 왕조의 후예임을 천명한 아비시니아 제국을 거쳐 현재까지 그 전통을 이어오고 있다. 1959년 이집트 콥트 정교회에서 갈라져 나온 에티오피아 정교회는 콥트 정교회와 에리트레아 정교회를 포함하는 동양 정교회에서 가장 큰 세력을 형성한다. 동양 정교회는 그리스 정교회를 주축으로 하는 동방 정교회와 혼동되는 경우가 가끔 있는데 둘은 전혀 다른 단체이다. 동방 정교회와 로마 가톨릭이 결별한 것은 1054년이지만 콥트 정교회가 초기 기독교에서 갈라져 나온 것은 그보다 훨씬 이른 시기인 5세기 중엽이다. 이집트의 알렉산드리아를 본산으로 하는 콥트 정교회는 서기 451년 터키의 이스탄불의 칼케돈에서 열린 칼케돈 공의회의 결정, 즉, 그리스도는 신성과 인성 두 가지 본성을 모두 가지지만 둘은 분리되지 않는다는 양성론(이중 본성론)에 반기를 들었다. 콥트 정교회는 그리스도한테는 신성만 존재한다는 단성론을 신봉하는 것으로 알려져 있지만 이것은 일부 극단주의자들의 주장에 국한된다. 일반적으로 콥트 교도들은 이러한 의미에서의 단성론자로 불리는 것을 싫어한다. 콥트 정교회의 공식적인 교리는 양성론에서처럼 그리스도의 신성과 인성을 모두 인정하지만 그것들이 분리되거나 섞이거나 변형되지 않은 채로 존재한다는 것이다. 칼케돈 기독교도들은 이것도 변형된 단성론의 한 형태로 간주했다. 칼케돈 공의회의 결정은 이후 서양 기독교의 정통이 되었다.

에티오피아는 고대 게에즈어 문자와 중세 암하라어 문자로 기록된 풍부한 문학 전통을 가지고 있다. 아랍어, 히브리어와 함께 아프리카-아시아 어족의 남부 셈 어군에 속하는 게에즈어는 고대 악숨 왕국의 언어로서 오늘날 이 언어와 가장 가까운 친족 관계에 있는 언어는 에리트레아에서 사용되는 티그레어와 에리트레아 및 북 에티오피아의 티그레이 주에서 사용되는 티그리냐어다. 게에즈어는 에티오피아 정교회, 에리트레아 정교회, 에티오피아 가톨릭 교회의 종교 의식에서 아직도 사용되고 있으며, 베타 이스라엘인들 중에도 이 언어를 사용하는 사람들이 있다. 암하라어는 아랍어 다음으로 많이 쓰이는 셈어다.

에티오피아에는 베타 이스라엘인들이 살고 있었다. 이들은 유대인의 정체성을 가진 사람들로서 현재는 대부분 이스라엘에 거주하고 있다. 이스라엘 정부는 1984년 모세작전이라는 이름으로 수단 공화국의 베타 이스라엘인들을, 1991년에는 솔로몬

작전이라는 이름으로 에티오피아의 베타 이스라엘인들을 자국으로 이주시켰다. 베타 이스라엘인들이 언제부터 이 지역에 거주하게 되었는지는 불분명하다. 그들은 솔로몬 왕과 메넬리크 1세의 직계 후손일 수도 있고, 이들과 동시대에 살았던 다른 사람들, 예컨대, 메넬리크 1세를 따라 악숨 땅에 온 유대인들의 후손일 수도 있다. 또 다른 가설은, 기원전 6세기의 바빌론 유수에서 이스라엘 사람들이 신바빌로니아로 끌려갈 때, 이집트로 탈출해 그곳에서 수 세기 동안 산 사람들 중에 악티움 해전에서 클레오파트라를 지지했던 한 무리가, 클레오파트라의 패전 후 이집트를 떠나 (다른 무리들처럼 아라비아반도의 서남부로 가지 않고) 현재의 수단 공화국을 거쳐 에티오피아에 정착했는데, 베타 이스라엘인들이 이들의 후손일 가능성이 있다는 것이다. 흥미로운 것은 베타 이스라엘인들의 유전자와 현대 이스라엘인들의 유전자 사이에 공통분모가 전혀 없는 것은 아니지만 거의 미미한 수준이고, 오히려 주변 흑인종족들이 이들과 더 많은 유전인자를 공유하고 있다는 사실이다. 흘러간 세월만이 그 이유를 알고 있을 것이다.

19세기 말 메넬리크 2세의 영도 아래 에티오피아 제국을 라이베리아와 더불어 아프리카의 유이(唯二)한 주권국가로 만드는 데 성공한 솔로몬 왕조는 1974년 당시 소비에트 연방의 지원을 받은 군사 정변으로 막을 내렸다. 1993년에는 1952년 에티오피아에 합병되었던 에리트레아가 분리 독립했으며 1995년에는 총선을 통해 에티오피아 연방 민주 공화국이 출범했다. 아프리카의 많은 나라들이 에티오피아의 국기를 본떠 자국의 국기를 만든 것은 에티오피아가 아프리카 대륙의 자주성을 상징하기 때문이다. 역사적으로 이스라엘과 우호적인 관계를 유지해 온 에티오피아는 한국전쟁에도 3,518명의 병사를 파견해 122명이 숨진 우리의 우방이다. 강원도 춘천시 공지천에 에티오피아 한국전 참전 기념관과 참전비가 있다.

동아프리카 권역의 세 번째 세부 권역인 인도양 도서 아프리카는 아프리카 동부 인도양의 섬나라들로 이루어져 있다. 인구 약 110만 명의 코모로, 10만 명의 세이셸 공화국, 130만 명의 모리셔스 공화국이 여기에 속한다. 코모로는 인구의 98%가 수니파 무슬림이고, 세이셸은 인구의 82%가 가톨릭 신자다. 모리셔스는 전체 인구 중에서 힌두교도가 50%, 가톨릭교도가 25%, 무슬림이 15% 정도를 차지한다. 마다가

스카르섬 주변에 있는 이 나라들은 아름다운 풍경을 지닌 천혜의 휴양지로 유명하며 모두 많은 섬들로 이루어져 있다.

남동아프리카에는 모잠비크와 마다가스카르가 있고, 남동내륙아프리카에는 말라위, 잠비아, 짐바브웨가 있다. 이 두 개의 세부 권역은 남부아프리카로 분류되기도 한다. 아프리카 역사책을 읽다 보면 로디지아라는 단어를 자주 접하게 되는데 이 단어의 의미가 시기별로 다 달라 여간 혼돈스러운 게 아니다. 로디지아는 영국인 사업가이자 정치가인 세실 로즈의 이름에서 유래했다. 1964년 이전의 로디지아는 현재의 잠비아와 짐바브웨를 가리키는 말로서 짐바브웨 지역은 남 로디지아, 잠비아 지역은 북 로디지아로 불렸다. 남 로디지아는 1923년부터 1980년까지 공식적으로 영국의 식민지였지만, 1965년 전체 인구의 5%에 불과한 백인들이 영국으로부터의 독립을 일방적으로 선언하면서 격랑에 휩싸이게 된다. 이것은, 1776년 영국과 전쟁 중이던 미국의 13개 주가 필라델피아에서 자주권을 천명한 사건을 제외하면, 영국 식민지에서 유례가 없는 일이었다. 이 백인 소수 정권은 유엔의 지지를 받지 못한 채 1979년까지 로디지아라는 이름으로 존속했다.[11] 1979년 6월부터 12월까지는 스미스 백인 정부와 무장투쟁에 나서지 않은 온건파 흑인들이 연립정부를 구성하고 짐바브웨 로디지아라는 새로운 이름을 사용했는데 이 역시 유엔의 승인을 이끌어내는 데 실패했다. 이후 영국이 다시 전면에 나서면서 영국의 주권을 인정하는 옛 명칭인 남 로디지아로 돌아갔다가 1980년 국제 사회가 인정하는 지금의 짐바브웨가 정식으로 탄생했다.

짐바브웨를 독립 운동 단체들의 족보까지 거론하며 다루는 것은 이 책의 범위를 벗어난다. 『아프리카의 문화와 예술』은 정치학 교재가 아니기 때문이다. 그럼에도 불구하고 개별 국가의 정치사를 가끔씩 소개하는 이유는 서구 제국주의 세력이 아프리카를 지배하던 시절 자주권을 되찾기 위한 아프리카인들의 저항이 얼마나 격렬하게 전개되었는지 보여주기 위해서다. 역사는 승자의 기록이며 그 승자들이 아직도 강대국으로 군림하고 있기 때문에 많은 진실이 그들이 쳐놓은 장막에 가려져 있을 뿐이다. 케냐의 마우마우 투쟁, 탄자니아의 마지마지 운동, 짐바브웨 흑인들의 유격전, 남아공 흑인들의 지칠 줄 모르는 저항은 인간의 존엄성을 부정하는 자들에 대한

---

11 남아공과 포르투갈만 지지했다.

준엄하고 인간적인 가르침이었다. 2차 대전 후 서구열강이 아프리카에 독립을 부여할 수밖에 없었던 것은 이런 역사적 맥락에 기인한다. 서아프리카인들의 저항사(抵抗史)는 제3장에서 아주 자세히 다룰 것이다. 다음은 한 어린아이의 눈을 통해서 본 로디지아 내전(1964년~1980년)의 참상이다.

냐드조니아에서 살아남은 아이의 노래

엠마누엘 응가라 (짐바브웨)

(번역: 장태상)

우리는 병사들이 오는 것을 보았습니다.
그들은 해가 뜨는 곳에서 왔습니다.
무기를 갖고, 화가 나서
흑인들처럼 까맣게 색칠하고 왔습니다.

그러나 우리는 곧 알게 되었습니다.
그들이 누구인지 곧 알게 되었습니다.
온 땅은 곧 폭탄이 폭발하는 우뢰천지가 되었습니다.
온 땅은 곧 무섭고 두려운 불길로 타올랐습니다.

나는 어린아이의 눈으로, 어린아이의 마음으로
떨어지는 사람의 다리 하나가 날아가는 것을 보았습니다.
튕겨 오르는 공처럼 사람의 머리가 튕겨 오르는 것을 보았습니다.
어린아이의 눈으로, 어린아이의 마음으로
한 사람이,
소중한 생명을 위해 달아나는 것을 보았습니다.
그는 머리 없이 두 다리로 걷고 있었습니다.
들으세요! 어떤 사람이 머리 없이 두 발로 걸었습니다!

어린아이의 귀로, 어린아이의 마음으로
까맣게 색칠한 사람이

발사! 발사! 불랄라 종케! 발사! 라고 외치는 소리를 들었습니다.

어린아이의 귀로, 어린아이의 마음으로
날카로운 비명소리를 들었습니다.
폭발하고 부서지는 소리를 들었습니다.
갈라진 틈새에서 불길이 치솟는 소리를 들었습니다.
병사들은 폭격하고, 폭격하고, 폭격하고,
사람들이 죽을 때까지 폭격했습니다.
그들은 내가 더 이상 듣지도, 보지도, 생각하지도, 느끼지도 못할 때까지
폭격했습니다.

얼마나 오랫동안 죽어 있었는지, 얼마나 오랫동안 의식이 없었는지 모릅니다.
나는 악몽에서 깨어나 눈을 떴습니다.
그리고 피 웅덩이를 보았습니다.
피가 우리가 마시는 시냇물과 섞여 흐르는 것을,
우리가 마시는 시냇물처럼 흐르는 것을 보았습니다.

나는 그녀를 보았습니다.
흐느끼지 않고 누워 있는
평화롭고 다소곳한 어머니를 보았습니다.
불러도 대답은 없었습니다.
나는 그녀를 다시 한번 보았습니다.
눈이 있어야 할 자리에는 구멍만이 있었습니다.
콧구멍이 있어야 할 자리에는 드러난 살덩이만이 있었습니다.

나는 아버지를 찾았습니다.
아버지는 그곳에 없었습니다. 오늘까지도,
그들이 아버지를 어디에 묻었는지 나는 모릅니다.
나는 피 묻은 두꺼운 천 조각으로 얼굴을 닦고 자신을 보았습니다.
"이게 뭐야?
무슨 일이 나한테 생긴 건가?

무슨 일이지?" 라고 물었습니다.
그리고 뭔가 잘못되었다는 것을 알았습니다.
움직일 수 없었기 때문입니다.
오른쪽 다리가 더 이상 그곳에 없었기 때문입니다.
친절한 사람들이 나를 병원으로 데려갔고,
내가 어디에서 왔는지 물었습니다.
어머니, 아버지, 할머니, 형, 그리고 나
우리 모두 로디지아에서 도망쳤다고,
이 생명, 이 죽음, 이 공포를
냐드조니아에서 찾기 위해 도망쳤다고 말했습니다.
그들은 이것들이 압제자의 짓이라고,
이것들이 인종주의자들의 짓이라고,
이것들이 냐드조니아의 대학살이라고,
나에게 말했습니다.

나일강 권역 북동아프리카에 속하는 나라들에는 이집트, 수단 공화국, 남수단 공화국이 있다. 이집트와 수단 공화국은 북아프리카 이슬람 문명권으로 분류되기도 한다. 최근에 수단 공화국에서 분리 독립한 남수단 공화국은 수단 공화국과 아랍 쪽보다는 동아프리카공동체와의 관계 설정에 더 큰 비중을 두며, 탄자니아, 케냐, 우간다 등지에서 널리 쓰이는 스와힐리어를 도입해 아랍어를 대체하려는 정책을 추진하고 있다. 스와힐리어는 우간다에서는 전체 인구의 약 50%, 케냐에서는 70%, 탄자니아에서는 거의 100%의 사람들이 모어나 교통어로 사용한다. 스와힐리어는 제3장 언어와 커뮤니케이션에서 다룰 것이다.

서아프리카는 서쪽으로는 세네갈에서 동쪽으로는 카메룬 서부까지, 남에서 북으로는 열대 우림에서 열대 사바나를 지나 사하라 사막 남단의 스텝 기후대에 이르는 방대한 땅이다. 다음의 나라들이 이 권역에 속한다. 나이지리아, 니제르, 베닌, 토고, 가나, 코트디부아르, 라이베리아, 시에라리온, 기니, 기니비사우, 감비아, 세네갈, 모리타니, 말리, 부르키나파소, 카보베르데. 아래의 표는 이들 국가에 대한 간략한 정보다.

나라 이름	수도	면적 (킬로미터)	인구 (백만)	주요 산물
나이지리아	아부자	923,768	212	석유, 코코아, 나무
니제르	니아메이	1,270,000	25	우라늄, 가죽제품
베닌	포르토-노보	112,622	12	목화, 야자유
토고	로메	56,785	8.7	코코아, 인산광물, 커피, 목화
가나	아크라	238,533	31.5	금, 코코아, 원목, 참치, 보크사이트
코트디부아르	야무수크로	322,462	27	코코아, 커피, 원목, 석유
라이베리아	몬로비아	99,067	5.2	다이아몬드, 철광석, 고무, 원목, 커피
시에라리온	프리타운	71,740	9	다이아몬드, 금홍석
기니	코나크리	245,857	13	보크사이트, 알루미늄, 금, 다이아몬드
기니비사우	비사우	36,125	1.8	캐슈너트, 땅콩, 새우
감비아	반줄	11,295	2.2	땅콩, 어류, 린트천(붕대용삼베)
세네갈	다카르	196,722	16.5	땅콩, 어류, 목화, 석유제품
모리타니	누악쇼트	1,030,700	4.6	수산업, 철광석, 구리
말리	바마코	1,250,000	21	금, 목화, 가축
부르키나파소	와가두구	274,200	22	금, 목화, 가죽제품
카보베르데	프라이아	4,033	0.49	커피, 피마자유, 옥수수, 식품공업

서아프리카는 토착문화, 이슬람문화, 그리고 토착문화와 이슬람문화가 결합된 다양한 형태의 문화가 공존하는 곳이다. 가나 제국, 말리 제국, 송가이 제국, 하우사-풀라니 제국, 카넴-보르누 제국은 열대 사바나 기후대와 사헬 기후대에 건설된 이슬람 제국이었고, 요루바 제국, 베닌 제국, 아샨티 제국, 다호메이 제국은 열대 우림 기후대에 세워진 순수한 흑인문화의 국가들이었다. 18세기와 19세기에 집중적으로 일어난 풀라니족의 성전은 당시 전 세계적으로 대두된 이슬람 세계의 위기의식을 반영한 사건이었으며, 특히 19세기 초 하우사 땅에서 일어난 풀라니 학자 우스만 단 포디오의 봉기는 이슬람 전사(全史)에서 모하메드 이래로 가장 모범적인 성전이었다. 서아프리카는 제2장 종족과 역사에서 자세히 다룰 것이다.

남부아프리카는 남아프리카 공화국, (남아프리카 공화국과 국경을 접하는) 보츠와나,

나미비아, 레소토, 에스와티니를 포함한다. 에스와티니의 공식 명칭은 에스와티니 왕국이며 2018년 스와질랜드에서 현재의 이름으로 국호를 변경했다. 우리가 동아프리카로 분류했던 모잠비크, 짐바브웨, 잠비아, 말라위, 중앙아프리카로 분류했던 앙골라를 여러 가지 이유로 남부아프리카에 포함시키는 사람들도 있다.

남부아프리카에서 경제 규모가 가장 큰 남아공은 경제보다는 정치 문제로 20세기 후반에 세간의 관심을 끌었다. 남아공에 흑인 정권이 들어서고 민주주의가 시작된 것은 1994년이다. 그 이전의 남아공에서는 백인 소수 정권이 인종 분리 정책을 실시했다. 인종 분리와 인종 차별은 비슷하면서도 다른 개념이다. 인종 차별이 함께 사는 집단들 사이에서 하나가 다른 하나를 또는 복수의 다른 대상을 차별하는 것이라면, 인종 분리는 처음부터 서로 융합될 수 없으니 섞이지 말자는 것이다. 필자가 남아공에 체류할 때, 아주 연로한 아프리카너 백인들 중에 흑인을 그들과 다른 종(種)으로 인식하는 사람들이 더러 있다는 말을 듣고 놀란 적이 있다. 인종 분리를 아프리칸스어로 아파르트헤이트(apartheid)라고 하는데 영어의 어파트니스(apartness)에 해당하는 말이다. 남아공에는 흑백 간의 갈등뿐만 아니라 백-백 갈등과 흑-흑 갈등도 있다.

네덜란드인들이 남아공의 케이프타운에 상륙한 것은 17세기 중엽이다. 1652년 네덜란드 동인도 회사는 인도로 가는 해상 교역로의 중간 지점인 케이프타운에 함선의 수리, 정박, 물류 보급을 위한 식민지를 건설했다.[12] 포르투갈 항해사들이 희망봉을 돌아 동남아시아로 가는 뱃길을 개척한 이래 포르투갈의 상인들은 아시아에서 후추, 면직물, 사탕 등을 들여와 막대한 수익을 올리고 있었다. 여기에 자극을 받은 네덜란드, 프랑스, 영국은 모두 동인도 회사를 설립하고 아시아 무역에 뛰어들었는데 네덜란드 동인도 회사는 이들 중에서 가장 먼저 설립된 세계 최초의 주식회사였다. 네덜란드 동인도 회사는 이전까지 서로 난립하던 여러 회사들이 하나로 통합된 것이다. 아시아 무역에 많은 회사들이 경쟁적으로 참여하면서 후추를 비롯한 수입 농산물의 가격이 폭락하자 네덜란드 정부는 이들을 하나로 묶어 동인도 회사라고 칭하고 무역을 독점할 수 있는 권리를 부여했다. 네덜란드 동인도 회사는 국가를 대신해 외국과 조약을 체결하거나 식민지를 경영하는 일에도 관여했다. 이후 프랑스와 영국도

---

12 네덜란드 동인도 회사가 건설한 케이프 식민지는 1795년 영국 식민지가 되었다.

네덜란드의 예를 따라 동인도 회사를 만들었다.

동인도 회사의 관리들과 네덜란드에서 온 농부들이 거주하고 있던 케이프 식민지에서는 원주민인 코이족과 이들 사이에 자유로운 물물교환이 이루어졌다. 케이프타운을 중심으로 한 케이프 식민지는 네덜란드의 뒤를 이어 유럽의 여러 나라에서 이주해 온 사람들로 인해 그 세력이 점점 강해졌다. 프랑스의 위그노교도들이 종교박해를 피해 네덜란드로 넘어오자 네덜란드 정부는 프랑스와의 외교 마찰을 피하고자 이들을 남아공에 이주시키는 데 앞장섰다. 독일과 스웨덴의 개신교도들도 이 대열에 합류했다. 시간이 지나면서 케이프 식민지의 백인 사회는 먼저 도착한 네덜란드계를 중심으로 프랑스계, 독일계, 이탈리아계, 북유럽계가 한데 어우러진 독특한 민족 정체성을 띠게 되었다. 아프리카너(Afrikaner)는 이들을 통칭하는 말이고 아프리칸스(Afrikaans)는 이들의 언어를 가리키는 말이다. 과거에는 아프리카너 대신 네덜란드어로 농민을 뜻하는 '부어'라는 말이 사용되었지만 지금은 잘 쓰이지 않는다.

1795년 프랑스 혁명군이 네덜란드를 점령하자 영국은 이 기회를 틈타 오래전부터 탐내오던 케이프 식민지를 강탈했다. 영국인들과 아프리카너들의 관계는 이때부터 틀어지기 시작했다. 케이프 식민지는 1802년 영국과 프랑스가 체결한 아미앵 조약에 따라 1803년 네덜란드에 세워진 프랑스의 위성 공화국인 바타비아 공화국에 반환되지만 1806년 영국이 다시 점령하여 1814년 정식으로 영국의 식민지가 되었다. 1820년대부터 영국인들이 케이프 식민지에 대거 이주해오고 영어가 공용어처럼 쓰이게 되자 영국의 지배를 혐오하던 아프리카너들은 1830년대 중반부터 1840년대 중반에 걸쳐 케이프를 벗어나 내륙으로 이동을 한다. 역사학자들은 이것을 그레이트 트렉이라고 부른다. 아프리카너들은 1852년 바알강 북부에 트란스발 공화국을 세우고 1854년 바알강과 남쪽의 오렌지강 사이에 오렌지자유국을 세웠다. 영국인들도 인도양에 면한 동쪽 해안을 중심으로 세력을 키워나갔다. 남아공 중부내륙에서 다이아몬드가 발견되고 트란스발 공화국 인근 요하네스버그 근처에서 대규모의 금광이 발견되자 아프리카너들과 영국인은 다시 충돌했다. 금본위제를 실시하고 있던 영국은 다이아몬드까지는 참을 수 있었지만 금에 대한 욕심은 떨쳐버릴 수 없었다. 1899년 10월 11일 영국은 트란스발 공화국과 오렌지자유국에 대한 공격을 시작했다. 이것이 그 유명한 보어전쟁이다. 보어전쟁은 앵글로-보어 전쟁 또는 남아프리카 전쟁으로도 불린다. 1902년 전쟁이 끝나고 평화조약이 체결되었지만 트란스발 공화국과 오렌지자유국은 역사 속으로 사라지고 남아공 전역은 영국 식민지가 되었다.[13] 남아공은 1910년 영연방 내의 자치령이 되었다.[14]

중앙아프리카는 중부내륙 국가와 서쪽에 대서양을 면한 국가들로 나누어진다. 전자에는 차드, 중앙아프리카 공화국, 콩고 민주 공화국(자이르)이 있고, 후자에는 카메룬, 적도기니, 가봉, 콩고, 앙골라 등이 있다. 우연의 일치인지는 몰라도 이 권역에 속하는 나라들은 아프리카의 최빈국들이다. 중앙아프리카 공화국은 우라늄, 원유, 다이아몬드, 금, 코발트 등이 풍부하게 매장되어 있는 자원 부국이지만 종족 및 종교 간의 갈등과 내전으로 국가건설에 어려움을 겪고 있다. 이러한 현상은 이 권역에 속하는 대부분의 나라들에서 공통적으로 관찰된다.

콩고 민주 공화국에서는 자원의 축복이 자원의 저주가 되었다. 이 나라는 한반도의 열 배에 달하는 면적에 8천만이 넘는 인구를 가지고 있으며 주기율표의 원소들이 모두 발견될 정도로 많은 자원이 묻혀 있지만 지도자의 독재와 장기 집권, 군사 쿠데타, 내전, 주변국들의 개입으로 최근까지 극심한 혼란을 경험했다. 공업용 다이아몬드의 생산량은 세계 1위를 차지하며, 콜탄[15], 금, 은, 구리, 코발트, 우라늄, 망간, 주석, 아연, 라듐, 카드뮴, 철, 석탄 등 현대 산업생산에 필요한 모든 종류의 광물이 매장되어 있고, 대서양 연안에서는 석유도 나오고 있지만 이것들의 개발이 해외자본에 의존하기 때문에 정작 자국의 경제발전에는 큰 도움이 못 되고 있다.

콩고 내전은 2차 대전 이후에 일어난 전쟁 중에 가장 사악한 전쟁이었다. 그것은 인간의 광기의 끝이 어디까지인지를 보여주는 만행의 극치였다. 다음은 한국일보 2016년 3월 6일 자 기사에서 발췌한 내용이다.

---

13 이 전쟁을 제2차 보어전쟁으로 부르기도 한다. 제1차 보어전쟁은 트란스발 공화국과 영국이 1880년 12월 16일에서 1881년 3월 23일까지 치른 전쟁이다. 제1차 보어전쟁에서는 트란스발 공화국이 승리를 거두고 잠시 빼앗겼던 독립을 되찾았다.

14 남아공이 영국에서 독립해 완전한 독립국가가 된 것은 1961년이다.

15 휴대전화와 컴퓨터에 들어가는 천연자원으로 전 세계 생산량의 70%를 콩고 민주 공화국이 차지한다.

콩고 민주 공화국(이하 콩고)의 레베카 마시카 카추바(Rebecca Masika Katsuva)는 '마마'라는 애칭으로 널리 불렸다. 그는 콩고전쟁 중 강간당한 여성과 고아, 성폭행으로 태어난 아이들을 거둬, 치료하고 함께 먹고 자고 일하고 가르쳤다. 그의 품을 거쳐 간 여성만 약 6,000여 명. (중략) 콩고의 '마마' 마시카 카추바가 2월 2일 별세했다. 향년 49세.

(중략) 카추바는 1966년 5월 26일 남키부 주 카타나(Katana)에서 태어났다. 처음 얻은 이름은 레베카(Rebecca)였지만, 독재자 모부투가 아프리카 민족주의를 선언하며 국호를 바꾸고 서양식 이름을 불법화하면서, 그는 마시카가 됐다. 오퍼상이던 보스코 카추바(Bosco Katsuva)와 결혼한 해는 분명치 않다. 카추바는 남편이 두바이 등지를 다니며 떼온 생활용품 등을 판매하는 가게를 운영했다. 부부는 꽤 넉넉한 생활을 했고, 2차 전쟁이 발발하던 98년 무렵 그들에겐 네 딸이 있었다.

무장 반군이 들이닥친 건 그해 10월 어느 밤이었다. 아일랜드 더블린에 본부를 둔 국제 인권 단체 프런트라인(FrontLine)이 펴낸 책자에 카추바가 직접 쓴 수기 일부다.

"밤 11시경 모든 게 시작됐다. 남편과 네 아이, 내 여동생과 나. 이웃집서 비명이 들렸지만 도망갈 데가 없었다. 마을 한쪽은 야수들이 사는 정글이었고, 다른 쪽은 강이었다. (…) 마침내 그들이 들이닥쳤고 모든 걸 강탈했다. (…) 죽이려면 총으로 죽여 달라는 남편을 조롱하며 그들은 '(칼로) 조각조각 내 죽여주겠다'고 했다. (…그들은 실제로 그렇게 했다) 남편의 토막 난 시신을 내게 한데 모으게 한 뒤 그 위에 나를 눕혔다. (…) 12명째에 이를 무렵 옆 방 아이들의 비명 소리가 들렸다. 15살, 13살(9살 13살이란 기록도 있다). 딸과 내 어린 여동생의 목소리였다. 나는 정신을 잃었다."

(중략) 모든 전쟁이 그렇지만 콩고 전쟁에서 강간은, 반군 정부군 할 것 없이, 전투의 한 방편처럼 일상적으로 자행됐고, 남성 피해자도 적지 않았다. 훗날 카추바의 이야기를 다큐멘터리('Seeds of Hope')로 만든 피오나 데비(Fiona Davies)는 "전쟁이 치열했던 무렵에는 동부 콩고에서만 매 시간 48명이 강간당했다는 추산도 있다"고 썼다.(pulitzercenter.org, 2016.2.4) 영국 옥스퍼드에 본부를 둔 국제 빈민 인권 기구 옥스팜(OXFAM) 홈페이지에는 그들이 조사한, 읽기조차 고통스러운 콩고의 강간 사례들이 소개돼 있다. 아내와 딸을 집단 강간한 뒤 남편에게 딸을 강간하도록 강요하고, 불응하자 남편과 세 아들을 살해한 이야기, 반군에게 끌려가 7개월 동안 성 노예로 지내다 탈출한 사연 …. 한 여성은 "그 일이 내게 일어났다는 게 믿기질 않는다. 차라리 죽고 싶다"고 말했다. 국제사면위원회(Amnesty International) '지네타 사강 기금(Ginetta Sagang Fund)'의 안드레아 클라번(Andrea Claburn) 이사장은 "콩고 전쟁은 여성과 청소년 아동을 폭력의 대상으로 삼은, 2차대전 이후 가장 참혹하고 잔인한 전쟁이었다"고 말했다. (amnestyusa.org, 2010.4.13)

제2차 콩고 내전은 '잿빛 골드'라 불리는 희소 광물인 콜탄을 둘러싼 주변국들의 이해관계가 얽히면서 국제전의 양상을 띠었다. 콜탄에서 추출되는 백금과 비슷한 성질을 띠는 탄탈(탄탈룸)은 스마트폰을 비롯한 현대 전자제품의 제조에 필수적인 금속으로 전 세계 콜탄 매장량의 70% 이상이 콩고 민주 공화국의 동쪽 국경 지대에 묻혀 있다.

> 앙골라, 짐바브웨, 우간다, 르완다 등 중부아프리카 8개국이 각각 콩고 정부군과 반군을 편들어 벌인 2차 전쟁은, 메들린 울브라이트 당시 미 국무장관의 표현처럼 콩고를 무대로 한 '아프리카 세계대전'이었다. (중략) 2차 전쟁 희생자는 400만~600만 명에 달했고, 집단 학살과 강간, 고문, 기아, 질병으로 숨진 민간인이 전투에서 숨진 군인보다 훨씬 많았다. 반군 진영은 광산들을 꿰찬 채 아동·여성 노동력을 노예처럼 부려 콜탄을 채석했고, 걸러진 탄탈룸은 여러 경로로 팔려나가 '세탁'된 뒤 무기로 바뀌어 동부로 되돌아왔다.[16]

아프리카에도 현자가 있고 박애주의자가 있으며 야수의 탈을 쓴 인간이 있다. 일반화할 필요도, 폄하할 필요도, 미화할 필요도 없는 우리와 똑같은 유전자를 가진 사람들이 사는 땅이다. 콩고 민주 공화국의 비극은 19세기 말로 거슬러 올라간다. 벨기에의 국왕 레오폴드 2세는 히틀러를 능가하는 악마의 무리들의 수장이었다. 베를린 회의에서 콩고강 유역에 대한 지배권을 인정받은 레오폴드 2세는 이 지역에 콩고자유국을 세우고 현지인들을 강제로 동원해 고무와 야자유를 채취하고 상아를 수집하게 했다. 콩고자유국은 공식적으로 벨기에 정부와 상관없는 레오폴드 2세의 사유지였다. 자동차 산업의 발전은 타이어에 대한 수요를 폭발적으로 증가시켰고 그에 비례해 현지인들의 고무 채취 할당량도 늘어났다. 레오폴드 2세의 용병들은 할당량을 채우지 못한 주민들의 손목을 잘라 상부에 바치라는 지시를 받고 실행에 옮겼다. 비현실적인 할당량에 두려움을 느낀 현지인들이 고무를 채취하는 대신 손목을 확보하기 위해 인근 마을을 습격하는 사건들도 일어났다. 이러한 만행에 분노한 콩고인들

---

16 한국일보 2016년 3월 6일 자 기사
http://www.hankookilbo.com/v/c83fe4e42ddb4000878d1d57aee4bebf

의 저항도 만만치 않았지만 레오폴드 2세의 힘을 당해낼 수는 없었다. 용병들은 남녀노소를 불문하고 반항하는 사람들의 목을 잘라 울타리에 내걸었고 여자와 아이들도 십자가에 매달았다. 1908년 레오폴드 2세는 그의 악행을 규탄하는 국제여론에 굴복해 콩고자유국에 대한 지배권을 벨기에 정부에 양도했다. 세계 인권 단체들은 이 지역에서 어림잡아 약 천만 명 이상의 사람들이 학살된 것으로 추산한다. 레오폴드 2세를 설득해 현재의 수도 킨샤샤의 전신인 레오폴드빌을 건설하게 하고 콩고강 유역을 답사해 서양 제국주의 세력의 착취의 토대를 구축한 인물이 우리가 위대한 탐험가로 잘못 알고 있는 영국 북웨일스계 미국인 헨리 모튼 스탠리 경이다. 경(卿)은 영국 여왕으로부터 귀족 작위를 하사받은 사람이 이름 앞에 붙이는 말이다.

아프리카는 사하라 사막을 경계로 사하라 이북과 이남으로 구분되기도 한다. 사하라 사막 북쪽의 이집트, 리비아, 알제리, 모로코, 튀니지는 중동아랍권역의 나라들로서 전통적으로 이슬람 문화권에 속한다.

마지막으로, 아프리카의 국제 정세를 논할 때 자주 등장하는 영어권 아프리카, 불어권 아프리카, 포어권 아프리카는 과거 식민종주국을 기준으로 한 분류다.

* 영어권 아프리카: 케냐, 우간다, 탄자니아, 말라위, 잠비아, 짐바브웨, 보츠와나, 나미비아, 남아공, 나이지리아, 가나, 시에라리온, 감비아, 이집트, 레소토, 에스와티니
* 불어권 아프리카: 중앙아프리카 공화국, 콩고, 가봉, 카메룬, 베닌, 토고, 코트디부아르, 기니, 세네갈, 모리셔스, 말리, 부르키나파소, 니제르, 차드, 알제리, 모로코, 튀니지, 루안다, 부룬디, 마다가스카르
* 포어권 아프리카: 앙골라, 모잠비크, 기니비사우
* 기타: 콩고 민주 공화국(벨기에), 적도기니(스페인), 서사하라(스페인), 소말리아(이탈리아), 리비아(이탈리아)

서구 열강의 아프리카 대륙 분할은 베를린 회의를 통해 이루어졌다. 1884년 11월 15일부터 이듬해 2월 26일까지 계속된 베를린 회의는 포르투갈의 요청으로 독일 수상 비스마르크가 소집했다. 영국, 프랑스, 벨기에, 포르투갈, 이탈리아 등 열네 나라가

이 회의에 참석했다. 당시 유럽의 강대국으로 부상하고 있던 독일은 아프리카에 대한 자국의 지배력을 확대하고 다른 나라들을 분열시키기 위해 이 기회를 이용했다. 베를린 회의의 결과 아프리카는 오십 개의 지역으로 쪼개졌으며 수천에 달하던 개개의 토착문화권은 완전히 무시되었다. 베를린 회의는 같은 종족을 여러 나라로 흩어놓았고 서로 적대적인 관계에 있던 종족들을 한 나라에 몰아넣음으로써 훗날 내전과 부족주의가 싹틀 수 있는 원인을 제공했다. 해안에만 머무르던 서양 세력이 내륙으로 확산해 들어가는 계기도 되었다. 독일은 베를린 회의 이후 1차 대전에서의 패배로 탕가니카와 나미비아는 영국에, 카메룬은 프랑스에 빼앗겼다. 카메룬-나이지리아 접경지대의 카메룬 서쪽 일부는 영국이 차지했다. 1961년 주민투표에 의해 영국령 카메룬의 북쪽 무슬림 지역은 나이지리아에 귀속되었고 남쪽 기독교 지역은 카메룬에 편입되었다.

1.2.2. 인종과 종족

아프리카에는 흑인종만 있는 것이 아니다. 백인종에 속하는 베르베르인, 베르베르인의 한 갈래인 투아레그족, 아라비아반도에서 건너온 유목민인 베드윈족, 아랍인, 슈와-아랍인 등이 있으며, 흑인종 중에서도 북동아프리카인이나 나일강 유역의 사람들, 피그미처럼 순수한 흑인종과는 약간 다른 변이형도 관찰된다. 남아공을 중심으로 인근 여러 나라에 분포하는 유럽계 백인의 후손인 아프리카너가 있고, 이들과 아프리카 현지인 사이에서 태어난 칼라드라 불리는 유색인도 있다. 칼라하리 사막에는 흑인종과 구별되는 부시먼이라 불리는 황갈색 피부를 가진 산족이 살고 있으며, 인도인, 동남아시아에 뿌리를 둔 말레이인, 중국인처럼 아프리카 대륙 밖에서 아프리카로 이주해 온 사람들도 있다. 인종과 종족에 대한 이해는 아프리카에 대한 이해의 첫 걸음이다.

아래의 분류와 명칭은 아프리카 연구자들 사이에서 또는 아프리카의 현지인들 사이에서 관습적으로 인식되어 온 것을 정리해 놓은 것이다.

* 동아프리카, 서아프리카, 중앙아프리카, 남아프리카

[흑인종] 서아프리카의 흑인종은 남쪽의 기니만에서 북쪽으로 올라갈수록 피부색이 밝아지는 경향이 있다.

* 동아프리카 해안 도서 (케냐, 탄자니아)

[스와힐리인] 오래전부터 아라비아반도 남부의 오만 아랍인들이 동아프리카의 몸바사, 라무, 파테, 잔지바르와 같은 해안 도서 지역을 왕래했다. 이들과 현지인 사이에서 태어난 혼혈인 또는 그 혼혈인의 후예가 스와힐리인이다.

* 북동아프리카 (에티오피아, 에리트레아, 소말리아)

[에티오피아인, 에리트레아인, 소말리아인] 이들은 셈족의 피가 섞여 있다.

* 나일강 유역 (남수단 공화국, 탄자니아, 케냐)

[나일족] 편의상 나일강 유역에 사는 일부 흑인종을 나일족이라고 부른다. 순수한 흑인종과 에티오피아인, 소말리아인의 중간 모습을 하고 있다. 남수단 공화국의 누어족과 딩카족, 케냐-탄자니아 접경지대의 마사이족이 이 유형에 속한다.

* 중앙아프리카 (중앙아프리카 공화국)

[피그미] 인종적으로 흑인종에 속하는 키가 작은 피그미들은 주변 종족의 언어를 사용한다.

* 남아프리카 (보츠와나)

[산족(부시먼)] 칼라하리 사막에 살고 있는 산족은 흑인종과 구별되는 황갈색의 피부를 가지고 있으며 키가 작다.

* 남서아프리카 (나미비아)

[코이족 또는 코이코이족(호텐토트)] 코이족은 산족과 언어적, 인종적으로 관련이 있는 것처럼 보인다. 현재 순수한 코이족은 거의 남아 있지 않다. 백인과 남아공 원주민 사이에서 태어난 칼라드 중에 조상이 코이족인 사람들이 많다. 코이코이는 코이족 말로 '진짜 사람'이라는 뜻.

* 북아프리카 (이집트, 리비아, 알제리, 튀니지, 모로코, 모리타니)

[아랍인, 베르베르인]

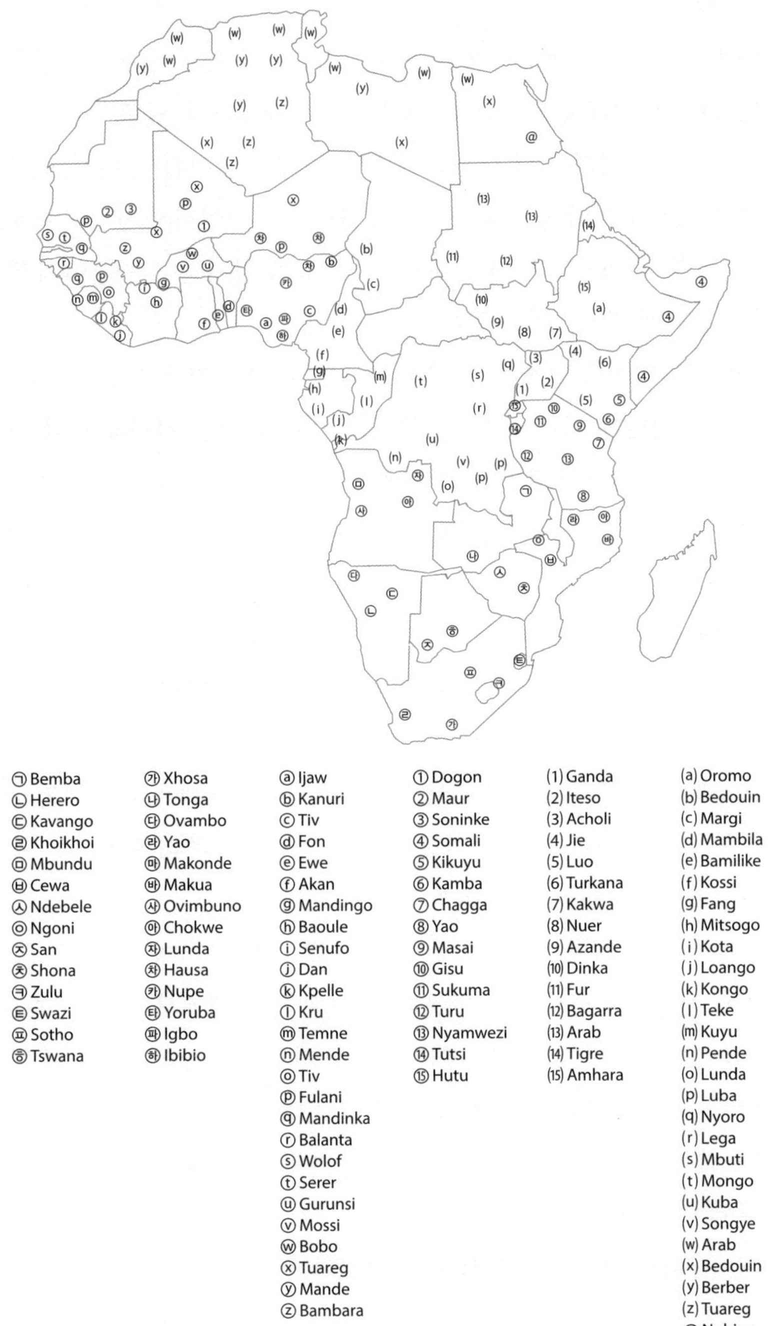

㉠ Bemba
㉡ Herero
㉢ Kavango
㉣ Khoikhoi
㉤ Mbundu
㉥ Cewa
㉦ Ndebele
㉧ Ngoni
㉨ San
㉩ Shona
㉪ Zulu
㉫ Swazi
㉬ Sotho
㉭ Tswana
㉮ Xhosa
㉯ Tonga
㉰ Ovambo
㉱ Yao
㉲ Makonde
㉳ Makua
㉴ Ovimbuno
㉵ Chokwe
㉶ Lunda
㉷ Hausa
㉸ Nupe
㉹ Yoruba
㉺ Igbo
㉻ Ibibio
ⓐ Ijaw
ⓑ Kanuri
ⓒ Tiv
ⓓ Fon
ⓔ Ewe
ⓕ Akan
ⓖ Mandingo
ⓗ Baoule
ⓘ Senufo
ⓙ Dan
ⓚ Kpelle
ⓛ Kru
ⓜ Temne
ⓝ Mende
ⓞ Tiv
ⓟ Fulani
ⓠ Mandinka
ⓡ Balanta
ⓢ Wolof
ⓣ Serer
ⓤ Gurunsi
ⓥ Mossi
ⓦ Bobo
ⓧ Tuareg
ⓨ Mande
ⓩ Bambara
① Dogon
② Maur
③ Soninke
④ Somali
⑤ Kikuyu
⑥ Kamba
⑦ Chagga
⑧ Yao
⑨ Masai
⑩ Gisu
⑪ Sukuma
⑫ Turu
⑬ Nyamwezi
⑭ Tutsi
⑮ Hutu
(1) Ganda
(2) Iteso
(3) Acholi
(4) Jie
(5) Luo
(6) Turkana
(7) Kakwa
(8) Nuer
(9) Azande
(10) Dinka
(11) Fur
(12) Bagarra
(13) Arab
(14) Tigre
(15) Amhara
(a) Oromo
(b) Bedouin
(c) Margi
(d) Mambila
(e) Bamilike
(f) Kossi
(g) Fang
(h) Mitsogo
(i) Kota
(j) Loango
(k) Kongo
(l) Teke
(m) Kuyu
(n) Pende
(o) Lunda
(p) Luba
(q) Nyoro
(r) Lega
(s) Mbuti
(t) Mongo
(u) Kuba
(v) Songye
(w) Arab
(x) Bedouin
(y) Berber
(z) Tuareg
@ Nubian

아프리카의 주요 종족

1.2.2.1. 흑인종

아프리카대륙에 가장 광범위하게 분포하는 인종은 흑인종이다. 흑인종은 서쪽으로는 대서양 연안의 세네갈에서 동쪽으로는 케냐, 탄자니아, 남쪽으로는 남아공 전 지역에 이르기까지 사하라 사막 이남의 모든 지역에서 발견된다. 특히, 반투어 계열의 흑인종은 아프리카에 넓게 퍼져 있음에도 불구하고 언어적 유사성이 매우 강한데 이것은 반투어의 확산이 비교적 최근에 이루어졌음을 말해준다. 반투어의 확산은 제3장 언어와 커뮤니케이션에서 자세히 다룰 것이다.

서아프리카의 흑인종은 크게 두 부류로 나뉜다. 하나는 열대 우림 기후대 및 열대 사바나 기후대의 남단에 거주하는 사람들이고, 다른 하나는 사하라 사막 남쪽의 사헬 기후대 및 열대 사바나 기후대의 북단에 거주하는 사람들이다. 전자에 속하는 사람들은 빽빽한 수림으로 인해 흑인종의 순수성을 잘 보존할 수 있었다. 니제르강 상류 발원 지역에 광범위하게 분포하는 소닝케족, 말링케족, 밤바라족, 대서양 연안의 세네갈강과 감비아강 사이에 거주하는 월로프족과 세레르족, 남서나이지리아의 요루바족, 남동나이지리아의 익보족, 베닌 공화국의 폰족, 토고의 에웨족, 가나의 아산테족과 판테족 같은 아칸 계열의 종족이 여기에 속한다. 말링케족, 소닝케족, 밤바라족, 월로프족, 세레르족은 이슬람교도이고, 익보족, 폰족, 에웨족, 아산테족, 판테족은 기독교도이다. 남 요루바족 중에는 기독교도가 많고 북 요루바족 중에는 북쪽의 풀라니족의 영향으로 이슬람교도가 많다.

열대 우림 기후대에 살던 사람들과는 달리 사헬(스텝) 기후대의 사람들은 탁 트인 개활지나 키가 작은 나무들이 듬성듬성 나 있는 관목 지대에서 살았기 때문에 외부에 쉽게 노출되었다. 사헬 기후대와 열대 사바나 기후대 북단의 흑인들이 남쪽의 흑인들에 비해 더 오뚝한 코와 더 얇은 입술, 더 밝은 피부색을 지니는 것은 이런 이유에 기인한다. 하우사족, 풀라니족, 카누리족, 송가이족, 모시족, 다곰바족, 구르마족 등이 이 부류에 속한다.

하우사족은 사하라 사막 이남에서 가장 규모가 큰 종족으로, 하우사 칠왕국 시대를 거쳐 19세기 초에는 하우사-풀라니 제국의 일원이 되었으며, 1960년 나이지리아가 영국에서 독립한 후에는 풀라니족과 함께 군부와 정계를 장악해 왔다. 북부나이지리아와 남부니제르에서 사용되는 하우사어는 8천만 명이 넘는 사람들이 모어(母語)로 쓰는 아프리카 최대의 언어다. 하우사어는 (모어 화자 수를 제외하고) 수천만 명의 사람들이 제2의 언어로 사용하는 서아프리카 최대의 교통어이기도 하다.

서쪽으로는 세네갈에서 동쪽으로는 중동부아프리카의 카메룬에 이르기까지 방대한 지역에 퍼져 있는 풀라니족은 소 떼를 몰고 목초지를 따라 동서, 남북으로 이동 생활을 하는 유목민이다. 풀라니 중에는 유목 생활을 포기하고 정착 생활을 선택한 사람들도 있다. 18세기와 19세기에 서아프리카에서 일어난 모든 이슬람 성전은 이 정착 풀라니들이 주도한 것이었다. 앞 단락에서 언급한 하우사-풀라니 제국도 하우사 땅에서 하우사족과 섞여 살던 풀라니 학자 우스만 단 포디오가 주도한 성전의 결과였다. 서아프리카 전역에 흩어져 정착 생활을 하던 풀라니들은 한편으로는 그들의 문화를 유지하면서 다른 한편으로는 그들과 함께 사는 종족의 언어와 풍습을 받아들였다. 협안(狹顔)의 얼굴과 호리호리한 골격, 덜 곱슬곱슬한 머리카락을 가진 풀라니족은 피부색도 상대적으로 밝은 편이다. 일반적으로 풀라니족은 풀라쿠라 불리는 도덕률과 선민의식을 가지고 있다. 풀라니족의 외모와 차별화된 생활풍습으로 인해 아프리카 역사비교언어학자들은 풀라니어를 나이저-콩고 어족에 포함시키지 않고 아시아-아프리카 어족에 포함시키는 실수를 저지르기도 했다. 풀라니족의 생김새에 어떤 경로로 코카서스계의 요소가 가미되었는지는 불분명하다. 북서나이지리아의 소코토를 본거지로 하는 풀라니족은 하우사족과 문화적으로 거의 동일시될 정도로 가까운 관계를 유지하고 있다. 풀라니족도 하우사족처럼 모두 무슬림이다.

카누리족은 차드 호수의 동쪽과 서쪽에 각각 카넴 제국과 보르노 제국을 건설한 종족이다. 나이지리아 내에서는 북동쪽 끝에 있는 보르누 주에 거주한다. 모두 무슬림들이며 하우사-풀라니족과 함께 북부나이지리아 이슬람 공동체의 한 축을 형성한다.

송가이족은 가오에서 부사에 이르는 니제르강의 동쪽 굽이를 따라 분포하는 종족으로 현지인들 사이에서는 베르베르인의 한 갈래인 투아레그족의 피가 섞였다는 일설(一說)이 전해 내려오지만 확실치는 않다. 송가이족은 가나 제국과 말리 제국의 뒤를 이어 서 수단 역사상 가장 찬란했던 이슬람 제국인 송가이 제국을 건설했다. 15~16세기에 전성기를 누렸던 송가이 제국이 망한 후 서아프리카의 이슬람은

18~19세기에 풀라니족의 성전으로 풀라니 국가들이 출현할 때까지 암흑의 공백기를 거쳐야 했다. 송가이족은 가오를 중심으로 한 말리 공화국과 니제르 공화국의 서쪽 끝에 가장 많이 분포한다. 그러나 엄밀히 말하면 '송가이'는 뚜렷한 경계를 가진 개념이 아니다. 말리 공화국 이외의 지역에 사는 사람들은 대부분 송가이라는 말 대신 그들의 고유한 종족명을 사용한다. 송가이어는 또 방언 차이가 심해서 일부 방언들은 서로 소통이 안 된다. 송가이어 중에서 가장 큰 방언은 니제르 공화국에서(2021년 기준) 약 520만 명이 모어로 사용하는 자르마어다. 한 가지 흥미로운 것은 니제르에 사는 다른 종족들은 자르마와 송가이가 같은 종족이라고 생각하지만 정작 이 둘은 자기들이 역사도 다르고 말도 다른 별개의 종족이라고 주장한다는 사실이다. 아프리카 연구에서 종족 정체성과 언어 정체성의 문제는 항상 조심스럽게 접근해야 할 영역이다.[17]

순혈 흑인종에 속하는 소닝케족은 서 수단 최초의 제국인 가나 제국을 세웠으며, 말링케족은 말리 제국을 세웠다. 말리의 문화유산을 이어받아 송가이 제국을 창시한 손니 알리는 송가이족이지만 송가이의 후기 왕조를 연 아스키아 대왕은 소닝케족 출신의 장군이었다. 소닝케족, 말링케족과 같은 계열에 속하는 사람들 중에 오늘날 말리 공화국의 최대 종족인 밤바라족이 있다. 18세기 중엽 바마나 제국을 세운 밤바라족은 18~19세기 풀라니족의 이슬람 성전이 서 수단을 휩쓸 때 풀라니족과 여러 차례에 걸쳐 충돌했다. 소닝케족, 말링케족, 밤바라족은 각각 가나 제국, 말리 제국, 밤바라 제국을 건설하고 국가의 지배층을 형성했지만 제국들 내의 주민 구성에서는 큰 차이가 없었다. 아스키아 대왕 이전의 손니 왕조 치세의 송가이 제국에서도 소닝케족, 말링케족, 밤바라족은 송가이족과 더불어 제국의 주된 구성원들이었다.

요루바족은 사하라 사막 이남의 아프리카에서 하우사족 다음으로 인구가 많은 종족이다. 남서나이지리아와 베닌 공화국에 주로 분포하는 요루바족의 총인구는 4,500만 명을 웃돈다. 요루바족은 하우사 칠왕국이 하우사-풀라니 제국으로 통합되어 가던 시기에 정반대의 길을 걸었다. 열대 우림 기후대에 건설된 최초의 제국인 오

---

17 앞에서 언급된 모시족, 다곰바족, 구르마족은 북으로는 송가이족의 거주 지역인 니제르강과 남으로는 열대 우림 기후대의 북방 한계를 경계로 해서 주로 볼타강 상류 지역에 살고 있는 비무슬림들이다.

요 제국은 내분과 풀라니족의 이간책으로 19세기 초에 이르면 여러 개의 도시국가로 분열한다. 이후 약 70년에 걸친 살육과 내전의 시대를 경험한 도시국가들은 전쟁의 공포 속에서 스스로 대영 제국의 식민지가 되는 길을 택했다. 요루바족은 하우사족, 풀라니족, 익보족에 비해 종족의 연대감이 약한 편이다. 그 이유는 언어적 차이가 큰 다양한 방언을 사용하는 집단들이 니제르강 이남의 방대한 지역에 분포하기 때문이다. 연대감이 약하다고 해서 요루바족의 문화적 정체성도 약한 것은 아니다. 요루바족은 같은 신을 섬기며 모두 같은 조상에서 갈라져 나왔다는 동족 의식을 가지고 있다. 베닌 청동 조각판으로 유명한 베닌 제국을 세운 에도족은 요루바어의 한 방언을 사용하며 요루바족과 소통이 가능하지만 독립된 종족 정체성을 갖고 있다. 1991년 나이지리아 중부의 도시 아부자가 새로운 수도로 공표되기 전까지 나이지리아연방의 수도였던 베닌 만의 라고스와 이바단대학이 위치한 교육 도시 이바단은 요루바 도시들이다. 요루바족과 니제르강 건너편 남동나이지리아의 익보족은 소잉카와 아체베라는 아프리카를 대표하는 뛰어난 작가들을 배출했다. 소잉카는 노벨 문학상을 수상한 아프리카 최초의 흑인이며 아체베는 불후의 고전 『무너져 내리다』를 쓴 익보족 소설가다.

익보족은 사하라 이남의 아프리카에서 하우사족과 요루바족 다음으로 큰 종족이다. 총인구가 약 3,200만[18] 명에 달하는 익보족은 기니만에서 가까운 남동나이지리아 내륙에 거주한다. 익보족은 역사적으로 국가를 건설한 적이 없다. 마을을 단위로 하는 수많은 자치체로 흩어져 생활해 온 이들은 하우사족, 풀라니족, 요루바족과는 달리 개성, 자율성, 자립심을 존중하는 문화를 가지고 있다. 요루바족 중에는 무슬림도 있지만 익보족은 거의 모두 기독교를 믿는다. 1940년대에 익보족의 작은 도시 오니짜에서 시작된 오니짜 시장문학은 전국으로 확산되어 영화 산업까지 포함하는 나이지리아 대중문화 발전에 크게 이바지했다. 개인의 능력과 후천적 노력을 높이 평가하는 익보족의 문화는 이들이 혈통과 신분을 강조하는 다른 종족들과 융합하는 데 큰 걸림돌로 작용했다. 나중에 살펴볼 나이지리아 비아프라 내전의 원인도 익보족의 이런 기질과 무관하지 않다.

---

18 2021년 기준

기니만 내륙의 열대 우림 기후대에 흑인 제국을 세웠던 종족들 중에는 다호메이 제국을 건설한 베닌 공화국의 폰족, 아산테 제국을 건설한 가나의 아산테족, 중남부 나이지리아 니제르강 서쪽에 베닌 제국을 건설한 에도족이 있다. 토고의 에웨족, 세네갈의 월로프족과 세레르족도 서아프리카 문화사에서 중요한 역할을 했다. 이 모든 종족들은 제2장 종족과 역사에서 자세히 다루어질 것이다.

1.2.2.2. 베르베르족[19]

서아프리카에는 흑인종만 있는 것이 아니다. 사하라 사막을 주 생활무대로 하는 베르베르족과 베르베르족의 한 갈래인 투아레그족은 사헬 기후대의 흑인들과 오래전부터 인종적, 정치적, 경제적, 종교적으로 교류해 왔다. 제2장 '종족과 역사'는 코카서스 인종에 속하는 베르베르족과 투아레그족을 독립된 단원으로 다루지는 않지만 이들에 대한 사전 지식 없이 서아프리카의 문화사를 논하는 것은 불가능하다.

베르베르족은 북아프리카와 사하라 사막의 원주민으로 자신들을 단수로는 아마지그, 복수로는 이마지겐이라고 부른다. 이들은 기원전 2,000년부터 나일강 계곡에서 사하라 북단을 경유해 현재의 마그레브 지역으로 이주해 온 것으로 추정된다. 기원전 10세기부터는 그리스인, 카르타고인, 로마인과 접촉하며 이들의 문헌에 등장하기 시작했다. 그린버그의 분류에 따르면, 베르베르어는 셈어(아랍어, 히브리어), 고대 이집트어와 함께 아프리카-아시아 어족에 속하며, 모로코에 약 2,000만 명, 알제리에 약 1,300만 명, 모리타니에 약 300만 명이 거주하고 있다.[20]

베르베르족은 북아프리카 지중해 연안에 누미디아 왕국과 모리타니 왕국을 건설했다. 베르베르의 어원은 야만족을 뜻하는 그리스어 바르바로스(βάρβαρος, Barbaros)다. 바르바로스는 나중에 그리스-로마 문명권 밖의 제 민족들을 총칭하는 의미로 사용되었다. 누미디아는 알제리의 대부분과 튀니지의 일부를 차지했던 고대 국가로서, 기원전 202년부터 기원전 46년까지 존속했다. 누미디아는 동쪽의 맛실리족과 서

---

19 이 책에서 '베르베르족'과 '베르베르인'은 같은 뜻으로 사용되고 있다.

20 이 밖에도 프랑스에 약 200만 명, 벨기에에 약 50만 명, 네덜란드에 약 47만 명이 살고 있다. (인구통계는 2016년 기준, 위키피디아 영문판 참조)

쪽의 맛사에실리족으로 나뉘어져 있었는데, 제2차 포에니 전쟁 기간 중에(218~201 BC) 맛실리의 왕 맛시닛사에 의해 한 나라로 통합되었다. 처음에는 주권국으로 출발했으나 로마의 세력이 강해진 후 로마의 속주로 명맥을 유지했다. 누미디아는 모로코에 있던 모리타니 왕국 및 튀니지에 있던 로마의 북아프리카 속령(屬領)과 이웃해 있었고, 북으로는 지중해 남으로는 사하라 사막을 경계로 했다. 그리스인들은 이들을 목축민(Νομάδες, Nomads)으로 불렀다. 누미디아는 이 말의 로마식 표기다.

모리타니 왕국은 아틀라스산맥 이북의 모로코 북부와 서부 및 중부 알제리에 있던 고대국가로 당시의 로마인들은 이 두 지역에 살던 베르베르족을 마우리족과 맛사에실리족으로 불렀다.[21] 기원전 203년 로마의 경쟁자 카르타고와 동맹을 맺은 맛사에실리의 왕 시팍스가 맛실리의 왕 맛시닛사에 패한 후 맛사에실리의 모리타니는 누미디아의 일부가 되었다. 기원전 2세기 말에는 마우리족의 모리타니 왕들도 로마의 봉신(封臣)이 되었다. 기원후 44년 클라우디우스 황제가 다스리던 로마에 병합된 마우리족의 모리타니는 두 개의 속주, 모리타니 팅히타나와 모리타니 카이사리엔시스로 분할되었다.[22] 모리타니에 대한 로마의 영향력은 주로 해안 지역에 국한되었고 내륙은 부족장들의 위임 통치에 맡겼다. 모리타니인들은 로마 군단에 편입되어 경기병으로 활약했다. 기원후 3세기 말에는 카이사리엔시스의 동부 지역이 떨어져 나가 시티펜시스라는 로마의 새로운 속주가 되었지만 429년 동게르만족의 일파인 반달족의 왕국이 북아프리카에 등장하면서 모리타니는 로마의 지배에서 벗어나게 되었다. 기독교는 이 지역에 4세기부터 전파되기 시작해 5세기에 절정에 달했다. 7세기에 아랍인들이 이곳을 정복하면서 베르베르인들은 점차 무슬림으로 동화되어 갔다.

7세기 이후, 북아프리카에 아랍의 영향력이 확대되면서 베르베르 전사들이 스페인 정복에 동원되었다. 787년에는 모하메드의 사촌이자 사위인 알리의 아들이며 모하메드의 손자인 이드리스 이븐 압달라가 압바스 왕조와의 싸움에서 패한 후 시리아를 떠나 현재의 모로코로 망명해 베르베르-아랍 연합군주제인 이드리스 왕조를 열

---

21 마우리는 모로코인과 스페인 남부의 무슬림을 가리키는 무어인의 어원이 되었다. 이베리아반도의 무어인들은 아랍인, 스페인인, 베르베르인의 혼혈로서 아랍-안달루시아 문명을 건설했다.

22 모리타니 팅히타나의 수도는 현재 모로코의 항구 도시 탕헤르에 있었던 팅히스였고, 모리타니 카이사리엔시스의 수도는 현재 알제리의 셰르셸에 있었던 카이사레아였다.

었다. 이드리스 왕조는 974년까지 약 200년간 모로코를 통치했다. 11세기와 13세기에는 사하라 사막의 베르베르계 유목민이 세운 알모라비드 왕조와 아틀라스산맥의 산악 민족이 세운 알모하드 왕조가 북아프리카와 무슬림 스페인을 정복하고 동쪽으로는 리비아의 트리폴리까지 세력을 확장했다. 알모라비드와 알모하드 이후 베르베르족은 북아프리카 여러 지역에 무슬림 왕조를 세우고 16세기까지 통치했다. 모로코의 페즈에서는 마리니드 왕조가 알모하드의 뒤를 이어 13세기에서 15세기까지 다스렸고, 알제리의 북서부 도시 틀렘센에서는 지야니드 왕조가, 튀니지의 튀니스와 알제리의 비자야에서는[23] 하프시드 왕조가 16세기까지 다스렸다. 11세기에서 16세기의 북아프리카 베르베르 왕조들은 이슬람 세계의 중심에서 찬란한 문화의 꽃을 피웠다. 북아프리카 지중해 연안의 도시들에 흩어져 있는 궁궐, 사원, 고분, 분수, 고등 교육 시설인 마드라사 등은 베르베르-아랍 문화의 정수를 느끼게 한다.

베르베르족과 서아프리카의 관계는 '베르베르-아랍', '베르베르-남스페인' 관계 못지않게 중요했다. 베르베르 왕조가 군림하던 16세기까지 북아프리카에서는 금, 노예 매매를 중심으로 한 사하라 횡단 무역이 성행했다. 그리스-로마 시대부터 수단으로 불리던 서아프리카, 특히, 서아프리카의 서쪽인 서 수단 지역에도 이슬람이 전파되기 시작했다. 무슬림 스페인을 정복한 알모라비드는 1076년 남쪽으로 내려가 가나 제국의 수도 쿰비살레를 함락시켰다. 이것은 흑인국가의 존재를 외부에 알리는 계기가 되었다. 말리 제국의 왕 만사 무사의 성지순례도 흑인국가에 대한 베르베르-아랍 세계의 관심을 불러일으켰다. 8세기 후반의 아랍인 역사지리학자 알-마수디는 그의 저서에서 가나를 금의 땅으로 언급했고 페르시아의 과학자 모함메드 콰리즈미가 9세기에 편찬한 최초의 이슬람 세계지도에도 가나가 등장했다. 스페인 남부 코르도바의 아랍인 학자 알-바크리의 저서(1067년)는 가나 제국에 관한 가장 귀중한 문헌으로 간주된다. 말리의 왕 만사 무사가 메카로 가는 도중 이집트에 들렀을 때 당시 카이로의 관리였던 알-오마리가 남긴 기록, 14세기 중엽 말리를 방문한 이븐바투타의 여행기, 종교와 분리된 순수 역사학의 개념을 정립한 이븐 할둔의 방대한 저서는 말리

23 현재의 베자이아

에 관한 상세한 내용을 수록하고 있다.[24] 알모라비드의 가나 제국 침공에서 볼 수 있듯이 베르베르족은 가나 제국, 말리 제국 같은 흑인 제국과 흑인 문명의 실체를 이슬람 세계에 알리는 역할을 했다. 16세기 말 서 수단 사회에 격변을 초래한 송가이 제국의 붕괴도 무어인과 베르베르인으로 구성된 모로코 군의 침략에 의한 것이었다.

베르베르 사회는 지브롤터 해협 건너편의 이베리아반도와 사하라 사막 이남의 흑인국가에 영향을 주었을 뿐만 아니라 그 스스로도 내적 변화를 겪었다. 이슬람과 함께 들어온 아랍 문화는 문어체 아랍어의 사용을 조장했고 베르베르어의 위상은 추락했다. 리비아 문자나 아랍어 알파벳을 차용해 표기하던 베르베르어는 공식적인 지위를 상실한 채 제한적인 상황에서만 이용되었다. 인구 분포의 변화도 일어났다. 동쪽에서 지속적으로 유입된 아랍 유목민들로 인해 아랍인의 수가 늘어났으며, 이들의 영향력이 확대되면서 일부 베르베르인들이 지중해 연안의 도시를 떠나 산악 지대나 사막으로 거주지를 옮겼다. 남아 있던 사람들도 실생활에서 점차 아랍어를 선호하게 되자 베르베르족의 언어적, 문화적 정체성은 흔들리기 시작했다. 16세기 이후 베르베르 왕조가 없어진 상황에서 모하메드의 후손임을 자처하는 사람들이 모로코를 지배하고, 알제(알제리), 튀니스(튀니지), 트리폴리(리비아)가 투르크의 영향력 아래 놓이면서, 이민족의 이주와 이문화의 침투는 북서아프리카 전역으로 확산되었다. 20세기 초 프랑스가 모로코와 알제리를 장악하게 될 때까지 이러한 상황은 계속되었고 베르베르인들은 산간오지에서 고립된 촌락을 이루며 살았다. 지중해를 끼고 있는 리비아 북서부의 트리폴리타니아 지방, 남부 튀니지의 나프사고원, 튀니지 동쪽 가베스만(灣) 입구에 있는 제르바섬, 동부 알제리의 아우레스와 카빌리의 산악 지대, 북부 및 중부 모로코의 리프산맥, 미들 아틀라스, 하이 아틀라스, 앤티 아틀라스, 사하라 아틀

---

24 이븐 할둔은 "튀니지에서 태어나 북아프리카와 스페인에서 활약하였으며 카이로에서 사망하였다. 아랍 세계에서 가장 독창적인 사상가의 한 사람으로서 알려져 있다. 방대한 사서 『일반 역사』의 제1부를 이루고 있는 『역사서설』은 독자적인 역사철학을 내포하고 있으며 사회학의 선구적인 저작으로 알려져 있다. 아랍 사회의 총체와 그 역사적 전개의 양상을 고유한 방법론으로 분석함으로써 그것의 구조와 변화의 법칙성을 서술하였는데 이것은 사회학적 방법의 선구적인 업적으로 평가되고 있다." ([네이버 지식백과] 이븐 할둔 [Ibn Khaldūn]. 철학사전 2009 중원문화.)

라스산맥, 남부 모로코의 드라 계곡, 북 사하라 음자브 계곡의 크수어[25], 가다미스[26], 투구르트[27], 고우라라[28], 중남부 사하라의 아하가르산맥과 그 이남의 사막 지대는 베르베르 집단촌이 형성된 곳들이다.

마그레브의[29] 지배권을 확립한 프랑스는 아랍과 구별되는 베르베르 문화를 독립된 실체로 인식했다. 이러한 분위기는 이 지역의 식민 통치에도 그대로 반영되었다. 베르베르 문화에 대한 프랑스의 관심은 훗날 베르베르 정체성 회복의 동기로 작용했다. 20세기 중반의 산업화로 인한 경제적 환경의 변화는 알제리의 카빌리족을 필두로 산악 지대에 거주하던 베르베르인들이 새로운 일거리를 찾아 도시로 귀환하는 계기가 되었다. 모로코, 알제리, 튀니지, 리비아, 모리타니, 말리, 니제르의 독립과 더불어 베르베르 민족주의도 오랜 잠에서 깨어났다.

아프리카의 신생국들은 '베르베르'라는 이질성을 국가건설과 주민통합에 방해가 되는 식민주의 잔재로 인식했다. 베르베르 민족주의도 이에 대한 반작용으로 초기의 이상화된 이념 운동에서 점차 실천적인 운동으로 바뀌어갔다. 1953년 프랑스가 모로코의 술탄을 폐위시키는 데 베르베르인들이 동원되었으며, 1971년의 국왕 암살미수 사건에도 베르베르인 관리들이 연루되었다. 알제리의 카빌리 폭동(1963년~1964년)은[30] 정부의 아랍화 노선에 반발한 베르베르인 식자층, 특히, 프랑스에서 수학한 해외파가 주도한 사건이었다. 이후 베르베르학은 모로코와 알제리에서 금지되었다. 1980년 알제리의 한 대학에서 베르베르 시(詩) 강연이 취소되는 일이 발생하고 이것은 '베르베르의 봄'이라는 민주화 시위를 초래했다. 사람들은 베르베르 가요를 부르며 길거리로 쏟아져 나왔다. 국내의 투쟁은 해외의 베르베르학 부흥 운동으로 이어졌다. 1980년대 중반 파리에 체류하던 학생들은 '아왈'이라는 학술지를 발간하여 '베르베리즘', 즉, '이마지게너티'를 학문적으로 정립하고 북아프리카 현지의 베르베르

---

25 크수어: 베르베르의 일파인 음자브족이 음자브 계곡에 건설한 요새화된 마을. 다섯 개의 크수어가 있다.

26 트리폴리 서남쪽 683km 지점에 건설된 오아시스 도시. 가다메스 오아시스는 '사막의 진주'라고 불린다.

27 알제리 북동부의 오아시스 도시

28 알제리 남서부에 있는 오아시스 도시. 베르베르의 일파인 제네테인이 살고 있다.

29 리비아, 튀니지, 알제리, 모로코 등 아프리카 북서부 일대를 일컫는 말.

30 알제리 북쪽 카빌리아 지방에 사는 베르베르의 일파

민족주의를 이론적으로 뒷받침했다.[31] 베르베르어는 타마지트라는 문어(文語, written language)로 부활했고, 티피나그 문자와 변형된 라틴 문자로 표기되었다. 유네스코의 지원을 받아 불어로 출간된 베르베르 백과사전은 베르베르 문화에 대한 관심이 국지적 차원을 벗어나는 데 크게 기여했다.

베르베르 민족주의는 21세기 들어 가시적인 성과를 거두고 있다. 알제리의 경우 베르베르족의 정치적인 입지는 아직도 불안정하며, 카빌리족의 시위도 언제 그 불씨가 다시 살아날지 모르지만, 타마지트어는 베르베르인들의 끈질긴 노력 끝에 2002년 국어로서의 지위를 획득했다. 모로코의 상황은 알제리보다 더 우호적이다. 국왕의 지원 아래 왕립 아마지그 협회가 창립되었으며, 타마지트어로 학교 수업이 이루어지고, 2011년에는 국민화합을 위해 타마지트어가 공용어로 채택되었다. 리비아에서는 카다피가 축출된 후 나푸사고원의 베르베르족이 주축이 되어 새로 들어선 정부에 독립적인 지위를 요구하고 있다. 투아레그족이 처한 상황은 다소 복잡하다. 카다피 정권에서 용병으로 활동하던 사람들은 국외로 추방되었으며 아하가르고원의 투아레그는 유목 생활을 청산하고 농부가 되었다. 아직까지 유목민으로 남아 있는 투아레그도 있지만 대부분 관광객을 유인하기 위한 것이며 그 숫자도 소수에 불과하다. 일부 투아레그 병사들은 사하라 남부로 돌아가 투아레그족의 자치를 요구하며 말리, 니제르 정부와의 오래된 투쟁을 다시 시작했다. "갈등의 결과는 불확실하지만, 오늘날 베르베르 민족주의는 이념적, 문화적, 정치적 프로그램으로 확고한 위치를 확립했으며, 흩어져 있는 베르베르 지역 사회에 과거의 인류학적 정체성 대신에 새로운 민족적 정체성을 부여하고 있다."[32]

1.2.2.3. 투아레그족

베르베르족의 한 갈래인 투아레그족은 인구는 많지 않지만 호전적 기질과 독특한 문화로 유명하다. 푸른 옷, 복면의 전사, 베일 속의 신비한 눈빛, 현대 문명을 거부하는 고매한 민족성, 캐러반의 약탈자는 이들을 수식하는 말들이다. 투아레그는 20세기 초 프랑스의 침략에 가장 완강히 저항한 민족으로 알려져 있다. 투아레그는 남자

---

31 베르베르족은 자기들을 단수로는 아마지그, 복수로는 이마지겐이라고 부른다.

32 http://www.britannica.com/topic/Berber

들만 얼굴을 가리고 여자들은 가리지 않는다. 투아레그의 어원과 관련된 두 개의 설이 있다.[33] 하나는 신의 버림을 받았다는 뜻의 아랍어 타와리오에서 유래했다는 설인데, 이것은 투아레그의 이단적인 관행에 대한 아랍인들의 못마땅한 태도를 반영하는 말처럼 보인다. 두 번째는 지명학적 해석으로 현대의 페잔에 해당하는 리비아의 옛 도시 타르가에 사는 사람들을 의미하는 고대 아랍어라는 주장이다. 투아레그족은 그들 자신을 부르는 말을 여러 개 가지고 있는데 자유인이라는 뜻의 이모하그는 그중의 하나다.

타마셰크어를 쓰는 투아레그는 고대 리비아 문자에서 변형된 티피나그 문자를 사용한다. 투아레그의 기원은 기원전 5세기의 그리스 역사학자 헤로도투스까지 거슬러 올라간다. 헤로도투스는 기원전 5세기에서 기원후 7세기까지 현재 리비아의 페잔 지역에서 번성한 가라만테스 왕국에 관한 기록을 남겼다.[34] 가라만테스인들은 멀리 있는 수원(水源), 특히 화석수(化石水)에서 지하 갱도를 통해 물을 끌어와 식수와 농업용수로 사용하는 관개수로를 만들었다. 투아레그족은 가라만테스 왕국을 건설한 베르베르의 일파(一派)가 이민족의 침략을 피해 남쪽으로 내려온 사람들로 추정된다.

왼쪽: 말리의 투아레그 남성.
오른쪽: 말리의 팀북투 근처의 사막에 서 있는 투아레그. (촬영: Alfred Weidinger, 2012)

---

33 Butler, Henrietta. 2007. 'A Flower in the Desert.' Geographical 79. p. 76.

34 Shuckburgh, E. S. (ed.) 2012. Herodotos 4: Melpomene. Ulan Press. p. 216.

투아레그족은 엄격한 신분 구조와 모계 사회에 기초한 반농반목의 삶을 영위했다. 적색 염료를 착색한 가죽 천막 속에서 생활했으며, 성인 남성은 여성이나 이방인, 인척(姻戚) 앞에서 푸른 복면을 착용했다. 5세기 초에 틴 히난이 아하가르산맥에 왕국을 세우고 통치했다고 전해지는데 투아레그족은 지금도 그녀를 '우리 모두의 어머니'라고 부르며 숭배한다.[35] 가정 내에서 여성의 지위는 높다.

> 여성들은 가축과 텐트와 다른 가재도구들을 소유한다. 결혼 생활은 일부일처제다. 여성들은 학대당하면 남편과 이혼하고 남자들은 빈털터리가 된다. 그리고 얼굴과 입을 가리는 것은 여성이 아니라 남성들인데 종교적 이유와는 무관하다.[36]

상속도 모계를 통해 이루어지며 가족이나 부족의 중대사와 관련된 최종 결정권도 여성이 갖는다.

> 여성은 사색가이고 실행가이며 권력을 행사한다. 나는 그들이 왜 신이 버린 사람들, 투아레그라고 불리는지 궁금했다.[37]

여성 존중의 관행은 축제에서도 나타난다. 푸른 복면의 남성들은 낙타 위에서 북치고 노래하며 여성들의 주위를 돌면서 경의를 표한다.[38] 남자들은 가족 앞에서만 맨얼굴을 드러낸다. 두건의 높이, 다시 말해 가려진 얼굴의 면적이 클수록 높은 신분에 속하며 더 큰 존경을 받는다. 두건의 유래는 불분명하다. 사악한 말이나 기운이 들락거리는 입을 가리기 위한 것이라는 설이 있고 약탈과 전쟁을 위한 변장이라는 설도 있다.[39]

투아레그족은 니제르 공화국에 약 260만 명, 말리 공화국에 약 70만 명, 부르키나

---

35 http://www.newworldencyclopedia.org/entry/Tuareg

36 Butler, Henrietta. 2007. 'A Flower in the Desert.' Geographical 79. p. 76.

37 Cheng, Marlene F. 2013. The Tuareg Ladies: Abandoned by God. New York: Xlibris. p. 32.

38 투아레그족의 탐탐 축제

39 Butler, Henrietta. 2007. 'A Flower in the Desert.' Geographical 79. p. 76.

파소에 약 40만 명, 알제리에 약 15만 명, 리비아에 약 10만 명, 나이지리아에 약 3만 명이 살고 있다.[40] 북쪽의 투아레그는 사막 한 가운데에서 살았고, 남쪽의 투아레그는 사하라 남단과 이웃한 스텝 기후대나 열대 사바나 기후대에서 소와 낙타를 사육하며 살았다. 사막의 대상이나 여행객을 약탈하는 행위는 자동차가 등장하고 현대 문명 의식이 침투하면서 사라졌다.

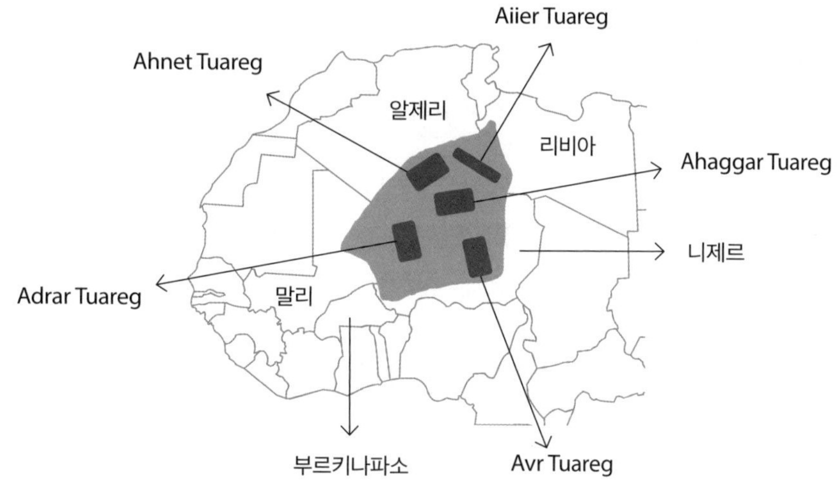

투아레그족의 분포 지역과 씨족연합체

투아레그족은 북아프리카의 선지자 알 마길리의 가르침을 따르는 말리키 종파의 수니파 이슬람을 믿지만 혹독한 자연 조건에 순응하는 과정에서 금식과 같은 이슬람의 규정을 준수하지 않게 되었다. 알-마길리(1440년~1505년)는 알제리의 틀렘센 왕국에서 태어난 베르베르인 무슬림 학자로서 서아프리카의 하우사족, 풀라니족, 투아레그족의 지배층을 이슬람으로 개종시키는 데 힘썼으며 로마의 예루살렘 점령 이후 틀렘센에 거주해온 유대인을 몰아내는 데 앞장섰다. 그는 북부나이지리아 하우사 칠 왕국 중 하나인 카노의 왕 룸파의 고문을 맡기도 했다.

20세기 중반에 들어서면서 식민 통치의 종식, 신생 독립국의 출현, 정치적 소외와

40 2016년 기준 (위키피디아 영문판 참조)

반정부투쟁, 계속되는 가뭄과 농경지의 사막화로 투아레그족은 사회 구조 전반에서 큰 변화를 겪었다. 특히, 모리타니 남부, 세네갈, 니제르, 부르키나파소, 차드를 휩쓴 1970년대와 80년대의 가뭄은 투아레그의 목가적인 삶의 터전을 파괴했다. 오늘날 목축 생활을 하는 투아레그는 찾아보기 힘들다. 사람들은 도시에 정착해 노동자나 농민으로 살거나 외국 정부의 용병이 되고, 급진 이슬람 세력과 제휴해 반정부 투쟁에 나서기도 한다. 투아레그족의 저항은 서아프리카 여러 지역에서 최근까지 이어지고 있다. 2007년 2월 니제르 공화국의 아이르에서 일어난 사건은 우라늄 개발과 그 수혜 대상에서 투아레그족이 배제된 것에 대한 보복이었고 니제르 정부가 약속한 평화협정의 내용이 지켜지지 않은 것에 대한 반발이었다. 계속되는 광산 개발로 인한 환경 문제와 경작지의 감소는 니제르 정의 수호 운동(Nigerien Movement for Justice, MNJ)에 많은 투아레그가 합류하게 만들었다. 니제르 정부는 MNJ를 마적단으로 규정하고 투아레그의 보금자리인 목초지 곳곳에 지뢰를 매설했다. 2012년 봄에는 말리 공화국의 고도 팀북투에서 투아레그 반군이 문화유적에 대한 테러를 감행해서 수피 이슬람 성인 열여섯 위(位)의 분묘가 파괴되고 4,000개의 이슬람 필사본이 소실되었다.[41] 사건의 주동자 아흐마드 알-파끼 알-마흐디는 헤이그 국제전범재판소에서 인류의 문화유산을 훼손한 죄로 재판을 받았다. 유럽인들이 마음대로 그어놓은 국경선 때문에 다섯 나라에 흩어져 살게 된 투아레그족의 슬픈 운명을 기억하는 사람은 그리 많지 않다.

1.2.2.4. 피그미, 산족(부시먼), 코이족

피그미, 산족(부시먼), 코이족은 서아프리카에 분포하지는 않지만 서아프리카의 인종과 종족을 아프리카라는 큰 틀 속에서 이해하기 위해 본 절에 포함시킨다. 산족은 부시먼으로 불리기도 한다. 한때 코이족이라는 말 대신에 사용되었던 호텐토트는 아프리카너들이 흡착음이 들어간 코이족의 말소리를 흉내 내서 만든 경멸적인 표현이다.

---

41 Crampton, Caroline. 2015. 'The Rise of Cultural Terrorism.' New Statesman (20-26 November). p. 19.

피그미

피그미는 성인 남성의 평균 신장이 150cm 이하인 종족을 일컫는 인류학적 용어다. 피그미는 호주, 태국, 인도네시아, 말레이시아, 필리핀, 파푸아 뉴기니, 브라질 등지에서도 발견되지만 일반적으로 아프리카에 사는 키가 작은 종족들을 부르는 말로 사용된다. 피그미들한테서는 타 인종에서 관찰되는 10대 중반의 폭발적인 신체 성장을 볼 수 없다. 체열이 낮은 작은 사람들이 덩치가 큰 사람들보다 고온다습한 환경에 잘 적응하는 것을 보면 피그미의 왜소한 체구는 자연에 적응하는 과정에서 생겨난 진화론적 현상인 것처럼 보인다.

아프리카의 피그미는 적도를 중심으로 한 열대 우림 기후대, 지역적으로는 중앙아프리카에 집중적으로 분포한다. 약 50만 명의 피그미들이 이 지역에 살고 있는 것으로 추산되는데, 콩고분지 서쪽에 위치한 카메룬과 가봉의 음벵가족, 콩고 민주 공화국 북동쪽 이투리 지방의 음부티족, 아프리카 대 호수 지역인 르완다, 부룬디, 우간다와 콩고 민주 공화국 동부에 살고 있는 트와족이 여기에 해당한다. 음벵가족의 하위집단에 속하는 종족들로는 아카족, 바카족, 겔레족, 콜라족, 봉고족이 있다. 아카족과 바카족은 바야카족, 겔레족은 바콜라족, 콜라족은 바코야족으로 불리기도 한다. 종족명 앞의 접두사 '바-'는 반투 계열 언어들의 공통조어(祖語)에서 사람을 뜻하는 단어인 bantu의 ba에서 온 것이다. 피그미들은 오랫동안 반투족의 노예로 살았다. 중남부 아프리카인 앙골라, 보츠와나, 나미비아, 잠비아 등지에서도 많은 숫자는 아니지만 피그미들이 살고 있으며 마다가스카르 인근 지역에서도 관찰된다.

피그미들은 음악에 특별한 재능을 가지고 있다. 소리의 밀도, 다양한 성악 기법, 독립된 선율을 가진 둘 이상의 성부를 의미하는 다성성, 즉흥성 등은 피그미 음악의 중요한 특징이다. 중앙아프리카의 민속음악을 연구하는 학자들 중에는 피그미의 다성법이 중세 유럽의 성악에 큰 영향을 끼쳤다고 주장하는 사람들도 있다. 평등한 인간관계를 특징으로 하는 피그미 문화는 아프리카에서 가장 오래된 문화 중의 하나다. 피그미 음악도 평등하다. 합창은 가족 단위로 부르는 경우가 많고 합창에서 모든 참여자는 독립된 지위를 갖는다. 사람들은 노래를 부르는 도중에 자기가 원하는 새로운 가락으로 아무 때나 바꿔서 부를 수 있다. 피그미 음악에서는 노래가사보다 모음과 발성 기법이 더 중요하다.

중앙아프리카는 건기와 우기가 6개월 단위로 반복된다. 오늘날의 피그미들은 우기에는 숲에 들어가 사냥을 하고 건기에는 반투족 마을로 내려와 반투족의 날품팔이 노동자로 생활한다. 이들의 인권과 생존환경은 대부분의 지역에서 극도로 열악하다. 중앙아프리카의 여러 나라에서 발생한 내전에서 많은 피그미들이 반군과 정부군에 의해 착취당하고 학살당했다. 유엔을 비롯한 국제기구의 간섭으로 이들을 보호하는 법이 개별 국가 차원에서 만들어지고 있지만 큰 실효는 거두지 못하고 있다. 1904년 미국 세인트루이스에서 열린 '루이지애나 구입지 전시회'에 전시되었고[42], 1906년 뉴욕시 브롱크스 동물원의 원숭이 사육장에서도 전시된 콩고 태생의 음부티족 피그미 오타 뱅가는 이들이 처했던 슬픈 운명을 상징한다.

산족 (부시먼)

부시먼으로 알려진 산족은 남아프리카의 원주민으로 약 2,000년 전부터 수렵채취 생활을 영위하며 이 지역에서 살아왔다. 코이족과 함께 코이산어족에 속하는 이들은 월등한 신체조건과 철기문화를 소유한 반투족에 밀려 사막이나 습지, 산속으로 숨어들어 명맥을 유지했다. 부시먼은 현재 보츠와나의 칼라하리 사막에 집단적으로 거주하며, 나미비아, 짐바브웨, 잠비아, 남아공, 레소토, 앙골라 등지에서도 이들을 볼 수 있다. 부시먼의 원 거주지가 어디였는지에 대해서는 의견이 분분하지만 바위에 새겨진 암각화와 고고학적 증거를 통해서 볼 때 북아프리카의 리비아, 이집트, 수단, 에티오피아가 이들의 조상들이 살았던 장소라는 추론이 가능하다. 이러한 추론을 따르다 보면 부시먼은 먼저 아프리카대륙의 북쪽에서부터 밀려나기 시작해 점점 남쪽으로 내려오다가 나중에는 반투족한테도 밀려나 남부아프리카의 산악 지대나 사막 지역으로 숨어들게 되었다는 가설이 성립한다. 드라켄스버그산맥의 산악 지대에 산재한 동굴의 암각화에서 이들의 삶의 흔적을 느낄 수 있다.

탄자니아에 살고 있는 산다웨족은 언어적, 신체적으로 부시먼과 많은 것을 공유한다. 이것은 부시먼이 다른 인종의 탄압을 피해 이동하면서 여러 지역으로 분산했다

---

42 루이지애나 구입지(購入地) 전시회는 세인트루이스 세계박람회라고도 한다. 루이지애나 구입지는 1803년 프랑스로부터 사들인 미국 중앙부의 광대한 지역을 말한다.

는 주장을 뒷받침한다. 산다웨족은 가장 오래된 호모사피엔스의 유전인자를 보유하고 있다. 오늘날 부시먼의 집단 거주지는 칼라하리 사막을 중심으로 나미비아-보츠와나 접경 지역의 나미비아 영내, 보츠와나의 칼라하리 중부, 보츠와나의 서부 도시 간지, 남아공-보츠와나 접경 지역의 남아공 영내에 있는 칼라가디 트랜스프론티어 공원 등이다.

칼라하리 사막의 부시먼은 자기들을 부르는 집합적인 이름을 가지고 있지 않다. '산' 또는 '바사르와'라는 이름이 있지만 부시먼들은 이것을 싫어한다. 산은 이방인을 뜻하는 코이족의 말이고 바사르와는 아무것도 없는 사람이란 뜻을 가진 헤레로족의 말이다. 부시먼들은 그냥 부시먼으로 불리는 것을 좋아한다.

모계를 통해 유전되는 미토콘드리아 DNA 분석에 따르면 부시먼은 산다웨족 다음으로 호모사피엔스의 원형적인 유전인자를 많이 가지고 있다. 부시먼은 그들한테서 갈라져 나간 흑인들과 분리되어 오랫동안 고립된 생활을 하다가 나중에 이들과 다시 합류한 것으로 보인다. 피부색이 검은 부시먼은 인종적으로 흑인종에 속하지만 순수한 혈통의 부시먼은 작은 체구와 밝은 황갈색의 피부를 가지고 있다. 부시먼의 또 다른 외형적 특징으로 얼굴 주름을 들 수 있다. 대부분의 부시먼들은 성년이 된 후 이른 나이에 얼굴 곳곳에 깊은 주름이 파인다.

부시먼은 1958년에 출판된 아프리카너 작가 로렌스 반 데르 포스트의 소설 『칼라하리의 잊어진 세계』를 통해서 세상의 주목을 받게 되었다.[43] 이 소설과 나중에 나온 다른 작품들의 영향으로 1961년 중부 칼라하리 동물 보호 구역이 만들어졌고 그 안에 살고 있던 부시먼들은 보츠와나 정부의 보호를 받게 되었다. 그 후 1983년에 개봉된 미국영화 '부시먼'을 통해 칼라하리 사막의 부시먼들은 그 존재가 다시 한번 세상에 알려지게 되었다. 영화 '부시먼'에서 부시먼들은 비행기에서 떨어진 콜라병을 신의 물건이라고 생각하고 그것을 신에게 돌려주기 위해 땅 끝 마을로 여행을 떠난다.

한때 수백만에 달했을 것으로 추정되는 부시먼은 타 인종에 의한 집단적 학살, 질병, 자연재해, 수렵 생활을 영위하던 삶의 터전으로부터의 추방, 강제 이주 등으로 인

---

43 『칼라하리의 잊어진 세계』(The Lost World of the Kalahari)는 BBC에서 6부작 TV시리즈로 방영되었다.

해 현재는 그 인구가 10만 명 이하로 줄어들었다.[44] 외부 세계의 호기심과 일시적 관심으로 중부 칼라하리에서 보호를 받던 부시먼은 1970년대부터 추진된 보츠와나 정부의 토지 정책으로 조상으로부터 물려받은 경작지와 사냥터에서 쫓겨나기 시작했다. 부시먼의 땅은 백인들과 보츠와나의 다수 종족인 츠와나족에게 넘어갔고 칼라하리에 거주하는 부시먼의 수도 급격히 줄어들었다. 부시먼이 겪고 있는 고난은 21세기 들어서도 계속되고 있다. 2002년 초 보츠와나 정부는 세 가지 이유를 내세워 칼라하리의 부시먼들을 다른 곳으로 이주시켰다. 첫 번째 이유는 동물 보호 구역 내의 동물을 보호하기 위한 것이고, 두 번째 이유는 부시먼한테 식수를 공급하는 데 드는 비용을 정부 차원에서 더 이상 감당하기 어렵다는 것이며, 마지막 이유는 부시먼을 새로운 장소에 정착시켜 현대 문명의 혜택을 누리게 하겠다는 것이다. 보츠와나 정부의 부시먼 이주 정책에 대해서는 상반된 견해가 존재한다. 서바이벌 인터내셔널 운동본부는 부시먼을 그들의 거주지에서 소개시키는 진짜 이유는 칼라하리 중부 동물 보호 구역에 매장되어 있는 다이아몬드를 채굴하는 데 부시먼이 방해가 되기 때문이라고 주장했다. 이에 반해 보츠와나 인권협회는 보츠와나 정부의 동기는 순수하며 다만 잘못 알려졌을 뿐이라고 말하면서 부시먼 이주 정책을 옹호했다. 어떤 주장이 옳건 간에 한 가지 확실한 것은 이주 정책을 입안하는 데 있어 부시먼들이 참여할 기회가 없었고 이주 정책을 추진하는 과정에서도 많은 부시먼들이 정신적, 물질적으로 손해를 입었다는 것이다. 부시먼들의 저항도 극렬했다. 보츠와나 대법원은 부시먼 이주 정책이 헌법에 어긋난다는 판결을 내렸지만 보츠와나 정부의 교묘한 방해로 부시먼들이 고향으로 돌아가는 것은 큰 성공을 거두지 못하고 있다.

코이족

나미비아에 거주하는 나마족을 제외한 코이족은 현재 거의 멸종된 상태다. 산족과 달리 유목민이었던 코이족은 그들이 유목민이라는 것을 자랑스럽게 여겼다. 아프리카너는 코이족을 코이어의 흡착음을 흉내 내 호텐토트라고 불렀다. 보츠와나 북쪽에

44 보츠와나에 63,500명, 나미비아에 27,000명, 남아공에 10,000명, 앙골라에 5,000명, 짐바브웨에 1,200명 정도가 살고 있다. (2022년 1월 위키피디아 영문판 참조)

살던 코이족은 오랜 세월에 걸쳐 남쪽으로 이동해 약 2,000년 전에는 케이프에까지 도달한 것으로 보인다.[45] 4세기경 반투족이 남하하면서 코이족은 건조한 나미브 사막과 당시 미개척지로 남아 있던 현재의 케이프 지역으로 숨어들기 시작했다. 이 과정에서 상당수의 코이족이 산족(부시먼)과 통혼하면서 두 종족이 섞이게 되었다.

코이족을 처음 목격한 유럽인은 포르투갈 사람들이다. 1488년 바르톨로뮤 디아스가 아시아로 항해하던 중 희망봉에 상륙해 그곳을 '폭풍의 곶'으로 불렀는데 훗날 포르투갈 국왕 주앙 2세가 선원들의 공포심을 덜어주기 위해 '희망봉'으로 이름을 바꾸었다. 디아스 이후에도 바스코 다가마를 비롯한 포르투갈 탐험가와 선원들이 케이프를 아시아와 유럽을 잇는 중간 기착지로 이용했다. 이들은 케이프에 상륙해 딸랑이, 유리구슬, 거울 등과 같은 물건을 코이족의 가축과 물물교환 했다. 코이족과 포르투갈인들이 우호적인 관계를 유지할 수 있었던 것은 포르투갈인들이 원하는 가축을 코이족이 제공할 수 있었기 때문이다. 그러나 이들 사이에 항상 우호적인 일만 있었던 것은 아니다. 1510년 마을을 습격해 가축을 약탈하고 어린이들을 납치해 간 포르투갈인들을 코이족이 쫓아가 격퇴하는 사건이 발생한 적도 있었다. 코이족은 활을 다루는 솜씨가 뛰어났다. 소총이 보급된 후에는 코이족 사수들이 영국인 편에서 꼬사족을 물리치는 데 앞장섰다. 이것은 먼 훗날의 이야기로 나중에 다시 언급될 것이다.

코이족이 두 번째로 맞닥뜨린 유럽인은 네덜란드인이다. 네덜란드는 1652년 탐험가 얀 반 리베크가 케이프에 최초로 상륙한 이후 본격적인 케이프 정착촌 건설에 나섰다. 1688년에는 종교박해를 피해 네덜란드에 와 있던 프랑스의 위그노교도가 케이프로 이주해 오면서 케이프의 백인들은 계속 늘어났다. 나중에 도착한 영국인도 코이족한테서 소, 양, 소금 따위를 구입했다.

네덜란드인들이 케이프에 뿌리를 내리면서 이들과 코이족의 관계도 변하기 시작했다. 두 집단은 경작지와 방목지를 놓고 자주 충돌했으며 그 과정에서 많은 코이족들이 그들의 거주지에서 강제로 쫓겨났다. 백인들이 전파한 천연두도 코이족의 인구

---

45 여기서 말하는 케이프는 1652년부터 1795년까지 존속한 네덜란드 동인도 회사의 식민지를 말한다. 케이프 식민지는 이후 영국의 소유가 되었다.

를 감소시키는 데 기여했다. 시간이 갈수록 둘 사이의 힘의 균형은 무너지기 시작했고 평화적인 물물교역도 더 이상 찾아볼 수 없게 되었다.

백인 정착민 중에는 코이족 여성과 결혼한 사람들도 있었다. 이들 사이에 태어난 혼혈인을 부르는 바스터스는 사생아를 뜻하는 네덜란드어 바스타아드에서 온 말이지만 바스터스들은 이 단어를 거부감 없이 받아들였으며 오히려 그들의 인종적, 문화적 정체성을 나타내는 말로 사용했다. 바스터스는 한때 남아공에서 백인과 거의 동등한 대우를 받은 적이 있지만 1948년 아프리카너들이 정권을 잡고 난 후에는 혼혈인을 뜻하는 칼라드로 분류되었다. 오늘날 대부분의 바스터스는 나미비아에 살고 있다.[46]

19세기 초 영국인들이 케이프를 지배하게 되면서 코이족의 상황도 변하기 시작했다. 코이족의 토지 소유에 대한 차별과 시민권에 대한 부당한 제약이 철폐되어야 한다고 생각한 영국인 부총독 안드리에스 스톡켄스트롬(1792년~1864년)은 당시 영국의 식민 정책에 반대함으로써 백인 국수주의자들로부터 비난을 받았다. 스톡켄스트롬의 참모와 지휘관들 중에는 코이족 출신이 많이 있었다. 코이족은 이스턴케이프에서 영국인들을 도와 꼬사족을 물리치는 데 큰 공을 세웠다. 코이족의 신의와 용맹을 높이 평가하고 그들을 존중하는 마음을 갖게 된 스톡켄스트롬은 1829년 케이프의 동쪽 변방에 캇강(江) 정착촌을 건설하고 코이족을 이주시켰다. 캇강 유역은 비옥한 땅이었다. 코이족은 스톡켄스트롬의 도움 아래 토지를 소유하고 도시를 개발했다. 꼬사족도 케이프 전 지역에 활력을 불어넣은 이 코이족의 도시로 몰려들었다. 캇강은 케이프와 동쪽의 꼬사족 사이에 자리 잡고 있어 전략적 완충지로서의 역할도 했다.

여기서 코이족은 잠시 접어두고 영국인과 꼬사족의 관계에 대해서 언급할 필요가 있다. 케이프의 백인들과 꼬사족의 전쟁은 아프리카 대륙에서 제국주의 시대에 일어난 전쟁 가운데 가장 긴 전쟁이었다. 꼬사 전쟁, 케이프 프런티어 전쟁, 카피르 전쟁, 아프리카의 백년 전쟁 등으로 불리는 이 전쟁은 1779년부터 1879년까지 100년 동안 아홉 차례에 걸쳐 치러진 전쟁이다. 제1차(1779년~1781년), 제2차(1789년~1793년), 제3차(1799년~1803년)는 아프리카너와 꼬사족 사이에 있었던 전쟁이고, 제4차

---

46 나미비아의 바스터스는 나미비아 아프리카너의 한 갈래로 간주되고 있다. 나미비아는 1990년 남아공에서 독립했다.

부터는 케이프의 주도권을 쥔 영국과 꼬사족 사이의 전쟁이었다. 스톡켄스트롬은 용감한 군인이었지만 전쟁을 치르면서 코이족은 물론 꼬사족한테도 연민의 정을 느끼게 되었다. 이것은 당시 양측 사이에 체결된 많은 조약에도 영향을 미쳤다. 스톡켄스트롬의 바램과는 달리 영국과 꼬사족의 평화로운 공존은 실현되지 못하고 전쟁은 영국의 승리로 끝났지만 종족간의 상호존중과 화합을 염원했던 그의 위대한 정신은 오늘날 남아공에서 높이 평가되고 있다.

영국인들과 코이족은 비록 코이족한테 일부 불합리한 법들이 적용되고 있었지만 전반적으로 우호적인 관계를 유지했다. 꼬사족과 싸우던 영국인들의 입장에서 명사수들인 코이족은 항상 든든한 우군이었다. 제7차 프런티어 전쟁(1846년~1847년)에서 코이족은 안드리에스 보타의 영도 아래 꼬사족을 물리치는 데 있어 영국인 병사들을 능가하는 뛰어난 전공을 세웠다. 코이족의 이스턴 케이프에서의 위치는 영국인들과의 평화적인 관계에도 불구하고 늘 불안했다. 유색인에 대한 차별과 토지소유권에 대한 제약 때문에 캇강 정착촌을 떠나는 코이족이 늘어났고 1850년에 일어난 꼬사족의 반란에는 코이족도 일부 동참했다. 점점 커져가는 인종 간의 갈등에 부담을 느낀 케이프의 영국 식민정부는 1853년 모든 종족의 남성들에게 투표권과 의회 입후보권을 부여하는 케이프 참정권을 공표했다. 케이프 참정권은 1880년대에 접어들면서 변질되어 읽기와 쓰기 시험을 통과한 사람들한테만 적용되었다. 이후 아프리카너들이 정권을 잡으면서 케이프 참정권은 완전히 폐지되었다.

나미비아의 코이족은 전혀 다른 상황에 처해 있었다. 19세기 초(1904년~1907년) 독일인들이 헤레로족과 코이족의 한 분파인 나마족에게 저지른 만행은 2차 대전 중 유럽에서 자행된 홀로코스트의 전주곡이었다. 이것은 20세기 최초의 인종 청소였으며 이 사건과 유대인 홀로코스트 사이에는 인적(人的), 이념적, 방법론적 연결고리가 있었다.

독일은 유럽 열강이 아프리카대륙을 분할한 1884년의 베를린 회의에서 현재의 나미비아 지역에 대한 종주권을 인정받았다. 남서아프리카는 당시 독일이 지배한 아프리카 유일의 식민지였다. 독일인들이 이곳에 정착하면서 많은 원주민들의 토지가 독일인들의 손으로 넘어갔고 독일에서 이주해 오는 사람들의 수가 늘어나면서 독일 식민정부와 현지인들 간의 갈등도 심화되었다. 나미비아 중동부에 살던 헤레로족과 남부의 나마족(코이족)은 독일 정착민으로 인해 가장 큰 피해를 본 사람들이었다. 1904년 새뮤얼 마하레로 추장이 이끄는 헤레로족과 헨드릭 비트부이 추장이 이끄는 나마족은 독일 식민정부를 상대로 반란을 일으켰지만 실패했다. 마하레로는 살아남아 약 천 명의 헤레로족을 이끌고 영국령 베츄아날랜드 보호령(보츠와나)으로 피신해 북부 베츄아날랜드 추장의 가신이 되어 헤레로 난민들을 통솔했다. 나마족 지도자 비트부이는 1905년 전사했다.

수만 명의 헤레로족과 나마족이 죽은 이 사건은 헤레로-나마 종족학살 또는 헤레로 전쟁으로 불린다. 로타 폰 트로타 장군(1848년~1920년)이 지휘하는 독일 병사들은 원주민 거주 지역을 포위하고 사막으로 통하는 길만 열어두었다. 포위망을 피해 도주한 헤레로족은 트로타의 함정에 빠져 사막으로 들어갔고 패잔병, 부녀자, 아이들을 포함한 많은 사람들이 사막 한가운데서 갈증과 허기로 죽어갔다. 학살은 전투가 끝난 후에도 조직적으로 자행되었다. 나마족보다 헤레로족한테 더 큰 적의를 품은 독일 식민정부는 헤레로족은 아무나 살해해도 좋다는 명령을 공공연히 선포했다. 살아남은 헤레로족은 남녀노소를 불문하고 집단수용소에 격리되어 중노동에 동원되었고 일부는 생체실험의 대상이 되었다. 수용소에서 풀려난 사람들은 독일인 회사와 가정에 노예처럼 할당되었다. 일곱 살이 넘은 모든 헤레로족은 노동자 등록번호가 새겨진 금속 원반 모양의 표식을 항상 지니고 다녀야 했으며 토지는 물론 가축도 소유할 수 없었다. 독일 식민정부는 모든 헤레로족의 자연도태를 원했던 것이다.

2차 대전 중 유대인 홀로코스트를 주도한 나치는 헤레로-나마 인종 학살에서 많은 영감을 얻었다. 나치 당원인 오이겐 피셔는 일찍이 독일령 남서아프리카에서 헤레로족과 나마족을 상대로 생체실험을 했고 백인(독일인, 아프리카너) 남성과 코이족 여성 사이에서 태어난 바스터스에 대해서 연구했다. 훗날 유전인류학의 세계적인 권위자가 된 피셔는 혼혈인들이 독일인의 순수한 혈통을 오염시킨다고 주장했다. 독일 식민정부는 피셔의 주장을 받아들여 1912년 인종 간의 결혼을 금지했다. 1923년 옥중에서 피셔의 저서를 읽은 히틀러는 아리안족의 우월성에 대한 확신을 갖게 되었다. 독일로 돌아가 베를린 대학의 총장이 된 피셔는 제자들 중에 나치 당원들이 많았다.

아우슈비츠와 비르케나우 수용소에서 유대인을 대상으로 생체실험과 우생학 실험을 했던 나치 친위대 외과의사 요세프 멩겔레는 쌍둥이 유전자 연구방법론의 개척자로 불리는 오트마 폰 페르슈어의 제자였는데 페르슈어는 피셔의 제자였다. 멩겔레가 수용소에서 보내주는 인체 샘플과 생체실험 보고서를 연구에 이용한 페르슈어도 나치 당원이었다. 아프리카에서 헤레로족 학살에 관여했던 독일 장교 프란츠 리터 폰 에프는 나중에 정치가로 변신해서 나치의 인종 청소를 옹호했다.

나마족을 제외한 코이족은 오늘날 거의 남아 있지 않다. 나마족은 현재 중부 나미비아에 주로 거주하며 남아공-나미비아 접경지대인 나마쿠아랜드에도 나마족 일부가 흩어져 살고 있다. 나마족은 대부분 아프리칸스어도 구사한다. 케이프의 코이족이 혼혈 과정을 거치면서 코이족으로서의 정체성을 상실해 간 반면 나마족을 중심으로 한 나미비아의 코이족은 비록 소수이기는 하지만 아직까지 그들의 정체성을 유지하고 있다.

1.3. 니제르강과 니제르강 유역의 도시들

서아프리카의 역사와 문화를 소개하는 데 있어 빼놓을 수 없는 것이 니제르강이다. 나일강과 콩고강에 이어 아프리카에서 세 번째로 긴 니제르강은 장구한 세월을 흐르면서 수많은 역사의 흥망성쇠를 목도했다. 니제르강 유역의 고도(古都)인 세구, 젠네, 몹티, 팀북투, 가오는 서 수단의 종교, 교육, 정치의 중심지였으며, 가나 제국, 말리 제국, 송가이 제국 등은 니제르강의 지정학적 이점과 수자원을 토대로 성장한 나라들이었다.

니제르강은 기니 공화국 남부의 기니고원에서 발원해 말리 공화국 중앙을 동북 방향으로 길게 관통한 후, 니제르 공화국과 베닌 공화국 경계를 지나 나이지리아 중부의 로카자시에서 베누에강과 합류해 기니만으로 흘러들어가면서 삼각주를 형성한다. 강의 전체적인 모습은 반원형 호를 연상시킨다. 약 4,100km에 이르는 니제르강은 말리의 가오를 기준으로 서쪽 굽이와 동쪽 굽이로 나뉜다. 서쪽 굽이에 위치한 바마코와 팀북투 사이의 방대한 내륙 삼각주는 상류에서 실려 온 침전물이 쌓인 비옥한 땅으로 고대부터 현재까지 많은 종족들의 삶의 터전이 되어왔다. 동쪽 굽이의 끝은

니제르강 유역의 주요 도시들

1. 팀북투; 2. 가오; 3. 몹티; 4. 젠네; 5. 바마코; 6. 세구

대서양의 기니만과 만나는 하구다. 기니만 연안 니제르 삼각주 지대의 높은 인구밀도도 풍부한 수산 자원과 기름진 토양에 기인한다.

바마코와 팀북투를 잇는 교역로의 시발점인 바마코는 14세기에 전성기를 누린 말리 제국의 도읍이자 현재 말리 공화국의 수도다. 바마코는 밤바라어로 악어의 꼬리를 뜻한다. 바마코를 처음 지배한 종족은 가나 제국을 건설한 소닝케족이다. 가나 제국의 수도 쿰비 살레는 바마코 북쪽 약 320km 되는 지점에 있었다. 바마코는 팀북투를 지나 북아프리카로 이어지는 사하라 종단 무역로의 출발지로 금, 상아, 목화, 콜라너트가 주요 생산품이었다. 가나가 전성기에 달한 11세기에 바마코는 가나의 최대 상업 도시가 되었고 말리 제국 시절에는 팀북투와 함께 서 수단 이슬람 교육의 중심지로 이름을 떨쳤다. 바마코는 11세기 중엽 모리타니에서 일어나 스페인 남부를 통치한 광신적 이슬람교도인 알모라비드의 침략으로 쿰비 살레와 함께 함락되지만 1087년 다시 수복되었다. 가나의 문화유산을 승계한 말리 제국은 바마코를 수도로 삼았다. 바마코는 15세기 말 송가이의 수중에 떨어졌다가 1591년 송가이가 망한 후 잠시 모로코인들의 지배를 받았다. 송가이 제국의 멸망은 가나-말리-송가이로 이어지던 정치적 안정과 이슬람 문명의 쇠퇴를 의미하는 것이었다. 바마코도 세인의 기억 속에서 점점 사라져갔다. 바마코가 역사의 수면 위로 다시 부상한 것은 19세기 말이다.

1883년 프랑스인들은 고작 수백 명의 사람들만 거주하던 작은 시골마을 바마코에 요새를 건설했다. 바마코를 서 수단 식민지의 교두보로 삼은 프랑스는 1923년 세네갈의 다카르와 바마코를 연결하는 철도를 부설했다. 바마코의 인구는 2021년 기준 약 220만 명이다.

바마코에서 북동쪽으로 230km 떨어진 세구는 18세기 초부터 19세기 중엽까지 존재한 밤바라 제국(1712년~1861년)의 수도였다. 말리가 망한 후 말리의 케이타 왕조를 섬겼던 밤바라족의 일파(一派)가 건설한 밤바라 제국은 바마나 제국 또는 세구 제국으로도 불린다. 세구는 18세기와 19세기 풀라니족의 이슬람 성전이 서 수단을 휩쓸 때 풀라니족에 맞서 싸운 밤바라족의 거점 도시이자 치열한 격전지였다. 밤바라 제국은 풀라니계에 속하는 투콜로르족의 알하지 우마르 탈에 의해 1861년 멸망했다. 우마르 탈이 죽은 후 그의 아들 아흐마드 탈이 다스린 세구는 투콜로르 제국이 망하기 3년 전인 1890년 프랑스에 함락되었다.

세구는 오늘날 말리 공화국에서 다섯 번째로 큰 도시다. 세구의 다수 종족은 밤바라족이며 보조족, 말링케족, 소닝케족, 풀라니족, 투콜로르족 등이 함께 살고 있다. 밤바라족은 농부였고 두 번째로 큰 종족인 보조족은 니제르강가에 거주하며 어업과 수상 운송업에 종사했다. 말리 제국의 케이타 왕조를 이끌던 말링케족은 같은 만데 어군에 속하는 밤바라족과 문화적으로 많은 것을 공유했다. 만데 어군의 또 다른 갈래인 소닝케족은 가나 제국의 후예이자 송가이 제국의 후기 왕조를 연 아스키아 대왕의 후예로서 한때는 위대한 전사들이었지만 송가이가 망한 후에는 원거리를 왕래하는 장사로 생계를 유지했다. 투콜로르족은 18~19세기의 이슬람 성전에서 풀라니족 편에서 밤바라족과 싸운 넓은 의미의 풀라니계 사람들이다. 말링케족, 소닝케족, 밤바라족, 풀라니족, 투콜로르족은 제2장 종족과 역사에서 각각 독립된 절로 다루어질 것이다.

니제르강을 따라 바마코에서 560km, 세구에서 330km 북동쪽으로 가면 젠네가 나온다. 니제르강과 니제르강의 지류인 바니강 사이에 위치한 젠네는 유네스코 세계문화유산으로 등재된 이슬람 사원이 있는 곳이다. 이 사원은 흙으로 지어진 세계에서 가장 큰 건축물이다.[47] 젠네는 비옥한 땅과 더불어 세구, 몹티, 팀북투까지 이어지는 편리한 수상 교통으로 오래전부터 많은 종족들의 삶의 터전이 되어왔다. 젠네가 언제부터 교역의 중심지가 되었는지는 불분명하다. 니제르강 내륙 델타 유역의 다른 도시들과는 달리 젠네에 관한 아랍, 베르베르 학자들의 15세기 이전의 기록은 전무하다. 14세기 중엽 말리를 방문한 모로코 출신의 베르베르인 이븐바투타의 여행기에도 왈라타, 팀북투, 가오 등에 관한 기록은 있지만 젠네에 관한 언급은 없다. 이것은 젠네의 위상에 흠이 되는 것이지만 20세기 말에 이루어진 매킨토시의 고고학적 발굴을 통해서 볼 때 젠네의 역사는 적어도 기원전 3세기까지 거슬러 올라가는 것처럼 보인다.[48]

젠네는 16세기 초에 가서야 문헌에 처음으로 등장한다. 15세기 말 스페인의 무어인 가정에서 태어나 모로코의 페즈에서 이슬람 교육을 받은 레오 아프리카누스는 20대 중반의 나이에 당시 송가이 제국의 영내에 있던 젠네와 팀북투를 포함한 서 수단의 여러 도시들을 여행했다. 레오는 1518년 지중해를 여행하던 중 해적들에게 잡혀 로마로 팔려갔고 그곳에서 교황 레오 10세의 총애를 받으며 불후의 명저 『아프리카의 역사와 서술』을 집필했다. 이 책은 출간 후 영어, 프랑스어, 라틴어 등으로 번역되었으며, 19세기 말 유럽인들의 아프리카 여행기가 본격적으로 나오기 전까지 아프리카에 관한 최고의 지침서로 널리 읽혀졌다.

종족들 사이에서 전승되는 구전사(口傳史)와 매킨토시 부부의 연구를 종합해 보면[49], 젠네는 8~9세기경 이미 상당한 규모의 도시로 존재했으며 10세기 전후의 성장기를 거쳐 13세기 중엽에는 팀북투와 함께 말리 제국의 경제 요충지가 되었음을 알 수 있다. 젠네는 이후 말리의 몰락과 함께 쇠퇴기를 걷다가 송가이 제국의 아스키아 대왕이 니제르강 유역을 통제하기 시작한 16세기부터 다시 부활해 프랑스가 새로운

---

47 젠네 대사원은 13세기의 옛 터에 1907년 지어졌다.

48 McIntosh, R. J. & S. K. McIntosh. 1981. 'The Inland Niger Delta before the Empire of Mali: Evidence of Jenne-Jeno.' p. 1. The Journal of African History 22: 1-22.

49 McIntosh, R. J. & S. K. McIntosh. 2004. 'Results of Recent Excavations at Jenné-jeno and Djenné, Mali.' In Proceedings of the Eleventh Congress of the Pan-African Association for Prehistory and Related Fields. (eds.) Sanogo, K. & T. Togola. pp. 469-481. Bamako: Institut des Sciences Humaines.; McIntosh, R. J. 1998. The peoples of the Middle Niger: the Island of Gold. London: Blackwell.

형태의 무역을 도입하는 19세기 말까지 서 수단의 중심 도시로 발전했다. 젠네에서 선적된 금, 소금, 구리, 골라너트, 노예는 니제르강의 수로를 따라 500km 떨어진 팀북투까지 운반되었으며 그곳에서 다시 사하라 사막을 경유해 북아프리카로 수출되었다.

현재 젠네에서 쓰이는 말들 중에서 사용 인구가 가장 많은 것은 송가이어의 한 방언인 젠네 치이니어다. 젠네에는 그 찬란했던 역사를 반영하듯이 보조어, 풀라니어, 밤바라어 등을 사용하는 사람들도 다수 거주한다.

바마코에서 북동쪽으로 약 640km 떨어진 몹티는 니제르강과 합류하는 바니강의 오른쪽 기슭에 있다. 몹티는 연중 덥고 건조하지만 사헬 기후대의 남쪽 끝에 위치하기 때문에 열대 우림 기후대의 특징도 함께 보여준다. 한여름에 해당하는 4월과 5월에는 기온이 40도 이상까지 올라가며, 연 강수량의 대부분이 6월에서 시작해 9월까지 이어지는 우기에 집중된다. 12월과 1월은 한랭기로 평균 최저 기온은 15도, 평균 최고 기온은 32도 가까이 된다.

몹티는 니제르 델타의 중심부를 차지하는 몹티 주의 수도로 말리 공화국의 가장 번잡한 도시들 중 하나다. 8월에서 12월 사이에 강들이 범람해 저지대가 침수하면 몹티는 여러 개의 섬들로 변하고 섬과 섬 사이는 물에 잠기지 않은 둑길로 연결된다. 젠네, 팀북투, 가오 등과는 달리 몹티는 19세기 말 프랑스가 점령할 때까지 서 수단 역사에서 큰 주목을 받지 못했다.[50] 수백 명의 주민이 거주하던 작은 마을이 사람들의 주목을 받기 시작한 것은 풀라니족의 이슬람 성전이 위세를 떨치던 19세기 초에 가서야 가능했다. 몹티는 19세기 초 풀라니 전사(戰士) 세쿠 아흐마두가 밤바라족과 이교도 풀라니들을 몰아내고 니제르강 서쪽 굽이의 삼각주 지역에 세운 맛시나 제국에 귀속되었다가, 1862년 우마르 탈이 몹티에서 북서쪽으로 21km 떨어져 있는 맛시나의 수도 함둘라히를 함락시키고 투콜로르 제국을 건설한 후에는 투콜로르족의 지배

---

50 1828년 젠네에서 팀북투까지 보트로 여행을 하다 몹티에 잠시 정박한 프랑스인 탐험가 르네 까이예는 몹티에 대해서 “약 700~800명의 사람들이 햇볕에 말린 진흙 벽돌로 지은 집에 살고 있다”고 기술했다. (Caillié, René. 1830. Travels through Central Africa to Timbuctoo; and across the Great Desert, to Morocco, Performed in the Years 1824-1828. Volume 2. pp. 8-9. London: Colburn & Bentley.) 르네 까이예의 문헌에는 몹티가 이사까로 표기되어 있는데 이사까는 송가이어로 디아파라베에서 몹티에 이르는 니제르강의 구간을 일컫는 말이다. (Delafosse. M. 1912. Haut-Sénégal-Niger. Volume 1 Le Pays, les Peuples, les Langues. p. 69. Paris: Émile Larose.)

를 받았다.[51] 몹티는 프랑스 지배하에서 본격적으로 발전했다. 1893년 투콜로르 제국을 정복한 프랑스는 1905년부터 1912년까지 7년에 걸친 대역사 끝에 몹티와 몹티에서 남동쪽으로 10km 떨어진 세바레를 연결하는 제방 길을 축조했다. 세바레는 동쪽으로는 반디아가라, 북쪽으로는 팀북투와 가오, 남서쪽으로는 세구와 바마코, 남쪽으로는 부르키나파소와 연결되는 교통의 요지였다. 몹티는 이 길이 생기면서 니제르강이 범람하는 홍수기에도 육로로 이들 도시에 접근할 수 있게 되었다.

몹티는 니제르강과 바니강이 교차하는 말리 최대의 수상 도시답게 종족의 구성도 다양하다. 몹티에는 풀라니족을 필두로 보조족, 밤바라족, 도곤족, 송가이족, 모시족 등이 살고 있다. 풀라니족은 니제르강과 바니강이 만들어낸 넓은 초지에서 소를 방목하며 바마코까지 소를 몰고 가 그곳 우시장에 내다 판다. 소금, 말린 생선, 도자기, 천 등은 몹티를 상징하는 것들이다. 오래전부터 여성들은 도기나 항아리를 만들어 팀북투나 젠네에서 온 상인들에게 내다 팔았고, 남성들은 추상적인 무늬가 새겨진 직물을 제조했다. 팀북투 북쪽 사하라 사막의 소금 광산에서 채굴된 암염은 낙타로 몹티까지 운반되어 이곳에서 니제르강의 수로를 따라 여러 지역으로 팔려나갔다. 생선은 소금과 함께 지역경제를 떠받치고 있는 몹티의 주요 산물이다. 분말로 가공된 것은 영양가 높은 조미료로 사용되며, 솥에서 찐 다음 훈제하여 말린 큰 생선은 오랜 세월 니제르강 유역 주민들이 의지해 온 단백질 공급원이다. 니제르강의 지류가 거미줄처럼 얽혀 있는 서아프리카에서 시장이나 마을 어귀의 좌판 위에 진열된 훈제 생선은 어딜 가나 볼 수 있는 문화적 진풍경이다. 생선 한 마리로 허기를 달래면서 유유히 흘러가는 황혼이 물든 니제르강을 바라보던 한 무리의 대상(隊商)은 마치 그 강의 모든 영욕의 역사를 알고 있는 듯했다.

1988년 유네스코 세계문화유산으로 등록된 팀북투는 가나 제국 이래 모로코가 송가이를 정복하는 16세기 말까지 서 수단 이슬람 문명사의 중심에 있던 도시였다. 사막화와 계속된 인구 유출로 현재는 거의 황폐화되다시피 한 팀북투는 문화적 고도(古都)로서의 명성을 간신히 유지하고 있다. 니제르강의 서쪽 굽이가 동쪽으로 꺾이는 정점에서 동쪽의 가오와 마주보고 있는 팀북투는 가나 제국 시절에 건설되어 말

---

51 맛시나 제국과 투콜로르 제국은 제2장에서 살펴볼 것이다.

리 제국 때 전성기를 누렸다. 이후 송가이 제국의 이슬람 진흥 정책에 편승해 서 수단의 교육의 메카로 명성을 떨쳤다.

말리 제국의 세력이 약화된 후 송가이가 서 수단의 패자로 등장하기에 앞서 투아레그족이 잠시 팀북투를 차지한 적이 있다. 이후 모로코의 베르베르인과 이베리아반도의 안달루시아인이 송가이를 침략해 사하라 사막에서 가까운 팀북투를 거점으로 니제르강 서쪽 굽이의 중하류 지방을 지배했다. 이 송가이 침공을 지휘한 사람은 모로코 사아디 왕조의 젊은 술탄 아흐메드 알-만수르가 임명한 스페인 태생의 장군 주다르 파샤였다. 황금과 소금 광산을 약탈하기 위해 파병된 베르베르, 안달루시아 병사들은 현지에 도착한 후 얼마 못 가 본국인 모로코와 소통이 단절되자 흑인 문화에 빠른 속도로 동화되어 갔다. 흑인과 이들 사이에서 태어난 아르마라 불리는 혼혈인의 후손들이 이 침략전쟁이 남긴 유일한 역사의 흔적이다. 약 2만 명의 아르마인들이 지금도 독립된 정체성을 간직하며 팀북투에 살고 있다.[52]

팀북투에 대한 아르마인들의 지배권은 늘 불안했다. 1737년에는 투아레그족이 또 쳐들어와 팀북투를 일시적으로 점령했고, 그 후 19세기 초까지 투아레그족, 밤바라족, 모리타니에서 온 베르베르-아랍 계열의 쿤타족 등이 이 도시에 번갈아 가며 간헐적으로 입성했다. 우스만에 의해 하우사 땅에서 시작된 풀라니 성전의 열기가 서아프리카를 강타하던 1825년 팀북투는 맛시나 제국의 변방에 편입되었다. 맛시나 제국은 풀라니족인 세쿠 아흐마두가 우스만의 성전을 모방해 밤바라족과 이교도 풀라니들을 몰아내고 몹티와 세구, 함둘라히를 중심으로 니제르강 내륙 델타 지역에 세운 나라였다. 팀북투는 전쟁의 소용돌이 속에 계속 휘말렸다. 1862년 맛시나 제국이 사라진 뒤 팀북투는 알하지 우마르 탈이 세운 티자니아 성전 국가인 투콜로르 제국에 귀속되었다. 투콜로르 제국은 내분과 반란으로 금방 쇠약해졌으며 팀북투는 투아레그족과 소닝케족을 포함한 여러 민족들의 각축장으로 다시 전락했다. 마지막으로, 1890년 투콜로르 제국이 프랑스-밤바라 연합군에 의해 완전히 붕괴되고 팀북투는

52 아르마는 '화승총을 든 사람'이라는 뜻의 아랍어 'ar-rumah'에서 유래했다. Levtzion, N. 1975. 'North-West Africa: from the Maghrib to the Fringes of the Forest.' In The Cambridge History of Africa, Volume 4: c.1600-c.1790. (eds.) Richard Gray & Robert W. July. pp. 154-155. Cambridge: Cambridge University Press.

프랑스령이 되었다. 이상(以上)은 이 도시의 복잡한 역사에 관한 개략적인 설명에 불과하다. 니제르강만이 가나 제국 시절부터 현재까지 이어져 온 팀북투의 모든 것을 알고 있을 것이다.

팀북투의 역사는 서 수단 문명사의 축소판이다. 가나 제국이 말리 제국에 남긴 가장 큰 유산은 이슬람과 팀북투였다. 팀북투는 말리의 왕 만사 무사 치세에 젠네와 함께 말리에 병합되어 종교, 문화, 교육, 경제의 메카로 거듭났다. 건국 초부터 이슬람을 표방한 말리 제국은 북아프리카와 중동의 학자들을 초빙해 이슬람 교육을 강화했다. 그리고 그 중심에는 팀북투의 상코레 사원이 있었다. 팀북투의 명성은 송가이 제국 시절에 절정에 달했다. 송가이의 손니 왕조의 왕위를 찬탈하고 아스키아 왕조를 연 아스키아 대왕은 상코레 사원의 학교를 대학으로 발전시켰다. 서 수단 각지에서 모여든 우수한 학생들이 상코레 대학에서 신학과 더불어 천문학, 과학, 논리학을 비롯한 당시 아랍 세계의 첨단 학문을 배웠다. 이들 중에는 나중에 불세출의 학자가 된 아흐메드 바바도 포함되어 있었다. 당시 팀북투에는 코란을 배울 수 있는 학교가 150개가 넘었다고 전해진다.

사헬 기후대의 북방 한계선에 위치한 팀북투는 니제르강 서쪽 굽이의 수로를 이용할 수 있는 최북단의 도시였다. 세네갈 서쪽의 대서양과 나이지리아, 베닌, 토고, 가나 남쪽의 기니만이 신대륙과 아프리카를 왕래하는 대서양 무역의 전진기지가 될 때까지 팀부투는 사하라 이북의 도시들과 사헬 및 열대 우림 기후대를 잇는 무역 루트의 요충지였다. 말리 제국 북서쪽의 타가자에서 채굴된 소금은 낙타로 팀북투에 운반된 후 뱃길을 이용해 니제르강 유역의 여러 도시로 운송되었다. 거꾸로 노예와 금, 상아 같은 상품은 니제르강을 거쳐 팀북투에 도착한 다음 낙타에 실려 북쪽으로 팔려나갔다. 팀북투를 차지한 자가 서 수단의 패권을 장악할 수 있었던 것은 사하라 사막과 니제르강이 만나는 곳에 자리 잡은 팀북투의 지정학적 이점 때문이었다.

팀북투의 지정학적 위치는 인적 교류에도 기여했다. 이슬람 세계의 성직자와 학자들은 말리와 송가이의 왕들의 환대를 받으며 팀북투를 왕래했다. 아래의 단락은 이븐바투타의 말리 제국에 관한 글에서 발췌한 대목이다. 여기에 나오는 백인은 북아프리카와 아라비아반도에서 온 사람들이다.

흑인들의 선행으로는 부정이 적은 것을 들 수 있다. 그들은 부정을 가장 적게 저지르는 사람들로서 쑬탄은 그 누구도 추호의 부정이라도 저지르는 것을 허용치 않는다. 그들의 선행으로는 전역에 안전이 보편화되어 있다. 여행자건 상주자건 도둑이나 약탈을 걱정할 필요가 전혀 없다. 그들의 선행으로는 또한 그곳에서 사망한 백인의 유산을 범접하지 않는다는 점도 들 수 있다. 망자에게 유산이 아무리 많더라도 믿을 만한 백인의 손에 맡겨두었다가 합법적인 상속인이 수취하도록 한다.[53]

팀북투는 기니만에서 출발해 내륙의 열대 우림 기후대를 지나 북쪽으로 올라가는 길이 개척될 때까지 서 수단과 외부 세계를 연결하는 유일무이한 관문이었다. 학자들과 여행객들도 사하라 사막을 지나 팀북투에 도착했다. 제2장에서 언급될 레오 아프리카누스의 니제르강 유역 탐방도 팀북투에서 시작되었다. 팀북투에 이르는 또 다른 방법은 감비아에서 출발해 육로로 바마코에 도착한 다음 니제르강의 수로를 따라 세구와 몹티를 경유하는 것이었다. 팀북투를 비롯한 니제르강의 도시들을 최초로 방문한 유럽인인 스코틀랜드의 탐험가 뭉고 파크(1771년~1806년)가 니제르강을 두 번째로 탐사할 때 이 루트를 이용했지만 감비아에서 바마코까지의 먼 여정으로 인해 현지인과 상인들은 이 길을 이용할 가치를 느끼지 못했다. 뭉고 파크는 그의 편지에서도 밝혔듯이 니제르강 탐사에 인생의 모든 것을 건 위대한 탐험가였다. 그는 1805년 감비아의 피사니아에서 출발해 걸어서 말리의 바마코에 도착한 다음 카누를 이용해 바마코에서 세구와 팀북투를 거쳐 현재의 베닌 공화국에서 멀지 않은 나이지리아 중서부의 도시 붓사에까지 갔지만 끝내 니제르강이 바다와 합류하는 지점을 보지 못하고 1806년 붓사에서 사망했다.

팀북투의 몰락은 서아프리카의 모든 정치적, 경제적, 환경적 불행을 함축하고 있는 것처럼 보인다. 주다르 파샤가 이끄는 모로코인들의 약탈과 무슬림 학자들의 납치가 이 도시에 가해진 정치적 재앙이었다면 대서양 횡단 무역의 등장은 팀북투를 거점으로 한 사하라 종단 무역의 쇠퇴를 가져온 경제적 재앙이었다. 불행은 여기서 그치지 않았다. 오랜 시간 계속되어 온 사막화는 서아프리카 사헬 기후대 북단의 모

53 이븐 바투타. 2001. 『이븐 바투타 여행기』. 정수일 譯. 창작과 비평사. 410쪽.

든 도시들이 감내해야 할 숙명이었다. 사하라 사막은 동쪽은 물론 남쪽으로도 확장되고 있다. 모래바람과 먼지 속에서 위대한 제국들의 고매한 흔적을 간직하고 있는 이 도시가 옛 영광을 되찾는 날, 그것은 서 수단의 흑인 문명이 또 다시 찬연히 빛나는 날이 될 것이다.

제2장
종족과 역사

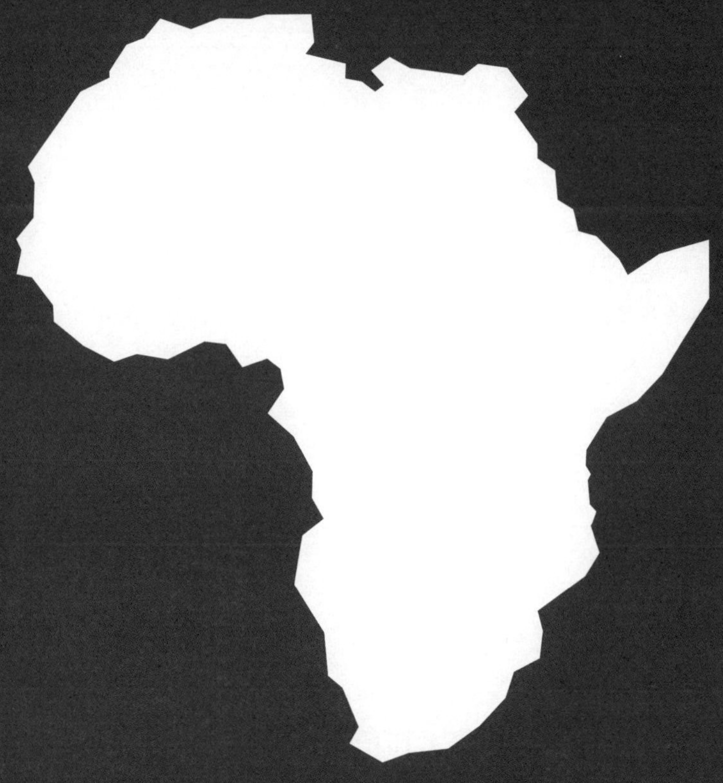

나이지리아의 소설가이자 인권 운동가인 켄-사로 위와의 처형과 관련해서 오래전 모 라디오 방송과 전화 인터뷰를 한 적이 있다. 현 정권에 큰 위협이 되지도 않는 사람을 증명되지도 않은 협의를 씌워 다섯 명이나 처형했다는 사실은 놀라움을 안겨주기에 충분했다. 그러나 정작 놀라운 것은 인터뷰의 마지막 순간에 일어났다. 방송 진행 담당자의 '역시 아프리카는 할 수 없군요'라는 말이 만약 영국이나 프랑스에서 발화되었다면 그 파장은 자못 컸을 것이다. 우리나라도 인권과 관련된 불행한 역사가 있고 불과 얼마 전까지만 해도 나이지리아와 비교될 수 있는 입장에 놓여 있었다. 미국도 흑인 인권 문제로 세계인들의 주목을 받고 있다. 그렇다면 왜 하필 '역시 아프리카는 할 수 없군요'인가? 세계화가 덜 되어서일까? 그 순간 '아직 멀었구나'하는 생각이 필자의 머리를 스치고 지나갔다.

아프리카는 문명의 오지가 아니었으며 아프리카의 과거와 현재도 우리의 그것과 하등 다를 바 없다. 오늘날 서양의 지식인들은 수 세기 전 그들의 선조가 아프리카의 문화를 폄하하기 위해 쏟았던 똑같은 정도의 혹은 그 이상의 열정을 가지고 검은 대륙을 미화하고 있다. 아프리카의 문학, 종교, 음악, 미술을, 그리고 그들에게만 존재하는 미적 또는 영적 현상을 너무 지나치다 싶을 정도로 찬양하는 학자들의 양심은 그들이 오래전에 했어야 할 일들을 미루어왔던 행적에 대한 요란한 고해성사임이 틀림없다.

20세기 중엽 인류학자들은 많은 일을 했다. 그들은 아프리카에서, 남태평양에서, 서인도제도에서 다가올 후학들의 항해를 위해 거친 편견의 바다를 잔잔히 파도치는 물결로 바꾸어 놓았다. 오늘날 아프리카의 재인식이라는 지적 항해는 폭풍우가 몰아치던 지난 시절을 되돌아 볼 때 한없이 평화로워 보인다. 그러나 우월감에 기인한 일부 부유한 낭만파들의 지적 유희는 편견과 왜곡의 역사에 아무런 책임도 없는 한 이방인의 눈에 요란스럽게 비쳐지는 것 또한 사실이다. 인간의 풍경에 돌연변이란 그리 많지 않다. 아프리카인들이라고 해서 더 나은 것도 더 못한 것도 없을 것이다.

한 집단 내의 환경이 독립적으로 작용해 문명이 발생한 것이 아니라면 대다수의 역사학자들이 주장하듯이 집단과 집단의 상호작용의 결과 문명이 발생했을 것이 틀림없다. 아프리카도 이 점에 있어서 예외는 아니다. 종족과 종족 간에 존재했던 평화적이거나 적대적인 관계, 그리고 오래전부터 있어 왔던 이슬람 세계와의 교류는 아프리카인들의 삶을 정적인 상태로 방치해 두지 않고 동적인 변화의 과정 속에 위치시켰다. 동아프리카와 남아프리카를 제외하고 서아프리카만을 예로 들더라도 우리는 많은 역사의 흥망성쇠에 대해서 알고 있다. 서 수단[1] 지역에서 번성했던 가나 제국, 말리 제국, 송가이 제국, 테크루르 제국, 월로프 제국, 세레르 왕국, 중부 수단 지역의 하우사-플라니 제국, 카넴-보르누 제국, 모시족, 주쿤족, 누페족의 왕국들; 열대우림 기후대의 오요 제국, 베닌 제국, 다호메이 제국, 아산테 제국 등, 많은 제국과 왕국들의 번영과 몰락은 토인비가 아시아의 역사를 논함에 있어 한국을 언급하지 않음으로써 극한의 무지를 드러냈던 것처럼 아프리카의 역사에 대한 몰이해도 무지의 소치임을 드러낸다.

수 세기 동안 계속된 노예 무역은 서구의 자본 축적을 가능케 했고 이를 토대로 싹튼 산업혁명은 이번에는 노예 무역의 비인도성을 외칠 근엄한 기회를 제공했다. 노예 무역을 금하는 법이 영국에서 최초로 만들어진 것은 결코 우연이 아니다. 그리하여 이번에는 동산(動産)의 거래가 아닌 산업생산에 소요되는 자원 수탈을 위한 아프리카의 분할이라는 부동산 거래가 자와 연필이 부딪치는 탐욕의 소리를 내며 유럽의 한 탁자 위에서 이루어졌다. 이미 급변하는 세계정세에 대응할 능력과 근대화를 추진할 충분한 의지를 갖고 있던, 그래서 가만히 놔두었더라면 자기들끼리의 전쟁과 통합과 필연적으로 뒤따르게 될 외부 세계와의 교류에 의해 근대국가로 발돋움할 수 있었던 아프리카의 많은 국가들은 한국이 구한말 일본에 강점됨으로써 자주적인 발전 기회를 박탈당했던 것처럼 소위 문명과 복음의 전파라는 미명(美名) 아래 사라져갔다. 본 장은 이 슬픈 그러나 찬란했던 역사에 대한 객관적 서술이다.

---

1 여기서 말하는 수단은 사하라 사막 이남의 서아프리카를 가리키는 말이다. 따라서 서 수단은 서아프리카의 서쪽 지역을 뜻한다.

2.1. 하우사족과 하우사 칠 왕국

하우사족은 사하라 이남의 아프리카에서 가장 큰 종족이다. 두 번째는 요루바족, 세 번째는 익보족인데, 이들이 모두 나이지리아에 살고 있다. 한 나라에 다수 종족이 존재하느냐 그리고 몇 개가 존재하느냐 하는 것은 중요한 의미를 갖는다. 국가적 사안에 대한 정책 결정이 이들의 힘을 반영하기 때문이다. 다른 한 편으로 다수의 독단적 타협에 두려움을 느끼는 소수 종족들의 연합은 세력 균형의 변수로 작용하기도 한다. 그러나 한둘의 예외는 있을지 몰라도 균형의 일반적 상태를 교란하거나 안정적으로 유지시키는 것은 다수에 의해서만 가능하다. 나이지리아도 예외는 아니다.

2023년 1월 기준 약 2억 2,380만 명으로 추산되는 나이지리아 인구는 흑아프리카 전체 인구 11억의 18%에 달하며, 2021년 국내총생산은 4,290억 불로서[2] 세계에서 스물여덟 번째로 큰 경제 규모다. 종족 구성도 다양하다. 사람들에 따라 분류하는 기준이 다르다는 점을 감안해도 최소 150개가 넘는 종족이 살고 있으며[3] 아프리카에 존재하는 네 개의 어족 중에서 코이산을 제외한 세 어족의 언어들이 나이지리아에서 관찰된다.[4] 이들 언어의 화자는 적게는 수천 명에서 많게는 수천만에 이른다.

나이지리아는 다민족 국가라는 점에서 미국과 비슷하다. 미국은 아메리카 인디언을 제외한 대부분의 사람들이 꿈과 이상을 찾아 미국 밖에서 이주해왔고 오랜 경험을 통해 화합을 이루는 방법을 터득했으며 청교도 윤리와 개척정신으로 대변되는 미국문화를 탄생시켰다. 이들은 종교적 자유와 행복한 삶의 추구라는 공통의 목적이 있었고 조국의 불합리와 모순을 등지고 떠나온 이상 종족주의에 얽매일 필요도 없었다. 또한 앵글로색슨이라는 압도적 다수의 존재는 이주민들 사이의 주도권 다툼의 여지를

---

2 https://statisticstimes.com/economy/projected-world-gdp-ranking.php

3 나이지리아의 언어를 티펜은 150개, 한스포드는 394개, 밤그보세는 400개로 파악했다. 아폴라얀은 남동나이지리아의 리버스주에서 쓰이는 이조어를 열일곱 개의 언어로 재분류해야 한다고 말하면서 실제의 언어는 위에서 제시된 것보다 훨씬 더 많을 것이라고 주장했다. Tiffen, B. W. 1968. 'Language Education in Commonwealth Africa.' In Language in Education. (ed.) J. Dakin. London: Oxford University Press. ; Bamgbose, A. 1971. 'The English in Nigeria.' In The English Language in West Africa. (ed.) J. Spencer. London: Longman. ; Hansford, K. et al. 1976. An Index of Nigerian Languages. Accra: Summer Institute of Linguistics.

4 나이지리아에서 사용되는 언어 중에서 286개는 나이저-코르도판 어족에 속하며, 103개는 아프리카-아시아 어족에, 3개는 나일-사하라 어족에 속한다. 코이산 어족에 속하는 언어만 관찰되지 않는다. Hansford, K. et al. 1976. An Index of Nigerian Languages. p. 87. Accra: Summer Institute of Linguistics.

없앴으며 순차적으로 이주해오는 사람들의 순조로운 문화적 동화(同化)를 실현했다.

수백의 종족이 같은 장소에서 서로 경쟁하며 살아온 나이지리아는 미국과 다르다. 아프리카의 많은 나라들은 조상들이 평화롭게 합의한 경계선 대신 유럽인들이 자의적으로 그어놓은 국경선 내에서 살고 있다. 그 결과 한 종족이 여러 나라로 흩어진 경우도 있고 적대적인 역사를 지닌 상이한 집단들이 한 나라로 통합된 경우도 있다. 이렇게 탄생한 나라들은 정체성의 충돌이라는 문제를 가질 수밖에 없었으며 그 충돌은 나이지리아의 비아프라 내전처럼 국가적 비극으로 치닫기도 했다. 네 명의 아내를 둘 수 있는 무슬림 하우사 청년과 기독교를 믿는 개방적인 익보족 처녀에게 문화 간 거리는 너무 멀고 현실과 이상 사이의 벽은 너무 높다. 아누모네가 스코틀랜드의 에딘버러에서 행한 나이지리아 학생들의 의식 조사는 독립 후 종족들 간의 사회적 거리감이 얼마나 심각한 수준이었는지 잘 보여준다. 이 조사에 의하면 요루바 남학생의 56%, 여학생의 69%, 익보 남학생의 85%, 여학생의 94%가 하우사족과 결혼할 수 없다고 답했다.[5] 영국인들은 식민 통치를 위해 영어가 가능한 요루바족과 익보족을 관공서의 하급 관리로 채용했는데 이것은 독립 후 이들에 대한 하우사족과 풀라니족의 경계심을 유발했다. 나이지리아의 파편화된 종족 구성은 국가건설을 위한 통합을 방해하고 각각의 종족은 저마다 그 규모에 어울리는 목소리를 낸다.[6] 북쪽 사람들은 남쪽 사람들을 의심하고 남쪽 사람들은 북쪽 무슬림들의 종교적 독단과 정치적 독재를 혐오한다.[7]

다민족 국가는 종족간의 갈등이라는 내적 불안 요인이 상존하지만 구성원들 사이의 벽을 허무는 화합과 포용의 정신이 정착된 경우도 있다. 중국은 오랜 역사를 통해 이질적인 집단들을 하나로 녹여 중화민족을 탄생시켰다. 수천의 민족 정체성이 모자이크처

---

5 Lawuyi, O. B. 1992. 'Ethnicity, Political Leadership and the Search for a Stable Negerian Society.' Scandinavian Journal of Development Alternatives 11(3&4): 127-135.

6 1964년의 연방선거에서 하우사-풀라니에 반대하는 북부인들이 결성한 NEPU(Northern Elements Progressive Union)의 동부 익보족과의 연합, 북부 및 중부 지역의 소수종족을 대변하는 UMBC(United Middle Belt Congress)와 NEPU의 연합은 소수 종족 연합의 좋은 예다.

7 1986년 나이지리아가 이슬람연맹에 가입할 것이라는 연방정부의 발표는 카판찬 사태를 초래했다. 1987년 3월 카판찬에 있는 고등 교육 대학(Advanced Teachers College)에서 코란의 해석을 둘러싸고 일어난 크리스천 학생들과 무슬림 학생들의 충돌은 북부의 다른 도시로 확산되어 열아홉 명이 넘는 사람들이 죽고, 다섯 개의 이슬람 사원과 백오십여 개의 교회가 불타거나 파괴되는 유혈 사태를 초래했다. 이 사건 이후에도 1991년과 1992년 북부와 중북부 지역에서 발생한 이슬람교도와 기독교도의 충돌로 수백 명이 사망했다.

럼 얽혀 있는 아프리카에 내란(內亂)이 없는 것은 현실적으로 불가능하다. 그러나 그것만 있는 것은 아니다. 1993년 6월 12일에 치러진 나이지리아의 대통령 선거는 아름다운 모습을 보여주었다. 하우사족 후보인 토파와 요루바족 후보인 아비올라의 경쟁 구도에서 많은 하우사족이 토파 대신 아비올라를 지지했다. 이것은 지난 수십 년간 계속된 하우사-풀라니의 군부 독재와 만성화된 부패에 대한 범민족적 차원의 심판이었다. 나이지리아 정부는 화합과 민주화라는 두 마리의 토끼를 잡을 수 있는 기회를 외면했지만 유권자들의 종족이 아닌 국민으로서의 선택은 미래를 밝게 하는 긍정적인 변화였다.

국경선이 없던 시절 아프리카에는 평화로운 공존이 있었다. 원시문화의 낙인, 노예 무역과 종족 간의 전쟁, 베를린 회의와 대륙의 분할, 인위적인 국경선과 종족들의 찢겨짐, 독립 후의 내전과 경제적 낙후는 모두 중상주의, 계몽주의, 제국주의, 식민주의, 신식민주의의 소산이었다. 평화는 유럽인들이 한 손에는 성경을 그리고 다른 한 손에는 계몽의 깃발을 들고 아프리카에 첫발을 딛는 순간부터 위협받기 시작했다. 그로부터 수백 년이 흐른 지금 아프리카인들은 또 다른 형태의 공존을 추구하며 역경을 극복하고 있다. 서로 다른 말을 쓰고 서로 다른 요구를 하는 수백 명의 직원을 가진 회사가 있다고 상상해 보면 나이지리아라는 '회사'가 망하지 않고 존재한다는 사실 자체가 경이롭다. 곧 이어 살펴볼 우스만 단 포디오와 하우사-풀라니 제국의 탄생은 평화와 공존의 지혜가 이미 오래전부터 이 땅에 있었다는 것을 말해준다.

하우사족은 그들의 기원을 북아프리카와 연관시킨다. 전설에 따르면 바그다드의 왕한테 바야지다라는 아들이 하나 있었는데 왕과 사이가 좋지 않았다. 아들은 여행을 떠나 카누리족이 사는 북동 나이지리아의 보르누 지방을 거쳐 하우사족의 다우라 왕국에 도착했다. 바야지다는 여기서 사람들이 우물가에서 물 긷는 것을 방해하던 어떤 사악한 뱀을 죽인 후 이 나라의 여왕과 결혼하여 바워라는 아들을 낳았다. 바워는 일곱 아들을 두었는데 이들이 하우사 칠왕국, 즉 하우사 바크와이를 세웠다고 전해진다. 바워는 다른 여인과의 사이에 또 일곱 아들을 두었고 이들이 세운 왕국은 서자들의 칠왕국 즉 반자 바크와이라고 불린다.[8] 사람들은 이 전설에 등장하는 바그다드

---

8 서자들의 칠왕국, 즉 반자 바크와이는 하우사 칠왕국처럼 역사적으로 실재했던 나라들이다: 잠파라, 켑비, 누페, 그와리, 야우리, 크와라라파, 일로린. 반자 바크와이는 잠파라나 켑비처럼 하우사족이 많이 사는 곳도 있었고, 일로린처럼 요루바족이 세운 도시국가도 있었다. 그와리는 그와리족, 크와라라파는 주쿤족, 누페는 누페족의 나라였다.

가 서남아시아의 페르시아가 아니라 북아프리카의 어떤 지역을 상징한다고 믿는다.

주로 나이지리아 북부와 니제르 남부에 거주하는 하우사족은 대부분 무슬림이고 농경과 중계 무역을 주된 생계 수단으로 했다.[9] 오늘날에는 베닌, 카메룬, 차드, 가나 등지에서도 상당수의 하우사족을 볼 수 있다. 멀리 수단의 와디 지방에는 메카로 성지순례를 갔다가 돌아오는 길에 귀향을 포기하고 그곳에 정착해 사는 사람들도 있다. 서아프리카 전체에 분포하는 하우사족은 약 7,000만 명에 달하며, 하우사어를 제2외국어로 구사하는 사람들은 훨씬 더 많은 것으로 추산된다. 아프리카의 종족들이 크고 작은 집단으로 파편화되어 있다는 것을 생각하면 이 숫자가 엄청난 규모라는 것을 알 수 있다. 교통어로서의 하우사어의 위상은 최근 점점 더 높아지고 있다. 하우사는 인종적 개념이 아닌 문화적 개념이다. 조상이 하우사족이 아니어도 하우사 문화를 받아들이면 누구나 하우사족으로 간주된다. 어떤 사람이 자기가 하우사인이라고 하면 이것은 혈통을 뜻한다기보다 그가 하우사어를 모어로 쓰고 부차적으로 무슬림이라는 것을 의미한다.[10]

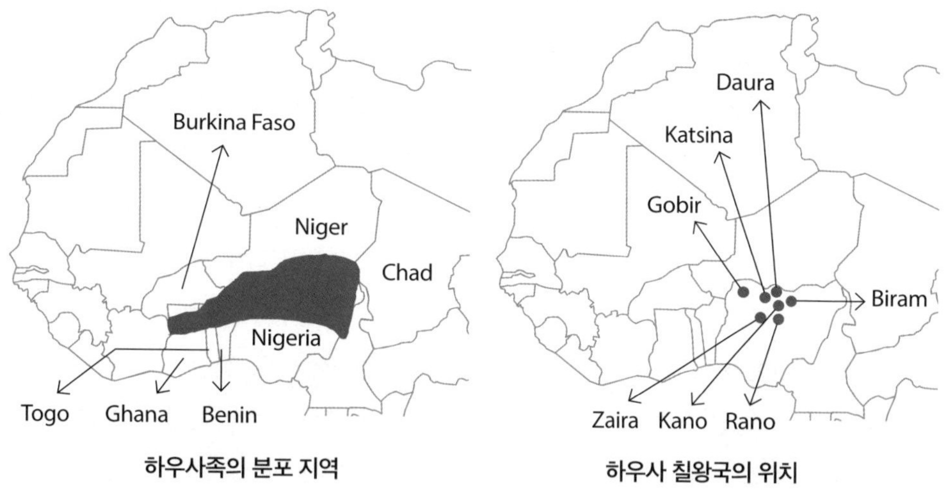

하우사족의 분포 지역

하우사 칠왕국의 위치

9 하우사족은 서쪽으로는 송가이족, 동쪽으로는 차드 호수 주변의 카누리족, 남쪽으로는 나이저강과 베누에강의 합류 지점, 북쪽으로는 니제르의 아가데스 이남의 사막 지대를 경계로 분포한다.

10 장태상. 1997.「나이지리아의 주요 종족과 그들의 문화적, 역사적 특성」.『세계인의 의식구조 II: 아주, 중동 및 아프리카 지역』. 한국외국어대학교 출판부. 315쪽.

하우사족은 인종적으로 흑인종에 속하지만 베르베르인의 피가 일부 섞였을 것으로 짐작된다. 이런 유형의 혼혈은 신대륙에서 볼 수 있는 몇 세대 전의 혼혈이 아니라 몇백 년 전 또는 그보다 더 먼 과거에 이루어진 혼혈이다. 나중에 소개될 풀라니족, 카누리족, 송가이족, 모시족, 다곰바족, 구르마족도 이 범주에 속한다. 사하라 사막 남단과 열대 우림 기후대 사이에 거주하던 사람들은 울창한 수림이나 산 같은 자연적인 보호막이 없었기 때문에 북쪽의 유목민에게 쉽게 노출되었다. 종족 간의 접촉은 다양한 피부색의 사람들을 만들어냈다. 풀라니족은 순수 흑인종의 모습을 보여주는 경우가 없는 것은 아니지만 일반적으로 밝은 피부와 가는 골격을 갖고 있다. 하우사족은 위도 상 풀라니족보다 더 아래쪽에 분포하지만 이 지역에 들어온 풀라니와 섞이면서 두 민족 간의 혼혈은 자연스럽게 이루어졌다.

하우사족의 외모는 요루바족이나 익보족의 생김새와 다르다. 얼굴 모양은 광안(廣顔)보다는 협안(狹顔)에 가깝고 머리카락도 덜 곱슬곱슬하다. 코나 입술의 형태, 피부색도 차이를 드러낸다. 이런 신체상의 특징을 민감하게 받아들이는 사람들도 있다. 요루바족이나 익보족에 인종적 우월감을 느끼는 하우사인이 있고 하우사족보다 흑인종의 요소가 더 희석된 풀라니족 중에는 선민의식을 느끼는 사람들도 있다. 풀라니 피가 섞인 하우사인들이 그것을 명예롭게 생각한다는 것은 널리 알려진 사실이다.

왼쪽: 니제르의 풀라니 여성 (촬영: Steve Evans, 2010)
오른쪽: 두 줄 현악기 쿤티기를 연주하는 하우사 청년 (촬영: Melvin Baker, 2006)

나이지리아를 연구하는 학자들은 하우사 대신 하우사-풀라니라는 말을 즐겨 사용한다. 두 종족은 인류사에 있어 유례를 찾기 힘든 흥미롭고 격조 높은 사건을 통해 나이지리아 내의 종족들 간의 역학 관계에서 거의 한 종족이나 다름없는 동맹을 유지하고 있다. 19세기 초 풀라니족 출신의 무슬림 학자 우스만 단 포디오는 수백 년 동안 이어오던 하우사 칠왕국을 멸망시키고 하우사-풀라니 제국을 건설했다.[11] 제국의 건설 후에도 하우사 왕국의 틀은 유지되었지만 왕들은 풀라니족으로 교체되었다. 오늘날 북부 나이지리아의 주(州) 경계는 과거 하우사 칠왕국의 경계를 반영한 것이다. 우스만의 지하드 이후 이백 년이 넘는 긴 세월이 흘렀지만 아직도 그의 직계 자손인 술탄과 풀라니 왕들은 나이지리아 정치에서 큰 영향력을 행사한다. 문화적, 종교적, 혈연적 유대감을 공유하는 하우사족과 풀라니족은 북동 나이지리아의 카누리족과 함께 '북쪽 사람들'로 불린다. 북부인은 니제르강과 베누에강 아래의 요루바족과 익보족을 주축으로 하는 남부인과 대립되는 개념이다.

하우사 왕국들이 북부 나이지리아에 등장하기 시작한 것은 14세기 중엽이다. 왕국들은 사르키라 불리는 왕이 다스렸으며 처음에는 근거리 무역을 하는 작은 도시에서 출발해 점차 원거리 무역의 요충지로 발전했다. 서아프리카의 상인뿐만 아니라 멀리 북아프리카와 이집트의 상인도 왕래하면서 중계 무역은 국제적인 규모로 성장해나갔다.[12] 하우사족은 축적된 부를 통해 주변의 작은 종족들을 지배했으며 그들의 생업을 보호해준다는 명분으로 군대를 양성하고 세금을 징수했다. 하우사 왕국들은 서로 역할을 분담하며 수 세기에 걸쳐 세력을 확장해 나갔다.

하우사 칠왕국 중에서 가장 먼저 설립되고 가장 큰 영향력을 행사한 나라는 카노였다. 카노는 어머니로서의 대지(大地)라는 뜻의 가이야라는 말에서 유래했다. 왕국의 형태를 갖추기 이전의 신화적 부족 연합체로서의 카노는 추장 달라가 지금의 달라 언덕 근처에 세웠다고 전해진다. 이후 동쪽 차드 호숫가에서 이주해 온 사람들이

---

11 하우사 칠왕국의 이름은 다음과 같다: 다우라, 카노, 라노, 자리아, 카찌나, 비람, 고비르.

12 하우사어로 '고로'라고 불리는 콜라너트는 이 시기의 중요한 교역품이었다. 남서나이지리아 열대 우림 기후대에 사는 요루바족의 주 농산물인 콜라너트는 하우사 상인들을 통해 북아프리카에까지 수출되었다. 밤처럼 생긴 이 콜라나무의 열매는 씹으면 쓴맛이 나는데 입이 심심할 때나 식후에 콩알만큼 떼어서 음미한다. 필자도 나이지리아에 체류할 때 콜라너트를 즐겨 먹었다.

서기 998년에 카노를 정복했고 999년에는 바야지다 전설에 나오는 바야지다의 손자 바가우다가 카노 최초의 왕으로 등극했다. 모함마드 룸파 치세에(1463년~1499년) 전성기를 누린 카노는 하우사 칠왕국의 하나인 카찌나와 주도권 다툼을 벌였으며 자즈자우 왕국과도 경쟁했다. 사하라 횡단 무역로의 중심에 있던 카노는 북아프리카와 유럽에서 사치품과 소금을 들여와 막대한 이윤을 남겼고 직물, 금속공예, 가죽제품 등을 만드는 장인(匠人)들의 집합소로 유명했다. 차드 호수 주변의 카누리족이 세운 보르누 제국과 서쪽의 송가이 제국은 카노의 이 지정학적 이점(利點)을 빼앗고자 여러 차례 침공해 막대한 공물을 요구하기도 했다. 1807년 하우사-풀라니 제국의 일원이 된 카노는 영국 식민지 시대를 거쳐 현대 나이지리아 연방의 이원적 정치 체제하에서도 그 권위를 계속 유지하고 있다.

현재 나이지리아 카찌나주(州)의 주도(州都)인 카찌나는 11세기 초에 건국되었다. 카찌나는 말리의 팀북투에 버금가는 이슬람 교육의 중심지로 명성이 높았고, 송가이 제국과 보르누 제국의 힘이 약해진 17세기와 18세기에는 북서나이지리아 사헬 지대의 패권을 장악했다. 카노보다 1년 앞선 1806년 하우사-풀라니 제국의 일원이 된 카찌나는 농업을 장려해 땅콩, 팥수수, 목화 생산의 중심지가 되었으며 사하라 사막을 가로질러 북아프리카의 가다메스, 트리폴리, 튀니스까지 이어지는 원거리 무역 루트도 개척했다. 15세기 중엽 무함마드 코라우 왕 치세에 이집트 선교사 알-마길리의 건의로 하우사 칠왕국 중에서는 가장 늦게 이슬람을 받아들였다. 카찌나는 1513년 서쪽의 송가이 제국의 침략을 받아 카노처럼 도시가 잠시 함락된 적도 있었다. 2007년부터 2010년까지 나이지리아 대통령을 역임한 우마루 무사 야르아두아, 1983년부터 1985년까지 군사 정부의 수반을 역임하고 현(現) 나이지리아 대통령으로 재임하고 있는 무함마두 부하리는 모두 카찌나 태생의 풀라니 가문 출신이다.

자리아 왕국의 옛 이름은 자즈자우였다. 11세기 초 바야지다의 손자인 궁구마가 세운 자즈자우는 하우사 칠왕국 중에서 라노와 함께 최남단에 위치했다. 자즈자우는 1536년 현재의 위치로 천도(遷都)해 16세기 말 국명을 자리아로 바꾸었다. 카노 연대기에 따르면 자리아는 15세기 아미나 여왕 치세에 주변의 모든 도시를 정복했으며 크와라라파와 누페에까지 영향력을 확대했다.[13] 아미나는 환관을 거느린 최초의 하우사 여왕이었다. 그녀는 남쪽 열대 우림 기후대의 사람들을 생포해 아랍인이 왕래하던 카노와 카찌나의 노예 시장에 내다 팔아 막대한 이윤을 남겼다. 아미나는 왕국을 둘러싸는 성곽을 구축했다. 사람들은 이때부터 도시의 고성(古城)을 부를 때 아미나의 성이란 뜻의 가누와 아미나로 부르게 되었다. 자리아는 18세기 초부터 19세기 초까지 보르누 제국에 복속된 적이 있으며, 1808년 하우사 왕위(王位)가 끊긴 후 1835년 하우사-풀라니 제국에 편입되었다.

카노, 카찌나, 자리아를 제외한 나머지 하우사 왕국들에 대해서는 알려진 것이 많지 않다. 하우사 칠왕국의 역사는 아랍 문헌에 나오는 단편적인 정보를 제외하면 주로 카노 연대기에 의존하는데 이 연대기가 카노 중심의 기록이기 때문이다.[14] 고비르 왕국은 가장 서쪽에 있던 도시국가로 송가이를 비롯한 이민족의 침략을 최전선에서 막아냄으로써 동쪽의 카노, 카찌나, 자리아가 번성할 수 있는 계기를 마련했다. 고비르는 11세기 초부터 국가의 형태를 갖추기 시작했으며 18세기 초에는 카노와 패권을 다투었고 동(同) 세기 말에는 하우사 왕국의 맹주를 자처했다. 고비르는 우스만이 이끈 풀라니 성전(聖戰)의 시발점이 된 곳이다. 대장장이들의 작은 마을에서 출발한 다우라는 나이지리아-니제르 접경지대의 왕국으로 라노, 카노, 다우라를 잇는 하우사 지역 내 사하라 횡단 무역의 최북단으로서 중계 무역과 함께 대상(隊商)으로부터 징수한 세금으로 나라를 운영했다. 다우라는 1805년 풀라니족인 말람 이샤쿠에 의

---

13 누페의 왕은 아미나에게 40명의 환관과 수백 명의 노예를 보내 조공했다고 전해진다.

14 카노연대기는 구전되어 내려오던 카노 왕들의 명단과 치적을 아랍어로 기록한 것이다. 저자와 작성 연대는 미상이지만 본문의 내용과 문체로 판단할 때 19세기 말 카노에 살던 무슬림 학자가 기록한 것으로 추정된다. 카노연대기는 자리아, 카찌나, 켑비의 왕들의 명단도 일부 포함하고 있다. 1908년 팔머가 영어로 번역했고, 25년 후 영국 식민지 관리였던 이스트가 하우사어로 편집했다. 풀라니 정복 이전의 하우사 문화에 대한 당대(當代) 식자층의 태도와 달리, 카노연대기는 편견이 배제된 객관적 시각으로 서술되었다. 총 세 개의 필사본이 전해지는데, 대량 유통을 목적으로 한 것 같지는 않으며, 모두 한 저자의 작품으로 간주된다. 카노연대기의 역사기록학적 가치에 대해서는 아래의 문헌을 참고하기 바란다.

Palmer, H.R. 1908. 'The Kano Chronicle.' Journal of the Royal Anthropological Institute 38: 58-98.

Smith, M.G. 1983. 'The Kano Chronicle as History.' In Studies in History of Kano. (ed.) Bawuro M. Barkindo. pp. 31-58. Kano, Nigeria: Heinemann and Department of History, Bayero University.

Hunwick, John. 1994. 'A Historical Whodunit: the so-called "Kano Chronicle" and its Place in the Historiography of Kano.' History in Africa 21: 127-46.

해 함락된 후 하우사-풀라니 제국의 일원이 되었다. 비람은 카노의 오른쪽에 있었고 가린 가바스라는 사람이 세웠다고 전해진다. 풀라니족이 정복하기 이전의 비람 역사는 거의 알려진 것이 없다. 마지막으로, 자리아보다 더 남쪽에 위치한 라노는 다른 하우사 왕국들만큼 발전하지 못했다. 이 왕국에 대한 정보도 극히 제한적이다.

서쪽과 동쪽의 이민족들은 하우사 칠왕국의 풍요와 번영을 시샘했으며 남쪽의 요루바, 누페, 주쿤족도 무역로를 이용하는 대가로 지불하는 통행세에 불만이 많았다. 송가이 제국은 수시로 하우사 왕국들을 침략했고 보르누 제국도 카노, 카찌나, 자리아를 호시탐탐 노렸다. 주쿤족은 1600년경 자리아를 위협해 한때 그들의 영향권 내에 두기도 했다. 외침(外侵)은 반복되었지만 도시의 함락은 일시적인 사건에 불과했다. 하우사족은 그들의 왕국들을 계속 발전시켰으며 민족 정체성에 기초한 자주성은 그들 고유의 문화를 수백 년 동안 보전할 수 있는 원동력이 되었다. 안정과 평화는 일차적으로 하우사족의 힘과 지혜에서 비롯되었지만 타협과 공생을 지향했던 당시 서아프리카인들의 문명화된 의식도 중요한 요인으로 작용했다.

북아프리카 출신의 상인 핫산 이븐 무함마드는 16세기 중엽 하우사족의 생활상을 기록에 남겼다. 지중해 항해 도중 해적에 납치되어 로마로 잡혀 와 레오 아프리카누스라는 이름을 갖게 된 무함마드는 1525년 서아프리카에 관한 책을 쓰기 시작해 1550년 출판했다. 고비르 왕국에 대해서는 "사람들은 일반적으로 문명화되었고 많은 직공들이 있으며 신발을 만드는 사람들은 로마인이 신는 것과 비슷한 것을 만들어 팀북투나 가오에까지 수출한다"라고 썼으며, 나중에 카찌나에 병합된 구앙가라에 대해서는 "왕은 많은 백성을 다스리고 활로 무장한 칠천 명의 보병과 오백 명의 외인(外人) 기병부대를 소유하며 물건을 거래하고 세금을 징수하여 큰 돈을 번다"라고 썼고, 카노에 대해서는 "나무와 구운 점토로 만든 성으로 둘러싸여 있으며 집들도 같은 재료로 짓고 주민들은 수공업자이거나 부유한 상인들이다"라고 기록했다.[15]

그러나 평화의 수혜자는 일부에 국한되었다. 끊임없이 이어지는 외부의 위협은 상비군 제도의 필요성을 낳았고 이것은 재정의 부족을 심화시켰다. 카노의 압둘라히 부르자 왕과 무함마드 룸파 왕은 세금을 중과(重課)하고 노예를 얻기 위한 대규모 원

15 Davidson, B. 1977. A History of West Africa 1000-1800. p. 109. Harlow: Longman.

정에 나섰으며 생포한 노예들로 군대를 편성하고 농장을 운영하거나 궁궐을 증축했다. 부의 축적에 기초한 왕권의 강화는 백성의 고통과 상대적 박탈감을 가중시켰다. 이러한 상황은 정도상의 차이는 있을지 몰라도 19세기 초 하우사 왕국의 폭정과 부조리에 반기를 든 풀라니족의 전면적 봉기가 일어날 때까지 계속되었다.

하우사 왕국 중에서 이슬람을 가장 먼저 받아들인 곳은 카노였다. 카노의 야지 알리왕(1349년~1385년)은 말리에서 온 선교사들의 말에 따라 이슬람을 수용하고 사원을 건축했다. 이슬람은 다른 왕국들로 전파되기 시작했고 1493년 카찌나가 최후로 개종할 때까지 그 영향력을 확대해나갔다.[16] 이 새로운 종교는 하우사 사회를 근본적으로 바꾸기 시작했다.

이슬람이 가져온 변화 중에서 가장 두드러진 것은 문자의 사용이었다. 하우사어를 아랍어 자모음으로 적는 아자미 표기법은 사회의 전반적인 의식 수준을 끌어올렸다. 종교저술과 종교문학이 등장했고 아랍의 신학과 과학으로 무장한 식자층(識者層)은 기존 정치 세력의 조언자로서 또는 비판자로서 현안(懸案)을 둘러싼 사회적 담론을 만드는 데 기여했다. 사람들의 정신세계는 전보다 복잡해졌고 왕과 귀족들은 물질이나 치안의 제공만으로는 이들의 다양한 요구를 충족시킬 수 없게 되었다.

그러나 이슬람이 하우사 땅에 뿌리를 내리는 속도는 매우 느렸다. 왕들은 그들이 다스리는 백성들의 토속 신앙을 무시할 수 없었고 왕실과 지배층의 삶에도 이교도적 풍습이 그대로 남아 있었다. 많은 규정과 의무를 강요하는 이 낯선 종교는 자유분방하고 사치를 즐기던 사람들에게 그들 권한의 상당 부분이 박탈된 듯한 느낌을 주었으며 결국 카노의 카나게지 왕 같은 사람은 이슬람 이전의 삶으로의 복귀를 선언하기도 했다. 이러한 상황하에서 소수의 학자와 성직자만이 진정한 무슬림의 자세를 유지했고 하우사 지배층 대부분은 명목상의 신자에 불과했다. 이슬람과 이교도적 관행의 불안한 공존은 19세기 초 하우사 칠왕국이 멸망하고 하우사-풀라니 제국이 탄생할 때까지 계속되었다.

오늘날 하우사 사회에서 신분제도는 사라졌지만 권력, 권위, 가문, 혈통, 지위 따위

---

16 이슬람이 하우사 사회에 본격적으로 뿌리를 내리는 시기는 15세기 말이다. 북아프리카 이집트 출신의 선교사인 알-마길리를 중심으로 한 일단의 사람들이 카노와 카찌나에서 이슬람법과 이슬람 신비주의를 가르쳤다.

에 바탕을 둔 계층 관념은 그대로 남아 있다. 이러한 세속적 가치는 '관대함'을 통해 종교적 가치와 연결된다. 관대함은 계층 간의 거리를 좁혀주고 형식적인 종교 행위를 실천적인 내용으로 채운다. 궁금한 점은 그것이 최고의 실천 가치로 간주될 수 있느냐는 것이다. 뇌물과 청탁으로 부(副)를 축적한 사람이 가난한 이웃에게 자선을 베풀어 존경을 받고, 정직한 방법으로 돈을 번 인색한 청백리가 비난을 받는 풍토가 존재하는 한, 관대함에 대한 하우사족의 현실 인식은 분명해진다. 부와 명예도 중요한 사회 가치에 속한다. 부(副)는 관대함의 원천으로 이슬람 성전(聖戰) 이전의 사회에서 관대함을 상실한 부(副)가 백성을 억압하는 데 이용된 반면, 성전 이후의 사회에서는 관대한 부가 종교적 가르침의 경제적 실천을 위한 도구로 기능했다. 하우사 사회에서 명예는 집단적 가치다. 여러 유형의 명예 중에서 가문이나 혈통과 관련된 것이 가장 큰 명예다. 우스만이 하사한 기(旗)를 들고 전쟁에 참여한 가문의 후예들은 그 자부심이 대단하다. 이에 대한 하우사 사회의 존경은 나이지리아 근현대 정치사에서도 확인된다. 대표적인 예로 북부 인민 회의(Northern People's Congress, NPC)의 당수(黨首)이자 북부나이지리아의 수상이었던 아흐마두 벨로(1910년~1966년)를 들 수 있다. 우스만의 직계 후손인 아흐마두는 1966년 1월 익보족 소장파 장교들이 일으킨 군사정변에서 암살당했지만 북부 나이지리아 제(諸) 민족의 단결과 화합에 기여한 그의 공로는 아직도 많은 이들의 기억 속에 남아 있다. 카두나주(州) 자리아시(市)에 있는 아흐마두 벨로 대학은 나이지리아에서 가장 큰 대학이다.

하우사인들은 타인의 시선을 많이 의식하는 편이다.[17] 개인의 일탈된 행동은 본인은 물론 가족의 명예까지 실추시키기 때문이다. 이것은 행동의 자유를 제약하는 면이 있지만 사회 기강을 확립하고 안정된 치안을 유지하는 데 기여한다. 나이지리아에서 하우사 지역은 요루바족이나 익보족 지역과는 비교가 안 될 정도로 안전하다. 특히 대도시를 벗어나 시골로 내려갈수록 더 안전하다.

---

17 필자가 알고 지냈던 하우사인들 중에는 담배를 피우거나 술을 마시는 사람들이 더러 있었는데 이들은 타인이 보는 자리에서는 행동을 자제했으며 집에 혼자 있을 때나 외국인들과 함께 있는 자리에서만 음주나 흡연을 했다. 금연을 하려고 노력하는 사람도 있었는데 종교적 이유나 건강상의 문제로 결심한 사람도 있었지만 '망가진 하우사인'이라는 소리를 듣지 않기 위해 결심한 사람도 있었다. 유흥가나 술집에 드나들 때에도 여럿이 무리를 지어 가기 보다는 혼자서 몰래 가는 경우가 많았으며 부자들의 경우 여자들을 집으로 불러들여 함께 시간을 보내는 경우도 있었다.

요루바족, 이보족과는 달리 하우사족은 서양의 문학 장르를 수용하는 데 인색하다. 작가들은 산문 형식으로 허구적인 세계를 묘사하지만 진정한 의미에서 자기 세계관을 말하는 것이 아니라 이미 존재하는 세계관을 현대적 사건과 소재를 통해 재확인하는 데 그친다. 이것은 그들의 문학 소양이 부족해서가 아니라 그들의 문화적 배경이 허락하지 않기 때문이다. 하우사 소설가들은 현실의 문제에 대한 답도 기존의 가치체계 내에서 찾으려고 한다. 남녀평등, 직업의 평등, 일부일처제를 옹호하는 진보주의자들조차 이 모든 것들이 이슬람 교리와 모하메드의 가르침에서 벗어나는 것이 아니라고 주장한다. 대중통속소설을 통해 일부다처제와 강제결혼 같은 남성 위주의 사회관습에 도전하는 여류 소설가들조차 그들의 주장의 이념적 근거로 코란을 언급한다.

"하우사 페미니즘과 대중문학은 몇 가지 점에서 큰 의미를 부여할 수 있다. 첫째, 하우사 역사를 통해 페미니즘 계열의 작가들이 남성 위주의 사회 질서와 가치에 반기를 든 최초의 사람들이었다는 점이며, 둘째는 진지한 성격의 문학이 아닌 남녀 간의 애정 문제를 다루는 작품들을 통해 소설의 정신이 비로소 구현되었다는 것이고, 셋째는 그것이 성공했다는 점이며, 넷째는 이들의 주장의 근거가 구질서의 온상처럼 보였던, 그리고 남성우월론자들의 보루처럼 보였던 코란에 근거하고 있다는 점이다. 하우사 여성 페미니스트들은 여성 억압의 근거를 지혜롭게 역이용함으로써 종교적 허용의 테두리 내에서 그들의 주장을 관철시켰던 것이다. 그들은 여성의 인권 개선을 위한 문학 운동과 새로운 문학 전통의 수립이라는 두 개의 목적을 동시에 달성했다."[18]

하우사 문학은 오랜 역사와 방대한 양으로 유명하며, 특히 이슬람 종교문학과는 별도로 와까(詩), 타쮸니야(民譚), 와산 크와이크와요(劇), 타케(talking drum), 카린 마가나(俗談)와 같은 아름다운 구연문학 장르를 갖고 있다.[19] 서양의 대중음악을 듣는 하우사 청년들도 거의 관찰되지 않는다. 이른 저녁나절 마을 뒤편 공터에 자리를 깔고 앉아 라디오에서 흘러나오는 구연 시인 맘만 샤타의 노래를 감상하던 한 무리의

---

18 장태상. 2013.「페미니즘과 하우사 현대소설의 재탄생」,『외국문학연구』49호. 한국외국어대학교 외국문학연구소. 443쪽.

19 제5장 아프리카의 구전 전통과 현대 사회에서 자세히 살펴볼 것이다.

청년들은 무척 인상적이었다.

하우사족은 신앙심이 깊다. 서점에서 내가 코란을 사려고 하자 동행한 하우사 친구가 이방인은 코란을 가질 수 없다며 만류하던 일, 그래도 끝까지 사겠다고 우기자 코란 위에는 다른 책을 올려놓아서는 안 되며 만질 때는 손을 깨끗이 씻고 만지라고 당부하던 일, 나는 아직도 이 약속을 지키고 있다. 금요일 오후 카노의 중앙회교사원에서 기도를 마치고 쏟아져 나오는 사람들의 모습에서 이백 년 전 쉐후 우스만 단 포디오가 꿈꾸었던 이상향(理想鄕)의 세계를 발견한다.

2.2. 풀라니족과 이슬람 성전

풀라니족은 서아프리카의 종교와 정치, 문화 전반에 큰 족적을 남긴 종족이다. 이들은 유전학적으로 흑인에 속하지만 주변의 흑인 종족들한테서는 볼 수 없는 특징을 보여주며, 18세기 초부터 19세기 중엽까지 약 백 오십 년 동안 많은 지역에서 이슬람 성전을 주도했다. 코카서스계의 흔적이 남아 있는 얼굴 모습, 민족의 기원과 관련된 신비로운 이야기들, 사하라 남단 사헬 목초지를 따라 수천만의 사람들이 수십 개의 나라에 흩어져 사는 파편화된 분포, 풀라쿠라 불리는 도덕률(道德律)과 선민의식은 풀라니족의 독특한 위상을 말해주는 것들이다.

풀라니는 자기들을 부를 때 단수로는 풀로, 복수로는 풀베라고 한다. 풀라니(또는 풀라)는 주변의 말링케족, 밤바라족, 하우사족이 부르는 말이다. 풀라니는 지구상에서 가장 넓은 지역에 분포하는 종족 중의 하나로, 약 3,500만 명이 25개의 나라에 흩어져 살고 있다.[20] 흑아프리카에서 차지하는 인구 규모는 익보족(남동나이지리아)과 비슷하며, 하우사족(북부나이지리아)과 요루바족(남서나이지리아) 다음에 위치한다. 풀라니는 두 부류로 나뉜다. 약 1,500만 명이 도시에 정착해 살고 있으며, 비슷한 수의 사람들이 아직까지도 전통을 고수하며 유목민으로 살고 있다. 풀라니족은 서아프리카에서 이슬람을 가장 먼저 받아들였으며 18세기와 19세기에는 여러 지역에서 이슬

---

20 모리타니, 가나, 세네갈, 기니, 감비아, 말리, 나이지리아, 시에라레온, 베닌, 부르키나 파소, 기니비사우, 카메룬, 코트디부아르, 니제르, 차드, 토고, 가봉, 수단, 중앙아프리카 공화국, 라이베리아, 이집트, 에티오피아.

람 성전을 일으켰다. 풀라니족이 많이 살거나 풀라니 비중이 높은 국가들은 다음과 같다. 별도의 각주 표시가 없는 것은 모두 CIA의 월드 팩트북(The World Factbook)에서 인용했다.[21]

나이지리아: 19,420,000명 (인구의 약 9%)
기니: 4,099,000명 (인구의 약 33.9%)
세네갈: 3,794,000명 (인구의 약 26.5%)
말리: 2,567,000명 (인구의 약 14.7%)
카메룬: 2,436,000명 (인구의 약 10%)
부르키나파소: 1,639,000명 (인구의 약 8.4%)
니제르: 1,211,000명 (인구의 약 6.5%)
기니비사우: 501,000명 (인구의 약 28.5%)

풀라니족은 서아프리카의 열대 사바나 및 사헬(스텝) 기후대에서 목축 또는 반농반목의 생활을 했으며, 한 곳에 머물며 현지인들과 어울려 사는 경우도 있었다. 이들의 기원은 신체상의 차이와 방대한 분포 지역으로 인해 오래전부터 논란의 대상이 되어왔다. 풀라니족은 큰 키, 날씬한 체형, 갈색의 밝은 피부, 오뚝한 코, 덜 곱슬곱슬한 머리카락을 갖고 있으며, 언어도 나이저-콩고 어족에서는 볼 수 없는 몇 가지 특이한 현상들을 보여준다. 풀라니족의 이런 특징 때문에 풀라니어를 흑인 언어가 아닌 햄어로 분류한 사람들도 있었지만[22], 풀라니어는 월로프어, 세레르어, 템네어와 함께 나이저-콩고 어족의 대서양 어군에 속한다.[23] 풀라니어는 서부 방언과 중동부 방

---

21 국가별 전체 인구(2016년 7월 기준)에 풀라니족의 퍼센트를 곱한 후 천 단위 미만은 절삭했다. (www.cia.gov/library/publications/the-world-factbook)

22 풀라니어를 햄어로 분류한 대표적인 학자는 독일의 마인호프였다. 마인호프의 햄 이론은 나중에 그린버그에 의해 비판을 받았다. (권명식. 1988. 『아프리카學 入門: 歷史比較言語學的 接近』. 명지출판사. 68쪽.)

23 Greenberg, J. 1963. Languages of Africa. Bloomington. (1940년대 말부터 1960년대 중반에 걸쳐 미국의 언어학자 그린버그는 선배 학자들의 방대한 연구자료를 분석해 아프리카어들의 친족 관계를 규명했다. 그의 저서는, 선학(先學)의 공로를 인정하는 대신, 다소 무례하고 성급한 방법으로 결론을 도출했지만, 이전의 학자들이 미처 생각하지 못했던 중요한 몇 가지 잘못된 사실들을 밝혀냄으로써 현재까지 학계의 정설로 인정받고 있다. 그는 특히 언어학을 인류학적 또는 인종학적 편견에서 해방시켜야 한다고 주장했다. 성경에서 유래한 햄어족이라는 개념의 허구성을 지적한 것과 풀라니족의 신체적 특징과는 상관없이 풀라니어를 나이저-콩고 어족에 귀속시킨 것은 그의 혁신적인 주장들 중의 하나였고 올바른 판단이었다.)

언으로 나뉘는데 기니에서는 풀라르, 세네갈과 감비아에서는 풀라아르, 나이지리아와 카메룬에서는 풀풀데라고 불린다.

풀라니족의 유래는 신비에 싸여 있다. 조상이 유대인이라는 설(說)부터 시작해 베르베르인과의 연계성, 심지어 페르시아, 인도, 말레이시아 기원설까지 제기된 적이 있다. 현지인들 중에는 풀라니족이 고대 가나 제국의 건설에 기여한 코카서스계의 후예라고 믿는 사람들도 있다. 언어학적, DNA 유전학적 증거에 반(反)하여 이러한 주장들이 힘을 얻는 것은 앞서 말한 이들의 생김새 때문이다. 풀라니족이 언제, 어디서 최초의 정착지로 추정되는 현재의 기니, 세네-감비아 지역으로 이주해 왔는지는 불분명하지만, 여러 정황을 종합해 보면 한때 북서아프리카에 거주하던 베르베르인과 유대인의 한 무리가 대서양 연안을 따라 남하한 후 현지의 원주민들과 섞였을 가능성을 배제할 수 없다.[24] 풀라니족과 아라비아반도의 연계성도 많이 제기되는 설(設) 중의 하나로 특히 풀라니족의 전승(傳乘) 중에서 이와 관련된 이야기를 종종 관찰할 수 있다.[25] 풀라니족이 서아프리카 사(史)에 처음으로 등장하는 시기와 장소는 9세기의 테크루르 제국이며 이곳이 그들의 원(元) 정착지일 것으로 추정된다.[26] 풀라니족은 그들의 조상이 세네갈과 모리타니 접경지대를 흐르는 세네갈강 중하류 유역의 푸타 토로에 처음 터전을 잡았다고 말하는데 푸타 토로는 고대 가나 제국과 경합한 테크루르 제국이 있던 곳이다. 풀라니족의 동진(東進)은 이후에 발생한 일로서 북서 나이지리아에 제2의 집단촌을 형성한 다음 이동을 계속해 카메룬을 지나 수단 공화국 남부와 일부는 에티오피아에까지 진출했다. 풀라니족은 과거 조상들의 이동 경로를 따라 서쪽의 세네갈에서 동쪽의 카메룬 북부에 이르기까지 사하라 사막 이남의 서아프리카 북단 초원 지대에 광범위하게 분포하지만 기니 공화국의 푸타 잘론, 말리의 맛시나, 북서 나이지리아의 소코토, 나이지리아-카메룬 국경의 아다마와에 집중적으로 거주한다.

---

24 유대인 기원설을 주장한 초창기 비교언어학자 중에서 가장 유명한 사람은 프랑스의 델라포세이다. Delafosse, M. 1912. Haute Senegal-Niger (Soudan Francais). Paris: Larose.

25 풀라니 전승에 대한 요약은 다음의 문헌을 참조할 것. Agbese, Aje-Ori. 2013. 'Fulani.' In Native Peoples of the World: an Encyclopedia of Groups, Cultures, and Contemporary Issues. (ed.) Steven Danver. p. 31. London & Newyork: Routledge.

26 테크루르 제국은 풀라니 계열에 속하는 투콜로르족이 세웠다.

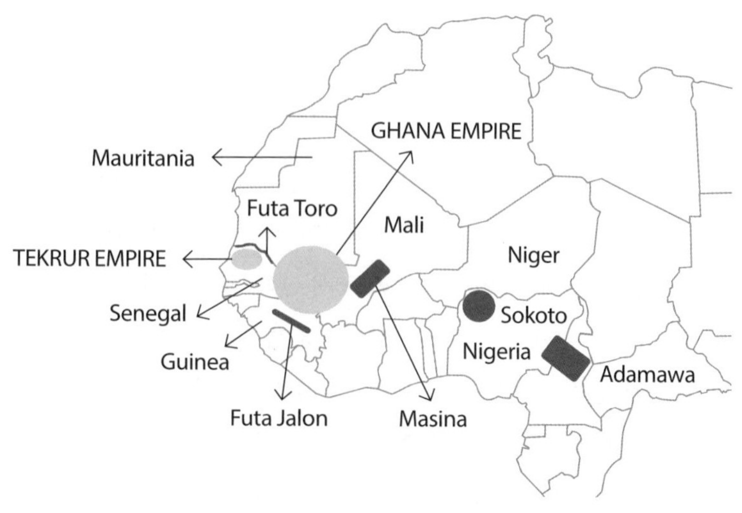

풀라니족의 주요 분포 지역

풀라니는 한 곳에서 정착 생활을 하는 사람들과 이동 목축 생활을 하는 사람들로 구분된다. 전자(前者)는 대부분 무슬림으로서 다민족으로 구성된 대도시에서 살았으며 현지인들과 혼인하고 그들의 말을 배웠다. 이들은 혼혈로 인해 본래의 모습을 많이 잃게 되었다. 후자(後者)는 소 떼를 몰며 거주지를 옮겨 다녔는데 인근 원주민들과 공간적으로 분리된 곳에서 살았다. 유목민이 정주민(定住民)에 비해 풀라니 고유의 신체적 특징을 더 많이 간직할 수 있었던 것은 이러한 생활 방식의 차이에 기인했다. 목초지를 찾아 이동을 하는 데는 두 가지 유형이 있었다. 첫째는 새로운 정착지를 찾아 대규모로 이동하는 것으로서 이것은 사하라 사막 남단 루트를 따라 서에서 동으로 풀라니족이 확산되는 결과를 초래했다. 두 번째는 계절적 이동이다. 우기에는 마른 초지(草地)를 찾아 북쪽으로 올라갔고 건기에는 다시 남쪽으로 내려왔다. 남북 간의 이동 거리는 부족에 따라 달랐지만 약 500킬로미터 내외에 달했다. 풀라니 유목민은 19세기 말까지 대부분 이교도로 살았다. 서아프리카 정치사에서 중요한 역할을 한 사람들은 도시에 사는 풀라니였다. 도시 풀라니들은 송가이 제국의 멸망 후 서(西) 수단의 무슬림 전통을 계승한 자들로 이들 중에서 뛰어난 학자들과 명망 있는 가문이 많이 배출되었다. 풀라니 상류층은 자타가 공인하는 이슬람 식자층이었으며 현지의 왕과 군장(軍葬)들의 정치 고문이나 조언자로 영향력을 행사했다. 풀라니족이 18~19세기에 이슬람 성전을 이끌 수 있었던 것은 이와 같은 역사적 배경에 연유한다.

지구상 최고의 목자(牧者)답게 풀라니족의 창조 설화는 우유로 시작한다. 태초에 우유가 있었고, 인간을 포함한 모든 존재는 거기서 비롯되었다.

태초에 거대한 우유 방울이 있었다.
그때 도온다리가 와서 돌을 창조했다.
그리고 돌은 쇠를 창조했다;
그리고 쇠는 불을 창조했다;
그리고 불은 물을 창조했다;
그리고 물은 공기를 창조했다.
그때 도온다리가 두 번째로 내려왔다.
그리고 그는 이 다섯 개를 집어 들었다.
그리고 그는 그것들로 인간을 만들었다. (생략)[27]

풀라니족은 소를 가축 이상으로 대한다. 소에 친근한 이름을 붙여주는 행위는 소에 대한 그들의 애착이 어느 정도인지 말해준다. 소는 가족의 확장된 구성원이며, 종족의 생존과 번영은 이 구성원들 간의 상호 배려에 의존한다. 목가적인 삶의 토대가 되는 소는 풀라니에게 우유와 유목민으로서의 명예를 선물하고 풀라니는 그 보답으로 소한테 풀과 물을 제공한다. 풀라니 남성은 다른 종족의 남성들과는 달리 가내 수공업에 종사하지 않는데 그것은 목축만이 고귀한 직업으로 간주되기 때문이다. 남자들이 소를 몰고 다닐 때 집에 남아 있는 여자와 노예들은 농사를 짓고 시장에 내다 팔 물건들을 만들었다.[28] 오늘날 목초지를 찾아 국경을 넘나드는 풀라니는 찾기 힘들지만 목축은 시골에 거주하는 풀라니들한테는 여전히 소중한 삶의 방식이다.

---

27 Lopata, Peg. 2008. 'The Fulani: Master Cattle Herders.' p. 6. Faces: People, Places, and Cultures 24. 6 (Feb. 2008).

28 풀라니족의 풀라쿠를 포함해 서아프리카의 목축민 문화에 관심이 있는 독자는 다음의 문헌을 참고하기 바란다. Adamu, M. and A. H. M. Kirk-Greene. (eds.) 1986. Pastoralists of the West African Savanna. Manchester, UK: Manchester University Press.

풀라니족의 도덕률은 타 종족들 사이에서도 유명하다. 풀라쿠라 불리는 이 행동 윤리는 네 가지로 이루어진다. 첫째는 문얄이다. 문얄은 보통 인내심으로 번역되지만 그 뜻과 정확히 겹치는 단어는 어떤 언어에도 존재하지 않는다. "문얄은 두 가지 상충되는 의미, 즉, 남자다운 불굴의 정신과 운명 지워진 불행을 받아들이는 자세 사이의 어떤 이종교배적인 개념을 내포한다. 인내심 또는 단념과 같은 평범한 용어는 수동성을 함의한다는 점에서 부적절하다."[29] 둘째는 학키일로다. 학키일로는 지혜, 신중함, 보살핌 등이 합쳐진 의미로 행동의 도덕적, 사회적 적절성을 뜻하는 분별력, 상식과 비슷한 말이다. 학키일로와 관련된 속담을 하나 소개하면 다음과 같다.

> ta hulan dewerda soinde njaudi hulan mo soinde hakkiilo.
> 형제가 돈이 없다고 걱정하지 마라, 그가 분별력이 없는지 그것을 걱정해라.[30]

셋째 셈테엔데(또는 갓체)는 자신을 낮추고 적을 포함한 상대방을 존중하는 겸손한 품성이며, 넷째 티이나아데(또는 사가타)는 역경을 극복하는 용기를 말한다. 유목민의 이 기사도(騎士道)는 풀라니족을 하나로 묶어주는 정체성의 고리이며 '풀라니성'을 정의하는 핵심 요소들이다.

풀라쿠는 종교, 말(言語), 소(牛)와 함께 명예로운 풀라니가 되기 위해 갖춰야 하는 네 가지 중의 하나다. 종교는 영적인 힘으로 삶을 풍요롭게 하고, 소는 육체에 물리적 에너지를 제공하며, 풀라쿠는 어떻게 살아야 하는지를 규정한 먼 문화적 과거로부터의 가르침이다. 나이지리아와 가나에 체류할 때 풀라니 동료들과 나눈 대화를 통해 풀라쿠의 본질이 인내심과 자기통제라는 것을 알게 되었다. 그들은 불편, 불안, 슬픔의 고통을 내색하지 않으며 허기(虛飢)와 갈증 같은 본능적 욕구도 쉽게 드러내지 않는다. 영웅의 내면적 자질의 으뜸이 인내심에 바탕을 둔 자신의 한계성에 대한 시험, 즉, 불가능에 대한 도전이라는 것을 생각해 보면 서아프리카의 이슬람 성전을 이끈

---

29 Kirk-Greene, A. H. M. 1986. 'Maudu Laawol Pulaaku: Survival and Symbiosis.' In Pastoralists of the West African Savanna. (eds.) Mahdi Adamu and A. H. M. kirk-Greene. p. 42. Manchester, UK: Manchester University Press.

30 Whitting, C. E. J. 1967(1940). Hausa and Fulani Proverbs. p. 180. Farnborough: Gregg Press.

사람들 중에 풀라니가 압도적으로 많은 이유를 이해할 수 있다.

2.2.1. 18세기 풀라니족의 성전(聖戰)과 풀라니 국가

18세기와 19세기의 서아프리카는 두 가지 변화를 겪고 있었다. 서구 제국주의의 침략과 식민지화가 변화의 외적 요인이었다면 풀라니족의 지하드와 이슬람 제국의 건설은 이 외부의 도전에 대한 내적인 반응이었다. 송가이 제국의 붕괴 이후 불어 닥친 이슬람 정체성의 상실과 이교도 풍습의 부활, 종족들 간의 갈등과 대립은 오스만 제국의 쇠퇴에서 비롯된 범이슬람 세계의 위기의식이 아프리카에까지 전염되게 만들었다. 서(西) 수단에서 이슬람을 가장 먼저 받아들인 풀라니족이 중심이 되어 이슬람 제국을 건설하고 이슬람 질서를 전파하는 데 앞장선 것은 우연이 아니었다. 풀라니 국가들은 영국과 프랑스와의 전쟁에서 패하고 결국 역사의 뒤안길로 사라졌지만 북부 나이지리아 하우사-풀라니 제국에서 볼 수 있듯이 당초의 목적을 달성하는 데에는 상당한 성과를 거두었다. 풀라니 성전은 왕실과 귀족 계층에만 머물던 이슬람이 아프리카 사회 저변부에 뿌리를 내리고 많은 사람들이 무슬림 형제애를 바탕으로 뭉칠 수 있는 계기가 되었다. 오늘날 풀라니 제국이라는 명목상의 실체는 사라졌지만 그 영광의 빛은 아직까지 많은 곳을 비추고 있다. 흥미로운 것은 풀라니 성전과 이슬람 제국의 탄생이 서구의 아프리카 지배를 가속시켰다는 점이다. 여러 종족을 아우르는 강력한 정치 단위의 존재는 영국과 프랑스가 모든 종족들을 개별적으로 상대할 필요성을 없애버렸다. 소코토의 술탄과 영국인 루가드가 맺은 조약은 풀라니족과 그 통치하에 있던 하우사족, 북 요루바족, 그와리족 등이 모두 대영 제국의 신민(臣民)이 되는 것을 의미했다.

성전(聖戰)의 배경과 그레이트 풀로 제국: 18세기의 성전은 19세기의 성전에 비해 규모가 작았으며 성전이 일어나게 된 배경에도 차이가 있었다. 세네갈과 모리타니의 접경지대인 푸타 토로, 기니의 푸타 잘론, 푸타 토로와 푸타 잘론 사이에 위치한 푸타 본두에서 일어난 18세기의 풀라니 성전은 교단의 지도자인 이맘이 다스리는 이맘국의 탄생을 가져왔다.

18세기의 성전을 야기한 직간접적인 요인은 다음과 같다. 첫째, 정착 생활을 하는 풀라니들의 수가 늘어나면서 이들의 거주지를 중심으로 풀라니족의 정치적 입지가 강화되었다. 세네갈강 중하류의 푸타 토로에 살던 풀리니들은 14세기에 들어서면서 사헬 지대를 따라 동쪽으로 이동하기 시작했고 이동 중에 일부 집단들이 무리에서 이탈해 새로운 곳에 삶의 터전을 마련했다. 16세기에는 니제르강 서쪽 굽이의 중간 지점인 말리의 세구와 팀북투 사이에 위치한 맛시나에까지 진출했으며 이후 동진(東進)을 계속해 북부 나이지리아 하우사 왕국에 도달했다. 풀라니족의 확산이 거의 마무리되는 18세기 말에는 베누에강 지류 도처에서 이들을 볼 수 있었고 19세기에는 카메룬 북쪽의 아다마와에도 풀라니 마을이 생겨나기 시작했다. 목초지의 확보 여부와 이민족을 대하는 원주민들의 태도가 풀라니의 정착 빈도를 결정했는데 나이지리아 중동부 끝자락에서 카메룬 북부 접경 지역에 이르는 루트는 모든 면에서 우호적이었다. 당시 풀라니족이 큰 세력을 형성하고 있던 곳은 다음과 같다: 세네갈강 유역, 기니의 푸타 잘론, 말리의 니제르강 내륙 삼각주인 맛시나, 나이지리아 북부와 니제르 남부, 카메룬의 아다마와고원. 이 밖에도 중소 규모의 풀라니 거주지가 여러 군데 흩어져 있었다: 말리 공화국 중부의 고우르마, 부르키나파소 북부와 서부의 젤고지, 보보올라, 도리, 립타코, 베닌 공화국 북부의 보르구, 니제르 북부와 서부의 달롤, 보소, 비르니, 응콘니. 한 곳에 눌러 사는 풀라니들의 수가 늘어나면서 정치에 대한 이들의 관심도 함께 높아졌다.

둘째, 도시에 사는 풀라니들은 초지(草地)를 찾아 거주지를 옮겨 다니는 유목민들과는 달리 그들이 속한 체제의 대내외적 변화에 민감하게 반응했다. 17세기와 18세기의 서(西) 수단 사헬 지방은 극심한 가뭄과 모로코인의 침략으로 매우 불안정한 시기였다. 이것은 풀리니족이 지하드를 일으킨 또 다른 요인이 되었다.

셋째, 이교도 풀라니들이 세운 그레이트 풀로 제국은 경제의 요충지이자 풀라니족의 최초 거주지였던 푸타 토로의 명성을 실추시켰다. 무슬림 풀라니들은 이 상황을 비정상으로 간주했다. 그레이트 풀로 제국은 풀라니족이 정치 세력화된 이후에 등장한 서(西) 수단 최초의 국가였다. 고대 가나 제국의 영토를 지배하던 송가이 제국이 풀라니족의 이동에 제한을 가하자 풀라니 지도자 텡구엘라가 1512년 송가이의 왕 아스키아 무함마드에 반기를 들었다. 텡구엘라는 이 전투에서 죽지만 반란은 계속되었다.

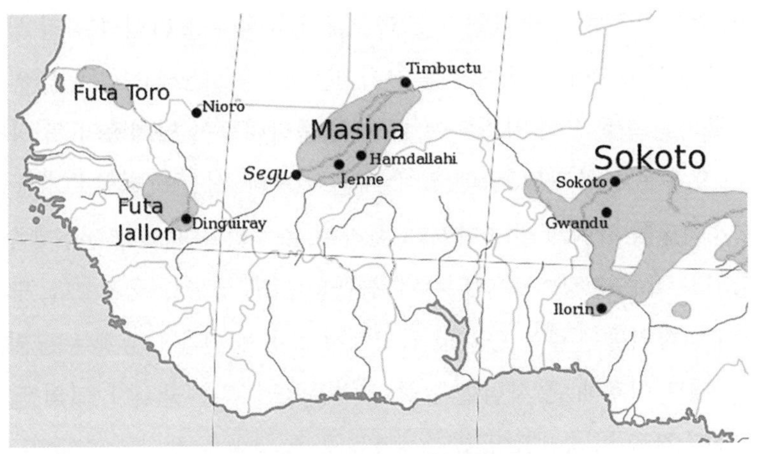

풀라니족의 동진과 주요 거주 지역

텡구엘라의 아들 콜리 텡구엘라는 아버지의 군대를 이끌고 세네갈강 상류를 가로질러 바디아르, 즉 푸타 잘론산맥의 북서쪽으로 진격하여 송가이의 억압에 오랫동안 시달려온 만딩카족의 지지를 얻는 데 성공했다. 풀라니-만딩카 연합군은 고대 테크루르 제국의 땅이었던 푸타 토로를 정복한 후 소닝케족을 복속시키고 데니앙케 왕조(또는 데낭케 왕조)를 열었다. 후대의 사가(史家)들은 이것을 그레이트 풀로 제국이라 불렀다.

데니앙케 왕조는 이 지역에 뿌리를 내리고 있던 이슬람을 멀리하고 우상 숭배와 풀라니 토속 신앙을 고수했다. 이로 인해 푸타 토로의 위상은 추락했으며 무슬림 상인들의 불만은 누적되었고 성전을 위한 명분은 축적되어 갔다. 그레이트 풀로 제국은 풀라니족의 역사에 중요한 전환점이 되었다. 푸타 토로의 점령으로 주변의 많은 풀라니들이 제국의 영내로 유입되었고 이것은 이전의 유목민 사회에서는 볼 수 없었던 도시를 기반으로 한 새로운 풀라니 지배 가문의 출현을 가져왔다. 이 풀라니 가문들이 나중에 이슬람 성전을 주도하는 세력으로 성장하게 된다.

푸타 잘론의 이맘국: 푸타 잘론은 '지역'을 뜻하는 풀라니어 푸타와 이곳에 살던 '잘롱케'족의 앞 두 글자가 합쳐진 말이다. 푸타 잘론의 이맘국은 기니의 중서부에 위치한 푸타 잘론산맥의 팀보와 마모우에 있던 왕국으로 이슬람 교단의 지도자인 이

맘이 다스리는 신정일치의 국가였다. 카라모코 알파와 이브라힘 소리의 성전으로 탄생한 이 나라는 서아프리카 최초의 풀라니 이맘국으로서 만데족의 일파인 잘롱케족과 이교도 풀라니의 폭정에 항거하여, 무슬림 풀라니들이 만데족의 또 다른 일파인 말링케족의 도움을 받아 1720년대 말에 세운 국가다. 성전의 발단은 잘롱케 농부들과 풀라니 유목민들 사이의 갈등이었다. 풀라니 유목민들의 소가 잘롱케족의 농작물을 계속 망치자 잘롱케 왕이 풀라니 무슬림들의 기도 행위를 금지했다. 당시 이교도였던 풀라니 정착민들은 같은 농부의 입장에서 잘롱케 편을 들었고 무슬림 말링케와 맛시나에서 새로 이주해 온 사람들은 풀라니 유목민 편을 들었다. 이렇게 해서 시작된 싸움은 후자(後者)의 승리로 끝났다.

알마미라는 직함을 가졌던 푸타 잘론의 이맘은 마모우시(市)에서 북동쪽으로 약 42킬로미터 떨어진 팀보에 거주했다. 마모우는 정치의 중심지였고 종교적 수도는 푸굼바였는데 팀보의 알마미를 견제했던 원로 회의도 푸굼바에 있었다. 여덟 개의 연방이 주축을 이룬 푸타 잘론의 이맘국은 현재의 기니 공화국을 중심으로 기니비사우, 세네갈, 시에라리온에 걸쳐 있었다. 왕국이 설립된 후 성전에 저항한 사람들은 토지를 몰수당하고 속민의 신세로 전락했다. 이교도 풀라니들은 이동의 자유가 제한되었고 잘롱케족의 신분은 노예로 추락했다. 푸타 잘론의 이맘국은 지배층의 균열로 세력이 약화되다가 1896년 프랑스의 식민지가 되었다. 오늘날 푸타 잘론의 주민들은 대부분 풀라니들이다. 이들은 체체파리에 저항력이 강한 은다마 소를 방목(放牧)하며 살고 있다.

푸타 토로의 이맘국: 푸타 토로의 이맘국은 세네갈강 중하류 유역에 새로 정착한 일단의 무슬림 풀라니들이 술래이만 바의 영도하에 반란을 일으켜 이슬람을 멀리하던 토착 세력과 그레이트 풀로 제국의 데니앙케 왕조를 몰아내고 1770년에 세운 나라이다. 술래이만 바의 사후(死後) 풀라니 유력 가문에서 선출된 이맘들은 이슬람법에 따라 통치하며 데니앙케 왕조의 이교도적 잔재를 없애고자 노력했다. 푸타 토로의 이맘국은 19세기 초중반 투콜로르 제국의 탄생에도 영향을 미쳤다. 1830년대에 범(汎)풀라니계에 속하는 투콜로르족 출신의 알하지 우마루가 남쪽의 푸타 잘론을 장악하고 대서양 연안에서 말리의 팀북투에 이르는 대제국을 건설할 수 있었던 것은

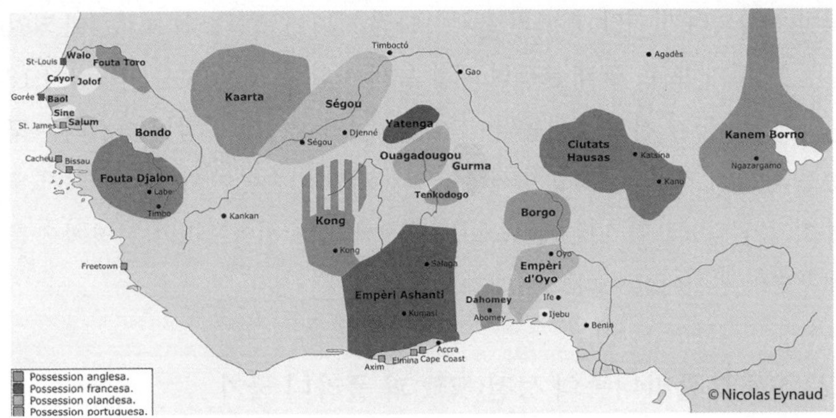

푸타 잘론, 푸타 토로, 푸타 본두의 이맘국 위치 (지도 왼쪽)

그가 태어나서 성장한 푸타 토로의 문화적 배경에 기인했다. 우마루와 투콜로르 제국에 대해서는 '19세기 풀라니족의 성전과 풀라니 국가'에서 살펴볼 것이다.

푸타 본두의 이맘국: 북쪽의 푸타 토로와 남쪽의 푸타 잘론 사이에 있던 푸타 본두의 이맘국은 1640년경 푸타 토로의 도시 포도르의 무슬림 학자 집안에서 태어난 '말리크 시'가 푸타 토로에서 넘어온 풀라니와 투콜로르 난민들의 도움을 받아 1696년 푸타 본두에 세운 나라다. 말리크 시는 신정정치를 실시했으며 왕들은 말리크 시의 후손들 중에서 선출되었다. 푸타 본두는 19세기 말 프랑스에 정복될 때까지 약 200년 동안 존속했다.[31] 스코틀랜드의 탐험가 뭉고 파크(1771년~1806년)는 1795년 푸타 본두를 방문한 후 이곳에 대한 기록을 남겼다. 푸타 본두의 무슬림들은 푸타 토로나 푸타 잘론의 무슬림들에 비해 종교적 열의가 부족했고 많은 사람들이 이교도였지만 도시는 번창했으며 마을마다 학교가 있었고 주민들의 생활 수준도 높았다. 이맘 칭호를 최초로 사용한 사람은 아마디 가야(1764년~1785년)다. 푸타 본두는 가야의 치세에 전성기를 누렸다.[32] 푸타 본두는 투콜로르 제국을 세운 알하지 우마르의 침략으

---

31 Clarke, Peter B. 1982. West Africa and Islam. p. 83. London: Edward Arnold (Publishers) Ltd.

32 Onwubiko, K. B. C. 1967. History of West Africa: AD 1000~1800. pp. 300-301. Onitsha, Nigeria: Africana-Fep Publishers Limited.

로 세력이 약화되다가 이맘 부 바카르 사아다의 치세에 프랑스의 보호령이 되었다.

푸타 잘론, 푸타 토로, 푸타 본두의 예를 통해서 알 수 있는 것은 이슬람이 18세기 서(西) 수단에서 국가 건설의 원동력이 되었다는 사실이다. 이맘이 다스리는 국가들의 출현은 송가이 제국의 붕괴 후 세력이 약화되던 이슬람이 대도시에 다시 뿌리를 내리는 계기가 되었으며, 다른 한편으로는 19세기 초 서아프리카 전역에서 풀라니족의 대규모의 성전이 일어나는 토대가 되었다.

2.2.2. 19세기 풀라니족의 성전(聖戰)과 풀라니 국가

18세기의 성전은 시간이 지나면서 동쪽으로 확산되어 19세기 초에는 하우사 칠 왕국의 멸망을 야기한 우스만 단 포디오의 성전으로 이어졌다. 서에서 동으로 전파된 풀라니 성전은 19세기 중반에는 방향을 거꾸로 틀어 다시 서쪽으로 향했다. 푸타 잘론의 투콜로르 제국과 말리의 맛시나 제국은 모두 우스만의 영향을 받아 탄생한 나라들이다. 19세기의 풀라니 성전은 종족들 간의 통합을 달성하고 이슬람이 지배계급의 종교에서 벗어나 사회 저변에 뿌리를 내리는 계기가 되었다. 특히, 단 포디오의 소코토 제국(하우사-풀라니 제국)은 오래전 역사의 뒤안길로 사라졌지만 그 영광의 그림자는 북부나이지리아의 모든 도시에 아직까지 드리워져 있다.

18세기의 성전과 19세기의 성전의 가장 큰 차이는 전자(前者)가 풀라니 종족주의의 성격을 띤 반면 후자(後者)는 종족을 초월하는 무슬림 공동체의 구현을 지향했다는 점이다. 19세기의 성전을 이끈 사람들도 풀라니족 출신의 학자들이었다. 성전의 배경에는 종교적, 정치적, 경제적 요인이 있었다. 첫째, 말리 제국과 송가이 제국이 붕괴된 후 이슬람에 접목된 이교도적 관행은 정통을 추구하는 무슬림들에게 타도의 대상이 되었다. 반(反) 이슬람적 요소는 도처에 만연되어 있었다. 하우사 칠왕국의 하나였던 자리아의 무슬림 영주들은 영내의 토착 신앙을 묵인했으며 마카우왕은 아버지인 자타우가 세운 이슬람 사원을 파괴한 배교자(背敎者)였다. 차드 호수 서쪽에 있던 보르누 제국의 봉건 제후들 중에도 이슬람을 믿지 않는 사람들이 있었으며 하우사 땅에 정착한 많은 풀라니들이 이교도와 결혼하고 이교도의 문화를 받아들였다. 19세기의 풀라니 성전은 이슬람을 정화하고 정의가 지배하는 사회, 그리고 한 걸음 더 나아가 무슬림 형제애에 기초한 범민족적 신정국가를 건설하는 것이 목적이었다.

두 번째는 정치적 배경이다. 당시 서아프리카 여러 나라에 흩어져 살던 풀라니들은 대단위 정치 세력을 형성하지 못한 채 파편화된 소(小) 집단으로 나뉘어져 있었다. 국경을 넘나들며 유목을 하던 사람들은 대부분 정치에 관심이 없었고 이동 생활을 했기 때문에 각 나라 정부의 직접 통제에서 벗어날 수 있었지만 한 곳에 눌러앉아 살던 무슬림 풀라니들은 해당 지역 위정자들의 정책에 큰 불만을 느꼈다. 이들은 무거운 세금과 폭정에 시달렸으며 이슬람법에 어긋나는 관행, 즉 무슬림 형제들을 정벌하기 위한 전쟁에 동원되는 경우도 있었다. 이교도 지배층에 대한 정신적 우월감을 갖고 있던 도시의 풀라니들은 불합리와 모순으로 가득 찬 현상을 바로잡을 수 있는 정치적 동력(動力)을 갈구했다.

19세기의 풀라니 성전은 토착민 대(對) 이방인의 대립 구도가 배경에 깔려 있었다는 점에서 정치적 주도권을 잡기 위한 종족들 간의 투쟁의 성격도 띠고 있었다. 동화를 거부한 채 자기들끼리 모여 사는 풀라니들에게 현지의 왕들은 불편한 심기를 느꼈고 풀라니들은 그들을 대하는 위정자들의 태도에서 위협감을 느꼈다. 도시로 유입되는 풀라니의 수가 늘어나면서 둘 사이의 긴장은 고조되어 갔다. 보르누 제국의 술탄 쉐후 엘 카네미가 우스만의 성전을 종교적 봉기를 가장한 정치적 책략이라고 비난한 것은 이러한 분위기를 반영한 것이었다. 우스만 단 포디오를 지지한 유목민 풀라니들의 행동이 종교적 동기가 아닌 같은 혈통에 대한 충성심에서 비롯되었다는 사실도 성전을 유발한 동기가 복합적이었다는 것을 말해준다.

세 번째는 경제적 배경이다. 시골에 정착한 풀라니들은 농사와 방목(放牧)으로 생계를 유지했지만 대도시에 터전을 마련한 사람들은 근거리 무역으로 재산을 모았다. 축적된 부는 이민족의 시샘의 대상이 되었으며 전비(戰費)로 전용될 수 있었다는 점에서 풀라니족의 부상을 경계하던 현지의 왕들에게 심각한 위협 요인으로 각인되었다. 이러한 상황 하에서 풀라니족의 경제 활동은 각국 정부의 간섭으로 위축되기 시작했고 법과 질서를 보장하는 정의로운 국가의 출현이 풀라니족이 기댈 수 있는 최후의 보루로 인식되었다. 송가이 제국 시절처럼 자유로운 장사와 안전한 무역을 원했던 풀라니 상인들에게 이슬람 성전은 종교적 대의와는 별도로 경제적 생존을 위한 불가피한 선택으로 받아들여졌다.

마지막으로 풀라니 지배층의 이상주의(理想主義)도 성전을 수행하는 중요한 동력으로 작용했다. 서(西) 수단 지역에서 이슬람을 가장 먼저 받아들인 풀라니들은 정치와 종교가 조화를 이룬 이슬람 사회를 건설하는 데 큰 관심이 있었다. 풀라니 지도자들은 말리의 팀북투, 젠네, 니제르의 아가데스와 같은 교육의 중심지에서 덕망과 학식을 갖춘 스승들에게 사사(師事)한 후 귀향하여 후학을 양성하는 일에 매진했고 공부를 마치고 고향으로 돌아간 제자들과도 계속 서신을 교환하며 미래의 봉기에 대비했다. 풀라니 학자들에게 있어 지식은 관념론적 유희를 위한 것이 아니라 여러 종족을 아우르는 이슬람 제국을 건설하기 위한 실천 도구였다. 작금의 모순을 타파하려는 노력이 궁극적으로 지향한 것은 모든 사람들이 평화롭게 공존하는 세상이었다. 21세기의 중동사를 포함하는 이슬람 전사(全史)에서 종교 분쟁이 종족 분쟁을 가장한 경우가 많았다는 것을 상기하면, 종족을 초월하는 공동체를 만들고자 했던 당시 풀라니 학자들의 열정은 실로 위대한 것이었다.

우스만 단 포디오와 하우사-풀라니 제국: 한 민족에 의한 타민족의 정복은 착취와 억압을 동반하고 이것이 역사의 일반적인 모습이라고 할 때, 19세기 초 하우사족과 풀라니족 사이에 일어난 일련의 사건은 이에 부합되지 않는 예외적인 현상이라고 할 수 있는바, 그것은 인류사에 있어 유례를 찾기 힘든 문명화된 대(大) 타협이었으며 종교적 신념에 충실한 모범이었다. 이것이 바로 쉐후 우스만 단 포디오에 의해 하우사 땅에서 일어난 이슬람 성전이다.

우스만은 동생 압둘라와 함께 여러 나라에서 수학(修學)했고 니제르의 아가데스에서 유명한 스승 지브릴을 만나 가르침을 받았다. 지브릴은 투아레그족을 상대로 한 성전이 실패한 후 아가데스를 떠났고 우스만도 약관의 나이에 하우사 땅으로 돌아와 잠파라, 켑비, 고비르 등지에서 학생들을 모아 가르쳤다. 폭력보다 평화를 선호한 그는 고비르의 왕 바와를 설득해 무슬림 죄수들을 석방시키고 선교의 자유를 보장받지만 바와를 계승한 나파타와 윤파는 귀족들과 합세하여 그를 암살하려고 했다. 우스만의 하우사인 제자 압드 알-살람이 감옥을 습격해 죄수들을 풀어주는 사건이 일어나자 우스만은 가족과 함께 고비르의 변방 구두로 피신해 성전을 선포했다.

18세기 말 하우사 왕국들은 부정과 폭정으로 얼룩져 있었다. 왕실을 비롯한 지배 계층은 형식적인 신자에 불과했고 백성들은 과중한 세금에 시달렸으며 무슬림들조차 노예사냥의 대상이 되었다. 우스만은 윤파의 학정에 시달리던 풀라니족과 하우사족을 이끌고 수년에 걸친 전쟁 끝에 (차드 호수 주변의 보르누 제국이 쇠약해진 틈을 타 새롭게 부상한) 켑비와 잠파라를 포함한 모든 하우사 왕국들을 정복했다. 쉐후 우스만이 지하드를 일으킬 당시 하우사 땅에는 많은 풀나니들이 유입되어 있었다. 이들은 하우사어를 쓰며 하우사족과 섞여 살았는데 유목민이 아닌 집에 사는 풀라니라는 뜻의 '풀라닌 기다'라고 불렸다. 두 종족은 혼인을 통해 서로 동화되어 있었고 하우사족은 우스만의 성전에 자연스럽게 동참할 수 있었다.

실제의 전쟁은 우스만의 동생 압둘라와 아들 무함마드 벨로가 수행했다. 전쟁이 끝난 후 우스만은 제국을 둘로 나누어 서쪽의 그완두는 동생에게, 동쪽의 소코토는 아들에게 맡겼는데, 북서나이지리아의 켑비주(州)와 소코토주(州)는 이러한 역사성을 반영한다. 오늘날 우리가 보는 하우사 문화는 쉐후 우스만의 성전과 깊은 관련을 맺는다. 지하드의 성공으로 하우사 왕들은 쫓겨났고 소코토의 술탄이 임명한 새로운 풀라니 왕들이 그 자리를 메웠다. 그러나 가장 큰 변화는 종교적, 정치적, 언어적 변화였다.

성전의 승리로 과거의 반(反) 이슬람적 폐습은 자취를 감췄고 사람들은 철저한 무슬림으로 동화되어 갔다. 이러한 변화는 북부나이지리아가 영국의 식민지가 된 후에도 계속되었다. 풀라니족의 입장에서 영국의 지배를 인정하는 조약의 대전제는 이슬람 세계를 건설하는 데 있어 제삼의 세력이 방해를 해서는 안 된다는 것이었다. 플라니와 영국인은 둘 다 정복자였고 각자의 목적이 크게 위협받지 않는 한 구태여 충돌할 필요가 없었다. 영국 정부는 19세기 말 풀라니족과 맺은 약속을 끝까지 지켰다. 기독교 선교사들의 자리아 이북(以北) 지역에서의 활동은 1960년 나이지리아가 독립할 때까지 허용되지 않았다.

이교도적 관행에 대한 풀라니 지배층의 태도는 단호했다. 무당을 비롯한 전통 사제의 신분은 추락했으며 악사(樂士)들은 과장이나 풍자 같은 반(反) 사실주의적 행위로 인해 천시되었고 아랍 고전시의 율격에 맞춰 종교시를 쓰는 사람들이 그 자리를 대신 메웠다. 권력이나 권위 같은 지배층의 가치를 찬양하던 구연 시인은 신과 모하메드 이외의 대상을 숭배하지 말라는 이슬람의 가르침을 어김으로써 사회적 이방인으로 전락했다. 현대 사회에서도 사정은 비슷하다. 노예제도는 사라졌지만 종교적, 직업적 요인과 관련된 신분상의 서열은 아직도 남아 있다. 풀라니족과 하우사족은 결혼식과 작명 의식(作名儀式)[33] 같은 가정의 경사에 손님들을 초대하고, 구연시인들과 악사들의 입을 통해 조상의 덕행과 가문의 미덕을 자랑하지만 시인과 악사들은 집 안에도 들어가지 못한 채 대문 밖에서 그들의 '천한' 재능을 선보인다.

아래의 '소코토 연대기'는 하우사-풀라니 제국의 제7대 칼리프였던 아부바카르 아티꾸 나 라바(1873년~1877년)의 아들 아부바카르 단 아티꾸의 작품이다. 원시(原詩)는 하우사어로 작성되었다. 55개의 2행 연구(連句)는 우스만의 치세부터 시작해 13대 칼리프인 무함마두 메이 투라레(1915년~1924년)까지 이어진다. 저자는 하우사족의 이단적 행태를 비난하고 풀라니 개혁의 정당성과 칼리프들의 위대한 업적을 소개한다. 뛰어난 문학성을 지닌 작품은 아니지만 중세 이집트의 종교학자 알-수유티(1445년~1505년)의 전통과 아랍의 종교적 기품을 하우사 땅에서 구현하기 위해 애쓴 풀라니 귀족층의 노력을 미화한다.[34]

1. 그들[소코토 칼리프] 중의 첫째는 쉐후, 우스만에게 지위가 하사되었다,
   사람들한테 코란의 가르침을 굳게 지키라고 경고한 자는 그였다,
2. 그들이 '신이여 그를 축복하시고 그에게 평화를 주소서'라고 늘 말하게 하라,
   그들이 그 사자[무함마드]를 언급할 때.
   언제나 게으른 잡담을 멀리하게 하라.
3. 그는 샤리아를 준수하라고 훈계했다;
   사람들이 그에게 충성을 맹세한 그곳 구두에서,
4. 그는 혁신[이슬람에 반하는 관행]을 타도했고,
   율법을 정화했다.
   그것은 천국으로 향하는 길에서 벗어나지 않는다.

---

33 부모들은 아기가 태어난 후 칠 일째 되는 날 아기에게 이름을 지어주며 가까운 친지들을 초대해 이 날을 기념한다.

34 Hiskett, Mervyn. 1975. A History of Hausa Islamic Verse. p. 136-137. London: School of Oriental and African Studies, University of London. (본문에서 인용한 시도 히스켓의 영문 번역을 우리말로 다시 옮긴 것이다.)

5. 그의 뒤를 이어 지위가 하사된 이는 그의 아들 무함마드였다,
벨로, [적 앞에서] 도망치지 않는 이맘,
6. 그는 이교도들을 보았을 때 후퇴하지 않았다,
그리고 그것이 전리품이라면, 그는 [자신을 위해] 아무것도
취하지 않았다.
7. 그는 배움을 얻기 위해 노력한 사람이었다,
강한 인내심을 가진 자, 그는 벨로였다, 이맘의 아들,
…… (이하 생략)

종교상의 변화는 정치에도 영향을 끼쳤다. 지하드의 성공은 역사상 최초로 북부나이지리아에서 종족을 뛰어넘는 이슬람 공동체를 탄생시켰다. 세속적 이해관계에 얽혀 견제와 질시를 일삼던 하우사 왕국들은 모두 해체되어 새로운 제국의 지붕 아래 다시 모였다. 하우사족과 싸우던 카누리족의 보르누 제국도 무슬림 형제애의 기치 아래 하우사-플라니 제국과 평화로운 관계를 유지했다.

소코토에는 아직도 우스만의 직계 후손인 술탄이 있으며 술탄은 하우사족과 플라니족의 정신적 지주로 군림한다. 나이지리아 현대 정치사에서 북부인들이 줄곧 정권을 장악한 것도 하우사족, 플라니족, 카누리족의 강한 유대감 때문이었다. 1990년대 중반에 건설된 나이지리아의 수도 아부자시(市)의 인구 60%가 하우사-플라니이며 독립 이래 군부를 지배해 온 사람들 역시 이들이었다는 것은 북부 무슬림 공동체의 강한 결속력을 말해준다. 나이지리아에서 플라니 혈통은 뼈대 있는 가문을 뜻한다. 하우사족이라고 알려진 저명인사 중의 상당수가 플라니 조상을 두었다는 것은 두 종족의 구분이 사실상 무의미하다는 것을 보여준다. 풀라니족의 높은 위상은 나이지리아만의 현상은 아니다. 풀라니가 되고 싶어 하는 기니의 말링케 남성들의 예는 흥미롭다.

나와 프로젝트를 함께 한 두 명의 기니 동료들은 풀라니 문화의 일부가 된 사람들은 스스로 특권 의식을 느끼는 경향이 있다고 말했다. 나의 공동연구자들은 아버지로부터 민족 정체성을 물려받는 전통에 따라 자신을 말링케족이라고 여겨야 함에도 불구하고, 그들의 풀라니 어머니의 정체성을 선택하고 풀라니 생활 방식을 따랐다. 그들은 거의 전적으로 풀

> 라니어를 사용했고 풀라니 여성들과 결혼했다. 두 사람 모두 풀라니로 사는 게 좋아서 스스로를 풀라니 문화의 구성원으로 생각하게 되었다고 말했다. (중략) 풀라니족의 민족 정체성에 대한 집착은 특히 유별나다. 이것은 그들이 스스로 다르다고 생각하는 몇 가지 특징 때문인 것 같다: 아프리카의 광범위한 지역에 분포한다는 사실, 타 문화에 동화되는 것을 거부하는 습성, 사하라 이남의 아프리카 밖에서 기원했다는 주장 등.[35]

우스만 단 포디오는 하우사어의 사용을 장려했다. 그는 피정복민들에게 풀라니어를 강요하지 않았고 스스로 하우사어로 시를 지었으며 그의 딸 나나 아스마우도 풀라니어와 하우사어로 집필 활동을 했다.[36] 인류사를 돌아볼 때 이처럼 관대하고 사려 깊은 정복자가 또 있을까? 그는 하우사족에게 신의 가르침을 전파하는 가장 좋은 도구는 그들의 언어라고 생각했으며 언어 통일에 의한 국가건설을 위해 다른 소수 종족들한테도 하우사어의 사용을 독려했다. 우스만의 종교적, 정치적, 언어적 안목은 이상과 현실이 조화롭게 결합된 위대한 것이었다.

하우사-풀라니 제국은 영국과의 싸움에서 패한 후 1903년 3월 역사의 뒤안길로 사라진다. 인도 총독 시절 식민 통치 철학의 근간을 설계한 영국인 루가드는 1903년 6월 앗타히루 1세와의 마지막 전투에서 승리하고 무함마두 앗타히루 2세를 소코토의 새로운 칼리프로 임명했다. 앗타히루 2세는 술탄이라는 상징적 지위에 머물렀지만 점령지의 최고 수뇌부만 통제하고 토착 문화를 존중하는 영국의 식민 정책하에서 그 상징은 단순한 상징 이상의 의미를 띠었다. 북부나이지리아 보호령의 주민들이 느끼는 세상은 기존의 흑인 칼리프에 백인 칼리프가 하나 더 추가된 세상이었다. 소코토 칼리프는 현재까지 이어지고 있다.

맛시나 제국: 우스만 단 포디오로부터 성전의 기(旗)를 수여받은 세쿠 아흐마두는 1818년 밤바라족과 이교도 풀라니를 상대로 한 싸움에서 이긴 후 말리의 니제르강

---

35 Gordon, Andrew J. 2000. 'Cultural Identity and Illness: Fulani Views.' pp. 298-299. Culture, Medicine and Psychiatry 24: 297-330.

36 아스마 대신 나나라고도 불린다.

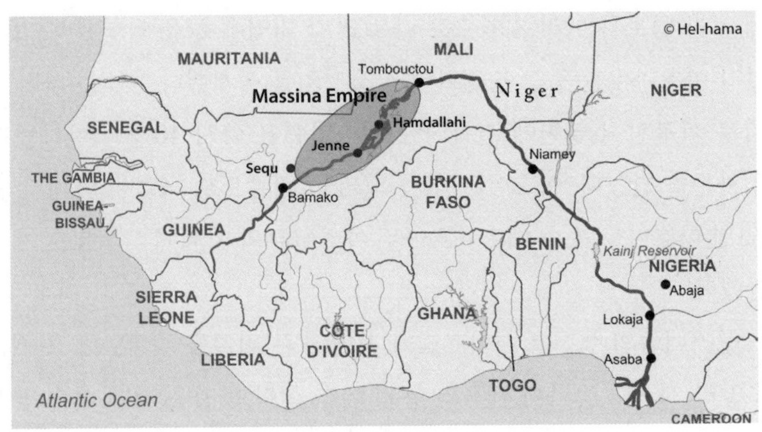

맛시나 제국의 위치

내륙 삼각주 지대에 맛시나 제국을 세웠다. 19세기 초 이 지역의 사정도 북서나이지리아와 비슷했다. 무슬림 풀라니들과 소닝케족은 이슬람을 믿지 않는 밤바라족, 보조족, 풀라니 유목민들과 함께 살고 있었다. 풀라니 추장 디알로는 독실한 신자가 아니었으며 대다수의 주민들도 이교도들이었다. 많은 사람들이 아흐마두의 성전에 동참하자 디알로는 그가 조공을 바치던 세구의 밤바라 왕국에 도움을 청했다. 아흐마두는 여러 차례의 전투 끝에 디알로와 밤바라족의 연합군을 물리치고 말리의 함달라히를 도읍으로 하는 나라를 세웠다. 맛시나 제국의 영토는 아흐마두가 죽기 직전 젠네를 포함해 세구와 팀북투 사이의 니제르강 서쪽 굽이 중하류 전 지역으로 확장되었다.

밤바라 왕국에 반기를 든 아흐마두는 하우사 왕국을 상대로 한 우스만 단 포디오의 성전에서 큰 영향을 받았다. 니제르강 서쪽 굽이의 중하류 지역에서 오랫동안 전승되어 내려오던 마흐디(구세주)에 대한 갈구에 불을 지른 것은 이상을 현실로 만든 하우사 땅에서의 성전이었다.[37] 아흐마두는 1805년 우스만이 지하드를 일으킬 당시 하우사 땅에 있었고 귀국 후에는 우스만이 데겔에서 그랬던 것처럼 젠네와 세베라에서 학생들을 모아 가르쳤다. 성전을 시작할 때에는 그가 무슬림 전사들의 수장임을 증명하는 임명장과 권위의 깃발을 우스만으로부터 수여받았는데 이것은 많은 풀라니들이 그의 전쟁에 동참하게 만들었다. 전쟁에서 이긴 후 그는 하우사-풀라니 제

---

37 Clarke, Peter B. 1982. West Africa and Islam. pp. 129-130. London: Edward Arnold (Publishers) Ltd.

국의 예에 따라 영토를 여러 지역으로 나누고 각 지역에 왕을 임명했다. 그러나 우스만과는 달리 아흐마두는 중앙 집권화된 신정정치를 실시했다.[38] 입법, 사법, 행정부는 술탄의 자문 기구인 추밀원에 귀속되었고 추밀원은 다시 40명의 학자들로 구성된 평의회의 자문을 받았다. 아흐마두의 사후(死後) 내분으로 국력이 약해진 맛시나 제국은 1862년 아흐마두의 손자인 아흐마두 아흐마두의 치세에 투콜로르 제국의 침략으로 멸망했다.

19세기 풀라니족의 성전은 서아프리카 전역에 큰 변화를 가져왔다. 첫째는 종교적 변화로서 말리 제국과 송가이 제국의 붕괴 이후 쇠락의 길을 걷던 이슬람이 다시 세력을 얻고 이교도적 풍습이 거세된 순수한 이슬람 정신이 사회 저변부에까지 침투해 들어가는 계기가 되었다. 종교는 교육과도 긴밀한 관계를 유지했다. 말리의 젠네와 팀북투, 니제르의 아가데스 같은 고도(古都)는 학문과 신앙의 메카로 재도약했으며 까디리야와 티자니야 종파(宗派)를 중심으로 한 무슬림 형제단은 정치적 주도권을 잡은 데 만족하지 않고 교육을 통한 의식의 혁신을 함께 추구했다.

둘째는 사회경제적 변화였다. 하우사족과 밤바라족은 기존의 영향력을 상실했고 풀라니 유력 가문을 중심으로 한 새로운 지배층이 출현했다. 무슬림들의 수가 늘어남에 따라 극에 달했던 노예사냥의 폐단도 현저히 줄어들었다. 이슬람법을 통치의 근간으로 삼은 풀라니 지도자들은 무슬림을 노예로 팔거나 부리는 것을 금했다. 사회가 안정되고 치안이 확립되면서 농업과 상업이 부흥했고 국가들 간의 원거리 무역도 다시 활기를 띠었다.

셋째는 정치적 변화였다. 풀라니 성전은 모로코의 무어인들이 송가이 제국을 정복한 이래 소규모의 종족 구성체로 분열되어 있던 서아프리카를 몇 개의 강력한 정치단위로 재편하는 데 성공했다. 풀라니 국가의 등장은 이전의 안정을 되찾는 데 기여했고 소부족의 지도자들은 이슬람의 범민족적 박애주의와 그 수호자들에게 충성을 서약했다. 정치적 통합은 투쟁을 일삼던 집단들 사이의 소통과 공존의 정신이 안착될 수 있는 기반을 마련했다. 프랑스의 이간책으로 비록 성공을 거두지는 못했지만

---

38 Onwubiko, K. B. C. 1967. History of West Africa: AD 1000~1800. p. 313. Onitsha, Nigeria: Africana-Fep Publishers Limited.

투콜로르 제국의 아흐마드 탈이 보여준 인내와 양보의 철학은 미래를 위한 바람직한 변화가 싹트고 있었음을 말해주는 것이었다. 아흐마드 탈은 종족들 간의 불신을 없애기 위해 군대를 해산하는 결단을 내렸지만 프랑스의 방해로 뜻을 이루지 못했다. 하우사-풀라니 제국의 건설은 가장 성공적인 예에 속했다. 수백 년 동안 반목하던 하우사 왕국들 사이에 평화가 찾아왔고 하우사족과 풀라니족의 유대를 토대로 카누리족을 포함한 북동 나이지리아의 중소 부족들도 갈등과 대립에서 벗어나 무슬림 형제애를 구현하는 데 동참했다.

마지막으로, 강력한 국가들의 탄생이 가져온 통합과 충성, 상명하달의 위계질서는 19세기 말 영국과 프랑스가 적은 비용과 희생으로 서아프리카를 식민지화 하는 데 일조했다. 역사의 아이러니는 이를 두고 하는 말일 것이다. 서구 열강은 수많은 개별 종족을 상대하거나 정복할 필요 없이 풀라니 제국의 수뇌부만 겨냥하면 되었다. 새로운 서양인 정복자들은 기존의 풀라니 정복자들을 무력으로 진압하거나 그들과 상호 이익에 부합하는 조약을 체결했다. 북부나이지리아에서 행해진 영국과 풀라니족의 대(大) 타협은 후자(後者)의 고전적인 예로 간주되는 일대 사건이었다.

18세기와 19세기의 풀라니 성전은 서아프리카의 역사를 서양인의 침탈 이전과 이후로 나누는 분수령이 되었다. 나이지리아를 비롯한 많은 지역에서 풀라니족의 정치적 위상과 명예 의식은 변함없이 유지되고 있지만 그들이 품었던 종족을 초월한 대 이슬람 제국의 꿈은 프랑스 군대의 위협 속에서 또는 협상 테이블의 지면(紙面) 위에서 역사 속으로 사라져갔다.

2.2.3. 투콜로르족

투콜로르족은 풀라니계의 종족이지만 다른 풀라니들과는 달리 유목 생활을 하지 않고 한 곳에 정착해서 농사와 어업으로 생계를 유지했다. 이들은 풀라니어의 푸타토로 방언을 쓰며 자신을 풀라니어를 사용하는 사람들이란 뜻의 하아풀라아르엔이라고 부른다. 투콜로르라는 말의 유래는, 첫째 '모든 색깔'을 의미하는 프랑스 단어에서 비롯되었다는 설(說)이 있고, 다른 하나는 고대 테크루르 제국의 후예라는 뜻이다.[39] 9세기의 테크루르 제국과 19세기의 투콜로르 제국은 모두 투콜로르족이 건설한 나라들이다. 투콜로르족은 세네갈강 중하류 유역의 푸타 토로 지방과 강 건너편의 모리타니에 주로 분포하며 지난 수 세기에 걸쳐 현재의 말리 공화국으로 이주한 사람들도 많이 있다. 전체 인구는 약 160만 명 정도이고 그중 약 113만 명이 세네갈에 거주한다.[40]

투콜로르족은 높은 민족적 자긍심을 갖고 있다. 이들이 오래전부터 정착 생활을 해왔고 가나 제국과 동시대에 존재한 테크루르 제국을 세웠으며 서(西) 수단에서 이슬람을 가장 먼저 받아들였다는 사실에서 종족 정체성과 별도로 존재하는 투콜로르족의 문화 정체성을 이해할 수 있다. 알-바크리가 전하는 아랍 문헌에 따르면 테크루르 제국의 투콜로르 왕 와르 디아비와 그의 가족은 이미 11세기 초에 이슬람으로 개종하고 주변 종족들을 교화하기 시작했다.[41] 우스만 단 포디오의 후예인 소코토의 술탄과 북부나이지리아의 풀라니 왕들이 그들의 기원을 투콜로르족과 연계시킨다는 것도 흥미롭다.[42]

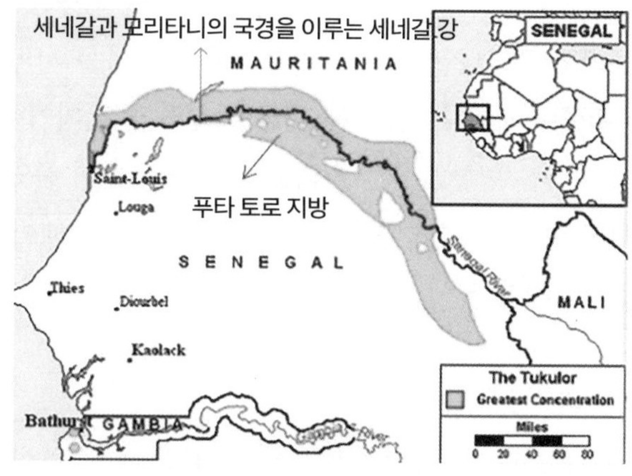

투콜로르족의 거주 지역

39 Shoup, John A. 2011. Ethnic Groups of Africa and the Middle East: An Encyclopedia. p. 97. ABC-CLIO.

40 https://joshuaproject.net/people_groups/15622/SG

41 Trimingham, J. Spencer. 1978. A History of Islam in West Africa. p. 28. Oxford: Oxford University Press.

42 한국외대 아프리카학부에서 하우사어를 가르치고 있는 소코토 대학의 말라미 부바(Malami Buba) 교수가 한 말이다. 부바 교수의 부친은 소코토의 유명한 학자였으며 소코토의 술탄과 절친한 사이였다. 부바 교수는 어릴 적에 술탄의 궁궐에서 자랐다.

테크루르 제국: 테크루르 제국은 9세기 초부터 13세기 말까지 세네갈과 모리타니 접경지대인 세네갈강 하류에 존재했던 고대 국가로서 가나 제국과 패권을 다투었다. 테크루르 제국은 사하라 사막 북쪽에 살던 밝은 피부색의 유목민들이 대서양 연안을 타고 남하해 정착한 후 현지인들과 섞이는 과정에서 탄생했으며[43], 제국의 건설에는 동쪽에서 이주해 와 세네갈 분지에 정착해 살고 있던 풀라니족도 대거 참여했을 것으로 추정된다. 제국의 이름은 수도인 테크루르에서 따온 것으로 이 도시는 현재의 모리타니에 있었다. 테크루르 제국은 세네갈강 중류와 하류에 살던 여러 종족을 지배했으며 북으로는 사하라 사막과 남으로는 감비아강까지 세력을 확장했다. 제국의 설립 연대는 분명하지 않지만 8~9세기의 아랍 문헌에 당시 서(西) 수단 지역이 테크루르의 땅이라고 소개되어 있다는 사실에서 적어도 그 이전에 설립되었다는 것을 알 수 있다. 문헌상 최초의 왕조는 서기 850년대의 댜오고 왕조로서 이 시기에 국가로서의 기틀이 마련되고 영토가 팽창되었다. 1040년에 사망한 와르-자비 왕 치세에 이슬람과 이슬람법을 수용했다고 전해진다. 1154년 아랍인 학자 알-이드리시가 남긴 테크루르 제국의 정부 체계에 관한 기록에 왕은 정의감이 충만했고 수많은 노예들과 강력한 군대를 소유했으며 백성들은 평화롭게 살았다고 적혀 있다. 수도 테크루르는 서(西) 수단 경제의 중심지로서 북아프리카의 상인들이 양모(羊毛), 구리, 구슬, 소금 등을 가지고 와서 노예와 금으로 교환해 갔다. 지방에 거주하는 사람들은 농업과 축산업에 종사했으며 곡물, 가축, 우유, 채소 따위를 생산했다. 어업도 주된 경제 활동의 하나였다. 세네갈강과 감비아강의 수많은 지류는 두 강 사이에 흩어져 살던 사람들에게 다양하고 풍부한 어종(魚種)의 생선을 제공했다.

11세기 초에 주권을 상실하고 가나 제국의 속국이 된 테크루르는 1076년 모로코에서 망명한 알모라비드의 지도자 압달라 이븐 야신과 연합하여 가나 제국의 수도 쿰비 살레를 함락시키고 잠시 독립을 쟁취하기도 했지만 국가 경제를 지탱하던 금 무역의 주도권이 동쪽의 가나 제국과 가나 제국을 계승한 말리 제국으로 넘어가면서 본격적인 쇠락의 길로 들어섰다. 정치적 혼란과 경제적 침체는 이슬람의 강요를 못마땅해 하던 월로프족과 세레르족 같은 이민족을 다른 지역으로 이주하게 만들었고

---

43 Trimingham, J. Spencer. 1978. A History of Islam in West Africa. p. 26. Oxford: Oxford University Press.

이것은 제국의 멸망을 가속시키는 또 다른 원인이 되었다. 테크루르 제국의 영토와 영향력은 14세기에 이르러 지방의 약소 제후국 수준으로 축소되었다. 9세기 초 투콜로르족이 역사의 무대에 출현한 이후 19세기 중엽 서 수단 사(史)에 다시 등장할 때까지는 약 천년의 세월을 기다려야 했다.

투콜로르 제국: 투콜로르 제국은 푸타 토로에서 태어난 우마르 탈(1795년~1864년)이 19세기 중엽 오늘날 말리 공화국의 외곽 푸타 잘론에 세운 국가다. 우마르 탈은 사우디아라비아로 성지순례를 갔을 때 티자니야 신비주의 종파를 처음으로 접했고 1836년 세네갈로 돌아올 때 순례자라는 뜻의 알하지와 서(西) 수단 티자니아 형제단의 칼리프라는 직함을 수여받았다. 투콜로르 제국은 이러한 이유로 티자니야 지하드 제국이라고도 불린다. 귀향 도중에 그는 북서나이지리아의 소코토에서 우스만 단 포디오의 아들 무함마드 벨로와 가깝게 지냈고 벨로의 딸과 혼인했다. 맛시나 제국을 건설한 세쿠 아흐마두처럼 우마르 탈도 우스만 단 포디오의 영향을 크게 받았다.

1838년 성지순례를 마치고 푸타 토로에 정착한 우마르 탈은 제자들을 교육하는 일에 몰두했다. 푸타 토로의 지도자들은 그를 따르는 사람들의 수가 늘어나자 그를 경계하기 시작했다. 신변의 위협을 느낀 우마르 탈은 1848년 기니 공화국의 북쪽 푸타 잘론의 작은 도시에 거점을 마련하고 해안의 유럽 상인들한테서 총기를 구입해 군대를 조직한 후 1860년 성전을 선포했다. 1861년 세구 전투에서 밤바라족에게 대승을 거둔 그는 세구를 아들 아흐마드 탈에게 맡기고 맛시나 제국의 수도 함달라히를 함락시킨 다음 서(西) 수단의 고도(古都) 팀북투로 진격했다. 우마르 탈은 밤바라족의 카르타 왕국과 세구 왕국, 풀라니족의 맛시나 제국을 정복하고 우스만의 예에 따라 이 지역을 여러 개의 제후국으로 분할했다. 그는 프랑스 군대와도 싸웠다. 메디나 항구를 차지하기 위해 1857년 해안에 주둔한 프랑스군을 공격한 그는 이후에도 여러 차례 프랑스와의 전쟁을 계획했지만 실행에 옮기지는 못했다. 우마르 탈은 1864년 세구에서 일어난 반란을 진압하다가 죽었다.

투콜로르 제국은 하우사-풀라니 제국의 영토에 버금가는 방대한 땅을 차지했지만 굳건한 토대 위에 구축된 것은 아니었다. 프랑스 제국주의에 맞서 서(西) 수단의 이슬람 세계를 수호하고자 했던 우마르의 종교적 명분도 시간이 갈수록 변질되었으며 특히 맛시나 제국의 정복은 많은 무슬림들의 이탈을 초래했다. "우마르가 이슬람의 전파라는 대의를 마음에 품은 것은 위대한 국가를 건설하고자 하는 그의 야심이 실현되고 그가 신이 지명한 통치자로 군림할 수 있어야 한다는 것을 전제로 했다."[44] 그의 후손들 또한 피정복민을 이슬람으로 개종시키려는 노력 대신 부와 권력을 탐하는 데에 열중했다. 밤바라족과 풀라니족은 성전의 목적을 망각한 투콜로르 지배층을 신뢰하지 않았다. 우마르 탈의 사후(死後) 아흐마드 탈이 그 지위를 계승했지만 제국은 얼마 못 가 내분에 휩싸였다. 아흐마드 탈은 종족들 간의 화합과 평화를 위해 군대를 해산하는 등 많은 노력을 기울였지만 프랑스의 이간책으로 성공을 거두지는 못했다. 프랑스는 투콜로르 제국을 적대(敵對)하던 여러 종족들과 조약을 맺고 제국의 영내 곳곳에 요새를 건설했다. 1890년 밤바라족과 연합한 프랑스군이 세구를 침공하고 맛시나와 팀북투가 연이어 함락되자 아흐마드 탈은 1893년 하우사 땅으로 피신했다. 투톨로르 제국은 프랑스의 보호령이 되었다.

2.2.4. 19세기의 성전(聖戰)과 이슬람 제국의 존망(存亡)

맛시나 제국과 투콜로르 제국은 모두 범(汎)풀라니계에 속하는 풀라니족과 투콜로르족이 세운 이슬람 국가였다는 점과 우스만 단 포디오의 성전에서 영향을 받았다는 공통점이 있지만 몇 가지 면에서 하우사-풀라니 제국과 큰 차이를 보여준다.

우스만은 전사(戰士)라기보다는 유토피아적 세상을 열망한 학자에 가까웠으며 모하메드에 버금가는 권위로 풀라니족과 하우사족의 정신적 지주로 군림했다. 이것은 전쟁을 실제로 이끈 사람이 우스만이 아니고 그의 아들과 동생이었다는 사실에서 알 수 있다. 하우사-풀라니 제국의 정치, 종교, 언어 정책도 우스만의 이상을 구현하기 위한 것이었다. 그는 모든 사람들이 평화롭게 공존하는 사회를 소망했고, 상기한 정책들은 서로 유기적 관계를 맺으며 이 소망을 현실로 만드는 데 기여했다. 우스만은 풀라니족의 행동 윤리인 풀라쿠를 가장 완벽하게 실천한 사람이었으며 진정한 의미에서의 박애주의자였다. 그가 피정복민에게 하우사어의 사용을 장려한 것은 신

44 ibid. p. 184.

과 모하메드의 가르침을 효과적으로 전파하기 위해서였다. 초기에 우스만의 진정성을 의심했던 카누리족이 나중에 그의 초인적 경건함에 감화되어 하우사족을 포함하는 소위 무슬림 북부인들이 탄생할 수 있었던 것도 종교 지도자로서의 그의 능력에 기인했다.

맛시나 제국과 투콜로르 제국을 건설한 세쿠 아흐마두와 우마르 탈은 전사(戰士)로서의 능력이 돋보이는 사람들이었다. 밤바라족을 상대로 수많은 전투를 승리로 이끈 아흐마두와 세구의 반란을 진압하다 죽은 우마르 탈은 우스만한테서 성전 수행의 정당성을 상징하는 깃발을 하사받거나 우스만의 손녀와 혼인함으로써 대업을 위한 명분과 권위를 축적할 수 있었다. 이들은 탁월한 능력의 전술가였기 때문에 열악한 상황에서 단기간에 대제국을 세울 수 있었지만 복잡한 이해관계에 얽힌 이민족들의 연합체를 통합하고 통치의 기틀을 마련하는 데 있어 상징적 구심점은 되지 못했다. 아흐마두와 우마르 탈이 죽고 나서 맛시나 제국과 투콜로르 제국은 금방 와해되었지만 우스만의 권위와 하우사-풀러니 제국의 영광은 200년이 넘는 세월이 흘렀음에도 불구하고 지금까지 이어지고 있다.

맛시나 제국과 투콜로르 제국의 민족 구성의 복잡성은 신생 제국의 기틀을 다지는 데 큰 걸림돌로 작용했다. 세레르족, 월로프족, 밤바라족, 말링케족, 풀라니족과 같은 비슷한 규모의 종족들이 주도권 다툼을 벌이던 대서양 내륙의 세네-감비아, 기니, 말리 지역에 비해 북부나이지리아의 종족 분포는 상대적으로 단순했다. 하우사족과 문화적, 혈연적 유대감이 있었던 풀라니족은 많은 하우사인들의 지지를 등에 업고 하우사 왕국들이 수백 년에 걸쳐 구축해 놓은 통치의 기반 요소들을 큰 저항 없이 상속했다. 우스만과 그의 후계자들은 타락한 하우사 지배층을 몰아내고 하우사-풀라니라는 종족 구성의 뼈대 위에 새로운 이념의 옷을 입히는 데 전념할 수 있었다. 하우사족은 크게 반발하지 않았으며 동쪽의 카누리족도 반대할 명분이 없었다. 광범위한 지역에서 통용되던 하우사어도 국가건설에 우호적인 요소로 작용했다.

영국과 프랑스의 통치 방식의 차이도 중요한 변수가 되었다. 영국은 점령지의 최고 수뇌부와 소통하면서 식민행정의 상당 부분을 이들에게 위임했기 때문에 소코토의 술탄과 풀라니 왕들의 상징적 존재를 묵인하고 이용했다. 간접 통치의 최초 입안자인 루가드는 하우사-풀라니 제국의 틀을 파괴하고 새로운 시스템을 구축하는 것은 막대한 재원과 시간이 요구되는 불합리한 선택이라고 생각했다.[45] 풀라니족의 입장에서도 이슬람 제국의 건설과 무슬림 공동체의 발전이 위협받지 않는 한 다른 유럽 열강의 침략에 대비하기 위해서라도 영국의 간섭에 끝까지 저항할 이유가 없었다. 플라니 기득권층의 전략적 판단의 이면에는 아프리카의 종교와 문화를 존중하지 않는 프랑스에 대한 적개심과 두려움이 내재되어 있었다.

프랑스는 예산과 인력이 허용하는 한 식민 행정의 말단에까지 프랑스인 관리를 파견하고 프랑스식 방법을 이식했다. 세계의 모든 민족은 저마다 고유한 방법으로 인류 문화의 발달에 기여할 권리와 의무가 있다는 영국의 문화 보호 정책의 타산적 구호는 프랑스 문화의 우수성과 프랑스어의 완벽성을 널리 전파해야 한다는 나폴레옹의 후예들의 함성에 묻혀 프랑스령 서아프리카에서는 들리지 않았다. 계몽주의를 가장한 제국주의의 승리를 위해 소위 암흑의 대륙이 품었던 전통과 가치와 이상, 그리고 여기에 방향성과 추진력을 제공했던 19세기의 모든 정치적 실체들은 사라져야만 했다. 협상은 불필요한 것이었고, 맛시나 제국, 투콜로르 제국은 프랑스 기마병의 말발굽 아래 유린되었다.

19세기 말 프랑스와 영국은 서아프리카가 근대 사회로 자연스럽게 발돋움할 수 있는 기회를 앗아갔다. 풀라쿠(도덕률(道德律))와 신앙심으로 무장한 18~19세기의 풀라니 전사들은 불가능에 도전하는 서사시의 영웅처럼 용감했으며 똑똑했고 현실을 직시하는 능력과 실용적 지혜를 갖추고 있었지만 근대식 무기와 전술을 소유한 제국주의 열강을 상대하기에는 역부족이었다. 아프리카는 소중한 내적 동력을 상실하고 다시 한번 암흑의 대륙이라는 낙인 속에 또 다른 인고의 세월을 견뎌야 했으며 풀라니족은 자주권을 빼앗긴 채 빅토리아 여왕의 치마폭에 은둔하는 대영 제국의 속민으로 전락했다.

---

45 Webster, J. B. & A. A. Boahen. 1980. The Revolutionary Years. West Africa since 1800. p. 198. London: Longman.

2.3. 익보족과 개인주의

익보족(이보족)은 동쪽으로는 크로스강 주변의 이비비오족, 아낭족, 음벰베족, 야코족, 우몬족, 서쪽으로는 니제르강 건너편의 에도족, 우르호보족, 북쪽으로는 이갈라족, 이도마족, 남쪽으로는 이조족, 오고니족과 이웃해 있다. 익보족이 언제 어떻게 현재의 장소에 정착하게 되었는지 설명할 길은 없지만, 최근에 이바단대학의 터스턴 쇼우 교수가 이끄는 탐사팀이 오니짜에서 25마일 떨어진 이보-우크라는 마을에서 발굴한 인류학적 자료에 의하면 익보족의 조상이 적어도 기원후 9세기 이전에 이 지역에 살고 있었다는 것이 확인되었다.

익보족은 여러 가지 면에서 하우사족과 대칭 관계를 이룬다. 첫째, 하우사족이 집단행동을 선호하는 데 비해 익보족은 개인주의 성향을 드러낸다. 둘째, 하우사족이 변화보다는 현상(現狀)에 집착하는 보수적 기질을 갖는 반면 익보족은 개방적이다. 셋째, 하우사 사회는 수직적 신분 구조의 틀 속에서 계층 간의 이동을 쉽게 허용하지 않았지만 익보 사회는 개인의 능력에 바탕을 둔 수평적 인간관계를 강조했다. 이러한 전통의 흔적은 전근대적 제도가 사라진 오늘날에도 일부 지역에서 생활 풍습으로 남아 있다. 마지막으로, 북부나이지리아에서 하우사어의 높은 위상이 정복 전쟁과 문화적 동화를 통해 확립되었다면 남동나이지리아에서 익보어의 확산은 오히려 강력한 정치 세력의 부재에 기인했다.

익보족이 살고 있는 남동나이지리아는 서아프리카에서 인구 밀도가 가장 높은 곳이다. 17세기 중엽 서쪽의 베닌 제국의 몰락에 기인한 인구 유입과 19세기 초부터 시작된 하우사-풀라니 제국의 정복 전쟁이 유발한 인구 남하 현상이 높은 인구 밀도를 야기한 주된 요인이었다. 인구의 증가는 토지의 부족을 심화시켰고 이것은 오래전부터 이 지역 경제 발전의 큰 장애 요인이 되어왔다. 식량 자원의 결핍과 상대적으로 저조한 취업률은 나이지리아의 독립을 전후해서 익보족으로 하여금 서쪽의 요루바족과는 달리 강력한 중앙 집권적 연방제와 국가 차원의 자원 배분을 지지하게 만들었다.

경제적 빈곤과 기근은 인구의 이동을 초래했다. 그 결과 오늘날 나이지리아 북부와 서부의 거의 모든 대도시에서 익보족을 발견할 수 있다. 하우사족의 중심 도시인 카노에도 상당수의 익보족이 살고 있으며 신시가지인 사봉가리의 많은 점포와 상점들이

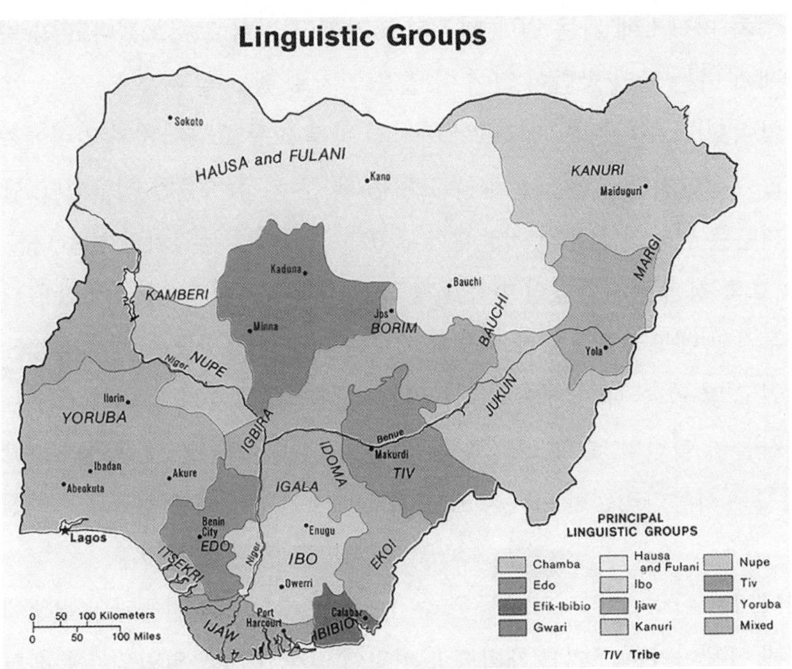

나이지리아의 주요 민족 분포

익보족을 비롯한 남동부 나이지리아 출신의 사람들에 의해 운영되고 있다. 이들은 입고 있는 옷에서 원주민들과 쉽게 구별된다. 하우사족과 풀라니족이 '리가'라고 불리는 하얀색 평상복을 즐겨 입는 데 비해 익보족은 우리와 같은 복장을 하고 있어 마치 하나는 전통을 대변하고 다른 하나는 현대를 대변하는 듯한 묘한 분위기를 연출한다.

익보족은 뛰어난 상술을 자랑한다. 나이지리아 현지에 체류하는 외국인들의 공통된 견해는 익보족과 거래할 때 이질감을 전혀 느끼지 못한다는 것이다. 그들은 신뢰성을 무기로 구매자들을 유인했으며 확보한 단골 고객을 관리하는 그들만의 방법을 터득하고 있었다. 한번은 함께 공부하던 미국인 학생의 컴퓨터가 고장이 나서 카노의 베이루트 거리에 있는 컴퓨터 수리점에 간 적이 있었다. 가게 주인은 어려서부터 해 온 장사로 돈을 모아 이제 막 사업을 시작한 익보족 청년이었다. 이 청년은 우리가 가지고 간 노트북을 살펴본 다음 고장이 난 원인을 모르겠다고 솔직히 말한 후 자기가 사업차 라고스에 가는 길에 컴퓨터를 가지고 가서 고쳐오겠다고 약속했다. 미국인 학생과 나는 달리 방법이 없어 이 말을 믿기로 했고 일주일 후 우리는 감동적인 순간을 맞이했다. 우리는 그가 라고스까지의 왕복 교통 요금까지 수리비에 포함시킬 것이라고 예상했지만 그는 노트북을 고치는 데 든 부품 비용만 청구했다. 당시 내가 느꼈던 기분은 런던의 컴퓨터 매장에서 느꼈던 상식적인 분위기와 하등 다를 바 없었다. 이 익보족 청년은 사람들의 마음을 움직이는 데 성공했다. 이 일이 있은 다음 사봉가리의 우스만 메모리얼 호텔에 체류하는 모든 외국인 학생들은 이 수리점의 충성 고객이 되었고 몇 년 후 내가 베이루트 거리를 다시 방문했을 때 청년의 가게는 옆의 점포들을 사들여 이전의 몇 배 크기로 확장되어 있었다. 가난한 젊은이의 작고 초라했던 이 점포는 사봉가리뿐만 아니라 카노 전체에서 가장 유명한 컴퓨터 수리점이 되어 있었다.

타 지역에서 이주해 온 익보인들은 수적으로 우세한 현지인들과의 경쟁에서 살아남기 위해 신용이라는 무기를 개발했고 이것이 앞서 소개한 일화의 부분적인 이유가 되겠지만 익보인들의 이 행동 유형을 완전히 이해하려면 하우사족과 익보족의 문화적 차이를 먼저 알아야 한다.

남동나이지리아는 열대 우림 기후대로서 사람들의 이동을 어렵게 하는 두터운 수림으로 덮여 있다. 이러한 자연환경은 익보족의 역사에 몇 가지 특징을 부여했다. 첫째로, 울창한 수림은 외침에 대한 천연의 보호막이 되어 익보족 사회는 타 지역의 정치적 격변의 영향을 비교적 덜 받았다. 이것은 익보족이 다른 종족의 직접 통치를 경험한 적이 없다는 것을 의미하며 이 점에서 풀라니족의 지배를 받은 하우사족 및 북요루바족과 대비된다. 둘째로, 익보족은 왕이 다스리는 전제주의 통치를 경험하지 못했다. 사람들의 통행을 어렵게 하는 자연조건은 같은 익보족 내의 왕래도 제한하여 역사적으로 어떤 익보 집단도 대규모의 인적, 물적 이동이 수반되는 정복 전쟁을 통해 다른 집단을 지배할 수 없었다.

익보족이 이민족의 간섭을 받은 적이 없으며 통일된 정치 단위를 형성하지 못했다는 사실은 중요하다. 중앙으로부터의 통제를 경험하지 못한 익보족은 개인의 자율성을 존중하며 권위주의적 독재를 혐오한다. 흥미로운 것은 고향을 떠나 타향에 거주하는 하우사인들이 한 곳에 모여 군락을 이루고 생활하는 반면, 같은 처지의 익보인들은 여러 마을에 흩어져 산다는 것이다. 나이지리아 현대사에서 가장 불행한 사건으로 간주되는 비아프라 내전은 단순한 정치권력 다툼의 차원을 넘어 익보족과 하우사-풀라니의 상이한 문화적 배경에 그 원인이 있었다. 1966년 1월 15일 일단의 익보족 소장파 장교들이 정부 요인들을 암살하고 체포되었는데 이것이 발단이 되어 1967년 5월 익보족은 나이지리아 동부 지역을 비아프라 공화국, 즉 독립국가로 선포하고 나이지리아 연방에서 탈퇴했다. 쉽게 끝날 수 있었던 이 내전은 석유 생산을 둘러싼 강대국들의 이해관계가 복잡하게 얽히면서 장기전의 양상을 띠게 되었다.[46] 1969년 12월 익보족이 주축이 된 비아프라 공화국은 항복했지만 100,000명 이상의 군(軍) 사상자와 500,000~2,000,000명으로 추산되는 민간인 희생자를 낳은 이 전쟁은 나이지리아 현대사에서 가장 비극적인 사건으로 기록되었다. 민간인 사망자의 대부분은 연방정부군의 포위 작전에 희생된 아사자(餓死者)들이었다. 나이지리아는 이를 계기로 종족 간의 화합의 중요성을 깨닫고 국가건설에 매진하게 되지만 그것이 구성원들 간의 문화적 거리를 좁히는 것은 아니었다. 비극은 젊고 개방적인 익보족 장교들의 눈에 보수적이고 경직된 사고에 젖은 하우사-풀라니 장군들의 행동이 수적 우위에 근거한 전체주의적 모습으로 비쳤다는 데 있었다.

익보족의 개인주의적 성향은 그들의 토착 정치제도를 살펴보면 쉽게 이해된다. 익보족은 씨족을 구성원으로 하는 다섯 개의 큰 집단으로 나누어진다.[47] 다섯 집단은 서로 다른 지역에 분포하므로 이 나눔은 지역적 구분이라고 할 수 있지만 이들 사이에 언어와 관습의 차이가 존재한다는 점에서 문화적 성격도 띤다. 각 집단은 수십 혹은 수백 개의 부계 혈통을 따르는 씨족 연합체로서 씨족은 또 여러 개의 촌락으로 구성된다. 일례로 남부의 오웨리 익보를 이루는 백여 개의 씨족들 중에 우무 은나라는 씨족이 있다면, 이 씨족의 구성원은 모두 은나의 후손이라는 것을 의미한다. 우무 은나는 다시 은나의 여덟 아들을 조상으로 하는 여덟 개의 촌락으로 세분된다.

촌락은 사실상 최대의 정치 단위였으며 촌락을 이루는 각 구역의 지도자는 촌락

---

46 영국과 러시아는 연방정부군을 지원했고 프랑스는 비아프라 공화국을 지원했다

47 북부의 아우카 익보, 남부의 오웨리 익보, 동부의 크로스 리버 익보, 동북부의 오고자 익보, 서부의 리버레인 익보.

회의에서 자기가 속한 구역을 대표했다. 구역은 다시 몇 개의 대가족으로 이루어진다. 구역의 대표는 주민의 직접 참여에 의해 결정된 사항만 대변할 뿐 공동체의 수렴과정을 거치지 않은 개인적 의견은 말할 수 없었다. 대표성의 행사는 구성원 전체에 중대한 영향을 미치는 안건에만 국한되었으며 평상시에는 익보족 성인 남성이면 누구나 촌락 회의에 나가서 자신의 견해를 자유롭게 피력할 수 있었다. 지금까지 설명한 익보족의 이 정치단위들을 규모 순으로 나열하면 다음과 같다.

집단 > 씨족 > 촌락 > 구역 > 대가족

촌락 회의가 주민들의 삶과 관련된 중대 사안들을 처리했다면 가문의 연장자들로 구성된 원로 회의는 전통, 관습, 종교와 관련된 현안들을 다루었다. 촌락 회의건 원로 회의건 의결은 분열을 초래할 수 있는 투표보다는 의견의 사전조율을 거친 만장일치를 통해 내려졌으며 나쁜 방법으로 개인적 이익을 추구하는 사람은 공동체의 이름으로 제재를 받았다. 이러한 토론 문화는 사람들로 하여금 사익과 공익 사이의 균형점을 찾는 지혜를 갖게 했으며 부당한 권력을 가려내고 거부할 수 있는 상식과 용기를 갖게 했다.

촌락 회의와 원로 회의가 공식 의사결정기구였다면 성인들로 구성된 또래 집단은 구성원들의 교육과 봉사 활동을 책임지는 비공식적 기구였다. 이 밖에도 청년들은 전사와 방범대원으로서의 임무를 맡았으며 아이들로 이루어진 또래 집단은 마을을 청소하는 일을 담당했다. 다른 사회에서는 중앙정부나 지방정부가 하던 일들이 익보 사회에서는 또래 집단의 자발적 참여에 의해 수행되었으며 이렇게 형성된 공동체 의식은 어린 익보 구성원들에게 협동심과 단결심을 불어넣었다. 나이지리아 내의 많은 종족들 중에서 익보족의 상조(相助) 의식은 오늘날에도 유명하다.

모든 익보족이 군주제를 경험하지 못한 것은 아니다. 오니짜와 니제르강 건너편에 살았던 아보 익보와 악보르 익보는 인근 베닌 왕국의 오바를 모방한 오비라 불리는 왕을 섬겼으며 오비는 귀족 회의를 통해 다스렸는데 귀족들은 은디치에라는 관직을 소유했다. 그러나 군주제는 극히 일부에 국한되었으며 대부분의 지역에서는 앞서 말한 촌락을 단위로 하는 정치제도가 정착되어 있었다. 수천 개의 마을은 서로 적대적인 경우도 있었으며 이것이 전쟁으로 발전한 예도 없는 것은 아니지만 불화(不和)의 짧은 기간은 대화와 타협으로 평화를 추구했던 긴 기간과 비교될 수 없었다. 서아프리카는 차치하고 아프리카 전체를 통틀어도 익보족 정도의 인구를 가진 종족은 흔치 않다. 수천만의 사람들이 통일된 하나의 정치 단위를 이루지 못하고 수많은 자치체로 나뉘어 주변의 강대한 세력들 사이에서 명맥을 유지할 수 있었다는 것은 흥미롭다. 익보족의 생존은 개성과 자율성을 존중하는 문화와 족외혼(族外婚)을 통한 혈연적 동질성의 확산으로 가능했다. 익보족은 씨름 시합, 춤, 노래 경연 대회와 같은 행사나 아로츄쿠 신탁을 통해 씨족들 사이의 문화적 유대감을 유지했다.

아로츄쿠 신탁은 전(全) 익보족을 결속시키는 힘을 행사했지만 정치적 성격을 띠지는 않았다. 아로츄쿠에 살던 익보족의 한 분파인 아로족이 신탁을 관장했으며 여러 곳을 순방하면서 종교와 관련된 자문 역할을 수행했다. 아로족은 비밀리에 전수되어 온 지식과 공정한 판단으로 익보족은 물론 이비비오족을 포함한 다른 종족으로부터도 높은 신망을 얻었다. 아로츄쿠 신탁에는 모든 익보인들을 제재할 수 있는 권한이 부여되어 있었다. 아프리카를 대표하는 익보족 작가 치누아 아체베의 소설 『무너져 내리다』의 주인공 오콩크워가 인질로 잡아 와 친자식처럼 키운 뉘예를 죽이는 것도 신탁의 결정에 따른 것이었다. 아로족은 씨족 사이를 오가며 노예 거래와 같은 장사에도 종사했다. 종교와 경제가 결합된 아로족과 아로츄쿠 신탁의 이 전통은 20세기 초 영국인 선교사들에 의해 익보 전통 문화가 와해될 때까지 존속했다. 아로족의 강대했던 흔적은 그들이 세운 아론디주오구나 오키궤 같은 도시에서 엿볼 수 있다.

강한 통제력을 지닌 정치권력의 부재는 익보족이 서구 문물과 서양인의 왕래에 개방적인 태도를 취하게 만들었다. 개인의 자유의지에 대한 집단의 제재가 약했던 익보 사회에서 새로운 변화에 대한 사람들의 처신의 폭은 다른 종족들에 비해 상대적으로 넓었다. 익보 문화와 서양 문화의 충돌을 다룬 아체베의 소설들은 전통 종교를 버리고 백인들의 교회에 가서 백인들의 신을 숭배하는 등장인물들을 설정하는데 이것은 하우사 지역에서는 상상조차 할 수 없는 일이었다.[48]

---

48 아체베의 소설에 나오는 등장인물들은 당시 익보족이 직면한 문제에 대한 다양한 처세술을 보여준다.

서양 문화에 대한 익보족의 유연한 대응은 지리적 요인과도 관련이 있었다. 니제르강 하류의 삼각주 해안 지대에서 얼마 떨어지지 않은 내륙에 거주하던 익보족은 서양의 상인과 선교사들을 일찍부터 접할 수 있었다. 또한 수천 개의 자치촌락 형태로 흩어져 있었기 때문에 힘이 결집되는 중심이 없었고 따라서 외세의 침투에 조직적으로 저항하지도 못했다.

익보어의 확산을 야기한 요인들 중의 하나는 노예 무역이었다. 15세기 중엽 포르투갈인들이 비아프라 만에 상륙하고 16세기 말 대서양 횡단 노예 무역이 본격화되자 해안과 연안 내륙의 종족들이 교류하는 과정에서 절대적으로 많은 사용 인구를 갖고 있던 익보어는 소수 종족들의 교통어로 이용되었다. 아로츄쿠 신탁을 관장한 아로족은 중계 무역과 노예 무역에 깊게 관여함으로써 익보어의 전파에 일익을 담당하기도 했다.

익보어의 전파는 익보족의 약한 힘에서 비롯되었다. 노예 무역의 확산은 종족 간의 약탈을 초래했으며 약탈은 이웃한 종족들 사이에서 주로 일어났다. 서양인들과의 접촉으로 아프리카 전통 사회에 이국적인 물건들이 수입되었는데 어떤 것들은 부와 지위의 상징물이 되었다. 당시 서아프리카인들 사이에서 총을 소유하는 것은 성공한 남자를 뜻하는 것으로 받아들여졌으며 총을 구입하기 위한 돈을 벌기 위해 많은 현지인들이 노예 무역에 가담했다. 이조족과 에픽족은 서양인에게 팔고 남은 사람들을 그들의 가사 노예로 부렸는데 특히 익보족 출신의 노예들이 많았다. 이조인들이 그들의 문화가 그들이 잡아 온 익보인들에 의해 파괴될지도 모른다는 익보 콤플렉스를 느꼈다는 사실에서 그 수가 얼마나 많았는지 짐작할 수 있다. 두 종족의 접촉은 많은 이조인들의 몸속에 익보족의 피가 흐르게 했고 시간이 지나면서 익보어를 유창하게 구사하는 이조인들의 수도 점점 늘어났다. 20세기 초 선교사들이 성경 보급을 위해 익보어 표준화 작업을 할 때 이조족의 땅인 보니 지방에서 쓰이던 말이 익보어의 5대 방언 중 하나로 채택되었고 이로부터 통합된 익보어가 탄생했다는 사실은 흥미롭다.[49]

---

49 Afigbo, A. E. 1980. 'Igboland before 1800.' In Groundwork of Nigerian History. (ed.) O. Ikime. Ibadan: Heineman Educational Books(Nigeria) Limited.

익보족은 요루바족과 함께 아프리카 현대문학의 발전에도 기여했다. 1986년 흑인 최초로 노벨 문학상을 수상한 월레 소잉카는 요루바족이고, 아프리카 현대문학의 불후의 고전으로 간주되는 소설 『무너져 내리다』를 쓴 치누아 아체베는 익보족이다. 요루바족과 익보족 출신의 문인들은 작품의 질뿐만 아니라 양에 있어서도 다른 종족들을 압도한다. 흑아프리카 전체 작가들 중 절반 이상이 이 두 종족이 배출한 사람들이다. 정해진 가치관에 얽매여 사회 통념에 맞서는 등장인물을 창조해낼 수 없었던 하우사족의 문학 토양과는 달리 익보족 작가들은 개성적인 인생관을 가진 주인공들을 설정하고 자유로운 인격 묘사를 시도했다. 하우사족이 영어를 사용하는 데 서툴고 픽션이라는 장르를 소화해내지 못한 반면 익보족은 영어를 표현의 매체로 한 아프리카문학의 정체성을 추구했다. 익보족의 공헌은 대중소설에서 특히 두르러졌다. 아프리카의 대중통속소설은 일반인들에게 글을 읽는 즐거움을 알게 해 주었으며 문학 저변을 확대했다는 점에서 문학 행위의 정착에 크게 기여했다. 익보족의 소도시 오니짜에서 시작된 오니짜 시장 문학은 서아프리카는 물론 아프리카 전역으로 확산되었으며 여기에 자극을 받아 아프리카의 영화산업이 발전하는 계기가 되었다. 익보족의 대중문학은 제4장에서 자세히 다룰 것이다.

2.4. 요루바족과 오요 제국의 분열

하우사족과 익보족이 대립되는 차이를 드러낸다면 요루바족은 이 두 종족 사이에 위치한다. 요루바족은 강대한 제국을 건설한 적이 있었고, 하우사-풀라니의 영향권하에 있던 북쪽 지역에서는 무슬림들이 많이 관찰된다. 그러나 하우사족이 칠왕국이 난립하던 상태에서 정치적, 종교적 통일성을 갖춘 제국으로 통합되어 간 반면, 요루바족은 비슷한 시기에 분열 과정을 겪었다. 요루바족이 세운 오요 제국은 여러 도시국가들로 해체되어 주도권 다툼 전쟁을 벌였고 이로 인한 힘의 분산은 외세에 대한 효율적인 대응을 힘들게 만들었다. 라고스를 비롯한 남서나이지리아 해안을 중심으로 활동하던 영국인 상인과 선교사들은 이러한 혼란 덕택에 내륙으로 쉽게 진출할 수 있었다. 당시 요루바족의 실상은 통일된 정치체가 없던 익보족과 비슷했지만 한

때 강력한 제국이 있었다는 점에서 수천 개의 마을로 나누어져 있던 익보족의 경우와 구별된다. 오요 제국 이후 서아프리카의 열대 우림 기후대에 등장한 나라들로는 에도족이 현재의 중남부 나이지리아에 세운 베닌 제국, 폰족이 현재의 베닌 공화국에 세운 다호메이 제국, 아칸족이 현재의 가나 공화국에 세운 아산테 제국, 아크와무 왕국, 뎅키라 왕국, 판테 왕국 등이 있었다. 이들에 대해서는 나중에 살펴볼 것이다.

오요 제국의 역사는 문자로 된 기록이 없기 때문에 구전되어 내려오는 이야기로 재구성된다. 전설에 따르면 요루바족 최초의 왕으로 불리는 오두두와는 일레 이페에 살았다. 오두두와는 오칸비를 낳고 오칸비는 다시 일곱 아들을 두었는데 일곱 번째 아들이 오란미얀이다. 오란미얀은 일레 이페를 떠나 원정(遠征)에 나서지만 원정은 성공을 거두지 못했다. 그는 일레 이페로 돌아오는 것을 포기하고 오요 아자카 지방의 어떤 도시에 정착하여 나라를 세우는데 이것이 발전하여 오요 제국이 되었다고 전해진다. 사람들은 이때를 대략 서기 1388년에서 1438년 사이라고 추정한다.

오요 제국의 왕은 알라핀이라고 불렸다. 알라핀은 절대 권력을 소유하지 못했으며 세습되지도 않았다. 일곱 명으로 구성된 오요메시라는 귀족위원회가 왕을 임명하고 왕권을 견제했다. 오요메시는 세습되었고 그 우두머리인 바쉬룬은 군대의 총사령관인 카칸포와 함께 제국 내에서 가장 중요한 위치를 차지했다. 알라핀은 중앙 지역만 통치했고 지방은 오바라고 불리는 영주들이 다스렸다. 알라핀과 오바는 주군과 신하의 봉건적 관계를 맺고 있었다.

오요 제국은 18세기 전반의 전성기를 지나 18세기 후반에 접어들면서 몰락의 길에 들어선다. 알라핀과 바쉬룬 사이의 정쟁(政爭)은 중앙정부의 통제력을 약화시켰으며 이를 틈타 지방의 영주들은 반란을 일으켰다. 노예 무역으로 인해 경제의 중심지도 북쪽 니제르강 이남에서 남쪽의 해안 지대로 옮겨졌다. 노예를 얻기 위한 요루바족 내의 약탈과 전쟁은 극에 달했다. 남북미 신대륙으로 끌려간 서아프리카인들 중에 요루바족이 가장 많았으며 브라질에는 얼마 전까지만 해도 요루바어를 말하는 사람들이 살고 있었다.

지배층의 분열과 노예 무역이 오요 제국의 몰락을 초래한 내적 요인이었다면 19세기 전반 하우사-풀라니 제국의 등장은 외적인 요인이었다. 하우사 칠왕국을 정복한

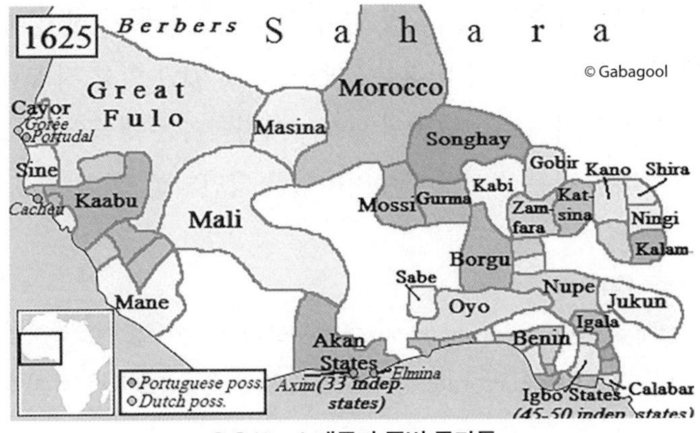

오요(Oyo) 제국과 주변 국가들

풀라니족의 다음 목표는 요루바족이었다. 1817년 일로린 지방의 영주이자 카칸포(군대의 총사령관)인 아폰자는 풀라니족의 힘을 빌려 오요 제국으로부터 벗어나 독립된 왕국을 만들고자 반란을 일으켰다. 풀라니족은 이간책을 펼쳐 1831년 아폰자를 살해하고 일로린을 하우사-풀라니 제국에 편입시킨 후 북(北) 요루바 지역에 대한 공세를 강화해 1837년 오요 제국을 포위했다. 오요 제국은 남쪽으로 자리를 옮겨 아고 오자에서 신(新) 오요 제국을 세웠지만 이것은 사실상 오요 제국의 멸망을 의미하는 것이었다. 전부터 계속되던 지방의 반란은 풀라니족의 위협과 책략으로 수습 불능의 상태에 빠져들었고 이바단, 아베오쿠타 등과 같은 신흥 도시국가들이 등장하기 시작했다. 1817년 아폰자의 반란에서 시작된 요루바 내전은 풀라니족에 이어 영국이 간섭하게 될 때까지 약 70년 동안 계속되었다. 이때 세워진 요루바 도시국가들은 다음과 같다: 이바단, 아베오쿠타, 이제부, 엑바, 엑바도, 이자예, 신(新) 오요, 일레샤, 이페, 케투, 오우 등.

요루바 땅 전체로 확산된 혼란은 해안과 내륙를 잇는 무역로를 위협했고 이것은 영국의 개입에 명분을 제공했다. 자유 무역을 위해 평화를 원했던 영국은 1861년 당시 기니만(灣) 최대의 항구였던 라고스를 차지한 후 내륙 진출의 기회를 호시탐탐 노리고 있었다. 풀라니족의 공격과 내전, 약탈과 살육에 대한 요루바족의 공포는 극에 달했다. 엑바 왕국은 스스로 빅토리아 여왕의 치마폭에 은거하는 것을 선택했으며

(1890년), 이를 필두로 비슷한 조약들이 영국과 요루바 왕국들 사이에 체결되었다. 1893년 이바단이 최후로 영국과 협정을 맺음으로써 70년 이상 지속되던 요루바족의 내전은 막을 내렸고 니제르강 이남의 남서나이지리아는 영국의 보호령으로 전락해 갔다. 영국은 아래와 같은 순서로 나이지리아를 식민지화 했다.

1861년: Lagos Colony
1885년: Oil Rivers Protectorate (니제르강 하구의 삼각주 지대를 보호령으로 함)
1888년: Colony and Protectorate of Lagos (일로린 이남의 요루바 전 지역을 영국의 보호령으로 함)
1900년: The Protectorate of Northern Nigeria (The Royal Niger Company가 위탁받아 관리하던 니제르강과 베누에강 이북 지역을 보호령으로 하고 루가드를 초대 총독으로 임명함)
1906년: Colony and Protectorate of Southern Nigeria (Oil Rivers Protectorate와 Colony and Protectorate of Lagos를 병합함)

현대 요루바 문화에 큰 영향을 미친 두 가지 사건 중에서 첫 번째는 19세기 중반에 일어난 하우사-풀라니 제국의 북(北) 요루바 정복과 이로 말미암은 이 지역의 이슬람화이며, 두 번째는 비슷한 시기에 발생한 남 요루바의 서양인들과의 교류다. 노예 무역과 야자유 무역은 선교사들의 왕래와 함께 남쪽 요루바인들로 하여금 외부 세계의 변화에 일찍부터 눈을 뜨게 만들었고 이것은 그들에게 북 요루바인과는 구별되는 문화적 특징을 부여했다. 현재 무슬림 요루바와 관련된 통계자료는 없다. 혹자는 전체 요루바 인구 중에서 무슬림이 차지하는 비중이 삼분의 일이라고 하며 혹자는 사분의 일 또는 그 이하라는 주장도 있다. 종교와 관련된 문제라서 이해관계에 따라 늘려 말하기도 하고 줄여 말하기도 한다. 하우사족은 요루바족 무슬림을 독실한 이슬람 신자로 간주하지 않는 경향이 있으며 익보족도 비슷한 생각을 하는 것처럼 보인다. 기독교의 전파는 영국 성공회와 깊은 관련을 맺고 있었다. 해방된 노예 출신으로 성공회 최초의 흑인 주교가 된 새뮤얼 아자이 크라우더는 서아프리카 기독교 사(史)에 기념비적인 족적을 남긴 인물이다. 기독교 전파에 큰 기여를 한 크라우더는 흑인에 대한 편견과 선교 단체 내부의 갈등으로 주교 자리에서 물러났고 이것은 요루바족의 기독교가 아프리카적 정체성을 추구하는 계기가 되었다. 크라우더에 필적할 만한 인물로는 익보족 지역에서 활동한 가톨릭 주교 죠셉 샤나한을 들 수 있다. 아프리카의 전통종교와 관습에 대한 깊은 이해를 바탕으로 한 샤나한의 선교 행적은 유명하다.

요루바족은 하우사족과 익보족에 비해 분파주의적 성격이 강하다. 이것은 남쪽과 북쪽의 종교 차이와 더불어 오요 제국의 붕괴 후 서로 적대시하던 도시국가들이 통합된 정치단위를 이루지 못한 상태에서 영국의 식민지가 된 역사적 사실에 기인한다. 70년 이상 계속된 요루바 내전은 과거 오요 제국이 이룩한 종족 유대감을 약화시켰다. 노예를 획득하기 위한 도시들 사이의 내전은 요루바 땅을 서아프리카 전체를 망라해 19세기 최대의 노예 공급 기지로 만들었다. 시에라리온의 프리타운에 거주하던 해방된 노예들 중에 요루바족이 압도적으로 많았다는 사실이 이를 뒷받침한다. 영국에서 노예 무역을 금지하는 법령이 제정된 후 영국 해군은 기니만(灣)에서 출항해 신대륙으로 가던 노예선을 나포해 잡혀가던 사람들을 시에라리온의 프리타운에 풀어놓았다. 앞 단락에서 언급된 영국 성공회의 흑인 주교 크라우더도 이들 중 하나였다. 요루바족의 지역주의는 독립 후 현대 정치사에도 영향을 주었다. 나이지리아 제1 공화국(1960년~1966년) 시절에 있었던 요루바족 내의 갈등은 유명하다. 한 쪽은 하우사족과 손을 잡고 다른 한 쪽은 익보족을 중심으로 한 동부인들과 연합함으로써 종족 내의 유혈 사태로까지 발전한 이 갈등은 이후 요루바 지성인들의 반성을 촉구하는 전기가 되었다. 요루바 정당(政黨) '액션 그룹'의 이제부 지역 출신 당수 아월로워가 북(北) 요루바 출신의 서부나이지리아 수상 아킨톨라를 축출하고 그 자리에 아데벤로를 앉히려고 하자 남부나이지리아 전체를 장악하고자 기회를 엿보던 익보족은 요루바족의 이 내분을 틈타 다른 군소(群小) 종족들이 거주하던 중서부 지역을 서부나이지리아에서 떼어내는 데 성공했다. 요루바족의 분열은 마치 공멸을 향해 치닫는 것처럼 보였다. 1964년 아킨톨라는 하우사-풀라니의 '북부 인민 회의'와 제휴하여 새로운 정당 '나이지리아 민족 동맹'을 결성했고, 아월로워의 지지자들은 익보족의 '나이지리아 카메룬 민족 회의'와 연합해 '통일 진보 대 동맹'을 만들었다. 1964년에 치러진 나이지리아 총선은 요루바 지역에서 발생한 폭력과 부정으로 얼룩졌고 그 여파로 1965년 서부나이지리아에서 재선거가 실시되었지만 혼란은 쉽게 진정되지 않았다. 선거 후 아킨톨라와 아덱벤로는 지역정부를 구성할 권한이 각각 자기들에게 있다고 주장했다. 아덱벤로는 체포되었고 상황은 무정부 상태가 되었다. 이 선거를 전후해 2,000명 이상의 사람들이 목숨을 잃었다.

역사적 요인과 관련된 지역주의에도 불구하고 요루바족의 문화적 동질성은 여러 곳에서 확인된다. 방언의 차이가 하우사어에 비해 심하긴 해도 소통이 불가능할 정도는 아니며 공통의 건국 신화와 토속 신앙은 요루바족 전체가 한 종족이라는 유대감을 형성해준다. 오늘날 요루바인들은 나이지리아와 같은 다민족 국가의 정치 역학에서 종족의 단합이 무엇보다도 중요하다는 데에 인식을 같이하고 있다.

요루바족의 미적(美的) 기준과 재능은 널리 알려져 있다. 발달된 심미주의 형식과 전통문학의 다양한 장르들은 열대 우림이라는 자연의 보호막에 힘입어 북쪽 이슬람 문화의 영향에 희석되지 않은 순수한 흑인의 정신세계를 구현했다. 소잉카와 같은 세계 문학사에 길이 빛날 걸출한 인물이 배출된 이면에는 요루바족의 뛰어난 예술 유전인자가 숨어 있었던 것이다. 잠시 머리를 식힐 겸 소잉카의 시(詩) 한 편을 감상해 보자. 이 시는 영국에 도착해서 거처할 방을 구하는 아프리카인이 겪는 인종 차별을 희극적으로 묘사한다. 무거운 주제가 웃음으로 둔갑되어 진지함이 더욱 진지하게 묻어난다.

전화통화[50]

값은 적절한 것 같고, 위치는 무관하다.
집 여주인은 집 밖에 살고 있음을 다짐한다.
남은 일은 없다, 그러나 아직 나의 고백
부인, 나는 경고했다. '괜시리 오갈 필요는 없을 것 같소,
나는 아프리카인이라오.'
침묵, 강요된 교양의 말 없는 전달.
립스틱이 묻어 있고, 금박 테가 둘린
긴 담뱃갑의 삐삐 소리처럼,

50 한국외국어대학교 아프리카학부 권명식 번역 (『문학과 창작』, 1996년 3월호).

나는 사로잡혀 있었다.
'얼마나 검은가요?' … 잘못 들은 건 아니다.
'밝은 편인가요, 아니면 아주 새카만가요?' B단추, A단추.
숨바꼭질 공중전화의 썩은 숨소리, 더러운 냄새.
빨간 전화박스, 빨간 우체통, 타르를 뿜어내는
이중 타이어의 빨간 시내버스. 이건 현실이야!
무례한 침묵을 부끄러워하다. 패배자.
간단함을 요구하는 어리석음.
그녀는 신중하다, 어조를 바꾸어
'새카만가요, 아니면 아주 밝은가요' 계시가 왔다.
'요컨대 그냥 초콜릿이야, 우유 탄 초콜릿이야, 이 말씀이죠?'
그녀의 어조는 현실적이다. 비인격성을 쑤셔 넣으면서
전파의 길이에 맞추어 재빨리 덧붙인다.
'서 아프리카산 뼈오징어 먹물 빛이오!'
그리고 뒤미처 '내 여권은 아내 쪽이라오.'
분석학적 상상을 위한 질주
진실함이 송화기 속 그녀 어조를 힘들게 바꿔 놓을 때까지
'그게 뭐죠' 인정하면서 '그게 뭔지 모르겠군요.'
'브루넷 같은 겁니다.'
'그럼 검은 것 아니오' '온통 다 그런 건 아닙니다.'
'얼굴은 브루넷이오, 하지만 부인,
나머지 부분도 보셔야 합니다.
손바닥, 발바닥은 표백한 금빛이지요.'
마담, 주저앉아, 우습게 일어나는 마찰로
엉덩이는 갈가마귀처럼 새카매졌답니다.
'잠깐만 부인!' 천둥 치는 찰칵 소리를
내 귓전에 보내는 수화기
'부인' 나는 부탁했다.
'직접 한번 보시는 게 낫지 않겠어요?'

현대 미술의 대변혁을 주도한 피카소의 큐비즘이 아프리카에 기원을 두고 있다는 사실은 많은 것을 의미한다. 20세기 초 유럽의 아방가르드 운동의 한 형태로 발전한 큐비즘은 이후 회화와 조각을 넘어 음악, 문학, 건축 등에도 큰 영향을 미쳤다. 아프리카의 예술을 탐구하는 서양인들이 단순성과 추상성에 기초한 그 심미적 특성을 재인식하고 깊게 빠져드는 것은 서구의 미(美) 개념에 젖어 있는 우리가 문화적 편견이 지배하는 후진 사회에 살고 있음을 말해주는 것인지도 모른다. 포스트모더니즘의 실천은 이론적 연구나 작품의 분석에 있는 것이 아니라 문화 편식에 길들여진 무의식적 타성에서 벗어나 시선을 다른 곳으로 돌리는 데 있다. 아프리카는 20세기 예술문화 사조의 진정한 출발점이었다. 요루바 예술은 제6장에서 자세히 다루어질 것이다.

2.5. 만데 어군(語群)의 종족들과 서(西) 수단의 흑인 제국들

본 절에서 살펴볼 가나 제국과 말리 제국은 나이저-콩고 어족의 만데어 계열에 속하는 소닝케족과 말링케족이 세운 나라들이다. 가나 제국과 말리 제국은 서아프리카 사(史) 전체를 망라해 기념비적인 위치를 차지하는 존재들로서, 첫째, 역사적 기록으로 전해지는 최초의 순수 흑인 국가들이었고, 둘째, 아프리카 흑인 문명의 실상이 외부 세계에 본격적으로 알려지는 계기가 되었으며, 셋째, 쿰비 살레, 팀북투, 젠네와 같은 도시를 육성해 이슬람을 수용하고 현지인들의 문화 의식을 고양하는 데 기여했으며, 넷째, 뒤이어 등장한 송가이 제국에 이것을 물려줌으로써 이슬람 문화의 꽃이 만개할 수 있는 토양을 제공했다. 현대의 가나 공화국과 말리 공화국이라는 이름에서도 알 수 있듯이 가나 제국과 말리 제국의 영광은 오늘날까지 이어지고 있다.

2.5.1. 서(西) 수단 최초의 흑인 제국: 소닝케족의 가나 제국과 알모라비드

가나 제국을 건설한 종족은 소닝케족이다. 소닝케족은 말리 제국을 건설한 말링케족, 밤바라 제국을 건설한 밤바라족과 함께 만데 어군에 속하는 큰 종족이다.[51] 21세기 현재 소닝케족은 약 200만 명 내외로 추산되며 주로 말리 공화국에 살고 있지만

51 밤바라 제국은 바마나 제국 또는 세구 제국이라고도 하며, 밤바라족은 바마나족 또는 반마나족이라고도 한다.

세네갈, 모리타니에도 상당수가 거주하며 아이보리코스트, 감비아, 기니비사우, 기니, 가나에서도 소닝케족을 볼 수 있다. 소닝케어는 말리, 세네갈, 모리타니에서 국어의 지위를 누리고 있다.[52] 밤바라 제국은 말리 제국이 망하고 난 다음 1640년 말리의 세구 지방에서 작은 왕국으로 출발하여 17세기 초에 대제국으로 성장한 후 1861년 투콜로르족의 알하지 우마루 탈에 의해 멸망했다. 밤바라족은 현재 말리 공화국 중남부 지역에 집중적으로 분포하며 이 나라 전체 국민의 80% 이상이 밤바라어를 교통어로 사용한다. 밤바라어를 모어로 쓰는 사람들은 약 430만 명이고 제2의 언어로 사용하는 사람들까지 포함하면 그 수는 약 1,500만 명에 이른다. 기니, 부르키나파소, 세네갈에서도 다수의 밤바라인을 볼 수 있다. 밤바라어와 말링케어는 서로 소통이 가능하며 둘 다 만데 어군의 만딩어 그룹에 속한다. 밤바라족은 말리 제국의 건국에도 깊게 관여했다. 말링케족과 말링케어는 말리 제국을 다룰 때 자세히 언급될 것이다.

가나 제국은 기록으로 전해지는 서아프리카 최초의 흑인 제국으로서 아프리카의 역사가 외부 세계와 단절되어 있었다는 잘못된 인식을 바로잡는 좋은 사례다. 가나 제국은 이슬람을 받아들이고 국가 운영 체계를 개발하여 뒤이어 등장한 말리 제국과 송가이 제국에 큰 영향을 주었다. 오늘날 아칸어 계열에 속하는 종족들은 그들의 기원을 가나 제국과 관련시킨다. 본 절에서는 가나 제국의 성립과 발전, 멸망의 원인, 왕들에 대한 기록, 정부 형태, 수도, 경제, 군대, 모로코의 알모라비드 무슬림 왕조와의 관계, 가나 제국의 현재의 의미, 고고학적 발굴 등을 살펴볼 것이다.

가나 제국의 실상은 아랍과 페르시아 학자들의 글을 통해 전해진다. 서기 773년 아랍의 지리학자 알-파자리는 그의 저서 『알-마수디』에서 가나를 금의 땅으로 언급했고, 9세기에 페르시아의 지리학자 모함메드 콰리즈미가 만든 최초의 이슬람 세계지도에도 가나 제국이 나온다. 스페인 남부 코르도바의 아랍인 학자 알-바크리의 저서는 가나 제국에 관한 가장 우수한 문헌으로 간주된다. 알-바크리는 가나 제국을 방문한 적은 없지만 사하라 횡단 무역에 종사했던 상인들의 말과 기존의 문헌들을 참조해 가나 제국의 황제와 궁궐, 정부와 군대, 경제, 세금과 무역 등에 관한 기록을 남겼다.

---

52 아프리카의 국가들은 한 나라에 여러 개의 국어가 있는 경우가 많다.

알-바크리의 기록에 따르면 소닝케족이 세네갈강과 니제르강 상류의 삼림 지대에 처음 등장한 것은 서기 300년에서 400년 사이로 추정된다. 북쪽에서 이주해 온 베르베르인과 현지인 사이에서 태어난 흑백 혼혈인이 소닝케족과 권력을 공유했고 주민의 대다수는 소닝케족이었다. 순수한 소닝케 왕조는 서기 770년경 카야 마간이 베르베르계의 지배층을 일소하고 쿰비 살레에 도읍을 정하면서 출현했다. 20세기 들어 쿰비 살레에 대한 발굴 작업이 서구의 학자들에 의해 여러 차례 이루어졌다. 유적이 발굴된 지역은 말리 공화국의 수도인 바마코 북쪽 약 320km 되는 지점이다.

소닝케 왕조는 다민족으로 구성된 대제국으로 발전하여 서기 11세기 중엽 전성기를 누렸다. 가나 제국은 현재의 세네갈, 말리, 모리타니의 대부분을 차지했다. 서기 1076년 텡카미넨왕 때 북쪽에서 내려온 산하자 베르베르족의 광신적 무슬림 종파인 알모라비드가 수도 쿰비 살레를 함락했지만 1088년 다시 수복했다. 이 사건을 계기로 가나 제국은 쇠락의 길로 들어서 여러 왕국으로 분열되고 많은 종족들이 반란을 일으켰다. 소닝케족은 같은 만데 어군에 속하는 수수족의 왕 수망구루가 쿰비 살레를 정복하자 속민으로 전락했다. 무슬림 상인들과 학자들도 수망구루의 폭정을 피해 다른 곳으로 이주하면서 가나 제국의 경제적, 종교적 기반은 빠른 속도로 붕괴되었다. 그러나 수망구루의 점령은 오래가지 못했다. 서기 1203년 만데 어군의 또 다른 일파인 말링케족의 소(小) 왕국이자 한때 가나 제국의 속지(屬地)였던 캉가바의 왕 순자타가 키리나의 평원에서 수망구루를 격퇴함으로써 폭정은 종식되었다. 순자타는 가나 제국을 캉가바와 병합하고 병합된 나라는 말리 제국으로 발전했다.

가나 제국은 기록된 역사가 없다 보니 왕들에 대한 정보가 단편적으로 전해진다. 카야 마간 왕이 쿰비 살레에 도읍을 정하고 모든 소닝케족을 규합함으로써 순수한 소닝케 왕조가 시작되었다. 바시왕은 가나 제국을 방문하는 무슬림 학자들을 환대하면서 이슬람을 크게 장려했다. 알-바크리의 기록에 따르면 텡카미넨왕은 바시왕의 후계자로 AH 455년(AD 1072~73년)에 왕위에 올랐으며[53] 방대한 영토와 절대 권력을 소유했다. 수도 쿰비 살레가 알모라비드의 침공으로 함락된 것은 텡카미넨왕 때였다.

---

53 이슬람력(AH)(Anno Hegirae): 마호메트가 메카를 떠난 서기 622년을 원년으로 한다.

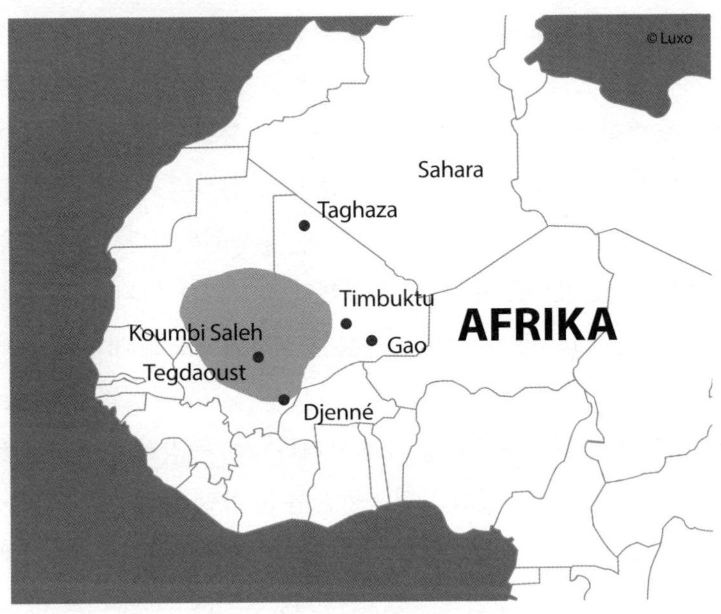

가나 제국

알-바크리는 가나 제국의 정부 조직과 수도인 쿰비 살레, 경제, 군대 등에 관한 자세한 기록을 남겼다. 정부 조직으로는 내각과 장관이 있었으며 11세기 중엽에 이르러서는 대부분의 장관들이 무슬림으로 임명되었고 아랍어와 이슬람에 대한 지식이 중요시되었다. 또한 법정이 있었고 쿰비 살레에는 항소할 수 있는 법원도 있었다. 제국은 여러 지역으로 분할되어 통치되었는데 소닝케 지역의 주 행정관은 소닝케족으로 임명되었지만 이민족의 경우에는 충성을 서약한 해당 지역의 왕이 직접 다스렸다. 왕의 자식들은 인질로 수도에 머물렀다. 쿰비 살레에는 서로 10km 정도 떨어진 두 구역, 즉, 무슬림 구역과 이교도 구역이 있었다. 무슬림들이 사는 구역에는 열두 개의 사원이 있었고 이교도 구역에는 황제가 거주하는 돌로 지은 궁궐이 있었다. 궁궐은 화려한 조각과 그림, 유리로 된 창문으로 장식되었다. 이교도 구역은 단기간 체류하는 사람들과 외국인을 위한 사원도 갖추고 있었다. 주민들의 삶을 배려하는 이러한 시설은 당시 가나 제국의 행정 수준이 매우 높았다는 것을 말해준다.

가나 제국은 사하라 횡단 무역을 통해 막대한 부를 축적했다. 수출품은 금, 상아,

콜라너트, 꿀, 고무, 타조깃, 목화였으며 남쪽에서 포획한 노예들도 주요 거래 품목에 포함되었다. 수입품은 소금, 구리, 직물, 말 등이었다. 상비군 제도는 없었지만 200,000명의 보병과 40,000명의 궁수가 언제든지 동원될 수 있었고 1,000명의 친위대가 항상 왕을 호위했다. 아랍에서 들여온 말로 편성된 기병대는 빠른 기동력과 강력한 철제 무기로 인근의 종족들을 정복하는 데 동원되었다. 가나 제국은 11세기 중엽 알모라비드의 침공으로 수도 쿰비 살레가 함락되는 위기를 맞이했다. 여기서 잠시 서(西) 수단 사(史)의 주요 변수로 등장한 알모라비드에 대해서 살펴볼 필요가 있다.

알모라비드는 11세기에 북서 아프리카 모리타니에 등장한 산하자 베르베르족의 광신적 무슬림 집단으로 수도원의 사람들이란 뜻의 아랍어 알-무라비팅에서 유래한 말이다. 알모라비드는 11세기와 12세기에 모로코, 스페인 남부, 서부 알제리를 통치한 무슬림 왕조를 세웠다. 알모라비드를 이끈 사람은 압드 알라 이븐 야신이다. 이븐 야신은 메카 성지 순례를 다녀온 후 당시 남서 사하라 사막에 살고 있던 산하자 베르베르족에게 순수한 이슬람으로 돌아갈 것을 역설했지만 사람들로부터 배척을 당했다. 그는 세네갈강 하구로 피신해 수년에 걸친 금욕 생활을 했다. 이븐 야신과 그의 추종자들은 1042년 성전을 일으켜 서(西) 사하라의 여러 부족을 무력으로 진압 개종시키고 모로코로 진격했다. 1062년에는 모로코 서부 해안에 마라케시를 건설하고 제국의 수도로 삼았다. 오늘날 모로코라는 이름은 이 마라케시에서 유래했다. 알모라비드 출현 이전의 모로코는 8세기 후반 이드리스 이븐 압달라가 베르베르-아랍 연합 군주제를 창건한 후 200년 가까이 존속했다. 모로코는 알모라비드가 또 다른 무슬림 종파인 알모하드에 의해 축출된 후 수 세기 동안 모로코, 스페인, 포르투갈 사이의 전쟁으로 불안정한 상태를 겪었다. 현재의 모로코 왕조는 17세기에 등장한 알라위드 왕조다.

1059년 알모라비드를 이끌던 이븐 야신이 사망하고 유수프 이븐 타시핀과 야신의 동생 아부바크르가 권력을 승계했다. 1086년 유수프는 스페인의 무어인들이 기독교도의 공격을 받고 도움을 청하자 안달루시아로 진격해 카스티야 왕국의 알폰소 6세를 격퇴했다. 스페인의 무슬림들을 복속시킨 유수프는 무슬림 스페인과 북부 모로코를 지배했고 아부바크르는 남부 모로코를 다스렸다. 공격적이며 금욕적인 성향을 지닌 알모라비드는 당시 스페인에 거주하던 무슬림들의 호사스러운 생활 방식과 화려한 궁궐을 경멸했다. 알모라비드의 통치는 굳건한 토대 위에 구축된 것이 아니었기 때문에 항상 불안정했다. 1174년 알모라비드는 알모하드에 의해 축출되고 알모하드가 모로코와 무슬림 스페인을 차지했다.

알모라비드의 활동은 스페인과 모로코에만 국한되지 않았다. 1054년 알모라비드의 한 분파가 남쪽으로 내려가 가나 제국의 영내로 들어갔다. 이들은 가나 제국에 빼앗겼던 사하라 횡단 무역의 최남단 도시인 아우도가스트를 탈환하고 1076년에는 아부바크르의 영도하에 쿰비 살레를 점령했다. 그러나 알모라비드의 지배는 오래가지 못했다. 아부바크르가 죽고 난 후 알모라비드는 붕괴되었고 가나 제국은 독립을 되찾았지만 쿰비 살레의 함락과 탈환을 거치면서 세력이 크게 약화되었다. 가나 제국은 분열과 반란에 휩싸여 지방의 토후국 수준으로 전락했으며 얼마 못가 순자타의 캉가바에 병합되어 말리 제국으로 발전했다.

가나 제국의 멸망에는 내적 요인과 외적 요인이 있었다. 내적 요인으로는 첫째, 모계 중심의 왕위 계승을 들 수 있다. 왕위는 누이의 아들에게 상속되었는데 왕의 누이가 여러 명 있는 경우에는 왕위를 둘러싼 내분과 암투가 그치지 않았다. 이것은 투아레그를 비롯한 변방 종족들의 반란을 적시에 진압하는 것을 불가능하게 만들었다. 두 번째 요인은 민족 구성의 복잡성이었다. 가나 제국의 영내에는 소닝케족, 밤바라족, 말링케족, 수수족 같은 만데 어군의 종족뿐만 아니라 투아레그족과 풀라니계에 속하는 테크루르족이 있었고, 북쪽에는 아우도가스트를 중심으로 베르베르인이 살고 있었다. 발달된 통신 수단이 없던 시절 넓은 곳에 산재된 인구 분포는 종족들 간의 언어적, 종교적, 문화적 거리가 좁혀지는 것을 방해했고 상대적으로 소수에 불과했던 소닝케족의 영향력은 사방에 균일하게 미치지 못했다. 이것은 가나 제국에만 국한된 현상이 아니었다. 가나 제국에 이어 등장한 말리 제국과 송가이 제국도 시간이 지나면서 비슷한 문제에 봉착했다. 큰 하천들의 거미줄처럼 얽힌 지류와 울창한 수림은 중앙과 변방의 소통과 지역들 간의 교류에 커다란 장애 요인이 되었다.

외적인 요인으로는 첫째, 앞서 언급한 산하자 베르베르인의 계속된 공격으로 인한 국력의 소모를 들 수 있으며, 두 번째 요인은 같은 만데족의 일파인 수수족의 침략이었다. 베르베르인의 공격이 장기간에 걸쳐 가나 제국의 힘을 소진시켰다면 12세기 초 수수족의 침략은 꺼져가는 등불에 불어 닥친 거센 바람이었다. 1203년 수수족의 왕 수망구루는 쿰비 살레를 파괴하고 소닝케족은 수망구루의 폭정하에 속민으로 전락했다. 그동안 제국의 정신적, 경제적 명맥을 이어오던 학자들과 상인들도 쿰비 살레를 떠나 북쪽의 왈라타로 이주해갔다. 1235년 캉가바의 왕 순자타가 수망구루를 물리치고 평화가 다시 찾아왔을 때 가나 제국은 이미 돌이킬 수 없을 정도로 피폐해져 있었다. 가나 제국의 문화유산을 물려받은 순자타는 가나 제국을 캉가바에 병합시켜 서아프리카의 중세사를 화려하게 수놓은 말리 제국으로 발전시켰다.

서기 4세기 초부터 1235년까지 약 천 년 동안 존재했던 가나 제국은 서 수단 문명사에 아무도 필적할 수 없는 큰 족적을 남겼다. 사하라 횡단 무역은 서아프리카의 열대 우림 기후대에 한정되어 있던 지역 경제를 국제적 규모로 확장시켰으며 안정된 정치는 법과 질서, 평화의 정착을 통해 인구를 증가시켰다. 증가된 인구는 경제 활동에 다시 활력을 불어넣었다. 무슬림 상인들의 이동 경로를 따라 함께 들어온 이슬람도 쿰비 살레를 중심으로 제국의 영내에 뿌리를 내렸다.

가나 제국은 망해가는 순간에도 서아프리카 역사에 큰 흔적을 남겼다. 알모라비드의 잦은 침공은 제국의 발전에는 걸림돌이었지만 이슬람의 확산에는 도움이 되었다. 소닝케를 비롯한 많은 종족들의 개종은 알모라비드의 강압에서 비롯되었으나 시간이 지나면서 이슬람의 박애주의와 공정(公正)의 정신을 이해하는 신자들이 늘어났다. 쿰비 살레를 파괴한 수망구루의 폭정도 이슬람의 전파에 한 몫을 했다. 수망구루의 탄압을 피해 사방으로 흩어진 무슬림들은 이슬람이 수도 쿰비 살레를 벗어나 지방으로 퍼져 나가는 전기가 되었다. 마지막으로, 말리 제국의 등장과 새로운 도시 팀북투의 출현은 가나 제국이 남긴 가장 큰 유산이었다.

가나 제국은 오래전 역사의 뒤안길로 사라졌지만 그 영광의 빛은 아직까지 여러 지역을 비추고 있다. 가나 제국이 알모라비드의 침공으로 쇠락의 길로 들어선 후 수망구루의 폭정을 거쳐 순자타에 의해 캉가바와 병합될 때까지 제국의 영내에 거주하던 많은 사람들이 현재의 아칸족이 사는 남쪽으로 내려왔다. 오늘날 가나 공화국의 아칸 계열에 속하는 아샨티족, 판티족, 아킴족, 아크와핌족은 그들의 뿌리를 고대 가나 제국과 관련시킨다. 이들이 가나 제국을 건설한 소닝케족이 아니라는 것은 종족들 간의 공존과 화합을 추구했던 당대의 문명화된 의식과 초민족적 국가 정체성의 수준이 매우 높았다는 것을 증명한다. 가나 제국의 전통을 이어받은 13~14세기의 말리 제국과 15~16세기의 송가이 제국, 그리고 19세기의 하우사-풀라니 제국은 서아프리카가 마녀 사냥이 횡행하던 중세 유럽과는 달리 암흑의 땅이 아니었다는 것을 말해준다. 그 빛을 가린 것은 유럽인들의 소위 계몽의 깃발이었다.

2.5.2. 위대한 왕들의 등장: 말링케족과 말리 제국

말리 제국에 관한 문헌으로는 북아프리카 베르베르족 출신의 여행가 이븐 바투타의 기록과 당시 이집트 카이로의 관리였던 알-오마리의 기록이 있다. 말리 제국은 캉가바라 불리는 말링케족의 작은 왕국에서 출발했다. 12세기 이전에 케이타 씨족이 중심이 된 케이타 왕조가 출현했으며 순자타 왕 치세에 수도를 니아니에서 현재의 바마코 근처로 옮겼다. 북아프리카에서 온 여행객들이 이 새로운 수도를 말리라고 불렀는데 말리는 왕이 사는 곳이라는 뜻이었다. 말리 제국은 수수족의 왕 수망구루를 몰아내고 가나 제국을 병합한 순자타(1230년~1255년)에 의해 기틀이 확립되었으며 만사 캉칸 무사 왕 치세에(1312년~1337년) 전성기를 맞이했고 아랍 세계에 이름을 떨쳤다. 말리 제국은 송가이의 손니 알리 왕의 침략을 받아 1473년 젠네가 함락되면서 영토의 대부분이 송가이 제국에 편입되었다.

가나 제국의 멸망과 말리 제국의 창건 사이에는 수수족의 카니아가 왕국이 있었다. 1224년 카니아가의 왕 수망구루는 쿰비 살레를 점령한 뒤 말링케족의 캉가바를 침공했다. 수수족은 만데 어군에 속하는 또 다른 종족으로 현재는 전체 인구의 90%를 넘는 약 200만 명이 기니의 해안 지대에 거주하며 시에라리온에도 약 20만 명이 살고 있다. 수수족과 가까운 종족으로 잘롱케(또는 얄룽카)족이 있다. 잘롱케족은 약 15만 명 이하로 추산되는 소수 종족으로 이 중에서 약 9만 명이 기니의 산악 지대에 분포하며 나머지는 시에라리온, 세네갈, 말리 등지에 산재한다. 풀라니족을 소개할 때 자주 나왔던 푸타 잘론이란 지명은 풀라니어로 잘롱케족이 사는 땅이라는 뜻이다. 수수족도 잘롱케족처럼 기니 공화국 중부 산악 지대인 푸타 잘론의 원주민이었지만 18세기 초 이슬람 성전을 주도한 풀라니족이 이 지역을 차지하면서 현 위치로 밀려났다. 수망구루와 순자타가 격돌하던 13세기에는 수수족과 잘롱케족이 분화되지 않은 한 종족으로서 순자타의 말링케족과 적대 관계에 있었지만 1235년 순자타가 키리나의 평원에서 수망구루를 물리친 후에는 둘 다 말리 제국의 일원이 되었다. 오늘날 수수족과 잘롱케족은 마치 가나 공화국의 아칸족이 가나 제국의 후예임을 자처하듯이 모두 말리 제국의 후예임을 자랑스럽게 여긴다.

캉가바를 점령한 수망구루는 캉가바의 왕 나 파마간을 몰아내고 당시 앉은뱅이였던 순자타와 그의 이복형제인 당카란투만만 살려둔 채 모든 왕자들을 죽였다. 수망구루가 허수아비 왕으로 옹립한 당카란투만은 실정을 거듭했고 사람들은 이민족의 폭정에 신음했다. 일곱 살이 되어서야 자리에서 일어나 걸을 수 있게 된 순자타는 전사로서의 비범한 자질을 보이기 시작했다. 순자타에 대한 백성들의 신임은 당카란투만의 질시를 샀다. 순자타는 암살당할 위기에 처하자 어머니 소골론과 함께 모시족의 땅 메마로 피신했다. 캉가바의 수망구루에 대한 반란은 실패를 거듭했고 그럴 때마다 신탁(神託)은 그들의 유일한 구세주로 순자타를 지목했다. 1230년 순자타는 동족의 요구에 부응해 캉가바로 돌아와 왕위에 올랐다. 순자타는 소(小) 왕국들의 연합체를 결성한 후 1235년 현재의 말리 공화국 내에 있는 키리나 평원에서 수망구루의 군대를 격멸하고 캉가바의 독립을 되찾음으로써 말리 제국의 기틀을 확립했다.[54]

순자타의 치적은 여기서 그치지 않았다. 말리 제국은 과거 가나 제국의 영토를 넘어 주변의 방대한 지역으로 뻗어나가 서쪽으로는 대서양 연안의 테크루르, 동쪽으로는 니제르강, 북쪽으로는 사하라 사막 이남, 남쪽으로는 이교도들의 땅인 모시족이 사는 지역까지 확대되었다. 순자타는 사하라 횡단 무역을 강화하기 위해 수도를 제리바에서 북쪽의 니아니로 옮기고 왕가라, 밤부크, 본두를 수중에 넣어 금 무역의 주도권을 장악했으며, 구리 생산 지역인 타케다, 소금 광산들이 있는 타가자 지역을 차지함으로써 신생 제국의 경제적 기틀을 다지는 데 힘썼다.

---

54 Innes, Gordon. 1974. SUNJATA: Three Mandinka Versions. London: School of Oriental and African Studies, University of London.

말리 제국과 관련된 지명(地名)

1. 팀북투 ; 2. 가오 ; 3. 몹티 ; 4. 젠네 ; 5. 바마코 ; 6. 세구 ; 7. 아우다고스트 ; 8. 쿰비 살레 ; 9. 왈라타 ; 10 타가자 ; 11. 타케다 ; 12. 아가데스 ; 13. 테크루르 제국 ; 14. 밤부크 지역 ; 15. 왕가라 지역

1304년 모로코의 탕기에르에서 태어나 멀리 인도, 중국까지 여행한 이븐 바투타는 말리 제국에 관한 자세한 기록을 남겼다.[55] 그가 말리를 방문했을 때 말리는 만사 술라이만 왕(1341년~1359년)이 다스리고 있었다. 다음은 『이븐 바투타 여행기』에서 발췌한 내용이다.

흑인들의 선행으로는 부정이 적은 것을 들 수 있다. 그들은 부정을 가장 적게 저지르는 사람들로서 쑬퇀은 그 누구도 추호의 부정이라도 저지르는 것을 허용치 않는다. 그들의 선행으로는 전역에 안전이 보편화되어 있다. 여행자건 상주자건 도둑이나 약탈을 걱정할 필요가 전혀 없다. 그들의 선행으로는 또한 그곳에서 사망한 백인의 유산을 범접하지 않는다는 점도 들 수 있다. 망자에게 유산이 아무리 많더라도 믿을 만한 백인의 손에 맡겨두었다가 합법적인 상속인이 수취하도록 한다.

예배를 끈질기게 하는 것도 그들이 행하는 선행의 하나다. 그들은 꼭 집단예배를 근행하며 자식들을 그렇게 하도록 교육하고 있다. 사람들이 어찌나 붐비는지 금요일이면 사원에 일찌감치 가지 않고는 예배할 자리를 못 잡는다. 통상 사람들은 동복(童僕)에게 예배용 주

55 "인류 사상 유례없는 이 탐험기의 원본은 소실되었으나, 쑬퇀 아부 아난의 제의로 당대 아랍의 대문장가인 이븐 주자이가 필사 요약한 저본이 남아 인류의 귀중한 유산으로 전한다. 대장정을 마치고 귀향한 그는 1368년 모로코에서 타계했다." (정수일 (역). 2001. 『이븐 바투타 여행기』. 창작과 비평사. 표지에서 인용.)

단을 들려 사원에 먼저 보낸다. 그 동복이 적당한 곳에 주단을 펴놓으면 주인이 찾아온다. 주단은 야자수 비슷한 나무의 잎사귀를 엮어 만드는데, 이 나무에는 열매가 열리지 않는다. 금요일이면 희고 아름다운 옷을 입는 것도 역시 그들의 선행이 아닐 수 없다. 비록 허름한 적삼 하나밖에 없다고 하더라도 그것을 깨끗하게 빨아서는 금요일 예배 시에 입고 참석한다.

끝으로 그들의 선행으로는 거룩한 『꾸란』 암송을 중시한다는 사실을 들 수 있다. 자식들이 『꾸란』을 제대로 암송하지 못하면 쇠고랑을 채웠다가 암송해야 풀어준다. 명절날 법관한테 갔더니 애들이 쇠고랑을 차고 있었다. 그래서 내가 "안 풀어줄 겁니까?"라고 말하니 "『꾸란』을 암송할 때까지는 안 풀어줄 겁니다"라고 대답하는 것이었다. 어느 날 나는 한 젊은이 곁을 지나갔다. 준수한 용모에 멋진 옷을 입은 젊은이인데, 발에는 족쇄가 채워져 있었다. 나는 동행자에게 "저 사람은 무슨 짓을 했습니까?"라고 물었다. 그 젊은이는 내 말을 알아듣고는 픽 웃었다. 옆의 사람이 "『꾸란』을 암송하라고 족쇄를 채운 겁니다"라고 말하였다.[56]

만사 왈리 왕은(1255년~1270년) 순자타의 아들로서 아버지의 뒤를 이어 영토를 확장했다. 그는 독실한 무슬림이었으며 메카 성지 순례를 다녀왔다. 말리 제국은 만사 왈리 이후에 궁중의 불화와 반란, 왕들의 실정(失政) 등으로 혼란에 빠져 1312년까지 무려 여섯 명의 왕이 교체되었다. 만사 사쿠라 왕은(1285년~1300년) 도망친 노예 출신으로 케이타 왕조의 왕위를 찬탈한 인물이지만 실추된 말리 제국의 위상을 되찾는데 크게 기여했다. 그는 테크루르를 수복했고 북서쪽의 베르베르 땅을 정복했으며 타케다의 구리 광산에 대한 지배력을 강화했다. 사쿠라는 성지 순례를 다녀오다가 암살당했고 왕위는 다시 케이타 씨족한테 돌아갔다.

만사 캉칸 무사 왕은(1312년~1337년) 만사 사쿠라에게 왕위를 빼앗겼던 만사 아부베키르의 손자로서 말리 제국의 이름을 만방에 떨치고 제국의 전성기를 가져온 인물이다. 만사 무사는 순자타와 사쿠라의 정책을 계승해 영토를 계속 확장했다. 그는 가오의 송가이에 대한 권위를 되찾았고 팀북투와 젠네를 병합해 제국의 경제, 문화, 교육, 종교의 중심지로 삼았으며 북으로는 왈라타 동으로는 현재 니제르 공화국의 중부 도시 아가데스를 정복했다. 서쪽으로는 반란이 끊이지 않던 테크루르 제국을 정복함으로써 투콜로르족과 월로프족 땅의 대부분을 차지했다. 만사 무사 왕 말년에 말리 제국

---

56 ibid. pp. 410-411.

의 영토는 동쪽의 니제르강 덴디에서 서쪽의 대서양 연안까지, 남으로는 기니 공화국의 중부 고지대인 푸타 잘론에서 북으로는 알제리와 모리타니 국경까지 확장되었다.

가나 제국과 달리 말리 제국은 건국 초기부터 이슬람 국가였다. 만사 무사 왕은 많은 학교를 짓고 코란 강독을 의무화함으로써 이슬람 교육을 강화했다. 그는 성지 순례를 마치고 메카에서 돌아올 때 아랍인 학자들을 데려와 교육에 종사케 했고 팀북투의 상코레대학을 이슬람 교육의 중심지로 만들었으며 유능한 학생들을 선발해 모로코와 이집트로 유학을 보냈다. 상코레대학은 세계에서 가장 오랜 역사를 갖고 있는 대학들 중 하나다. 만사 무사는 종교에 대한 열정에도 불구하고 정치적, 경제적 안정을 해치지 않기 위해 개종에 저항하는 이교도들에게는 이슬람을 강요하지 않았다. 한 예로 그는 금 생산이 위축될 수 있다는 이유에서 왕가라에 대한 성전을 취소하기도 했다.

만사 무사의 성지 순례는(1324년~1326년) 서아프리카 사(史)에서 중요한 의미를 갖는다. 그는 금이 가득 실린 수백 필의 낙타와 많은 노예들과 군사를 거느리고 메카를 방문했다. 당시 카이로의 관리였던 알-오마리는 만사 무사의 행렬이 통과한 후 십여 년이 지나 쓴 글에서 그가 남기고 간 금이 이집트 경제에 미친 영향을 다음과 같이 기록했다. "카이로에 너무 많은 금이 유통되고 있어서 화폐 가치가 땅에 떨어졌다." 만사 무사의 이 기행은 말리 제국이 북아프리카를 넘어 멀리 중동과 유럽에 황금의 땅으로 알려지는 계기가 되었다. 1339년 마요르카 지방의 이탈리아인 안젤리노 돌체르트가 만든 세계지도에 말리 제국이 등장했고[57] 1375년 카탈로니아어로 출간된 지도는 머리에 금관을 쓰고 손에 금화를 쥐고 있는 만사 무사의 모습을 그려 넣었다.[58] 영광은 다른 한편으로 비극의 씨앗이 되기도 했다. 15세기에 포르투갈인들이 서아프리카의 해안가에 상륙한 것은 이 황금을 찾기 위해서였다.

말리 제국은 만사 무사의 아들 만사 마간 왕 치세에(1337년~1341년) 모시족이 팀북투를 침략하고 송가이가 독립하면서 세력이 많이 약화되었지만 만사 무사의 동생 만사 술라이만 왕이(1341년~1359년) 변방의 경비를 강화하고 이슬람을 다시 장려함

57 마요르카는 지중해 서부에 있는 스페인령 발레아레스 제도에서 가장 큰 섬이다.

58 카탈로니아어(語)는 인도유럽어족 로망스제어에 속한다. 사용 인구는 500~700만 명이며 절반 이상이 스페인 북동부의 카탈로니아 지방에 산다. [네이버 지식백과]

Catalan Atlas 1375년 제작, 현재 프랑스 국립도서관 소장

으로써 제국의 군사적, 경제적, 문화적 우위는 계속 유지되었다.

말리 제국의 역사는 위기 극복의 역사라고 할 수 있다. 니제르강의 서쪽 굽이와 동쪽 굽이가 만나는 동서 양편에 위치한 가오와 팀북투, 니제르강 내륙 삼각주 지대의 편리한 수로와 비옥한 토양 위에 세워진 젠네, 몹티, 세구 등의 도시는 주변의 여러 종족들 사이에서 항상 쟁취의 대상이 되었다. 순자타, 만사 사쿠라, 만사 무사, 만사 술라이만은 말리 제국이 위기에 처했을 때마다 나라를 구한 위대한 왕들이었다. 이슬람이라는 공통의 유산 위에 구축된 범민족적 유대감과 지배층의 수준 높은 문화의식도 구성원들을 결집시키고 제국의 안녕과 번영을 가져온 중요한 요인이 되었다.

말리 제국의 발전은 이슬람과 위대한 왕들의 노력 말고도 경제적 요인에 힘입은 바 크다. 말리는 서(西) 수단 최대의 금, 구리, 소금 광산을 차지하면서 사하라 횡단 무역의 주도권을 잡았다. 세네갈 동부와 말리 공화국 서부의 접경지대인 밤부크와 기니 공화국의 왕가라에서 생산된 금이 당시 전 세계 금 공급량의 절반을 차지했다는 주장도 있다. 정련된 금괴는 모두 제후국에 분배되었으며 금 생산자는 국가로부터 그 노고에 상응하는 금가루를 받았다. 금가루는 화폐 대용으로 쓰였으며 금가루의 무게를 재기 위한 정교한 저울과 저울추가 제작되었다. 저울과 저울추의 모양은 심미적 형태를 띠기도 했으며 금을 재료로 하는 다양한 조형물이 함께 만들어졌다. (이러한 금공예는 제6장 조형 예술편에서 살펴볼 것이다.) 16세기 초 포르투갈인들이 현재의 가나 공화국 남쪽 기니만에 엘미나항을 건설하고 내륙에서 생산된 금을 해로를 통해 유럽으로 수출하게 될 때까지 말리의 사하라 횡단 무역은 서아프리카의 금 무역을 독점했다.

소금도 금만큼 소중한 재화였다. 내륙 국가였던 말리 제국은 바다로 향하는 모든 출구가 막혀 있었다. 대서양으로 가는 서쪽 길목에는 투콜로르족의 테크루르 제국이 있었고 남쪽의 빽빽한 수림 지대는 통과가 거의 불가능했으며 북쪽은 사막이었다. 이러한 자연조건하에서 말리 제국의 북서쪽 끝자락에 있던 암염(巖鹽) 생산지 타가자를 차지할 수 있었던 것은 큰 행운이었다. 타가자에서 채굴된 소금은 남쪽의 팀북투로 옮겨진 후 니제르강의 수로를 통해 젠네를 거쳐 제국 내의 여러 지역으로 운반되었다. 모리타니 남동부의 도시 왈라타도 소금 거래의 중심지였다.

오늘날의 말리, 니제르, 알제리 접경지의 니제르 영내에 있던 타케다에서 생산된 구리는 동(銅) 막대기 형태로 거래되었는데 이 동봉(銅棒)은 금처럼 조형 예술의 재료로 사용되기도 했다. 말리의 광물은 북아프리카로 수출되었다. 발달된 육상 교통 수단이 없던 시절 낙타와 노예는 물품의 주요 운반 수단이었다. 짐꾼으로 이용된 노예는 출발지로 돌아오거나 아니면 목적지에서 또 다른 상품으로 교환되었다.

말리의 경제적 위상은 만사 캉칸 무사의 성지순례로 외부 세계에 널리 알려졌다. 아랍의 상인들과 학자들은 부와 명예를 찾아 팀북투, 젠네, 아가데스와 같은 대도시로 몰려들었고 이것은 이들 도시가 교육과 문화의 중심지로 성장하는 데 기여했다. 14세기에 행해진 이븐 바투타의 여행도 당시 말리 제국의 위상이 어느 정도였는지 말해준다. 말리는 그가 방문했던 인도, 중국의 동양 문화와는 구별되는 사하라 사막 이남 아프리카 흑인 문화의 중심지였다. 박학다식한 이븐 바투타는 그것을 알고 있었다.

말리 제국은 14세기 중후반에 접어들면서 쇠퇴하기 시작했다. 광대했던 영토는 쪼그라들었고 군사력과 경제력도 과거 말링케족의 소왕국 시절로 돌아갔다. 1473년 손니 알리의 젠네 함락으로 송가이 제국은 서(西) 수단의 새로운 패자로 부상했다. 그것은 말리 제국이 가나 제국으로부터 물려받은 문화유산을 송가이에 넘겨주는 것을 의미했다.

젠네 대사원(The Great Mosque)

점토로 된 세계 최대의 건축물로 1988년에 유네스코 세계문화유산에 등재되었다. 13세기의 사원이 있던 자리에 1907년 사진 속의 건물이 세워졌다.

모든 역사가 그렇듯이 말리의 쇠망도 무능한 군주들의 잘못된 정치와 내분에 기인했다. 만사 무사의 아들 만사 마간은 그 실정(失政)의 정점에 서 있던 인물이다. 말리 제국은 반란을 예방하기 위한 방책으로 변방 제후의 자제들을 수도에 볼모로 머물게 했는데 만사 마간의 재위 시에는 송가이족 왕자들인 알리 콜렌과 술라이만 나르가 인질로 와 있었다. 이들은 어느 날 느슨한 감시망을 뚫고 탈출해 가오의 영내에 주둔하고 있던 말리의 군대를 몰아냈다. 이 사건을 계기로 송가이족의 가오는 변방의 작은 도시에서 벗어나 말리 제국을 위협하는 존재로 빠르게 부상했다. 가오는 말리의 통제력이 약해질수록 세력을 점점 키워나가 마침내 1375년에는 독립을 쟁취했고 그로부터 백 년 후에는 여러 종족을 지배하는 대제국으로 발전했다. 가오가 송가이 제국으로 변신하는 동안 말리는 내분에 휩싸여 있었다. 조카로부터 왕위를 물려받은 만사 무사의 동생 만사 술라이만 치세에 말리 제국은 잠깐 동안 예전의 영광을 되찾았지만 술라이만 사후(死後) 40년에 걸친 내전과 잦은 왕위 교체로 말리의 국력은 약화되어 갔다.

송가이의 봉기에 고무된 주변 종족들의 거듭된 반란은 말리 제국의 종말을 앞당겼다. 동쪽 사막 지대의 투아레그족은 1433년 왈라타와 팀북투를 함락시켰으며 남쪽의 모시족도 국경을 넘어와 팀북투를 포위한 적이 있었고 서쪽의 투콜로르족과 월로프족은 호시탐탐 독립할 기회를 엿보았다. 나약한 말리의 왕들은 아르군과 엘미나에 주둔하고 있던 포르투갈에 도움을 청했지만 포르투갈은 더 많은 전쟁 노예를 얻기 위해 오히려 종족들 간의 분쟁을 바라는 입장이었다. 말리 제국의 침몰은 계속되었다. 15세기 중엽 송가이의 손니 알리 왕은 말리의 영토 상당 부분을 장악했고 동(同) 세기 말(末)에는 대부분의 영토가 송가이의 수중에 떨어졌다. 17세기에는 세구와 카아르타의 밤바라족이 폐허가 된 말리 제국의 잔해 위에 그들의 왕국을 세웠다. 1670년을 전후로 서(西) 수단의 두 번째 흑인 통합국가였던 말리 제국은 역사 속으로 완전히 사라졌다.

말리 제국은 가나 제국의 문화유산과 이슬람을 물려받아 넓은 지역에 분포된 여러 종족들을 효과적으로 통치했다. 이슬람은 정신적 통합의 구심점이 되었을 뿐만 아니라 행정, 사법, 건축 등 많은 분야에 큰 영향을 미쳤다. 북아프리카에서 유입된 학자들은 교육과 더불어 정치권의 자문 역할을 하면서 서(西) 수단의 흑인 문화와 이슬람 문화의 중개자로서의 역할을 했다. 사하라 횡단 무역의 거점이었던 팀북투와 젠네는 말리 제국의 경제적 번영에 기여했고 다른 한편으로는 당시 세계 최고 수준을 자랑하던 아랍의 학문을 전파하는 교육 중심지로서의 역할을 수행했다. 국제 무역과 외국인의 왕래, 그리고 많은 수행원과 엄청남 양의 금을 동반한 만사 무사의 메카 성지 순례는 말리 제국의 이름과 그 풍요로운 실상이 북아프리카를 넘어 아라비아반도와 유럽에까지 전해지는 계기가 되었다.

2.6. 송가이 제국과 이슬람 문화의 만개(滿開)

송가이 제국은 현재의 말리 공화국 내 니제르강의 동서 양쪽 굽이 상에 위치한 가오, 팀북투, 젠네를 중심으로 서기 1464년부터 1591년까지 존속했던 국가다. 제국으로 거듭나기 이전의 역사는 그보다 더 먼 과거로 거슬러 올라간다. 전설에 따르면 송가이족의 모태가 된 집단은 가오의 남쪽 덴디에 있었다. 덴디에는 소르코족과 고우족(또는 가비비족)이 함께 살고 있었다. 소르코족은 어부였고 고우족은 농사와 사냥으로 생계를 이어갔다. 7세기경 소르코족이 고우족을 지배하면서 송가이 왕국이 시작되었다.

8세기 초 자 알리아멘이 이끄는 베르베르계 유목민이 북쪽에서 내려와 송가이 왕족을 몰아내고 자 왕조를 열었지만 곧 흑인 문화에 동화되었다. 자 왕조의 15대 왕인 자 코시는 이슬람으로 개종하고 수도를 쿠키아에서 가오로 옮겼다. 가오는 이때 이미 남쪽의 밀림 지대와 니제르강 이북의 주요 도시를 연결하는 교통의 요지로 발전해 있었다. 가오을 거점으로 한 사하라 중계 무역과 니제르강의 퇴적토가 만들어낸 비옥한 토양, 그리고 풍부한 수산물은 송가이를 풍요로운 왕국으로 만들었다. 14세기 초 송가이의 부상에 두려움을 느낀 말리의 왕 만사 무사는 송가이를 정복하고 가오를 수중에 넣었다.

1335년 말리에 볼모로 잡혀가 있던 송가이의 왕자 알리 콜렌은 말리를 탈출해 가오에 주둔하고 있던 말리의 군대를 몰아내고 왕위에 올랐다. 그는 자기를 해방자라는 뜻의 '손니'로 칭했다. 이로써 자 왕조는 끝이 났고 왕의 이름 앞에 손니가 붙는 손니 왕조가 출범했다. 송가이는 이미 경제적 강국으로 성장해 있었지만 말리로부터 완전한 독립을 쟁취한 것은 손니 알리의 치세에(1464년~1492년) 와서야 가능했다. 손니 알리는 나중에 소개될 아스키아 대왕과 함께 송가이 역사상 가장 위대한 왕이었다. 그는 말리의 순자타가 캉가바라 불리던 소왕국을 대제국으로 만들었듯이 가오에만 머물던 송가이의 작은 왕국을 대제국으로 발전시켰다.

손니 알리는 위대한 전략가이자 탁월한 전술가였다. 그에게는 유라시아 초원을 제패한 몽골의 빠른 기동력과 16세기 말 조선의 수군을 연상시키는 수상(水上) 전투력이 있었다. 그는 북아프리카에서 수입한 말로 경기병대를 조직하고 이들을 측면에서 지원하기 위해 수군을 양성했다. 송가이의 수군은 병선(兵船)으로 개조된 카누를 이용해 거미줄처럼 얽힌 니제르강의 수로를 누비며 보충병과 군수품을 적재적소에 실어 날랐다.

손니 알리는 팀북투부터 공격했다. 투아레그족의 간섭에서 벗어나길 원했던 팀북투의 지도자 오마르는 손니 알리에게 팀북투를 침공해달라고 청했다. 손니 알리는 이 요청을 받아들였다. 1468년 그는 35년간 계속된 투아레그족의 통치에서 팀북투를 해방시켰지만 후세의 사가(史家)들은 그것을 약탈이라고 불렀다. 투아레그족이 물러

간 도시에는 새로운 정복자의 등장을 못마땅해 하는 정치가와 무슬림 학자들이 있었다. 손니 알리의 권위에 저항하는 사람들의 종말은 비참했고 팀북투는 송가이 기마병의 말발굽 아래 유린되었다. 송가이의 다음 목표는 젠네였다. 1473년 젠네는 팀북투의 학살을 떠올리며 손니 알리와 그의 군대를 맞아들였다. 젠네의 현명한 지도자들은 손니 알리를 무자비한 약탈자로 만드는 대신 스스로 제국의 일원이 되는 길을 선택했던 것이다. 송가이는 팀부투와 젠네를 차지함으로써 말리 제국의 동쪽 절반을 수중에 넣고 니제르강 상류 서쪽 굽이의 주요 지역을 대부분 장악했다. 손니 알리의 정복 전쟁은 계속되었다. 그는 야텡가의 모시족의 북진(北進)을 차단했고 홈보리산맥의 야생(野生) 종족들을 교화했으며, 동쪽으로는 하우사 왕국인 켑비를 정벌했고, 서쪽으로는 맛시나의 풀라니족 반란을 진압했다. 그는 내치(內治)에도 뛰어난 왕이었다. 1480년에는 가오와 왈라타를 잇는 대운하 건설이 착공되었지만 모시족의 습격으로 완공되지는 못했다. 손니 알리는 1492년 구르마의 풀라니족을 진압하고 돌아오다가 물에 빠져 죽었다. 그는 작은 도시국가였던 가오를 대제국으로 발전시킨 인물로서 그의 치세에 송가이의 영토는 서쪽으로는 젠네, 동쪽으로는 하우사족의 캡비 왕국까지, 북쪽으로는 팀북투, 남쪽으로는 모시족과의 경계선까지 확장되었다.

손니 알리의 통치 방식은 정복지의 상황에 따라 서로 다른 모습을 보여주었다. 그는 말리 제국의 예에 따라 영토를 여러 개의 주로 분할하고 각각의 주에 행정관을 임명했다. 전란이 자주 발생하는 곳에는 유능한 장군을 파견했으며 충성을 맹세하고 공물을 바치는 지역은 토착민을 그 지역 장관으로 위촉했다. 팀북투에서처럼 제국의 권위에 도전하는 사람들한테는 가혹했으나 젠네에서처럼 복종하는 사람들한테는 자비와 인정을 베풀었다.

손니 알리에 대한 후세의 평가는 엇갈린다. 무슬림들이 쓴 역사서에 나오는 그에 관한 기록은 매우 부정적이다. 그에게 도시의 사악한 파괴자라는 별칭이 붙은 이유는 그가 종교적 대의에는 무관심한 반면 이단적 행위에는 관대한 태도를 보이면서 자신의 권위에 저항하는 사람들을 잔인하게 처형했기 때문이다. 팀북투의 무슬림들은 통치에 방해가 되는 성가신 존재로서 송가이의 주적인 투아레그족과 내통한다는 의심을 받았다. 손니 알리는 그의 제국을 지탱하는 뿌리가 이슬람과는 무관한 백성들이라는 것을 알고 있었다.

송가이는 가나 제국과 말리 제국처럼 순수한 흑인 국가였다. 왕족과 지배층의 몸속에 베르베르인의 피가 일부 흐르는 것은 사실이었지만 그 흔적은 오랜 세월을 거치며 더해진 흑인의 피에 씻겨 나간 지 오래였다. 베르베르인과 혈통적으로 가까운 무슬림들의 입장에서 볼 때 손니 알리는 악의 화신이었지만 온갖 규제와 금욕을 강조하는 낯선 종교로부터의 자유를 원했던 사람들에게는 흑인 문화의 보호자이자 구세주였다. 오늘날 니제르 공화국에서 손니 알리가 위대한 해방자로 추앙받는 이유는 이 나라 국민의 상당수를 차지하는 투아레그가 이단적 요소가 많이 가미된 이슬람을 믿기 때문인지도 모른다.

손니 알리의 아들 바카리 다아는[59] 송가이 전통 종교에 아버지보다 더 우호적이었다. 이것은 무슬림들의 반감을 초래했다. 손니 알리의 유능한 장군이었던 모함메드 이븐 아부바키르 투레도 이들 중 한 사람이었다. 1493년 모함메드 투레는 무슬림들의 지지를 등에 업고 반란을 일으켜 바카리 다아를 축출하고 아스키아 왕조를 열었다. 송가이는 자 왕조와 손니 왕조의 뒤를 이은 아스키아 왕조 치하에서 제2의 전성기를 맞이했다.

모함메드 투레는 아스키아 모함메드 또는 아스키아 대왕으로 알려진 인물이다. 송가이족이 아닌 소닝케족의 피를 물려받은 그는 왕위를 찬탈했다는 오명과 혈통상의 문제를 극복해야 했다. 손니 알리의 후손들은 척살되었으며 무슬림들의 협조와 송가이족의 민심을 달래기 위한 정책들이 추진되었다. 메카에서 서(西) 수단의 칼리프로 임명된 아스키아 모함메드는 귀국 후 이슬람의 수호자를 자처했다. 손니 알리의 치세에 푸대접을 받던 이슬람 학자들과 성직자들은 교육의 기회와 선교의 자유를 보장받고 높은 관직에 임명되었다. 민병제가 폐지되고 모병제가 실시되자 지방에 거주하는 송가이족도 그를 지지했다. 백성들이 전쟁에 동원되지 않고 생업에 충실하게 되면서 국가의 세수(稅收)도 증가했다. 아스키아 모함메드는 독실한 신자였지만 이교도를 탄압하지 않았고 개종을 거부하는 사람들에게도 동등한 시민권을 부여했다. 성공적인 내치(內治)는 성공적인 외치(外治)를 위한 밑거름이 되었다. 손니 알리를 능가

---

59 바카리 다아는 손니 다오 또는 바루라고도 불린다.

하는 아스키아 대왕의 치적은 이렇게 시작되었다.

아스키아 대왕은 손니 알리가 이루지 못한 영토 확장의 대업을 완수했다. 1498년 그는 야텡가의 모시족을 공격해 그들이 현재의 부르키나파소를 벗어나 더 이상 북진하지 못하도록 했다. 1499년에는 방향을 서쪽으로 틀어 아직 명맥을 유지하고 있던 말리 제국의 영토 대부분을 잠식했으며 그곳에서 더 서진(西進)하여 테크루르 제국의 동쪽 경계에까지 이르렀다. 가오로 다시 돌아온 그는 1513년 손니 알리가 정복한 동쪽의 켑비 왕국을 거쳐 다른 하우사 왕국들인 고비르, 카찌나, 자리아, 카노를 복속시켰다. 투아레그족은 개국 이래 송가이의 가장 큰 골칫거리였다. 아스키아 대왕은 북부나이지리아의 하우사 왕국들을 평정한 다음, 그곳을 기반으로 하여 니제르 남부에서 북상(北上)해 경제 요충지인 투아레그 도시 아가데스를 점령하고 소금과 구리 생산으로 유명한 타가자와 타케다를 장악했다.

아스키아 대왕은 안정된 내치(內治)를 바탕으로 외치(外治)에 전력을 다한 후 다시 내치로 눈을 돌려 제국의 지속 가능한 성장의 발판을 마련했다. 송가이는 이슬람권 국가들을 모방해 이전의 제국들과는 구별되는 행정제도를 도입했다. 황제를 보좌하는 내각은 1인 독재의 단점을 보완하며 전문성을 확보할 수 있게 해준다는 점에서 가장 돋보이는 것이었다. 각각의 부처(部處)는 국가경영에 기본이 되는 영역뿐만 아니라 송가이의 지정학적 특수성을 반영하는 고유한 업무를 관장했다: 재정, 조세, 사법, 이민(移民), 국방, 수군(水軍), 삼림, 수자원, 전통종교 보호 등. 아스키아 대왕은 무슬림이었지만 이교도에게 이슬람을 강요하지 않았다. 그는 이슬람의 참 정신인 박애를 실천한 성군이었으며 이러한 철학이 내각의 구성에도 반영되었던 것이다.

제국의 영토는 네 개의 왕국으로 편제되었고 왕국은 다시 주(州)로 분할되었다. 왕국들은 중앙에서 파견된 아스키아 가문 출신의 총독이 황제를 대신해 행정과 사법을 관장했다. 주(州)는 총독의 감독 하에 현지에서 발탁된 지역장관이 다스렸다. 하우사 왕국인 카노나 카찌나처럼 중앙에서 멀리 떨어진 곳에는 총독이 파견되지 않았고 현지의 왕한테 모든 권한이 위임되었다. 왕들은 충성의 표시로 가오의 궁궐에 사는 황제한테 공물을 바쳤다. 사법은 이슬람의 율법인 샤리아를 따랐다. 샤리아를 해석하고 적용하는 카디스라 불리는 판사들은 그 직책을 종신토록 역임했다. 그들은 그 대가로

15~16세기 송가이의 팽창 경로와 주요 도시

토지와 녹봉을 하사받았다. 모든 카디스는 가오에서 황제를 보필하는 수석재판관 바레이-코이의 지휘와 통제를 받았다. 아스키아 대왕은 전시에만 주민들을 동원하는 징병제를 폐지하고 모병제를 근간으로 하는 상비군 제도를 확립했다. 전문화된 병사들은 그 전투력이 배가되었고 군역에서 면제된 사람들이 생산 활동에 더 많은 시간을 쓸 수 있게 됨으로써 국가 전체의 부(富)도 늘어났다.

아스키아 대왕의 영도력은 이슬람을 대하는 그의 태도에서도 드러났다. 그는 금식과 자선을 철저히 실천함으로써 성실한 신자라는 것을 증명했다. 손니 알리의 치세에 무시당하던 무슬림들은 그를 환영했고 왕위 계승의 정통성 시비 같은 집권 초의 불안정한 정국(政局)도 사라졌다. 종교는 아스키아 대왕의 정신적 지주이자 동시에 정치적 도구였다. 이슬람은 직면한 현안을 타개하기 위한 전술의 일환으로 이용되었을 뿐만 아니라 제국의 발전을 위한 거시적 전략의 일환으로도 이용되었다. 메카에서 하사받은 서(西) 수단의 칼리프라는 직함은 영토 확장을 위한 전쟁을 포교를 위한 성전으로 둔갑시켰다. 아스키아 대왕의 선심(善心)에 일찍부터 감동한 무슬림들은 이 전쟁에 기꺼이 동참했다.

송가이는 11세기 초에 이슬람을 받아들였다. 1010년 자 왕조의 열다섯 번째 왕 자 코시가 무슬림으로 개종한 이래 자 왕조와 손니 왕조의 모든 왕들은 이슬람을 신봉했지만 신앙심에는 큰 차이가 있었다. 손니 알리의 이슬람에 대한 미온적인 태도는 앞에서도 언급했다. 송가이가 서(西) 수단 이슬람의 중심지로 발돋움한 것은 아스키아 대왕의 성지순례 이후의 일로서 그는 영토 확장과 성전이라는 두 가지 목적을 동시에 달성했다. 가나 제국과 말리 제국도 이슬람의 전파에 많은 노력을 쏟았지만 송가이 주변의 종족들 중에는 이교도가 아직도 압도적 다수를 차지하고 있었다. 아스키아 대왕은 서쪽의 만딩카족과 풀라니족 중에서 이교도로 남아 있던 사람들을 교화했으며, 북쪽의 타가자와 북동쪽의 아가데스를 거점으로 송가이의 변방을 끊임없이 위협하던 투아레그를 정복했고, 동쪽으로는 하우사 왕국인 카찌나와 카노에까지 그 영향력을 확대했다.

이슬람은 송가이 제국의 문화도 바꾸어 놓았다. 메카에서 귀국할 때 아스키아 대왕은 많은 무슬림 학자들을 데려왔는데 모함메드 알-마길리도 이들 중의 하나였다. 알-마길리는 알제리 북서부의 도시 틀렘센 출신의 베르베르인 학자로서 하우사족, 풀라니족, 투아레그족을 개종시키는 데 힘썼으며 일찍이 틀렘센에 거주하던 유대인을 몰아낸 일로 이름을 떨쳤다. 그는 하우사 칠왕국의 하나인 카노에서 룸파 왕의 고문을 맡기도 했다. 아스키아 대왕은 성직자들의 조언을 받아들여 이슬람의 교리를 실천하고 전파하는 데 앞장섰으며, 주민들의 의복을 개조하고 사원과 건축물을 이슬람 풍으로 바꾸었다. 오늘날 우리가 보는 서아프리카 무슬림들의 두루마기 평상복과 모자는 이때 비롯된 것이다. 여성들이 천으로 얼굴을 가리고 격리된 공간에 거주하는 풍습도 이때 생겨났다.

이슬람은 이질적인 사람들을 하나로 묶는 데 큰 도움을 주었다. 송가이 제국의 발전의 토대를 구축한 전(前) 왕조의 손니 알리 왕이 그의 권위에 도전하는 사람들을 가혹하게 탄압한 것은 사실이지만 이교도인 투아레그족의 수중에서 팀북투를 해방시킨 것은 어떤 것과도 견줄 수 없는 위대한 업적이었다. 왕위를 찬탈하고 아스키아 왕조를 연 아스키아 대왕은 손니 알리로부터 물려받은 팀북투와 젠네를 발판으로 북아프리카와 아라비아반도의 과학과 신학을 받아들여 국가의 물질적, 정신적 토대를 더욱 공고히 했다.

왼쪽: 서아프리카 무슬림들의 두루마기 평상복을 입은 니제르 대통령 Mamadou Tandja (1999년~2000년)
오른쪽: 머리에 히잡을 쓴 하우사 여성 Aisha Buhari

교육의 발전은 아스키아 대왕이 이룬 위대한 업적들 중의 하나다. 제국의 영내 곳곳에 이슬람 경전을 가르치는 학교들이 세워졌는데 팀북투에만 그 수가 150개가 되었다. 학교가 대학으로 발전한 경우도 있었다. 팀북투의 상코레 사원의 학교는 나중에 상코레 대학으로 바뀌면서 서아프리카를 넘어 이슬람 세계의 명문 대학의 반열에 올랐다. 상코레 대학은 서양 중세의 어떤 대학에 견주어도 뒤지지 않는 교육 과정을 갖추고 있었다. 수사학, 논리학, 이슬람법, 문법, 천문학, 역사학, 지리학 등이 이곳에서 교수된 과목들이다. 팀북투는 북아프리카에서 온 상인들과 상코레 대학에 수학하러 온 이슬람권 학생들로 인해 국제적인 상업 도시와 교육 도시로 성장했다. 학식과 덕망을 갖춘 학자들과 우수한 교과 과정은 마흐무드 카티, 압드라흐만 앗-사디와 같은 걸출한 인재들을 배출했다. 이들은 현대의 역사학자들이 참조하는 송가이 제국의 사회와 문화에 관한 저서를 집필했다. 상코레 대학의 또 다른 졸업생인 아흐메드 바바는 이슬람 인명사전과 이슬람법에 관한 다수의 문헌을 남김으로써 서아프리카 이슬람학의 발전에 크게 기여했다.

송가이의 경제적 번영과 수준 높은 문화 의식은 안정된 치안과 결부되어 상인, 학자, 학생, 여행객들의 자유로운 왕래와 교류를 촉진했고 이것은 제국의 권위와 명성을 만방에 떨쳤다. 마흐무드 카티는 당시 송가이 제국의 생활상을 다음과 같이 기록했다.

> 팀북투는 그 제도의 견고함, 그 정치적 자유, 그 도덕적 순수함, 사람들의 보안 의식, 외국인에 대한 배려와 연민, 학생과 학자들에 대한 예의, 그리고 이들에 대한 재정적 지원을 고려할 때 필적할 만한 상대가 없다; 이 시대의 학자들은 그들의 관대함, 강인한 성품과 신중함으로 신자들 사이에서 가장 존경받는 사람들이다.

강대한 제국을 유지하는 것은 경제적 부(富)를 창출하는 것 없이는 불가능했다. 아스키아 대왕은 농업, 어업, 수공업, 광업을 진흥하기 위한 제도를 구축했다. 그는 이를 기반으로 사하라 횡단 무역을 확대했으며 성지순례를 하고 돌아올 때 이집트에서 배워온 저울 제작 기술을 활용해 도량형을 통일했다. 통일된 도량형기는 금, 곡식, 소금 따위의 무게를 정교하게 재는 데 이용되었으며 이것은 공정한 거래 질서를 확립하는 데 큰 도움을 주었다. 송가이 제국은 서쪽 대서양의 바닷길과 사하라 사막을 지나는 육로를 통해 금, 상아, 노예 등을 북아프리카에 수출했다. 주요 수입품은 말과 소금이었다. 말은 북아프리카에서 소금은 타가자에서 들여왔고 금과 조개껍데기가 물품 거래를 위한 통화로 사용되었다.

아스키아 대왕의 성공적인 국가운영 뒤에는 지정학적 요인이 있었다. 니제르강의 서쪽 굽이와 동쪽 굽이가 만나는 지점에 위치한 수도 가오는 수로를 이용해 서쪽의 팀북투와 몹티, 젠네와 같은 상업 도시에 쉽게 접근할 수 있었으며, 팀북투나 젠네에서는 불가능한 동쪽 굽이 영내의 비옥한 토지와 수자원을 독점할 수 있게 해주었다. 지정학적 이점에 기대에 가오라는 소도시에서 출발한 송가이 제국은 수군을 대규모로 육성한 후 니제르강 본류와 지류를 타고 활발한 정복 전쟁에 나섰다.

오늘날 우리가 알고 있는 송가이 제국에 관한 것은 팀북투의 상코레 대학을 중심으로 활동한 당시 무슬림 학자들의 기록에 의존한다고 말한 적이 있다. 송가이를 포함한 서아프리카 역사와 문화에 관한 기념비적인 저서를 남긴 레오 아프리카누스는 이 부류에 속하지 않는 사람이다. 레오 아프리카누스는 15세기 말[60] 스페인 그라나다의 부유한 무어인 가정에서 태어났다. 부모가 지어준 그의 이름은 엘-핫산 이븐 모함메드였다. 레오가 태어난 지 몇 년 후 그의 부모는, 당시 대부분의 무어인들이 그랬던 것처럼, 스페인이 정복한 후 살기가 힘들어진 그라나다를 떠나 모로코의 페즈로 이주했다. 페즈는 북서아프리카 이슬람 교육의 중심지였다. 레오는 부모의 후원으로 이 도시에서 양질의 교육을 받으며 건실한 무슬림으로 성장했다. 그는 호기심이 많은 청년이었다. 레오의 나이 스물다섯이 되었을 때 그는 이미 터키, 중동, 페르시아는 물론 서아프리카의 여러 지역을 다녀온 탐험가가 되어 있었다. 1518년 제르바섬 인근의 지중해를 여행하던 레오는 해적들에게 노예로 잡혀 로마로 끌려갔다. 해적들은 레오의 훌륭한 인격과 교양에 감화되어 그를 교황 레오 10세에게 바쳤다. 레오를 좋아하게 된 교황은 그에게 자기의 본명인 지오반니 레오네라는 이름과 자유를 하사했다. 교황은 레오가 기독교로 개종할 때는 그의 대부가 되어주었다. 레오는 로마의 상류 사회 지식인들과 교류하며 교황의 배려로 연금을 받으면서 독서와 집필에 매진했다. 이것이 그의 불세출의 걸작 『아프리카의 역사와 서술』(1550년)이 탄생하게 된 배경이다. 이 책은 이탈리아어로 출간되었으며 출간 직후 프랑스어, 라틴어, 영어로 번역되었다.

레오의 행적 중에서 눈길을 끄는 것은 그의 서아프리카 대장정이다. 레오는 모로코의 페즈에서 출발해 팀북투와 젠네를 지나 가오로 갔으며, 가오에서 동진(東進)해 하우사 왕국인 카노, 카찌나, 잠파라, 자리아를 답사한 후, 카누리족의 보르누 제국을 방문했고, 보르누에서 아가데스와 팀북투를 거쳐 페즈로 돌아왔다. 지도를 통해 본 그의 여행 경로는 다음과 같다.

레오가 송가이 제국을 방문했을 때 송가이는 아스키아 대왕의 치세 하에 전성기를 누리고 있었다. 다음은 레오가 남긴 팀북투에 관한 기록의 일부이다.

---

60 1489년에서 1495년 사이로 추정됨.

레오 아프리카누스의 여행 경로

> 가장 우아한 사원을 볼 수 있으며 벽은 돌과 석회로 되어 있고 웅장한 궁궐은 그라나다의 최고의 건축가들에 의해 지어졌다. (중략) 계집종을 제외한 이 지역의 모든 여성들은 얼굴을 가리고 다닌다. 여기서는 곡식과 가축과 우유와 버터가 풍성하게 생산되지만 소금은 아주 귀하다. 주민들은 점잖고 쾌활한 성격의 사람들이다. 의사들, 재판관들, 사제(司祭)들, 학자들이 운영하는 큰 집들이 있는데, 이것들은 왕의 후(厚)한 사비(私費)로 유지된다.

『아프리카의 역사와 서술』은 근대 이후 유럽인들의 아프리카 탐험이 본격화되기 전까지 아프리카에 관한 최고의 저서로 간주되었다.[61] 이 책은 지금도 인문역사학의 고전으로 읽혀지며 셰익스피어도 1600년에 출간된 이 책의 영문판을 읽은 것으로 추측된다. 셰익스피어의 4대 비극 중 하나인 『오셀로』의 주인공 오셀로의 모델이 된 인물이 레오라고 말하는 사람들도 있다. 레오는 로마에서 아랍어를 가르쳤고 아랍어 문법책과 의학사전도 출판했다. 그의 말년에 관한 기록은 전해지지 않지만 북아프리카로 돌아가 이슬람으로 다시 개종한 후 16세기 중엽에 사망한 것으로 추정된다.

아스키아 대왕 이후의 송가이 제국은 오랜 시간에 걸쳐 몰락의 길을 걸었다. 아스

---

61 Africanus, Leo. 2010. The History and Description of Africa: And of the Notable Things Therein Contained. 3 volumes. (ed.) Robert Brown. Cambridge.

키아 무사는 아버지인 아스키아 대왕을 권좌에서 몰아낸 패륜아였으며, 사촌인 아스키아 무사를 암살하고 왕위에 오른 아스키아 모함메드 2세는 노쇠하고 눈이 먼 아스키아 모함메드 1세, 즉, 아스키아 대왕을 니제르강의 외딴섬 캉카바에 연금시켰다. 아스키아 모함메드 2세를 쫓아내고 왕이 된 아스키아 이스마일은 아버지인 아스키아 대왕을 캉카바에서 데려왔지만 재위 기간이 2년에 불과했다. 서(西) 수단의 역사를 통틀어 가장 위대한 지도자였던 아스키아 대왕은 1538년에 영면했다. 아스키아 이스마일의 뒤를 이은 아스키아 이샤끄 1세는 정적들을 모두 죽인 후 10년 동안 집권하면서 타가자의 소금 광산을 되찾고 변방 제후들의 반란을 진압했다. 그는 송가이 제국의 꺼져가던 불씨를 다시 살려 아스키아 다우드에게 물려주었다.

아스키아 다우드는(1549년~1582년) 아스키아 대왕 이후 추락해가던 송가이의 권위를 되찾은 왕이다. 그는 32년 동안 재위하면서 전대(前代)에 상실한 영토를 수복하고 사하라 횡단 무역에 대한 통제권을 되찾았으며 상코레 사원을 증축하고 이슬람 교육을 부활시켜 아스키아 대왕에 버금가는 치적을 쌓았다. 아스키아 다우드 왕의 사후(死後) 송가이는 내분에 휩싸여 9년 동안 세 명의 왕이 교체되는 혼란기를 겪다가 1591년 모로코의 침략을 받아 아스키아 이샤끄 2세를 끝으로 역사의 뒤안길로 사라졌다.

모로코의 침략은 송가이 제국 멸망의 결정적인 원인이 되었다. 왕위 계승을 둘러싼 내분이 외적의 침략에 대한 능동적인 대처를 힘들게 한 것은 사실이지만 그것이 제국의 붕괴를 초래한 직접적인 요인은 아니었다. 모로코 병사들이 소지한 머스켓 총은 서(西) 수단 사람들이 일찍이 본 적이 없는 공포의 무기였다. 창과 칼, 활과 화살은 이 신식 무기 앞에서는 무용지물이었다. 1591년 4월 가오 근방의 톤디비 전투에서 아스키아 이샤끄 2세가 이끄는 일만 팔천 명의 기병과 구천 칠백 명의 보병은 불과 천 명 남짓한 모로코 병사들의 화력에 추풍낙엽처럼 쓰러졌다.

모로코의 송가이 정벌을 이해하기 위해서는 1578년 모로코와 포르투갈 사이에 치러진 알-크사르 알-카니르 전투를 언급할 필요가 있다. 이 전투에서 승리한 모로코의 사아디 왕조의 술탄 아흐메드 알-만수르는 전쟁으로 피폐해진 국가 재정을 확충하기 위해 풍요로운 흑인 제국 송가이를 노렸다. 타가자의 소금 광산과 사하라 횡단 금 무역을 장악하는 것은 젊은 술탄 알-만수르의 야망을 실현하는 데 꼭 필요한 것이었다. 송가이 침공을 직접 지휘한 사람은 스페인 태생의 주다르 파샤였다. 1590년 주다르 파샤가 이끄는 육천 명의 모로코 병사는 사하라 사막을 건넜다. 혹독한 사막을 통과한 후 살아남은 사람은 천 명에 불과했지만 송가이의 병사들은 머스켓 소총을 휴대한 모로코의 정예병들을 당해낼 수 없었다. 주다르 파샤는 파죽지세로 송가이의 대도시를 유린했다. 팀북투, 젠네, 가오를 포함한 제국의 서쪽은 모로코의 속령이 되었고 아스키아 이샤끄 2세는 패잔병들을 데리고 남쪽의 덴디로 숨어들어 소규모의 게릴라전으로 항전했지만 침략군을 물리치기에는 역부족이었다. 서(西) 수단 역사상 가장 위대했던 흑인 제국은 이렇게 허망하게 무너졌다.

그러나 모로코의 지배는 오래가지 않았다. 북쪽의 건조한 지역에 살던 모로코 병사들은 열대 우림 기후대의 습한 환경에 적응하지 못했으며 곤충을 매개로 하는 각종 질병에 쉽게 노출되었다. 남쪽으로 이동해 유격전을 펼지는 송가이의 잔존 세력도 작전 수행에 큰 방해가 되었다. 모로코는 팀북투, 젠네, 가오를 포함한 송가이의 중서부만을 차지하는 데 만족해야 했다. 침략의 경제적 목적도 충분히 달성되지 못했다. 금 무역이 가져다주는 이득은 당초의 기대에 못 미쳤으며 안전한 무역로를 유지하기 위해 지불해야 하는 비용도 만만치 않았다. 꿈과 현실 사이의 괴리는 술탄 알-만수르의 정복 전쟁에 대한 열정을 식혔다. 1610년을 즈음해서 송가이의 모로코인들은 본국의 관심에서 완전히 멀어진 고아 집단이 되었고 17세기 말에는 서(西) 수단의 세력 판도에 큰 영향을 미치지 못하는 존재로 전락했다.

문화적 측면에서 모로코의 침략은 서(西) 수단 사회에 별다른 영향을 주지 못했다. 모로코인들은 현지인들과 생활하면서 아프리카 풍습에 동화되어갔고 혈통의 순수성을 보전하기에는 그 수가 너무 적었다. 모로코의 사아디 왕조는(1549년~1659년) 아랍인의 후예들이 세운 왕조였다. 송가이에 파병된 주력군의 민족 구성도 이베리아반도의 안달루시아에서 온 무어인을 주축으로 베르베르인과 아랍인을 포함할 정도로 복잡했다. 이들과 아프리카 여성들 사이에서 태어난 아르마라 불리는 혼혈인이 모로코의 침략이 남긴 유일한 문화적 변이였다. 아르마족의 종족 정체성은 아직까지 유지되고 있다. 약 이만 오천 명의 아르마족이 말리 공화국 팀북투 근방에 살고 있다.

송가이 제국의 멸망은 서아프리카에 큰 변화를 초래했다. 가장 큰 변화는 가나 제국에서 말리 제국, 말리 제국에서 송가이 제국으로 승계된 정치적 안정의 붕괴와 그로 인한 소규모 왕국들의 난립이었다. 풀라니족, 밤바라족, 투아레그족은 독립을 얻었다. 그리고 세력 확장을 위한 이들 사이의 전쟁은 사람들의 삶을 피폐하게 만들었다. 혼돈과 무질서는 18세기 말과 19세기 초 풀라니족의 부상과 풀라니 성전이 등장할 때까지 계속되었다. 투아레그족의 약진은 특히 두드러졌다. 그들은 권력의 공백을 틈타 종족을 결집한 후 모로코에서 온 무어인들을 공격했다. 투아레그족은 1737년부터 니제르강 서쪽 굽이의 하류와 동쪽 굽이의 상류 지역에 대한 통제권을 확보하기 시작해 1770년에는 가오를 장악하고 1787년에는 송가이의 손니 알리 왕한테 빼앗겼던 팀북투를 되찾았다.

정치적 불안정은 치안의 부재를 낳았고 치안의 부재는 경제 활동의 위축을 가져왔다. 전쟁과 약탈은 사람들이 생계에 전념하는 것을 어렵게 하여 농업, 어업, 수공업의 생산량을 감소시켰다. 생산량의 감소는 극에 달한 노예 무역과 결부되어 인구의 감소를 초래했다. 사하라 횡단 무역도 송가이 제국 시절에 비해 현저히 축소되었다. 팀북투에 상주하던 많은 사람들이 모로코로 끌려갔는데 이들 중에는 원거리 무역에 종사하던 상인들도 많이 포함되어 있었다. 한때 약 이십만 명에 달했던 팀북투의 인구는 이만 명 이하로 줄어들었다. 대서양을 이용하는 해상 무역이 육로를 통한 무역의 공백을 메우게 된 것은 또 다른 변화였다. 이슬람 성직자와 무슬림 학자들은 죽음과 공포에서 벗어나기 위해 팀북투를 떠났고 이로 인해 서(西) 수단의 이슬람 문명도 빠른 속도로 쇠퇴하기 시작했다. 이 모든 것들은 약 백 년 후 풀라니족의 성스러운 전쟁을 위한 명분이 되었다.

2.7. 천 년의 제국 카넴-보르누

카넴-보르누 제국은 9세기 초부터 19세기 말까지 지금의 차드 공화국 중서부, 니제르 동부, 나이지리아 북동부, 카메룬 북부, 리비아 남부를 지배한 나라로, 9세기 초부터 14세기 말까지 존재한 차드 호수 동쪽의 카넴 제국과 14세기 말부터 19세기 말까지 존재한 차드 호수 서쪽의 보르누 제국을 합쳐서 부르는 말이다. 최초의 수도는 은지미였고 11세기 움메 왕 때 이슬람을 받아들였다. 19세기 중반 엘 카네미의 아들 우마르가 왕위에 오르면서 천 년 동안 계속된 세프 왕조는 끝이 나고 보르누 제국은 쉐후 왕조로 새롭게 태어났다. 엘 카네미의 후손들은 오늘날에도 북동나이지리아 보르노 지방의 쉐후로 군림하면서 카넴-보르누 제국의 역사를 이어오고 있다.

카넴 제국의 전성기 때의 최대 영토

2.7.1. 세프 왕조

중부 수단은 동서로는 니제르강 중류에서 차드 호수 분지까지, 남북으로는 니제르강과 베누에강의 합류 지점에서 니제르의 아가데스 이남까지를 말한다. 이 지역을 제패했던 사람들은 하우사족, 풀라니족, 카누리족이다. 하우사족은 하우사 칠왕국을 건설했고, 풀라니족은 하우사 왕국들을 하우사-풀라니 제국으로 통합했으며, 카누리족은 차드 분지의 동쪽과 서쪽에 카넴과 보르누 제국을 세웠다. 카넴-보르누 제국은 세계에서 가장 오래 존속했던 제국들 중의 하나였다.

차드 분지를 주된 생활 무대로 하는 카누리족은 흑인, 베르베르, 아랍인의 피를 함께 물려받았다. 카누리족의 피부색과 골격 구조는 풀라니족처럼 혼혈의 정도에 따라 같은 종족 내에서도 많은 차이를 보여준다. 열대 우림 기후대의 가장자리에 위치한 중부 수단 지역은 건기와 우기가 뚜렷이 구분되는 사바나 지대로 수목이 드문드문 나 있어 탁 트인 경관을 이룬다. 외부에 쉽게 노출되는 지형적 특성은 베르베르, 아랍 문화권과 인접한 지정학적 요인과 결부되어 이곳에 거주하는 사람들의 외형에 영향을 준 것처럼 보인다. 카누리족의 전체 인구수는 약 1,000만 명으로 나이지리아에 700만, 차드에 110만, 니제르에 85만, 카메룬에 약 6만 명 거주한다. 카누리는 투부, 자가와 같은 주변 유목민들과는 달리 이동 생활을 하지 않고 한곳에 눌러앉아 사는 정주 문화를 갖고 있다. 1993년 나이지리아 대선 직후 쇼네칸 과도 정부를 몰아내고 1998년까지 나이지리아를 통치한 사니 아바차 장군이 카누리족이다. 나이지리아 독립을 전후로 해서 한때 카누리 민족주의가 대두된 적이 있지만 일시적인 현상에 그쳤다. 오늘날 카누리족은 하우사족, 풀라니족과 함께 북부나이지리아 이슬람 공동체의 한 축을 이룬다.

1851년 독일인 탐험가 하인리히 바르츠가 보르누 제국의 수도 쿠카와에서 발견한 기르감 또는 디완이라 불리는 연대기는 카넴-보르누 제국의 고대 및 중세사에 관한 소중한 자료다.[62] 아랍어로 작성된 이 연대기는 10세기부터 19세기까지 카넴-보르누 제국을 다스린 예순 아홉 명의 왕과 그들 재위 시의 주요 사건에 관한 기록을 포함한다.[63] 기르감의 내용이 다른 아랍인 학자들의 문헌과 대부분 일치하는 것으로 보아 이 연대기가 상당히 정확하다는 것을 알 수 있다. 1846년 보르누 제국의 세프 왕조가 망한 후 들어선 카네미 왕조는 전조(前朝)의 잔재를 일소하는 차원에서 많은 역사 기록물을 파괴했는데 이 와중에 바르츠가 기르감 두 부를 입수한 것은 다행스러운 일이었다.

카넴 제국은 8세기 말에서 9세기 초에 설립되어 14세기 말까지 존속했다. 앞서 카넴을 건설한 사람들이 카누리족이라고 했는데 좀 더 정확히 말하면 카누리족이 아니라 카넴부족이다. 카누리는 14세기 말 카넴이 차드 호수 서쪽으로 자리를 옮겨 보르누 제국으로 다시 태어난 이래 함께 이주해 간 카넴부족이 인근의 종족들과 섞이면서 새롭게 형성된 개념이다. 오늘날 카누리족은 특정한 방언을 사용하는 단일한 집단을 뜻한다기보다 카넴부족을 포함해 같은 역사와 문화를 공유해 온 혈연적으로 가까운 여러 종족들을 통칭하는 집합적 의미로 사용된다. 이러한 맥락에서 협의의 카

---

62 Barth, Heinrich. 1857. Travels and Discoveries in North and Central Africa. Vol. II, pp. 15-35, 581-602. New York.

63 Palmer, Herbert R. 1936. The Bornu Sahara and Sudan. pp. 89-95. London. (English translation of the Dīwān)

넴부라는 말 대신 카누리라는 말을 쓴 것이다. 이 문제는 나중에 다시 다룰 것이다.

초기의 카넴은 두구와라는 귀족 집단에서 선출된 왕이 다스렸다.[64] 그 위치는 지금의 차드 공화국 중서부 북쪽이었을 것으로 추정되며 수도는 은지미였다. 두구와 왕조는 11세기에 세프 왕조로 대체 되었다.[65] 이후 왕의 이름 앞에 왕을 뜻하는 단어 '마이'를 붙였다. 세프 왕조의 지배층은 베르베르인이었지만 점차 흑인 혈통과 문화에 동화되어 갔다. 카넴은 1090년 마이 움메 질미 왕(1085년~1097년) 치세에 이슬람으로 개종했고 북아프리카의 여러 나라들과 교류하면서 중부 수단을 대표하는 이슬람 국가로 발전했다.

움메 왕의 아들 마이 두나마 1세는(1097년~1150년) 메카 성지순례를 세 번이나 다녀온 독실한 신자로 카넴을 제국으로 만들기 위한 웅지를 품고 그 뜻을 아들인 마이 두나마 2세에게(1221년~1259년) 물려주었다. 마이 두나마 2세는 카넴의 명성을 지중해 연안에까지 떨친 호전적인 왕이었다. 그는 튀니스에 정부 대표부를 설치하고 이집트에 유학하는 학생들과 메카를 왕래하는 순례자들을 위해 카이로에 숙박시설을 운영했다. 마이 두나마 2세는 수만 명의 기병을 이끌고 정복 전쟁에 나서 북쪽으로는 남서 리비아의 페잔, 남쪽으로는 카메룬의 아다마와 산악 지대, 서쪽으로는 하우사 왕국인 카노, 동쪽으로는 차드 공화국 동중부의 와다이 왕국까지 영토를 넓혔다. 마이 두나마 2세의 진출 경로를 따라 이슬람도 함께 정착되었다.

카넴 제국은 잘 정비된 행정 조직을 갖고 있었다. 송가이처럼 열 명의 왕족과 귀족이 내각을 구성해 왕을 보좌했고 재정은 주로 농축산물에 부과되는 세금으로 충당되었다. 영토는 네 개의 주로 편제되어 각 주에 왕족 출신의 장관이 임명되었다. 이들 중에서 가장 큰 권한을 가진 사람은 투아레그로부터 예리 지방을 지키는 예리마와 서쪽 변방을 방어하는 갈라디마였다. 선왕(先王)의 부인인 마기라와 현왕(現王)의 첫 번째 부인도 국사에 관여할 수 있었다. 군대는 카이가마라는 장군의 지휘통제를 받았다.

카넴 제국은 두나마 2세의 사후(死後) 13세기 중반에 접어들면서 국세가 기울기

---

64 Barkindo, B. 1985. 'The Early States of the Central Sudan: Kanem, Borno and Some of Their Neighbours to c.1500 A.D.' In History of West Africa. Volume 1, 3rd ed. (eds.) J. Festus, A. Ajayi and M. Crowder. p. 230. Harlow: Longman.

65 세프 왕조는 사이프, 사이파와, 세푸와 등으로 불린다.

시작했다. 왕위 계승을 둘러싼 갈등을 주도한 사람들은 지역장관으로 위촉된 왕족들이었다. 이들은 지방에서 세력을 키운 후 중앙의 권위에 도전하여 국가를 종종 무정부 상태로 만들었고 이것은 국력을 소진시켜 외침에 대한 대비를 어렵게 했다. 소족과 불랄라족의 침략은 13세기 중엽부터 14세기 말까지 카넴 제국의 가장 큰 우환이었다. 카넴의 동쪽 변방에 살고 있던 소족은 카누리족과 오랫동안 견원지간의 관계에 있었고 전쟁 중에는 카누리 왕들을 연달아 네 명이나 죽인 적도 있었다. 카넴의 남동쪽 국경선과 이웃한 불랄라족도 제국의 영내는 물론 수도에까지 출몰해 약탈을 일삼았다. 마이 다우드 왕은(1366년~1376년) 불랄라족의 공격을 피해 수도 은지미에서 도망쳤지만 결국 불랄라족의 손에 목숨을 잃었다. 소족과 불랄라족의 침략은 일시적인 것이 아니었다. 그것은 시간이 흐를수록 제국의 안위에 점점 더 심각한 위협 요인이 되었다. 급기야 세프 왕조는 마이 우마르 이븐 이드리스 왕(1384년~1388년) 때 수도를 나이지리아 연방 북동쪽에 위치한 차드 호수 서쪽 보르노로 옮겨 새로운 발전을 도모했다. 보르누 제국은 이렇게 시작되는 것처럼 보였다.

보르누 제국의 첫 출발은 순조롭지 못했다. 주변 종족들의 저항과 왕족들의 고질적인 반란이 모두 진압되고 안정을 되찾기까지는 마이 알리 가지 왕이(1472년~1504년) 등극할 때까지 거의 한 세기를 기다려야 했다. 그는 보르누 제국의 토대를 반석 위에 올려놓고 카넴 제국의 전성기 때의 영광을 되찾은 인물이다. 그를 보르누 제국의 사실상의 창시자로 보는 사람들은 서쪽으로 천도한 14세기 말부터 15세기 말까지는 카넴 제국과 보르누 제국 사이의 과도기라고 주장한다. 알리 가지 왕은 응가자르가무에 새 도읍을 정하고 과거 권력 투쟁의 불씨가 되었던 왕족과 귀족의 권한을 제한하여 내전의 가능성을 차단했다. 그는 지배층의 정신을 개조하고자 코란 강독을 의무화하고 일부사처(一夫四妻)까지만 허용하는 등 이슬람 율법의 엄격한 준수를 천명했다. 알리 가지 왕은 영토 확장과 경제발전에도 힘써 카넴의 멸망을 초래한 동쪽의 불랄라족을 진압하고 서쪽의 하우사 왕국들을 복속시켜 조공을 바치게 했으며 사하라 횡단 무역을 강화했다. 이때 보르누 제국의 이름은 유럽에도 알려져 포르투갈이 15세기에 만든 세계지도에 보르누가 등장했다. 마이 알리 가지 왕의 아들 마이 이드리스 카타카르마비 왕은(1504년~1526년) 카넴의 옛 수도인 은지미를 되찾아 보르누의 한 주(州)로 편입시키고 트리폴리에 사절단을 파견해 북아프리카 지중해 연안의 국가들과 교류했다. 보르누 제국의 최대 전성기를 구가한 왕은 마이 이드리스 알로마 왕이다. 그는 트리폴리에서 총포를 수입하고 머스킷 총을 사용하는 터키인 용병을 고용해 과거 카넴을 괴롭히던 차드 호수 동쪽 변방의 소족과 서쪽의 카노 왕국, 남쪽 만다라 지방의 이교도와 북쪽의 투아레그족을 포함한 주변 이민족들을 정복했다.

마이 이드리스 알로마는 여러 가지 면에서 송가이 제국의 아스키아 대왕과 닮은 점이 있었다. 첫째는 내치에 성공한 후 외치에 눈을 돌렸다는 것이고, 둘째는 공정하고 엄격한 사법제도를 확립했다는 것이다. 열두 명으로 구성된 내각이 왕을 보필하는 제도는 카넴 제국 이래 행정과 국방의 근간이 되었지만 많은 문제점을 갖고 있었다. 위원들은 왕에게 조언을 하는 역할보다 지역장관으로서 사적인 세력을 구축하는 데 혈안이 되었고 이것이 카넴 제국의 분열을 초래했다는 것은 이미 언급했다. 알로마 왕은 이 제도의 단점을 보완하기 위해 서쪽 변방의 책임자인 갈라디마를 제외한 모든 장관들을 중앙의 감시가 가능한 수도 인근에 체류하게 했다. 지역의 실질적인 행정 업무는 현지의 빈한한 가문이나 노예들 중에서 선발된 자에게 맡겨졌다. 이것은 왕위 계승을 노린 반란을 사전에 예방하기 위한 조치였다.

왕대비인 마기라, 왕의 손위 누이인 메가라, 왕의 첫째 부인인 굼수의 영향력은 전처럼 유지되었지만 모든 것은 법의 테두리 안에서 이루어졌다. 카디스라 불리는 열두 명의 재판관이 법적, 종교적 사안에 대해 왕에게 조언을 했으며, 지방의 대도시에서는 이슬람 학교의 선생인 말람이 재판관의 역할을 대신했다. 카디스의 수장은 '마이닌 카넨디'라고 불렸는데 열두 명의 카디스와 함께 고등법원의 재판을 관장했다. 고등법원은 수도에 있었고 지방에서 올라온 상소를 심사했다. 재판 내용을 기록하는 서기는 재판관은 아니지만 마이닌 카넨디 다음가는 서열을 차지했다. 이러한 것들은 보르누 제국의 통치 체계가 중동 및 북아프리카 이슬람권 국가들의 그것과 대등한 수준이었음을 말해준다.

재정은 가축, 농산물 따위에 부과되는 세금과 제후국에서 보내오는 공물에 의존했다. 무역은 사하라 횡단 무역이 중심이 되었지만 서쪽의 하우사 왕국과 남쪽 산악 지대의 종족들과도 거래했다. 보르누 제국의 가장 큰 교역량을 차지한 품목은 곡물과 소금이었는데, 당시 중계 무역의 거점으로 번성한 니제르의 오아시스 도시 빌마에 곡물을 수출하고 그곳에서 소금을 수입했다. 차드 호수에서 대량으로 나오며 비료를 비롯한 여러 가지 용도로 사용되는 가성칼리와 구리는 보르누 제국의 대표적인 토산품이었다. 가성칼리는 먼저 카노로 운반된 후 그곳에서 서아프리카와 북아프리카의 여러 도시로 보내졌다. 남쪽에서 올라오는 콜라너트와 노예 무역도 국가의 큰 수입원이었다. 노예들은 지중해 연안의 카이로, 트리폴리, 튀니스 등지로 보내져 무기류와 맞교환되었다.

알로마 대왕은 중부 수단에 이슬람 문화의 꽃을 피웠다. 이것은 19세기 초 하우사-풀라니 제국을 건설한 우스만 단 포디오의 범이슬람주의를 이백 년 이상 앞선 것이었다. 그는 이교도들에게 종교 선택의 자유를 인정한 서(西) 수단의 역대 지도자들과는 달리 강력한 이슬람화 정책을 추진했다. 알로마 대왕은 보르누를 이슬람 국가로 선포하고 영내의 모든 주민들을 무슬림으로 개종시킬 목적으로 사원들을 증설했으며 메카를 왕래하는 사람들의 편의를 도모코자 카이로의 숙박시설을 확대했다. 개인과 개인, 개인과 국가 사이의 송사(訟事)도 샤리아에 따라 처리되었으며 교육의 발전과 이슬람 전파를 위해 중앙과 지방 곳곳에 코란을 학습하는 학교들이 세워졌다. 행정, 군사, 사법, 종교, 경제, 문화 전반에 걸쳐 알로마 대왕이 닦아놓은 기틀은 19세기까지 약 300년 동안 보르누 제국의 번영을 위한 밑거름이 되었다.

알로마 대왕 사후(死後) 보르누 제국은 이백 년 동안 천천히 내리막길을 걸었다. 카넴 제국의 몰락이 왕족들 사이의 내분에 기인했다면 보르누 제국의 몰락은 역설적으로 오랜 안정과 평화에 기인했다. 알로마 대왕이 심어놓은 큰 나무 그늘 밑에서 왕들은 나태해졌고 주민들은 안락함을 즐겼다. 평화는 군대의 역할과 병사들의 정신력도 약화시켰다. 보르누 제국은 17세기 마이 알리 왕(1657년~1694년) 때 투아레그족의 약탈과 주쿤족이 남쪽에 세운 크와라라파 왕국의 공격으로 국세가 급속히 기울기 시작해 18세기에는 차드 분지 이외의 지역에 대한 영향력을 대부분 상실했다. 18세기 말 마이 아흐마드 왕은(1793년~1810년) 차드 호수 남쪽 북부 카메룬 산악 지대에 사는 만다라족과의 전투에서 병사들의 대부분을 잃는 비극을 경험하기도 했다. 보르누 제국은 계속된 외침과 경작지의 감소로 전 국토가 죽음과 기근의 공포로 뒤덮여갔다. 한때 하우사족, 풀라니족, 투아레그족을 호령하던 대제국은 19세기 초 하우사 땅에서 일어난 우스만 단 포디오의 성전의 먹잇감으로 전락해 가는 것처럼 보였다.

2.7.2. 세프 왕조의 종말과 엘 카네미의 등장

보르누 제국은 쉽게 무너지지 않았다. 천 년의 전통을 자랑하는 세프 왕조는 끝나가고 있었지만 역사는 쉐후 무함메드 엘 카네미라는 위대한 지도자를 기다리고 있었다.

19세기 초 북부나이지리아에서 풀라니 성전이 극에 달했을 때 보르누의 왕은 마이 아흐마드였다. 그는 심약하고 눈먼 노인이었다. 1805년 풀라니족의 위협에 처한 카노 왕국이 보르누에 도움을 청하자 마이 아흐마드는 지원군을 파병하지만 카노-보르누 연합군은 단 야하야 전투에서 풀라니족에게 크게 패했다. 이 사건은 보르누 제국에 치명적인 결과를 초래했다. 보르누의 서쪽 변방에 거주하던 풀라니들은 반란을 일으켰고 풀라니 지도층은 이 기회를 틈타 보르누 제국을 하데이자, 카타굼, 다마투루와 같은 작은 토후국으로 분할하는 데 성공했다. 그러나 풀라니족의 집요한 공격에도 보르누 제국의 중심부인 보르노 지방은 쉽게 함락되지 않았다. 1808년 그워니 무크타르가 이끄는 풀라니 군대가 수도인 응가자르가무를 침공하자 마이 아흐마드는 수도를 탈출해 카넴부 학자이자 지도자인 무함메드 엘 아민 엘 카네미한테 원조를 요청했다.

언어들의 친족 관계는 제3장에서 다룰 내용이지만, 카넴 제국과 보르노 제국, 그리고 엘 카네미를 좀 더 명확히 이해하기 위해 잠시 카넴부어와 카누리어에 대해서 언급할 필요가 있다. 카넴부어와 카누리어를 연구하는 역사언어학자들의 주장은 다양하다. 아프리카 언어들의 계통 관계를 확립한 그린버그는 두 언어의 관계를 다음과 같이 설명한다.[66]

> 카넴부어는 … 중세의 중요한 나라인 카넴 제국의 언어였던 반면 카누리어는 기본적으로 그 계승자인 보르누의 언어다.

19세기에 보르누를 방문한 독일인 나흐티갈은 그린버그에 앞서 두 언어의 친족성

---

66 Greenberg, J. H. 1966/1971. The Languages of Africa. p. 425. The Hague: Mouton.

을 간파했다.[67]

> 카누리라는 이름은 항상 집합적인 용어로 사용되며 결코 혈통이나 민족을 가리키기 위해 사용되지 않는데 아마도 그것은 나중에 생겨난 말인 것처럼 보인다. 카누리어의 세부 구성 언어에 대해 질문을 하는 사람은 누구나 처음에는 카넴부어, 투쿠어 그리고 그 밖의 다른 언어들을 가리키는 이름을 듣고 아주 당황하게 된다.

불라카리마의 관찰도 눈여겨 볼 필요가 있다. 그의 관찰은 여러 면에서 그린버그의 주장과 비슷하다.[68]

> 카누리족은 그들의 언어 카누리어가 카넴부어에서 나왔고 "순수한" 또는 "고전적" 형태의 카넴부어는 조상 언어에 해당한다고 강하게 주장한다. 이런 이유 때문에 그리고 그 외의 다른 정치적 이유로 인해 "순수한" 또는 "고전적" 형태의 카넴부어는 오늘날에도 울라마라는 전통주의자들에 의해 종교 해석의 언어로 가끔 사용된다.

언어학적 분석과 역사적 정황을 고려할 때 카누리어는 계통적으로 가까운 일련의 언어들을 통칭하는 말이며 이들의 기원이 되는 언어가 카넴 제국 시절에 사용되던 카넴부어라고 보는 것이 타당하다. 혼동이 야기되는 이유는 카넴 제국에서 사용되던 협의의 카넴부어가 아직까지 살아남아 차드 호수 주변의 일부 지역에서 사용되고 있기 때문이다. 세프 왕조가 차드 호수 서쪽으로 본거지를 옮길 때 카넴 제국의 언어였던 카넴부어를 쓰는 사람들이 함께 이주해 가 현지의 종족들과 섞이는 과정에서 카누리라는 새로운 개념이 탄생한 것이다.

본론으로 돌아가, 마이 아흐마드의 지원 요청은 엘 카네미가 보르누 제국의 지배자로 부상하는 계기가 되었다. 메카, 카이로, 페즈 등지에서 오랜 시간 머물며 대외

---

67 Nachtigal, G. 1987. Sahara and Sudan. 3 vols. p. 159. Berlin. (Translated by A. and H. J. Fisher)

68 Bulakarima, S. U. 1996. 'Kanem-Kanuri Relationship: a Proposal.' p. 39. Berichte des Sonderforschungsbereichs 268 (8): 37-47.

정세에 탁월한 안목을 갖게 된 엘 카네미는 학식과 덕망을 갖춘 학자로서 우스만 단 포디오에 필적하는 인물이었다. 그는 휘하에 슈와 아랍인과[69] 카넴부족 출신의 많은 추종자를 거느렸고 일찍이 차드 호수 서안(西岸)에서 발생한 풀라니족의 봉기를 진압한 전력이 있었다. 보르누 제국의 입장에서 볼 때 엘 카네미는 위협적인 존재였지만 다른 대안이 없었다. 마이 아흐마드의 부탁을 받아들인 엘 카네미는 보르누와 연합군을 형성해 풀라니 장군 그워니 무크타르를 죽이고 수도 응가자르가무를 탈환했다. 1810년 마이 아흐마드가 죽고 그의 아들 마이 두나마가 왕위에 오른 지 1년 후 풀라니 장군 이브라힘 자키가 성전의 깃발을 들고 보르누를 다시 침략해 응가자르가무를 또 함락시켰다. 마이 두나마는 아버지의 전례에 따라 이번에도 엘 카네미에게 도움을 구했다. 엘 카네미는 풀라니족을 상대로 한 전쟁에서 또 한 번 승리를 거두고 1835년 사망할 때까지 보르누 제국의 진정한 실세로 군림했다.

엘 카네미는 세프 왕조를 몰아내지 않는 대가로 엄청난 권력을 행사했다. 그는 행정, 국방, 사법의 실질적인 수장으로서 카넴부족과 슈와 아랍인의 지지를 등에 업고 국정 전반을 관장했다. 정복지에서 거둬들인 세금의 절반이 그의 몫으로 돌아갔으며 국가로부터 방대한 면적의 토지를 사유지로 할양받았다. 엘 카네미는 쿠카와로 천도한 후 자신의 궁궐을 짓고 그곳에서 정무를 보았지만 쉐후라는 칭호 이외의 다른 직함은 갖지 않았다. 그는 19세기 초 보르누를 방문한 서양인들의 눈에 소박하고, 단아하며, 자애와 온화함으로 주변 사람들을 압도하는 천사와 같은 인물로 비춰졌다. 1817년 엘 카네미의 존재에 부담을 느낀 세프 왕조는 그를 축출할 음모를 꾸미지만 마이 두나마 왕이 돌연사하면서 모든 노력이 수포로 돌아갔다. 두나마 왕의 사후(死後)에도 세프 왕조는 1846년까지 실낱같은 명맥을 이어갔고 엘 카네미의 관용은 마치 성자(聖者)의 미소처럼 모든 적의(敵意)를 잠재웠다.

---

69 '슈와 아랍인'은 차드 호수와 백나일강 사이에 횡으로 분포하는 아랍인의 한 갈래로 아랍인의 또 다른 갈래인 베드윈족과 구별되는 개념이다. 수단 공화국에서는 '바가라'라고 불리며 그 외의 지역에서는 '슈와 아랍인' 또는 '디파 아랍인'으로 불린다. 언어학자들은 '슈와 아랍어'라는 말 대신 '차드 아랍어'라는 말을 선호한다. 약 300만 명이 차드 공화국에 거주하며 나이지리아(30만), 카메룬(20만), 중앙아프리카 공화국(10만)에서도 '슈와 아랍인'을 볼 수 있다. 다음의 문헌들은 바가라족에 대한 개설서이다: Adam, Biraima M. 2012. Baggara of Sudan: Culture and Environment. CreateSpace Independent Publishing Platform. ; Adam, Biraima M. 2013. Baggara of Sudan: Marriage Customs and Traditions. CreateSpace Independent Publishing Platform.

엘 카네미

1776년 리비아 남서부 페잔 지역의 오아시스 도시 무르주크에서 태어났다. 아버지는 카넴부족이고 어머니는 슈와 아랍인이다.

엘 카네미의 첫 번째 임무는 공평한 법 적용을 통해 이슬람의 교의를 구현하는 것이었으며, 두 번째는 모하메드 시대의 순수주의로 회귀하는 것이었다. 행정 및 조세 개혁을 비롯한 국가의 모든 정책이 이러한 맥락 속에서 추진되었다. 실추된 보르누 제국의 명예도 회복되었다. 그는 1815년부터 1826년까지 약 10년 동안 풀라니족한테 빼앗긴 대부분의 영토를 수복했고 하우사 땅에 대한 지배권을 풀라니족과 평화적으로 양분함으로써 두 나라 사이의 잠재적인 갈등 요인을 모두 제거했다.

귀족들의 권한을 제한하고 안정적인 국가 운영을 위해 행정 및 군사 편제는 단순화되었다. '문지기'라는 뜻의 갈라디마들은 독자적인 세력을 형성하지 않고 수도에 머물면서 변방의 행정과 징수(徵收) 업무를 관장했다.[70] 군 지휘자인 카첼라는 모두 비천한 가문에서 발탁되었는데 이것은 고귀한 혈통을 앞세운 반란의 명분을 미연에 막기 위한 것이었다. 엘 카네미 통치하의 보르누는 우스만 단 포디오의 아들 쉐후 무

---

70 Hiribarren, Vincent. 2010. 'The Boundaries of Borno in the Nineteenth Century: The Perception of Travellers.' p. 70. *African Nebula* 2: 57-77.

함마드 벨로가 다스리는 하우사-풀라니 제국과 어깨를 겨루는 중부 수단의 패자가 되었다. 카누리족과 풀라니족이 전쟁을 지양하고 평화적인 해결책을 도출할 수 있었던 것은 엘 카네미의 순수한 이슬람으로의 복귀라는 기치(旗幟)가 우스만 단 포디오와 그 후계자들의 종교적 이상과 상충되지 않았기 때문이다.

19세기 유럽인들은 주로 경제적, 정치적 목적에서 보르누 제국을 찾았지만 차드 호수의 생태계를 연구하려는 과학적 동기도 방문의 배경이 되었다.[71] 대표적인 탐험가로는 덴함[72], 바르츠[73], 나흐티갈을 들 수 있다.[74] 덴함이 1820년대에 목도한 보르누 제국의 국경선은 다음과 같다.[75]

> 중앙아프리카의 한 왕국인 보르누는 현 상태에서 북위 10도와 15도 사이, 동경 12도와 18도 사이에 위치하는 것으로 이해된다. 북쪽으로는 카넴의 일부 및 사막과 경계를 이루며, 동쪽으로는 수천 마일의 면적에 많은 유인도(有人島)를 갖고 있는 차드 호수, 남동쪽으로는 베가르미 왕국과 보르누를 가른 후 차드 호수로 흘러들어 자취를 감추는 샤리강과 로군 왕국, 남쪽으로는 방대한 지역에 걸쳐 있는 원시 산맥 기슭의 독립 왕국인 만다라, 서쪽으로는 수단과 경계를 이룬다.

14세기 말부터 싹트기 시작한 카누리족의 정체성도 꽃을 피웠다. 엘 카네미는 국가에서 하사받은 땅에 카넴부족을 조직적으로 이주시켰다. 카넴부족과 현지의 종족들은 서로 동화되어 갔고 이전부터 그런 식으로 형성된 카누리라는 집단의식의 색깔

---

71 ibid. p. 57.

72 Denham, D., H. Clapperton, W. Oudney, J. Murray, T. Davison & E. F. Finden. 1828. *Narrative of Travels and Discoveries in Northern and Central Africa in the Years 1822, 1823, and 1824*. (Third edition). London: John Murray.

73 Barth, H. 1857. *Travels and Discoveries in North and Central Africa: Being a Journal of an Expedition Undertaken under the Auspices of H.B.M.'s Government in the Years 1849-1855*. London: Longman. ; Barth, H. 1890. *Travels and Discoveries in North and Central Africa: Including Accounts of Tripoli, the Sahara, the Remarkable Kingdom of Bornu, and the Countries around Lake Chad*. London: Ward, Lock.

74 Nachtigal, D. 1876. 'Journey to Lake Chad and Neighbouring Regions.' *Journal of the Royal Geographical Society of London* 46: 396-411.

75 Denham, D., H. Clapperton, W. Oudney, J. Murray, T. Davison & E. F. Finden. 1828. *Narrative of Travels and Discoveries in Northern and Central Africa in the Years 1822, 1823, and 1824*. (Third edition). p. 155. London: John Murray.

은 한층 더 짙어졌다. 풍요로운 땅에 많은 사람들이 모여 살게 되면서 나타난 종족들 사이의 족외혼은 이 새로운 민족 정체성의 연쇄적인 확산을 가져왔다.

1835년 부친의 권력을 승계한 엘 카네미의 아들 쉐후 우마르는(1835년~1880년) 마이 두나마 사후(死後) 왕위에 오른 마이 이브라힘의 세력을 견제하면서 풀라니족이 점령한 보르누 제국의 고토(古土)를 되찾기 위한 원정에 나섰다. 하우사 칠왕국을 멸망시킨 후 욱일승천하던 풀라니족의 기세도 꺾였다. 우마르와 소코토 칼리프(하우사-풀라니 제국)는 평화 협정을 체결했고 두 나라 사이의 해묵은 분쟁도 끝이 났다. 그러나 평화는 찰나에 그쳤고 보르누 제국은 다시 내란의 격랑 속에 빠져들었다. 1846년 이브라힘은 추락한 왕의 권위를 회복하기 위해 차드 호수 동쪽에 있는 와다이의 술탄에게 도움을 청했다. 우마르가 니제르 남부 도시 진더로 원정을 나간 사이 와다이 병사들은 수도 쿠카와에 입성해 약탈을 자행했다. 격분한 우마르는 진더에서 회군하여 이브라힘을 죽이고 와다이의 술탄이 꼭두각시 왕으로 옹립한 이브라힘의 열일곱 살 난 아들 알리 달라투미도 함께 처형했다.

천 년의 역사를 자랑하던 세프 왕조는 이렇게 역사 속으로 사라졌다. 이후(以後) 엘 카네미의 후손들이 왕위를 이어가는 쉐후 왕조가 보르누 제국의 마지막 페이지를 장식하게 된다.

쉐후 우마르는 와다이의 침략을 물리친 후 파괴된 쿠카와를 재건하고 내치에 치중했다. 그러나 초기의 선정(善政)은 오래가지 못했다. 시간이 지나면서 우마르는 국사를 등한시하고 독서와 기도에만 몰두하는 신앙인으로 변모해 갔다. 이것은 권력의 누수를 초래해 제국의 쇠망을 재촉하는 요인이 되었다. 우마르의 뒤를 이은 아부바카르(1880년~1884년), 이브라힘(1884년~1885년), 하쉼(1885년~1893년)은 모두 무능한 왕들이었다. 권력을 장악한 대신들이 국정을 농단하는 사태가 잦아졌으며 속국의 제후들도 중앙의 통제에서 벗어나기 시작했다. 서쪽 변방을 관장하는 갈라디마는 독립을 선포했고 진더를 비롯한 지방의 왕들은 더 이상 공물을 바치지 않았다. 정치적 내분도 한 몫을 차지했다. 엘 카네미 이래 고위직에 중용되어 온 슈와 아랍인들과 카누리족의 권력 다툼은 극에 달했다, 정치적 혼돈은 경제적 위기와 함께 제국의 마지막 남은 힘을 소진시켰다. 국가재정을 지탱하는 사하라 횡단 무역의 동쪽 루트가 풀라니족의

18~19세기 차드 호수에서 홍해 연안에 이르는 국가들의 위치

수중에 떨어졌으며 차드 호수 건너편의 길목도 와다이의 영향권 아래 놓이게 되었다. 적국(敵國)의 군사적 위협은 보르누 제국이 넘어야 할 또 다른 난관이었다. 차드 호수의 패권을 놓고 1846년부터 시작된 보르누와 와다이의 싸움은 19세기 말에 절정에 달했다. 1890년 와다이는 카넴과 바기르미 지역을 강탈했다.

센나르 왕국 출신의 노예상 라베의 침공은 보르누 제국의 마지막 숨통을 조여왔다. 센나르는 16세기 초 수단 공화국 동부 청나일강 유역에 세워진 나라로 수도인 센나르의 지명을 따 센나르 왕국 또는 종족명인 푼즈를 따 푼즈 왕국으로 불린다. 라베는 정예병을 이끌고 나일강 서쪽으로 진군해 다르푸르와 와다이를 패퇴시킨 후 1893년 보르누를 침공해 수도 쿠카와를 유린했다. 그는 하쉼을 암살하고 왕위에 오른 하쉼의 조카 캬리(1893년~1894년)와의 전투에서 승리한 후 나이지리아 북동쪽 모서리의 디크와에 도읍을 정하고 1900년까지 보르누를 다스렸다. 라베는 잔혹한 성품을 지닌 인물이었지만 쓰러져가는 제국에 새로운 힘을 불어넣기 위해 조세제도를 개혁하고 건물과 도로를 증설하는 등 많은 노력을 기울였다. 라베의 통치는 단명에 그쳤다. 그는 소코토와 와다이의 술탄에게 서구 제국주의에 맞서는 연합 성전을 제안했지만 모두 거절당했다. 1900년 4월 프랑스와의 전투에서 패한 후 샤리강을 건너 달아나던 라베는 붙잡혀 목이 잘렸다. 보르누 제국의 영토는 나이지리아 북동쪽 보르노 지방을 제외하고 모두 프랑스령이 되어 현재의 니제르, 차드, 카메룬에 편입되었다. 그러나 카넴 제국부터 이어져 온 천 년의 역사가 다 사라진 것은 아니었다. 엘 카네미의 후손들은 전통 제후들의 재산과 권위를 인정하는 나이지리아 연방의 이원적인 체제하에서 지금도 보르노 지방의 쉐후로 군림하고 있다.

2.8. 아산테(아샨티) 제국과 앵글로-아산테 전쟁

아산테족이 세운 아산테 제국은 18세기와 19세기에 지금의 가나 공화국 중남부와 기니만의 황금해안을 지배했던 나라다. 아산테족을 포함하는 보다 상위의 개념은 아칸족이다. 아칸족은 혈연적으로 가까운 여러 집단을 통칭하는 말로서 아산테(아샨티)족, 판테(판티)족, 뎅키라족, 아킴족, 아크와핌족, 아크와무족, 세프위족, 바울레족, 구앙(구안)족, 앗티족, 아니족, 아브롱(보노)족, 차코시족 등이 여기에 속한다. 이들은 11세기부터 18세기에 걸쳐 고대 가나 제국과 말리 제국이 있던 지역에서 현 거주지인 가나 공화국과 코트디부아르로 이주해왔다. 전체 인구는 약 2,000만 명이며 가나에 1,200만, 코트디부아르에 900만 정도가 살고 있다. 아칸어는 나이저-콩고 어족의 크와 어군에 속하는 언어들을 함께 묶어서 부르는 말로서 자연어가 아닌 계통 분류상의 범주를 뜻한다.

아칸족의 정확한 기원은 알 수 없지만 북쪽의 사바나 기후대에서 남하(南下)한 것은 분명해 보이며, 가나 제국이 알모라비드의 침략으로 정치적 소용돌이에 휘말리는 11세기 중엽이 최초의 이주 시기로 추정된다. 가나 공화국이라는 이름에서 알 수 있듯이 그들은 가나 제국의 후예임을 자랑스럽게 여긴다. 아칸족은 17세기와 18세기에 아크와무 왕국, 뎅키라 왕국, 아산테 제국, 판데 왕국을 세웠다. 이 중에서 가장 강대했던 나라는 아산테 제국이다. 노예 무역으로 번창한 아산테 제국은 영국의 침략에 극렬하게 저항한 것으로 유명하다. 아산테와 영국은 1823년부터 1895년까지 약 70년 동안 네 차례의 앵글로-아산테 전쟁을 치렀다.

아산테 문화는 영국인들의 큰 관심의 대상이 되었다. 아산테학(學)은 1920년대부터 싹트기 시작했으며[76], 아산테족에 관한 연구 자료도 다른 종족들에 비해 풍부한 편이다. 아산테족의 금을 소재로 한 금 공예품과 조형물은 아프리카를 뛰어넘어 인류의 중요한 문화유산으로 평가받는다. 이것은 제6장 '조형 예술'에서 자세히 다룰 것이다.

아산테족은 가나의 중부 내륙 도시 쿠마시에서 남동쪽으로 조금 떨어져 있는 보솜트위 호수 주변에 모여 살았다. 그들은 이곳을 '나라들이 시작하는 곳'이라는 뜻의 아만세라고 불렀으며 여기에 아산테만소를 건설했다. 시간이 지나면서 아산테만소 주위에 다른 많은 도시들이 함께 들어섰다. 이들은 가장 먼저 세워진 아산테만소의 앞 글자를 따서 자기들을 아산테라고 불렀다. 아산테족은 농사를 짓고 북쪽 내륙과 남쪽 해안가에서 온 상인들한테 금과 콜라너트 팔아 생계를 유지했다.

아산테족은 아만헤네라 불리는 군장이 각 씨족을 다스리는 군장제 사회를 이루고 살았다. 씨족들 전체를 아우르는 연방제 국가를 만든 사람은 오세이 투투다. 그 전까지는 씨족을 넘어서는 상위 개념의 정치체는 없었다.

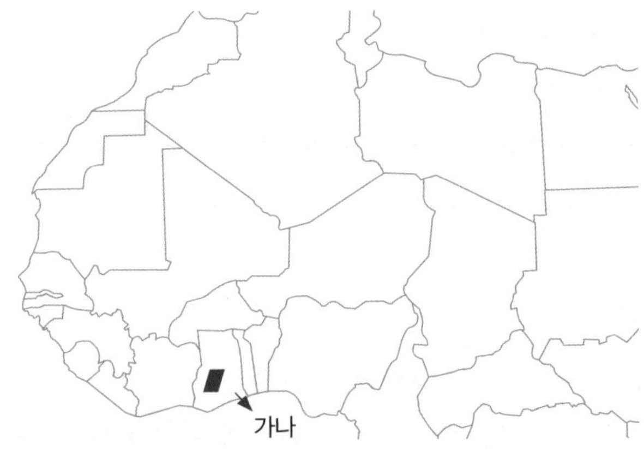

아산테 제국의 위치

아산테족한테는 풀어야 할 난제가 두 개 있었다. 첫째는 뎅키라 왕국에 공물을 바치는 속민의 굴레에서 벗어나는 것이었고, 둘째는 북서쪽에서 내려와 그들의 농지를 잠식해 들어오는 도마족을 물리치는 것이었다. 오티 아켄텐 군장(君長)과 아켄텐의

---

76 Rattray, R. S. 1929. Ashanti Law and Constitution. Oxford: Oxford University Press.

조카 오비리 예보아는 아산테 제국의 초석을 다진 사람들이다. 17세기 중엽 아켄텐은 흩어져 사는 아산테 부족들한테서 병사를 차출해 군대를 조직하고 뎅키라와 도마족을 상대로 싸움을 시작했다. 아켄텐이 죽은 후에는 예보아가 그 과업을 계승했다.

아산테 제국을 세운 사람은 예보아의 생질(甥姪) 오세이 투투(1697년~1731년)다. 뎅키라에서 자란 오세이 투투는 뎅키라 왕의 누이와 애정 행각을 벌이다 들통이 나서 아크와무 왕국으로 도망가는데 그곳에서 평생의 지기(知己)가 된 오콤포 아노키예라는 사제를 만났다. 그는 외숙부인 예보아가 전사하자 아산테 땅으로 돌아가 예보아의 뒤를 이었다. 오세이 투투의 등장은 아산테 역사의 큰 전환점이 되었다.

오세이 투투는 각 씨족에서 임시로 차출된 병사들을 항구적인 군사 조직으로 개편한 후 아산테족이 직면한 난제들에 도전했다. 그는 상대하기에 버거운 뎅키라족은 잠시 뒤로 밀어두고 예보아를 죽인 도마족부터 공격해 그 일부를 아산테 연방에 귀속시킴으로써 군장들의 신뢰를 얻었다. 오세이 투투의 성공 뒤에는 우호적인 요인들이 많이 있었다. 같은 말을 사용하고 같은 종교를 믿는 민족 정체성과 외적에 대한 공유된 위기의식을 이용해 뿔뿔이 흩어져 살던 군장제 사회를 결속력 있는 연합체로 만든 전임자들의 치적도 물론 중요한 요인이었지만 이것 말고도 다른 두 가지가 더 있었다. 하나는 오세이 투투의 탁월한 지도력이었고, 다른 하나는 그의 친구 아노키예의 충성심과 지략이었다. 이 두 번째 이유 때문에 아노키예를 아산테 제국의 공동 창업자로 보는 견해도 있다.

건국(建國)과 관련된 아노키예의 일화는 아산테족 사이에서 유명하다. 그는 쿰이라 불리는 나무를 세 동강 내서 크와만, 주아벤, 쿠마우에 각각 하나씩 심었는데 오세이 투투가 다스리는 크와만에 뿌리를 내린 나무에서만 싹이 나왔다. 이것은 신이 오세이 투투를 아산테족의 유일한 영도자로 선택했음을 의미하는 것이었다. 크와만은 나중에 '쿰 나무의 아래'라는 뜻의 쿠마시로 이름이 바뀌었다. 1695년 아산테 제국의 수도가 된 쿠마시는 현재 가나 공화국 제2의 도시로 아크라에서 북서쪽으로 약 200km 떨어진 아샨티 주의 주도(州都)이다. 쿠마시는 아름다운 꽃과 나무들로 인해 정원의 도시로 알려져 있다. 아노키예가 아산테족의 혼(魂)을 상징하는 황금의자를 하늘에서 하사받은 것도 이 도시에서였다. 영국인들은 1874년 제3차 앵글로-아산테 전쟁에서 궁궐을 비롯한 쿠마시의 많은 유적을 파괴했다.

황금의자의 전설도 흥미롭다. 군장들의 대(大) 회의가 열리고 있던 어느 날, 어둠 속에서 천둥이 몰아치고 흰 먼지를 품은 두터운 구름이 하늘을 뒤덮었을 때, 대사제인 아노키예는 하늘에서 금으로 장식된 의자가 떨어져 오세이 투투의 무릎 위에 놓이게 했다. 그는 이 의자가 아산테족의 혼을 담고 있기 때문에 이 의자의 주인한테 충성하는 것이 곧 아산테족 전체에 대한 충성을 의미하는 것이라고 말했다. 아노키예는 오세이 투투와 군장들과 왕대비의 머리카락과 손톱을 잘라서 약을 만들어 의자에 바른 다음 남은 것은 사람들이 마시게 했다. 사람들은 이때부터 모두 하나가 되었고 황금의자를 신물(神物)로 믿기 시작했다. 황금의자를 받은 오세이 투투는 전(全) 아산테족의 왕, 즉, 아산테헤네가 되었다. 그는 역사를 통일하기 위해 군장들이 그들의 씨족사(氏族史)를 개별적으로 후대에 전하는 것을 금했다.

1699년 아산테족은 페야세 전투에서 뎅키라의 군대를 물리치고 그 영토의 대부분을 아산테 연방에 편입시켰다. 뎅키라와의 싸움에서 늘 수세적 위치에 있던 아산테는 마침내 뎅키라 왕국 영내로 진입해 수도를 함락시키고 많은 전리품을 취했다. 전리품 중에서 가장 값진 것은 남쪽 해안의 네덜란드인들이 코멘다 추장들과 맺은 '노트'라고 불리던 협정서였다. 코멘다 추장들은 협정서에 따라 네덜란드인들한테서 엘미나 성의 토지 사용료를 받았다. 그 후 이들이 뎅키라에 복속되면서 뎅키라의 수중에 들어간 이 문서는 아산테-뎅키라 전쟁에서 아산테가 승리하자 이번에는 아산테헤네의 차지가 되었다.[77] 이로써 황금해안 골드 코스트의 백인들과 교류하고 싶어하던 아산테족의 숙원이 달성되었다. 백인들과의 교역은 총포와 화약류의 안정적인 공급을 의미하는 것이었고 동시에 아산테 제국의 지속 가능한 팽창을 의미하는 것이기도 했다.[78]

아산테와 뎅키라가 처음부터 싸운 것은 아니다. 뎅키라의 왕 뎅키라헤네 보시안티는

---

77 가나의 역사학자 다아쿠는 다른 주장을 제시한다. 그에 따르면 뎅키라는 이 노트를 결코 가진 적이 없으며, 뎅키라의 패배 후 네덜란드인들이 먼저 아산테와의 우호적인 관계를 원했다고 한다. Daaku, K. Y. 1970. Trade and Politics on the Gold Coast, 1600-1720: A Study of the African Reaction to European Trade. p. 132. Oxford: Oxford University Press.

78 Davidson, Basil. 1998. West Africa before the Colonial Era: A History to 1850. p. 224. London and New York: Routledge.

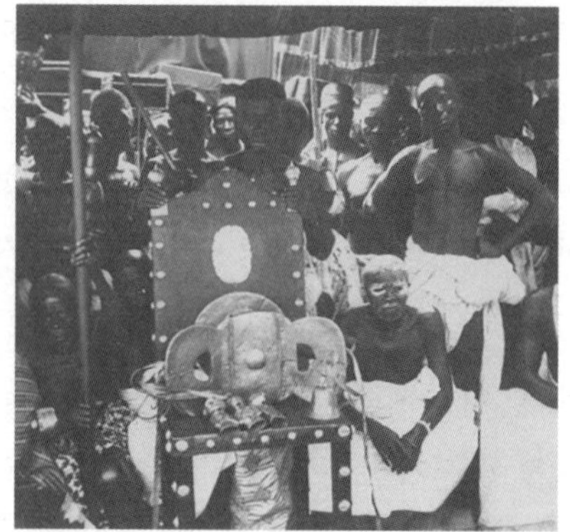

왼쪽: 1999년 4월 26일에 등극한 제16대 아산테헤네 '오툼푸오 오세이 투투 2세'. 머리에 쓰고 있는 것과 손에 들고 있는 것 모두 다 황금이다.
오른쪽: 아산테족의 황금 의자

현명한 협상가였으며 오세이 투투의 능력을 누구보다도 잘 알고 있었다. 전쟁의 참화를 피하고자 했던 그는 두 나라의 친선을 원했다. 보시안티는 물론 그 휘하의 군장들도 아산테가 엘미나성의 네덜란드인들한테서 무기를 구입하는 것을 허용했다. 그러나 은팀 갸카리가 보시안티의 뒤를 이어 뎅키라 왕국의 새 뎅키라헤네가 된 후 상황이 돌변했다. 그는 약소국의 지위에서 아직 벗어나지 못한 아산테에 평상시보다 과한 공물을 요구했고 여기에 반발한 오세이 투투는 일전을 불사했다. 오세이 투투는 개전 초의 패배를 극복하고 뎅키라와의 전쟁에서 승리했다.

1482년 포르투갈인들이 세운 엘미나성은 기니만 최초의 국제 교역소이자 사하라 사막 이남에 세워진 최초의 유럽풍 건축물이다. 노예 무역이 한창일 때는 흑인 노예들이 해외로 송출되는 기지로 악명을 떨쳤다. 엘미나성은 1637년 네덜란드가 점령하고 난 후 1814년까지 기니만 노예 무역의 전진기지로 이용되다가, 1872년 이 성을 포함한 네덜란드령 골드 코스트 전체가 영국의 속지(屬地)가 되었다. 오세이 투투가 뎅키라 왕국과의 싸움에서 이긴 것은 역대의 어떤 승리보다 큰 의미를 갖는 것이었다. 아산테족과 엘미나성의 네덜란드인들은 이제 중개상을 거치지 않고 직접 교역할 수 있게 되었고 이것은 이후 이 지역의 정세 변화에 큰 변수로 작용했다.

아산테 제국의 다음 목표는 뎅키라의 오랜 우방이며 아산테-뎅키라 전쟁에서 뎅키라 편을 든 아킴족이었다. 제1차 아산테-아킴 전쟁은 아산테족의 승리로 끝났다. 아킴족은 공물을 상납하는 조건으로 분쟁을 수습하는 것처럼 보였지만 다시 반란을 일으켜 제2차 아산테-아킴 전쟁이 일어났다. 1717년 오세이 투투는 이 반란을 진압하는 원정(遠征)에서 전사했다.

오포쿠 와레는(1720년~1750년) 오세이 투투가 닦아놓은 왕국을 물려받아 강대한 나라로 만든 왕이다. 그는 한편으로는 아킴족과 뎅키라족의 반란을 진압했고, 다른 한편으로는 남쪽의 세프위족과 아크와핌족을 정벌했다. 또 북쪽의 아브론족이 세운 갸만 왕국을 아산테 연방에 편입시켰으며, 방향을 다시 남으로 틀어 해안에 주둔하던 백인들한테서 아산테가 아크라를 병합한 당위성을 인정받은 후 1742년부터 아크라의 군사 요새에 대한 토지 사용료를 받기 시작했다. 오포쿠 왕의 남북을 오가는 정복 전쟁은 계속되어 구앙족이 세운 북쪽의 곤자 왕국도 아산테의 제후국이 되었다.

오포쿠 와래 왕 이후 아산테 제국은 쿠시 오보둠(1750년~1764년), 오세이 코조(1764년~1777년), 오세이 크와메(1777년~1801년)의 치세를 거치며 지배층의 내분으로 국세가 기울지만 19세기에 접어들면서 다시 부활해 수많은 전쟁을 치르며 주변 종족들은 말할 나위도 없고 당시 세계를 지배하던 영국조차도 쉽게 넘볼 수 없는 기니만 황금해안의 패자(覇者)를 다투는 존재가 되었다. 19세기 초 이후의 아산테 전쟁사를 간단히 정리하면 다음과 같다. 풀러스 기호는 동맹군을 뜻한다.

[아산테] vs. [판테] (1806년~1807년)[79]

[아산테+가] vs. [판테+아킴+아크와핌] (1811년)[80]

---

79 1806년에 일어난 제1차 아산테-판테 전쟁은 판테족과 '아프리카 상인 회사'의 영국인 중개상이 아산테 왕 오세이 본수가 도굴범으로 지목한 아신족 사람들에게 은신처를 제공한 것이 발단이 되었다. 영국인 중개상은 도굴범들을 아산테족한테 넘겨준다는 내용이 포함된 조약을 아산테족과 체결했다. 조약에 따라 한 명은 인도되었지만 한 명은 도주했다. 1807년의 제2차 아산테-판테 전쟁에서도 아산테족이 승리했다.

80 아산테족은 개활지에서 벌어진 주요 전투에서 이겼지만 완전한 승리를 거두지는 못했다. 아크와핌족은 탄툼케리의 영국 요새와 아팜의 네덜란드 요새를 차지했다.

[아산테] vs. [아킴+아크와핌] (1814년~1816년)[81]
[아산테] vs. [영국+판테+뎅키라] (1823년~1831년): 제1차 앵글로-아산테 전쟁
[아산테] vs. [영국] (1863년~1864년): 제2차 앵글로-아산테 전쟁
[아산테] vs. [영국] (1873년~1874년): 제3차 앵글로-아산테 전쟁
[아산테] vs. [영국] (1895년): 제4차 앵글로-아산테 전쟁

아산테족의 변함없는 숙원은 해안에 둥지를 튼 백인들과 자유롭게 교역하는 것이었다. 뎅키라 왕국이 사라지고 난 후 이 목적을 이루는 데 있어 가장 큰 걸림돌은 같은 아칸 계열에 속하는 아킴족과 판테족이었다. 그러나 이들도 아산테족만큼이나 질긴 사람들이었다. 아산테와 판테 사이의 해묵은 갈등은 해안에 있던 영국 상인들과 아산테의 분쟁으로 옮아갔다. 황금해안의 패권을 차지하기 위한 앵글로-아산테 전쟁의 서막은 이렇게 올랐다.

영국과 아산테족이 충돌하게 된 데에는 여러 가지 이유가 있었다. 판테족, 아킴족을 포함한 해안가의 종족들과 우호적인 관계를 유지하고 있던 영국은 1806년부터 황금해안의 노예 무역을 금한다는 본국의 지령을 따르고 있었다. 노예 무역 금지령은 영국 본토의 인도적 여론을 반영한 것이지만 다른 한 편으로는 아프리카 대륙의 분할과 관련된 포식자의 발톱을 감추고 있었다. 노예 무역 금지령은 가나 남부 해안에 구축된 아홉 개의 요새를 통해[82] 장사를 하던 영국계 '아프리카 상인 회사'[83]뿐만 아

---

81 전쟁이 끝난 후 현지의 영국, 네덜란드, 덴마크인들은 아산테 제국의 강요로 내륙의 아산테 지역에서 해안에 이르는 전 지역에 대한 아산테의 주권을 인정했고, '아프리카 상인 회사'는 1817년 황금해안과 신(新) 도시 아크라 및 그 지역 주민들에 대한 아산테의 통치권을 인정하는 우호조약에 서명했다. 그러나 아산테 제국도 잃은 것이 있었다. 아산테족은 도주하는 아킴-아크와핌 병사들을 쫓아 판테 땅으로 진군했고 가족(族)이 많이 살고 있는 아크라로 들어가 약탈을 자행했다. 이 일이 있은 후 가족(族)과 판테족은 아산테 제국에 등을 돌리고 영국의 보호를 선택했다.

82 아홉 개의 요새는 다음과 같다: 포트 윌리엄, 포트 제임스, 포트 세콘디, 윈네바, 포트 아폴로니아, 탄툼케리, 포트 메탈 크로스, 포트 코멘다, 케이프 코스트 캐슬. 이중 케이프 코스트 캐슬은 행정 업무도 함께 보았다.

83 아프리카 상인 회사는 1752년에 설립되었으며, 그 전신은 1660년에 설립된 왕립 아프리카 회사다. 아프리카 상인 회사는 1817년 아산테족과 우호조약을 체결하고 판테족의 땅을 포함하는 해안의 방대한 지역에 대한 아산테의 지배권을 인정했다. 아프리카 상인 회사의 입장에서 볼 때 아산테 제국은 그들의 노예 무역에 도움이 되는 존재였다. 이 회사는 1821년에 해체되었는데, 그 이유는 막대한 재정적자와 함께 그 사유지에서 노예 무역이 근절되지 않았기 때문이다. 이후 제1차 앵글로-아산테 전쟁에서 아산테족에 의해 죽임을 당하는 시에라리온의 총독 찰스 맥카시가 이 회사가 소유했던 땅에 대한 모든 권리를 행사했다.

니라 노예와 금을 팔아 재정과 전비(戰費)를 충당하던 아산테 제국에도 큰 타격을 주었다. 아산테족은 이에 저항했고 영국은 그 진압을 빌미로 내륙 정벌의 명분을 얻을 수 있었다. 제국주의 세력들 간의 패권 의식은 영국-아산테 충돌의 또 다른 배경이 되었다. 노예 무역을 계속 하면서 아산테와의 연결 고리를 끊지 못하는 네덜란드와 판테족을 보호하는 영국 사이의 대립이 그 하나였고, 날로 세력을 확장하는 프랑스에 대한 경계심이 그 두 번째였다. 무엇보다도 아산테 제국을 프랑스한테 빼앗길지도 모른다는 위기감이 영국을 초조하게 만들었다.

제1차 앵글로-아산테 전쟁은 판테족 땅에 대한 아산테족의 권리 주장과 관련된 양자(兩者) 협상이 결렬되면서 일어났다. 먼저 침략을 한 쪽은 판테족을 후원하는 영국이었다. 1823년 아일랜드 태생의 프랑스계 영국군 지휘관 찰스 맥카시 장군은 왕립 아프리카 식민지 부대와 판테족으로 구성된 연합 병력을 이끌고 아산테 제국을 공격했다. 후방의 지원군과 분리되어 프라강 지류에서 야영을 하던 수백 명의 매카시 군은 탄약과 보급품이 떨어진 상태에서 약 일만 명에 달하는 아산테 병사들의 기습을 받고 거의 전멸했다. 아산테족은 총에 맞아 전사한 매카시 장군의 목을 벤 후 그 두개골에 금박을 입혀 승전을 기념하는 술잔으로 삼았다. 영국에 치욕스러운 패배를 안겨준 이 전투는 느사만코우의 전투라고도 불린다. 아산테족은 느사만코우의 전투가 끝난 후에도 해안에 교두보를 확보하기 위한 진군을 계속했고 여러 차례에 걸쳐 영국과 그 동맹군을 궁지에 몰아넣었지만 처음 보는 로켓포의 화력을 무력화시키는 데는 실패했다. 1831년 양측은 정전 조약에 서명했고 이후 프라강을 경계로 삼십 년 간의 평화기가 도래했다.

제2차 앵글로-아산테 전쟁은 아산테족이 탈주자를 쫓아 프라강을 건너면서 시작되었다. 1863년에 시작된 이 전쟁은 질병으로 인한 사망자가 늘어나면서 교착 상태에 빠져 1864년 양측 모두에 실익이 없이 끝났다.

제3차 앵글로-아산테 전쟁은 1871년 영국이 엘미나성을 포함한 네덜란드령 황금해안을 네덜란드한테서 사들인 것이 원인이 되었다. 향후 바다에 접근하려면 노예무역에 적대적인 영국을 상대해야 한다는 부담감이 아산테 제국을 자극했다. 아산테족은 백인 선교사 가족을 인질로 잡고 공격을 개시했다. 울슬리 대령이 이끄는 2,500

명의 영국군과 서인도 제도에서 차출된 수천 명의 병사들은 1874년 1월 31일의 아모아풀 전투와 며칠 뒤의 오르다흐수 전투에서 대승을 거두고 아산테 제국의 수도 쿠마시로 쳐들어가 도시를 약탈하고 불태웠다. 쿠마시에 입성한 사람들은 궁궐의 규모와 그 소장품들, 여러 언어로 쓰인 책들이 꽂혀 있는 서가, 제물로 바쳐진 인간의 유골을 보고 놀랐다.[84] 영국인들은 쿠마시의 궁궐에서 재화와 보물을 게걸스럽게 약탈했다. 오늘날 아산테헤네의 왕권을 상징하는 왕관, 홀, 보주(寶珠) 같은 물건들을 런던의 대영박물관에서 볼 수 있는 것은 이런 역사에 기인한다.

1874년 7월 영국과 아산테 제국은 포메나 조약에 서명했다. 포메나 조약은 아산테 제국의 몰락을 알리는 신호탄이 되었다. 아산테족은 전쟁 배상금으로 50,000온스의 금을 지불하기로 약속했으며, 엘미나성에 대한 권리 주장과 그동안 영국인들한테서 받던 토지 임대료를 포기하고, 뎅키라족, 아킴족과 맺은 모든 동맹 관계를 파기한 후, 황금해안으로부터 철수해야 했다. 전쟁은 아산테족의 패배로 끝났지만 아모아풀 전투에서 보여준 아산테 추장 아망쿠아티아의 전술과 투혼은 많은 영국인들을 감동시켰다.

제3차 앵글로-아산테 전쟁은 황금해안과 그 연안 내륙에 대한 아산테의 지배력을 약화시켜 불안정한 군웅할거의 시대를 초래했다. 아산테 제국의 눈치를 보던 군소 종족들 사이의 치열한 영토 전쟁이 수년간 이어졌으며, 해안으로 군대를 철수시킨 영국은 이 싸움에 끼어들려고 하지 않았다. 혼돈의 시대는 역설적으로 아산테 제국에 재건의 기회를 주었다. 아산테족은 포메나 조약을 무시하고 4,000온스의 금을 전쟁 배상금으로 지불했고 이것은 제4차 앵글로-아산테 전쟁의 도화선이 되었다.

제4차 앵글로-아산테 전쟁의 표면적인 이유는 포메나 조약을 어긴 아산테 제국에 대한 응징이었지만 영국의 숨은 의도는 다른 데 있었다. 당시 서아프리카에서 세력을 확장하고 있던 프랑스는 영국의 가장 큰 적이었다. 가나를 둘러싼 전 지역, 즉 동쪽의 토고, 북쪽의 부르키나파소, 서쪽의 코트디부아르가 이미 프랑스의 영향권하에 놓인 상태에서 마지막으로 남은 가나는 나이지리아와 함께 영국이 절대 포기할 수 없는 대상이었다. 이러한 상황에서 영국의 보호령이 되어 달라는 제의를 아산테족이

---

84 Lloyd, Alan. 1964. The Drums of Kumasi: the Story of the Ashanti Wars. pp. 172-174. London: Longmans.

거절하자 해안에 주둔하고 있던 영국군은 서인도 제도에서 차출되어 온 병사들을 데리고 1895년 12월 케이프 코스트성을 떠나 1896년 1월 아산테 제국의 수도 쿠마시에 입성했다. 이길 승산이 없다는 것을 안 아산테헤네는 저항하지 말라는 명령을 내렸다. 전쟁은 영국의 일방적인 승리로 끝났다. 아산테헤네는 체포되어 폐위당한 후 인도양 서부 마다가스카르 섬의 북동쪽에 있는 세이셸 군도로 추방되었고 아산테 제국은 영국의 보호령이 되었다.

아산테 제국을 정복한 영국인들은 아산테 문화를 존중하지 않았다. 황금의자는 17세기 말 오세이 투투와 아노키예의 치세(治世) 이래 전 아산테족을 함께 묶어주는 정신적 구심점으로서의 역할을 해왔다. 그것은 하늘에서 내려온 신성한 물건으로 왕조차도 그 위에 앉지 않았다. 그래서 황금해안의 총독 프레드릭 호지슨의 황금의자에 앉겠다는 요구는 그것을 민족의 혼이 깃들어 있는 신물(神物)로 간주하는 아산테족한테는 참을 수 없는 모욕으로 받아들여졌다. 1900년 왕대비인 야아 아산테와아의 주도로 일어난 전쟁은 황금의자를 지키기 위한 투쟁이었다. 쿠마시의 성채에 삼개월 동안 포위되어 있던 영국인들은 포위망을 뚫은 후 살인, 약탈, 방화를 자행했다.[85] 아산테 제국은 1902년 1월 1일 영국의 골드 코스트(황금해안) 식민지에 편입되었다.

제4차 앵글로-아산테 전쟁 후 인도양의 세이셸 군도로 추방되었던 아산테헤네 아기에만 프렘페는 1926년 아산테 땅으로 돌아왔다. 영국인들은 아산테헤네라는 단어는 사용하지 못하게 했지만 대신 그에게 쿠마시의 통치자를 뜻하는 쿠마세헤네라는 칭호를 주었다. 그러나 '아산테헤네'는 1930년대 중반부터 다시 사용되었다. 현재의 아산테헤네 오툼푸오 오세이 투투 2세는 제16대 아산테헤네로 아산테 제국의 창시자인 오툼푸오 오세이 투투 1세의 직계손이다.

아산테 제국은 비록 노예 무역으로 번성했지만 발달된 민주제도를 갖고 있었다. 아산테 제국은 인근의 다호메이 제국과는 달리 씨족 단위의 합의에 의해 국가의 중대사를 결정했다. 아산테헤네는 전쟁 선포와 군사 동원, 금 무역과 노예 무역, 범죄자

---

85 Boahen, A. Adu. 2000. 'Yaa Asantewaa in the Yaa Asantewa War of 1900: Military Leader or Symbolic Head?' Ghana Studies 3: 111-135.

에 대한 사형선고 같은 국가의 안보, 경제, 인권과 관련된 사안들에 대해서만 권한을 행사했다. 이 글에서 아산테 제국과 아산테 연방을 혼용한 것은 이러한 이유 때문이다. 아산테 제국이 18세기에서 19세기까지 1세기 동안 빠른 속도로 팽창할 수 있었던 것도 이 제도와 무관치 않다. 전쟁에 진 부족도 아산테헤네와 황금의자에 충성을 서약하고 연방의 일원이 되면 아브렘폰이라 불리는 군장 협의회에 참석해서 자유롭게 의견을 개진할 수 있었다. 군장들은 관할 지역을 자율적으로 다스렸고 아산테헤네에 의해 지방 장관으로 임명된 사람들은 수도인 쿠마시에 거주하며 조세와 군사에 관한 일만 감독했다. 전시 동원은 연방을 구성하는 각 씨족 단위의 참여를 통해 이루어졌다. 군장들은 지역의 군을 이끄는 장군으로서 전군(全軍)의 총 사령관인 아산테헤네의 명령에 따라 전투를 지휘했으며 병사들은 그들이 속한 씨족의 명예와 아산테헤네를 위해 싸웠다. 병역의 의무에는 성역이 없어 젊은 아산테 남성이면 누구나 전시 동원령에 따라야 했다.

자치와 합의에 바탕을 둔 연방제는 수도인 쿠마시 주변에 산재한 아산테 부족들을 통합하는 데는 효과적이었지만 연방에 새롭게 편입된 뎅키라족, 아킴족, 판테족처럼 규모가 큰 피정복민을 관리하는 데는 도움이 되지 못했다. 이민족들은 복속된 후에도 중앙의 통제와 감시가 소홀한 틈을 타 끊임없이 반란을 일으켰다. 그러나 아산테 제국은 정복-편입-반란-진압-재편입의 과정을 반복하면서 더욱 강해져 갔다. 적어도 영국을 자극하기 전까지는 그랬다.

노예 무역으로 흥한 아산테 제국은 노예 무역으로 망했다. 아산테 제국의 초기 경제는 농업과 금 무역에 의존했다. 주요 수출품인 콜라너트와 금은 '남쪽의 팀북투'로 불리던 가나 중북부의 국제 도시 살라가를 거쳐 북쪽의 사헬 기후대로 보내졌고 그곳에서 페즈 모자, 소금 등과 교환되었다. 남쪽 바닷가에 서양인들이 도착하면서 내륙을 통과하는 북방 무역보다 해안의 백인들과 교역하는 남방 무역이 더 큰 이득을 주었다. 대서양 횡단 노예 무역이 본격화되면서 황금해안은 기니만의 노예 공급 기지로 변모해갔으며 해안과 내륙의 종족들은 노예를 얻기 위한 전쟁에 앞다퉈 뛰어들었다. 노예 무역이 아산테 제국이 팽창하던 시기와 맞물리면서 황금해안은 노예들의 슬픈 비명 소리로 가득 찼다. 흑인 노예들은 서양인들이 싣고 온 총기류와 교환되었고, 서양인들한테서 더 많은 총기와 화약을 확보하면 더 부유하고 더 강대한 나라가 될 수 있는 왜곡된 경제 시스템이 구축되었다. 아산테 제국은 판테족의 땅을 포함해 황금해안 전체를 탐냈다. 이것은 안정적인 교역 환경을 위해 해안가의 종족들과 우호적인 관계를 맺고 있던 영국을 자극했다. 앵글로-아산테 전쟁이 일어나게 된 배경에는 두 가지 요인이 더 있었다. 하나는 1806년부터 기니만에서의 노예 무역을 금한다는 런던의 지령이었고, 다른 하나는 날로 세력을 확장해오는 프랑스에 대한 경계심이었다. 프랑스가 아산테 땅과 가나의 금을 모두 차지할지도 모른다는 두려움은 영국을 초조하게 만들었다. 아산테 제국은 그 마른 조바심에 명분의 불씨를 제공했던 것이다.

2.9. 베닌 제국과 베닌 예술

베닌 제국은 13세기 말부터 19세기 말까지 중남부 나이지리아의 니제르강 서쪽 지역을 지배한 에도족의[86] 나라로 수도였던 에도는 지금의 에도주(州) 베닌시이다. 한때 다호메이라고 불렸던 현재의 베닌 공화국과 이 베닌 제국을 혼동하는 사람들이 많은데 둘은 엄연히 다른 실체들이다. 그러나 연관성이 전혀 없는 것은 아니다. 베닌 공화국은 서로 다투던 여러 종족들이 인위적인 국경 설정으로 인해 한 나라 안에 갇힌 경우로서 그 옛 명칭인 다호메이는 폰족이 세운 다호메이 제국의 이름을 그대로 사용한 것이다. 1975년 국명(國名)의 중립성을 위해 다호메이는 베닌 공화국으로 이름이 바뀌었다. 여기서 '베닌'은 이 나라가 위치한 베닌 만에서 따온 것이다. 그리고 베닌 만의 '베닌'은 베닌 제국의 이름에서 따온 것이니 오늘날의 베닌 공화국과 과거의 베닌 제국이 전혀 연관성이 없는 것은 아니다.

청동 장식판으로 대변되는 베닌 예술은 인류 예술사의 한 축을 이루며 유럽의 초기 포스트모더니즘의 태동에 크게 기여했다. 통념적인 것을 부정하며 창조적 파괴를 위한 새로운 대안을 찾고 있던 서구 예술가들에게 실물과 추상, 자연과 기하, 원시와 문명 사이의 조화를 추구한 베닌 예술은 큰 충격으로 다가왔다. 그것은 수천 년 역사

---

86 에도족은 비니족으로 불리기도 한다.

의 서양 예술사를 비웃는 태고의 순수(純粹)였으며 소위 오염되지 않은 원시의 예술혼이었다. 서양의 예술가들은 비로소 오랜 방황을 끝내고 까마득한 옛날 그들의 조상이 떠나온 아프리카가 그들이 돌아가야 할 곳이라는 것을 깨닫게 되었다.

15세기 말부터 시작된 포르투갈 상인(商人)과의 교류가 베닌의 야금술과 주조 기술에 영향을 주었다는 주장이 있지만[87], 상당수의 베닌 조각품들이 15세기 이전 13세기까지 거슬러 올라간다는 것은 베닌 예술품의 특징과 제작 기법이 에도족 고유의 전통에 바탕을 두고 있다는 것을 말해준다. 베닌 청동판 또는 베닌 장식판으로 알려진 이 형식은 청동, 황동, 철 등을 소재로 하여 주로 전사(戰士)들의 직립상을 직사각형 형태의 판형으로 주조한 것이다. 에도족은 판형 주조뿐만 아니라 상아나 목재를 깎아서 다양한 형태의 두상과 전신상을 만들기도 했다. 오늘날 베닌 청동예술이라는 말은 이 모든 것들을 함께 아우르는 포괄적 의미를 갖는다.[88] 베닌 예술가들은 서양 중세의 길드와 유사한 장인 협회에 가입되어 있었으며 왕들의 후원하에 전문 예술가로서의 대우를 받았다.

1897년 영국의 베닌 원정으로 베닌시가 함락된 후 수천 점의 베닌 예술품이 대영박물관으로 옮겨졌으며 일부는 경매에 부쳐져 전쟁 비용을 충당하는 데 사용되었다. 현재 베닌 예술품은 영국, 독일, 미국 등지의 박물관에 흩어져 있다. 베닌 예술은 제6장에서 자세히 다룰 것이다.

베닌 제국의 역사는 전기의 오기소 왕조(900년~1300년)와 후기의 일레 이페 왕조(1300년~1897년)로 나뉜다. 오기소 왕조는 반 신화적 성격의 왕조로서 등장하는 인물들도 초자연적 존재로 묘사되는 경우가 많다. 오기소 왕조를 창건한 이는 이고도(또는 오바가도)라고 전해진다. 이고도는 베닌 주변의 종족들을 규합해 왕국을 세우고 군주제를 확립했으며 이고도의 뒤를 이은 에레는 오기소 왕조를 굳건한 토대 위에 올려놓았다. 에레는 다섯 명의 원로들로 구성된 에디온니센과 역사를 암기해 후대에 전하는 악사들의 집단인 욱호론과 전문화된 장인들의 단체를 만들었다. 마지막 오기소인

---

87 Meyerowitz, Eva L. R. 1943. 'Ancient Bronzes in the Royal Palace at Benin.' The Burlington Magazine for Connoisseurs 83 (487): 248-253.

88 Dohlvik, Charlotta. 2006. 'Museum and their Voices: a Contemporary Study of the Benin Bronzes.' Unpublished M.A. Dissertation. p. 4. Gööteborg University.

왼쪽: 영국의 대영박물관에 전시된 베닌 청동 장식판
오른쪽: 1504년부터 1550년까지 베닌을 다스렸던 왕 Esigie의 어머니 Idia의 청동 두상

오워도는 무능해서 귀족들에 의해 국외로 추방되었다. 오워도가 추방된 후 베닌 왕국은 일레 이페 왕조가 등장할 때까지 불안정한 공화정 시기를 겪었다.

공화정의 폐해를 인식한 베닌 왕국의 지배층은 요루바 최초의 왕인 일레 이페의 오두두와에게 지도자를 천거해줄 것을 요청했다. 오두두와는 그의 손자 오란미얀을 보내 에도족을 다스리게 했다. 오란미얀은 베닌 귀족들의 파벌 싸움과 그로 인한 백성들의 고통을 목격하고 오직 에도족의 피를 물려받은 사람만이 이 문제를 해결할 수 있다고 생각했다. 그 후 오란미얀은 베닌의 한 추장의 딸과 혼인해 에웨카라는 아들을 낳고 요루바 땅으로 돌아가 오요 왕국의 시조가 되었으며, 에웨카는 1300년경 베닌 제국의 일레 이페 왕조의 초대 오바가 되었다. 에웨카 1세 이후 총 서른여섯 명의 왕을 배출한 일레 이페 왕조는 현재까지 그 명맥을 유지해오고 있다. 일레 이페 왕조의 이페 기원설은 에도족과 요루바족의 문화적 친근성을 강조하는 것인데, 흥미로운 것은 일레 이페 왕조의 탄생과 관련된 두 집단의 구전 전승이 대부분 일치한다는 점이다.

오바 에웨카 1세는 오랫동안 재위하며 많은 업적을 쌓았다. 그는 오기사 왕조의 원로 협의체인 에디온니센을 개편해 일곱 명의 귀족들로 구성된 우자마라는 평의회를 만들고 왕의 선출과 관련된 일을 맡아보게 했으며, 왕자들과 왕족들을 지방관으로 내보냄으로써 오바의 세력을 강화했다. 우자마의 직은 세습되었다. 에웨카의 손자인 오바 에웨도는 종교적 권위를 빌려 국가의 안정을 꾀했고 감옥과 궁궐을 지었으며 우자마의 힘을 축소하고 오바의 권한을 확대하기 위해 왕권을 보좌하는 여러 직책을 신설했다. 오바 에웨도의 아들 오바 오구올라는 수 킬로미터에 달하는 도시 성곽을 구축했다. 오구올라는 아프리카 예술사에 길이 빛날 위대한 일을 하나 했는데 베닌의 역사를 새겨 넣은 청동 장식판을 만든 것이 바로 그것이었다. 청동 장식판을 만든 사람들은 모두 그의 전속 장인들이었다. 그는 이들이 만든 물건으로 궁궐 안팎을 장식했다.

베닌은 에우아레 대왕(1440년~1473년) 치세에 제국으로 성장했다. 그는 영토를 크게 확장했으며 귀족들의 파벌 싸움을 종식시켰고 '도시 장관 회의'라는 새로운 기구를 만들어 귀족 평의회인 우자마를 견제했다. 이 기구의 수장인 이야쉐레는 군대의 총사령관을 겸직하면서 오로지 오바에게만 충성을 바쳤다. 베닌 제국의 정치사는 귀족들의 세력 약화와 왕권 강화의 역사라고 할 수 있다. 오기소 왕조 시절 국정 전반에 막강한 힘을 행사한 에디온니센이 일레 이페 왕조로 넘어오면서 그 임무가 왕의 선출로 제한된 우자마로 바뀌고 다시 에우아레 대왕이 만든 도시 장관 회의의 견제를 받게 된 사실에서 그것을 유추할 수 있다. 에우아레 대왕은 이 밖에도 도시를 증축하고 도로를 정비했으며 성곽 안쪽에 해자를 파는 등 많은 일을 했다. 그가 쌓아놓은 토대는 베닌 제국의 도약의 밑거름이 되었다.

1485년 요루바 왕국 에키티와 이제부를 정복한 오바 오졸루아(1481년~1504년) 치세에 아폰소 드 아베이로가 이끄는 포르투갈인들이 베닌 제국을 방문했다. 베닌은 이에 대한 화답으로 포르투갈의 주앙 2세(1481년~1495년)에게 그와토의 추장을 사자로 파견했다. 그와토의 추장은 주앙 2세가 준 많은 선물을 가지고 포르투갈의 선교사 및 상인들과 함께 돌아왔다. 두 나라의 외교적, 경제적 실무를 담당하는 청사가 그와토 항(港)에 설치되었고 양국의 교류는 활기를 띠어 갔다. 베닌에 총과 코코넛이 전파된 것은 이때의 일이었다.

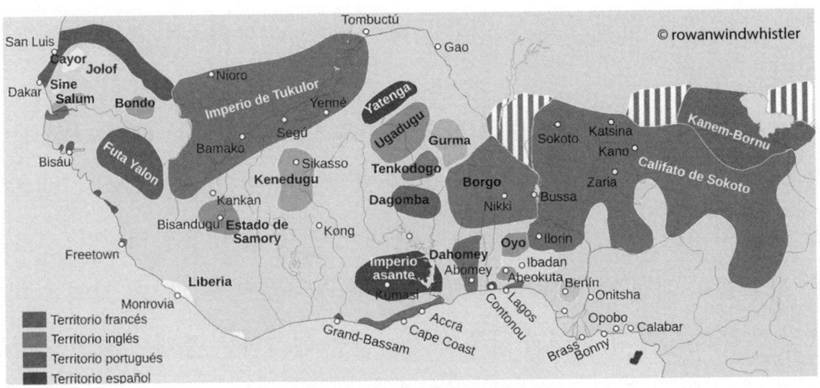

서아프리카의 국가들 (1875년)

오른쪽 중앙 하단부에 베닌이 표시되어 있다.

오바 에시기에는(1504년~1550년) 혈통보다 개인의 능력에 따라 인재를 등용했다. 거의 반세기에 걸친 그의 치세에 지금의 욱호톤인 그와토를 중심으로 한 포르투갈과의 교역은 절정에 달했다. 포르투갈은 베닌의 상아, 후추, 야자핵, 비니 천으로 알려진 직물, 표범 가죽, 청색 산호 구슬, 여자 노예를 사갔으며 베닌은 총기류, 마직류, 모직류, 의류, 우산, 거울, 구슬, 구리 팔찌, 철제 도구 등을 수입했다. 포르투갈은 오바의 요청으로 대규모의 가톨릭 선교단을 파견했고 교회들을 세웠으며 오바의 아들을 비롯한 왕족 자제들에게 성경과 읽기, 쓰기를 가르쳤다. 1516년 베닌 제국이 이갈라 왕국의 도시 이다를 공격할 때는 선교사들이 오바를 수행했다.

가톨릭 신자였던 오바 오르혹부아는(1550년~1578년) 기독교를 장려한 왕으로 유명하다. 그는 포르투갈인들이 세운 학교에서 공부한 첫 번째 오바였다. 포르투갈과의 무역은 계속 확대되어 기니만 내륙의 그와토는 북쪽의 하우사 왕국을 지나 북아프리카로 이어지는 사하라 횡단 무역의 남쪽 출발지로 이름을 떨쳤다. 1553년에는 영국인 캡틴 윈덤이 베닌 제국을 방문해 80톤의 후추를 사갔으며, 1589년과 1591년에는 제임스 웰시 선장이 방문해 상아, 후추, 면직류, 야자유를 싣고 갔다. 이것은 베닌-영국 관계의 시발점이 되었다. 오르혹부아 왕은 선교 사업을 적극적으로 지원해 기독교가 기니만에 뿌리를 내리는 데 기여했다. 그는 위대한 정복자이기도 했다. 라고스를 포함한 서쪽의 요루바 해안 도시들이 베닌에 편입된 것도 이때의 일이다. 오르혹부아 왕의 아들 하나가 당시 에코라 불리던 라고스 최초의 오바가 되었다는 전설도 있다.

15세기 말 오졸루아 왕 때부터 시작된 포르투갈과의 교류는 베닌 사회 전반에 큰 영향을 끼쳤다. 옥수수, 토마토, 파인애플, 땅콩, 카사바와 같은 작물이 신대륙에서 들어왔고, 동남아시아에서는 코코얌, 얌, 바나나, 코코넛 등이 유입되었다. 새로운 식량자원은 사람들의 삶을 풍요롭게 했다. 베닌 제국은 포르투갈과의 교역을 바탕으로 니제르강 이북의 하우사 지역과 남쪽의 기니만을 연결하는 중개 무역의 이점을 최대한 누렸으며, 수입해 들여온 총기와 화약은 군사적 팽창과 영토 확장에 이용되었다. 베닌과 포르투갈의 관계는 주변의 많은 종족들이 서양과의 교류의 필요성을 깨닫는 계기가 되었다. 기독교의 전파는 다른 어떤 것보다 큰 변화를 초래했다. 오바 오르혹부아처럼 가톨릭으로 개종하는 사람들이 생겨났고 비록 그 수는 소수에 불과했지만 포르투갈인들이 세운 학교에서 서양식 교육을 경험한 학생들도 나타났다. 베닌을 포함한 기니만의 아프리카인들은 한 편으로는 서양 문명의 도전에 직면했지만, 다른 한 편으로는 울창한 수림과 니제르강의 거미줄 같은 지류에 갇혀 모든 것을 조상신에게 빌던 순박한 전통에서 눈을 떠 광활한 외부 세상의 존재를 인식하게 되었다. 포르투갈인들은 15~16세기의 베닌 제국에 관한 문헌을 많이 남겼다. 오늘날 우리가 알고 있는 이 당시의 모습은 대부분 이들의 기록에 의존한다.

베닌 제국의 왕인 오바는 우자마, 궁정장관회의, 도시장관회의의 도움을 받아 베닌시와 인근 지역을 통치했다. 이 중에서 서열이 가장 높은 것은 우자마로 오바를 선출하는 임무 외에도 국가의 사당(祠堂)을 관리하는 일을 맡았다. 우자마는 이미 말했듯이 14세기 초 일레 이페 왕조의 시조인 오바 에웨카 1세가 오기사 왕조의 원로 협의체인 에디온니센을 개편해 만든 것이다. 우자마는 일곱 명의 귀족으로 구성되었으며 그 직은 세습되었다. 궁정장관회의와 도시장관회의의 위원들은 오바가 직접 임명했다. 15세기 중엽 에우아레 대왕이 우자마를 견제하기 위해 만든 도시장관회의는 행정을 총괄하는 기구로서 그 우두머리인 이야쉐레는 수상과 군대의 총사령관을 겸직했다. 마지막으로 국가의 중대사를 처리하는 국가위원회가 있었는데 국가위원회는 국왕인 오바와 우자마, 궁정장관회의, 도시장관회의의 위원들로 구성되었다.

수도권을 벗어난 지역은 에도족이 사는 곳과 이민족이 사는 곳으로 구분되었다. 에도족 지역은 주(州)로 편제되어 중앙에서 지방관을 파견했다. 왕족이나 귀족들 중에서 선발된 지방관은 세금을 징수하고 공물을 거두어 중앙으로 보내는 일을 맡았다. 베닌 제국은 여러 곳에 정복지를 갖고 있었다: 니제르강 삼각주의 북서쪽에 위치한 우르호보족과 이소코족 지역, 요루바족 지역 남부의 도시들인 아쿠레, 에키티, 오워, 에코(라고스), 익보족 지역의 서쪽 변방 등. 정복지에 대한 통치는 현지의 왕이나 군장들에게 위임되었고 중앙의 관리들이 가끔씩 방문해서 공물이나 세금이 제대로 징수되고 있는지 감독했다. 속지(屬地)에서는 중앙으로 공물을 일 년에 두 번씩 보냈는데 공물은 주로 야자유, 가축, 얌, 곡물, 패화(貝貨), 상아, 산호, 노예 등이었다.

베닌 제국은 발달된 사법제도를 갖추고 있었다. 오바가 국가위원회의 자문을 받아 직접 주재하는 최고 법정에서는 지방에서 올라온 상고(上告)나 도시들 간의 분쟁을 조정했다. 최고 법정 밑에는 주(州) 법정이 있었고 그 밑에는 촌장과 원로들이 주재하는 마을 단위의 재판소가 있었다.

베닌이 작은 도시에서 출발해 16~17세기에 대제국으로 발전할 수 있었던 것은 여러 가지 요인에 기인한다. 첫째는 지정학적 위치다. 울창한 수림과 거미줄처럼 얽힌 니제르강의 지류가 만들어낸 미로(迷路) 한 복판에 위치한 베닌의 주요 도시들은 북쪽 사헬 기후대에 사는 하우사족과 풀라니족이 침투해 들어오기가 불가능했으며, 기니만 연안과 이들 도시 사이에 놓여 있는 빽빽한 수림은 남쪽 바닷가로부터의 침략을 막아주었다.

여기서 베닌 제국과 익보족의 관계를 잠시 살펴볼 필요가 있다. 동쪽 니제르강 건너편의 익보족은 나이지리아 3대 종족의 하나로 베닌의 에도족은 현재는 물론 과거에도 인구수에 있어 익보족의 상대가 되지 못했다. 그럼에도 불구하고 베닌이 니제르강을 건너 익보 땅의 서쪽을 차지할 수 있었던 것은 익보 사회의 특수성에 기인한다. 익보족은 전 역사를 통틀어 왕국이나 제국을 건설한 적이 없으며, 다섯 개의 큰 집단이 씨족을 단위로 하는 수천 개의 자치체로 나뉘어져 넓은 지역에 산재해 있었기 때문에 외침에 효과적으로 대응할 수 없었다. 베닌 제국은 남쪽과 북쪽의 자연환경이 만들어낸 천혜의 방어막과 동쪽의 익보족이라는 완충 지대 덕택에, 서쪽으로 모든 힘을 결집시켜 요루바족 땅인 아쿠레, 에키티, 오워, 에코(라고스) 등을 손쉽게 손에 넣을 수 있었다.

둘째로 베닌의 장자(長子) 세습 문화는 왕위 계승과 관련된 불확실성을 감소시켜 정치적 안정을 가져왔다. 앞에서 소개한 에웨카 1세, 에우아레 대왕, 오졸루아 왕, 에시기에 왕, 오르혹부아 왕은 모두 이 정치적 안정이라는 토대 위에서 제국의 중흥을 꾀할 수 있었다. 왕에 대한 백성들의 신뢰도 왕권을 강화하는 데 도움을 주었다. 베닌의 백성들은 오바를 초자연적 능력을 소유한 반 신성한 존재로 인식했으며 그들과 조상 사이를 중재하는 영적인 존재로 받아들였다.

강인한 군인정신은 베닌이 대제국으로 발전하게 된 또 다른 요인이다. 베닌 사람들은 태생적으로 호전적이었으며 베닌 지배층은 영토 확장을 위한 정복 전쟁을 가장 중요한 국가사업으로 간주했다. 서양인들한테서 구입한 근대식 소총으로 무장한 군대는 조직과 훈련 면에서도 이웃 나라의 병사들을 압도했다.

무역을 통한 부의 축적은 주민들의 생활 수준을 향상시켰을 뿐만 아니라 전쟁을 위한 군비 확충에도 기여했다. 베닌은 강력한 군사력을 바탕으로 오요 제국을 위시한 요루바 지역 및 하우사 왕국들과 교류했으며 이들을 통해 서(西) 수단 및 북아프리카와도 연결되었다. 포르투갈과 외교관계를 맺은 15세기 말 이후 베닌 제국의 대외무역은 급성장했다. 이것은 16~17세기의 전성기를 위한 밑거름이 되었다. 서양인들과의 교역은 오바가 독점했기 때문에 그의 허락 없이는 아무도 그들과 거래할 수 없었다. 농산물과 생활용품, 무기류에서 시작된 교역은 시간이 지나면서 적국과의 싸움에서 사로잡은 포로들을 내다 파는 노예 무역으로 변해갔고 나중에는 전쟁 그 자체도 노예를 얻기 위한 사악한 전쟁으로 변질되어갔다. 니제르강 서쪽의 해안 도시 그와토는(현재의 욱호톤) 가나 남부 해안의 엘미나성과 함께 기니만의 노예 수출 전진기지로 악명을 떨쳤다. 그와토는 포르투갈인들이 물러간 후 네덜란드인들과 영국인들의 활동 무대가 되었다.

포르투갈인들과 네덜란드인들이 남긴 기록은 16~17세기 베닌 제국이 전성기에 달했을 때의 생활상을 잘 보여준다. 이들은 도시의 규모와 큰 길, 열 지어 늘어선 집들, 정원과 화랑이 있는 웅장한 궁궐 등을 묘사했다. 17세기 중반 네덜란드인 올페르

트 다퍼는 다음과 같이 썼다.[89]

> 도시는 서른 개의 중심 도로로 이루어졌고 길은 곧고 폭은 백이십 피트(36.57m)나 되었으며, 중심 도로들 사이를 가로지르는 수많은 작은 길들이 있었다. … 니그로들은 이 해안의 다른 종족들보다 훨씬 더 문명화되었다. 그들은 훌륭한 법과 잘 조직된 경찰을 가졌고, 그들과 장사를 하러 온 네덜란드인 및 다른 외국인들과 사이좋게 지내며 이들에게 많은 우정을 보여주는 사람들이다. … 이 사람들은 청결함에 관한 한 결코 네덜란드인한테 뒤지지 않는다. 그들은 그들의 집을 닦고 문질러서 그것들은 윤이 나며 마치 거울처럼 빛난다.

베닌 제국은 17세기 말에 접어들면서 국세가 기울기 시작한다. 왕위 계승을 둘러싼 지도층의 내분은 변방 제후국들에 대한 통제를 이완시켜 라고스를 비롯한 요루바 남부 해안 도시들부터 제국의 영향권에서 벗어나기 시작했다. 아산테 제국의 흥망이 노예 무역에 기인했듯이 베닌 제국의 발전과 쇠락을 좌우한 것도 노예 무역이었다. 베닌에서 독립한 나라들이 기니만 무역에 동참하게 되면서 서양인한테 내다 팔 사람들을 확보하기 위한 종족 간의 전쟁은 극에 달했다. 그러나 이 비정상을 정상으로 돌려놓기 위한 노력은 어디서도 찾아볼 수 없었다. 베닌은 노예들을 얻기 위해 심지어 제국 영내의 도시들까지 약탈했고 도시들은 폐허로 변해갔다. 포르투갈과의 교역량이 급감한 것도 베닌의 몰락을 재촉한 요인이었다. 아시아가 아프리카를 대체하는 신흥 시장으로 떠오르고 그와토와 경쟁하는 무역항들이 서아프리카 해안에 속속 출현하면서 해외 무역을 독점하던 베닌 제국의 위상은 날이 갈수록 추락했다. 요루바족이 세운 오요 제국은 베닌을 군사적으로 위협했을 뿐만 아니라 경제적으로도 큰 타격을 주었다. 라고스와 인근의 해안 도시들이 오요 제국의 수중에 들어가면서 요루바족은 멀리 떨어져 있는 베닌의 항구들을 이용하지 않게 되었다. 그러나 베닌이 역사 속으로 완전히 자취를 감추기까지는 많은 시간이 걸렸다.

베닌이 제국에서 왕국으로 그 위상이 축소된 것은 사실이지만 베닌시를 중심으로 한 에도족의 심장부와 익보 땅 서쪽 지역에 대한 영향력은 여전히 막강했다. 에도족 내에서 오바의 권위도 예전처럼 유지되었으며 해안에 대한 지배력 또한 완전히 상실

---

89 Onwubiko, K. B. C. 1982. History of West Africa. p. 160. Onitsha: Africana-FEP Publishers Limited.

된 것은 아니었다.

그러나 19세기 말부터 시작된 풀라니족의 남하 정책과 누페족의 침략은 베닌의 입지를 지속적으로 약화시켰다. 19세기 초 하우사 왕국들을 멸하고 하우사-풀라니 제국을 건설한 풀라니족은 요루바 북쪽 지방 일로린을 제국에 편입시킨 후 이곳을 발판으로 베닌을 압박했다. 오요 제국이 붕괴되고 등장한 요루바 도시국가들, 그중에서도 특히 이바단 왕국은 베닌의 활동에 늘 큰 제약이 되었다.

베닌 왕국 멸망의 가장 큰 원인은 영국의 침략이었다. 1897년 2월 9일에서 18일까지 열흘에 걸친 영국의 소위 '베닌 원정'은 같은 해 1월 4일에 있었던 베닌 대학살에 대한 응징이었다. 남아공 희망봉에서 소함대를 지휘하던 해군 소장 해리 로슨 경은 영국군 장교 두 명만 살아남고 모두 전멸한 베닌 대학살을 보복하기 위해 1,200명의 영국군을 이끌고 베닌시에 쳐들어가 궁궐과 사원을 파괴하고 학살을 자행했다. 영국인들의 약탈과 방화는 그들이 목도한 종교 의식의 제물이 된 사람들의 해골 더미만큼이나 음산하고 야만적인 것이었다. 침략 후 삼 일째 되는 날에는 화염이 온 도시를 뒤덮었고 베닌 제국은 역사 속으로 사라졌다. 그러나 베닌의 후예들은 지금도 에도주(州)에 살고 있으며 오바의 왕위 또한 현재까지 이어지고 있다.

영국인들은 수천 점에 달하는 베닌의 예술품을 약탈했다.[90] 이 중 약 40%는 대영박물관에 보내졌고, 나머지는 병사들에게 분배되거나 비싼 값으로 경매에 부쳐져 전 세계로 팔려나갔다. 당초의 예상대로 베닌의 예술품을 처분해 번 돈은 그동안의 전비(戰費)를 충당하고도 남았다. 이후 베닌의 예술품을 모방한 수많은 모조품들이 만들어졌다. 베닌의 조형 예술은 서구의 포스트모더니즘 태동의 씨앗이 되기도 했다.[91]

유럽과 미국의 박물관에 흩어져 있는 베닌 예술품들은 소위 원시적 생명력과 창조적 상상력의 조화를 현시하며 진열대 위의 다른 통념적인 존재들을 비웃는다. 청동과 황동으로 주조된 인물상과 장식판들은 상아, 목재, 철제 조각품들과 함께 베닌 예술의 정수를 이룬다. 중세 유럽 왕가의 후원으로 불세출의 악사들과 불후의 명곡들

---

90 공식적인 수치는 2,500점이다.

91 Ben-Amos, Paula. 1999. Art, Innovation, and Politics in Eighteenth-Century Benin. Bloomington: Indiana University Press.

이 탄생했듯이 베닌의 예술가들은 왕들의 관심과 지원을 받으며 창작의 혼을 불태웠다. 아프리카 예술의 기능적 측면을 지나치게 강조하면서 아프리카에는 예술을 위한 예술이 없다고 주장하는 사람들의 잘못된 논리는 베닌 예술의 실상 앞에서 힘없이 무너진다. 기능과 예술의 조화는 오히려 예술품의 존재 가치를 더욱 빛나게 만들었다. 베닌의 오바들은 일류 장인들의 혼이 깃든 작품들에 조상과 제국의 역사라는 최고의 권위를 부여하고 그것들이 안주할 자리를 궁궐 안에 마련했다. 1957년 런던 소더비 경매에서 베닌의 골동품 다섯 점이 2,899파운드에 팔렸으며 1958년에는 16세기에 상아로 만든 가면 하나가 넬슨 록펠러한테 20,000파운드에 팔렸다는 사실은 베닌 예술을 대하는 서양인들의 태도를 잘 보여준다. 베닌 제국은 사라졌지만 베닌의 유산은 지금도 세계 도처에서 찬란히 빛나고 있다.

2.10. 다호메이 왕국

다호메이 왕국은 17세기 초부터 19세기 말까지 지금의 베닌 공화국 남서부를 다스린 폰족의 나라로 18세기 전반 아가자 왕 때 전성기를 누렸다. 폰족은 아자족의 한 갈래로 베닌 공화국에 약 350만 명이 살고 있으며 가봉, 가나, 토고에서도 폰족을 드물게 볼 수 있다. 폰족 이외의 다른 아자족은 베닌 공화국에 약 75만 명, 토고에 약 20만 명이 있다. 폰어와 아자어는 둘 다 나이저-콩고 어족의 그베어 계열에 속한다. 그베어의 가장 큰 구성원은 가나와 토고에서 쓰이는 에웨어다.[92]

다호메이 왕국은 다호메이 아마존스라고 알려진 여전사(女戰士)들과 프랑스에 대한 끈질긴 저항, 독특한 예술 양식, 흑인 노예들을 통해 중남미에까지 전파된 부두교 등으로 유명하다. 부두교는 가나와 토고의 에웨족, 베닌과 토고의 폰족, 라고스와 남서나이지리아 오군주(州)에 거주하는 오구(에군)족의 종교로 이들은 모두 기니만 해안을 근거지로 하는 그베어 계열에 속하는 종족들이다.

18세기 초에 등장한 여전사 집단은 다호메이 왕국의 전체 병력(兵力)의 삼분의 일을 차지했으며 많은 전투에 참여해 눈부신 공적을 쌓았다. 1727년 위다 왕국의 수도

---

92 에웨어 화자는 약 600만 명 정도 된다.

사비시를 공격할 때의 활약은 특히 인상적이었다고 전해지며[93] 19세기 말에 치러진 두 차례의 프랑스-다호메이 전쟁에서도 남성 못지않은 지략과 용맹함으로 프랑스군의 간담을 서늘하게 했다.

폰족의 예술적 독창성은 오래전부터 서양인들의 관심의 대상이 되어왔다. 폰족은 조형물을 만들 때 아쌍블라주 기법을 사용했다. 아쌍블라주는 여러 종류의 이질적인 재료들을 사용한다는 점에서 꼴라주와 비슷하지만 입체적이라는 점에서 평면적인 꼴라주와는 다르다. 아쌍불라주 기법을 최초로 사용한 서양 예술가는 피카소로 알려져 있다. 사람을 동물 모양으로 나타내는 동물형태관적 표현과 예술의 비종교적 성격도 두드러진 특징이다.[94]

다호메이의 역사는 지금의 베닌 공화국 아보메이시 서쪽 베닌-토고 접경지대의 모노강 유역에 있는 타도 지방으로 거슬러 올라간다. 15세기 초 타도에 살던 아자족은 남쪽으로 이동해 해안가에 위다 왕국, 포포 왕국, 아자세 왕국, 자킨 왕국을 세웠고, 내륙에는 알라다 왕국[95], 아보메이 왕국을 세웠다. 전설에 따르면 아자족이 타도에서 남하해 가장 먼저 도착한 곳은 알라다였다. 알라다에 터전을 마련한 아자족의 왕한테는 아들이 셋 있었는데 왕위계승 문제로 서로 다투다가 하나는 북쪽으로 올라가 나중에 다호메이로 발전한 아보메이에 자리를 잡았고, 다른 하나는 남쪽으로 내려가 장차 베닌 공화국의 수도 포르토 노보가 될 아자세를 세웠으며, 마지막 하나는 알라다 왕국을 그대로 물려받았다. 폰족은 아보메이고원에 왕국을 세운 아자족이 현지에 먼저 정착해 살고 있던 게데비족과 섞이면서 새롭게 탄생한 종족으로 추정된다.

다호메이라는 이름에 얽힌 전설도 흥미롭다. 알라다를 떠나 아보메이를 건설한 도아클린한테는 두코도누라는 아들이 있었다. 어느 날 두코도누는 게데비족 추장한테 찾아가 땅을 좀 더 달라고 말했다가 추장으로부터 “내가 내 배를 째서 그 안에 네 집을

93 Law, Robin. 1993. 'The 'Amazons' of Dahomey.' Paideuma 39: 245–260.

94 Blier, Suzanne Preston. 1988. 'Melville J. Herskovits and the Arts of Ancient Dahomey.' Anthropology and Aesthetics 16: 125–142. ; Livingston, Thomas W. 1974. 'Ashanti and Dahomean Architectural Bas-Reliefs.' African Studies Review 17(2): 435–448.

95 알라다는 원래 '그레이트(또는 그랜드) 아르드라' 왕국의 수도였다. '그레이트 아르드라'가 도시국가였기 때문에 알라다가 그 자체로 이 왕국을 뜻하기도 한다.

왼쪽: 1851년 프레드릭 포브즈가 그린 세-동-홍-베의 초상화. 그녀는 1851년 나이지리아 남서부 끝자락에 있는 아베오쿠타의 엑바족 요새를 공격할 때 6,000명으로 구성된 여전사들을 이끌었다. 세-동-홍-베는 '신은 진실을 말한다'라는 뜻이다.

오른쪽: 다호메이의 마지막 왕인 베한진(1889년~1894년)의 상(像). 상어를 상징한다.

지어줄까?"라는 모욕을 들었다. 분노한 두코도누는 추장을 죽이고 그곳에 궁궐을 지었다고 한다. 다호메이의 '다'는 게데비족 추장의 이름 '다'이며, '호'와 '메이'는 각각 '배'와 '안쪽에'를 뜻하는 말이니 다호메이는 '다의 배 안에 세워진 집'을 의미하는 말이다.[96] 아보메이는 다호메이의 수도가 되었고 두코도누는 게데비족 추장들을 굴복시키고 영토를 넓혀나갔다.

다호메이 왕국은 웩바자 왕(1650년~1685년)과 아카바 2세(1685년~1708년)를 거쳐 아가자 트루도 왕(1708년~1740년) 치세에 전성기를 맞이했다. 아가자 왕은 군사개혁부터 시작했다. 그는 먼저 악바직베토라는 첩보 기관을 만들어 국내와 국외의 정치, 군사 정보를 수집하고 해안의 서양 상인들의 동향을 파악해 보고하도록 했으며 국가가 추진하는 정책의 당위성을 은밀히 홍보하게 했다. 아가자 왕의 많은 업적은 이 첩보 기관의 도움 없이는 불가능했다.

앞에서 언급한 여성 군사 조직 다호메이 아마존스가 만들어진 것도 이때의 일이다.

---

96 Monroe, J. Cameron. 2011. 'In the Belly of Dan: Space, History, and Power in Precolonial Dahomey.' Current Anthropology 52(6): 769–798.

다호메이 왕국의 위치[97]

다호메이 아마존스는 서양인들이 붙인 이름이며 폰족은 우리들의 어머니라는 뜻의 '은논미톤'이라고 불렀다. 은논미톤의 기원과 관련해 여러 가지 설이 존재하는 것으로 보아 다양한 출신 배경을 가진 여성들이 이 집단에 합류한 것으로 보인다. 여전사들 중에는 아호시라 불리는 수백 명이 넘는 왕의 부인들 중에서 차출된 사람들과[98] 외국인 포로도 있었지만 주로 자유인의 신분을 가진 다호메이 여성들이 자발적으로 참여했으며[99] 아버지나 남편에 의해 강제적으로 가입한 경우도 있었다. 은논미톤의 단원이 되면 법적으로 왕과 혼인한 상태가 되기 때문에 임신을 하거나 결혼을 할 수 없었다. 이들은 대부분 처녀성을 간직했으며 폰족의 부두교와 결부되어 반 신성한 존재로 간주되었다. 은논미톤은 그들의 위상에 어울리는 막강한 정치력을 행사했다. 뛰어난 능력을 갖춘 단원들은 군대의 지도자가 될 수 있었고 부와 명예와 높은 신분을 소유할 수 있었다.[100] 1840년대 이후 다호메이의 여전사들은 오랜 숙적인 아베오

---

97 https://www.britannica.com/place/Dahomey-historical-kingdom-Africa

98 Alpern, Stanley B. 1999. Amazons of Black Sparta: The Women Warriors of Dahomey. p. 38. New York: New York University Press.

99 Law, Robin. 1993. 'The 'Amazons' of Dahomey.' Paideuma 39: 245-260.

100 Yoder, John C. 1974. 'Fly and Elephant Parties: Political Polarization in Dahomey, 1840-1870.' The Journal of African History 15(3): 417-432.

쿠타와의 선린 관계를 지향했고 노예 무역 대신 야자유 무역을 선호함으로써 호전적인 남성 전사들과 대립각을 세웠다. 이들이 마지막으로 싸운 전투는 19세기 말에 있었던 프랑스-다호메이 전쟁이었다. 1890년에 벌어진 제1차 프랑스-다호메이 전쟁에서 다호메이 아마존스를 처음 본 프랑스 병사들은 당황한 나머지 공격 시점을 놓치는 바람에 막대한 인명 손실을 입었다. 1892년에 시작되어 1894년에 끝난 제2차 프랑스-다호메이 전쟁에서는 프랑스 장교들만 타깃으로 하는 여성 특수부대가 투입되어 여러 차례의 국지전에서 큰 공을 세웠지만 프랑스의 우세한 화력 앞에 많은 사람들이 목숨을 잃었다. 프랑스인들은 다음과 같이 기록했다. "그녀들은 참호에서 뛰쳐나와 용감하게 싸웠지만 모두 헛된 일이었다."[101]

아가자 왕은 활발한 정복사업으로 다호메이의 영토를 넓혀나갔다. 1724년 그는 폰족이 아보메이로 이주하기 전에 살았던 알라다를 정복했고 오프라와 자킨의 항구들을 수중에 넣었으며 1727년에는 남쪽의 위다 왕국을 다호메이에 합병시켰다. 알라다와 위다가 다호메이에 편입된 것은 큰 의미를 갖는 것이었다. 알라다는 다호메이의 수도인 아보메이를 세운 도아클린이 왕자 시절을 보낸 폰족의 고향이며 서쪽 해안의 위다 왕국은 동쪽 해안의 포르토 노보와 함께 해안 교역의 중심지였다. 아가자 왕의 이 정벌은 또 다른 의미를 갖고 있었다. 당시 노예 무역의 폐해는 절정에 달해 해안 지역은 물론 내륙의 도시들도 큰 혼란에 빠져 있었다. 아가자 왕은 종족들 간의 전쟁을 종식시키고 노예 무역을 평화로운 농산물 무역으로 대체하기 위한 전술의 일환으로 이 항구 도시들을 점령했다.

아가자 왕의 탁월한 외교술은 다호메이의 생존에 크게 기여했다. 다호메이가 팽창하던 18세기 초는 요루바족이 세운 오요 제국이 동쪽에서 맹위를 떨치던 시기다. 다호메이는 오요의 제후국인 위다 왕국을 정복했고 이것은 다호메이에 대한 오요의 침략을 불러왔다. 오요 제국은 1726년부터 1730년까지 네 차례에 걸쳐 다호메이를 공격했고, 다호메이는 요루바 기병의 말발굽 아래 유린되었다. 국가의 존망이 걸린 절체절명의 순간에 아가자 왕은 명분 대신 실리를 위해 다호메이가 오요의 제후국이

---

101 Alpern, Stanley B. 1999. Amazons of Black Sparta: The Women Warriors of Dahomey. p. 204. New York: New York University Press.

되는 길을 택했다. 1730년 두 나라는 평화조약을 맺고 왕실 간의 혼인을 통해 결속을 다졌다. 다호메이는 아가자 왕의 아들인 텍베수를 오요 제국의 궁궐에 인질로 보냈으며 조약에 따라 1821년까지 매년 공물을 바쳤다. 당시 기니만의 정세는 노예 무역으로 인해 약육강식이 판을 치는 한 치 앞도 내다볼 수 없는 혼돈의 시기였다. 아가자 왕의 선택은 강한 자가 살아남는 것이 아니라 살아남는 자가 최후의 승자라는 것을 보여주었다. 다호메이 왕국은 나중에 오요로부터 독립하고 오요 제국보다 더 오랫동안 존속했다.

아가자 왕은 오요 제국과의 관계를 정상화시켜 가장 큰 우환 거리를 없앤 후 남쪽의 서양인들에게 눈을 돌렸다. 그는 다호메이가 점령한 해안 지역에 대한 종주권을 서양인들한테서 인정받았으며 위다를 제외한 영내의 모든 항구에서 행해지는 교역을 금지함으로써 세관(稅關)을 단일화시켰다. 이것은 물품의 수출입에 부과되는 세금의 누수를 방지해 다호메이의 재정에 큰 도움이 되었다. 다호메이는 그 대가로 외국인들의 안전을 보장하고 자유로운 상거래를 위한 치안을 제공했다. 아가자 왕의 정책은 현지인들과 백인들로부터 모두 환영을 받았다.

1740년 아가자 왕이 죽은 후 왕위를 물려받은 텍베수는(1740년~1774년) 왕권 강화에 걸림돌이 되는 정적들을 모두 제거하고 아버지의 유지를 받들어 왕국의 발전을 도모하는 일련의 개혁을 추진했다. 텍베수는 왕권의 안정을 위해 현왕(現王)의 아들만이 후위(後位)에 오를 수 있도록 했으며 일라리라는 전령을 두어 해안에 거주하는 외국 상인들과 소통했고 지방 토호들의 거동을 감시했다. 그는 서양인들의 기강을 바로잡고 그들의 충성심을 이끌어내기 위해 본보기로 네 명의 프랑스인과 네 명의 포르투갈인을 다호메이에서 추방했다. 왕자 시절 오요 제국의 궁성에서 십 년 동안 볼모 생활을 했던 텍베수는 오요에 대한 도발의 표시로 오요의 통제하에 있던 해안 도시 포르토 노보를 공격했으나 뜻을 이루지 못했다. 포르토 노보에 대한 그의 공격은 오요 제국의 침략을 다시 초래했다. 텍베수는 다호메이가 오요에 공물을 바치는 제후국임을 다시 인정함으로써 파국을 피할 수 있었다. 그는 왕국의 수도를 알라다에서 아보메이로 다시 옮겼다.

다호메이는 19세기 초에 오요 제국의 지배에서 완전히 벗어났다. 풀라니족의 공격으로 오요 제국의 힘이 약해진 틈을 타 아단도자 왕은(1797년~1818년) 오요에 매년 바치던 연공(年貢)을 중단했으며 1821년 게조 왕은(1818년~1858년) 다호메이를 침략한 오요의 군대를 섬멸하고 독립을 쟁취했다. 게조는 1841년과 1851년 오요 제국의 서쪽 주(州)인 케투와 아베오쿠타를 공격해 요루바족에 대한 적대감을 노골적으로 드러냈다. 게조의 뒤를 이은 겔렐레 왕과(1858년~1889년) 베한진 왕은(1889년~1894년) 현재의 베닌 공화국 동쪽에 있던 케투를 정복해 다호메이에 편입시켰지만 아베오쿠타를 점령하는 데는 실패했다. 케투는 요루바 최초의 왕인 오두두와의 일곱 아들이 세운 왕국들 중 하나로 요루바 땅 서쪽 끝에 있었다. 언어적, 문화적으로 요루바족과 가까운 케투는 종종 오요의 최전방을 자처하며 다호메이의 동진(東進)을 막는 선봉장 역할을 했다. 오요 제국의 분열과 19세기 중엽 최절정에 달한 요루바 도시국가들 사이의 내전은 다호메이의 위협에 처한 케투의 입지를 위축시켰다. 케투는 결국 고립무원의 상황에서 다호메이의 손에 최후를 맞이했다. 다호메이의 폰족 병사들은 약탈과 방화로 그 동안의 원한을 풀었고 포로가 된 케투의 시민들은 모두 브라질로 향하는 노예 무역선에 몸을 실었다. 포르투갈이 지배한 남미의 브라질은 이웃나라인 아르헨티나와는 달리 아프리카계 인구가 다수를 차지하며 아프리카에서 건너간 종교가 기독교와 결합되어 독특한 양식의 문화를 탄생시켰다. 이것은 기니만과 베닌만의 아산테족, 폰족, 요루바족, 에도족 간의 누대에 걸친 전쟁과 니제르강 동쪽 남동나이지리아에서 벌어진 익보족에 대한 이조족의 노예사냥, 그리고 오요 제국의 분열이 가져온 요루바 도시국가들 사이의 내전에 기인했다.

다호메이의 마지막 왕인 베한진은 지략과 용맹을 갖춘 뛰어난 지도자였다. 그는 다호메이의 오랜 숙원인 포르토 노보를 완전히 차지하기 위해 베닌만 남동 해안을 여러 차례 공격했다. 이것은 내륙 침탈의 기회를 엿보던 프랑스에게 간섭의 빌미를 제공했다. 다호메이의 포르토 노보에 대한 지배는 늘 불안정했으며 18세기 중반부터는 둘 사이에 대립과 충돌이 끊이지 않았다. 1861년 노예 무역을 차단하는 영국 함선들이 이 지역에 출몰하자 포르토 노보의 왕은 프랑스에 도움을 청했고 프랑스가 이 요청을 수락하면서 포르토 노보는 프랑스의 준(準) 보호령이 되었다. 다호메이는 이것을 인정하지 않았으며 프랑스와의 갈등은 새로운 국면으로 접어들었다.

오늘날 베닌 공화국 최대의 도시이며 행정, 외교, 경제의 중심지인 코토누를 둘러싼 다호메이와 프랑스의 충돌도 프랑스-다호메이 전쟁의 원인이 되었다. 19세기 초 코토누는 전략적 가치가 없는 작은 어촌에 불과했다. 1851년 다호메이의 게조 왕은 프랑스인들이 코토누에 교역소를 짓는 것을 허용했으며 1868년 겔렐레 왕은 프랑스와 조약을 체결하고 코토누를 프랑스에 양도했다. 1883년 동쪽에서 압박해 오는 영국에 불안감을 느낀 프랑스가 코토누 지역 전체를 점령하자 베한진 왕은 그의 선대(先代) 왕들이 프랑스와 맺은 모든 조약을 파기하고 코토누에 대한 권리를 주장했다.[102] 베닌만의 두 항구 포르토 노보와 코토누의 영유권을 놓고 벌어진 이 갈등은 양측이 한 발도 물러설 수 없는 상황으로 치달았다. 싸움을 먼저 시작한 쪽은 다호메이였다. 1890년 3월 4일 새벽 5시 수천의 다호메이 병사들은 프랑스군이 설치한 코토누의 통나무 방책을 뚫고 진격해 들어갔다.[103] 이 전쟁은 이후 수많은 전투와 휴전을 거쳐 1892년 제2차 프랑스-다호메이 전쟁으로 이어졌다. 베한진의 병사들은 용감하게 싸웠지만 신식 무기를 소지한 프랑스군을 상대하기에는 역부족이었다. 1894년 다호메이는 프랑스의 보호령이 되었다.[104] 동년(同年) 11월 3일의 카나 전투를 끝으로 인류사에 유일무이한 실재(實在)로 존재했던 다호메이 아마존스의 여전사들도 시간 속으로 함께 사라졌다.

다호메이 왕국에서는 산 사람의 목숨을 제단이나 사당에 바치는 인신 공양이 널리 행해졌다. 인신 공양은 유럽, 아시아, 신대륙, 아프리카를 막론하고 지구상 어디에나 있었던 현상이다. 서아프리카의 경우 사헬-사바나 기후대에 있던 가나 제국, 말리 제국, 송가이 제국, 하우사-풀라니 제국, 카넴-보르누 제국 등에서는 우상숭배를 금하는 이슬람의 영향으로 인신 공양 풍습이 오래전에 자취를 감췄지만, 기니만과 베닌만에 면한 열대 우림 기후대의 종족들 사이에서는 오랫동안 존속했다. 아산테 제국, 베닌

---

102 ibid. p. 192.

103 ibid. p. 194.

104 1893년 11월 16일 프랑스군이 아보메이로 진격해 들어오자 베한진 왕은 도시를 불태우고 북쪽으로 몸을 피했다. 프랑스군은 그 이틀날 아보메이에 입성했고 싱보지 궁에는 프랑스의 삼색기가 내걸렸다. 프랑스는 베한진의 동생을 새로운 왕으로 추대했다. 베한진은 1894년 1월 15일 투항했고 프랑스는 그를 서인도제도 남동부 프랑스령 섬 마르티니크로 추방했다.

제국, 다호메이 왕국, 요루바 왕국들에서는 중남미의 아즈텍, 마야 제국에 버금갈 정도로 이 풍습이 만연되어 있었다. 다호메이의 인신 공양은 그중에서도 가장 악명이 높았다. 수백 명에서 수천 명에 달하는 노예와 전쟁 포로들이 매년 열리는 국가 축제에서 죽은 자들을 위한 제물로, 또는 왕국의 힘을 과시하기 위한 희생양으로 죽임을 당했다.

아가자 왕 치세인 1730년대에 처음 등장한 다호메이 연례(年例) 축제는 다중적인 기능을 가지고 있었다. 원래 이 축제는 가족 단위로 치러지는 우리의 명절과 비슷했다. 가족이 한자리에 모여 가문의 웃어른한테 인사하고 가족사를 협의하던 조상 전래의 전통이 국가적 행사로 바뀐 것은 웩바자 왕 때였다. 다호메이의 왕들은 축제 기간 중에 백성들이 바친 선물과 피정복민이 바친 공물로 궁궐의 재정을 충당했고 자신들의 후덕함을 과시할 목적으로 일부는 사람들에게 나누어주었다.

국가의 중요 정책에 관한 거국적인 토론은 축제의 핵심 행사들 중 하나였다. 지방에서 올라온 제후들은 말할 나위도 없고 하급 관리와 다호메이 여전사들조차도 상관의 견해를 반박하면서 자신의 생각을 정당하게 피력했다. 다호메이 연례 축제에서 이루어진 민주적인 의견 교환은 "고대 그리스의 광장집회 또는 서양 의회의 정치적 기능과 비슷한 역할을 수행했다."[105] 발의(發議)와 질문, 답변은 자유로운 분위기 속에서 이루어졌지만 국왕만이 토론의 종결자가 될 수 있었다. 왕은 신하들의 견해를 따르는 경우가 많았으며 상충되는 의견들을 조율해 모두가 받아들일 수 있는 안(案)을 도출했다. 국왕에 의해 선포된 최종 안은 아무도 이의를 제기할 수 없는 국가적 합의로 간주되었다.

다호메이 연례 축제의 끝은 인신 공양으로 마무리되었다. 왕국의 권위를 상징하는 인신 공양은 그 권위에 도전한 자들의 최후를 보여줌으로써 장래에 있을지도 모를 반란을 미연에 방지하기 위한 것이었다. 다호메이의 인신 공양은 그 규모에 있어 기니만의 다른 종족들의 예를 압도했다. 수천 명이 한꺼번에 죽임을 당할 때도 있었다. 희생자의 대부분은 전쟁포로이거나 중범죄를 저지른 죄수들이었다. 처형은 주로 목을 베는 방법으로 집행되었다. 폰족이 다호메이 연례 축제를 '매년 하는 머리 사업'이라

105 Yoder, John C. 1974. 'Fly and Elephant Parties: Political Polarization in Dahomey, 1840-1870.' The Journal of African History 15(3): 417-432.

고 부른 것만 보아도 인신 공양이 이 행사에서 차지하는 비중이 얼마나 큰 것이었는지 짐작할 수 있다.[106] 왕이나 왕비가 죽은 해에는 더 많은 사람들이 제물로 바쳐졌다. 새로 즉위한 왕은 이 의식을 충실히 이행하고 나서야 왕위의 정통성을 인정받았다.

2.11. 월로프족과 세레르족

월로프족은 전체 인구의 90%가 넘는 580만 명이 세네갈에 거주한다. 인구가 250만 명에 불과한 감비아의 경우 월로프족의 비중은 15%, 약 38만 명밖에 안 되지만 수도인 반줄이 월로프족 도시이기 때문에 감비아 내에서 차지하는 이들의 위상은 전체 인구의 40%를 상회하는 만딩카족에 버금간다. 코트디부아르, 말리, 모리타니, 가봉, 기니비사우에서도 소수의 월로프족을 볼 수 있다. 월로프어는 세레르어, 풀라니어와 함께 나이저-콩고 어족의 세네감비아 어군에 속한다. 쌀밥 위에 생선을 얹어먹는 월로프족의 음식 졸로프 라이스는 서아프리카를 대표하는 국제적인 음식으로 유명하다. 만데족의 구연 시인 그리오처럼 월로프족의 구연 시인도 뛰어난 예술성을 자랑한다.

고대 테크루르 제국의 영내에 거주하던 월로프족은 14세기경부터 남하(南下)해 세네갈강과 감비아강 사이의 대서양 해안 지대에 정착한 후 네 개의 독립된 왕국을 건설했다: 졸로프 왕국, 왈로 왕국, 카요르 왕국, 바올 왕국. 종종 적대적 관계를 유지하던 이 왕국들은 '은다다네 은다예'라는 전설적 인물에 의해 졸로프 왕국을 중심으로 하는 연방으로 통합되었다. 흔히 졸로프 제국으로 불리기도 하는 이 연방의 최고 지도자는 은다다네 은다예의 직계 후손을 자처하는 졸로프 왕국의 왕이 맡았으며 그 왕위(王位)는 부르바 졸로프라고 불렀다. 졸로프 연방은 상기(上記)한 월로프족의 네 왕국에 세레르족이 남쪽에 세운 시네 왕국과 살로움 왕국이 더해져 나중에 여섯 개로 늘어났다.

왕국들은 내치(內治)에 관한 한 독립된 주권을 행사했지만 국방을 비롯한 그 외의 영역에서는 졸로프 왕국의 부르바 졸로프의 권위에 복종했다. 부르바 졸로프는 월로프족

---

106 Law, Robin. 1989. "'My Head Belongs to the King': On the Political and Ritual Significance of Decapitation in Pre-Colonial Dahomey.' The Journal of African History 30(3): 399-415.

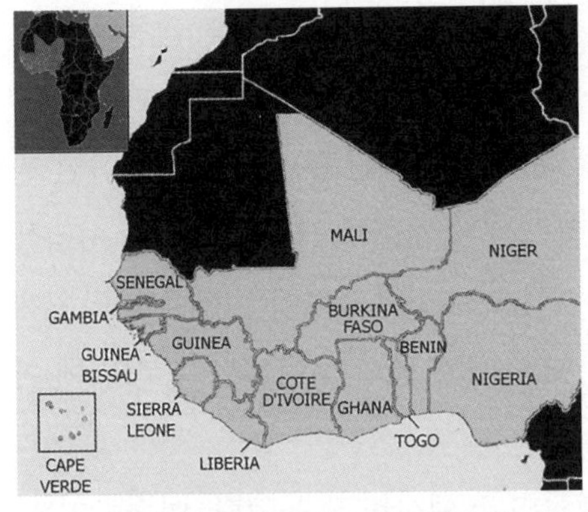

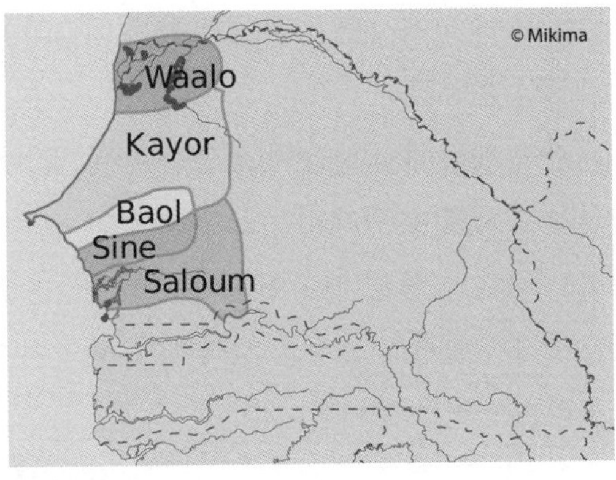

왼쪽: 서아프리카 지도 (맨 왼쪽에 세네갈이 표시되어 있다.)
오른쪽: 세네갈에 있었던 졸로프 제국

전체의 수장으로서 연방을 구성하는 왕국들로부터 세금과 공물을 징수하고 병사들을 징집할 수 있는 권한을 가졌다. 졸로프 왕국을 중심으로 한 졸로프 제국은 14세기 중엽부터 16세기 중엽까지 통일된 세력을 이루다가 그 이후로는 해체되어 부르바 졸로프의 통제에서 벗어난 독립된 왕국들로 존속했다. 이 왕국들은 1875년 푸타 잘론의 풀라니 이맘국에 의해 멸망된 후 1890년 프랑스령 서아프리카에 편입되었다.

졸로프 연방의 왕국들에서는 왕위 계승이 자동 승계가 아닌 선출을 통해 이루어졌다. 귀족들로 이루어진 국왕 선출 위원회는 왕국의 창시자의 직계 후손들 중에서 유능한 인물을 골라 왕으로 추대했으며 무능한 왕을 폐위시킬 수 있는 권한도 함께 갖고 있었다.

졸로프 왕국의 왕이자 동시에 졸로프 연방의 최고 지도자인 부르바 졸로프는 왕실 노예들로 구성된 '테에도스'라는 군대를 보유했다. 15세기 중엽에서 16세기 초반에 걸쳐 이 지역을 방문한 포르투갈인들은 부르바 졸로프가 대서양에 면한 세네갈 연안 내륙의 방대한 지역을 다스렸고 십만 명의 보병과 일만 명의 기병으로 구성된 대규모의 병력을 보유했다는 기록을 남겼다. 신분과 직위를 세습하는 귀족들과 왕한테만 충성을 하는 전문직 관리들 사이의 균형과 견제는 졸로프 연방에 속하는 왕국들의 공통된 특징이었다. 부르바 졸로프를 비롯한 졸로프 연방의 왕들은 왕의 선출권과 해임권을 가진 귀족들을 견제하기 위해 지방 장관들을 평민으로 임명하는 경우가 많았고, 수도에서는 왕을 보좌하는 내각과 대신들의 우두머리인 수상의 자문을 받아 국정을 운영했다.

왕족 신분에 속하는 여성들은 왕실 및 여성 문제와 관련된 분야에서 독립적인 권한을 행사했다. 왕대비는 모든 여성의 우두머리로서 여성들이 연루된 사건을 처리했고 세금과 공물을 거두어들이는 마을들을 독립적으로 소유했으며 노예들을 동원해 그녀에게 할당된 농장을 경작했다. 왕의 첫 번째 아내와 왕의 누이들도 그 직위에 어울리는 권한을 부여받았다.

이슬람은 졸로프 연방의 사회 전반에 큰 영향력을 행사하지 못했다. 이슬람이 월로프족에 최초로 전파된 시기는 11세기로 거슬러 올라가지만 풀라니 성전이 이 지역을 휩쓴 19세기까지 이슬람은 왕실을 비롯한 일부 상류층의 전유물에 불과했고 대다수의 주민들은 토착 신앙 또는 토착 신앙과 결합된 이슬람을 믿었다. 왕족과 귀족들 사이에서도 완전히 뿌리를 내리지 못한 이슬람은 소수의 무슬림 은사(隱士)들에 의해 교단의 명맥이 간신히 유지되었다. 이슬람으로 개종한 왕들조차도 이슬람을 후원하는 데 적극적으로 나서지 않았다. 동쪽의 가나, 말리, 송가이 제국에서는 이질적인 종족들을 통합하는 데 있어 이슬람이 종족의 개별 전통을 초월하는 정신적 구심점으로서의 역할을 했지만, 졸로프 연방은 이미 동질적인 문화를 공유하고 있었기 때문에 외부의 이념적인 도움에 의존할 필요가 없었다. 남쪽의 세레르족도 비록 민족 정체성은 달랐지만 월로프족과 역사적, 문화적으로 가까운 관계를 유지했다.

월로프 왕국들의 재정은 조세와 무역에 의존했다. 지방 장관은 주민들로부터 곡물, 가축, 토산품 따위를 거두어 중앙에 상납했으며 상인들이 내는 세금과 범법자들에게 부과되는 벌금도 조세의 중요 항목들 중 하나였다. 왕이나 왕대비의 탄신일에 지방 영주들이 보내오는 선물과 속지(屬地)에서 매년 정기적으로 올라오는 공물은 왕실의 재정을 충당하는 데 사용되었다. 세금으로 걷힌 물건들은 수출품으로 이용되기도 했다. 월로프족은 15세기 전반까지는 가나 제국, 말리 제국, 송가이 제국, 베르베르족과 거래했지만 15세기 후반부터는 해안에 주둔한 포르투갈인들과의 교역이 상대적으로 더 큰 비중을 차지하게 되었다.

졸로프 연방은 15세기 말부터 와해되기 시작했다. 왕을 선출하고 해임할 수 있는 권한을 지닌 귀족들 사이의 정쟁이 가장 큰 원인이었다. 1481년 부르바 졸로프인 졸로프 왕국의 왕 비라인이 폐위되면서 졸로프 연방은 혼란의 소용돌이 속으로 빠져들었다. 왕국들은 연방에서 이탈해 독립을 선포했다. 16세기 중엽에는 카요르 왕국의 다멜이 반란을 일으켜 바올 왕국을 정복하고 이를 응징하기 위해 출정한 부르바 졸로프를 격퇴시켰다. 반란과 독립의 이면에는 경제적 요인이 있었다. 대서양에 면한 카요르, 왈로, 바올 왕국은 내륙에 갇혀 있던 졸로프 왕국과는 달리 포르투갈인들과의 교역으로 막대한 부를 축적했고 신장된 국력을 바탕으로 부르바 졸로프의 통제에서 벗어날 수 있었다. 월로프족의 내분은 외침(外侵)을 불러오기도 했다. 1670년에는 모리타니의 무슬림들이 졸로프 연방을 공격해 카요르와 왈로의 왕들을 죽이고 졸로프 왕국의 군대를 섬멸했다. 그러나 모리타니의 점령은 오래가지 못했다. 비록 졸로프 연방은 해체되었지만 월로프족은 다시 힘을 합쳐 모리타니인들을 몰아냈고 19세기 말 풀라니족과 프랑스가 역사의 전면에 등장할 때까지 독립된 왕국들을 유지하며 발전해나갔다.

나중에 졸로프 제국의 일원(一員)이 된 세레르족은 월로프족과는 다른 민족 정체성을 가지고 있었다. 오늘날 세네갈의 수도인 다카르 남쪽에서 감비아 북쪽에 이르는 세네갈 중서부의 시네강과 살로움강 사이에 거주하는 세레르족은 모두 무슬림이며 총인구는 약 200만 명 정도 된다. 세네갈에서 세 번째로 큰 종족인 세레르족은 이 나라 전체 인구의 약 15%를 차지한다. 세레르족 출신으로 가장 유명한 사람은 셍고르다. 세레르족 부친과 풀라니계 모친 사이에서 태어난 레오폴드 세다르 셍고르는 아프리카 흑인문화 부흥 운동인 네그리뛰드의 초기 주창자들 중 한 명이었다. 그는 시인, 문화이론가, 교육자, 정치가로 프랑스와 아프리카에서 활동했다. 1906년에 태어나 2001년에 사망한 셍고르는 1960년부터 1980년까지 20년 동안 세네갈의 초대 대통령을 역임했다. 세레르어는 월로프어와 함께 나이저-콩고 어족 대서양-콩고 어군의 세네감비아어의 하위 집단인 풀라-세레르어에 속한다.

세레르족의 정확한 기원은 불분명하지만 12세기까지 모리타니와 세네갈 접경지대를 흐르는 세네갈강 남쪽 푸타 토로의 테크루르 제국 영내에 거주하며 풀라니계에 속하는 투콜로르족의 지배를 받았다. 이러한 역사적 이유로 인해 세레르족과 투콜로르족은 아직도 강한 문화적 유대감을 형성하고 있다. 세레르족은 테크루르 제국이 이슬람을 강요하자 12세기 말 현 거주지인 시네-살로움 지역으로 이주했으며 이주 후 곧 말링케족의 침략을 받았다. 수적으로 소수에 불과했던 말링케족은 시간이 지나면서 세레르 문화에 동화되었다. 이후 세레르-말링케 연합체는 13세기와 14세기를 거치면서 나중에 졸로프 연방에 편입된 시네 왕국과 살로움 왕국으로 발전해나갔다. 이 두 왕국은 졸로프 제국의 구성원이 된 후에도 자치권을 행사하며 그들의 전통과 권위를 유지했다.

월로프족과 마찬가지로 세레르족도 엄격한 신분제도를 가지고 있었다. 말링케족의 피를 물려받은 왕족, 전사, 재판관이 최상위 계층을 형성했으며 디암부르라 불리던 자유인이 그 밑에 위치했다. 디암부르는 가장 많은 사람들이 속한 계층으로 생산과 예술 활동에 종사하는 자작농, 직공, 피혁공, 목수, 시인 등이 여기에 포함되었다. 최하위 계층인 노예는 두 부류로 분류되었다. 가사 노예는 일반적으로 가족 구성원으로 간주되었지만 전쟁에서 포로가 되어 노예가 된 사람들은 광산이나 농장에서 일했고 매매나 증여의 대상이 되었다. 궁궐에 사는 노예들은 실질적으로 자유인보다 더 큰 권한을 행사했으며 고위직 관리로 임명되어 왕의 측근에서 왕을 보좌하는 경우도 있었다.

세레르 왕국은 민주적 선출제도를 가지고 있었다. '부르'라고 불렸던 왕들은 말링케족의 한 분파인 겔로와르족 중에서 선출되었는데 월로프족과는 달리 '디아라프 분다오'라는 한 명의 실력자가 그 권한을 행사했다. 디아라프 분다오는 왕을 해임할 수 있는 권한도 있었지만 선출과 해임에 관한 실제 결정은 귀족들로 구성된 귀족위원회의 자문을 받아 행해지는 경우가 많았다. 평민 계층인 디암부르에 속하는 디아라프 분다오가 이렇게 중요한 역할을 했다는 것은 세레르 왕국의 권력이 민주적으로 분산되어 있었다는 증거다. 디아라프 분다오는 왕위에 오를 수 없었고 또한 왕이 그의 임면권을 가지고 있었기 때문에 둘 사이에도 권력의 균형이 존재했다. 왕의 궐위(闕位) 시에는 새로운 왕이 선출될 때까지 디아라프 분다오가 왕의 임무를 대행했다. 이것은 세레르 왕국의 최고 권력이 평민들한테 있었다는 것을 말해준다.

세레르 왕국의 행정 단위는 구역이었다. 구역은 추장이 다스리는 두세 개의 마을로 이루어졌다. 행정과 사법을 관장한 추장은 세금을 걷어 중앙에 상납하는 임무도 맡았다. 세레르족도 월로프족처럼 이슬람에 대해 적대적이었는데 이러한 전통이 두 종족을 하나로 묶어주는 고리가 되었다는 주장도 있다. 19세기 말 풀라니족의 성전이 서아프리카 전역을 휩쓴 후 20세기에 가서야 비로소 이슬람을 받아들인 세레르족은 전통 종교와 전통 정치제도를 끝까지 유지한 몇 안 되는 예에 속한다. 농경을 중시한 세레르족은 주변 종족들과는 달리 대서양 무역에 종사하지 않았다. 이것은 세레르어가 해안의 주요 교통어로 발전하는 데 걸림돌이 되었다.

제3장
언어와 커뮤니케이션

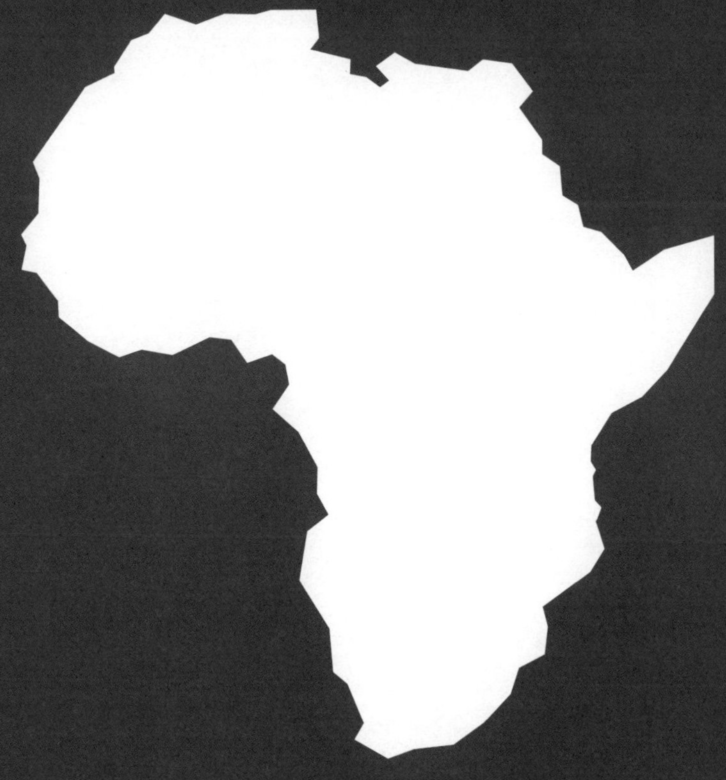

아프리카의 모든 국가는 다언어 사회이며 나이지리아처럼 한 나라 안에서 수백 개의 언어가 사용되는 경우도 있다. 제1절 아프리카의 언어 상황은 종족어, 교통어, 공용어, 국어 등과 같은 아프리카의 다언어 사회를 이해하는 데 필요한 기본개념과 개인적 차원에서의 언어 전환 및 국가적 차원에서의 언어 정책을 설명한다. 제2절 아프리카의 언어지도는 아프리카 언어들의 친족 관계와 계통 분류를 다룬다. 아프리카에서 관찰되는 네 개의 어족과 각각의 어족에 포함되는 언어들, 아프리카 언어 분류의 발자취와 주요 쟁점들이 언급될 것이다. 여기서는 미국의 언어학자 조셉 그린버그의 저서 『아프리카의 언어들』이[1] 주장하는 내용과 그린버그 이후에 등장한 가설들 중에서 중요한 것들이 소개된다. 아프리카 역사비교언어학은 수많은 학자들이 자웅을 겨뤘던 결전의 장이었으며 그들의 영광과 비탄이 교차했던 영욕의 무대였다. 잠시 그 무대 속으로 들어가 보는 것도 흥미로울 것이다.

3.1. 아프리카의 언어 상황

대부분의 아프리카 국가는 수십 또는 수백 개의 언어가 공존하는 파편화된 언어 상황을 보여준다. 한 나라에 다수의 언어가 존재하다 보니 많은 사람들이 일상 생활에서 종족어, 교통어, 공용어 등을 번갈아가며 사용한다. 이것을 영어로는 코드스위치 우리말로는 언어 전환이라고 한다. 나이지리아와 케냐는 아프리카의 복잡한 언어 상황을 보여주는 좋은 예다. 50여 개의 언어가 관찰되는 케냐는 2021년 기준 총인구 5,500만 명 중, 키쿠유어가 20%, 루오어가 14%, 루이야어가 13%, 캄바어가 13%, 칼렌진어가 6%를 차지하며, 나머지 언어의 한 언어당 평균 화자 수는 약 30만 명이다. 나이지리아는 파편화의 정도가 케냐보다 더 심하다. 총인구 2억 1천 2백만 명 중, 주요 언어별 인구 비중이 하우사어가 30%, 요루바어가 25%, 익보어가 20%이며, 남은 25%의 사람들이 약 400개 내외의 언어를 사용한다. 이것은 소수 언어 하나의 평균 화자 수가 10만 명 이하라는 것을 말해준다. 아프리카의 네 어족 중 세 어족에 속하는 언어들이 이 나라에서 관찰된다.

---

1 Greenberg, Joseph H. 1963. The Languages of Africa. Bloomington: Indiana University Press.

종족어는 어머니한테서 습득한 모어로 같은 종족 구성원들 사이에서 사용된다. 수천에서 수만의 화자밖에 없는 작은 종족어가 있는 반면 수천만 명이 쓰는 언어도 있다. 규모가 아주 큰 것은 범국가적 차원의 교통어나 국가를 초월한 국제적 차원에서의 교통어로 이용된다. 아프리카의 주요 종족어로는 순전히 화자 수만을 고려했을 때 다음과 같은 것들이 있다: 하우사어(나이지리아, 니제르), 요루바어(나이지리아, 베닌), 익보어(나이지리아), 암하라어(에티오피아), 소말리어(소말리아), 키쿠유어(케냐), 줄루어(남아공), 꼬사어(남아공), 쇼나어(짐바브웨), 수투어(남아공), 아칸어(가나)[2] 등. 이것들 말고도 규모가 큰 언어들이 많이 있는데 제3절에서 자세히 살펴볼 것이다.

정부 기관, 학교, 병원과 같은 공공 기관에서 쓰이는 공용어는 영어, 불어, 포르투갈어 같은 과거 식민종주국의 언어다. 공용어 구사 능력은 개개인의 교육 수준에 따라 큰 차이를 보여준다. 다음의 표는 아프리카 각국의 공용어를 정리한 것이다.

많은 언어가 공존하는 사회에서 서로 다른 언어적 배경을 가진 사람들 간의 의사소통을 위해서는 교량 역할을 하는 제3의 언어가 필요하다. 이것을 영어로는 링구아 프랑카 우리말로는 교통어라고 한다. 해당 지역에서 가장 많은 화자를 가진 언어가 교통어가 되는 것이 일반적인 현상이다. 교통어는 다양한 역사적 배경으로 인해 아프리카에서 자생적으로 생겨났지만 꼭 토속어만 교통어가 되는 것은 아니다. 의사소통의 교량 역할을 할 수만 있다면 어떤 언어도 교통어의 지위에 오를 수 있다. 교통어에는 지방적 차원의 교통어, 국가적 차원의 교통어, 국제적 차원의 교통어가 있다. 동아프리카 여러 나라에서[3] 광범위하게 사용되는 스와힐리어, 나이지리아 중북부, 니제르 남부에서 널리 쓰이며 베닌, 토고, 가나 공화국의 일부 지역에서도 소통되는 하우사어는 아프리카에서 가장 큰 교통어다.

스와힐리어는 원래 동아프리카의 해안 도서지방에서 아프리카-아랍(오만) 혼혈인의 후손들이 사용하던 작은 언어였지만 노예 무역과 상아 무역의 확산 경로를 따라 내륙으로 전파되어 중동부 아프리카의 십여 개 나라에서 많은 사람들이 모어와 더불어

---

2 정확히 말하면 아칸어가 아니라 아칸어 계열이다. 일련의 방언 연속체를 이루는 아산테어, 판테어, 아쿠아핌어, 보노어 등이 여기에 속한다.

3 탄자니아, 케냐, 우간다, 소말리 남부, 모잠비크 북부, 말라위 북부, 자이레 남동부, 마다가스카르 서부 해안 등.

국가 이름	공용어	국가 이름	공용어	국가 이름	공용어
이집트	아랍어	가봉	불어	마다가스카르	불어
리비아	아랍어	감비아	영어	모리셔스	영어, 불어
알제리	아랍어	라이베리아	영어	말라위	영어
튀니지	아랍어	카메룬	불어, 영어	앙골라	포르투갈어
모로코	아랍어	부르키나파소	불어	보츠와나	영어
수단	아랍어	적도기니	스페인어	콩고	불어
소말리아	아랍어	차드	불어	기니비사우	포르투갈어
코모로	아랍어	중앙아프리카	불어	잠비아	영어
나이지리아	영어	말리	불어	짐바브웨	영어
베닌	불어	에티오피아	암하라어	모잠비크	포르투갈어
토고	불어	지부티	아랍어	나미비아	영어
가나	영어	케냐	영어	남아공	영어
기니	불어	탄자니아	영어	레소토	영어
코트디부아르	불어	우간다	영어	에스와티니	영어
세네갈	불어	르완다	불어	카나리군도	스페인어
세에라리온	영어	부룬디	불어	카보베르데	포르투갈어

제2의 언어로 사용하게 되었다. 스와힐리어는 아랍어에서 차용된 어휘가 전체의 60% 이상을 차지하지만 언어학적으로는 순수한 아프리카어에 속한다. 스와힐리어가 빠르게 확산될 수 있었던 이유도 같은 반투어 계열의 말을 쓰는 주변의 종족들이 쉽게 배울 수 있었기 때문이다.

하우사어는 나이지리아 북부, 니제르 남부에 살고 있는 하우사족의 언어로 과거 하우사 칠왕국의 중계 무역 루트를 따라 퍼져 나갔으며, 하우사-풀라니 제국의 등장과 영국의 식민 지배를 거치면서 교통어로서의 지위가 강화되었다. 하우사-풀라니 제국을 건설한 우스만 단 포디오는 신의 가르침을 전파하는 데 있어 그의 모어인 풀라니어보다 이미 많은 종족들이 교통어로 사용하고 있던 하우사어가 효과적이라고 생각했다. 하우사어는 하우사-풀라니 제국의 팽창과 우스만의 언어 정책에 힘입어 19세기 초부터 20세기 초까지 빠른 속도로 주변 지역에 전파되어나갔다. 우스만의 뒤를 이어 하우사어의 확산에 기여한 사람들은 영국인들이었다. 북부나이지리아가 영국의 보호령이 된 후 식민지 교육 당국은 아랍어 철자로 표기되던 하우사어의 로마자화를 추진함으로써 일반인들도 하우사어를 쉽게 읽고 쓸 수 있게 되었다. 영국인 관리들은 하우사어 문법서와 사전 등을 편찬했고 학생들이 읽을 수 있는 하우사어 교재를 개발하기 위한 목적으로 문학상을 제정하고 작가들을 발굴하는 데에도 힘썼다. 당시 식민지 문학국의 영국인 관리 이스트는 다음과 같이 말했다.

> 이 글의 주 관심 대상인 북부나이지리아에 토속어, 특히 로마자로 쓰인 하우사어를 읽고 쓸 수 있는 사람들의 수가 급속히 늘고 있다. 그러나 최근까지도 그들이 읽는 능력을 습득했을 때 그것을 활용할 수 있는 읽을거리라고는 거의 없었으며 문학은 전무한 실정이었다. 우리는 그들에게 말을 타는 방법은 가르쳤지만 탈 수 있는 말은 제공하지는 못했다. 그 결과 초등학교를 마치고 나면 아프리카인들은 자신의 언어로 어떤 의미 있는 일을 할 기회나 격려 따위를 받을 기회를 가지지 못한다. 뛰어난 재능을 갖고 있거나 큰 야망을 품은 사람일수록 그 자신이나 그의 교사는 모든 시간과 정력을 유럽인의 언어와 관습에 능통하도록 하는 일에 사용하는 것이 더 중요하다고 생각하는 것 같다. 이런 식으로 길이 들면 그는 자신의 모어로 사고하고 분명하게 표현하는 것이 불가능해진다. 더욱이 그가 학교 교육이나 대학 교육을 마칠 때쯤이면 그는 모어로 말할 수 있는 능력을 상실하거나 혹은 어법에 맞게 말하기를 원치 않으며, 심지어 일상의 일들을 말하는 데 있어서도 자신의 어휘 자원을 이용하지 않거나 또는 이용할 능력이 없어서 유럽어나 엉터리 유럽어의 어휘들을 섞어서 쓴다.[4]

이스트는 아프리카인들을 위한 읽을거리는 유럽인이 아닌 아프리카 현지인이 쓴 것이어야 한다고 생각했다. 또한 독서가 돈을 지불할 가치가 있는 행위라는 관념이 사람들의 마음속에 스며들기 위해서는 책이 무상으로 주어져서는 안 되며 반드시 시장을 통해 독자들에게 팔려나가야 한다고 생각했다. 이스트의 노력으로 식민지 문학국이 제정한 문학상에 응모한 작품들 중에서 다섯 개가 최종 선정되어 출판되었다: 아부바카르 이맘의 『루완 바가자』(신비의 물), 아무바카르 타파와 발레와의 『쉐후 우마르』, 벨로 카가라의 『간도키』(지나친 열정으로 인해 어리석게 행동하는 사람을 일컫는

---

4 East, R.M. 1938. 'A First Essay in Imaginative African Literature.' p. 355. Africa 9(3): 350-357.

말), 모함마두 그와르조의 『이동 마탐바이』(질문하는 사람의 눈), 타피다와 이스트가 함께 쓴 『지키 마가이』(하우사 속담으로 '몸이 모든 것을 말해준다'는 뜻). 이스트는 이것들이 그의 목적을 (비록 완벽하게는 아니지만) 상당히 충족시켜 주었다고 생각했다. 그는 아프리카인들도 수준 높은 토속어 문학 작품을 생산해낼 수 있을 만큼 창의적이라는 신념을 갖게 되었다.

하우사어는 1967년에 시작해 1971년에 끝난 비아프라내전 이후 종족 간의 화합을 위한 연방정부의 정책에 힘입어 다시 한번 도약의 전기를 맞이했다. 나이지리아 정부는 하우사족, 요루바족, 익보족 학생들에게는 모어를 제외한 다른 두 언어 중에서 하나를 배우게 했으며, 여타 소수 종족의 학생들에게는 이 세 언어 중에서 하나를 선택해 배우도록 했다. 학생들은 요루바어나 익보어 대신 하우사어를 선택하는 경우가 많았다. 오늘날 하우사어는 북동나이지리아 카누리족 지역에서도 광범위하게 사용되고 있으며 지금도 빠른 속도로 그 세력을 넓혀가고 있다.

국어는 한 나라를 언어적으로 상징한다. 아프리카의 많은 나라들은 종족들 간의 역학 관계를 반영해 큰 종족의 언어를 국어로 삼는 경향이 있다. 국어 대신 공용어라는 말을 선호하는 경우도 있다. 이때의 공용어는 국어와 같은 뜻으로 이해하면 된다. 일례로, 남아공에는 열한 개의 공용어가 있다: 줄루어(22.7%), 꼬사어(16%), 아프리칸스어(13.5%), 영어(9.6%), 북 수투어(9.1%), 츠와나어(8%), 수투어(7.6%), 총가어(4.5%), 스와지어(2.5%), 벤다어(2.4%), 은데벨레어(2.1%). 케냐는 스와힐리어가 국어이고, 공용어는 영어와 스와힐리어다. 탄자니아의 경우는 공용어가 없고 국어(스와힐리어)만 있으며, 반대로 우간다는 공용어(영어, 스와힐리어)만 있다.

언어적 정체성과 민족적 정체성이 일치하지 않을 때도 있다. 서로 소통이 안 되는 언어들의 화자가 민족 정서를 공유하는 경우가 있는 반면, 그 반대의 예, 즉 말은 통하지만 다른 정체성을 갖는 경우도 있다. 에스와티니에 살고 있는 스와지족의 스와지어는 남아공 줄루족의 줄루어와 통하지만 스와지족은 자신을 줄루족과 구별되는 다른 종족으로 인식한다.

극소수의 사람들만 사용하는 언어는 언어들 간의 경쟁에서 밀려나 소멸되기도 한다. 동아프리카의 부룬디는 대부분의 사람들이 키룬디어를 구사하며 히마어 화자는 수천 명에 불과한 것으로 알려져 있다. 북 히마어는 이미 소멸되어 이 언어를 쓰던 사람들은 이웃 종족의 언어인 나일-사하라 어족의 렌두어를 사용하며, 남 히마어는 아직 명맥을 유지하고 있지만 현 추세라면 머지않아 지구상에서 사라질 것으로 보인다. 인류문화의 기록과 보전이라는 차원에서 소멸 직전의 상황에 처해 있는 아프리카 언어들의 자료 수집이 절실히 요구되고 있다.

아프리카인들은 하루에도 여러 번 사용하는 언어를 바꾼다. 여러 종족이 섞여 사는 대도시일수록 이런 현상이 심하다. 서로 다른 종족의 사람들이 대화할 때 화자의 모어나 청자의 모어가 사용될 수 있으며, 제3의 언어, 다시 말해, 교통어나 공용어가 사용될 수도 있다. 언어 선택의 문제는 단일어 사회에서 살고 있는 한국인들은 상상하기 힘들 정도로 복잡하다. 주어진 상황에서 어떤 언어를 선택할 것인가에 대한 판단을 강제하는 기준은 없지만, 유능한 화자는 개인적 친소 관계, 업무의 성격, 공식성의 정도 같은 상황적 요인을 고려해 가장 적절한 언어를 고른다. 일반적으로 서로 다른 언어적 배경을 가진 사람들이 만나는 학교, 관공서, 병원 같은 공공장소에서는 공용어나 교통어가 쓰이고 집에서는 종족어가 쓰인다. 그런데 이것이 그리 간단한 문제는 아니다. 사람들은 정보나 지식을 공유하고 전달하기 위해 언어를 사용하지만 언어는 화자와 청자의 사회적 관계를 정의하거나 유대감을 확인하는 데에도 이용되기 때문이다.

하이네의 수직적 커뮤니케이션과 수평적 커뮤니케이션 이론은 아프리카인들이 일상에서 부딪히는 언어 선택의 문제를 명료하게 설명한다.[5] 수직적 커뮤니케이션은 사회적 신분이나 지위에 있어 상하 관계에 있는 사람들 사이의 의사소통을 말한다. 이 유형의 커뮤니케이션에서는 높은 위치에 있는 사람의 언어나 공용어가 사용되는 게 일반적이다. 식민지 시대에 이루어지던 백인과 현지인 사이의 대화가 여기에 속한다. 수평적 커뮤니케이션은 대등한 관계에 있는 사람들 간의 의사소통으로 대화 참여자들이 속한 공동체의 언어, 즉, 종족어나 교통어가 사용된다. 수직적 커뮤니케이션과 수평적 커뮤니케이션의 예를 제시하면 다음과 같다.

---

5 Heine, Bernd. 1977. 'Vertical and Horizontal Communication in Africa.' Afrika Spectrum 12(3): 231-238.

우스만과 발라는 어릴 적 친구였다. 우스만은 고위 공직자가 되었고, 발라는 고향에서 농사를 짓다가 우스만이 출세했다는 소문을 들었다. 어느 날 어려운 상황에 봉착한 발라는 우스만의 힘을 빌려 문제를 해결하려고 우스만을 찾아간다. 이때 발생 가능한 상황은 두 가지 중 하나다. 첫째는, 발라가 옛날 소꿉친구 시절의 추억을 환기시키고자 종족어를 사용하는 경우다. 우스만이 반갑게 맞이하면서 같은 언어로 화답하면 발라의 목적은 십중팔구 달성될 것이다. 그러나 발라의 인사에 우스만이 영어로 대꾸하면 둘 사이의 관계는 수직적 성격을 띠게 된다. 사적인 부탁을 거절하려는 우스만의 의도를 간파한 발라는 그냥 집으로 돌아갈 수밖에 없을 것이다. 불쌍한 발라!

우리나라와 같은 단일어 사회에서는 국어를 정하는 데 있어 하등의 어려움이 없지만 종족 간에 첨예한 갈등이 존재하는 곳에서는 이것이 다루기 힘든 정치적 문제로 비화하기도 한다. 나이지리아에서는 국가건설을 위한 국어 선택의 문제가 독립 이래 정치적, 학문적으로 가장 뜨거운 현안들 중의 하나가 되어왔다. 영어를 선호하는 사람들은 영어의 국제어로서의 위상에 기인한 실리적 측면과 특정 집단의 언어가 아니라는 것에서 오는 정치적 중립성을 강조한다. 표준 영어가 아닌 피진 영어를 선호하는 사람들도 있다. 이들은 피진은 불완전한 말이 아니라 자연어로서의 완전한 체계를 갖춘 언어라는 점과 표준 영어에 익숙한 사람들은 소수에 불과하다는 사실을 지적한다. 현재 남부나이지리아를 중심으로 나이지리아 인구의 30% 이상이 피진 영어를 교통어로 사용한다는 점에서 피진 영어의 공식적 지위에 대한 논의는 계속될 것으로 보인다. 국어로 토속어를 선택해야 한다고 주장하는 사람들은 독립국가의 자긍심을 높이기 위한 차원에서 식민종주국의 언어와 단절할 필요가 있다고 말한다. 토속어를 지지하는 사람들 중에는 종족주의를 타파하기 위해 소수 종족의 언어를 국어로 채택해야 한다고 주장하는 사람도 있으며, 하우사어, 요루바어, 익보어 같은 다수 종족의 언어를 혼합해서 새로운 언어를 만들자고 주장하는 사람도 있다. 1979년 하우사어, 요루바어, 익보어를 국어로 공표한 나이지리아 당국은 이어서 연방 및 지방의회에서의 언어 사용에 관한 법을 제정하고 이 세 언어와 더불어 영어를 공용어로 선포했다. 신문과 방송에서는 영어와 이 세 언어를 함께 사용한다.

아프리카에서 언어 정책을 가장 성공적으로 이끈 나라는 1961년 영국에서 독립한 탄자니아다. 탄자니아는 1차 대전 이전에 독일 식민지였던 탕가니카와 잔지바르가 합병하면서 탄생한 이름이다. 성공의 이면에는 두 가지 요인이 있었다. 첫째는, 이 나라의 국부(國父)로 불리는 줄리우스 네레레 대통령의 강력한 리더십이다. 네레레 대통령은 1960년대 후반 사회주의 노선을 택하면서 농촌을 기반으로 한 스와힐리어 중심의 정책을 추진했다. 둘째는, 큰 종족들이 주도권 다툼을 벌이는 나라들과는 달리 압도적 다수를 차지하는 종족들이 없는 파편화된 언어 상황이다. 한 두 개의 종족 집단이 정치적 헤게모니를 장악하기 어려운 상황에서 스와힐리어를 통한 국가통합은 큰 저항에 부딪히지 않았다. 탄자니아는 스와힐리어를 모어로 사용하는 사람들이 전체 인구의 10%도 안 되었지만 지금은 거의 모든 국민이 스와힐리어를 모어처럼 자유롭게 구사한다. 학교에서는 8학년까지 스와힐리어가 사용되고 그 후부터는 영어가 사용된다. 중등 교육 과정을 마친 학생들은 종족어, 스와힐리어, 영어를 구사할 수 있는 3개 언어 화자가 되는데, 스와힐리어와 영어만 구사하는 이중 언어 화자가 점점 늘어나는 추세다.

3.2. 아프리카의 언어지도

아프리카 대륙에서 관찰되는 언어의 수는 적게는 수백 개(약 800개)에서 많게는 수천 개(약 3,000개)에 이른다. 정확한 수를 산정하기 힘든 이유는 언어들 사이의 경계를 가르는 데 있어 학자들마다 적용하는 기준이 다르기 때문이다. 어떤 지역에 다섯 개의 방언이 있다고 할 때 이들을 하나의 언어로 간주하는 사람들이 있는가 하면 각각 다른 언어로 보는 사람들도 있다. 예를 들어, A와 B가 통하고, B와 C가 통하는데 A와 C가 서로 통하지 않으면 A, B, C 사이의 경계를 설정하는 데 어려움이 따를 것이다. 이 밖에도 어디까지를 소통의 범주에 포함시킬 것인가의 문제도 있다. 아프리카의 개별 언어를 정의하는 작업은 앞에서 살펴본 언어 선택과 언어 정책만큼 복잡하고 어려운 일이다. 쉽게 답하기 힘든 이런 난해한 문제들이 있다는 것을 아는 것만으로도 아프리카에 대한 이해에 한 걸음 더 다가선 것이다.

아프리카에는 네 개의 어족이 있다: 아프리카-아시아 어족, 나이저-콩고 어족, 나일-사하라 어족, 코이산 어족. 한 언어가 어떤 어족에 속하며 어떤 언어들과 친족 관계를 이루는지 알고 있으면 관련된 설명과 문맥을 이해하는 데 도움이 된다. '아프리카의 언어지도'는 위에서 언급된 각 어족의 내적 구성, 규모, 분포 지역, 주요 언어의 특징과 화자 수 등을 소개한다. 아프리카 언어들의 계통 분류는 전문적이며 논쟁의 소지가 많은 학문 분야로서 아직까지도 미완의 연구 대상으로 남아 있는 언어들이 많이 있으며 분류기준도 새로운 자료나 이론에 따라 자주 수정되어 왔다. 여기서는 미국의 조셉 그린버그를 중심으로 설명할 것이다. 한 가지 꼭 기억해 두어야 할 것은 아프리카 언어 연구에 평생을 바친 수많은 학자들이 있었다는 사실이다. 교만하지만 똑똑한 그린버그는 이들이 쌓아놓은 토대 위에서 날카로운 통찰력과 설득력 있는 가설로 새로운 분류 기준들을 제시했다. 그렇다면 그린버그 이전의 학자들은 어떤 사람들이었을까? 두 가지를 지적할 수 있다. 첫째, 그들은 자기 연구 분야에서 수십 년 동안 자료를 수집하고, 분석하고, 훗날의 누군가의 후속 연구를 위한 토대를 구축하면서, 성급하게 결론 내리는 것을 자제했다. 영국 런던의 동양아프리카학대학의 말콤 가쓰리의 반투어 연구는 이의 대표적인 예다.[6] 둘째, 그럼에도 불구하고 이들은 몇 가지 치명적인 실수를 저지르고 있었다. 그 첫째는 햄어와 셈어라는 전통적인 이분법의 약점을 인식하지 못했다는 것이고, 다른 하나는 사하라 이남의 아프리카에 광범위하게 분포하는 반투어의 계통 분류상의 항렬을 너무 높게 잡았다는 것이다. 그린버그는 이런 오류를 오만하게 지적했고 정당하게 바로잡았다. 아프리카 역사비교언어학의 토대를 닦으면서 묵묵히 연구해온 선학(先學)의 '위대한' 업적은 '건방진' 한 후학(後學)에 의해 철저하게 유린당했지만 아무도 저항할 수 없었다.

3.2.1. 아프리카-아시아 어족

아프리카-아시아 어족은 주로 사하라 사막, 북동아프리카, 아라비아반도에서 쓰이는 언어들을 포함하지만 하우사어처럼 순수 흑인 언어가 여기에 속하는 경우도 있

---

6 Guthrie, Malcolm. 1967–1971. Comparative Bantu: an Introduction to the Comparative Linguistics and Prehistory of the Bantu Languages. Farnborough: Gregg Press.; Guthrie, Malcolm. 1948. The Classification of the Bantu Languages. London: Oxford University Press.

다. 언어들의 계통 관계를 밝히는 작업은 인류학적 가정이나 성경의 기록에 기초해서는 안 되며 순전히 언어학적 증거만을 이용해야 한다는 그린버그의 주장은 옳다. 이 어족에는 여섯 개의 어군이 있다: 셈 어군, 베르베르 어군, 쿠쉬 어군, 오모 어군, 차드 어군, 이집트 어군.

'셈'이라는 말은 구약성경에 나오는 노아의 아들 셈과 햄에서 유래되었다. 노아한테는 셈, 함, 야벳이라 불리는 세 명의 아들이 있었다. 어느 날 함은 포도주에 취해 벌거벗은 채 자고 있는 노아를 보고 밖으로 뛰쳐나와 형제들한테 그 사실을 알린다. 셈과 야벳은 아버지의 나신을 보지 않기 위해 뒷걸음질로 천막에 들어가 아버지의 벗은 몸을 담요로 덮어준다. 잠에서 깬 노아는 나중에 이 소식을 듣고 그의 알몸을 본 함에게 저주를 내린다. 그 내용은 함의 자손이 대대손손 셈의 자손의 노예로 살게 된다는 것이었다. 구약성경 창세기편에 나오는 이 대목은 피부색이 하얀 셈족과 피부색이 덜 하얀 햄족의 관계를 설명하는 이론적 모태가 되었다. 성서의 이야기가 셈의 후손을 중심으로 전개된 반면에 함의 후손에 관한 이야기는 히브리인과 아랍인 사이에서 주로 신화의 형태로 전해 내려왔다. 사람들은 이집트인, 리비아인, 베르베르인, 에티오피아인, 소말리인 등이 함의 후예라고 생각했다. 그리고 여기서 한 걸음 더 나아가 아프리카의 흑인들도 함의 후손이라는 주장이 제기되었다.

북아프리카와 북동아프리카의 셈어에 속하지 않는 언어에 맨 처음 주목한 사람은 렙시우스다. 렙시우스의 생각은 다른 사람들에 의해 더욱 발전되어 셈어와 대응하는 의미에서의 햄어, 즉, 햄-셈 어족이라는 가설을 낳았다. 이것은 언어 연구에 신화적, 비언어학적 방법론을 끌어들인 것으로서 그린버그의 좋은 먹잇감이 되었다. 그린버그는 햄이라는 상위 개념을 없애고 햄에 귀속되었던 모든 하위 집단을 셈과 동등한 수준으로(항렬로) 끌어올린 후 이들을 모두 묶어 아프리카-아시아 어족이라고 불렀다. 간단히 설명하면, 이전에는 셈어가 쿠쉬어의 삼촌뻘이었지만, 이제는 쿠쉬어를 포함해 과거 햄어에 속했던 베르베르어, 오모어, 차드어가 셈어와 함께 모두 아프리카-아시아 공통 조어(祖語)에서 갈라져 나간 형제 관계의 언어라는 것이다. 오늘날 햄이라는 말은 아프리카 역사비교언어학에서는 더 이상 쓰이지 않지만 인류학과 역사학에서는 아직도 계속 사용하는 사람들이 있다. 이제 아프리카 관련 전문 서적에서 햄이라는 단어를 보더라도 당황할 필요가 없을 것이다.

아프리카-아시아 어족의 또 다른 하위 어군인 이집트 어군에는 고대 이집트어와 콥트어가 포함된다. 콥트어는 고대 이집트어를 계승한 언어로 현재 구어(口語)로는 쓰이지 않지만 이집트 정교회와 이집트 가톨릭 교회에서는 지금도 사용되고 있다. 초기 기독교 문헌 중에는 콥트어로 쓰인 것이 많이 있다. 콥트어는 이집트 상형문자를 해독하는 데에도 큰 도움을 주었다. 콥트어는 서기 1세기경부터 데모틱[7] 문자가 첨가된 변형된 그리스 문자로 기록되기 시작했다. 아랍인들이 7세기에 이집트를 정복하고 8세기 초에 아랍어가 국가의 공식어로 선포되면서 콥트어는 쇠락의 길로 들어서기 시작해 10세기에는 수도 카이로를 벗어난 변방에서만 사용하는 언어로 전락했다. 이후 맘루크 왕조(1250년~1517년)의 술탄은 콥트어를 말하는 사람을 가혹하게 처벌하는 정책을 펼쳐 17세기가 되면 아랍어가 콥트어를 완전히 대체하게 된다. 19세기 후반 알렉산드리아의 이집트 정교회 교황 씨릴 4세는 콥트어 부활 운동을 전개했다. 이 운동은 현대에도 계승되어 콥트어 연구소를 중심으로 이집트 안팎에서 많은 활동이 전개되고 있다.

셈어는 서아시아, 북아프리카, 북동아프리카에서 쓰이는 여러 언어들을 계통적 차원에서 함께 묶어서 부르는 말로 전체 화자 수는 약 3억 5천만 명으로 추정된다. 셈이라는 단일한 자연어는 없다. 아랍어, 히브리어, 암하라어, 티그리냐어, 아람어는 현재 사용되는 셈어 중에서 많이 알려진 것들이다. 사멸된 언어로는 아카드어, 아시리아어, 우가리트어, 페니키아어, 모아비트어, 게에즈어 등이 있다. 암하라어는 에티오피아 암하라족의 언어로 약 3천 5백만 명이 모어로 사용하고 2천 5백만 명 이상이 제2의 언어로 사용하는 이 나라에서 가장 큰 언어다.[8] 암하라족은 아라비아반도 남동

---

7 고대 이집트 문자에는 상형문자(hieroglyphic), 성용문자(hieratic), 민용문자 또는 민중문자(Demotic)가 있었다. 상형문자는 사원이나 공공 기관의 비문에 새기던 공식적인 용도의 서체였으며, 성용문자는 상형문자를 흘려 쓰는 초서체로 18왕조 시대인 기원전 1800년경에 이르러서는 신성한 일에 종사하던 승려들 사이에서 널리 사용되었다. 민용문자(민중문자)는 성용문자보다 더 빨리 흘려 쓰는 서체로서 23왕조 시대인 기원전 730년경에 나타났다. (장태상. 1996. 「아프리카의 문자」. 『세계의 문자』. 예술의 전당. 421쪽.)

8 에티오피아에서 가장 많은 사람들이 모어로 사용하는 언어는 약 3천 6백만 명이 쓰는 아프리카-아시아 어족의 쿠쉬 어군에 속하는 오로모어다.

쪽 지금의 예멘 공화국에 있던 스바 왕국의 여왕[9]과 이스라엘의 솔로몬 왕 사이에서 태어난 메넬리크 1세가 그들의 조상이며, 기원전 10세기에 스바 왕국의 사람들이 메넬리크 1세의 영도 하에 홍해를 건어 북 에티오피아의 아비시니아에 에티오피아 왕국을 세웠다고 말한다. 고대에는 이 나라를 악숨 왕국으로 불렀다. 현재의 에티오피아 공화국은 1931년까지 아비시니아로 불렸는데 국명을 바꾼 이유는 어감상의 이유도 있지만 고대에 번영을 누렸던 에티오피아의 영광을 재현하기 위해서였다. 암하라족은 원시 기독교의 한 종파인 에티오피아 테와히도 정교를 믿는다.

에티오피아, 에리트레아, 소말리아

티그리냐어는 에티오피아 북부, 에리트레아 남부에서 사용되는 셈어다. 전체 사용 인구 1,000만 명 중에서 700백만이 에티오피아에 거주하고 나머지는 에리트레아에 살고 있다. 에리트레아는 1993년 에티오피아 연방에서 탈퇴해 독립국가가 되었다. 고대 아시리아의 언어였으며 히브리어와 계통적으로 가까운 아람어는 예수와 그의 제자들이 사용했던 말이다. 구약성경의 다니엘편, 에스라편, 예레미아편의 많은 부분이 아람어로 기록되었다. 예수 생존 당시 예루살렘의 유대인은 히브리어를 사용했고 갈리리 지방의 유대인은 아람어를 썼다. 아람어는 고대부터 시작해 아시리아, 신바빌로니아, 페르시아 시대를 거쳐 7세기 중엽 아랍어에 그 지위를 내줄 때까지 서아시아의 많은 지역에서 교통어로 사용되었다.[10] 아람어는 탈무드의 언어이기도 하다.

에리트레아와 에티오피아 북부 고원 지대에서 발원한 게에즈어는 고대 악숨 왕국

---

9 열왕기 상권 10장, 역대기 하권 9장, 꾸란 27장 23절.

의 공용어였으며 현재 에리트레아 남부 고지대에서 쓰이는 티그리냐어와 북부 고지대에서 쓰이는 티그레어의 모태가 되었다. 게에즈어는 비록 사멸되었지만 세계에서 가장 오래된 글쓰기 전통을 갖고 있는 언어들 중의 하나다. 에티오피아 테와히도 정교회, 에리트레아 테와히도 정교회, 에티오피아 가톨릭 교회, 에리트레아 가톨릭 교회의 예배 의식에서는 아직도 게에즈어가 쓰이고 있다. 유대인의 후예임을 주장하는 '베타 이스라엘'이라고 불리는 에티오피아의 흑인들 중에는 예배 의식에서뿐만 아니라 성경에서도 게에즈어를 사용하는 사람들이 있다.[11]

악숨 왕국은 에티오피아 북쪽 티그리냐 주와 에리트레아에 걸쳐 있던 나라로 기원전 4세기의 초기 악숨 시대를 거쳐 기원후 1세기에 전성기에 이르렀고 6세기부터 쇠퇴하기 시작해 9세기 중엽 쿠쉬 어군에 속하는 아가우족한테 정복당했다. 아가우족은 셈족을 몰아내고 그 자리에 자그웨 왕조를 열었다. 악숨 왕국은 이집트, 그리스, 로마, 인도 등과 교류했으며 문화적으로는 그리스의 영향을 가장 많이 받았다. 325년 악숨 왕국이 기독교를 국교로 선포한 후 그리스어로 기록된 초기 기독교 문헌들이 게에즈어로 번역되었다.

> 성경은 물론, 교부학(patrology), 신학, 예배 의식(liturgy) 관련 문헌들이 번역되었는데, 이러한 작품들은 이후 게에즈 문학의 전형이 된다. 성경 번역 작업은 4세기 중엽부터 7세기 말에 걸쳐 시행되었고, 여러 편의 수도사전과 교부전이 그리스어에서 게에즈어로 번역되었다. 번역 작품 이외에도 에티오피아 정교회가 인정하는 성인의 일생을 다룬 작품이 게에

---

10 원래 아람 지방(현재의 시리아)에서 쓰이던 아람어는 아시리아, 신바빌로니아 시대를 지나 7세기에 아랍어가 부상할 때까지 서아시아의 가장 중요한 교통어였다. 사용인구가 워낙에 많다 보니 아시리아 제국도 피지배 민족의 언어인 아람어를 쓰게 될 정도였다. 예수님 시대에도 예루살렘의 유대인을 제외한 다른 지역의 유대인들은 대부분 아람어를 사용했다. 유대인들은 이미 기원전 6세기에 유다 왕국이 신바빌로니아에 정복된 후 바빌론에 끌려가 70년 동안 포로 생활을 할 때부터 아람어를 쓰기 시작했다. 상황이 이렇다 보니 예루살렘에서 명맥을 이어오던 히브리어도 아람어와 상당히 비슷해져 있었다. 히브리어는 아람어의 위세에 눌려 점점 사멸되어 갔고, 중세 유대교 경전과 의례용 언어로만 명맥을 유지하다가 19세기 말 팔레스타인에 유대인 민족국가를 세우기 위해 추진된 유대인 민족주의 운동에 의해 다시 부활했다. 현대의 히브리어는 유대교 경전에 기록된 문어체 히브리어를 토대로 해서 인위적으로 다시 만들어진 언어다. 1948년 팔레스타인에 이스라엘이 건국되고 히브리어는 이스라엘의 국어로 역사의 무대에 다시 등장했다.

11 베타 이스라엘은 인종학적으로는 흑인종이다. 이스라엘 정부는 에티오피아에 살고 있던 베타 이스라엘 대부분을 이스라엘로 이주시켰다. 2021년 기준 전체 인구 16만 명 중 에티오피아에 약 12,000명이 거주하며 나머지는 이스라엘에 살고 있다.

즈어로 쓰였다. 악숨 왕국 시대의 대표적인 성인전(聖人傳)으로는 에티오피아 정교회의 예배음악과 성가를 만든 『야레드(Yared)의 삶』이 있다.[12]

게에즈어는 악숨 왕국의 멸망과 함께 일상어로서의 지위를 상실하지만 문어로서의 지위는 유지되었다. 13세기 후반 에티오피아에 셈 왕조가 다시 들어서면서 악숨 왕국이 망한 후 자그웨 왕조 치하에서 약 300년 동안 침체기를 겪은 게에즈어는 문학어로 재탄생했다.[13]

중세 에티오피아의 게에즈 문학은 동서양의 문학에 절대 뒤지지 않는 인류가 남긴 소중한 지적 유산이다. 특히, 기독교 종교문학에 관한 한 내용과 형식 면에서 독창적인 전통을 수립했다. 셈어를 끝내고 베르베르어로 넘어가기에 앞서 잠시 본론에서 벗어나 게에즈 문학에 대해서 살펴볼 것이다. 이 책의 목적은 아프리카역사비교언어학이 아니라 아프리카를 이해하는 데 있다는 것을 다시 한번 강조한다.

14세기에 나온 『왕들의 영예(Kebra Nagast)』는 에티오피아 문학사와 정치사에서 큰 의미를 지니는 작품이다. 총 117장으로 구성된 이 책의 앞부분은 솔로몬 왕조의 탄생을 기술한다. 역대 왕들에 대한 기록인 나머지 부분은 솔로몬의 피를 물려받은 이들의 정통성을 강조하고 있다. 『알렉산더의 역사(Zena Eskender)』도 이 당시에 쓰인 역사기술문학이다. 이 밖에도 종교적인 성격의 문헌이 게에즈어로 출간되거나 게에즈어로 번역되었다. 전자(前者)에 속하는 것으로는 『천국과 지상의 신비에 관한 서(書)』, 『성 안(St. Ann)의 삶』 등이 있으며, 후자(後者)의 예로는 그리스 정교회와 콥트 정교회의 성인들의 행적을 다룬 그리스어 원전(原典) 『성 알렉시스의 삶』이 게에즈어로 번역되었으며, 아랍어로 쓰인 『예언자 하박쿡(Habakkuk)의 전설』, 콥트어로 쓰인 『성인열전(Senkesar Synaxarion)』도 게에즈어로 번역되었다. 14세기는 에티오피아 시문학의 탄생기이기도 하다. 이 시기에는 세속적인 내용의 시도 등장했는데 세욘 1세를 찬양하는 군가(軍歌)가 여기에 속한다. 종교시는 에티오피아 정교회의 예배의식에서 찬송가로 사용되었다.

---

12 박정경. 2004. 「아프리카의 고전문자문학과 종교」. 『아프리카연구』 제17호: 119-142. 125쪽.

13 게에즈 문학에 관한 이하(以下)의 모든 설명은 박정경의 위 논문의 내용을 간추려 요약한 것임을 밝혀둔다.

15세기 자라 야콥 황제의 치세는 게에즈 문학의 황금기였다. 성인전은 이 시기를 대표하는 장르로서 주로 수도원의 창립자, 황제의 폭압에 항거했던 수도사, 에티오피아 정교회가 성인으로 추대한 자그웨 왕조의 왕들의 삶을 서술하고 있다. 자라 야곱 황제의 저술도 빼놓을 수 없다. 그는 『빛의 서(書)(Mashafa Berhan)』, 『성탄의 서(書)(Mashafa Milad)』와 같은 신학과 종교 의식을 다루는 작품들을 남겼다. 이 중의 일부는 에티오피아 정교회의 지방 분권 운동을 경계하는 정치적 성격을 띠고 있었다. 외국 서적의 번역 작업도 활발히 이루어졌다. 아랍어 원전을 번역한 『마리아의 기적(Ta'amra Maryam)』은 마리아의 불가사의한 행적을 모아놓은 것인데 게에즈어 번역본은 에티오피아 내에서 전승되어 내려온 이야기도 담고 있었다. 시문학도 발달했다. 율격시 쿼네가 등장한 것도 이때였다. 쿼네의 영향으로 찬송가와 찬양시에서도 운문의 형식성이 강조되었다. 찬송가 모음집으로는 『군림하시는 하나님(Egziabher nagsa)』, 찬양시로는 성모 마리아를 칭송하는 『마리아의 하프(Arganona Maryam)』가 있다.

16세기는 게에즈 문학의 침체기였다. 이 시기의 에티오피아는 이슬람교도의 침략과 쿠쉬어 계열의 종족들이 일으킨 내란의 소용돌이에 빠져 있었다. 이러한 대내외적 정세는 문학에도 반영되었다. 왕들의 연대기에서는 전쟁이 주요 소재로 등장했고 종교문학에서는 기독교 옹호론이 대두되었다. 수사(修士) 엠바콤은 『신앙의 문(Anqasa Amin)』에서 성경과 코란을 비교하고 기독교의 우월성을 강조했다.

17세기의 게에즈 문학은 두 가지 특징을 보여준다. 첫째는, 역사기술문학과 시문학에서 많은 작품이 나왔다는 것이고, 둘째는, 종교문학이 로마 가톨릭 교회와 에티오피아 정교회 간의 신학 논쟁을 반영했다는 점이다. 전자(前者)를 대표하는 작품으로는 말락 사까드 황제와 수세뇨스 황제의 왕조연대기를 들 수 있다. 예수회 선교사들이 활동하던 17세기는 로마 가톨릭과 에티오피아 정교회 간의 교리 논쟁이 치열하게 전개되던 시기였다. 『신앙의 보고(Mazgaba Haymanot)』는 에티오피아 정교회의 교리를 정리하고 그 정통성을 강조한 책이다. 앞에서 언급된 쿼네 형식의 시를 포함한 다양한 시작법이 완성된 시기도 이때였다. 쿼네는 하나의 연으로 이루어지는데, 연을 구성하는 행의 수는 최소 두 개에서 최대 열한 개까지이며, 기독교의 교리가 시의 중요한 소재가 되었다. 예배 중에 부르는 노래를 응답시의 형태로 지은 데꾸아, 성모마리아나 성인(聖人)의 신체를 묘사하는 시를 쓴 말케도 이 당시에 활동한 시인이다.

게에즈 문학은 18세기 이후에도 역사기술문학과 종교시를 중심으로 명맥을 유지하지만 구어는 사멸되고 문어만 존재하는 한계성으로 인해 문학의 주도권은 점차 암하라어로 넘어갔다. 19세기 중반에는 암하라어가 게에즈어를 제치고 문학어로 자리잡게 되었다. 그러나 게에즈 문학이 완전히 자취를 감춘 것은 아니었다. 종교문학, 특히 쿼네 시는 아직도 게에즈어를 사용해 시를 짓는 사람들이 있다. 지금까지 살펴보았듯이 게에즈 문학은 초창기부터 두 가지 형태로 발전해 왔음을 알 수 있다. 첫째는 왕조의 연대기를 다루는 역사기술문학이고, 둘째는 종교문학인데 성인과 수도사의 일대기를 다룬 전기(傳記)와 신학서가 여기에 속한다. 에티오피아가 북아프리카 일부 지역을 제외하고 아프리카에서 가장 오래된 문학 전통을 갖게 된 이면에는 문자를 사용하는 셈 계열의 왕조와 초기 기독교 정신을 그대로 간직한 에티오피아 정교회가 있었다.

베르베르어는 기원전 3,000년부터 북아프리카와 사하라 사막에 거주해 온 베르베르인의 방언들을 총칭하는 말로 전체 화자 수는 4,000만 명 내외로 추정되지만 관련국의 통계 자료가 부족하기 때문에 정확한 사용 인구는 파악이 불가능하다. 대표적인 방언에는 다음과 같은 것들이 있다. (타마셰크어는 투아레그족의 언어다.)

* 쉴허어(Shilha): 720만(2016년) [모로코 서남부]
* 중앙 아틀라스 타마지트어 (Central Atlas Tamazight): 460만(2016년) [모로코 중부 아틀라스산맥의 중앙]
* 리프어(Riffian): 700만(2016년) [알제리와 인접한 모로코 북쪽 끝 지중해 연안의 리프산지]
* 카빌어(Kabyle): 600만(2012년) [알제리 북부 지중해 연안]
* 샤위야어(Shawiya): 213만(2016년) [튀니지와 인접한 알제리 북동쪽]
* 타마셰크어(Tamasheq): 400만[260만(2016년)(니제르), 70만(2021년)(말리), 40만(2021년)(부르키나파소), 15만(알제리), 10만(2016년)(리비아)]

아프리카-아시아 어족의 쿠쉬 어군에 속하는 언어는 '아프리카의 뿔' 지역에 위치한 소말리아, 에리트레아, 지부티, 에티오피아에서 주로 사용되며, 수단 공화국과 이집트의 나일 계곡, 탄자니아와 케냐의 아프리카 대 호수 지역에서도 일부가 관찰된다. 이 어군의 언어 수는 약 30개, 총 화자 수는 5,000만 명을 상회하고, 언어들 사이의 경계가 뚜렷한 편이다. 쿠쉬어 연구 역사는 17세기까지 거슬러 올라간다. 쿠쉬라는 말은 19세기 말 렙시우스, 로트너와 같은 학자들이 구약성경에 나오는 햄의 아들 쿠쉬의 이름을 따서 만든 것이다. 쿠쉬어의 기본 어순은 주어-목적어-동사이고, 모음의 길이가 단어의 의미를 가르는 음소적 기능을 갖는다. 모음은 5모음 체계이다. 주격, 목적격, 속격 등의 격은 명사의 성과 호응하며 명사에 붙는 접미사에 의해 표시된다.[14] 쿠쉬 어군에 속하는 언어들을 크기순으로 소개하면 다음과 같다.

* 오로모어(Oromo): 3,740만[3,600만(2018년)(에티오피아), 63만(2021년)(케냐), 4.2만(2015년)(소말리아)]
* 소말리어(Somali): 2,400만[880만(2014년)(소말리아), 570만(2021년)(소말리랜드), 458만(2007년)(에티오피아), 278만(2019년)(케냐), 53만(2017년)(지부티), 50만(2014년)(예멘)]
* 베자어(Beja): 360만[237만(수단), 110만(이집트 홍해 서안(西岸)), 13만(에리트레아)]
* 시다모어(Sidamo): 300만(2010년)(에티오피아 남부 시다마 지방)
* 아파르어(Afar): 260만[184만(2020년)(에티오피아), 43만(2020년)(에리트레아), 34만(2020년)(지부티)]

오모 어군은 아프리카-아시아 어족 내에서 가장 늦게 정립된 어군이다. '오모'는 에티오피아 서남쪽 카파고지에서 시작해 케냐의 투르카나 호수에 이르는 약 800km의 오모강에서 따온 말이다. 이 어군에 속하는 사람들은 남서에티오피아의 오모강 유역에 작은 집단을 이루며 흩어져 살고 있다.[15] 교착어적인 특성과 복잡한 성조 체계를 가지고 있는 오모어는 아-아 어족 내의 다른 어군과의 계통적 연관성이 가장 약하다. 아마도 아-아 공통 조어에서 최초로 분파되어 나가지 않았나 추정된다.

---

14 권명식. 1988.『아프리카學 入門: 歷史比較言語學的 接近』. 명지출판사. 179쪽.

15 ibid. 180쪽.

오모 어군은 학자들 사이에서 큰 논란의 대상이 되어왔다. 1969년 플레밍은 그린버그에 의해 쿠쉬 어군의 서부 집단에 귀속된 오모어를 독립된 존재로 간주해야 한다고 주장했고[16], 1971년 벤더는 여기서 한 걸음 더 나아가 오모어를 아프리카-아시아 어족의 독립된 어군으로 설정했다.[17] 논쟁은 이후에도 계속되었다. 2006년 테일은 오모어를 아-아 어족에서 떼어내 독립된 어족으로 분류해야 한다고 말했다.[18] 2017년에 행해진 인간 유전자 분석 자료는 오모어가 아-아 어족의 일부가 아니라는 증거를 포함한다.[19] "어쨌건 동북 아프리카 지역에서는 계통이 각기 다른 셈어, 쿠쉬어, 오모어가 오랫동안 접촉을 통해서 서로 영향을 주고받았다는 사실을 염두에 두어야 할 것이다."[20]

차드 어군의 '차드'는 차드 호수에서 따온 말이다. 약 150여 개의 차드어가 나이지리아 북부, 니제르 남부, 차드 남부, 카메룬 북부, 중앙아프리카 공화국, 베닌, 토고 등지에서 사용된다. 가장 규모가 큰 것은 나이지리아 북부와 니제르 남부에서 쓰이는 하우사어로 모어 화자만 7~8천만 명에 이른다. 나머지 언어들의 화자 수는 소수에 불과하다.

하우사어는 음의 높낮이에 따라 단어의 의미가 구별되는 성조어로서 모음의 길이도 음소적 지위를 갖는다. 명사에는 남성명사와 여성명사가 있고, 명사의 성에 따라 주격, 목적격, 소유격의 형태가 결정된다. 복수형을 만드는 규칙이 복잡하고, 동사가 성조와 끝 모음의 형태에 따라 일곱 가지 부류로 나누어진다. 하우사어 강좌는 스와힐리어, 줄루어 강좌와 함께 한국외국어대학교 글로벌캠퍼스 아프리카학부에 개설되어 있다.

하우사 언어학의 기틀을 마련한 사람은 영국의 파슨스이며[21], 하우사어를 포함한

---

16 Fleming, Harold. 1976. 'Omotic overview.' In The Non-Semitic Languages of Ethiopia. (ed.) M. Lionel Bender. pp. 299-323. East Lansing, MI: Michigan State University.

17 Bender, M. L. 1975. Omotic: a New Afroasiatic Language Family. Carbondale, IL: Southern Illinois University.

18 Theil, R. 2006. 'Is Omotic Afro-Asiatic?' pp. 1-2. Proceedings from the David Dwyer retirement symposium. Michigan State University, East Lansing, 21 October 2006.

19 Baker, J. L., Rotimi, C. N. and Daniel Shriner. 2017. 'Human Ancestry Correlates with Language and Reveals that Race is not an Objective Genomic Classifier.' Scientific Reports. Springer Nature 7(1).

20 권명식. 1988. 『아프리카學 入門: 歷史比較言語學的 接近』. 명지출판사. 184쪽.

21 Parsons, F. W. 1960. 'The Verbal System in Hausa.' Afrika und Übersee 44: 1-36.

차드어의 계통 관계를 밝히는 데 큰 기여를 한 사람은 미국의 폴 뉴먼이다.[22] 파슨즈는 아프리카-아시아 어족 내의 다른 언어들과 차드어의 관계에 회의적이었지만, 뉴먼은 파슨즈와는 달리 그린버그의 입장을 지지했다. 파슨즈의 제자인 그레이엄 퍼니스가 필자의 박사논문 지도 교수였다.

3.2.2. 나일-사하라 어족

나일-사하라 어족은 아프리카의 네 어족 중에서 가장 큰 논란의 대상이 되는 어족이다. 그린버그는 이 어족이 독립된 계통성을 보여준다고 주장하지만, 일부 학자들은 그가 다른 세 어족을 먼저 설정한 후 여기에 포함되지 않는 언어들을 처리하기 위해 나일-사하라 어족을 만들었다고 비판했다. 나일-사하라 어족은 샤리강 상류와 나일강 상류 지역에 집중적으로 분포하는 약 150여 개의 언어들을 그 대상으로 한다. 샤리강은 중앙아프리카 공화국 북쪽 고원 지대에서 발원해 차드 공화국 남서쪽을 지나 차드 호수로 흘러들어가는 총 길이 약 1,400km의 하천이다. 차드 호수 담수량의 90%가 이 강에서 유입되는 물로 채워진다. 나일-사하라 어족 내의 언어들 간의 관계는 학자에 따라, 그리고 시기에 따라 서로 다른 모습을 보여 왔으며 지금도 계속 변하고 있기 때문에, 여기서 그것을 논하는 것은 무의미한 일처럼 보인다.

나일-사하라 어족의 동부 수단 어군의 나일어에 속하는 루오어, 딩카어, 누어어, 마사이어, 아촐리어, 칼렌진어, 삼부루어, 쉴룩어, 투르카나어는 아프리카 연구자들 사이에서 비교적 많이 알려진 것들이다. 나이지리아 북동쪽 보르노주(州)에서 사용되는 카누리어는 사하라 어군에 속한다. 그린버그가 한때 나일-사하라 어족에 포함시켰던 송가이어와 누비아어는 현재 계통 관계가 불분명한 고립어로 취급되는 경향이 있다.

빅토리아 호수 주위에서 사용되는 루오어는 우간다 북부의 아촐리어와 소통이 가능하며, 키쿠유어(22%), 칼렌진어(18%), 루히아어(16%)의 뒤를 이어 케냐에서 네 번째로 큰 언어다. 머리가 좋은 종족으로 소문이 나 있는 루오족은 주로 학계와 경제계에 많이 진출해 있다. 미국의 전직 대통령 오바마의 부친이 루오족이다. 아촐리족은 아프리카의 구연시 전통을 현대시에 접목한 『라위노의 노래』로 유명한 우간다의 시

22 Newman, Paul. 1977. 'Chadic Classification and Reconstructions.' Afroasiatic Linguistics 5(1): 1–42.

인 오콧 프비텍을 배출한 종족이다.

딩카어와 누어어는 2011년 수단 공화국에서 분리 독립한 남수단 공화국의 딩카족과 누어족이 쓰는 말이다. 유목민인 나일족은 큰 키와 날렵한 체형을 가지고 있으며 케냐-탄자니아 접경지대의 마사이족처럼 호전적이다. 딩카족은 나일족 중에서도 키가 가장 크다. 평균 신장이 190cm가 넘는 부족들도 많이 있다. 여성들은 노예로서의 가치가 매우 높아서 1960년대 말까지 아라비아로 많이 팔려 갔다. 누어족을 비롯한 다른 나일족처럼 딩카족도 씨족 단위로 살았고 정령 신앙을 믿었기 때문에 수단 공화국 북쪽의 무슬림 아랍인들과 자주 충돌했다. 존 가랑이 이끄는 수단 인민 해방군이 1982년 정부군과 싸움을 시작한 이래 많은 딩카족이 학살당했다.[23] 딩카족은 누어족과도 내전을 치렀다. 딩카족과 누어족을 중심으로 한 남부 흑인 종족들은 2011년 수단 공화국에서 독립해 남수단 공화국을 세웠다.

미국의 프로 농구 선수 중에는 키가 큰 딩카족 출신이 많다. 세계적 슈퍼 모델인 알렉 웩도 딩카족이다. 웩은 여성용 잡지, 화장품 광고 등의 모델로 활동했으며, 다양한 TV 프로그램에 출연했고, 난민 문제에도 관심이 많았다. 1977년 현재의 남수단 공화국에서 태어난 웩은 1991년 내전을 피해 영국으로 건너가 1995년 열여덟 살이 되던 해 패션계에 입문했다.

1995년 런던 남부의 크리스탈 팰리스에서[24] 모델 기획사에 의해 우연히 발탁된 웩은 -아프리카의 소위 원시예술에서 영감을 받은 피카소의 그림 아비뇽의 처녀들이 서양 미술사의 대변혁과 현대 미술의 탄생을 초래했듯이- 서구의 미(美) 기준이 지배해 온 여성미에 대한 고정관념을 허무는 데 큰 기여를 했다. 웩 이후 흑인 여성의 세계 모델 산업의 진출은 눈에 띄게 늘어나기 시작했다. 시카고의 삼류 토크쇼를 세계 최고의 쇼 프로그램으로 만듦으로써 토크쇼 장르의 새 지평을 연 오프라 윈프리의 말에서 웩의 위상을 느낄 수 있다.

---

23 수단 인민 해방군 = Sudanese People's Liberation Army

24 크리스탈 팰리스 = 런던 남쪽에 있는 도로의 이름

Alek Wek

웩이 내가 어렸을 때 잡지의 표지 모델로 등장했다면 내 정체성 또한 달라졌을 것이다.[25]

현재 영국을 떠나 뉴욕시 브루클린에 거주하는 웩은 2002년부터 유엔 난민 자문 위원회의 위원으로 활동하고 있다.

남수단 공화국 나일강 유역에 사는 누어족은 20세기 초 서양 제국주의 세력을 물리친 몇 안 되는 아프리카 종족에 속한다. 유목민인 이들은 정교한 철제 무기를 이용해 주변의 종족들을 끊임없이 괴롭혔다. 특히 영국인에게 호의적이었던 딩카족을 경멸했다. 에반스-프리차드의 3부작 『누어족(The Nuer)』(1940년), 『누어족의 친족 관계와 결혼(Kinship and Marriage among the Nuer)』(1951년), 『누어족의 종교(Nuer Religion)』(1956년)는 인류학의 기념비적 명저로 영국 사회인류학의 고전으로 간주되고 있다. 누어족도 딩카족처럼 중앙 집권화된 정치체제를 갖지 못하고 씨족을 단위로 하는 연맹체 사회에 머물렀다.

오랜 투쟁 끝에 수단 공화국(以下 수단)에서 분리 독립한 남수단 공화국(以下 남수단)은

25 Gundan, Farai. 2013. 'Supermodel Alek Wek on the Business of Fashion, Being the Face of Refugees and Life after the Runway.' Forbes (Dec 31, 2013).

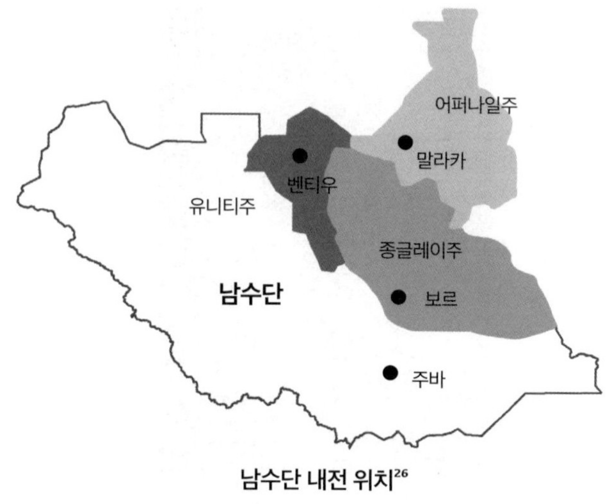

남수단 내전 위치[26]

인구의 약 삼분의 이가 기독교도이며 삼분의 일이 토착 신앙을 믿고 있다. 이런 점에서 남수단은 무슬림 아랍계가 절대 대수인 북쪽의 수단과 대비된다. 남수단은 2011년 수단에서 독립하지만 곧 내전에 휩싸인다. 그 이유 중의 하나는 인구의 15%를 차지하는 딩카족과 10%를 차지하는 누어족의 해묵은 반목 때문이다. 딩카족과 누어족은 수단을 상대로 한 전쟁에서 수단 인민 해방군을 이끈 존 가랑 장군의 휘하에서 함께 싸웠다. 딩카족의 살바 키르와 누어족의 리엑 마차르는 둘 다 수단 인민 해방군의 2인자였지만 훗날 존 가랑은 그의 후계자로 키르를 선택했다. 1991년 누어족 민병대를 등에 업고 존 가랑에 대한 쿠데타를 시도한 마차르는 그것이 실패하자 수단 인민 해방군을 탈퇴해 누어족 중심의 무장 단체를 결성하고 수단의 카르툼 정부와 제휴한 적도 있었다. 누어족의 도전은 계속되었다. 마차르는 수단에 상대적으로 우호적인 협상 태도를 취하는 남수단무력전선(1983년~2005년)에서 일탈한 병사들로 수단인민무력민주전선을 조직하고 그 수장에 올랐다. 마차르는 2002년 수단 인민 해방군에 다시 합류하지만 존 가랑과의 악화된 관계는 이미 돌이킬 수 없는 상태가 되어 있었다. 2011년 7월 남수단이 독립하고 수단 인민 해방군이 집권 여당이 되면서 딩카족인 키르가 대통령, 누어족인 마차르가 부통령이 되었다. 둘 사이의 평화는 오

---

26 ibid.

래 가지 못했다. 2013년 7월 키르는 마차르를 쫓아내기 위해 내각을 해산했다. 이것은 2005년부터 남수단을 이끌어 온 키르가 2015년 선거에서 자기에게 대통령 후보 자리를 양보할 거라고 믿었던 마차르를 실망시켰다. 이후(以後) 양측은 내전과 협상, 마차르의 부통령 복귀, 내전의 재발 등을 거치며 주도권 다툼을 계속했다. 남수단 내전 과정에서 빚어진 두 종족 사이의 인종 청소와 대규모 난민 사태는 21세기 현대 아프리카사의 큰 오점이 되었다.[27]

나일-사하라 어족의 동(東)나일 어군에 속하는 마사이어는 케냐 남부와 탄자니아 북부의 접경지대에서 사용되며 전체 화자 수는 두 나라 합쳐 약 200만 명이다. 엄밀히 말하면 마사이는 종족명이고 언어명은 '마'이다. 즉, 마사이어로 마사이는 '마'어를 하는 사람이란 뜻이다. 케냐 중부의 삼부루어, 케냐의 바링고 호수 남쪽과 남동쪽의 차무스어, 탄자니아의 파라쿠유어도 화자 수는 소수에 불과하지만 모두 '마'어의 방언으로 간주된다. 반 유목 생활을 하는 마사이족은 딩카족과 누어족이 살고 있는 남수단의 나일강 유역에서 1500년경 현재의 거주지로 남하해 정착한 것으로 보인다. 현대 문명으로의 동화를 거부했던 마사이족은 생존 훈련을 거치는 혹독한 성년식과 그 특유의 용맹함으로 한때 주변 종족들에게 두려움의 대상이 되었다. 마사이족도 다른 나일족과 마찬가지로 씨족 단위의 생활을 영위했다. 케냐의 마사이족은 점술과 예언, 의술을 관장하는 라이본이라 불리는 종교 지도자(주술사)를 중심으로 1870년에 통합되었다. 통합 당시의 라이본은 음바티안이었다. 1904년에는 라이본 레나나가 최고 추장직에 올랐다. 영국은 1888년 마사이 영토를 영국령 동아프리카에 편입시키고 1918년 추장제를 폐지했다. 오늘날 마사이어는 탄자니아의 스와힐리어 우선 정책과 현대화의 물결 속에서 그 위상이 과거에 비해 현저히 약화되었으며 화자 수도 계속 줄고 있다.

마사이족의 전설에 따르면 이 세상의 소는 모두 마사이족의 소유였다고 한다. 태초에 신이 모든 소를 그들에게 주었기 때문에 다른 부족이 가지고 있는 소는 마사이

---

27 남수단 내전의 배경과 전개 양상에 대한 자세한 설명을 원하는 사람은 아래의 사이트를 참조할 것. 본 단락의 내용도 여기에 기초하고 있음.
KIDA 세계분쟁 데이터베이스 (남수단 내전): http://terms.naver.com/entry.nhn?docId=2456565&cid=42147&categoryId=42147

케냐와 탄자니아 국경에 있는 마사이 마라 국립공원

족한테서 훔친 것이고, 따라서 마사이족은 그 소를 되찾을 권리가 있다는 것이다. 마사이 전사들은 민첩함을 자랑하기 위해 선 자세로 뛰어오르는 점핑 댄스를 즐겼으며, 성년이 되었다는 것을 증명하기 위해 숲에 들어가 창으로 사자를 찔러 죽이는 통과의례를 거쳐야 했다. 마사이 여성은 주변의 타 종족과는 달리 가족 내에서의 발언권이 세며 화려한 의상과 구슬 장식을 즐겨 착용한다.

대부분의 아프리카 유목민 사회가 그렇듯이 마사이족도 밭일, 집안일, 소똥에 짚을 섞어 집을 만드는 일 등은 여성의 몫이다. 소를 많이 가진 남자는 부자고 부자는 또 해야 할 일이 많다 보니 노동력도 많이 필요하다. 마사이 마을의 전형적인 특징은 가장의 숙소를 둘러싸고 있는 아내들의 집이다. 아내들은 그곳에서 자녀를 돌보고 밤에 가끔씩 찾아오는 남편을 맞이한다. 이러한 공동체 사회에서 여성들의 질투는 가정의 유대감을 파괴하며, 성적인 욕망에 대한 집착은 노동력을 약화시키는 요인이 된다. 여자들은 남편이 집안에 새 아내를 들이는 것을 크게 못마땅해 하지 않는다. 젊은 새 아내는 노동력의 신규 충원을 의미하기 때문이다. 여성의 음핵을 절제해서 여성의 성적 욕망을 차단하는 여성 할례는 마사이족의 이런 남성 중심 사회의 단면을 반영한다. 가장 큰 문제는, 여성 할례의 비인도성은 차치하고, 비위생적인 시술이다. 소독되지 않은 칼이나 얇은 유리 조각을 이용한 시술은 여성의 생식기를 심하게 훼손하는 경우가 종종 있다. 이로 인해 많은 여성들이 평생 동안 성행위 시 쾌락은커녕 고통만 느끼게 된다. 안타까운 것은 케냐 정부의 여성 할례를 퇴치하려는 노력이 정작 마사이 여성들의 반대에 부딪혀 성공을 거두지 못하고 있다는 사실이다. 마사이족은 할례를 받지 않은 여성은 정숙한 여성이 아니라고 생각한다. 소녀들은 보통 열 세 살이 되면 할례를 받는다.

> 음핵절제술 또는 음핵환상절제술(clitoridectomy)이라고 불리는 여성의 할례는 피를 뽑는 것에서부터 음부봉쇄(음핵, 소음순과 대음순의 2/3를 제거하고 대음순의 나머지 부분은 뒤의 작은 구멍과 연결되도록 함)에 이르는 의식으로서의 수술 과정이다. 이 의식은 뉴기니, 오스트레일리아, 말레이 군도, 에티오피아, 이집트, 아프리카의 여러 지역, 브라질, 멕시코, 페루와 중동, 아프리카, 서아시아, 인도의 이슬람교도들 사이에서 널리 행해지며 이 수술은 보통 중년의 부인이 행한다. 이 의식은 종교적·윤리적 전통의 일부로 생각되며, 책임 있는 성인이 되는 필수적인 단계로 간주된다. … (중략) … 여성에 대한 할례 행위로 야기되는 부작용을 열거해 보면 골반염 … (이하 생략)[28]

차드 호수를 둘러싸고 있는 나이지리아, 니제르, 차드, 카메룬에서 사용되는 카누리어는 나일-사하라 어족의 서(西) 사하라 어군에 속한다. 2021년 기준 1,550만 명을 웃도는 전체 화자 중 나이지리아에 1,170만, 차드에 262만, 니제르에 154만, 카메룬에 130만, 수단 공화국에 110만, 리비아에 14만 명이 살고 있다. 카누리어는 단일한 자연어에 기반을 둔 개념이라기보다는 느슨하게 결합된 방언들의 집합을 가리키는 말이다. 이 집합 내의 방언들은 카누리라는 상위의 정체성과 함께 각각의 언어적, 종족적 정체성을 동시에 갖는다. 현재의 카누리어는 차드 호수 동쪽에 카넴 제국을 건설한 카넴부족의 말을 모태로 한다. 카넴부족이 카넴 제국을 버리고 나이지리아 북동쪽(차드 호수 서쪽)으로 이동해 보르누 제국을 건설할 때 카넴부족이 현지의 다른 종족들과 섞이는 과정에서 카누리라는 새로운 개념이 탄생했다. 흥미로운 것은 카넴 제국이 망한 후에도 카넴부족의 일부가 차드 호수 서쪽으로 이동하지 않고 그 자리에 남아 카넴부어를 계속 사용해 왔다는 사실이다. 차드 공화국에는 아직도 수십만 명의 카넴부족이 살고 있다. 카넴-보르누 제국은 제2장 종족과 역사에서 이미 자세히 다루었다.

나일-사하라 어족 내에서 송가이어의 위치는 늘 불안정했다. 그린버그는 송가이

28 김윤진. 2003. 『아프리카의 문화』. 다해. 116-118쪽.

어를 나일-사하라 어족의 하위 어군으로 분류했지만 오늘날 학계의 통설은 송가이어를 고립어로 간주한다. 송가이어도 하나의 자연어를 뜻하는 말이 아니라 계통적으로 관련된 일련의 방언들을 총칭하는 개념이다. 이 방언들은 한때 송가이 제국의 영토였던 니제르강 유역의 도시 팀북투, 가오, 니아메 등지에서 사용되고 있다. 가장 큰 방언은 니제르 공화국의 수도 니아메에서 쓰이는 자르마어다. 자르마어는 니아메에서 하우사어 다음으로 많이 사용된다. 덴디어는 베닌 공화국과 니제르 공화국의 국경 지대를 흐르는 니제르강 유역에서 쓰이며, 자르마어, 코이라보로 센니어와 함께 남 송가이어로 분류된다. 팀북투 동쪽에서 시작해 니제르강의 물줄기를 따라 가오에 이르는 지역에서 사용되는 코이라보로 센니어는 송가이 제국 시절에 쓰이던 중세 송가이어의 원형을 잘 보존하고 있다. 베르베르어의 영향을 크게 받은 북 송가이어는 가오의 북동쪽 지방, 니제르 공화국 중부, 그 이북의 사하라 사막에 산재하는 작은 언어들을 포함한다. 송가이어의 방언들은 서로 소통이 잘 안 되는 것으로 알려져 있다.

3.2.3. 나이저-콩고 어족

나이저-콩고 어족은 분포 지역, 화자 수, 언어 수 등을 고려할 때 아프리카에서 가장 큰 어족이며, 사용인구 수로는 전 세계에서 세 번째로 큰 어족이다. '나이저-콩고'는 그린버그가 만든 이름이다. 그린버그는, 셈어와 대립되는 햄어의 존재를 부정함으로써 아프리카 역사비교언어학이 발전할 수 있는 토대를 마련했듯이, 반투어를 포함한 순수 흑인 언어들의 계통 분류에도 큰 기여를 했다. 그는 아프리카 역사비교언어학계의 거두였던 마인호프와 그의 제자 베스터만이 주창하는 수단어라는 개념을 폐기하고 동부 수단어는 나일-사하라 어족에, 서부 수단어는 나이저-콩고 어족에 귀속시켰다. 반투어 연구의 선구자였던 마인호프는 햄-셈 어족(아프리카-아시아 어족)과 부시먼어에 속하지 않는 언어들 중에서 반투어의 특징인 명사 부류 체계가 없는 언어들을 위해 수단어라는 개념을 만들었고, 베스터만은 그것을 다시 동부 수단어와 서부 수단어로 나누었다. 베스터만은 반투 조어(祖語)와 서부 수단어 사이의 유사성을 인식하고 있었지만 스승에 대한 존경심에서 그 주장을 강하게 피력하지 않았다. 기회는 공명심과 젊은 혈기에 충만한 그린버그에게 돌아갔다. 그린버그는 서부 수단어도 원래는 명사 부류 체계가 있던 언어였는데 내적 변화 과정을 겪어 현재의 상태에 이르게 되었으며, 따라서 독립된 계통 단위를 이루지 못한다고 주장했다. 그는 만데어가 속한 서부 수단어와 반투어와 일련의 다른 어군을 함께 묶어 나이저-콩고 어족이라고 불렀다. 1963년에는 화자 수가 많지 않은 코르도판 제어가 여기에 더해져 나이저-코르도판 어족이 되었다. 이후 학자들 사이에서 코르도판을 나이저-콩고와 대등한 항렬로 취급하는 것에 대한 의문이 제기되었다. 현재는 코르도판어를 나이저-콩고 어족의 하위 범주로 보는 것이 대세다. 그린버그가 초기에 설정한 나이저-콩고 어족의 하위 어군은 다음과 같다: 서대서양어, 만데어, 구르어, 꾸아어, 베누에-콩고어(반투어가 여기에 귀속됨), 아다마와 동부어.

서대서양어에는 풀라니어, 월로프어, 세레르어, 디올라어, 템네어, 키시어 등이 있다. 오늘날에는 서대서양어 대신 그냥 대서양어라는 말이 사용된다. 대서양어가 언어 분류의 계통 단위가 될 수 없다고 주장하는 사람들은 이 개념을 해체하고 여기에 속한 언어들을 몇 개의 다른 범주로 묶기도 한다. 그럼에도 불구하고 대서양어는 세네갈에서 라이베리아에 이르는 대서양 연안의 언어들을 부르는 말로 널리 쓰이고 있다. 풀라니어는 제2장에서 언급했듯이 풀라니들의 이동 경로를 따라 서아프리카의 여러 나라에서 쓰이게 되었다. 마인호프는 풀라니어를 햄어로 분류했지만 그린버그는 나이저-콩고 어족의 서대서양 어군에 귀속시켰다. 대서양어는 명사 부류 체계를 갖고 있다는 점에서 만데어와 구별된다.

말리, 세네갈, 감비아, 기니, 기니비사우, 부르키나파소, 시에라리온, 라이베리아, 코트디부아르에서 사용되는 만데어에는 만딩카어, 말링케어, 소닝케어, 밤바라어, 듈라어, 수수어, 멘데어 등이 있다. 만데어의 확산은 말리 제국의 발전과 서 수단 이슬람 문화의 꽃을 피운 송가이 제국의 팽창에 기인했다. 만데어에 최초로 주목한 학자는 『폴리글로타 아프리카나』를 집필한 독일의 쾰레였다.[29] 1854년에 출간된 이 책은 시에라리온의 프리타운에 거주하는 해방 노예들한테서 수집한 방대한 양의 어휘를 비교하고 있다. 당시 기니만에서의 노예 무역을 금지한 영국은 아프리카인들을 싣고

29 Koelle, S. W. 1854. Polyglotta Africana, or a Comparative Vocabulary of Nearly Three Hundred Words and Phrases, in More Than One Hundred Distinct African Languages. London: Church Missionary House.

신대륙으로 가는 배를 급습해 잡혀가던 사람들을 프리타운에 풀어놓았다. 서아프리카 전 지역에서 붙잡혀 온 아프리카인들을 이 도시에서 접할 수 있었던 쾰레는 그 기회를 이용해 이 불후의 명저를 저술했다. 쾰레는 이 책에서 오늘날 만데어로 분류되는 언어들을 만뎅가 어족 또는 북서부 고지(高地) 수단 어족이라고 불렀다. 그는 북서부 대서양어, 북동부 고지 수단어라는 말도 사용했는데, 전자는 현재의 대서양어, 후자는 구르어에 해당한다. 만데어는 이후 여러 학자들을 거쳐 독일의 베스터만에 의해 그 윤곽이 거의 드러났다.

만뎅카, 만딩고 등으로도 불리는 만딩카어는 세네갈의 캐저맨스(세네갈의 감비아 이남 지방을 부르는 말), 감비아, 기니비사우 북부에서 사용된다. 말리 제국의 공용어였던 말링케어(또는 마닝카어)는 기니의 어퍼 기니 지역과 말리에서 주로 쓰이며, 라이베리아, 세네갈, 시에라리온, 코트디부아르에서도 사용된다. 소닝케어도 말리 공화국에서 주로 쓰이며, 세네갈, 코트디부아르, 감비아, 모리타니, 기니비사우, 기니에서도 소닝케족을 볼 수 있다. 송가이의 손니 왕조의 뒤를 이어 아스키아 왕조를 연 아스키야 대왕이 소닝케족이다. 송가이 제국은 아스키아 대왕 치세에 전성기를 맞이했으며 이슬람 문화도 이때 만개했다. 말링케어와 아주 가까운 밤바라어는 만데어 중에서 가장 큰 언어로 말리 공화국의 대다수 국민이 모어 또는 교통어로 구사한다. 밤바라어를 교통어로 사용하는 사람의 수는 천만을 상회하며, 모어 화자 수도 최소한 5백만이 넘는다. 오늘날 말리 공화국의 수도 바마코에서는 불어보다 밤바라어가 더 많이 쓰인다. 말링케어, 밤바라어와 소통이 가능한 듈라어(또는 줄라어)도 천오백만 명 이상이 교통어로 사용하며, 모어로 쓰는 사람도 3백만 명이 넘는다. 듈라어는 부르키나파소와 코트디부아르, 말리에서 사용된다. 풀라니어, 만딩카어와 함께 기니 공화국의 국어인 수수어(또는 소소어)는 기니와 시에라리온의 해안 지대에서 쓰이며, 멘데어는 시에라리온과 라이베리아에서 사용된다. 만데어에 속하는 많은 언어가 그렇듯이 멘데어도 지방의 소수 종족 사이에서 교통어로 이용된다. 지금까지 언급한 것들은 모두 백만 명 이상의 사람들이 모어로 사용하는 언어들이다. 만데어 전체 화자는 5~6천만에 이르는 것으로 추정된다.

그린버그에 의해 볼타어로 불렸던 구르어는 부르키나파소를 중심으로 한 사헬 및 열대 사바나 기후대에 분포한다. 구체적인 사용 지역은 부르키나파소, 가나의 중북부, 토고의 중북부, 베닌의 서북부, 니제르의 남서부, 말리의 남부, 나이지리아의 북서부 국경선 부근이다. 구르어의 조상(祖上) 언어도 반투어처럼 명사 부류 체계를 가지고 있었지만, 현재의 구르어는 명사 부류 체계를 상실했으며 그 흔적만 남아 있다. 구르 어군에 속하는 70여 개의 언어 중에서 백만 이상의 화자를 보유한 언어들을 정리하면 아래와 같다:

* 모시어(Mossi): 1,300만(2010년)[1,110만(부르키나파소),120만(코트디부아르),16만(가나)]
* 구르마어(Gurma): 350만(2021년)[185만(가나), 150만(부르키나파소), 19만(니제르)]
* 다곰바어(Dagomba): 230만(2019년)[가나 북부]
* 카비예어(Kabiye): 120만(2015년)[토고 북부]

한때 베스터만을 비롯한 일부 학자들에 의해 구르어에 편입되었던 세누포어는 현재는 나이저-콩고 어족의 대서양-콩고 어군에 포함된다. 세누포어는 코트디부아르 북부, 말리 남부, 부르키나파소 남서부에서 약 3백만 명이 사용하는 십여 개의 방언을 묶어서 부르는 말이다. 만데어에 속하는 밤바라어와 줄라어는 세누포어에 문법적, 어휘적 측면에서 많은 영향을 끼쳤다.

구르어와 관련해 송가이어도 중요하다. "송가이어는 아프리카 언어연구 사상 가장 큰 논란 대상 중의 하나로 1924년 델라포세가 만데어로, 1927년 베스터만은 구르어로 귀속시켰다가 후일 브라이언과 함께 개별 고립어로 취급했는데, 그린버그는 나일-사하라 어족으로 분류했던 것이다."[30] 송가이어는 니제르강의 서쪽 굽이가 동쪽으로 꺾이는 지점의 좌우 양쪽에 위치한 팀북투와 가오에서 오랫동안 사용되어 왔다. 송가이어의 분포 지역은 이들 도시 말고도 말리-니제르-부르키나파소의 접경지대, 베닌 공화국 최북단, 나이지리아 북서쪽 끝을 포함한다. 송가이어는 지역적 변이가 심해 언어들 사이의 소통이 불가능하다. 일례로, 니제르의 자르마(제르마)어는 말리 공화국의 가오에서 쓰이는 코이라보로(코로보로) 센니어와 통하지 않는다. 원래

30 권명식. 1988. 『아프리카學 入門: 歷史比較言語學的 接近』. 명지출판사. 136-137쪽.

'송가이'는 언어명이나 민족명이 아닌, 송가이 제국의 지배층을 일컫는 말이었다. 송가이어의 방언들을 사용하는 사람들은 자르마어의 경우처럼 각각 별도의 정체성을 가지고 있었는데, 최근 들어 프랑스어의 확산에 대한 반작용으로 송가이라는 단어에 점차 민족적 의미가 더해지고 있다. 현재 송가이어는 어떤 어족에도 속하지 않는 고립어로 분류된다.

그린버그가 나이저-콩고 어족의 네 번째 어군으로 설정했던 꾸아어도 논란의 대상이 되었다. 이 책에서 자주 언급되는 아래의 언어들은 오늘날 대서양-콩고 어군의 볼타-콩고어에 속한다.

* 요루바 제국을 건설한 남서나이지리아 요루바족의 요루바어
* 남동나이지리아 익보족의 익보어
* 니제르강 서쪽 중남부 나이지리아에 베닌 제국을 건설한 에도족의 비니어
* 현재의 베닌 공화국에 다호메이 제국을 세운 폰족의 폰어
* 가나 공화국의 남동부 지방에서 쓰이는 에웨어
* 코트디부아르 남동부, 가나 남부, 토고 중부 지역에서 쓰이는 아산테어, 판테어, 아크와핌어를 총칭하는 아칸어

남동나이지리아의 니제르강 삼각주 지대에 거주하는 이조족의 이조어는 대서양-콩고 어군의 이조이드어에 속한다. 참고로, 에스놀로그(Ethnologue)에서는 그린버그 이후 수십 년이 지난 현재 나이저-콩고어족의 하위어군을 아래와 같이 분류한다.[31]

나이저-콩고 어족(Niger-Congo)
- * 대서양-콩고 어군(Atlantic-Congo)
  - 대서양어(Atlantic)
  - 이조이드(Ijoid) > 이조어
  - 볼타-콩고어(Volta-Congo)
    - 베누에-콩고(Benue-Congo) > 반토이드(Bantoid) > 반투어
    - 도곤어(Dogon)

---

31 Ethnologue (https://www.ethnologue.com/subgroups/niger-congo)

크루어(Kru)
꾸아어(Kwa)
아다마와-우방기어(Adamawa-Ubangi)
구르어(Gur)

* 코르도판 어군(Kordofanian)
* 만데 어군(Mande)
* 분류되지 않은 언어(Unclassified)

여기서 한 가지 확실하게 해 두어야 할 것이 있다. 지금까지 살펴본 대서양어, 만데어, 구르어, 꾸아어, 지금부터 살펴볼 반투어, 그리고 앞으로 살펴볼 아다마와-동부어 및 기타 어군들 사이의 관계가 시대에 따라 변해왔으며, 또 앞으로도 그럴 가능성이 크다는 것이다. 그럼에도 불구하고, 이들 각각의 어군의 내적 구성은 상당히 안정적이며, 학자들 사이에서도 큰 이견이 존재하지 않는다. 일례로, 반투어가 나이저-콩고 어족 내의 계통 분류상의 항렬에서 어떤 대접을 받건 간에 반투어에 포함된 언어들은 하나의 단위로 취급된다는 것이다.

그린버그의 분류에서 반투어의 계통 수형도상의 위치는 매우 낮다. 그린버그 이전의 학자들은 반투어의 화자 수, 언어 수, 광범위한 분포 지역을 고려해 반투어가 나이저-콩고 어족 내에서 분파되어 나간 시기를 아주 올려 잡았지만, 그린버그는 이에 반하는 새로운 학설을 제시했다. 그에 따르면, 반투어의 확산은 비교적 최근에 이루어졌으며, 따라서 사용 인구와 사용 지역의 규모를 근거로 그 위상을 높게 설정하는 것은 잘못된 주장이라는 것이다. 그린버그는 반투어를 서대서양어, 만데어, 구르어, 꾸아어, 아다마와-동부어와 같은 항렬에 있는 베누에-콩고의 반토이드에 귀속시켰다. 반투어에 속하는 언어들이 많다 보니 본 절에서도 반투어에 큰 비중을 두고 있지만, 사실 반투어는 위의 족보에도 나와 있듯이 구르어, 대서양어, 만데어와 같은 방계상의 조상 언어들의 손자, 증손자, 손자의 손자뻘 되는 아주 항렬이 낮은 언어다.

반투어를 둘러싼 대부분의 중요한 연구는 그린버그 이전에 이미 완성 단계를 향해 가고 있었다. 블랙과 마인호프로 이어지던 반투어학에 큰 공헌을 한 사람은 영국의 말콤 가쓰리(1903년~1972년)다. 반투어 연구에 평생을 바친 위대한 학자로 존경받는 가쓰리는 성급한 결론을 자제하고 수십 년간 자료를 수집하면서 후학의 연구를 위한 토대를 마련했다. 가쓰리는 본래 콩고 민주 공화국의 수도인 킨샤사에서 복음을 전하던 선교사였지만 링갈라어 연구에 대한 공적을 인정받아 런던의 동양아프리카학대학에 교수로 임명되었다. 초창기 아프리카어학을 주도했던 사람들 중에는 가쓰리처럼 선교사 출신이 많았다. 이후 가쓰리는 1945년 벰바어의 성조에 관한 논문으로 박사학위를 받았고, 1972년 타계할 때까지 반투어 연구에 일생을 바쳤다. 그는 『비교 반투어(Comparative Bantu)』라는 불후의 명저를 남겼다. 나라별로 백만 이상의 사람들이 사용하는 반투어를 크기순으로 정리하면 다음과 같다.

* 앙골라: 오빔분두어(Ovimbundu), 킴분두어(Kimbundu)
* 보츠와나: 츠와나어(Tswana)
* 부룬디: 키룬디어(Kirundi)
* 카메룬: 베티어(Beti)
* 콩고 민주 공화국: 링갈라어(Lingala), 루바-카사이어(Luba-Kasai), 키투바어(Kituba), 콩고어(Kongo), 루바-카탕가어(Luba-Katanga), 송게어(Songe), 난데어(Nande)
* 케냐: 키쿠유어(Kikuyu), 루히아어(Luhya), 캄바어(Kamba), 메루어(Meru)
* 레소토: 수투어(Sotho)
* 말라위: 체와어(Chewa), 툼부카어(Tumbuka), 야오어(Yao)
* 모잠비크: 마쿠와어(Makhuwa), 총가어(Tsonga), 쇼나어(Shona), 세나어(Sena), 츠와어(Tswa)
* 나미비아: 오밤보어(Ovambo), 헤레로어(Herero)(화자 수는 백만 이하임.)
* 콩고 공화국: 키투바어(Kituba), 콩고어(Kongo)
* 르완다: 키냐르완다어(Kinyarwanda)
* 남아공: 줄루어(Zulu), 꼬사어(Xhosa), 북 수투어(Northern Sotho), 츠와나어(Tswana), 수투어(Sotho), 총가어(Tsonga), 스와지어(Swazi), 벤다어(Venda), 은데벨레어(Ndebele)
* 에스와티니: 스와지어(Swazi)
* 탄자니아: 수쿠마어(Sukuma), 고고어(Gogo), 하야어(Haya), 차가어(Chaga), 냐므

웨지어(Nyamwezi), 마콘데어(Makonde)

* 우간다: 간다어(Ganda), 응코레-키가어(Nkore-Kiga), 키가어(Kiga), 소가어(Soga), 마사바어(Masaba), 뇨로-토오로어(Nyoro-Tooro), 키냐르완다어(Kinyarwanda)
* 잠비아: 벰바어(Bemba), 통가어(Tonga), 체와어(Chewa)
* 짐바브웨: 쇼나어(Shona), 은데벨레어(Ndebele)

스와힐리어를 제외한 모든 반투어는 성조어다. 또한 격 변화를 하지 않고, 문법적 성이 없다. 법과 시제는 동사에 나타나지 않고 별도의 형태소로 표시된다. 반투어의 가장 큰 특징은 명사 부류 체계와 일치 현상이다. 명사는 그 성격에 따라 각각 특정한 부류에 속하며, 명사를 꾸며주는 형용사, 수사, 지시대명사, 소유대명사를 포함한 모든 한정사와 대명사는 앞에 오는 명사의 부류에 호응하는 접두사를 취하는데 이것을 일치 현상이라고 한다. 스와힐리어를 예로 들어 설명하면 다음과 같다. 여기서는 여덟 개의 명사 부류 중에서 네 개만 소개한다.

(1) ki/vi 클래스

생명이 없는 물건을 뜻하는 명사가 이 부류에 속한다. 단수형은 어간에 접두사 ki-가 붙고, 복수형은 어간에 접두사 vi-가 붙는다.

kitu(물건)/vitu(물건들), kisu(칼)/visu(칼들), kikapu(바구니)/vikapu(바구니들)

(2) m/wa 클래스

사람을 뜻하는 명사가 이 부류에 속한다. 단수형은 어간에 m-이 붙고, 복수형은 어간에 wa-가 붙는다.

mtu(사람)/watu(사람들), mtoto(아이)/watoto(아이들), mgeni(손님)/wageni(손님들)

(3) m/mi 클래스

식물을 뜻하는 명사가 이 부류에 속한다. 단수형은 어간에 m-이 붙고, 복수형은 어간에 mi-가 붙는다.

mti(나무)/miti(나무들), mgomba(바나나 나무)/migomba(바나나 나무들), mnazi(코코넛 나

무)/minazi(코코넛 나무들)

(4) u 클래스

추상명사, 물질명사가 이 부류에 속한다. 어간에 접두사 u-가 붙고, 복수형은 없다.

추상명사: ukubwa(크기) -kubwa(큰), udogo(작음) -dogo(작은), ubaya(나쁨) -baya(나쁜), uzuri(아름다움) -zuri(아름다운), umoja(단결) -moja(하나)

물질명사: ugali(죽), unga(밀가루), udongo(흙), ushanga(구슬)

그러면, 다음에 주어진 단어들을 이용해 '한 개의 긴 칼'과 '두 개의 긴 칼들'이라는 구를 만들어 보자.

kisu(칼)/visu(칼들)
-moja(하나)
-wili(둘)
-refu(긴, 키가 큰)

문장의 맨 앞에 오는 kisu(칼)이 ki/vi 클래스의 단수형 접두사 ki-로 시작하기 때문에 그 뒤에 오는 수사와 형용사도 접두사 ki-를 취한다. 복수형인 visu(칼들)를 꾸며주는 한정사들은 접두사 'vi-'를 취한다.

<u>ki</u>su <u>ki</u>moja <u>ki</u>refu (한 개의 긴 칼)
<u>vi</u>su <u>vi</u>wili <u>vi</u>refu (두 개의 긴 칼들)

m/wa 클래스의 경우에도 똑같은 방법이 적용된다.

mtu mmoja mrefu (한 명의 키가 큰 사람)
watu wawili warefu (두 명의 키가 큰 사람들)

스와힐리어를 포함한 반투어의 이러한 일치 현상은 마치 시행을 이루는 단어들 사이의 두운처럼 문장이 아름답게 들리도록 한다.

스와힐리어는 '주어+동사+목적어'의 어순을 갖는다. 이번에는 문장을 하나 만들어 보자. '하나의 긴 칼이 쓰러졌다'는 어떻게 표현할까?

Kisu kimoja kirefu kimeanguka. (하나의 긴 칼이 쓰러졌다.)

위에서 동사구에 해당하는 밑줄 친 부분은 두 개의 형태소와 하나의 동사로 분해된다.

ki-me-anguka

맨 앞에 오는 ki는 이 동사구의 주격 접두사로서 문장의 주어인 Kisu(칼)의 ki와 호응한다. 가운데의 -me-는 현재완료를 나타내는 형태소이며, anguka는 '쓰러지다'를 뜻하는 동사다.

그린버그의 나이저-콩고 어족의 마지막 어군인 아다마와-동부어는 오늘날 아다마와-우방기어로 불린다. 아다마와-우방기어는 나이지리아, 차드, 중앙아프리카 공화국, 카메룬, 콩고 공화국, 콩고 민주 공화국, 남수단 등지에 흩어져 있는 소규모의 언어들로 이루어져 있으며, 대부분 사멸 위기에 처해 있고, 개개의 언어에 대한 연구도 미진한 편이다. 백여 개에 달하는 아다마와어 중에서 가장 큰 무무예어는 나이지리아 북동부에서 쓰이며, 화자 수는 약 오십 만 이하로 추정된다. 우방기어는 아다마와어에 비해 상대적으로 연구가 잘 된 편이다. 특히, 중앙아프리카 공화국의 공용어인 상고어는 불완전한 혼합어인 피진에서 발전한 크레올로서 현재는 자연어의 완전한 형태를 취하고 있다. 교통어로서의 지위도 함께 누리는 상고어는 모어 화자 수가 약 70만 정도 되며, 상고어를 제2의 언어로 사용하는 사람도 수백만 명에 이른다. 아다마와-우방기어의 계통 분류상의 위치는 매우 불안정하다. 영국의 로저 블렌치처럼 구르어와 아다마와-우방기어를 합쳐 사바나어로 부르는 사람도 있고, 딤멘달처럼 우방기어를 나이저-콩고 어족에 포함시키는 것을 반대하는 사람도 있다.

마지막으로, 그린버그의 분류에 빠져 있는 크루어가 있다. 크루어는 라이베리아 남동부에서 코트디부아르 남서부에 걸쳐 분포한다. 크루라는 이름의 유래는 흥미롭다. 오래전 여기서 활동하던 유럽인 선주(船主)들은 비슷한 말을 사용하는 기니만의 원주민을 부를 말이 필요했는데, 이들이 유럽인 배의 선원으로 많이 고용되었기 때문에, 선원의 영어 발음을 따라 크루라고 부르게 되었다는 것이다. 이후 크루는 외부인이 이 지역 사람들을 가리킬 때 사용하는 종족명과 언어명이 되었다. 크루어는 아시아-아프리카 어족의 오모어에 버금가는 복잡한 성조체계를 가지고 있다. 약 470만 명에 이르는 라이베리아 인구 중 95% 이상이 크루어를 구사할 수 있다고 한다.

3.2.4. 코이산 어족

그린버그의 네 번째 어족인 코이산 어족은 남아공의 케이프 지역을 중심으로 유목 생활을 하던 코이족(코이코이족)의 언어와 나미비아, 보츠와나의 오카방고강 유역, 칼라하리 사막에 거주하는 부시먼으로 알려진 산족의 언어를 합쳐서 부르는 말이다. 그린버그는 코이산 어족에 탄자니아에서 쓰이는 산다웨어와 핫짜어도 포함시켰다. 코이산어는 흡착음(딸깍음, 혀차는 소리)을 가지고 있는데, 이것은 인근의 반투어인 수투어와 줄루어의 자음 체계에도 영향을 미쳤다. 코이족은 케이프타운에 상륙한 유럽인이 최초로 목격한 종족으로 두 집단의 관계는 처음에는 우호적이었다. 백인들은 코이족한테서 항해 중에 식용으로 이용할 가축을 얻고 코이족은 백인들한테서 구슬, 장신구 등과 같은 물건을 얻었다. 코이족을 부르는 '호텐토트'라는 말은 백인들이 이들이 내는 흡착음을 흉내 내서 만든 경멸적인 표현이다. 코이어 중에서 가장 큰 언어는 나미비아에서 사용되는 나마어로 총 화자 수는 약 20~30만 정도로 추정된다. 대부분의 코이어는 이미 사멸되었거나 사멸되어 가는 과정 중에 있다. 남아공과 나미비아에서 백인과 아프리카인 사이의 혼혈인을 부르는 '칼라드'라는 말은 원래 네덜란드계 백인과 코이족 사이에서 태어난 혼혈인을 부르는 말이었다. 초기의 언어학자 중에는, 코이족이 주변 흑인들과는 달리 피부색이 밝고, 코이어에 남성과 여성을 구분하는 문법적 성이 있다는 점에 착안해, 코이어가 북아프리카의 햄어와 계통적으로 가깝다는 가설을 제시한 학자도 있었다. 코이산어를 사용하는 모든 종족들이 그렇듯이, 코이족도 반투족이 확산해 내려오기 훨씬 이전부터 현재의 거주지에서 살아왔다. 오늘날 코이족의 생활 기반은 완전히 파괴되었으며, 나마족을 제외한 코이족은 거의 존재하지 않지만, 코이족은 다양한 혼혈을 통해 그 흔적을 남기고 있다.

황갈색의 피부색을 가진 부시먼으로 알려진 산족은 남부 아프리카에 최초로 정착한 사람들이다. 보츠와나 북부의 쪼딜로 언덕에는 약 7만 년 전에 이들의 조상이 남긴 암각화가 전해져 내려온다. 유네스코 세계 유산으로 등재된 이곳은 네 개의 언덕으로[32] 이루어졌으며, 약 4,500개의 암각화가 있는 것으로 유명하다. 암각화의 일부는 나중에 이주해 온 반투족이 남긴 것이다. 산족은 남아공의 드라켄스버그 산맥의 험준한 산악 지대에도 많은 동굴 주거지와 암각화를 남겼다. 유목민인 코이족과는 달리 산족은 수렵채취 생활을 했다.

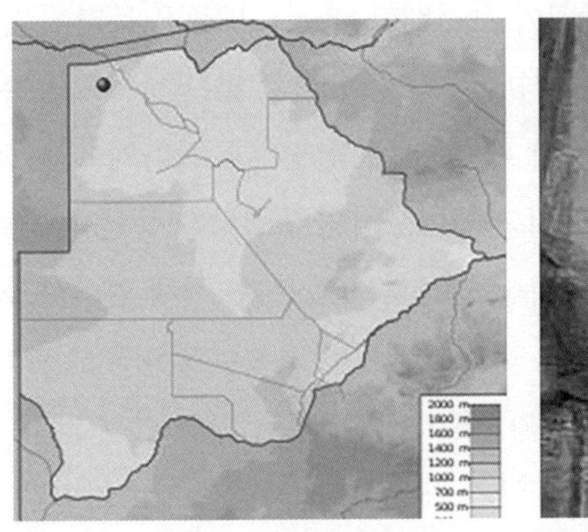

왼쪽: 보츠와나의 쪼딜로 언덕이 있는 위치 / 오른쪽: 쪼딜로 언덕의 암각화

부계로만 전해지는 Y 염색체와 모계로만 전해지는 미토콘드리아 DNA 분석은 산족과 탄자니아의 산다웨족 및 하짜족의 조상이 인류 최초의 조상일 가능성이 높다는 연구 결과를 보여준다. 산족의 조상은 약 10만 년 전에 아프리카에 함께 살던 무리에서 갈라져 나와 고립된 생활을 하다가 나중에 다시 원 집단에 합류한 것으로 보인다. 산족은 거주 장소에 따라 세 개의 집단으로 나뉜다. 첫 번째는 북(北) 산족으로 보츠와나의 오카방고강과 나미비아의 북서부 에토샤 국립공원 사이에 분포하며, 북쪽으로는 앙골라 남부까지 이들의 생활 반경에 포함된다. 두 번째는 나미비아와 보츠와나의 다른 지역에서 발견되는 중부(中部) 산족으로 잠비아와 짐바브웨에서도 관찰

32 남자의 언덕, 여자의 언덕, 아이들의 언덕, 나머지 한 개는 이름이 없음.

되며, 마지막으로 남(南) 산족은 칼라하리 사막 중앙부에서 몰로포강[33] 사이에 거주한다. 이 세 집단의 언어적 차이는 상당히 큰 것으로 알려져 있다.

탄자니아의 도도마 지역 콘도아에 거주하는 산다웨족의 총인구는 약 7만 명이다. 밝은 황갈색의 피부에 단신(短身)인 산다웨족은 코이족과 산족보다도 더 오래된 인류의 DNA 유형을 보유하며, 따라서 남부 아프리카의 코이산족도 동아프리카에서 갈라져 나갔을 가능성이 있다. 산다웨어도 다른 코이산어처럼 흡착음을 갖고 있다. 수렵채취 생활을 하던 산다웨족은 주변의 반투족한테서 농경과 유목 기술을 배웠다. 1차 대전이 일어나기 전 독일이 탄자니아를 지배할 때 산다웨족은 독일에 맞서 용감하게 저항했다. 중북부 탄자니아의 에야시 호수 근방에 살고 있는 핫짜족도 수렵채취 생활을 했다. 핫짜어의 현재 화자 수는 약 1,200명에 불과하다. 산다웨어와 핫짜어는 사용 인구가 적음에도 불구하고 아직까지 자연어로서의 생명력을 상실하지 않고 있다.

오늘날 코이산 어족의 존재는 더 이상 인정되지 않는다. 현재 언어학자들은 코이어, 산다웨어, 핫짜어를 비롯한 대부분의 코이산어를 고립어로 다루고 있다. 그 이유는 이들 언어가 공유하는 친족어의 수가 계통성을 입증할 만큼 많지 않고, 언어들 사이의 체계적인 음성 대응도 관찰되지 않기 때문이다. 지리적으로 가까운 곳에 분포하는 산다웨어와 핫짜어도 두 언어 사이의 관계를 증명할만할 언어학적 단서들을 결여한다. 학자들은 단지 참조상의 편의를 위해 코이산이라는 용어를 사용하고 있을 뿐이다.

33 총 길이 약 1,000km의 몰로포강은 보츠와나의 칼라하리 사막 남쪽에서 발원해 나미비아 국경 부근에서 오렌지강과 합류한다.

제4장
영어권 소설문학

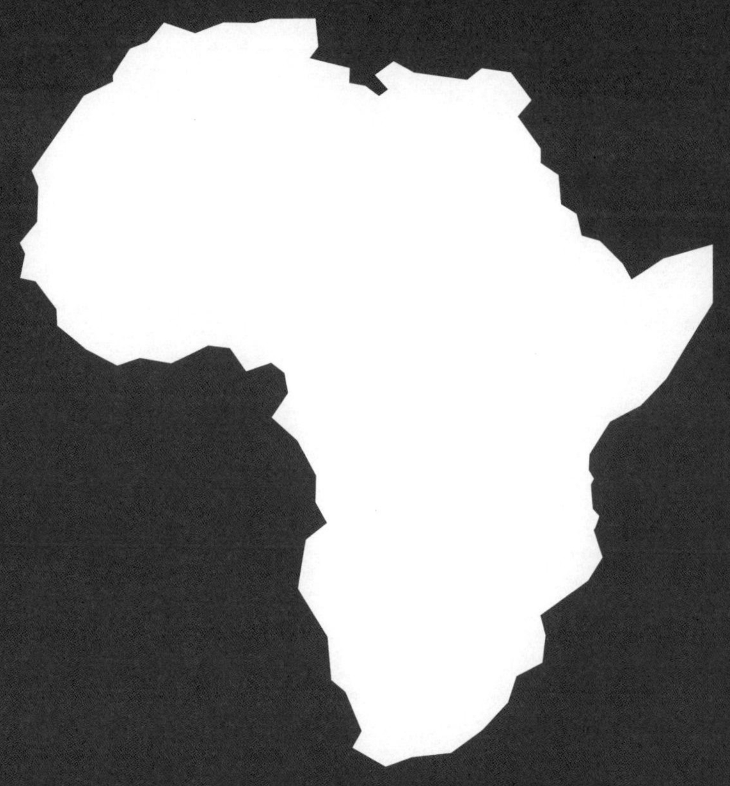

소설은 시(詩)와 달리 아프리카 대륙에 낯선 장르였으며 그 정착 과정 또한 지역별, 작가별로 다양한 모습을 드러냈다. 아프리카의 현대 문학에 관한 담론은 아프리카 문학의 정체성과 역사적 특수성에 관한 이해를 전제로 한다. 리얼리즘의 아프리카적 해석, 구연 민담과 구술성의 영향, 인격 묘사와 주제 전달 및 암시를 위한 속담의 사용, 소설 텍스트 내에서 차지하는 문화적, 인류학적 설명의 비중 등이 아프리카 문학의 문화적 정체성에 관한 것이라면, 독립과 더불어 1960년대를 전후로 하여 싹트기 시작한 현대 문학의 일천한 역사, 제한된 수의 독자와 작가들, 타국의 언어를 매개로 하여 쓰인 텍스트, 유럽과 미국이라는 중심부의 존재 없이는 존재할 수 없었던 아프리카 문학의 주변부적 위치, 그럼에도 불구하고 그 존재에 부여할 수 있는 가치와 이념, 신식민주의의 언어적 지배에 맞서기 위해 아프리카 문학이 추구해야 할 방향에 대한 끝나지 않은 논쟁 따위는 아프리카 문학의 역사적 특수성을 반영한다. 이러한 문학이 세계문학 속에서 발돋움해 가는 과정은 이미 자국 내에 오래된 글쓰기의 전통과 자체의 고전적 작품들을 지니고 있는 타 대륙의 경우와는 다른 담론을 제공한다. 아프리카 소설문학의 정착 과정은 새로운 문학의 탄생 및 발전 과정이며 동시에 이에 대한 서구 세계의 지적 반응의 과정이었다.

본 장의 목적은 아프리카 현대 소설의 이념적 경향을 여덟 가지 범주로 분류하고 각각의 전통을 확립한 작가들과 그 작품들을 소개하는 데 있다. 여기서 말하는 이념적 경향이란 아프리카 소설의 정체성 또는 나아갈 방향과 관련된 작가들의 사명감과 의식을 말하는 것으로서 정치적 이념과는 다른 개념이다. 전통의 창시자들은 아프리카 문학의 고전 또는 정전을 탄생시킨 사람들이다. 고전은 시간이 지나도 그 가치가 퇴색하지 않는 것을 말하며, 정전은 후대의 작가들이 본받아야 할 문학의 표준이라는 의미가 강조되는 말이다. 여덟 가지 전통은 다음과 같다. 첫째, 아모스 투투올라의 구연문학의 차용과 문학어로서의 언어 선택의 문제; 둘째, 치누아 아체베의 문화 충돌과 조상숭배 및 과거의 영광; 셋째, 아체베의 아프리카적 특수성과 대비되는 월레 소잉카의 인간의 보편적 문제에 대한 성찰; 넷째, 씨프리안 에크웬시의 대중통속소설과 탈(脫) 교사론; 다섯째, 응구기와 씨옹고의 저항문학과 신식민주의의 언어 지배에 대한 주체성 선언; 여섯째, 알렉스 라 구마의 절망과 탈(脫) 메시지화가 암시하는 메시지; 일곱째, 개브리얼 오카라의 언어적 실험과 문체론적 정체성; 여덟째, 아체베의 문화충돌과 구별되는 티모시 알루코의 또 다른 문화충돌. 이러한 전통들은 서로를 의식하며 한편으로는 협력하고 다른 한편으로는 경쟁하면서 발전해왔다. 한 가지 밝혀 둘 것은 위에서 언급한 것들이 지금까지 독립적으로 다루어진 적은 많이 있지만 하나의 틀 속에서 비교 분석된 적은 없으며 또한 그것들을 아프리카를 대표하는 현대소설의 주요 전통으로 간주한 예도 없다는 점이다. 이 글은 국내와 국외를 막론하고 이와 관련된 최초의 실험적 시도이다.

아프리카 대륙의 역사적 특수성은 사람들의 삶에 큰 영향을 미쳤으며 이는 문화의 한 영역인 문학에 있어서도 마찬가지였다. 동시대의 아프리카 문학은 전통문학과 현대문학으로 대별된다. 구연문학이 전자에 속한다면 토속어나 유럽어를 매개로 하는 문자문학은 후자에 속한다. 아프리카의 문자문학에는 아랍어로 쓰인 문학, 아랍어의 자모음을 단순 차용해 현지어를 표기한 아자미 문자로 된 문학, 백인과의 접촉으로 탄생한 유럽어 문학, 그리고 가장 늦게 등장한 토속어 문학이 있다.

사하라 사막 남쪽의 흑아프리카는 오래전부터 아라비아반도 및 북아프리카 이슬람 세계와의 교류를 통해 아랍 문명과 문자를 받아들였으며 이는 지배 계층을 중심으로 한 지식인 집단의 출현을 가져왔다. 서아프리카에서 번성했던 송가이 제국, 하우사-풀라니 제국, 카넴-보르누 제국의 아랍어 문학과 아자미 문학은 역사가 깊어 많은 작품이 전해진다. 이러한 문학은 종교적 성격을 지닌 시문학을 중심으로 발전했으며 신과 마호멧을 예찬하는 찬양시와 이슬람의 교리를 다루는 작품들이 주를 이루었지만 그 수준은 아랍 세계와 비교해 볼 때 결코 뒤지지 않았다.

아랍어 문학이 이슬람 세계와의 접촉이 용이한 사하라 사막이나 그 남단의 사헬 및 열대 사바나 기후대의 종족들 사이에서 이루어진 반면 유럽어 문학의 태동은 지리적 제약을 받지 않았다. 15세기 중엽 포르투갈인들이 서아프리카와 동아프리카에 첫발을 내딛은 이래 유럽어를 읽고 쓸 줄 아는 흑인들이 생겨났지만 본격적인 문학 작품의 출현은 식민 지배가 한창 무르익은 20세기 중반에 와서야 가능했다. 어려서부터 선교사를 통해 기독교 사상과 서구 문화에 눈을 뜨게 된 일부 흑인 소년들의 유럽어 구사 능력 및 서양 고전 문학에 대한 지식은 본토의 학생들에 뒤지지 않았다.

아프리카의 현대문학은 시, 소설, 드라마를 중심으로 발전했으며, 1986년 『해설자들(The Interpreters)』을 쓴 나이지리아의 요루바족 작가 월레 소잉카가 노벨상을 수상하면서 세계의 주목을 끌었다.

토속어 문학은 프랑스령 아프리카보다는 영국령 아프리카에서 활발히 전개되었다. 이것은 식민지 경영 철학의 차이에 기인한다. 서구 문화, 특히 프랑스 문화로의 동화를 지향하는 직접 통치는 토속어의 발달에 소극적 태도를 취했지만 간접 통치를 표방한 영국은 아프리카 현지인들의 전통이 보호되어야 할 인류의 유산이라는 사실을 인정했고 이 정책의 연장선에서 주요한 언어들을 문자화시켰다. 동아프리카의 스와힐리어, 서아프리카의 하우사어는 가장 많은 사용 인구를 지닌 교통어로서 식민 교육 당국의 도움 아래 문법이 기술되고 사전이 편찬되었으며 문맹 퇴치를 위한 문학 활동이 장려되었다. 개별 종족의 언어와 문화의 보존을 꾀했던 영국의 통치는 독립 후 종족 간의 갈등을 초래한 원인이 되기도 했지만 문화적인 관점에서는 긍정적인 면을 갖고 있었다.

표현 매체에 관한 문제는 오랫동안 논란의 대상이 되어왔다. 일제하에서 일본어로 창작 활동을 한 조선인들과 그들의 작품을 국문학으로 인정하지 않았듯이 유럽어로 쓰인 소설이나 시를 아프리카 문학의 범주에 포함시킬 수 없다는 주장은 일견 설득력이 있다. 영어나 프랑스어로 글을 쓰는 아프리카 작가들의 주된 독자층이 흑인들이 아니라 대륙 밖의 백인들이라는 사실은 적지 않은 것을 시사한다. 빈곤과 외국어에 대한 높은 문맹률은 작품 감상에 대한 아프리카 현지인들의 접근을 가로막는 경제적, 언어적 걸림돌이다. 이러한 맥락 속에서 대중과 괴리된 문학이 아프리카의 문학이 될 수 없다는 주장은 타당해 보인다.

그러나 현실을 고려하면 사정이 달라진다. 아프리카의 근·현대사는 저항의 역사다. 독립 이전의 제국주의 식민 세력에 대한 저항과 독립 후의 부패한 정지 권력에 대한 저항은 정도상의 차이는 있을지 몰라도 지성인들의 삶을 지배해 온 절박한 현실 철학이었다. 인종 분리 정책에 기인한 소수 백인 정부의 흑인 다수에 대한 인권 탄압으로 유명했던 남아공에서 문학은 억눌린 자들의 감정을 대변하고 그들이 처한 가혹한 현실을 세상에 알리는 효과적인 도구로 기능했다. 수십, 수백 개의 종족들이 상이

한 언어를 구사하며 한 나라에 공존하고 있는 처지에서 특정한 종족의 언어를 이용하여 제한된 수의 독자들을 대상으로 창작 활동을 한다는 것은 현실의 비리와 모순을 생각할 때 한낱 게으르고 무책임한 이상에 불과했다. 종족을 초월하여 많은 독자들을 확보할 수 있고 서구 사회에 아프리카의 열악한 인권 상황을 알릴 수 있다는 점에서 유럽어에 의지한 문학 활동은 지성인들의 현실 참여와 그로 인한 효과를 극대화시키는 최선의 선택이었다.

유럽어로 쓰인 작품을 아프리카 문학의 범주 밖에 놓는 것은 지나치게 극단적인 사고이다. 영어나 불어를 사용함에도 불구하고 창작의 주체가 아프리카인이고 아프리카의 모순을 직시하며 궁극적으로 아프리카의 미래에 대한 희망을 제시하는 것이 흑인 작가들의 의도라는 점도 강조되어야 한다. 간과할 수 없는 또 다른 요소는 아프리카의 문화가 작품 속에 반영되어 있다는 것이다. 아체베가 그렇듯이 전통에 대한 상세한 해설은 민속학적으로 높은 가치를 지니기도 한다. 더불어 많은 작가와 시인들의 텍스트 속에서 관찰할 수 있는 아프리카적 표현 방법과 문체는 일례로 아프리카의 영문학을 미국의 영문학, 호주의 영문학, 영국의 영문학과는 뚜렷이 구별되는 문학적 실체로 만든다. 이상과 같은 관점에서 이해할 때 유럽어를 매개로 하는 문학의 정체성에 대한 논쟁은 어느 정도 정리될 수 있을 것이다.

4.1. 전통의 부활: 아모스 투투올라

아프리카 현대문학의 탄생과 발전은 나이지리아를 중심으로 전개되었다. 나이지리아는 다음과 같은 이유로 아프리카의 현대 문학사에서 중심된 위치를 차지했다. 첫째로 많은 인구를 들 수 있다. 나이지리아의 인구는 2억 명이 넘으며 풍부한 인적 자원은 문학을 위시한 다른 예술 분야에서도 유능한 인재들을 배출하는 원동력이 된다. 둘째, 다른 나라들에 비해 상대적으로 많은 고등 교육 기관은 교육 기회의 확산을 초래했다. 나이지리아의 교육은 질적인 면에서도 우위를 점하고 있었다. 1940년대에 설립된 이바단 대학의 역할은 무엇보다도 중요했다. 전국에서 몰려든 재능 있는 학생들은 유럽 현지에서 초빙된 교수진과 영국의 대학들을 본뜬 교과 과정을 통해 그리스-로마의 고전문학부터 시작해 서구 인문과학의 다양한 사조에 이르기까지 체계적으로 배울 수 있었다. 아체베와 소잉카가 이바단대학의 제1회 졸업생이라는 사실은 당시의 이 대학의 역할을 잘 말해 준다. 이바단 대학의 명성은 지금도 이어지고 있으며 특히 인문학의 수준은 타의 추종을 불허한다. 이러한 힘은 서구 지성사에 관해 기초부터 체계적으로 가르쳤던 식민지 교육 전통과 현지인들의 높은 영어 구사 능력에서 비롯되었다. 셋째, 출판 기관이 활성화되어 있었다는 점을 지적할 수 있다. 영국 식민 당국의 현지문화 보호 정책의 일환으로 정부의 지원을 받는 출판사들이 등장했으며, 개인이 운영하는 중소 규모의 출판사와 유럽 대형 출판사들의 아프리카 지부가 나이지리아의 주요 도시에 설립되었다. 출판사와 독서 시장의 출현은 현지인들을 문자 문화의 울타리 안으로 편입시키는 데 있어 중요한 역할을 수행했다. 이러한 조건하에서 전문 작가들의 탄생은 충분히 예고된 일이었다. 넷째, 음바리 클럽과 같은 친목 단체의 등장과 많은 국제 학술회의의 개최는 전문 작가들과 학자들의 교류의 장을 넓혀 주었다. 친목 사교 단체의 활동은 다분히 이국적인 것이었다. 다수의 대중이 전통 사고방식에서 벗어나지 못하고 있던 시절 서구 문화를 흡수한 신진 식자 계층에게 있어 지적 생존을 위한 교류와 번식은 동일한 목적의식을 지닌 동질적인 집단의 존재 없이는 불가능한 일이었다. 또한 국제 규모의 전문 학술회의의 나이지리아 내의 빈번한 개최는 현지의 지식인들에게 큰 자극제가 되었으며 이들이 외국의 새로운 이론과 경향을 받아들이는 데 도움을 주었다. 위와 같은 이유로 나이지리아는 아프리카에서 문학 활동의 중심지로 부상할 수 있었다.

아프리카의 현대문학이 서구의 본격적인 관심의 대상이 된 것은 그것이 서구적 기준의 문학 개념에 부합되어서라기보다는 1, 2차 세계대전이 끝난 후 본격적으로 일어난 서구 지성 사회의 새로운 경향, 즉 자기들의 합리주의와 자문화중심주의에 대한 재성찰, 그들이 무시하고 관심의 영역 밖에 두었던 낯선 세계에 대한 호기심, 그리고 문화적 사고의 폭을 넓히려는 갈망 등에 기인한다. 아프리카의 현대소설과 관련된 담론의 장을 최초로 제공한 작가, 그리고 이에 대한 서구 세계의 진지한 지적 반응을 불러일으킨 최초의 작가는 나이지리아 요루바족 출신의 소설가 아모스 투투올라

였다.[1]

투투올라는 일천한 교육적 배경과 특별한 신념의 부재에도 불구하고 아프리카 현대 문학사에 있어 기념비적인 위치를 차지한다. 그의 소설 『야자주 술주정꾼』(1952)은 출판과 동시에 국내외 비평계의 큰 관심을 끌었다. 첫째, 이 작품은 서아프리카 현대소설의 효시로 간주되며, 둘째, 문학어로서의 영어 사용의 문제와 관련된 논란의 불씨를 제공했고, 셋째, 영국을 중심으로 한 해외 문단의 본격적인 조명을 받았으며, 넷째, 구연 민담에서 작품의 소재를 빌려옴으로써 전통문학과 현대문학 사이의 다리 역할을 한 소설로 평가받는다.

『야자주 술주정꾼』의 독특한 문체는 오랫동안 찬사와 혹평의 대상이 되어왔다. 1922년 나이지리아의 요루바족 도시인 아베오쿠타에서 태어난 투투올라는 예술 사교 단체인 음바리 클럽의 창시자로 알려져 있지만 작가로서의 투철한 의식을 소유한 사람은 아니었으며 스스로 문인으로서의 사명감을 공개적으로 표출하지도 않았다. 그의 교육적 배경은 미션스쿨에서 받은 6년간의 수업이 전부였으며 본인 또한 지성인으로 자처하지도 않았다. 중요한 것은 작가로서의 투투올라가 아닌 작품으로서의 『야자주 술주정꾼』이다. 이 소설은 주인공의 진술에 의해 이야기가 전개되는 1인칭 소설로서 역경을 극복하는 영웅과 초자연적인 실체의 등장에서 볼 수 있듯이 요루바족의 구연 민담에서 영감을 받아 쓰인 작품이다. 주인공은 절친했던 술친구가 죽자 그와 함께 마시던 야자주의 추억을 잊지 못해 그를 찾아 사자(死者)들의 세계를 여행한다. 여행 도중 그는 어떤 여인을 만나 결혼하고 아들을 낳는다. 아들은 어머니의 자궁 속이 아닌 엄지손가락에서 자라며 엄지손가락이 종려나무의 가시에 찔릴 때 태어난다. 그는 또 세상에 나오자마자 엄청난 양의 야자주를 마신다. 주인공은 아내와 아들을 데리고 죽은 자들의 도시를 계속 여행하며 마침내 친구를 만나지만 친구는 고향마을로 다시 돌아가자는 주인공의 요청을 거절하고 대신 그에게 계란이 가득 담긴 광주리를 선물한다. 소설은 주인공이 무사히 귀향하여 친구한테서 받은 선물(계란)

---

1 여기서 말하는 담론은 아프리카 현대문학의 특정한 주제와 관련된 기존의 발화 및 향후의 예상된 발화를 의식하는 소설가 또는 비평가의 발화를 의미한다. 이러한 발화는 다양한 형태의 문학적 또는 비문학적 텍스트를 통해 그 존재를 드러낸다.

로 기근에 휩싸인 마을 사람들을 구원하는 장면으로 끝난다. 사름들은 기뻐하며 북을 치고 춤을 춘다.

이 소설의 가장 큰 특징은 서툰 영어 문장과 빈번히 등장하는 요루바족의 관용표현이다. 작품에서 발췌한 다음의 문단은 투투올라의 영어가 얼마나 불완전한 것이었는지 잘 보여준다. 독자들은 엉터리 영어로 기술된 기묘한 사건들을 읽으면서 이상한 기분에 휩싸이게 된다.

When the debit-collector asked for the 1 pound which he (borrower) had borrowed from his friend since a year, the debitor(borrower) replied that he never paid any of his debits since he was born, then the debit-collector said that he never failed to collect debits from any debitor since he had began the work. The collector said furthermore that to collect debits about was his profession and he was living on it. But after the debitor heard so from the collector, he also said that his profession was to owe debits and he was living only on debits. In conclusion, both of them started to fight but, as they were fighting fiercely, a man who was passing that way at that time saw them and he came nearer, he stood behind them looking at them, because he was very interested in this fight and he did not part them. But when these two fellows had fought fiercely for one hour, the debitor who owed the 1 pound pulled out a jack-knife from pocket and stabbed himself at the belly, so he fell down and died there. But when the debit-collector saw that the debitor died, he thought within himself that he had never failed to collect any debit from any debitor in this world since he had started the work and he (collector) said that if he could not collect the 1 pound from him (debitor) in this world, he (collector) would collect it in heaven. So he (collector) also pulled out a jack-knife from his pocket and stabbed himself as well, and he fell down and died there.

As the man who stood by and looking at them was very, very interested in that fight, he said that he wanted to see the end of the fight, so he jumped up and fell down at the same spot and died there as well so as to witness the end of the fight in heaven. So when the above statement was given in the court, I was asked to point out who was guilty, either the debit-collector, debitor, the man who stood by looking at them when fighting, or the lender? (pp. 111-112)

채무자가 1년 전에 친구한테 빌린 1파운드를 채무해결사가 요구했을 때 채무자는 자기가 태어난 이래로 어떠한 빚도 갚아본 적이 없다고 응답했다. 그러자 채무해결사도 그가 일을 시작한 이래로 채무자로부터 어떠한 빚도 받아내지 못한 적이 없다고 말했다. 채무해결사는 더 나아가 돌아다니면서 빚을 받아내는 것이 자신의 직업이며 그걸로 자신이 먹고 산다고 말했다. 채무자는 채무해결사로부터 이런 말을 듣고 난 후 자신의 직업 또한 빚을 내서 빚으로 살아가는 것이라고 말했다. 결국 그들 둘은 싸우기 시작했다. 그들이 격렬히 싸우고 있을 때 당시 그곳을 지나고 있던 어떤 사람이 그들을 보았고 가까이 와서 뒤에 서서 그들을 보았다. 왜냐하면 그는 이 싸움에 매우 흥미를 느꼈고 그래서 그들을 떼어놓지 않았다. 이 두 사람이 한 시간 동안 격렬하게 싸우고 났을 때 1파운드를 빌린 채무자가 주머니에서 잭-나이프를 꺼내서 자신의 배를 찔렀고 쓰러져서 그곳에서 죽었다. 채무해결사는 채무자가 죽는 것을 보자 자신이 이러한 일을 시작한 이래로 세상에서 어떠한 채무자로부터도 빚을 받아내지 못한 적이 없으며 따라서 이 세상에서 이 채무자로부터 1파운드를 받아낼 수 없다면 저세상에 가서 받아내야겠다고 마음속으로 생각했다. 그래서 그도 그의 주머니에서 잭-나이프를 꺼내 자신을 찔렀고 쓰러져서 거기서 죽었다.

옆에 서서 이들을 지켜보고 있던 사람도 이 싸움에 아주 아주 흥미를 느꼈고 자신도 싸움의 끝을 보고 싶다고 말했다. 그래서 하늘나라에서 싸움의 끝을 목격하기 위해 그도 껑충 뛰어올라 같은 장소에 떨어져서 거기서 죽었다. 이러한 진술이 법정에서 이루어졌을 때 나는 채무해결사, 채무자, 싸움 중에 옆에서 그들을 구경하고 있던 사람, 원 채권자 중에서 누가 죄가 있는지 지적하라는 질문을 받았다.

『야자주 술주정꾼』에 대한 서구 사회의 초기 반응은 한마디로 경탄에 가까운 것이었다. 이것은 아프리카 현대문학의 향후의 운명과 이러한 운명에 대한 저항을 암시하는 전주곡을 의미하는 것이기도 했다. 흥행성보다는 문학성에 비중을 두는 영국의 「더 타임즈지」 문예 비평의 전통을 고려해 볼 때 여기에 실린 어떤 익명의 서평가의 이 소설에 대한 혹평은 충분히 예견된 것이었다. 이 서평가의 말대로 동화되지 않은 자료 덩어리에 불과한 이 작품이 세인의 주목을 끌게 된 데에는 1952년 7월 6일 「옵저버지」에 실린 웨일즈 출신의 영국 시인 딜런 토머스의 짤막한 한 편의 서평이 중요한 역할을 하게 된다.[2] 토머스의 호의에 찬 서평은 원시 사회의 음산한 유령 이야기가 주는 낯선 분위기만큼이나 예외적인 것이었지만 동시에 그것은 자신들이 선도해야 할 식민지 문학의 현실에 대한 관용적인 인식이었으며 예찬이었다. 토머스의 뒤를 이은 칼더-마샬[3], 로드만[4], 웨스트[5] 등의 눈에 비친 투투올라는 놀라운 독창성과 매력을 지닌 소위 원시적인 천재였으며 어떤 의미에서는 그들이 추구해야 할 오염되지 않은 순수한 길을 개척한 데이시 애쉬포드와 같은 천부적인 이야기꾼이었다. 중요한 것은 투투올라에 대한 서평이 어떠한 성격을 지니건 간에 그로 인해 아프리카의 흑인 문학에 대한 본격적인 관심이 유럽의 지성인들 사이에서 본격적으로 대두되기 시작했다는 것이다. 그리고 그것은 이유야 어떻든 간에 그들의 선조가 아프리카인들에게 행한 슬픈 만행의 역사에 비하면 훨씬 호의적인 출발이었다. 라르라베의 다음과 같은 말은 이러한 최초의 인식을 잘 대변해 준다.

> 내가 최근의 여행을 통해서 발견할 수 있는 것은 서아프리카에는 오직 단 한 명의 소설가만 있다는 것이다. 그는 자신의 자유의지로 아프리카적인 방법으로 글을 쓰기 시작했다. … 영국인들은 박물관의 소장품 따위를 제외하면 아프리카의 문화에 대해 전반적으로 무관심하고, 프랑스인들은 보다 호의적이어서 아프리카인들에게 글쓰기와 그리기를 가르치지만 그것들의 비(非) 프랑스적인 결과에 실망한다. 진취적인 아프리카인들은 정부를 위해서만 일을 하는 경향이 있다. 그들은 안경과 넥타이를 착용하고 백인들 자신의 무기인 관료적 형식주의, 허풍, 궤변 따위로 백인들을 쉴 새 없이 괴롭힌다. 그러나 나이지리아에는 아프리카의 현대 사회로의 성장 과정에 있어 이러한 사춘기적 단계를 지난 아프리카인이 최소한 한 명은 있는데, 그는 완전히 다른 단계로 접어들었다. 그의 이름은 아모스 투투올라이다.[6]

---

2 Dylan Thomas. 1952. 'Blithe Spirits.' The Observer. 1952년 7월 6일 자.

3 Calder-Marshall, Arthur. 1952. 'The Palm-Wine Drinkard and his Dead Palm-Wine Tapster in the Deads' Town.' The Listener. 1952년 11월 13일 자.

4 Rodman, Selden. 1953. 'Amos Tutuola.' The New York Times. 1953년 9월 20일 자.

5 West, Anthony. 1953. 'Amos Tutuola.' New Yorker. 1953년 12월 5일 자.

6 Eric Larrabee. 1953. 'Palm-Wine Drinkard Searches for a Tapster.' The Reporter. 1953년 5월 12일 자.

아모스 투투올라는 어느 날 아침 서구 비평계의 집중적인 조명을 받기 시작한 최초의 아프리카 흑인 작가가 되었다. 그에 대한 영국 문단의 호평은 이들이 사용한 어휘만 보더라도 -fresh, new, exciting, imaginative- 잘 알 수 있다. 딜런 토머스의 'young English'라는 표현은 듣는 이에 따라 여러 각도에서 해석될 수 있지만 『야자주 술주정꾼』의 문체를 가장 적절히 표현한 말이다. 그러나 이러한 찬사와 관심의 이면에는 서구의 문화적 우월감에 바탕을 둔 호기심이 암암리에 작용하고 있었다. 극소수의 현지인 작가들만이 존재하는 상황에서 아프리카 영어권 문학의 확산을 원하던 영국인들에게 다른 대안은 없었다. 투투올라의 등장은 그 자체로서 호의적인 무엇인가를 이들에게 강요하고 있었던 것이다. 이러한 부자연스러운 상황 속에서 서양인들과 아프리카인들 사이에는 어색한 분위기가 싹트게 되었는데 소위 전자(前者)의 온정주의에 기초한 과대평가와 이에 대한 나이지리아 지성인들의 상처 입은 자존심은 향후 끝없는 논쟁의 불씨를 제공한 원인이 되었다.

『야자주 술주정꾼』에 대한 현지인들의 평가는 문학 평론에서는 좀처럼 볼 수 없는 기묘한 것이었다. 요루바족이라면 누구나 다 아는 '기분 나쁜 유령 이야기', '구전 민담의 단순한 차용', '엉터리 문법'이라는 혹평은 이들의 불편한 심기를 대변해 준다. 투투올라의 미숙한 영어는 비록 그것이 의도적이었건 아니었건 간에 당시 서아프리카 지식인들의 자존심을 건드리는 것이었다. 이들이 수준 높은 영국식 표준 영어를 구사했으며 일상의 대화에서조차도 문어체 비슷한 격식 있는 표현을 사용했다는 점을 감안하면 이들이 느낀 미묘한 콤플렉스를 이해할 수 있다. 영국인들의 찬사에 대한 현지인들의 부정적인 시각은 마침내 평론에 대한 평론으로 이어진다. '이국의 문화에 대한 호기심에 가득 찬 인종주의자들에 의해 과대평가되고 있다', '우월감에 바탕을 둔 겸손에 불과하다'라는 비판은 이러한 배경 하에서 나온 것이었다.[7]

여러 가지 논란에도 불구하고 투투올라는 아프리카 문학사에서 비중 있는 위치를 차지하며, 아프리카 문학의 존재와 가치를 서구인들에게 알리는 데 있어 큰 역할을 수행했다. 그는 구연문학의 전통은 여전히 살아 있으며 현대의 소설가들은 그것을

---

7 Peters, Jonathan. 1993. 'English-language Fiction from West Africa.' In Oyekan Owomoyela (ed.) A History of Twentieth-Century African Literatures. pp. 9-48. Lincoln: University of Nebraska Press.

창조적인 방법으로 작품 속에 반영시킬 수 있다는 것을 보여주었다. 또한 표준 영어만이 문학어로 사용되어야 한다는 고정 관념에서 벗어나 피진 영어도 아프리카인들의 언어 생활과 삶의 모습을 생생히 포착하는 한 -그리고 오히려 그렇기 때문에- 문학 표현의 매체로 사용될 수 있다는 것을 보여주었다. 이러한 면에서 볼 때 투투올라는 아프리카는 물론 유럽에서도 그 예를 쉽게 찾을 수 없는 전통을 수립했다고 할 수 있다.

오늘날 아프리카의 많은 작가들이 아프리카 문학의 정체성을 추구하기 위해 구연문학 전통에 의지하고 작품 속 등장인물들 간의 대화에도 언어적 리얼리즘을 부여하고자 다양한 수준의 영어를 사용한다는 것은 투투올라의 문체론적 유산이 여전히 계승되고 있다는 것을 말해준다. 『야자주 술주정꾼』이 출판된 지 65년의 시간이 흐른 지금 투투올라의 명성을 의심하는 사람은 없다. 그리고 딜런 토머스의 짧은 서평이 없었다면 이러한 명성의 창출은 불가능했을 것이다. 린드포즈는 토머스의 최초의 서평이 나온 이래 투투올라에 대한 모든 평가를 요약하고 있는 듯하다. "그의 명성은 이제 본국에서뿐만 아니라 국외에서도 확고하다. 왜냐하면 그는 세계 문학사에 있어 독특한 인물, 즉 구연 예술을 문자 예술로 번역함으로써 두 개의 내러티브 전통에 다리를 놓고 두 개의 문화에 다리를 놓은 작가로 받아들여지게 되었기 때문이다."[8]

4.2 고전의 탄생: 치누아 아체베

아체베는 시대와 장소를 초월해 아프리카에서 가장 존경받는 작가다. 그의 작품들에서 관찰되는 주제는 동시대의 아프리카인들 모두에게 와 닿는 것으로서 특히 아프리카와 유럽의 문화충돌을 다룬 첫 번째 소설 『무너져 내리다(Things Fall Apart)』(1958)는 아프리카 문학 최고의 고전으로 간주된다. 서구 기독교 사회와 아프리카 전통 사회의 비극적인 만남, 그 만남의 결과, 흑인들의 유럽 사회에서의 경험과 그것이 그들의 행동에 미치는 영향, 조상과 과거에 대한 가치부여, 전통과 철학에 대한 비판

8 Klein, Leonard S. (ed.) 1988. African Literatures in the 20th Century. A Guide. p. 141. Harpenden: Old Castle Books Ltd.

적 성찰, 식민주의에 대한 경멸, 독립 후의 현실에 대한 환멸과 미래에 대한 환상에서의 탈피. 아체베는 상기(上記)한 주제들을 모두 다룬 유일한 작가로서 그의 작품들은 이것들을 19세기 중엽부터 시작해 1960년대에 이르기까지 순차적으로 묘사한다. 오늘날 그의 소설은 아프리카의 정규 학교 교과 과정에서 가장 많이 읽히고 있다. 아체베는 1986년 노벨 문학상을 수상한 소잉카와 함께 영연방 문학사, 더 나아가 세계 문학사의 한 쪽을 장식한 인물로 평가받는다. 그는 세계 주요 대학의 영문학과에서도 비중 있게 다루어진다.

아체베는 '교사'로 자처하며 교사로서의 메시지를 독자들에게 전달한다. 그는 자기비하에 빠진 사람들에게 자긍심을 일깨우며, 좌절에 허덕이는 사람들에게 미래에 대한 희망과 비전을 제시한다. 그래서 슬프고 오욕스러운 과거는 품위 있고 아름다운 과거로 가치부여 되고, 불안한 미래는 전통과 과거에 대한 올바른 이해의 바탕 위에서 밝은 미래로 다가올 수 있음을 암시한다. 아체베는 전통의 모순과 불합리도 지적한다. 그는 시대가 그를 필요로 할 때 나타나 시대가 요구했던 것 이상의 역할을 한 아프리카의 지성인이다.

아체베는 1930년 나이지리아의 익보족 도시 오기디에서 출생했다. 그는 1953년 소잉카와 함께 이바단 대학의 제1회 졸업생이 되었으며 이듬해인 1954년에는 나이지리아 방송공사에 들어가 대외(對外) 방송 담당 책임자가 되었다. 나이지리아 내전 기간 중에는 연방 정부에 반기를 든 비아프라 정부를 위해 일했고 1972년에는 교환교수의 자격으로 미국을 방문해 4년간 체류했다. 그는 혁신적 사고의 소유자인 소잉카와 큰 대조를 이룬다. 소잉카가 정부로부터 심한 탄압을 받은 반면, 작품의 무대가 백여 년 전의 과거로 거슬러 올라가는 아체베는 현실의 정치 소용돌이 속에서 비교적 자유로울 수 있었다. 그에게 있어 아프리카의 현실은 특정한 누구의 잘못도 아니다. 그것은 변화하는 세상에 능동적으로 대처하지 못한 모두의 책임이며 아체베는 그 잘못을 일깨워주는 교사로서의 역할을 자처한다.

아체베의 등장 이전, 아프리카인들의 문학적 능력에 대한 서양인들의 폄하와 무관심은 아프리카인들의 글쓰기가, 문명화된 문학 활동의 범주 밖에 놓여 있는 그리고 진화론적 관점에서 보았을 때 변화의 고리 뒤에 처져 있는, 기껏해야 이국적인 분위기를 자아내는 것에 불과하다는 편견을 낳았다. 투투올라의 『야자주 술주정꾼』(1952)에 대한 딜런 토머스의 평가는 이러한 경향의 어떤 변화를 의미하는 것이었지만 적어도 아체베가 등장하기 전까지는 아프리카 대륙 내에서 학생들이 읽을 수 있는 고전의 성격을 띠는 작품은 없었다. 이러한 현실 속에서 아체베의 임무는 본인 스스로 인정하듯이 아프리카 문학의 고전을 탄생시키기 위한 것이었다. 비로소 서양의 독자와 비평가들은 문학적으로 탁월하고 문화적으로 소신에 가득 찬 인물을 처음으로 접하게 되었다. 아프리카 문학의 위대한 서곡은 이렇게 시작되고 있었다.

아체베는 과거와 현재, 유럽과 아프리카라는 상이한 세계의 충돌이 야기한 인간의 문제들을 사실주의적 기법으로 그린다. 그는 독자들에게 미래에 대한 희망을 암시하고 그들이 무기력함과 자기비하에서 벗어나 전통과 과거에 대한 올바른 신념을 가질 수 있도록 유도한다. 그러기 위해서 그는 아프리카가 어떻게, 왜, 오늘날과 같은 사회가 되었는지 각 시대의 주요 현안들을 중심으로 이야기를 구성한다. 아체베는 대중통속소설 작가들 또는 문제점만을 폭로하고 미래를 위한 답을 제시하지 못하는 사람들과는 뚜렷이 구별된다. 미래는 그에게 있어 가장 소중한 것이다. 그는 미래에 대한 자신감의 불씨를 이미 불타버린 과거의 잔재 속에서 찾으려 한다. 과거에 대한 재인식은 전통 가치의 단순한 보존을 의미하는 것이 아니다. 아체베는 서구적 가치가 무질서하게 범람하는 현재의 혼돈보다 전통 가치의 장점이 계승되는 사회를 옹호하면서 아프리카인들이 그들의 조상과 과거에 긍지를 갖도록 이러한 것들에 고귀한 이미지를 부여한다. 과거에 대한 그의 경외심은 작품 속에 자주 등장하는 익보족의 전통문화에 대한 해설을 통해서도 짐작할 수 있다. 자신을 조상숭배자라고 부르는 아체베의 이러한 태도는 다음과 같은 말을 통해서 분명히 전달된다. “나는 나의 소설들이 독자들에게 그들의 과거가 -물론 모든 결함에도 불구하고- 단지 하나의 긴 야만의 밤이 아니었다는 것을 가르칠 수 있다면 만족할 것이다.”

아체베의 첫 번째 소설인 『무너져 내리다』(1958)는 아프리카와 유럽이라는 두 문화의 충돌이 아프리카인들의 삶에 미친 영향을 다룬 최초의 소설이다. 이 문화충돌이라는 주제는 아체베 이후 많은 작가들의 주요한 소재가 되었다. 1850년~1900년의 익보족 사회를 배경으로 하는 『무너져 내리다』는 19세기 말 영국인 선교사와 관리들이 등장하게 되면서 발생하는 주민들 사이의 갈등을 그리고 있다. 백인들과 익보족의 첫 만남은 적대적이었다. 소설의 무대가 된 우무오피아는 조상숭배 사회였으며 선교사들은 이 우상숭배 사회를 계몽하려는 종교적 사명감을 갖고 있었다. 백인들이 전파한 기독교는 조상 전래의 신앙을 밀어내기 시작했으며 가족들을 분열시키고 전통 가치를 위협하는 것처럼 보였다. 결국 두 집단은 충돌한다. 뚜렷한 개성과 가부장적 권위 의식을 가진 주인공 오콩크워는 마을 사람들을 선동하며 백인들과 투쟁할 것을 주장한다. 그러나 시간이 지나면서 기독교로 개종하는 사람들의 수는 늘어나고 주민들의 단결은 무너진다. 오콩크워는 사람들이 더 이상 그를 따르지 않게 되자 분노와 절망감에 빠져 자살한다.

오콩크워의 죽음은 전통의 몰락을 상징한다. 그것은 완고한 한 영웅의 종말이자 공동체의 해체이며 익보족의 전반적인 삶의 방식의 몰락이다. 비극은 오콩크워의 질문 "백인들이 땅에 대한 우리의 관습을 이해할 것인가?"에 대해 그의 절친 오비에리카가 다음과 같이 대답했을 때 이미 돌이킬 수 없는 것이 되어 있었다. "그들이 우리말을 하지 못하는데 어떻게 알겠나? 대신 그들은 우리의 관습이 나쁜 것이라고 말하네. 그리고 그들의 종교를 받아들인 우리의 이웃들도 우리의 관습이 나쁘다고 말한다네. 형제들이 우리한테서 돌아섰는데 어떻게 맞서 싸울 수 있겠나. 백인들은 아주 영리해. 그들은 조용히, 평화롭게 그들의 종교를 갖고 왔지. 우리는 그들의 어리석음에 즐거워했고 그래서 그들이 머물도록 허락하지 않았는가. 이제 그들이 우리의 형제들을 빼앗아갔네. 그리고 우리 씨족은 이제 더 이상 하나로 뭉칠 수 없게 되었네. 그들은 우리를 함께 묶어주고 있던 끈 위에 칼을 올려놓았고 우리는 무너져 내렸다네." (Things Fall Apart, page 160)

마치 서사시와 같은 분위기를 자아내는 이 소설에서 오콩크워는 부족의 단순한 수호자로 묘사되지 않는다. 오히려 그는 몇 번에 걸쳐 부족의 규율을 어기는 행동을 한다. 그는 영웅적 기질의 소유자였으며 부족의 전통과 종교에 대하여 -비록 그의 친구 오비에리카만큼은 아니지만- 주관적인 견해를 소유한 사람이었다. 이러한 면에 비추어 볼 때 오콩크워는 기독교로 대변되는 외래문화의 침투에 저항하면서 동시에 부족의 관습을 무시하는 영웅적 인물로 보는 것이 타당한 해석일지도 모른다. 이 작품에는 익보족의 종교, 관습, 금기, 초자연적인 힘 등과 관련된 사회문화적인 주제들도 많이 등장한다.

『무너져 내리다』에서 오콩크워의 이미지는 일관성 있게 유지된다. 그러나 독자들은 시간이 지남에 따라 주인공의 성마름과 완고함이 언젠가 비극을 초래할지도 모른다는 불길한 예감을 갖게 된다. 오콩크워의 아버지 웅오카는 게으르며, 사나이다운 야심도 없고, 이웃들에게 빌린 돈으로 순간의 즐거움만 탐닉했던 인물이었다. 그는 "어쩌다가 돈이라도 생기면 금방 야자술을 한 바가지 사다가 이웃들을 불러 한바탕 마시며 재미를 보곤 했다. 그러면서 늘 하는 말이 죽은 사람의 입을 보면 살아서 못 먹은 어리석음밖에는 보이는 것이 없다고 했다."[9] 아버지에 대한 증오는 어려서부터 오콩크워의 가슴 속에서 활활 타올랐으며 아버지가 했던 것과 항상 정반대로 하는 것이 그의 모든 행동을 떠받치는 지주목이 되었다. 오콩크워는 성공하지 못한 아버지처럼 되지 않기 위해 다른 청년들의 몇 배에 달하는 노력을 했으며 결국에는 젊은 나이에 마을의 지도자가 되었다. 그러나 아버지와는 달리 용기 있는 사람이 되고 싶은 충동은 그를 종종 무모한 행동으로 몰고 갔으며 마침내 그의 몰락을 초래한다. 몸이 붓는 병으로 죽었기 때문에 땅에 묻히지도 못하고 마을 밖 '악마의 숲'에 버려진 아버지는 아들로 하여금 그가 사랑했던 모든 것을 증오하게 했다. 오콩크워는 게으름을 증오하고 유약함을 증오했다.

작가로서의 아체베의 역량은 오콩크워의 인물 묘사에서 유감없이 발휘된다. 등장인물의 개성을 묘사하기 위해 기존의 작가들이 답습했던 노골적인 수식 어구의 나열, 장황한 부연 설명, 선과 악에 대한 작가의 직접적인 판단 따위는 보이지 않는다. 인물들은 자연스러운 삶을 살아가는 과정 속에서 친숙한 문장들을 통해 그들의 이미지를 점진적으로 구축해간다. 아체베는 일찍이 영연방 문학의 권위자 월시가 지적했듯이 소잉카와 함께 이전의 작가들과는 차원이 다른 부류에 속한다. 독자들이 느끼는 오콩크워의 개성은 전원적인 삶, 자연과 조화를 이룬 남성적인 힘에서 비롯되며 유연한 문체 속에서 자연스럽게 부각된다.

---

9 임정빈 역(譯) 1994. 『모든 것은 무너진다』. 동쪽나라. 12-13쪽.

"아홉 마을뿐만 아니라 이 부근에서는 오콩궈를 모르는 사람이 없었다. 그는 당당히 큰 일을 해내서 유명해진 것이다. 그가 열여덟 살의 어린 나이로 〈아마린즈 고양이〉를 넘어뜨림으로써 이 부락에 큰 영광을 가져왔기 때문이다. 움마피아 마을에서 움바이노에 이르기까지 과거 7년 동안이나 아무도 아마린즈를 넘어뜨려 본 사람이 없었다. 그의 등이 절대로 땅에 닿지 않는다고 해서 〈고양이〉라는 별명이 붙었다. 바로 이런 장정을 오콩궈가 넘어뜨린 것이다. 마을의 장로들도 이번 씨름판은 그 언젠가 까마득한 옛날, 이 마을을 세울 때 조상들이 이레 동안 밤낮으로 야생신(野生神)과 싸웠던 후로는 제일 치열한 사움판이었다고 들 인정했다. 〈중략〉 그리고 그는 사람들을 때려눕히기도 잘했다. 말을 더듬는 그는 화가 날 때엔 말이 잘 안 나와, 그 답답증을 견디지 못하고 주먹으로 대치했던 것이다. 더욱이 성공하지 못한 사람들에게는 참지를 못했고, 자기 아버지에 대해서도 그랬다."[10]

위에 인용된 『무너져 내리다』의 평이한 첫 번째 단락은 독자로 하여금 편한 마음을 갖게 만들지만 동시에 앞으로 전개될 사건들이 주인공의 성격과 깊은 관련이 있음을 암시한다는 점에서 부드러운 긴장을 조성한다. 그리고 긴장의 강도는 이야기가 전개될수록 깊어지지만 독자는 그것을 빨리 알아채지 못한다. 아체베는 탁월한 주제 선택, 작가로서의 투철한 사명감, 문화적 통찰력 이외에 소설 문체론에서도 기존의 작가들과는 확연히 구별되는 전통을 수립했다.

아체베의 두 번째 소설 『더 이상의 평안함은 없다(No Longer At Ease)』(1960)도 문화충돌을 다루며 그로 인해 한 인간이 파멸되어 가는 과정을 그린다. 이 작품은 1950년대 말 서구에서 교육을 받은 한 청년의 도시에서의 삶을 묘사한다. 전편의 주인공인 오콩크워의 손자 오비 오콩크워는 미국에서 공부를 마치고 정부의 대민 업무를 개선하려는 야망을 가지고 귀국한다. 그러나 현실은 오비가 그의 꿈을 실현하면서 평온하게 사는 것을 허용하지 않는다. 그는 신분이 낮은 젊은 여성 클라라와 사랑에 빠지면서 역경에 처한다. 우무오피아 조합은 오비의 해외 유학을 지원했으며 오비가 귀국하자 후원해준 돈을 빨리 되돌려 갚으라고 재촉한다. 또한 조합원들과 마을 사람들은 그가 고위 관리에 어울리는 행동을 하기를 바란다. 그들은 오비가 종교 의식에서 부려지던 노예의 후손인 클라라와 사귀는 것을 못마땅하게 여긴다. 그러나 오

10 임정빈 역(譯). 1994. 『모든 것은 무너진다』. 동쪽나라. 11-12쪽.

비는 할아버지처럼 영웅적 기질을 갖고 있지 않으며 그저 평범한 젊은이에 불과하다. 그는 자신이 원하는 것을 할 수 있는 독립된 인격체로 살고 싶어 하며 이웃으로부터 소외당하지 않는 부족의 구성원으로 남기를 바라지만 주변 사람들은 이를 허락하지 않는다. 오비는 마침내 조합원들과 다투게 되고 빚은 점점 늘어난다. 그는 클라라와의 결혼을 부모가 반대하자 그녀에게 낙태할 것을 권한다. 이러한 일련의 과정에서 오비는 뇌물을 받고 체포된다.

이 소설에서 익보족 사회는 이미 큰 변화를 겪었으며 따라서 여기에 등장하는 갈등은 변화하는 사회에서 흔히 관찰되는 갈등이다. 정치적 혼돈과 만연된 부패, 사람들은 그것을 공개적으로 비난하지만 정작 숨어서는 남에게 뒤질세라 스스로 혼돈과 부패에 연루된다. 뇌물은 경제적, 사회적, 정치적 성공에 이르는 열쇠로서 사람들의 삶의 방식의 일부가 되어버렸다. 그들은 일을 찾아 도시로 몰려드는 것이 아니라 돈을 찾아 몰려든다. 이 작품은 변화하는 사회의 다양한 모습, 특히 세대 간의 갈등을 묘사한다. 젊은 사람들은 더 나은 기회를 찾아 도시로 떠나고 고향에 남은 노인들은 젊은이들이 전통 가치를 소중하게 여기지 않는 것을 슬퍼한다. 젊은 세대는 그들의 행동을 정당화하고 구세대는 신세대의 이러한 면을 이해하지 못한다. 그리고 서구식 교육은 두 세대의 간격을 점점 더 크게 벌려 놓는다. 사람들은 독립에 대해서도 관심이 많지만 독립의 다른 이면, 즉, 독립과 함께 오는 책임감에 대해서는 침묵한다. 주인공 오비는 해외에서 공부를 마치고 귀국하지만 만연된 부패와 왜곡된 가치에 분노한다. 그는 사회의 비정상을 정상으로 돌려놓겠다고 다짐한다. 그러나 소설의 끝에서 오비는 체제의 부패에 굴복하며 뇌물을 수령한다. 마을 사람들은 그가 뇌물을 받은 것을 비난하기보다는 받은 액수의 적음을 비웃는다. 이러한 냉소는 '두꺼비를 먹으려거든 살찌고 즙이 많은 놈을 골라서 먹어야 한다'는 속담으로 표현된다.

세 번째 소설 『신의 화살(Arrow of God)』(1964)의 시대적 배경은 다시 과거로 거슬러 올라간다. 아체베의 소설에서 문화충돌은 다양한 개성의 인물들을 만들어낸다. 『무너져 내리다』의 오콩크워처럼 거대한 야망을 품고 전통을 수호하기 위해 영웅처럼 살다 간 사람이 있는가 하면, 오콩크워의 손자이자 두 번째 소설의 주인공인 오비처럼 현실에 안주하며 소박한 꿈을 이루어 나가기를 바라는 사람도 있다. 문화충돌은 다양한 군상을 탄생시키지만 그들의 삶을 책임지지는 않는다. 오콩크워와 그의 손자 오비 오콩크워는 둘 다 불행한 사람들이었다. 세 번째 소설의 주인공도 마찬가지다. 『신의 화살』은 1920년대를 배경으로 한다. 늙은 익보족 사제인 에제울루는 급변하는 사회에 대처하기 위해 유연한 태도를 취한다. 그는 자신의 아들을 미션스쿨에 보내 새로운 종교와의 타협을 꾀하고 서양의 문물을 배우고자 하며 토지분쟁에서 영국인의 편을 들기도 한다. 그러나 이러한 일련의 행동은 부족 내에서의 그의 권위를 실추시키고 마을 주민들이 그의 신을 더 이상 따르지 않는 결과를 초래한다. 마침내 사람들은 선교사들이 세운 교회에 가서 백인들의 신을 숭배하기 시작한다. 다른 한편으로 에제울루는 고압적 자세를 취하는 백인 관리들로부터도 이해받지 못한다. 영국인들은 추장직(職)을 거절하는 그의 태도를 자기들의 호의에 대한 모욕으로 받아들인다. 에제울루는 결국 미치게 된다. 아체베의 삼부작의 마지막 소설인 『신의 화살』은 변화의 소용돌이 속에서 아프리카가 직면하고 있는 모순된 현실을 상징적으로 설명한다.

이 소설은 세밀하게 짜인 구조와 등장인물들의 역할이 돋보인다. 아체베는 이 작품에서 많은 메시지를 전달하고자 하는데 특히 아프리카의 전통 문화에 대한 묘사는 무엇보다도 두드러진다. 그는 백인들에 의해 전통이 변질되어 가는 모습도 자세히 그리고 있다. 기독교에 의해 토착 신앙이 파괴되어 가는 과정, 백인 관리들의 현지 문화에 대한 경멸과 무지, 식민 통치 제도의 비융통성에 대한 묘사는 다른 소설들에 비해 작품 내에서 높은 비중을 차지한다.

서아프리카의 현대소설은 세 개의 시기로 나누어 고찰하는 것이 일반적이다. 제1기는 1964년까지, 제2기는 1965년부터 1976년까지, 그리고 제3기는 1977년부터 현재까지다. 각 시기는 저마다 일련의 특징을 지니고 있다. 식민주의가 초래한 사회 변화와 문화충돌은 제1기에 속하는 작품들에서 많이 관찰된다. 두 문화의 충돌은 구체적으로 세대 간의 갈등, 종교 간의 갈등, 이성 간의 갈등, 종족 간의 갈등, 정치 집단의 갈등을 포함한다. 개개인의 내면세계에서의 갈등도 결국은 문화충돌에 기인한다. 새로운 문화에 대한 주인공들의 태도와 갈등에 대처하는 그들의 방법은 작가에 따라 다른 모습을 보여준다. 그러나 이를 통해 전달되는 메시지는 한결같다. 현재의 모순을 직시하고, 문제의식을 공유하며, 독자로 하여금 미래에 대한 희망이 어디에 있는지 찾아내게 하려는 것이다. 아체베처럼 직접 인도하는 사람이 있는가 하면, 자기의 역할을 현상을 기술하는 데에만 국한시킨 채 모든 것을 독자들에게 맡기는 사람도 있다. 누가 옳고 누가 그른 가는 사소한 문제일지도 모른다. 왜냐하면 이들은 모두 말은 안 하지만 미래를 위해 글을 쓰고 있기 때문이다. 충돌과 갈등이라는 주제는 제2기의 소설에서도 계속된다. 그러나 제2기로 넘어오면서 독립 당시에 유행했던 아프리카의 미래에 대한 낙관적인 견해는 곧 불안하고 어두운 비관적 분위기로 바뀌게 된다. 작가들의 비판의 화살도 점차 식민주의와 관련된 것들로부터 그들 자신의 문제로 옮겨갔다. 공직 사회의 만연된 부패와 정치적 폭력은 발전을 가로막는 큰 걸림돌이었으며 그것이 바로 어제의 동지였던 아프리카인들에 의해 자행되고 있다는 사실은 지금까지 희망을 제시하고자 노력해 왔던 사람들에게 받아들이기 힘든 슬픈 현실로 다가왔다. 빈번히 발생하는 군사 쿠데타도 민주주의를 지연시키는 요소로 작용했다. 다수의 의식 있는 작가들에게 있어 독립은 빛과 어둠을 동시에 가져다주었으며 독립된 현재는 때때로 독립 이전의 과거보다 훨씬 더 암울한 방향으로 나아가고 있는 것처럼 보였다. 외부의 적이 없어진 아프리카의 현재는 또 다른 내부의 적을 잉태하고 있었다.

1966년에 출간된 아체베의 네 번째 소설 『민중의 지도자(A Man of the People)』는 그의 유일한 일인칭 소설로서 주제 면에서 볼 때 제2기에 속하는 작품이다. 『민중의 지도자』는 잠시 높은 공직 생활을 하다가 군사 쿠데타에 의해 몰락하는 어떤 부패한 정치인에 초점을 맞춘다. 이 소설은 한때 자기의 정신적 멘토였던 어떤 정치인과 한 젊은 여자를 놓고 갈등 관계에 있는 대학졸업생인 해설자의 입을 통해 독립 직후의 나이지리아를 묘사한다. 이 정치인이 상징하는 현대 아프리카 사회의 혼돈은 항구적인 가치의 부재에 기인하며 가치의 부재는 아프리카와 유럽이라는 두 문화의 충돌에 의해 야기된 것이다. 두 번째 소설인 『더 이상의 평안함은 없다』는 일반 서민이 느끼는 정부와 정치로부터의 거리감을 '우리'와 '그들'이라는 말로 표현했으나, 이 작품은 나이지리아를 하나의 커다란 케이크에 비유해 저마다 자기의 조각을 탐내는, 독립 후 사회 전반으로 확산된 개개인의 이기심을 그리고 있다. 이러한 현실은 총선 중에 일어난 폭력과 군사 쿠데타에서 절정에 달한다. 이 소설은 앞으로 일어나게 될 군사 쿠데타와 부정부패를 미리 예언해 주는 것이었다.

아프리카 현대문학의 존재를 세상에 알리고 그에 대한 토론의 열기를 조장하는 데 있어 무엇보다도 중요한 역할을 한 것은 개별 작가들의 부단한 노력이었다. 그리고 아체베는 항상 그 중심에 있었다. 그는 늘 이중의 부담을 지니고 있었는데 하나는 아프리카 현대문학의 일천한 역사 속에서 무엇인가 의미 있는 것을 써야 한다는 것이었고, 다른 하나는 그 의미를 어디에서 찾아야 할지 고민했다는 것이다. 그의 마음속에는 아프리카인들을 코브라에 비유해 경멸적으로 묘사한 캐리 조이스의 소설 『미스터 존슨(Mister Johnson)』(1959)이 항상 그림자처럼 따라다녔다. 『미스터 존슨』이 아체베가 소설을 쓰게 된 동기로 작용했다는 것은 소설 집필 이외에도 또 다른 사명감이 그의 가슴에서 싹트고 있었다는 것을 말해준다. 이러한 상황에서 1964년 영국의 리즈대학에서 개최된 제1회 영연방 문학 컨퍼런스는 아체베에게 아프리카 문학의 정체성을 말할 수 있는 훌륭한 기회를 제공했다. 여기서 발표된 「교사로서의 소설가」[11]라는 그의 짧은 한 편의 논문은 영문학의 중심부에서 나온 소위 주변부 문학의 존재를 알리는 외침이었으며 동시에 위대한 한 작가의 탄생을 알리는 것이었다.

아프리카 문학은 영국 리즈대학에서 처음 가르쳐졌을 때만 해도 영문학이라는 테두리 속에서 다루어졌다. 그럼에도 불구하고 아프리카 문학은 독립된 성격을 띠고 있었는데 이것은 식민지적 경험을 공유하는 영연방 문학이라는 더 큰 문맥 속에서 이해될 수 있다. 영국이라는 거대한 제국의 그늘 아래에서 영어라는 공통의 언어를 사용해 민족적, 지역적 정체성을 추구하기 위해 노력했던 식민지 작가들의 의식이 바로 그것이었다. 이러한 경향은 앞서 언급했듯이 1964년 리즈대학에서 개최된 제1회 영연방 문학 컨퍼런스에서 가시적으로 표출되었다. 아프리카 문학은 영연방 문학의 일부로 존재하면서 동시에 독립된 존재 가치를 추구했는데 가장 두드러진 것은 식민주의적 또는 탈식민주의적 경험에 대한 아프리카 작가들의 관심이었다. 아체베의 소설들은 정치적 성향을 띤 최초의 작품이었으며 민족적 의식, 더 나아가 아프리카라는 초민족적 의식을 창조하려는 목적하에서 쓰여졌다. 아체베는 동시대의 현안

---

11 Achebe, Chinua. 1965. 'The Novelist as Teacher.' New Statesman. 1965년 1월 29일 자.

과 직접 관련이 없는 '위대한 문학 작품'이라는 개념에 정면으로 도전했다. 그는 표준이 항상 반(反) 표준의 도전을 받듯이 중심부의 문학도 세계사적 변화를 반영해야 한다는 것을 말하고 있었다. 아체베는 아프리카의 문학을 말하면서 '셰익스피어로 대변되는 영문학'이라는 개념에 도전하고 있었던 것이다.

아체베는 언어 사용에 있어서도 분명한 의식을 소유하고 있었다. 이러한 의식은 표현 도구로서의 영어에 대한 그의 태도와 작품 속에 자주 등장하는 구연문학의 요소들에 반영되어 있다. 그는 「영어와 아프리카 작가들」(1965)이라는 논문에서 아프리카 작가들은 영어의 국제어로서의 성격을 손상시키지 않는 범위 내에서 영어를 창조적으로 사용해야 한다고 주장했다. 그에 따르면 창조적 변형을 통해 탄생한 영어만이 아프리카적 환경과 아프리카적 경험을 제대로 전달할 수 있으며, 그러한 점에서 그것은 새로운 언어가 된다는 것이었다. 아체베는 이를 위해 구연문학의 다양한 장르들을 이용한다. 속담, 격언, 수수께끼, 노래, 민담은 그의 소설에서 없어서는 안 될 요소들이다. 그는 익보족이 일상의 대화에서 속담이나 격언을 사용하며 또 그렇게 하는 사람들이 훌륭한 화자로 간주되듯이, 아프리카의 작가들도 작품의 배경과 표현 대상이 아프리카에 근거하고 있는 한, 아프리카 구연문학의 요소들을 작품 속에 접목해야 하며, 또 그렇게 함으로써 독자들의 문화적 정서가 충족될 수 있다고 말한다. "속담은 말과 함께 씹는 팜-오일이다"라는 아체베의 말은, 모르긴지기 지금까지 아프리카인들이 한 말 가운데 가장 많이 회자된 것으로서, 익보 사회에서의 속담의 중요성을 잘 말해준다. 청자의 입장에서 아름다운 속담을 담고 있는 말은 청각을 감미롭게 자극하며 그 말을 잘근잘근 씹어서 음미하게 된다. 마치 팜-오일(야자유)이 섞인 음식의 맛을 즐기듯이 속담이 섞인 말의 운치를 즐기는 것이다. 익보 사회에서 속담을 다루는 능력은 곧 언어를 다루는 능력을 의미하며 따라서 아이들은 어려서부터 속담을 배우고 속담 경연 대회에 참여한다. 은네지가 제시한 통계는 아체베가 그의 소설에서 구연문학을 얼마나 많이 이용하고 있는가를 보여준다.[12] 『무너져 내리다』에서 30개의 속담, 익보족의 세계관에 기초한 46개의 직유, 4개의 기도문과 주문, 9

---

12 Nneji, E.E. 1972. 'The Development of Modern Igbo Fiction, 1857-1966.' p. 231. PhD Dissertation. The University of Wisconsin, Madison.

개의 민담, 250개의 익보식 표현을; 『더 이상의 평안함은 없다』에서 64개의 익보식 표현, 44개의 직유, 44개의 속담, 6개의 민담, 1개의 주문을; 『신의 화살』에서는 377개의 익보식 표현, 41개의 직유, 163개의 속담, 17개의 민담, 1개의 수수께끼, 5개의 주문을; 『민중의 지도자』에서는 5개의 익보식 표현, 25개의 직유, 40개의 속담, 2개의 민담을 사용했다. 아체베는 "중요한 주제들을 되풀이하여 강조하고, 인격 묘사를 명료하게 하고, 갈등을 정확히 표현하고, 전달하고자 하는 사회 가치를 강조하기 위해" 이것들에 의지한다.[13] 『무너져 내리다』에서 고구마 씨를 부탁하는 오콩크워와 느와키비에 사이에 오가는 대화 속에서 우리는 아체베의 인물들이 일상의 발화와 곁들여 먹는 '팜-오일'의 맛을 함께 느낄 수 있다. (아래의 인용문에서는 얌이 고구마로 번역되어 있다.)

"도움을 받으러 왔습니다. 벌써 짐작하셨을지 모르지만 밭은 준비해 놨는데 심을 고구마가 없습니다. 젊은이들이 어려운 일을 피하려는 요즈음 고구마 씨를 꿔 달라는 것을 어떻게 생각하실지 잘 압니다. 그러나 저는 일이 무섭지 않습니다. 이로코 나무에서 뛰어내린 도마뱀이 아무도 칭찬해 주는 이가 없자, 자기가 자신을 칭찬하겠노라고 했답니다. 저도 다른 사람들이 아직 엄마 젖을 빨 나이에 자활해 왔습니다. 고구마 씨를 좀 돌려주시면 결코 실망시켜 드리지 않겠습니다." 느와키비에는 목소리를 가다듬고 대답했다. "요즘처럼 젊은이들이 점점 일하기 싫어하는 세상에 자네 같은 젊은이를 보는 것은 참 기쁘네. 많은 젊은이들이 고구마 씨를 달라고 찾아와서는 결국 그것을 받아다가 밭에 내던져 놓고는 김도 매주지 않아 잡초 속에서 숨 막히게 버려둘 것이 너무 뻔해 거절했네. 그럴 때마다 그들은 나를 냉정하다고 했지. 그러나 냉정한 게 아니네. 에네케 새가 한 말이 있지 않나. 사람들이 실수 없이 새를 쏴 맞추기 때문에 새도 멈추지 않고 나는 기술을 배웠노라고. 마찬가지로 나 역시 고구마를 아껴야 한다는 것을 배웠네. 자네를 믿겠네. 사람을 보면 알 수 있으니까. 고구마 씨를 400개씩 두 번으로 나눠 줄 테니 어서 가서 밭을 준비하게."[14]

아체베의 속담 사용은 단순한 언어적 유희에 그치지 않는다. 그것은 구성의 유기

---

13 Lindfors, Bernth. 1969. 'The Palm-oil with Which Achebe's Words Are Eaten.' African Literature Today 2.

14 임정빈 역(譯). 1994. 『모든 것은 무너진다』. 동쪽나라. 35-36쪽.

적 산물이며, 특정한 이미지를 구체화하는 데 도움을 준다. 어떻게 보면 그의 작품은 하나의 속담 또는 일단의 중심 속담에 대한 수백 쪽의 교훈적 설명이라고 할 수도 있을 것이다. 『더 이상의 평안함은 없다』에서 해외유학을 마치고 돌아온 주인공 오비는 마치 하룻밤 사이에 사회를 개혁시킬 수 있을 것처럼 떠들어대지만 사람들은 오비의 이러한 태도에 대해 '춤이 본격적으로 시작하기도 전에 미리 춤을 추다가 절뚝거리는 어린 영양처럼 세상의 즐거움 속으로 너무 성급하게 돌진해 들어가지 말라'고 경고한다. 완전히 크기도 전에 무리한 날갯짓부터 먼저 하는 어린 새에 비유되는 오비의 행동은 유사한 문구들을 통해 표현된다. 『신의 화살』에서 주인공 에제울루의 갈등은 전통종교의 수호자로 남기를 바라면서도 다른 한편으로 새로운 종교에 대해 보이는 그의 관심에서 비롯된다. 에제울루의 적들은 그가 배신자이며 표리부동한 이중인격을 가졌다고 비난하지만 에제울루는 '세상은 가면무도와 같다. 그것을 잘 보려면 한 곳에만 서 있어서는 안 된다'고 말하며 그의 행동을 정당화한다. 에제울루는 그의 아들 오두체를 백인들의 교회에 보내면서 그에 대해 항의하는 아내한테 '만일 그곳에 무언가 있으면 오두체가 에제울루의 몫을 집으로 가져올 것이다'라고 말한다. 그는 더 나아가 '위대한 사람의 집에는 온갖 이상한 길을 추구하는 사람들이 있어야 한다. 좋은 사람들과 나쁜 사람들이 있어야 하고, 정직한 일꾼들과 도둑들이 있어야 하고, 평화를 만드는 자와 그것을 파괴하는 자가 있어야 한다. 그런 곳에서는 네가 북으로 어떠한 음악을 연주해도 그 장단에 맞춰 춤을 출 수 있는 누군가가 있게 마련이다'라고 말한다. 작품의 후반부에서 에제울루의 좌절과 절망은 파국을 향해 치닫는데 아체베는 일련의 속담으로 그것을 표현한다. 속담들은 소설의 끝 부분에서 지금까지 이어져온 이야기의 빠른 흐름을 그대로 유지하며 주인공의 몰락이 야기한 긴장을 최대로 증폭시킨다.

아체베는 직유의 사용에 있어서도 탁월한 재능을 보여준다. 그의 소설에 등장하는 직유는 익보족의 전통 문화와 자연환경에 기초하며 독자들의 마음속에 다른 어떤 수사학적 표현보다 선명한 이미지를 구축한다. 아체베는 이러한 목적을 달성하기 위해 종종 익보 어휘를 그대로 사용한다. 『무너져 내리다』에서 발췌한 직유의 몇 가지 예를 소개하면 다음과 같다.

그들의 교회는 악마의 숲의 벌어진 입처럼 보이는 원형의 공터 위에 세워졌다.[15]
그날 밤 그가 본 달은 잔인한 계모에 의해 비참하게 양육된 고아처럼 바싹 말라 있었다.
그의 목소리는 오게네처럼 분명하게 울려 퍼졌다.[16]
아마디오라의 번개처럼 빠르게[17]

소설은 아프리카에 낯선 문학 형식이었다는 것을 생각할 때 익보족 문화에 바탕을 둔 아체베의 광범위한 직유 사용은 소설이라는 장르의 이질적인 분위기를 최소화하는 데 도움을 주었다.

아체베의 명성의 이면에는 작가로서의 역량 이외에도 문학비평가로서의 능력도 한 몫을 했다. 「남과 북의 대화에 대한 장애」, 「영국 여왕 빅토리아의 이름을 따서」, 「교사로서의 소설가」를 비롯한 다수의 글에서 알 수 있듯이 아체베의 비평은 그것이 국지적 차원을 초월했다는 점에서 중요한 의미를 지닌다. 그의 비평가로서의 행동은, 문화충돌이 후배 소설가들의 주요한 소재가 되었듯이, 다수의 사람들에게 작가로서의 역할만큼 비평가로서의 역할도 중요하다는 것을 일깨워주었다. 그리하여 아프리카의 소설에 대한 서양인들과 아프리카인들 사이의 열띤 토론은 아프리카 현대문학의 존재를 세계문학계에 널리 알리는 계기가 되었다.

아체베는 투투올라에 의해 시작된 아프리카의 소설문학을 완성시켰다는 점에서 그리고 그것에 문화적 옷을 입히고 다시 대서양을 건너 그 존재 가치를 알렸다는 점에서 아프리카 문학의 위상 제고에 큰 역할을 한 인물로 평가받는다. 그러나 이것은 단지 문학사적 의미에 국한된 평가일 뿐이다. 아프리카가 직면한 모순을 직시하고 그에 대한 답을 과거에서 찾고자 했던 그는 실로 훌륭한 지성인이었으며 숭고한 사

---

15 악마의 숲: 익보족은 쌍둥이나 쌍둥이를 낳은 엄마 또는 천연두나 몸이 붓는 병으로 죽은 사람들은 땅이 싫어하기 때문에 만약 땅에다 묻으면 그해의 농사는 땅의 여신의 저주로 망치게 된다고 믿었다. 따라서 이런 사람들은 외딴 숲으로 끌고 가 그곳에 버렸다. 익보족이 초창기 선교사들에게 교회와 학교를 세우도록 빌려준 땅이 바로 이런 땅이었다. 익보족은 백인들과 기독교의 전파를 막는 데 그것으로 충분하다고 생각했다.

16 오게네: 징의 일종으로 마을에서 마을로 전쟁이 일어난 것을 알리는 데 사용되며 부드럽게 연주되면 악기로도 이용된다.

17 아마디오라: 익보족의 천둥의 신. 날렵함, 난폭함, 파괴성으로 유명하다. 적진을 유린하고 적을 죽여 달라는 간청을 받아들인다.

명감에 불탔던 작가다. 나중에 살펴볼 씨프리안 에크웬시가 대중통속소설가임을 부인하지 않았듯이 아체베는 독자들을 미래로 인도하는 교사로서의 역할을 부인하지 않았다. 그의 소설이 전 아프리카를 통틀어 가장 많이 읽히고 있는 것은 그가 아프리카의 과거에 새로운 의미와 가치를 부여했기 때문만은 아니다. 그는 아프리카인들이 그들의 조상과 전통에 대해서 자긍심을 느끼고 미래에 대한 자신감을 갖도록 유도했다. 아체베는 아프리카에서 가장 존경받는 작가다.

4.3. 아프리카 문학의 세계화: 월레 소잉카

소잉카는 남서나이지리아의 요루바족 도시 아베오쿠타 근방의 이사라에서 1934년에 태어났다. 그는 소설을 쓰기에 앞서 연극과 시로 작품 활동을 하여 아프리카를 대표하는 문인으로 이미 널리 알려져 있었다. 1952년 아체베와 함께 이바단 대학을 졸업했으며 1954년 영국으로 건너가 1957년 리즈대학에서 영문학 학사학위를 받았다. 리즈에서 학업을 마친 후에는 런던의 왕립궁정극단에서 연극 공연과 연기 활동에 종사했다. 소잉카는 1959년 11월 1일 이곳에서 그의 드라마 처녀작 『발명』을 연출하고 같은 해 12월에는 유명한 『사자와 보석』을 연출했다. 그는 1960년 나이지리아로 돌아가 1966년까지 이바단대학, 라고스대학, 이페대학에서 학생들을 가르치면서 극예술 활동을 계속했다. 1960년에는 라고스에서 연극 단체인 마스크를 조직했으며 비아프라 내전에 연루되어 1969년 정치범으로 감옥에 수감되기까지 자신이 창단 멤버로 활약한 음바리 예술 사교 클럽에서 『사자와 보석』 같은 자작극은 물론 투투올라의 『야자주 술주정꾼』 같은 다른 사람들의 작품을 드라마로 각색해 공연했다. 소잉카는 1969년 22개월에 걸친 감옥 생활을 마치고 대학에 복직하지만 3년 후 1972년 외국으로 망명했다가 1976년 다시 귀국한다. 해외 생활 중에는 영국의 케임브리지대학, 쉐필드대학, 미국의 예일대학에서 교환 교수로 활동했다. 그는 아프리카 작가연맹의 사무총장을 맡았으며 이페대학의 비교문학과 학과장직을 역임하기도 했다. 소잉카는 1986년 노벨문학상을 수상했다. 그의 주요 작품을 소개하면 다음과 같다.

자서전

Ake: The Years of Childhood, 1981 (아케: 어린 시절)

Isara: A Voyage around Essay, 1989 (이사라: 수필로의 항해)

The Man Died, 1972 (notes from prison) (그 남자는 죽었다) (옥중 수기)

픽션

The Interpreters, 1965 (해설자들)

Season of Anomy, 1979 (무법의 계절)

시집

Idanre and Other Poems, 1967 (이단레와 그 밖의 시들)

Poems from Prison, 1969 (옥중시)

A Shuttle in the Crypt, 1972 (지하실의 방추)

Ogun Abibiman, 1976 (오군 아비비만)

Mandela's Earth and Other Poems (만델라의 땅과 그 밖의 시들)

드라마

The Swamp Dwellers, 1958 (늪지대 주민들)

The Lion and the Jewel, 1959 (사자와 보석)

An Evening without Décor, 1959 (장식 없는 저녁)

The Trials of Brother Jero, 1960 (제로 형제의 시련)

A Dance of the Forests, 1963 (숲속의 무도)

Before the Blackout, 1965 (등화관제 전에)

Kongi's Harvest, 1965 (콩기의 수확)

The Detainee, 1965 (BBC Radio Play) (억류자) (BBC 라디오 연극)

The Road, 1969 (길)

Madmen and Specialists, 1970 (광인과 전문가)

Collected Plays (I), 1973 (희곡집 I)

Collected Plays (II), 1974 (희곡집 II)

Death and the King's Horsemen, 1976 (죽음과 왕의 마부)

Requiem for a Futurologist, 1983 (미래학자를 위한 진혼곡)

A Play of Giants, 1984 (거인의 희곡)

투투올라에 의해 비롯된 아프리카의 소설문학은 아체베에 의해 완성되었으며 소잉카에 이르러 세계인의 주목을 받게 되었다. 픽션은 운문과는 달리 아프리카에 새로운 것이었으며 따라서 낯선 환경에 적응하기 위해서는 어느 정도의 시간이 필요했다. 서구의 비평계는 이 과정에서 자못 지대한 역할을 했다. 투투올라, 아체베, 응구기를 위시한 일단의 작가들은 그들의 작품의 문학적 가치와는 별도로 영국의 비평가들이 아프리카의 영연방 문학에 관해 무엇인가를 써야 할 시점에 등장한 사람들이었으며 따라서 배제의 대상이 아닌 포용의 대상으로 부상할 수 있었다. 흑인문화 부흥운동인 네그리뛰드를 주창한 레오폴드 세다르 셍고르, 에메 세제르 등과 같은 불어권 아프리카 출신의 시인들은 프랑스식 식민 통치로 인해 식민 종주국의 언어와 문화에 대한 완벽한 지식을 습득할 수 있었으며 이를 바탕으로 소위 세계 최고 문학으로서의 프랑스어 문학의 전파에 일익을 담당했다. 이러한 상황하에서 영연방 문학의 지평을 넓히고 영문학의 위상을 제고하기 위해서는 아프리카의 얼마 안 되는 소수의 작가, 시인들은 없어서는 안 될 존재였다. 그러나 이들이 단지 이러한 이유로 인해서만 그 존재 의미를 지녔던 것은 아니다. 투투올라, 아체베, 응구기 같은 작가들은 아프리카의 구연문학과 현대문학 사이에 다리를 놓음으로써 영문학의 새로운 전통을 수립했다. 소잉카도 이러한 흐름의 중심에서 활동한 인물이었다.

그러나 소잉카는 일찍부터 다른 사람들과 구별되는 성향을 드러내는데 이 차이와 관련된 평가는 그를 투투올라처럼 많은 논란의 대상으로 만든다. 한 가지 주목해야 할 점은 비평가들이 늘 명시적으로 말하지는 않지만 소잉카에 대한 평론은 종종 아체베와의 비교선상에서 이루어진다는 점이다. 사실 두 사람은 많은 것을 공유하면서도 적지 않은 차이점을 드러낸다. 난해한 문체, 복잡한 구성, 고도의 숙련된 언어 구사 능력은 소잉카의 특징으로서 일부 현지인 비평가들은 여기에 거부감을 느끼기도 한다. 그의 소설 『해설자들』의 첫 문장 "콘크리트 바닥의 금속 긁히는 소리가 내 호흡기관을 자극하는군(Metal on concretes jars my drink lobes)"은 아체베의 소설 『무너져 내리다』의 평이한 첫 문장 "오콩크워는 우무오피아의 일곱 마을에서 잘 알려져 있었다(Okonkwo was well known in the seven villages of Umuofia)"와 대조를 이룬다. 경쟁 관계에 있는 민족적 배경에도 불구하고 두 사람이 늘 아프리카 작가로서의 역할과 나이지리아인으로서의 역할을 염두에 두고 있었다는 사실을 생각하면 아체베의 쉽고 간결한 문장은 그가 말하는 역할에 부합한다. 이에 반해 소잉카의 어려운 문체는 문학을 통한 독자들과의 소통이라는 관점에서 종종 비판의 대상이 된다. 사전에도 없는 이상한 단어, 극도로 농축된 이미지, 빈번히 등장하는 통사적 도치 따위는 과연 얼마나 많은 아프리카인들이 그의 작품을 이해하고 감상할 수 있을 것인지 궁금증을 낳는다. 소잉카의 작품들은 반복적 표현, 부연 설명, 감성에 대한 호소 등을 중시하는 아프리카의 구연문학 전통에 익숙한 사람들에게 쉽게 와 닿지 않는다. 일례로, 그의 시집 『이단레와 그 밖의 시들』에 나오는 다음의 시구를 읽으면 숨이 막힌다.

To my first white hairs

Hirsute hell chimney-spouts, black thunderthroes
confluence of coarse cloudfleeces – my head sir! – scourbrush
in bitumen, past fossil beyond fingers of light – until …!
(이하 생략)

"소잉카는 아무것도 말하지 않으면서 기껏해야 영어를 영국의 본토인들보다 훨씬 더 교묘하게 조작할 수 있다는 것을 자랑스럽게 뽐내고 있다"고 말하는 사람들도 있다.[18] 이제프바예의 다음과 같은 논평은 이러한 비판을 압축적으로 전달한다. "'길'은 소잉카의 작품들 중에서 가장 흥미 있는 것 중의 하나지만 동시에 문제성이 있는 연극이라고 할 수 있다 … 소잉카가 주로 연극을 쓴다면, 연극은 청중들과의 직접적이고 즉각적인 의사소통을 요구하는 형식이기 때문에, 애매한 것보다는 보다 쉽게 접

18 Omotoso, Kole. 1996. Achebe or Soyinka? p. xv. London: Hans Zell Publishers.

근할 수 있는 연극이 선호되어야 하는 것은 당연하다."[19] 일찍이 투투올라가 『야자주 술주정꾼』에서 요루바족이라면 누구나 이해할 수 있는 피진 스타일의 영어를 사용해 현지의 비평가들 사이에서 지탄의 대상이 된 적이 있다는 것을 상기할 때 소잉카의 경우는 정 반대의 예에 속한다는 것을 알 수 있다.

아체베가 유럽과 아프리카의 문화 충돌을 다루며 전자가 후자의 삶에 미친 부정적인 영향을 언급하면서 아프리카인들에게 전통의 의미와 가치를 역설하고 그들의 과거가 한낮 암흑의 밤이 아니었다는 것을 끊임없이 일깨우는 반면, 소잉카는, 일례로, 드라마 『죽음과 왕의 마부』에서 요루바족과 영국 식민지 관리들의 첫 대면이 보여주듯이, 그의 작품들에서 어떠한 문화충돌적 상황도 제시하지 않는다. 그는 '아프리카는 언제나 아프리카이며 아프리카인이 아프리카성을 떠들어대는 것은 마치 호랑이가 호랑이성을 떠들어대는 것과 같다'고 말한다. 소잉카는 인간의 문제, 현실의 문제에 보다 깊은 관심을 가지며 전통, 문화, 역사라는 것도 단지 이러한 것들과 결부될 수 있을 때에 한해서 의미를 갖는다고 말한다. 둘 사이의 이러한 차이 때문에 어떤 사람들은 아체베는 아프리카 중심주의적이고 소잉카는 서구 중심주의적이라는 논리를 펴기도 한다. 아체베가 아프리카 작가들이 본받아야 할 문학적 표준을 제시하고 평이한 문체로 독자들에게 다가갔다면 소잉카는 뛰어난 문학적 상상력으로 아프리카인들의 창조성과 아프리카 문학의 보편성을 세계문학계에 각인시켰다. 영연방 문학의 권위자인 월시는 이것을 일찍부터 간파하고 있었다.

비평가들은 아체베와 소잉카를 비교하는 일에 조심스러운 태도를 취한다. 이러한 전통이, 아프리카 탈식민지문학의 기수인 친웨이주를 비롯한 일부를 제외하면, 문단의 오랜 관행이었다는 것을 생각할 때 60년대 후반과 70년대 초반에 나온 아체베와 소잉카에 대한 월시의 일련의 비평은 향후의 노벨문학상과 관련된 투표에 이미 하나의 표를 던진 지극히 조심스럽지 못한 그러나 매우 설득력 있는 행위였다. 아체베와 소잉카에 대한 그의 평가는 그가 영연방 문학의 권위자이면서 동시에 아프리카 사람이 아니라는 점에서 객관적인 흥미를 유발한다. 월시는 소잉카를 기존의 작가들과는

---

19 Izevbaye, D. S. 1981. 'Language and Meaning in Soyinka's The Road.' In Critical Perspectives on Wole Soyinka. (ed.) James Gibbs. pp. 90-103. London: Heinemann.

차원이 다른 인물로 묘사한다. 먼저 아체베에 대한 대목부터 살펴보면 월시는 아체베의 진가를 인정하면서도 다분히 현상 기술적인 차원에 머물고 있다는 느낌을 준다.

『무너져 내리다』, 『더 이상의 평안함은 없다』, 『신의 화살』의 저자인 나이지리아 작가 치누아 아체베로 눈을 돌려 보자. 아체베는 빅토리안적, 여성적 갈망의 세계에서 남성적이고 응집력이 있으며 고전적인 세계로 돌아온다. 그의 소설들이 자아내는 고전이라는 의미는, 내가 생각하기에, 두 가지 면에서 비롯된다. 하나는 소설들 속에서 그려지고 있는 익보족의 삶이 자연에 대한 일종의 복종을 암시하는 것으로서의 자연 순응적이라기보다는 오히려 자연과 완벽한 조화를 이루고 있다는 것이다. (중략) 그의 가장 완숙한 소설인 『신의 화살』에서 아체베는 강하고, 확실하며, 암시적인 것들을 그려내고 있다. 아체베는 어떤 아프리카적 세계를 창조하고 있는데, 이러한 세계의 조건들이란 우리에게는 완전히 낯선 것이지만, 그는 지성과 충만한 동정심과 인간적인 의미를 간직하여 우리가 긴장 받지 않고 편안해질 수 있는 것들을 생생하게 포착함으로써 그러한 세계를 창조하고 있는 것이다. (중략) 아체베의 감정적 성숙성, 이야기 속의 남성적인 힘, 조용하고 객관적인 통찰력, 진짜 전통에 대한 꼼꼼한 감각, 깊이 있게 상술되는 비전의 질은 그를 진정 의미 있는 부류에 속하는 재능 있는 인물로 만든다.[20]

아체베에 대한 월시의 평가는 다른 이들에 대한 그것과 비교할 때 모든 면에서 돋보이지만 소잉카에 대한 예찬에는 미치지 못한다. 그는 아체베를 먼저 언급하고 나서 잡다한 부연 설명 없이 소잉카에 대한 소개로 넘어간다. 아래의 인용문은 소잉카를 위해 월시가 선택한 단어들이 아체베를 위한 단어들과 어떻게 대비되는지 보여준다.

As genuine a talent as Achebe's, but richer, more elaborate, more conscious, is that of another West African, the dramatist Wole Soyinka (b. 1934). Like Achebe he has an authentic -but less patient- connection with a rural community, but he adds to this a much greater literary sophistication, a vastly more extensive range of effect, and a more troubled, a more pointedly contemporaneous, consciousness. Perhaps,

20 Walsh. William. (ed.) 1973. Readings in Commonwealth Literature. pp. 30-32. Oxford: Clarendon Press.

indeed, he is the most important literary artist in English Africa has produced. Imaginative vitality, an articulate and critical sense of tradition, a capacity to identify current issues as crucial because they reflect permanent human predicaments, and the boldest kind of dramatic daring have enabled him to write plays which, in their fullness and power, astonishingly disturbed the modest British theatrical scene of the late sixties – imaginatively modest that is.[21]

아체베만큼이나 진짜 재능이 있으면서도 보다 풍부하고 보다 정교하고 보다 의식 있는 사람으로서 또 다른 서아프리카인이자 극작가인 월레 소잉카(1934년생)를 들 수 있다. 아체베와 마찬가지로 그도 전원적인 사회와 진정한 –그러나 다소 인내심이 없는- 관계를 맺고 있지만, 그는 여기에 훨씬 더 큰 세련미와 훨씬 더 광범위한 효과와 보다 큰 문제의식과 보다 예리한 동시대적 의식을 첨가한다. 아마도 진정한 의미에 있어 그는 지금까지 영어권 아프리카가 배출해낸 영어로 글을 쓰는 가장 중요한 문인일 것이다. 풍부한 상상력의 생동감, 전통에 대한 분명하고 비판적인 감각, 현재의 사안들을 그것들이 항구적인 인간의 문제들을 반영하는 한 중요한 것으로 인식해내는 능력, 그리고 가장 용기 있는 부류의 극적 대담성은 그로 하여금 충실성과 힘을 바탕으로 하여 60년대 후반의 영국의 소박한 극무대(劇舞臺)를 –풍부한 상상력을 갖추고 있지만 소박한- 놀라울 정도로 휘저어놓는 극을 쓸 수 있게 한다.

월시는 소잉카의 재능이 가장 충실히 구현된 장르로 드라마를 꼽는다. 드라마 작가로서의 소잉카는 여러 사람의 영향을 받았지만 그 중에서도 아일랜드 작가인 싱게로부터 큰 영향을 받았다. 소잉카는 춤과 음악과 행위가 결합된 아프리카의 전통 대중극과 서양의 연극 형식을 결합했다. 그는 전쟁의 신(神) 오군과 천둥과 번개의 신(神) 샹고처럼 종종 요루바족의 구연 신화에서 드라마의 소재를 찾는다. 정교한 언어와 구성을 통해 아프리카와 유럽의 문학 전통을 접목한 소잉카는 킹의 말대로 우리 시대 최고의 드라마 작가인지도 모른다.[22] 그는 아체베와는 달리 과거에 대한 향수에서 벗어나, 그리고 응구기와는 달리 식민주의에 대한 투쟁에서 벗어나 세련되고 세계주의적인 감각과 통찰력에 기초해 인간의 보편적이며 근원적인 문제, 그러나 아프

---

21 ibid. 32.

22 King, Bruce. 1988. 'Wole Soyinka and the Nobel Prize for Literature.' Sewanee Review 96: 339-45.

리카의 현안과 관련된 현실의 문제로 시선을 돌렸다. 월시에 의해 소잉카가 영연방 문학 개론서에서 큰 비중을 차지하게 된 것은 소잉카의 향후의 명성과 관련해 중요한 의미를 함축하는 것이었다. 그는 같은 해인 1973년에 편찬한 『영연방문학논집』에서도 아프리카의 드라마와 시를 언급할 때 소잉카를 독립적으로 다루었다. 그러나 극작가로서의 소잉카에 대한 영국 문단의 주목은 그보다 훨씬 이전에 '더 타임스지(紙)'를 비롯한 일간지의 서평란에서 확인할 수 있다.

소잉카가 이미 1960년대 초반에 아프리카를 대표하는 작가로서 확고한 위치를 구축하고 있었다는 것은 그의 작품 『길』이 1965년 런던에서 개최된 영연방 예술제에서 사람들의 가장 큰 관심을 끌었다는 데에서 알 수 있다. '옵저버지(紙)'의 질리어트가 소잉카의 이 아름다운 비극을 보고 나서 "매번 영어에 새로운 활력을 불어넣는 것은 비영어권 작가들뿐"이라고 말한 것을 보면 『길』의 뛰어난 문학성에 대한 당시 영국인들의 반응이 어느 정도였는지 짐작할 수 있다. 주요 일간지의 연극 평론가들은 소잉카의 활동에 주목했으며, 영문학의 지평을 넓히기 위한 포용의 대상으로서의 관용적인 논평에서 벗어나, 그의 순수한 문학적 재능에 아낌없는 찬사를 보냈다. 『제로 형제의 시련』에 대해 '더 타임스지(紙)'의 익명의 평론가는 소잉카가 무대에 서면 아프리카 드라마는 진정한 힘의 충만감을 얻는다고 평했다. 특히 그의 언어에 대한 영국 문단의 예찬은 아프리카의 다른 작가들에 대한 평에서는 좀처럼 보기 힘든 현상이었다. '옵저버지(紙)'의 한 평론가는 소잉카는 천사처럼 글을 쓴다고 했고, '타임스지(紙)'의 또 다른 비평가는 "우리 자신의 언어의 빈약한 상태를 생각해 볼 때 영어를 사용하는 드라마에 대한 그의 기여는 싱게의 서부제도만큼이나 중요한 것"이라고 극찬했다.[23] 소잉카는 요루바족의 구전 전통에서 영감을 받아 그것을 극화(劇化)시키는 데 있어 영어를 심미적으로 사용한 작가라는 점에서, 또 그렇게 함으로써 상이한 두 문학 전통에 다리를 놓은 작가라는 점에서 영국 주요 일간지의 서평란에서 아프

---

23 Banham, Martin. 1973. 'Nigerian Dramatists in English and the Traditional Nigerian Theatre.' In Readings in Commonwealth Literature. (ed.) William Walsh. p. 135. Oxford: Cralendon Press.

리카를 대표하는 작가로 각인되어 갔다.[24] 소잉카의 시 한 편을 감상해 보면 모든 것이 분명해진다.

아비쿠

- 월레 소잉카, 나이지리아 -

번역: 장태상 (월간 현대시 2000년 11월호 201-2쪽)

헛되이 너의 팔찌는
나의 발아래 마법의 원을 드리웠다;
나는 태초의 시간을 불러내는
아비쿠.

양들과 조개껍데기를 위해,
그리고 팜-오일과 흩어진 재들을 위해
나는 울어야 하는가?
얌은 부적 속에서 싹터
아비쿠의 수족(手足)을 덮지 못한다.

달팽이가 껍데기 속에서 불탈 때
달궈진 그 조각을 갈아,
나의 가슴에 깊은 낙인을 새겨다오.
아비쿠가 다시 부를 때,
너는 그를 알아야 한다.
나는 종려나무의 씨를 깨무는
다람쥐의 이. 기억하라
이것을, 그리고 신의 부어오른 발 속으로
나를 더욱 깊게 밀어 넣어 다오.

---

24 소잉카에 대한 영국인들의 호평은 일부 아프리카 현지인들의 불편한 심기와 대조를 이룬다. 투투올라의 불완전한 영어와 소잉카의 세련된 영어가 둘 다 비판의 도마 위에 올랐다는 것은 언어 사용과 관련된 아프리카인들의 콤플렉스를 말해준다.

시간은 다시 한번 반복되고,
나는 어린아이처럼 구토하지만
불로의 존재. 그리고
네가 헌주(獻酒)를 뿌릴 때
모든 손가락은 내가 온 그 길로, 가까이
나를 몰아간다.
그곳은 비탄으로 땅이 젖고
하얀 이슬이 새들에게 젖을 먹이고
저녁이 거미의 친구가 되어
바람의 거품 속에서
파리들의 덫을 놓는다.

밤과 아비쿠는 램프의 기름을 핥는다. 어머니들이여! 나는
문지방에 또아리를 튼 애원하는 뱀이 되겠소.
당신들의 몫은 죽어가는 함성이라오.

가장 잘 익은 과일은 가장 슬펐다;
기어간 곳에서, 나는 따스함에 넌더리가 났다.
거미집의 침묵 속에서, 아비쿠는
노른자를 닮은 흙무덤을 만들며
신음한다.

전통에서 빌려온 소재, 기존의 관념의 전도, 평범한 이미지의 부정, 통사적 도치와 대립적인 이미지들의 병치, 다양한 의미들의 압축, 논리적 사고에 대한 도전은 소잉카의 작품들에서 관찰되는 창조적 정신이다. 언뜻 무질서하고 혼란스러워 보이는 이러한 언어적 실험은 매우 정교한 구조 속에서 소잉카적 논리로 승화한다. 아비쿠는 요루바 단어로서 아이 귀신을 뜻한다. 아비쿠는 어렸을 때 죽지만 같은 엄마한테서 다시 태어나는 영적인 존재다. 아비쿠를 소재로 하는 시는 클라크도 썼지만 소잉카는 아비쿠를 사회적 통념을 거스르는 존재로 묘사한다. 독자들은 위의 시에서 뻔뻔

스럽고 장난기 심한 아비쿠, 자기를 붙들려는 모든 노력을 비웃는 교만한 아비쿠를 보게 된다. 그래서 아비쿠의 입장에서 보았을 때, 주술에서 사용되는 팔찌, 제물로 바쳐지는 양, 조개껍데기, 팜-오일, 뿌려진 재 따위는 모두 무의미한 것들이다. 요루바족은 죽은 아기가 아비쿠로 의심되면 그의 몸에 표시를 하는데 이는 그가 다시 태어날 때 쉽게 알아보기 위한 것이다. 이 표시는 돌아온 아기가 부모 곁에 머물며 정상적으로 자라게 하는 주술적인 힘도 갖는다. 세 번째 연에서 깊은 낙인을 새겨달라고 하는 아비쿠는 사람들에게 현혹되지 않는 자신감에 찬 아비쿠다. 네 번째 연의 '종려나무의 씨를 깨무는 다람쥐의 이'는 아프리카의 구연 찬양시에 자주 등장하는 찬양 별칭이다. 다람쥐의 이는 아주 작지만 큰 동물들도 깨뜨리지 못하는 딱딱한 나무 열매를 깨뜨린다. 다섯 번째 연은 악몽의 세계를 읊는다. 아비쿠가 다시 태어날 세상은 아이를 잃은 어머니들이 흘린 비탄의 눈물로 땅이 젖은 세상, 밤이 거미줄을 곤충의 시야에서 감추는 죽음의 세상이다. 죽음의 이미지는 여섯 번째 연과 마지막 연에서도 나타난다. 자신을 뱀에 비유한 아비쿠는 밤과 함께 등잔의 기름을 핥아 없애고 어머니들은 불 꺼진 어둠 속에서 발을 헛딛어 뱀에게 물린다. 마지막 연에서 죽음은 '가장 잘 익은 과일'의 이미지를 통해 다시 한번 부각된다. 잘 익은 과일은 축복임에도 불구하고 땅 위에 먼저 떨어져야 한다는 점에서 슬픈 존재이며, 아비쿠가 기어간 곳, 즉 어머니의 자궁은 '안락한 곳'이라는 통념과는 달리 아비쿠에게는 지루한 곳이다. 끝으로 아비쿠는 생명(노른자)을 닮은 죽음(흙무덤)을 만들면서 신음한다.[25]

영국과 미국을 중심으로 한 일간지의 서평은 소잉카를 단순히 아프리카에서 가장 뛰어난 작가라는 식의 평에서 점차 천부적인 재능을 소유한 세계적인 작가라는 평으로 옮겨갔다. 1982년 소잉카의 자전소설 『아케 어린 시절』이 '더 타임스지(紙)'의 올해의 책에 선정되었으며, 같은 해 미국의 '뉴욕타임스지(紙)'도 이 책을 최우수 도서로 선정했다. '뉴욕타임스지(紙)' 1982년 10월 10일 자 서평란에서 제임스 올니가 소잉카를 작금의 세계에서 가장 활력 있고 흥미로운 작가로 소개한 것은 소잉카의 위상이 이미 아프리카를 벗어나고 있었다는 것을 보여준다. 올니는 소잉카를 아프리카 최고의 작가로 인정했다. "소잉카는 두말할 나위 없이 아프리카에서 가장 다예(多藝)

---

25 장태상. 2000. 「소잉카의 시 4편: 이미지의 창조적 논리와 그 세계관」. 『월간 현대시』 2000년 11월호. 200-210쪽.

하고 가장 훌륭한 작가다. 그는 『아케 어린 시절』에서 아프리카 자서전의 불후의 고전이 될 만한, 그리고 언제 어디서 출간된다하더라도 어린 시절에 대한 추억의 고전이 될 만한, 서부나이지리아 요루바인으로서의 그의 어린 시절을 그리고 있다."[26] 소잉카가 월시를 비롯한 서구 학계에서 비중 있게 다루어지고 영국과 미국의 주요 신문의 문예란을 통해 세인의 주목을 받게 된 것은 사실이지만, 소잉카에 대한 이 평가가 바로 소잉카 자신의 문학적 능력에서 비롯되었다는 것은 아프리카 문학의 전개 과정에 개입한 서구 문학장(文學場)의 논리가 자의적이지 않았다는 것을 말해준다.

현실에 대한 소잉카의 고뇌와 분노는 그를 냉철한 지성인으로 만들지만 동시에 정치 현안에 민감한 반정부인사로 변모시켰다. 외부 세계의 소잉카에 대한 평가도 문학적 측면과는 별도로 사회 정의를 위한 그의 집념, 자유를 위한 투쟁, 독재 정권에 대한 도전 때문에 받게 된 정치적 탄압에 대한 동정과 격려의 형태로 나타났다. 소잉카는 그의 조국 나이지리아와 아프리카의 정치 사안들에 깊은 관심을 가진 민주투사가 되었고 이로 인해 국내외에 많은 지지자들을 갖게 되었다. 특히 나이지리아 내전 기간 중의 투옥 생활은 그를 남아공의 넬슨 만델라와 더불어 인간적 가치를 위해 싸운 아프리카의 위대한 인물들 중의 하나로 만들었다. 1986년 소잉카가 노벨상을 받은 후 행한 연설이 만델라에게 헌정되었다는 것은 그의 인권과 민주화에 대한 관심이 얼마나 깊었는지를 말해준다. 스웨덴 학술원의 공식 논평은 그의 개인적 투쟁과 시련의 역사를 다음과 같이 적었다. "시집 『토굴 속의 셔틀』은 진정한 도덕 수준을 보여준다. 이 시들은 조국의 내전과 관련된 그의 태도 때문에 수감되었던 감옥에서 2년에 걸쳐 쓰였다. 그것은 정신적 생존에 관한 시들이며, 인간적 교제와 분노와 용서에 대한 시들이다. 동일한 경험이 그의 산문 『그 사람은 죽었다: 옥중수기』에도 배어 있는데 이것은 본질적으로 최상급에 속하는 문학 작품이다."[27] 소잉카의 정치 성향에 관한 글들이 종종 기사화되어 왔다는 것은 그에 대한 서구 문학계의 관심이 문인으로서의 소잉카에만 국한되지 않았음을 의미한다. 소잉카의 정치적 수사(修辭)는 거칠고 직선적이다. 제이슨 베리가 쓴 '뉴욕타임스지(紙)' 1983년 9월 18일 자 인터뷰 기

---

26 Olney, James. 1982. 'The Spirits and the African Boy.' The New York Times. 1982년 10월 10일 자.

27 Swedish Academy. 1986. 'Press Release: The Nobel Prize for Literature 1986.' 1986년 10월.

사는 그의 이러한 면을 잘 보여준다.[28]

> 내가 3월에 나이지리아에 도착했을 때 여름에 있을 선거 운동이 열기를 고조해가고 있었다. 범죄와 정치적 부패가 온통 뉴스를 장식했다. … 나는 저명한 극작가이자 숨김없이 말하는 사회비평가인 월레 소잉카를 만나기 위해 남부에 있는 이페대학에 도착했다. 다가올 선거에 대한 그의 논평은 평범하게 이루어졌지만 퉁명스러웠다.
>
> "그들은 그것을 훔칠 것입니다."
>
> 나는 그가 샤가리의 집권 나이지리아 국민당을 의미하느냐고 물었다.
>
> "물론이죠, 그들은 아마도 전부를 훔치지는 않을 것입니다. 그러나 권좌를 계속 지키기에 부족하지 않을 만큼 훔칠 것입니다."

소잉카는 1967년 '데일리 스케치지(紙)'에 발표한 비아프라 내전에 관한 한 편의 글로 인해 두 번째로 투옥된다. 그러나 그는 그보다 훨씬 이전인 1962년부터 수십 편에 달하는 정부 비판적인 기사를 나이지리아의 주요 신문과 잡지에 게재함으로써 아프리카 대륙 내의 어느 누구에게도 뒤지지 않는 인권 운동가가 되어 있었다. 1962년 '데일리 익스프레스지(紙)'에 실린 노동교통부의 도로 유지 관리 업무 태만을 지적하는 '나쁜 도로, 나쁜 사용자, 나쁜 죽음'이라는 제목의 기사는 사회 개선을 위한 소잉카의 관심의 폭이 얼마나 다양한지를 보여준다. 1980년대 들어 그의 문학 외적인 활동에 대한 서구 문학계의 관심은, 물론 문인으로서의 소잉카의 높은 위상에 기인하는 것이었지만, 뉴욕타임스 문예란에 실린 일련의 기사들이 말해주듯이 민주투사로서의 그의 명성을 만델라에 버금가는 것으로 만들었다.

소설 『해설자들(The Interpreters)』(1965)은 소잉카의 이러한 비판적 의식을 반영한 작품이다. 소잉카의 소설가로서의 역량은 시인이나 드라마 작가로서의 역량에 비해 늦게 발휘되었다. 이 소설은 투투올라에 의해 시작되고 아체베가 완성한 서아프리카의 픽션을 세계적 수준으로 끌어올린 작품으로 평가받는다. 『해설자들』을 한국어로 번역한 권명식은 다음과 같이 말한다.[29]

---

28 Berry, Jason. 1983. 'A Voice Out of Africa.' The New York Times. 1983년 9월 18일 자.

29 권명식 (역). 1986. 『해설자들』. 지학사. 387쪽.

월레 소잉카가 1965년 처음으로 소설『해설자들』을 발표했을 때 그는 이미 아프리카 대륙의 가장 유명한 극작가 중의 하나로 그 명성을 굳히고 있었다. 극작 이외에도 수적으로 많지는 않으나 뛰어난 시작들과 대여섯 편의 문예 비평적 에세이들로 그는 문학 영역에 확고한 기반을 갖고 있었다. 따라서 이런 일련의 문학적 경험에 빛을 보게 된 해설자들에는 작가가 이미 접했던 문학 장르의 특징적 요소들이 엿보이고 있는데, 시에서는 암시적이며 이미지가 내재된 문체를, 극작에서는 배경 설정과 인물의 성격 묘사를, 그리고 에세이에서는 자연스러운 노출과 비관적인 관찰의 기법을 빌려 왔다고 볼 수 있다. 이런 특징들은 이야기를 끌고 나가는 스타일과 결합되어 작품을 다양하게 만들고 있고, 그 다양성으로 해서 이 소설이 어렵다는 평을 받기도 한다. 일견 이 소설의 각 부분들이 서로 잘 들어맞지 않는 듯한 것도 같지만 일단 작가의 기법을 파악하게 되면 이 소설은 하나의 잘 짜여진 전체로서 스스로를 드러내게 된다. 사실 이 소설은 글로 쓰기 전에 전체적으로 이미 구상이 다 끝났었던 작품이라는 인상을 주고 있다.

나이지리아의 독립 초기를 배경으로 동시대의 사회상을 비판하는『해설자들』은 다섯 명의 젊은이들의 대화, 경험, 또는 그들이 주변 사람들한테서 들은 사건들을 소재로 하여 플롯을 전개한다. 신문기자인 싸고에, 대학 강사인 반델레와 콜라, 기술자이자 조각가인 세코니, 외교관인 엑보는 이바단과 라고스의 클럽에서 2주일에 한 번씩 만나 술을 마시며 사회의 부조리에 대해서 이야기한다. 이 다섯 명은 모두 전문 직업을 가진 지성인으로서 인생을 즐기고 인생의 의미에 대해서 생각하는 평범한 젊은이들이다. 이들은 "결코 성자라고 볼 수 없는 보통 사람들로 큰 덕목이라 한다면 끓어 넘치는 힘과 스스로 생각한다는 확고함이다. 그들은 곧 자기들의 열정과 이상이 숨겨진 부패, 가리워진 이권, 그리고 공허하며 위선적인 전통의 도덕성에 반기를 들고 있음을 알게 된다. 이러한 악덕을 구현하고 있는 사람들은 곧잘 그 사회의 저명인사들이다."[30] 이 젊은이들은 또래의 다른 이들처럼 무계획적인 생활을 하기도 하는데 그로 인해 나이지리아의 거의 모든 대도시에서 온 사람들과 접촉할 기회를 갖는다. 이들은 서로 의견이 대립되기도 하면서 그들의 세상과 그들의 경험을 자유롭게 해석하지만 다른 한편으로는 그 해석을 독자들이 다시 해석할 여지를 남긴다.

---

30 ibid. 387쪽.

소설의 전반부는 신생 독립국 나이지리아에 대한 젊은이들의 대화와 해석에 주안점을 둔다. 이 과정에서 젊은이들은 기성세대의 위선을 고발한다. 오구아조르는 근엄한 대학 교수지만 사생아인 딸을 몰래 두고 있으며, 데리놀라 경(卿)은 겉으로는 존경받는 법관이지만 남이 안 보는 데서는 뇌물을 받는다. 데리놀라 경의 친구인 윈살라 추장은 저속한 인물이다. 소설의 후반부는 젊은이들 주변에서 일어나는 일들을 다룬다. 이 소설에서 소잉카를 대변하는 싸고에는 언변과 적응력이 뛰어난 인물로 묘사된다. 신문기자인 그는 세코니의 억울한 사연을 밝히려고 하지만 오히려 데리놀라 경이 그것을 역이용 할 수 있다는 것을 깨닫는다. 세코니는 순박한 사람이다. 그는 수력발전 계획이 취소되자 미쳐서 죽는다. 엑보는 고향으로 돌아가 할아버지의 추장직(職)을 물려받는 것과 외교부의 고위 관리가 되는 것 중에서 하나를 택해야 하는 기로에 서 있다. 콜라는 친구들을 모델로 해서 요루바 신들을 그린다. 콜라의 이런 행동은 인과적 연관성이 없는 파편화된 사건들이 난무하는 이 소설 전반에 어떤 연속성을 부여한다. 선교사인 라자루스와 그의 사제(司祭) 노아의 사건도 등장한다. 세례를 받은 지 얼마 안 된 노아는 미국에서 온 흑인 동성애자 조 골더한테서 도망치다가 죽는다.

『해설자들』은 일견 무질서한 구조를 갖는 것처럼 보이는데 이것은 사건들이 시간적 순서에 따라 발생하지 않기 때문이다.

이 소설은 싸고에가 이상한 말은 내뱉는 것으로 시작한다. “시멘트 위의 금속은 내 흡입기관을 삐걱거리게 하는군.” 그리고 곧장 여러 명의 인물들이 소낙비를 피해 안전한 곳으로 뛰어들면서 생기는 혼란한 장면으로 이어진다. 서서히 장면이 소개된다. -의자들, 탁자들, 춤추던 사람들 그리고 악단- 그러면 독자들은 배경이 야외 밤 카페라는 것을 알게 된다. 바로 그 현재에서 이야기는 과거의 한 장면으로 밀려가는데 그것은 방금 소개되었던 인물들 중의 하나인 엑보가 생각에 잠겨 옛날 그가 했었던 결론지을 수 없는 배 여행과 그때 그가 당면했었던 선택의 문제를 독자들 앞에 제시하는 것이다. 그가 걸어온 길과 결별하고 할아버지의 소왕국을 이어받기 위해 계속 여행을 할 것인가 아니면 외무부에서 그의 일을 가지며 그냥 살 것인가. 그 선택은 나중에 표현되는 대로 〈외무부의 무딘 회색빛 서류 캐비닛 같은 얼굴들과 샛강에 전쟁군주〉 둘 중의 하나이다. 엑보는 〈파도치는 대로 가리라는〉 결정을 내린다. 그 귀절은 엑보의 결정에 대한 언급을 내포하고 있다. 이야기는 다시 밤 카페로 돌

아온다.[31]

과거에서 현재로 그리고 다시 현재에서 과거로 회귀하는 소잉카의 서술 기법은 독자들에게 이런 시간의 변화에 민감해지도록 요구한다. 시간 이동은 미래로 건너뛰는 경우도 있다. 『해설자들』을 쉽게 읽을 수 없는 또 다른 이유는 소잉카의 창조적 재능이 발휘된 복잡하고 치밀한 구성 때문이다. 이 소설은 전체를 관통하는 통일된 줄거리 대신 선과 악의 행동들을 파노라마처럼 펼쳐놓음으로써 나이지리아의 실상에 대한 어떤 이미지를 전달하는데 마치 텍스트 전체가 하나의 거대한 메타포를 이루는 것처럼 보인다. 아체베의 소설이 종종 속담들에 대한 교훈적 설명이라면 소잉카의 소설은 나이지리아인들의 삶이 투과된 스펙트럼이다. 『해설자들』은 작가 자신의 신념에 대한 회화적 서술이기도 하다. 다양한 감정을 불러일으키는 농축된 언어와 상징적인 등장인물들은 이러한 서술을 한층 돋보이게 한다. 한마디로 말하면 이 작품은 시인의 소설이다.

소잉카는 1973년 『무법의 계절』이라는 두 번째 작품을 발표했다. 이 소설은 무생물까지도 감동시켰다는 오르피어스와 그의 아내 유리더시를 주인공으로 한 희랍 신화 『오르피어스와 유리더시(Orpheus and Eurydice)』 및 요루바 신(神) 오군과 상징적 관계를 맺고 있다. 오군은 전사들의 신이자 대장장이와 사냥꾼들의 신이다. 오늘날에는 트럭 운전사도 오군을 숭배하는데 이들은 모두 직간접적으로 쇠와 관련된 직업군에 속한다. 이 소설도 1970년대에 나온 다른 작품들처럼 작가의 수감 생활 중에 형성된 개인적 영감에 바탕을 둔다. 소잉카는 소설 이외에도 두 편의 자서전 『아케: 어린 시절』과 『이사라: 수필로의 항해』를 썼다.

소잉카는 1986년 노벨문학상을 수상했다. 그의 노벨상 수상과 관련하여 서구 사회의 아프리카 문학에 대한 인식 과정을 잠시 살펴볼 필요가 있다. 영국에 본부를 둔 하이네만 출판사의 미국 자회사인 하이네만 교육 출판사는 아프리카의 문학을 세상에 알리고 아프리카의 문학에 대한 담론을 형성하는 데 있어 큰 역할을 했다. 하이네만 교육출판사는 1962년 아체베의 『무너져 내리다』를 〈아프리카 작가 시리즈〉의 제

---

31 ibid. 388쪽.

1탄으로 출간함으로써 이 작품을 아무도 부인할 수 없는 불후의 고전으로 만들었다. 하이네만 교육 출판사는 시를 소개하는 일에도 앞장섰다. 1963년에 나온 『아프리카의 현대시』는 "그 자체로 아프리카 시문학의 정전으로 간주되었으며"[32], 이를 필두로 하여 출간된 『흑아프리카의 시』, 『영어로 쓰인 하이네만 아프리카 시』 등은 시인들이 개인적으로 펴낸 시집과 더불어 아프리카의 현대시를 서양의 독자들에게 알리는 데 있어 중요한 역할을 했다. 시인으로서의 소잉카의 명성도 하이네만 교육 출판사의 아프리카 문학 편찬 사업에 힘입은 바 크다.

그러나 아프리카 문학에 대한 서구의 인식과 관련해 비판적인 시각에서 바라보아야 할 부분이 있다. 문학의 표준, 소위 정전이라는 개념이 그것이다. 지난 반세기에 걸쳐 축적된 아프리카 문학에 대한 연구는 서구의 문학 기준을 아프리카에 그대로 적용하는 것은 잘못된 것이라는 생각을 갖게 만들었다. 아체베와 소잉카, 그리고 다음에 살펴볼 케냐의 응구기가 그렇듯이, 아프리카의 구연문학은 개인에 따라 정도상의 차이는 있을지 몰라도 동시대의 아프리카 작가들에게 문체, 소재, 주제를 비롯한 많은 측면에서 큰 영향을 주고 있다. 특히, 아프리카 구연문학의 본질이 즉흥개작이듯이, '정해진 것'이라는 개념이 아프리카인들의 문학적 사고 내에서 차지하는 비중이 미미하다면, 문학적 표준에 대해서 말하는 것 또한 -더욱이 그것이 서구적 의미에서의 어떤 '정해진' 표준이라면- 무의미한 것인지도 모른다.

구연문학과 음악을 포함하는 아프리카의 공연예술에서 강조되는 것은 '무엇을 전달할 것인가'가 아니라 '어떻게 전달할 것인가'이다. 이러한 경향은 미술에서도 관찰된다. 실물을 실물 그대로 표현하지 않는 추상적 묘사는 동일한 대상도 극단적으로 다르게 표현되는 것을 가능케 한다. 아프리카인들에게 있어 실물과 표준의 모방은 큰 의미를 갖지 않으며 영혼을 쏟아 부어 매달릴 만한 하등의 가치를 지니지 않는다.[33] 소잉카의 드라마나 응구기의 후기 작품에서 볼 수 있는 춤과 노래, 가사와 대사는 아프리카 예술의 이러한 정신을 계승하고 있다. 우리는 아프리카인들의 문학성을

---

32 Appiah, Anthony. 1985. 'Making the Language Theirs.' The New York Times. 1985년 8월 11일 자.

33 장태상. 1998. 「말문학 소고: 서론 - 용어의 정의를 통해 본 아프리카 문학의 본질」. 『외국문학연구』 4. 한국외국어대학교 외국문학연구소. 329-344쪽.

논할 때 그들의 작품에서 서구적 기준에 맞는 것만을 선택하고 정작 그들이 의미를 부여하는 것들은 (의도적으로) 배제하고 있는지도 모른다. 최근 들어 아프리카의 현대문학과 구연문학의 상관성에 대한 이해의 폭이 깊어짐에 따라 표준이라는 말 대신 핵(核)이라는 말이 더 적합한 개념으로 부상하고 있다. 왜냐하면 핵(核)은 팽창, 개작, 변화를 함축하기 때문이다.[34]

끝으로, 1980년대 말과 90년대 초 영국의 일부 대학에서 일어난 변화는 눈여겨 볼 만하다.[35] 험버사이드대학, 더비셔 교육대학, 브리스톨 폴리테크닉, 버밍햄 대학 등에서 일어난 변화가 그것이다. 버밍햄 대학 학부 과정의 아프리카 문학 수업은 '아프리카의 비전'이라는 부제가 붙어 있었는데, 아프리카 문학은 아프리카의 전통이라는 큰 틀에서 조명되어야 한다는 전제 하에 아프리카의 구연문학에 많은 비중이 두어졌다. 필자가 박사학위를 취득한 런던의 동양아프리카학대학(SOAS)의 석사 과정에 개설된 아프리카문학전공도 아프리카 구연문학 연구를 강조했다. 구연시와 같은 장르는 앞으로도 아프리카인들의 문학 활동의 중심을 이룰 것이고 또 아프리카 현대문학에도 계속 영향을 줄 것이기 때문에 아프리카 문학에 관한 담론에서 이를 등한시하는 것은 잘못된 것이다. 요루바족의 구연시와 연극은 -아프리카의 다른 많은 문학 전통에서 그렇듯이- 구연 상황에서 부상하는 의미와 즉흥 개작을 특징으로 한다. 이러한 것들이 소잉카에 의해 현대문학과 창조적으로 결합되었다는 것은 그에 대한 진정한 평가가 아직 끝나지 않았다는 것을 말해준다.[36]

---

34 Gunner, Elizabeth. 1990. 'African Literatures and the Canon. The Case of the United Kingdom.' In Canonization and Teaching of African Literatures. (ed.) Raoul Granqvist. pp. 101-9. Amsterdam-Atlanta: Matatu.

35 ibid. p. 108.

36 끝으로, 노벨문학상은 위대한 작가에게 수여되지만 위대한 작가를 탄생시키기도 한다. 자연과학 분야에 수여되는 상과는 달리 노벨문학상과 평화상은 인간의 주관적 판단에 의존하며 수상자 발표 후에는 가끔 공정성에 대한 시시비비가 한동안 유행한다. 열여덟 명으로 구성된 스웨덴 학술원의 노벨문학상 심사위원 중의 한 사람인 오스텐 스조스트란드가 소잉카의 시를 스웨덴어로 번역한 적이 있으며 소잉카를 위해 오랫동안 로비스트로 활동했다는 소문이 있었다. 그러나 더 흥미로운 것은 다겐스 니헤터지(紙)의 문화부 편집장인 프란산이 말한 것처럼 스웨덴 학술원의 입장에서 볼 때 흑아프리카에 돌아가는 최초의 문학상을 나딘 고디머나 안드레 브링크와 같은 남아공의 백인 작가에게 주기가 매우 곤란했을지도 모른다는 것이다. 혹자는 고디머가 나중에 노벨문학상을 수상한 것이 이 추측을 뒷받침한다고 주장한다.

4.4. 대중문학: 오니짜 시장 문학과 씨프리안 에크웬시

소잉카, 아체베, 응구기와 같은 작가들은 아프리카 문학과 영연방 문학의 담론 내에서 늘 중심된 위치를 차지했다. 유럽의 학자들, 대학 교육을 받은 소수의 현지인 독자들과 비평가들에게 있어 이들의 존재는 마치 진흙 속의 진주와도 같은 것이었다. 그러나 호사스러운 보석상의 진열대 위에서 일류 감정가들에 의해 가치 부여되어 온 작품들은 비록 그것이 최고의 보석임에는 틀림없으나 대다수의 평범한 독자들에게 있어 최선의 선택은 아니었다.

아프리카의 대중문학에 대한 담론은 문학적 담론이 아닌 문화적 담론을 지향한다. 문화라는 대 범주 속에서 문학을 논하는 한 다수의 기호라는 문제는 순수한 의미의 문학성의 문제를 비켜간다. 문학사적 의미를 갖는 작품들이 과거를 돌아보고 현실을 비판하며 미래에 대한 비전을 제시한다면, 시장의 좌판대 위의 작품들은 누구나가 인식해야 할 동시대의 아프리카인들의 삶 그 자체다.

남동나이지리아의 익보족 도시 오니짜에서 출발한 오니짜 시장 문학은 아프리카의 대중문학을 상징하는 말로서 오니짜 시장 문학 또는 오니짜 문학으로 불리기도 한다. 사랑과 불륜이라는 통속적인 주제, 선정적이면서도 교훈적인 내용, 시장의 좌판대 위에 다른 물건들과 함께 진열되어 있는 팸플릿 형태의 읽을거리들, 누구나 쓸 수 있고 글을 아는 사람이라면 누구나 읽을 수 있는 대중에 의한 대중을 위한 대중의 문학, 오니짜 시장 문학을 수식하는 말은 아무리 나열해도 끝이 없는 것처럼 보인다.

오니짜 시장 문학은 영국에서 먼저 주목받기 시작했다. 1947년 오니짜에서 팸플릿 형태의 소설이 최초로 등장한 이후 15년이 지난 1962년 8월 10일, '더 타임스지(紙)'에 실린 익명의 글은[37] 지금까지 무시되어 왔던 문학에 대한 첫 관심이었다. 나중에 이 글의 저자로 밝혀진 율리 바이어 교수는 오니짜 문학의 신선함, 작가들의 자발적 참여, 대담한 실험 정신, 도시의 신흥 노동자 계층의 경험 등에 주목하면서 아프리카의 이 낯선 문학을 소개했다. 바이어 교수는 1964년 2월 14일 '블랙 오르페우스'에 실린 또 다른 글에서 당시의 오니짜 시장 문학에 대해서 자세히 소개했다.[38]

---

37 'Writing in West Africa: A Chance to Adopt and Experiment'

38 'Public Opinion on Lovers: Popular Nigerian Literature Sold in Onitsha Market'

오니짜 시장 문학의 가장 큰 특징은 다양성이다: 장르 형식과 주제의 다양성, 십여 쪽에서 수백 쪽에 이르는 작품들의 길이, 여러 수준의 작가와 독자. 이 중에서도 작가들의 다양성이 가장 눈에 띈다. 학생들, 장사꾼들, 공장의 직공, 목수, 농부, 초등학교 교육밖에 못 받은 사람들, 이들은 이들의 글에 대한 비평가의 말에는 관심조차 없지만 작가로서의 사명감은 결코 진지한 부류의 작가들에 뒤지지 않는다. 상인들은 시장에서 물건을 팔면서 틈나는 시간을 이용해 작품을 구상하고 교사와 학생들은 휴일이나 여가시간을 이용해 책을 쓴다. 흥행 가능성이 있는 작품들에 기꺼이 원고료를 지불하는 출판사들이 존재하는 한 '시장의 작가들'에게 있어 창작의 동기 유발에 필요한 요소들은 모두 갖추어진 셈이다.

오니짜 시장 문학의 작가들은 대부분 비전문가의 수준을 벗어나지 못한다. 이런 경우 글쓰기의 일차적 동기는 단순히 책의 겉표지에 본인의 이름을 남기기 위한 것이다. 작가들은 그들을 격려하고 후원해준 사람들에게 보답하기 위해서 글을 쓴다. 작품이 상업적으로 성공을 거두어도 경제적 이득은 출판사에 돌아가는 것이 보통이며 작가들이 받는 몫은 극히 제한적이다.

오니짜 시장 문학의 존재는 1947년 타반시 서점이 씨프리안 에크웬시의 두 작품을 출판하면서 세상에 알려지게 되었다. 첫 번째 작품 『레슬링 선수 이콜로와 그 밖의 다른 익보 이야기』는 민담 모음집이고, 두 번째 작품 『사랑이 속삭일 때』는 로맨틱 러브 스토리로서 후일 에크웬시의 출세작 『재규어 나나』의 전신이 된 소설이다. 이 두 소설은 중매결혼의 부정적인 면을 파헤친 치케 오코니아의 『니제르의 비극적 이야기』와 함께 사람들의 폭발적인 관심을 불러일으켰다. 오니짜 문학은 익보족의 개인적 성취와 개성을 존중하는 전통, 예술가에 대한 존경 등의 분위기에 힘입어 단기간에 인기 있는 대중문화의 한 형태로 뿌리내렸다. 많은 작가 지망생들, 늘어나는 출판사, 그리고 이들 사이를 중개하는 거간꾼들, 익보 사회는 순식간에 팸플릿 문학 산업의 열기 속에 빠졌고 이는 다시 아바, 포타코트, 에누구와 같은 남동나이지리아의 다른 도시로 확산되었다. 시간이 지나면서 이 열기는 서쪽으로는 니제르강 건너편 요루바 도시인 라고스와 이바단, 북쪽으로는 카노와 자리아 같은 하우사 도시로 전파되었으며 마침내 국경을 넘어 아프리카 전역으로 퍼져 나갔다.

오니짜 시장 문학의 가장 흔한 주제는 남녀 간의 사랑과 이별이다. 대부분의 작품들은 전통을 고수하는 구세대와 자아를 추구하는 신세대의 갈등을 배경으로 한다. 돈 많은 노인에게 딸을 파는 완고한 아버지와 자기가 사랑하는 청년과 결혼하기를 원하는 딸 사이의 갈등은 오니짜 소설의 원형적 주제다. 시프리안 에크웬시의 『사랑이 속삭일 때』는 본격적인 연애소설의 효시가 된 작품으로 훗날 많은 사람들에 의해 모방된다. 소설의 주인공 아쇼카는 아버지의 반대로 사랑하는 남자 죤 이케와 헤어진다. 경제적으로 자립한 아쇼카는 매력적인 몸매를 갖고 있으며 늘 많은 남성들의 표적이 되어 왔다. 그녀는 죤 이케와 헤어진 후 인신매매 집단에 팔리게 되고 이 사실을 알게 된 죤 이케는 그녀를 찾아 나서지만 결국 포기하고 영국유학 길에 오른다. 아쇼카는 다호메이로 팔려가는 배에 실리기 직전 가까스로 탈출한다. 그녀는 죤 이케로부터 그가 영국에서 돌아올 때까지 그를 기다려 달라는 부탁을 받는다. 아쇼카의 아버지는 그녀를 늙고 무식한 추장과 결혼시키려고 하지만 그녀는 이를 거절한다. 아버지의 요구를 거부하던 아쇼카는 어느 날 마을에 놀러온 올루 타요와 관계를 갖고 타요의 아기를 임신한다. 그녀는 아기를 낙태하는 과정에서 거의 죽을 고비를 넘긴다. 그리고 세월이 흘러 죤 이케는 영국에서 돌아오지만 아쇼카는 이미 아이가 둘이나 있는 다른 남자의 아내가 되어 있었다. 두 사람은 각자의 운명을 받아들이며 헤어진다.

에크웬시는 『도시의 사람들』과 『재규어 나나』를 통해 문단의 주목을 받게 되었다. 그는 『도시의 사람들』에서 범죄를 파헤치는 신문기자이자 댄스 그룹의 리더인 아무사 상고의 이야기를 통해 라고스라는 대도시의 이면을 조명한다. 상고는 이스턴 그린즈에서의 석탄 파업을 취재함으로써 승진을 거듭하지만 비난의 화살을 레바논인들한테 돌리게 되면서 직장에서 해고되고 살던 아파트에서도 쫓겨난다. 상고에게는 두 명의 여자가 있었다. 첫 번째 '베아트리체'는 부와 지위에 따라 서열을 매길 수 있는 여러 명의 남자들을 애인으로 갖고 있는 여성이다. 그녀는 쓸쓸한 죽음을 맞이하고 빈민들이 매장되는 공동묘지에 묻힌다. 상고의 두 번째 '베아트리체'는 그에게 마음의 평화를 가져다준다. 상고는 이 여성과 결혼한 후 새로운 삶을 찾아 가나로 떠난다. 이 소설에는 매춘부, 자살하는 사람들, 도둑 등 대도시에 압도당하며 살아가는 많은 사람들이 등장한다. 『도시의 사람들』에 대한 비평계의 반응은 부정적이었다. 구성의 비일관성, 현실적으로 일어날 것 같지 않은 일들, 반드시 필요하지도 않은 선정성(煽情性), 감상적인 신파극, 도덕성의 부분적 결여, 예술적 재능의 부족과 비전을 제시하지 못하는 점, 투투올라보다는 세련되고 픽션이라는 장르에 보다 가깝지만 투투올라처럼 문체상의 새로운 전통을 확립하지 못했다는 점, 그리고 이러한 것들이 세월이 지나도 변하지 않는다는 사실 등. 비평계의 중론은 『도시의 사람들』은 진지한 부류의 소설이라기보다는 오니짜 시장 문학의 연장에 불과하다는 것이었다.

그러나 보통 사람들의 삶을 묘사하고자 하는 순수한 열정, 자신이 지향하는 대중성에 대한 확고한 신념, 그리고 본인의 말처럼 '스스로 교사를 자처하지 않는 한' 에크웬시는 아체베와는 다른 선상에서 아프리카 현대소설의 한 흐름을 이끌었다고 봐야 할 것이다. 아체베의 과거와 전통 대신 현재와 변화, 전원적인 삶에 대한 동경 대신 도시의 삶에 대한 묘사, 남성적인 힘에 대한 갈망 대신 계속되는 좌절 속에서 벗어나지 못하는 여성들의 삶에 에크웬시는 더 큰 관심이 있다. 아체베가 교사로서의 소설가의 역할을 강조하는 데 반해 에크웬시는 '즐거움을 제공하는 사람'으로서의 역할을 강조한다. 에크웬시는 문학적 기교주의를 배격하며, 만일 그의 작품에 기교가 있다면 그것은 우연의 소산일 뿐이라고 주장한다. 그는 말을 빙빙 돌리는 것보다 길거리의 사람들이 이해할 수 있는 평범한 진실의 심장에 이르는 데 관심이 있다고 말한다. 『도시의 사람들』에 대한 비평계의 부정적인 평가에도 불구하고 등장인물에 대한 생기 넘치는 묘사, 도시에서 일어나는 사건을 폭넓게 다루는 능력, 디킨스식의 희극과 드포식의 보고문학, 악당을 소재로 한 문학에 대한 재능 따위는 그의 장점으로 꼽힌다. 에크웬시의 작품에서 오니짜 문학의 흔적을 엿볼 수 있다는 말은 그에게 모욕일지도 모른다. 어쩌면 그는 '오니짜 문학의 최고봉'이라는 표현을 더 원했는지도 모른다.

1961년에 발표된 에크웬시의 두 번째 소설 『재규어 나나』는 『도시의 사람들』보다 완숙하다는 평가를 받는다. 이 작품 역시 도시와 여자에 관한 이야기이다. 매력적인 창녀인 재규어 나나는 정치적 이상주의자인 어떤 남성을 알게 됨으로써 인생에 대한 자각의 눈을 뜨게 된다. 그러나 그 자각에 이르는 길은 파란만장한 운명으로 가득 차 있다. 재규어 나나의 가장 큰 소원은 아기를 갖는 것이었다. 그녀는 45살의 나이에 드디어 임신을 하지만 아기는 태어난 지 이틀 만에 죽는다. 재규어 나나는 슬픔을 딛고 일어나 엉클 타이워가 죽기 전에 그녀를 위해 어떤 정당(政黨)의 금고에서 훔친 5,000파운드를 갖고 시골의 작은 도시 오니짜에서 새로운 인생을 시작한다. 이 소설에는 선거에서 졌다는 이유로 자기가 속한 정당의 당원에 의해 살해당하는 재규어 나나의 마지막 애인 엉클 타이워, 엉클 타이워가 죽이는 재규어 나나의 연하의 애인 프레디가 등장하며, 이 밖에도 현대 나이지리아 사회의 다양한 군상들을 상징하는 인물들이 나온다. 이 소설은 대중적인 주제를 다루면서도 여성의 마음속에서 일어나는 갈등을 섬세하게 묘사하고 있다는 평가를 받는다. 츄쿠케레는 "이 작품에서 갈등은 다원적인데 그것은 육체가 배제되지 않았기 때문"이라고 말하면서 『재규어 나나』가 아체베의 작품들보다 더 뛰어나다고 말한다.[39] 이 소설은 재규어 나나가 욕조에서 나와 반라(半裸)의 자세로 머리를 빗는 장면으로 시작된다.

Jagua had just had a cold bath, and, in the manner of African women, she sat on a low stool with a mirror propped between her bare knees, gazing at her wet hair. Only one cloth - a flowered cotton print - concealed her nakedness, and she had wound it over her breasts and under her armpits. Her arms and shoulders were bare, and she sat with the cloth bunched between her thighs so that the mirror bit into the skin between her knees.

She raised her arm and ran the comb through the wiry kinks, and her breasts swelled into a sensuous arc and her eyes tensed with the pain as the kinks straightened. From the skin on her long arms and beautiful shoulders the drops of speckled water slid down chasing one another.

재규어는 방금 냉욕을 하고 아프리카의 여인들이 하는 방식대로 아무것도 걸치지 않은 무릎 사이에 거울을 끼워놓고 낮은 걸상에 앉아 그녀의 젖은 머리를 바라보았다. 목화꽃 무늬가 새겨진 천 조각 하나만이 그녀의 나신을 가리고 있었고 그것은 유방 위에서 겨드랑이

39 Chukwukere, B. I. 1965. 'African Novelists and Social Change.' Phylon 26. p. 237.

밑으로 감겨져 있었다. 팔과 어깨는 맨살이었다. 그녀는 거울이 무릎 사이의 살 속에 잘 물리도록 천을 넓적다리 사이에 뭉쳐 넣고 앉아 있었다.

그녀는 팔을 들어 올려 빳빳한 곱슬머리를 쓸어내려 갔다. 앞가슴은 감각적인 호를 그리며 부풀어 올랐고 눈은 곱슬머리가 펴질 때마다 고통으로 긴장되었다. 그녀의 긴 팔과 아름다운 어깨의 피부로부터는 얼룩진 물방울들이 서로를 쫓듯이 미끄러져 내렸다.

에크웬시는 오니짜 문학에서 출발해 자기의 문학세계를 확고히 구축한 몇 안 되는 예에 속한다. 그를 제외한 대부분의 오니짜 작가들은 출판사의 경제적 후원을 받는다 하더라도 문학성에 있어 아마추어 수준을 벗어나지 못하는 경우가 대부분이다. 특히 언어 사용은 그것이 의도적으로 계획된 피진 영어가 아닌 한 오니짜 시장 문학 작가들의 가장 큰 한계성으로 지적된다. 작가들의 문학 수준의 다양성은 교육 수준의 다양성과 관련이 있다. 교육을 제대로 받지 못한 사람들은 한 문장 내에서도 영어와 피진을 혼용하며, 현지어의 관용적 표현과 잘못된 영어 표기법도 눈에 띈다. 마침표, 쉼표 같은 구두점에 대한 무시도 흔히 관찰되고 작가가 스스로 만들어낸 어휘들도 목격된다. 이러한 예를 몇 개 제시하면 다음과 같다.[40]

The whole class boisted into a noisy laughter. (K.C. Eze, 『현대의 소년, 소녀들은 왜 경솔한가?』, 29쪽) 전 학급은 시끄러운 웃음소리로 갑작스럽게 변해 갔다.

The magistrate was inspirated, he knew Tunke was telling a lie. (K.C. Eze, 『현대의 소년, 소녀들은 왜 경솔한가?』, 29쪽) 그 행정장관은 영감을 받았다, 그는 퉁케가 거짓말을 하고 있다는 것을 알았다.

I turned and double fasted back to the room. (J. A. Okeke Anyichie, 『별 넷의 모험』, 56쪽) 나는 등을 돌려 그 방으로 두 배나 빠른 속도로 돌아갔다.

이 밖에도 나이지리아식 영어의 영향으로 철자의 변화가 관찰되는 경우도 있다.

---

40 Emenyonu, Ernest. 1972. 'The Development of Modern Igbo Fiction, 1857-1966.' Unpublished PhD dissertation. p. 74. The University of Wisconsin.

He is showing his capability of educating illitrates. (R. Okonkwo, 『당신을 사랑하는 모든 것들을 믿지 마라』, 4쪽) 그는 문맹자들을 교육하는 그의 능력을 보여주고 있다.

오니짜 시장 문학 작가들은 외국 문학 작품에 나오는 표현과 등장인물들의 대사를 많이 모방한다. 이것은 표절과는 다른 것으로서 아프리카 구연문학에서 흔히 볼 수 있는 '모방을 통한 창조'의 연장선상에서 이해할 수 있다. 구연자가 전승되어 내려온 민담, 가요, 속담 등에서 일부를 발췌하거나 유명 인사의 말을 자기들 텍스트 속에 삽입하는 행위는 단순한 표절이 아닌 재창조의 과정으로서 오니짜 작가들의 의식 속에도 구연문학의 이러한 전통이 자리 잡고 있었다.

외국의 특정 작가로부터 영향을 받은 작품도 관찰된다. 안야의 소설 『그녀는 젊음의 절정에서 죽었다』에서 여주인공 비올라와 그녀의 애인 빌리의 대화는 셰익스피어를 떠올리게 한다.[41]: "저는 기뻐해야 할 일들에 눈물을 흘리는 바보입니다. 당신이 원하시면 제 마음을 가지세요."; "내가 그것을 거절하면 나는 유태인이야. 내가 당신의 마음을 거절하면 나를 반역자라고 불러요." 이구의 작품 『아그네스 충실한 연인』도 셰익스피어의 흔적을 보여준다.[42] 애인을 위해 죽을 각오가 되어 있는 여주인공 아그네스는 다음과 같이 말한다. "나는 영원한 사랑을 위해 줄리엣처럼 죽은 사람으로 역사 속에 기억될 것입니다." 이 소설은 두 사람이 자살하는 것으로 끝을 맺는다.

인물 묘사는 아프리카의 구연 민담에서 영향을 받아 주인공의 내면세계보다는 외면에 대한 묘사에 치중하는 경향이 있다. 구연문학의 영향은 작품의 구성에서도 관찰된다. 주인공들은 그들의 비윤리적인 행위에도 불구하고 용서를 받고 구원된다는 줄거리가 이에 해당된다. 앞에서 소개한 에크웬시의 소설 『재규어 나나』의 결말이 익보 독자들한테 전혀 낯설게 인식되지 않는 것은 이러한 이유에 기인한다.

오니짜 시장 문학의 발전은 출판사들의 역할에 힘입은 바 크다. 출판사들은 책을 출간하는 일 말고도 사회의 문학 생산 능력을 제고시키는 일에도 관여했다. 작가들을 찾아내 지원하거나 다양한 이름의 문학상을 제정해 문학에 대한 일반인의 관심

41 ibid. p. 72.

42 ibid. p. 70.

을 유도한 출판사들의 행위는 소설이 아프리카에 뿌리를 내리는 데 크게 기여했다. 현지의 출판사들, 유럽의 유명 대학출판사들의[43] 아프리카 출장소, 하이네만, 맥밀란, 제임스 커리와 같은 다국적 출판사들의 아프리카 지사는 신진 작가들을 발굴해 지원함으로써 아프리카 현대문학의 발전에 일익을 담당했다.[44]

출판사의 역할은 신진 작가의 발굴과 도서 유통에만 국한되지 않았다. 작가들이 구상 중인 책이 대중의 인기를 끌 만한 주제라고 판단되면 출판사는 작가에 대한 지원을 결정하고 작가는 출판사로부터 판매 부수에 따른 이익금을 배당받았다. 1948년 '척스 북숍 야바'의 후원을 받아 출간된 씨프리안 에크웬시의 『사랑이 속삭일 때』가 이 예에 속한다. 안야의 『그녀는 젊음의 절정에서 죽었다』, 오갈리의 『나의 딸 베로니카』, 우데의 『나이지리아 독신자 가이드』도 출판사의 도움으로 나온 책들이다. 출판사의 역할이 항상 긍정적인 결과만 초래한 것은 아니다. 작품성보다 흥행성에 배타적인 비중을 두는 출판사들의 압력으로 소설의 제목과 내용이 일치하지 않는 경우도 있었으며, 책의 저자명에 작가가 아닌 출판사의 이름이 등장하거나 "Speedy Eric", "Strong Man of the Pen", "Highbred Maxwell", "Money Hard"처럼 존재하지 않는 가공의 이름이 사용되기도 했다.

익보족 지역에서 발생한 비아프라 내전으로 일시적인 침체를 겪은 오니짜 시장 문학은 1980년대와 90년대의 잠재적 성장기를 거쳐 현재는 과거의 규모와 열기를 훨씬 능가하고 있다. 내전이 끝난 후 출판사들은 전쟁 전에 인기를 끌던 작품들을 다시 출판해 전쟁 후에 불어 닥친 문학 산업의 불황을 슬기롭게 극복했다. 소위 상록수라는 부제가 붙은 이러한 작품들에는 다음과 같은 것들이 있었다.[45]

1. 행위에 관한 책들: 『소녀들과 사귀는 방법』, 『대중 앞에서 연설하고 소개하는 방법』, 『연애편지 쓰는 방법과 소녀들과 잘 사귀는 방법』, 『소녀가 당신을 사랑하고 미워할 때를 아는 방법』, 『숙녀들에게 접근하여 사랑에 빠뜨리는 올바른 방법』

---

43 옥스퍼드대학교 출판사, 케임브리지대학교 출판사, 런던대학교 출판사 등.

44 장태상. 1999.「탈식민지 문학의 정전화: 노벨문학상 수상 작가를 중심으로」.『한국아프리카학회지』제11집: 41-86.

45 Lindfors, Bernth. 1991. Popular Literatures in Africa. p. 24. Trenton, NJ: Africa World Press, Inc.

2. 도덕에 관한 책들: 『창녀들과 많은 친구들을 조심하라』, 『당신을 사랑하는 모든 것들을 믿지 마라』, 『여성이 남성에 대해 생각하는 것: 여성에 대한 제1 폭탄』, 『인생은 남성에게 성공과 실패를 준다. 돈과 여자는 남성에게 성공과 실패를 준다』

3. 정치, 역사에 관한 책들: 『정치적 위기에 선 아월로워와 아킨톨라』, 『자유를 위해 투쟁하는 엔크루마 박사』, 『조모 케냐타의 투쟁과 시련』, 『존 케네디의 인생사와 죽음』

4. 단편소설과 희곡: 『로즈메리와 택시 운전수』, 『사랑의 낭만에 빠진 앨리스』, 『베로니카 나의 딸』, 『사랑의 게임: 서아프리카의 고전 드라마』, 『마벨 쏟아진 단 꿀』, 『엘리자벳 나의 사랑』, 『진실한 사랑』, 『착한 조와 아름다운 캐시』, 『아그네스 충실한 연인』, 『진실한 사랑의 행위에 있는 아름다운 마리아』, 『운명의 로맨스에 있는 미스 코델리아』, 『서로 미워하는 남편과 아내에 관하여』

비아프라 내전 직후에는 정치사를 다루는 책들이 특히 인기를 끌었다. 작가들은 그들의 말이 사실에 근거하고 있음을 강조하면서도 예민한 정치 현안에 대해서는 언급을 회피하거나 중립적인 태도를 취했다. 다음과 같은 특이한 제목의 책들이 이 당시에 주로 출간되었다: 아비아캄의 『나이지리아의 내전(1966년~1970년)에 관한 중요한 기록』, 라지흐의 『통일을 위한 나이지리아의 내전에 대한 완전한 이야기와 작금의 현황』, 음바의 『열두 개 주의 내각 현황을 포함하는 통일을 위한 나이지리아의 내전(1966년~1970년)에 대한 이야기와 기록』, 온우카의 『오두메구 오주쿠, 고원 장군, 우크파비 아시카의 연설 모음 및 작금의 현황』.

가두판매되는 싸구려 책은 픽션과 희곡 분야에서 쏟아져 나왔다. 이러한 책들은 전후의 사회 변화를 반영했지만 주제 면에서는 전쟁이 일어나기 전의 전통을 그대로 답습했다. 대표적인 것으로 오케츄쿠의 『베로니카 그 소녀: 사랑과 돈의 스릴 넘치는 만남에 대한 진실한 설명』이 있다. 이 작품은 돈에 눈이 먼 부모의 반대를 무릅쓰고 자기가 사랑하는 청년과 결혼하는 교양 있는 소녀에 관한 이야기로서 오니짜 멜로물의 전통을 충실히 따르고 있다. 베로니카는 가족과의 연을 끊고 애인과 달아나지만 비슷한 주제의 다른 작품들과는 달리 처음부터 행복한 삶을 보장 받는다. 그녀의 남편은 은행원이라는 안정된 직업을 가지고 있다. 여주인공이 처음부터 사랑과 부를 동시에 얻는다는 이 설정은 해피 비기닝(beginning)으로 시작해서 해피엔딩으로 끝나는 오니짜 애정소설의 또 다른 전통을 따르고 있다.[46]

비아프라 내전을 다룬 오니짜 소설들은 진정한 의미에서의 문제의식을 결여한 채 남녀 간의 애정을 보다 극적으로 표현하기 위한 도구로서 전쟁이라는 소재를 이용했다. 은넨나의 『전쟁의 폭풍 속에서의 사랑: 전쟁과 로맨스』에서 매력적인 간호사 우도조르는 외과 의사 아와 박사와 결혼할 준비를 하는데 결혼 초대장을 인쇄하는 날 전쟁이 일어난다. 아와는 산타 이사벨로 파견되어 적십자에서 일하게 되고 혼자 남은 우도조르는 반란군 장교 우조마 대위를 만나 다시 사랑에 빠진다. 둘은 결혼하지만 우조마는 얼마 안 가 전사하고 우도조르는 임신 6개월의 상태에서 미망인이 된다. 전쟁터에 홀로 남겨진 우도조르는 불확실한 미래에 직면한다. 이 소설에서 작가는 서로 연관성이 없는 두 개의 사랑 이야기를 나열하는 데 그친다. 전쟁은 줄거리를 이끌어가는 데 필요한 소재에 불과하고 전쟁의 원인과 참상, 전쟁이 야기한 사회 변화 등에 대한 성찰은 부재한다. 정치적 판단도 등장하지 않고 장군들의 이름도 거론되지 않는다. 주인공은 자기의 불행을 정부군이나 반란군의 탓으로 돌리지도 않는다. 백인과 서구 문명이 모든 저주를 초래했다는 마을 사람들의 불평만이 가끔씩 들릴 뿐이다. 소설의 결말도 다분히 현상 기술적이다. "전쟁은 갑작스럽게 끝났다. 반란군은 항복했다. 사람들은 이 극적인 종말을 복합적인 감정으로 받아들였다. 많은 사람들이 가족과 재산을 잃었고 많은 사람들이 집을 잃었다. 그리고 어떤 사람들은 그들의 직장을 잃었다."[47]

오니짜 문학이 모두 남녀 간의 사랑을 주제로 한 것은 아니다. 은와츄쿠의 『시빌리안 메이저』는 한 무법자에 대한 이야기를 통해 나이지리아의 내전이 보통 사람들의 삶게 미친 영향을 그린다. 주인공의 이름은 '우첸나 은웨제'이지만 사람들은 그를 '시빌리안 메이저'라고 부른다. 이 소설은 폭력배인 주인공의 삶과 '악은 끝내 처벌 받는

46 Lindfors, Bernth. 1991. Popular Literatures in Africa. p. 26. Trenton, NJ: Africa World Press, Inc.
47 ibid. pp. 27-28.

다'는 문화적인 주제를 결합해 비아프라 내전 후 심각한 사회 문제로 부상한 폭력과 강도에 대한 경각심을 일깨운다. 『시빌리안 메이저』는 오니짜 문학의 공통 요소인 범죄, 섹스, 자살과 같은 소재를 이용하면서도 당시의 사회 현실을 사실감 있게 포착했다 점에서 오니짜를 중심으로 한 서아프리카의 대중문학이 성숙된 단계로 접어드는 데 적지 않은 기여를 했다.

사실과 허구의 중간 성격을 띤 작품들도 유행했다. 사람들은 마치 전설(傳說)에 사실성을 부여하듯이 이러한 류(類)의 작품을 사실이라고 믿는다. 사실과 허구의 중간 성격을 띤 작품들은 대부분 유명한 정치 지도자에 관한 이야기로서 비아프라 내전이 발생하기 이전부터 오니짜 시장 문학의 한 축을 이루고 있었다. 대표적인 작품 몇 개를 소개하면 다음과 같다: 『루뭄바의 마지막 날들』, 『자유를 위해 싸우는 지크 박사』, 『카탕가의 쫌베』, 『아월로워의 완전한 반역과 마지막 탄원』, 『실바누스 올림피오(암살된 토고 공화국 대통령): 죽음을 비웃은 사람의 극적인 이야기』. 비슷한 류(類)의 작품으로 전후에 나온 것으로는 이구의 『비아프라의 마지막 날』이 있다. 비아프라 전쟁 당시의 실존 인물을 연상시키는 사람들이 나오는 이 작품은 분리주의를 표방하는 익보족의 기본 정서를 비판하며, 반란군 지도자 오주쿠를 양심적인 사람으로 설정하지만 동시에 과격한 익보 민족주의자들에 의해 잘못된 방향으로 인도된 인물로 묘사한다. 『비아프라의 마지막 날』은 등장인물들의 실제 행동보다 그들에 대한 민중의 평가를 기술하고 있다는 점에서 역사성을 띤 훌륭한 작품으로 간주된다.[48]

오니짜라는 한 소도시가 서아프리카를 넘어 아프리카 대중 문학의 진원지이자 중심지로 성장할 수 있었던 데에는 여러 가지 요인들이 있었다. 오니짜는 익보 지역에서 선교사들이 제일 먼저 활동한 곳으로 1857년 백인 선교사들이 첫발을 디딘 이래 많은 기독교 계통의 학교가 세워짐으로써 남동나이지리아의 교육 중심지가 되었다. 이후에도 식민지 시대를 거치면서 중등학교, 기술 교육 학교, 교사 양성 대학 등이 설립되어 영어를 읽고 쓸 줄 아는 사람들이 다른 지역에 비해 상대적으로 많았다.

둘째, 인구가 조밀한 니제르강안의 후배지(後背地) 오니짜는 익보족 지역과 나이지리아 중부내륙 및 서쪽의 요루바 지역을 잇는 물류의 중심에 있었다. 이 지정학적 특

---

48 ibid. p. 31.

수성은 이 도시를 출판사들의 집결지로 만들었다. 셋째는 정치 사회적 요인이다. 미국에서 공부를 마치고 귀국한 아지키웨와 같은 민족주의자들은 신문을 발간해 민족의식을 고취했고 이에 대한 일반의 추종 심리는 다양한 매체에 글을 싣는 문학 행위로 표출되었다. 2차 대전에 참전했다가 유럽과 아시아에서 귀향한 사람들은 전원적인 삶에 대한 회의와 서구적 삶에 대한 동경으로 농촌을 떠나 도시로 이동했다. 그 과정에서 새로운 도시 이주민 문화가 싹텄는데 그 중에서도 사랑과 결혼에 대한 젊은 층의 의식 변화는 가장 두드러진 변화였다.

넷째로 외래문화의 요인을 들 수 있다. 인도 영화와 미국 서부영화는 오니짜 문학에 큰 영향을 미쳤다. 신분상의 차이와 종교적 차이에도 불구하고 사랑을 위해 모든 것을 포기하는 인도 영화는 아프리카인들의 관점에서 낯선 것이었지만 이해하기 힘든 것은 아니었다. 서구식 교육으로 인해 전통의 불합리한 면에 대해 비판적 생각을 품고 있던 젊은이들은 아름다운 배경 음악 속에서 전개되는 '사랑을 위한 용맹한 돌진'을 추구할 만한 가치로 받아들였다. 또한 미국 서부영화에 나오는 '악당을 물리치는 주인공의 영웅적 행동'은 아프리카의 관객들에게 그들의 모순된 현실을 타파하는 데 필요한 정의감을 불러일으켰다. 인도와 미국에서 들어온 싸구려 삼류소설도 모방의 대상이 되었다. 교육 수준이 높은 교사와 학생들은 당시 영국에서 유행한 마리 코렐리의 『사탄의 슬픔』, 베르타 클레이의 『꽃바구니』, 『여인의 유혹』, 라이더 해거드의 『그녀』와 같은 애정소설을 탐독했으며, 『베니스의 상인』, 『로미오와 줄리엣』, 『맥베스』, 『줄리어스 시저』 와 같은 셰익스피어의 작품들도 읽었다. 사랑, 불륜, 가족 간의 갈등은 이러한 작품들의 대표적인 주제였다.

마지막으로, 익보족의 문화를 언급할 수 있다. 사회학자와 인류학자들은 익보족의 개방성, 자율성, 성취욕, 평등사상을 오래전부터 주목해 왔다. 익보족은 나이지리아 전역에 흩어져 각종 경제 활동에 종사한다. 새로운 환경에 대한 도전과 적응력을 보여주는 익보족의 특성을 미국의 인류학자 오텐버그는 '변화에 대한 익보족의 수용성'이라는 말로 설명하며,[49] 콜만, 그린 같은 학자들도 비슷한 견해를 피력한다.[50] 오니짜 시장 문학은 말할 나위도 없고, 나이지리아 전체 작가의 삼분의 이 이상이 익보족, 특히 오니짜 출신의 익보족이라는 사실은 흥미롭다. 획일화된 종교관과 세계관으로 인해 주인공에 대한 자유로운 허구적 설정이 불가능한 사회와는 달리 익보 작가들은 각자의 가치관에 따라 행동하는 개성 있는 인물들을 창조했고 인격 묘사에 있어서도 그들의 자유분방한 기질을 십분 발휘했다. 진지한 성향의 작가들과 오니짜 문학 작가들의 유일한 차이는 지적인 취향과 교육적 배경, 그리고 문학적 경험에서의 차이다. 둘의 밑바탕에는 동일한 문제의식과 동일한 모험정신이 자리잡고 있었다.

오니짜 시장 문학은 일부 비평가들의 말처럼 부정적인 측면을 더 많이 가지고 있는지도 모른다. 작품에 등장하는 도시 생활의 어두운 이면과 폭력적인 장면은 꼭 필요하지도 않은 선정성(煽情性)과 결부되어 청소년들에게 문학에 대한 잘못된 선입견을 심어주고 이는 다시 그들의 글쓰기에 안 좋은 영향을 미칠 수 있기 때문이다. 실제로 오니짜 문학 중에 포르노그래피로 분류될 정도의 작품들이 다수 존재한다는 사실은 이 주장을 뒷받침한다. 그러나 오니짜 문학 전체를 문제시하는 것은 큰 오류다. 오니짜 시장 문학 작가들 중에서 상당수가 인간이 지녀야 할 기본적인 윤리, 시대의 변화에 역행하는 불합리한 사회관행의 타파, 왜곡된 사실을 비판하는 올바른 역사의식 등을 강조한다는 점은 오니짜 문학이 선정성과 폭력만을 추구하는 통속문학이 아니라는 것을 말해준다. 사회 현안에 대한 일상의 관심을 '쓰기'와 '읽기' 문화 속으로 끌어들인 오니짜 시장 문학 또는 오니짜 팸플릿 문학은 소수의 식자층의 지배와 독점에서 문학을 해방시킨 익보족의 위대한 혁명이었다.

---

49 변화에 대한 익보족의 수용성 = Igbo Receptivity to Change

50 Obiechina, Emmanuel. 1973. An African Popular Literature. A Study of Onitsha Market Pamphlets. p. 8. Cambridge: Cambridge University Press.

4.5. 동아프리카 현대문학의 태동과 발전

동아프리카 삼국으로 불리는 케냐, 탄자니아, 우간다는 여러 가지 면에서 유사하다. 먼저, 언어적 측면에서 볼 때, 이 지역은 나이저-콩고 어족의 반투어군에 속하는 언어들이 밀집해 있고 스와힐리어가 교통어로 널리 사용된다. 탄자니아는 거의 모든 국민들이 공적인 모임에서 스와힐리어를 사용하며, 케냐는 전 국민의 약 70% 이상, 우간다는 약 40% 이상이 스와힐리어를 구사할 수 있다. 정치 사회적 측면에서 보면 케냐를 제외한 우간다와 탄자니아는 독립 후 영어로 문학 활동을 하던 많은 사람들이 해외로 이주 또는 망명함으로써 문인들의 공동화를 경험했다는 점에서도 비슷하다.

동아프리카 삼국의 현대문학은 모두 그 출발점을 우간다의 마케레레대학에 두고 있다. 영국 런던대학교의 분교로 우간다의 수도 캄팔라에 설립된 마케레레대학은 이 지역에서 활동하게 될 장래의 지성인들을 교육했으며 문학적인 측면에서는 교수와 학생들이 창작을 할 수 있는 공간을 제공함으로써 훗날 이 대학의 졸업생들이 동아프리카 문단을 이끌어가는 주역이 되는 기틀을 제공했다. 케냐의 나이로비대학은 마케레레대학에서 공부한 사람들이 모여든 최종 집결지가 되었다. 표현의 자유와 언어 선택의 자유를 찾아 우간다와 탄자니아를 떠나 나이로비로 이주한 사람들은 경쟁과 협동을 통해 동아프리카 현대문학의 정체성을 함께 추구했다.

동아프리카 영어권 소설문학의 태동과 발전은 독립을 전후로 한 1960년대부터 1980년 초까지의 짧은 기간에 걸쳐 일어난 사건으로서 세계 문학사에 있어 그 예를 찾기 힘든 현상이었다. 본 절은 우간다의 마케레레대학을 중심으로 전개된 동아프리카 현대문학의 태동에 기여한 요인들을 먼저 살펴본 후, 소설이 동아프리카에 정착하는 데 큰 기여를 한 대중문학을 언급하고, 마지막으로, 케냐, 탄자니아, 우간다의 상황을 국가별로 소개한다. 동아프리카 영어권 소설문학을 대표하는 응구기와 씨옹고는 다음 절에서 자세히 다룰 것이다.

4.5.1. 동아프리카 현대문학의 태동에 기여한 요인

동아프리카 현대문학의 탄생에 기여한 요인으로는 첫째, 1939년 우간다의 수도 캄파라에 설립된 마케레레대학의 역할; 둘째, 이 대학에서 학생들이 주축이 되어 발행한 정기 간행물; 셋째, 당시 동아프리카의 시인, 소설가들에게 큰 영향을 준 일련의 학술대회; 넷째, 케냐의 나이로비대학, 탄자니아의 다르에스살람대학, 우간다의 마케레레대학에서 영문과를 대체하는 문학과의 설립; 다섯째, 문학과의 신설에 따른 새로운 교과 과정의 등장; 여섯째, 유럽에 본부를 둔 다국적 출판사들과 동아프리카 현지 출판사들의 활동; 일곱째, 전문학술지와 대중잡지의 출현을 들 수 있다. 이러한 것들은 문학을 둘러싼 문학장(文學場)의 구성요소로서 각각 중요한 기능을 수행했다.

영국령 동아프리카에 양질의 고등 교육을 제공하기 위해 1939년 우간다의 수도 캄팔라에 세워져 1953년 영국 런던대학교의 분교가 된 마케레레대학은 독재자 이디 아민이 등장할 때까지 우수한 소양을 갖춘 학생들을 많이 배출했다. 동아프리카 현대문학의 탄생과 관련된 이 대학의 역할은 교육 기회의 단순한 제공에만 머물지 않았다. 이 대학 안에서 이루어진 학생과 교수의 창작 활동은 문학 수업만큼이나 중요한 것이었다. 학생들이 주축이 되어 발간한 정기 간행물은 그 중의 하나였다.

펜포인트는 마케레레대학의 문학부 학생들이 1958년부터 발간한 정기 간행물로서 많은 작가 지망생들에게 그들의 습작을 실을 수 있는 지면을 제공했다. 응구기도 이 잡지를 통해 글쓰기 연습을 할 수 있었다. 펜포인트는 1971년 다나가 등장할 때까지 예비 작가들과 시인들의 상상력을 활자의 형태로 바꾸어줌으로써 당시 창작욕에 불탔던 많은 이들의 욕구를 해소시켜주었다. 1966년 탄자니아의 다르에스살람대학에서 나온 다르라이트는 1970년 움마에 의해 대체될 때까지 펜포인트와 비슷한 역할을 했다. 1967년 케냐의 나이로비대학생들이 펴낸 넥서스도 유사한 성격의 저널이었다. 넥서스는 1968년 부사라로 이름을 바꾸었다. 우간다와 탄자니아의 정치 사정으로 케냐의 수도 나이로비가 동아프리카 작가들의 문학 활동의 중심지가 되자 부사라의 역할도 더 커졌다.

아프리카의 현대문학을 주제로 한 국제 학술회의는 동아프리카의 작가, 시인들에게 큰 자극제가 되었다. 동아프리카에서 개최된 최초의 국제 학술회의는 1962년 우간다의 수도 캄팔라에서 열린 아프리카 작가 회의였다. 영어권 아프리카 국가들과 카리브해 및 북미대륙에서 참가한 학자들, 작가들, 출판업자들의 발표를 통해 확인된 이들 지역의 흑인문학과 문학산업의 수준은 동아프리카 삼국의 빈약한 현실과 크게 대비되었다. 이것은 많은 동아프리카 지성인들의 반성을 촉구했다.

아프리카 작가 회의에 자극을 받아 1971년 케냐의 수도 나이로비에서 개최된 동아프리카 작가 회의는 동아프리카 현대문학의 미래에 관한 열띤 토론의 장이 되었다. 그리고 여기서 나온 이론적 성찰과 비평을 묶어 두 권의 책이 출판되었다.

Black Aesthetics (1971) ed. by Pio Zirimu & Andrew Gurr.
Writers in East Africa (1974) ed. by Andrew Gurr & Angus Calder.

마케레레대학, 정기 간행물과 아프리카 작가 회의가 학생들의 습작 훈련과 기성 작가들의 교류를 촉진했다면, 동아프리카 삼국의 대학들 간에 이루어진 교과목편성 정례 회의와 중등 교과 과정의 수정은 작품의 소비자로서의 학생들의 문학 교육에 초점이 두어졌다. 1969년 우간다의 마케레레대학, 케냐의 나이로비대학, 탄자니아의 다르에스살람대학에서 영문학과를 없애고 문학과를 만들기로 한 결정은 셰익스피어로 대변되는 영문학이 더 이상 아프리카문학에 우선해서는 안 된다는 것을 천명한 것이었다. 이러한 변화에 부응하기 위해 응구기의 제안에 따라 중등 교과 과정을 개편하기 위한 교사들의 모임이 결성되었고, 이 개편된 교육 과정에서 사용할 교재의 개발은 동아프리카 작가와 시인들의 창작 활동에 큰 동기 부여가 되었다.

동아프리카 현대문학의 태동에 있어 출판사들의 역할도 중요했다. 영국 식민 지배 당시 현지인들이 글을 써서 출판하는 것은 거의 불가능한 일에 가까웠다. 투투올라가 세인의 주목을 받기 전 영국에 있는 출판사에 여러 차례 작품을 보냈지만 답장을 받지 못했던 것처럼, 동아프리카의 작가들도 문학 활동의 기회에서 차별을 받았다. '흑인'과 '문학'은 서양인들의 눈에 이상적인 조합으로 보이지 않았다. 영국 식민정부가 설립한 동아프리카 문학국(East African Literature Bureau)도 이러한 맥락 속에서 제한적인 역할만 수행했다. 동아프리카 문학국의 주 역할은 아프리카의 민속과 전통문학을 수집해 보전하거나 새롭게 창작해 영어나 현지어로 출간하는 것이었다. 따라서 영어로 쓰인 소설은 지원 대상에 포함되지 못했다. 케냐의 인기 소설가인 데이비드 마일루는 아프리카인들이 영어로 작품을 내기가 얼마나 어려웠는지 다음과 같이

말한다.[51]

> 그 당시는 영국인들만 글을 쓰는 것으로 인식되었습니다. 아프리카인들에게는 거의 기회가 주어지지 않았습니다. 작품 출판을 원하는 사람들은 동아프리카 밖에서, 즉 런던과 같은 곳에서 출판해야 했는데, 영국인들은 아프리카의 작가들을 평가하는 그들만의 방식을 갖고 있었습니다. 제 말의 뜻은, 아프리카인들이 책을 출판하는 것은 부적절하다고 그들이 생각했기 때문에 당신은 아무것도 할 수 없었다는 것입니다. 작품이 출판되려면, 어떤 방법, 어떤 스타일로 글을 써야 했으며, 특히, 그들이 좋아하는 이미지로 아프리카인들을 묘사해야 했습니다. 그리고 결국, 이것이 많은 사람들을 좌절시켜 글을 쓰지 못하게 했습니다. … 제가 원고를 영국에 보내면, 그것의 출판을 원하지 않는 영국인들에 의해 항상 반송되어 왔습니다.

그러나 독립 후 아프리카 작가들의 수가 증가하고 현지의 독자층이 두터워지면서 이들의 작품을 받아주는 출판사들이 나타나기 시작했다. 1965년에는 동아프리카 출판사가 설립되었고, 2차 대전이 끝난 후 영국 식민정부가 설립해 1970년대 말까지 존재한 동아프리카 문학국은 나중에 케냐 문학국으로 대체되었다. 동아프리카 문학국의 나이로비 지점과 캄팔라 지점이 다른 출판사들과 연합해 만든 문학상 '학생도서창작기획'은 이 지역 최초의 문학상으로서 응구기의 『샛강』(1964)도 이 상을 통해 세상에 나왔다. 해외에 본사를 둔 유명 출판사들의 동아프리카 지사도 동아프리카 현대문학의 태동에 일익을 담당했다. 롱만, 하이네만, 맥밀란, 옥스퍼드대학 출판사, 케임브리지대학 출판사 등은 재능 있는 작가들을 발굴하는 데 많은 노력을 기울였다. 케냐의 초대 대통령의 이름을 딴 '조모 케냐타 상'은 이들 출판사가 공동으로 제정한 문학상으로서 많은 사람들이 이 상을 통해 문단에 등단했다.

마지막으로, 학술잡지와 대중잡지의 출현을 들 수 있다. 앞에서 살펴본 학생들이 발간한 정기 간행물과는 달리 학술잡지와 대중잡지는 문학 전반에 관한 전문적인 토론과 작품 발표의 공간이 되었다. 1960년 인도계 우간다인 네오기가 만든 트랜지션은 1969년까지 캄팔라를 무대로 활약했는데, 당시 대부분의 시인, 소설가들이 이

---

51 Walsh, William. 1973. Readings in Commonwealth Literature. p. 187. Oxford: Clarendon Press.

곳에 작품을 발표했다. 트랜지션은 독재자 이디 아민의 등장으로 1971년 편집장소를 가나의 아크라로 옮겼다. 이 밖에도 1967년 옥스퍼드대학 출판사가 창간한 주카, 1968년 동아프리카 출판사가 창간한 갈라 등이 있었다. 대중의 기호에 부응하는 대중잡지도 있었다. 드럼은 문학 관련 소식을 일반인의 눈높이에 맞춰 발행한 잡지였으며, 조(Joe)는 문학적 유머를 다룬 잡지였다.

문학은 텍스트와 더불어, 문학의 생산과 소비, 그 둘을 연결하는 고리, 그리고 담론을 조장하고 시대적 그물망을 통해 걸러진 것들에 가치를 부여하는 주변장치들의 도움 없이는 존재할 수 없다. 새로운 변화에 대한 즉각적인 반응이 가능한 현대 사회에서는 더욱 그렇다. 영향력 있는 한 사람의 감동은 지면(誌面)이나 지면(紙面)을 통해 혹은 전파를 타고 다른 많은 사람들에게 영향을 미친다. 현지의 비평가들이 한낮 기분 나쁜 유령 이야기에 불과하다고 혹평한 투투올라의 『야자주 술주정꾼』이 영국 시인 딜란 토머스의 짤막한 서평으로 인해 일약 세인의 주목을 끌고, 때 묻지 않은 순수한 길을 개척한 원시적 천재, 향후 영문학이 나아갈 방향을 제시한 위대한 작품 등등의 찬사를 받은 사실, 이후(以後) 구전 전통과 현대문학 사이에 다리를 놓은 작품으로 평가되어 왔다는 사실은 문학장의 역할이 텍스트 이상의 역할을 할 수 있다는 것을 보여준다. 동아프리카 현대문학의 태동과 발전도 텍스트에만 의존하지 않았다. 지성인의 산실(産室)로서의 기능을 충실히 수행한 마케레레대학, 학생들이 발간한 정기간행물, 출판사와 문학상, 전문학술지와 대중잡지, 학술대회, 교과 과정의 개편 등에 힘입어 동아프리카의 현대문학은 문학적 정체성을 확립해 가면서 천천히 뿌리를 내렸다. 그러나 그 첫 번째 싹은 흔히들 잘못 이해하고 있듯이 소위 진지한 성격의 문학이 아닌 대중문학이었다.

4.5.2. 데이비드 마일루와 동아프리카의 대중문학

정규 학교 설립에 따른 문자 해득률의 증가와 출판사들이 발간하는 대중잡지는 사람들을 '읽는 문화'로 빠르게 편입시켰고 흥미 있는 스토리 중심의 문학에 대한 관심을 불러일으켰다. 이러한 배경 하에서 탄생한 1970년대 초의 동아프리카 대중문학은 출판사들의 경제적 이해와 결부되어 문학 산업의 규모를 전과는 비교할 수 없을 정도로 확장시켰다.

대중문학의 일반적 특징은 사랑, 불륜, 섹스, 폭력, 범죄와 같은 도시의 문제들이다. 1950년대와 60년대에 미국에서 수입된 영화는 동아프리카의 대중문학을 탄생시킨 요인들 중에서 가장 중요한 요인이었다. 백인 인종주의자들과의 싸움에서 승리를 거두는 흑인 주인공의 이야기는 작가들에게 큰 영감을 주었다. 동아프리카의 사파리 여행 지역에서 촬영된 영화들도 인기를 끌었다. 데이비드 마일루와 함께 대중적 인기를 누렸던 메자 므왕기의 소설 『숲속의 추적자(Bush trackers)』는 동아프리카를 무대로 영화를 촬영하다가 비행기 추락 사고로 숨진 네 사람에게 헌정된 작품으로 이를 통해 당시 영화가 소설에 미친 영향이 어느 정도였는지 짐작할 수 있다.

대중문학은 저렴한 가격에 즐길 수 있는 오락거리를 제공한다는 점에서 긍정적인 면이 있지만, 의미 있는 메시지를 결여하며 도시 생활에 대한 막연한 동경이나 부정적 이미지를 조장할 수 있다는 점에서 양면적 성격을 가진다. 또한 독자들의 취향을 왜곡시킬 뿐만 아니라 사회에 대한 진지한 성찰을 담은 작품들이 양산될 수 있는 토대를 앗아간다는 점에서 비판을 받는다. 그럼에도 불구하고 동아프리카의 대중문학은 글을 읽는 습관이 사회에 뿌리내리는 데 큰 기여를 했다. 대중문학은 사람들로 하여금 독서를 위해 돈을 지불할 가치가 있다는 것을 깨닫게 했으며, 독서층의 저변 확대에도 일익을 담당했다. 그리고 이것은 유능한 작가들을 자극하고 그들을 문학 산업의 현장으로 불러들이는 선순환의 구조를 실현했다. 작품성 있는 응구기의 소설들보다 데이비드 마일루나 메자 므왕기의 소설이 더 많이 팔렸다는 사실은 작가와 독자의 소통의 중요성을 생각할 때 일찍이 진지한 성향의 작가들이 달성하지 못한 큰 성과를 의미하는 것이었다.

동아프리카의 대중문학은 남동나이지리아 익보족의 오니짜 시장문학에서 비롯된 서아프리카의 대중문학에 비해 문학적으로 정교하고 내용적으로 보다 계몽적이었다. 동아프리카의 대중소설 작가들은 교육적 배경이 일천한 서아프리카의 작가들과는 달리 대학 교육을 받은 지성인들로서 상당한 수준의 사회비판 의식을 소유한 사람들이었다.

동아프리카 대중소설의 효시를 이루는 작품은 찰스 망구아의 『여자의 아들』이다.

이 소설은 1971년 동아프리카 출판사가 수여하는 상을 수상했다. 망구아의 또 다른 작품 『입 안의 흔적』(1972)은 독립을 쟁취하기 위해 평범한 인물에서 숲속의 자유투사로 변신해 가는 한 남자의 이야기를 다루고 있다.

데이비드 마일루는 그 이름 자체가 동아프리카와 중앙아프리카에서 대중소설과 동의어로 간주될 만큼 유명한 사람이다. 그의 말에 따르면, 그는 작가들과 독자들이 원하는 것이 무엇인지 알아내기 위해 수년간 그들의 심리 상태를 연구했다고 한다. 마일루는 '콤 북스'라는 출판사를 만들어 작품들을 출판했다. 그는 자신을 사회 변화를 위해 애쓰는 도덕주의자로 정의하며, 보통 사람들의 경험을 사실적으로 묘사하고 부정과 부패의 슬픈 이면을 생생하게 포착하는 작가라고 말한다.[52]

> 나는 일어나고 있는 것들에 대해서 -부정과 섹스와 그 밖의 다른 것들에 대해서- 글을 쓴다. 나는 아름다움에 대해서 생각한다거나 도시의 멋진 장소를 배경으로 해서 이야기를 전개시키는 데 관심이 없다. … 오히려 나는 내가 즐거움을 주는 사람이자 교육자라는 것을, 그리고 내 책들이 윤리적 목적을 띠고 있다는 것을 믿고 싶다. 모름지기 이것이 그렇게 많은 사람들이 그 책들을 읽는 이유일 것이다.

마일루의 대표작 『아니!』(1976)는 부패한 공무원 워싱턴 은다바의 몰락과 자살을 다룬 소설이다. 작가는 인생을 쓸모없이 살아온 것에 대해 반성하는 주인공을 통해 한 개인의 불성실한 삶과 그에 대한 반성 그리고 파국적인 삶의 결과를 묘사한다. 마일루에 대한 비판은 첫째, 그가 항상 전면에 내세우는 도덕관이 작품 속에 자주 등장하는 잔인하고 폭력적인 장면과 양립하기 힘들다는 것이며, 둘째, 전달하고자 하는 메시지와 흥미를 유발하는 소재들을 문학적으로 매끄럽게 연결시키는 데 성공하지 못하고 있다는 것이다. 그런데 사실 이러한 부류의 비판은 -즉, 구성의 비일관성, 일어날 것 같지도 않은 일들을 길게 잡아 늘이는 행위, 폭력적이고 선정적이며 잔인한 장면들, 상상력의 결핍 등에 대한 비판- 대중통속소설에서 관찰되는 일반적인 현상으로서 마일루한테서만 관찰되는 것은 아니다.

---

52 Olaniyan, Tejumola. 2007. African Literature: An Anthology of Criticism and Theory. p. 241. Hoboken, New Jersey: Wiley-Blackwell.

마일루가 문학비평의 대상이 되지 못하는 것은 그가 고급문학의 기준을 충족시키지 못하기 때문이지만 그렇다고 해서 그의 작품들이 문학의 일반적인 범주에서 벗어나는 것은 아니다. 앞서 말했듯이 문학을 텍스트를 포함하는 문학장의 개념으로 이해하면, 텍스트만큼이나 중요한 것이 작가와 독자의 소통이다. 어떤 작품이 문학적으로 가치 있고 풍부한 상상력을 뽐내더라도 문학전문가들만이 읽고 의미를 부여한다면 작가와 독자는 멀어질 것이며 작품 속의 미래에 대한 희망도 한낮 비평가들만을 위한 장식물로 전락할 것이다. 동아프리카 현대문학의 정착을 위해 '읽는 문화'가 절실히 요구되던 시대에 마일루를 비롯한 대중소설작가들은 사람들에게 읽는 행위의 즐거움을 일깨워주는 데 있어서, 그리고 이를 위해 허기진 허리춤의 동전을 꺼내는 것이 의미 있는 행위라는 것을 일깨워주는 데 있어서 중요한 역할을 수행했다. 이러한 점에서 협의의 문학성이라는 명분 아래 아프리카의 대중문학을 재단하는 것은 잘못된 행동이다.

소설의 정착이 대중소설을 통해 완성된 예도 있다. 소설이라는 장르가 성립하기 위한 전제조건 중 하나가 작가의 세계관을 자유롭게 피력할 수 있는 표현의 자유라면 이전까지 금기시되던 남녀 간의 사랑이라는 주제로 남성 위주의 사회 질서에 도전한 하우사 페미니스트들은 하우사 땅에서 진정한 의미에서의 소설의 탄생을 주도한 사람들이었다.[53]

1930년대 북부나이지리아의 영국인 식민지 관리였던 이스트의 노력에 의해 유발된 하우사 산문 문학은, 1960년대와 1970년대를 거치면서 민담 전통이 결합된 글쓰기라는 초기의 형태에서 벗어나 다양한 주제를 아우르는 현대적 형식으로 발전했지만, 진정한 의미에서의 소설이라고 부르기에는 많은 한계성을 내포하고 있었다. 한계성의 중심에는 독자적인 인생관과 세계관의 반영을 위해 꼭 필요한 표현의 자유를 제약하는 사회종교적 분위기가 자리 잡고 있었다. 강제결혼, 조기결혼 등과 같은 풍습은 수 백 년 전부터 계승되어 온 하우사 사회의 전통으로서, 작가들의 대다수가 남성이었던 문학계에서 이에 대한 비판은 허용될 수 없는 것이었으며, 설사 허용된다 하더라도 그에 대한 추가적인 담론 자체가 무시되었다. 이런 류(類)의 작품들의 공통점은 기존의 사회 질서와 가치에 대한 순응이었으며,

---

53 장태상. 2013. 「페미니즘과 하우사 현대소설의 재탄생」. 『외국문학연구』 제49호. 444-445쪽.

작가나 주인공의 개인적 가치의 추구 따위는 찾아볼 수 없는 것이었다.

…… (중략)

하우사 페미니스트들은 이러한 문학적 관행에 집단적이며 조직적으로 반기를 든 최초의 사람들이었다. 이들은 페미니즘의 관점에서 남녀의 사랑이라는 대중적이며 통속적인 주제, 그러나 젊은이들에게 매우 인기 있는 주제를 이용하여, 지금까지 여성의 희생을 전제로 남성을 위해 존재해왔던 여성의 강제결혼과 조기결혼이라는 풍습을 질타하고 여성의 교육과 자기결정권을 주창했으며, 더 나아가 그것을 공개적으로 선동함으로써 사회의 근간을 뿌리째 뒤흔드는, 문학을 통한 문화 혁명을 주도했다. 중요한 것은, 첫째로, 이것이 성공을 거두었다는 점이며, 둘째로, 그들의 주장이 남성들을 당혹하게 하는 냉철한 종교 논리에 기초했다는 점이다. 그들은 이슬람이라는 틀을 벗어나지 않음으로써 문화적 이단자로 몰리지 않았으며, 혼돈과 무질서를 야기하는 것이 아니라 오히려 남성들의 잘못된 세계관을 종교적 가르침에 따라 원상으로 회복시키고 있다는 인식을 심어주었다. 마지막으로, 이에 비추어 볼 때, 진정한 의미에서의 하우사 현대소설의 재탄생은 페미니즘과 대중문학이 선도했다는 점이다. 이것은 문학사에 있어 보기 힘든 특이한 현상이었다.

마일루의 또 다른 작품 『사랑하는 딸에게』(1976)는 서한문체의 소설로서 이전에 나온 작품들보다 정제된 표현과 통일된 구조를 보여준다. 이 소설은 학대하는 남편에 맞서는 과정에서 드러나는 한 여성의 자아를 다루고 있다는 점에서 하우사 페미니스트 소설과 여러 면에서 비슷하다.

동아프리카의 대중문학은 1970년대 말에 들어서면서 쇠퇴의 길을 걷는다. 많은 사람들이 품었던 미래에 대한 희망이 독립 후에 퇴색하고 전반적인 경제 사정이 악화되면서 생필품 가격과 비교했을 때 상대적으로 비싼 책값은 가난한 서민들의 도서구입에 대한 지출을 제한했다. 책을 사는 습관의 일반적 결여, 아프리카 작가들보다 외국 작가들을 더 높이 평가하는 사대주의적 분위기도 대중문학의 쇠퇴에 영향을 끼쳤다. 다음 절에서는 대중문학을 포함하는 동아프리카 현대문학의 전개 과정을 케냐, 탄자니아, 우간다를 중심으로 살펴볼 것이다.

4.5.3. 동아프리카 삼국(三國)의 상황

탄자니아의 영어 소설은 다른 나라에 비해 그 수가 많지 않다. 또한 탄자니아 정부의 사회주의 노선 채택과 스와힐리어 우선 정책, 그 뒤를 이은 종이 파동, 그리고 이로 인한 작가들의 해외 이주로 인해 동아프리카 현대문학사에 뚜렷한 흔적을 남기지 못했다. 탄자니아 최초의 영어 소설은 피터 팔랑교의 장편소설 『햇볕 아래의 임종』(1968)이다. 이 소설은 개인과 사회의 갈등을 내관적(內觀的)으로 묘사했다. 이 밖에도 1969년에 나온 개브리얼 루훔비카의 『자유의 마을』, 케냐에서 출간되었으며 진보적 여성관을 피력한 바르나바스 카티굴라의 『어둠 속의 애무』(1974), 서구 제국주의 침략에 직면한 탕가니카 메루족 사회를 무대로 한 이스마엘 음비세의 『우리 땅 위의 피』, 이 시기의 마지막 영어 소설로서 도시 생활, 윤간, 근친상간을 소재로 한 음쿠피야의 『사악한 산책』(1977) 등이 있다.

우간다와 케냐에서 영어소설이 성숙 단계에 접어들 즈음 탄자니아의 영어소설은 정 반대의 길을 걸었다. 스와힐리어 소설이 영어소설의 자리를 대신하게 되었고 이 현상은 탄자니아 정부의 언어 정책으로 점점 더 강화되었다. 탄자니아 사회주의 정부는 영어로 발간되는 신문, 잡지의 광고 수입 기반을 통제했으며, 1971년부터 1974년에 걸쳐 발생한 종이 파동 시기에 학교 교재와 스와힐리어로 쓰인 문헌의 출판에 종이 공급의 우선권을 배정함으로써 영어로 문학 활동을 하는 사람들의 입지를 축소시켰다. 이러한 배경 하에서 대중소설은 스와힐리어로 쓰이기 시작했으며 스와힐리어를 읽고 쓸 줄 아는 사람들의 수도 폭발적으로 증가했다. 언어 정책에 대한 탄자니아 정부의 확고한 신념은 마침내 탄자니아 내에서 영어소설의 판매를 금지했다. 사람들은 더 이상 데이비드 마일루나 찰스 망구아 같은 대중작가들의 작품을 읽을 수 없게 되었다. 젊은이들을 타깃으로 한 싸구려 팸플릿 소설도 1970년대에 접어들면서 거의 자취를 감추었다. 탄자니아 정부의 의도는 일차적으로 언어통일과 국가건설이라는 대의를 구현하는 것이었고, 이차적으로 사회주의 이념 추구에 역행하는 물질문명의 영향을 최소화하는 것이었다. 농촌 위주의 정책을 추진하던 탄자니아 정부는 도시 생활을 미화하고 동경하게 만드는 대중소설의 폐해를 경계했던 것이다. 당시 탄자니아에서 스와힐리어 소설을 읽는 사람들의 수가 케냐에서 영어소설을 읽는 사람들의 수보다 훨씬 많았다는 사실은 탄자니아 정부의 언어 정책이 사하라 사막 이남의 아프리카에서 가장 성공적이었다는 것을 말해준다.

장편소설과 달리 영어로 쓰인 단편소설은 영어 읽기와 영문법을 가르치기 위한 도구로 활용되었다. 마르타 음랑갈라는 헤베족과 베네족의 민담을 모아 영어로 출판했으며 『단단한 세 개의 돌』(1975)이라는 영어 단편소설을 썼다. 그러나 음랑갈라의 예는 극히 이례적인 경우에 속했다. 영어를 사용하던 작가들은 정부의 스와힐리어 우선 정책과 대중소설에 대한 탄압으로 대부분 국외로 추방되거나 망명의 길을 택했다. 국내에 잔류한 사람들은 하나 둘 스와힐리어 소설가로 변신해 갔다.

탄자니아에서는 언어 선택의 문제가 이념적 담론의 대상이었지만 우간다에서는 독재자 이디 아민의 등장으로 인한 정치적 혼돈이 예술 행위 자체를 위협하는 형태로 나타났다. 우간다의 정치 상황은 역사적 요인에 기인했다. 영국 식민지 시절 간다족의 중심 지역은 전통 정치제도를 유지하고 있었지만 주변 지역은 19세기의 노예무역, 상아 무역, 가축 약탈 전쟁 등으로 전통 체제가 붕괴된 상태에 있었다. 독립 후 간다족의 왕국인 부간다의 카바카와 당시 우간다의 수당이던 밀톤 오보테는 각자 자기 지역을 기반으로 정권 다툼을 벌였다. 1964년 카바카를 체포하고 정권을 장악한 오보테는 1971년 이디 아민의 쿠데타로 쫓겨난다. 아민이 주도한 군사 정변은 무혈 쿠데타였지만 쿠데타 후에 시작된 대규모의 체포와 학살은 많은 지성인들로 하여금 우간다를 떠나게 만들었다. 이것은 우간다의 교육과 예술 영역에 장기간에 걸친 공백기를 가져왔다. 문학사적인 측면에서 볼 때 우간다의 혼돈이 야기한 가장 큰 결과는 동아프리카 현대문학의 중심지로서 마케레레대학의 추락과 케냐의 나이로비대학의 부상이었다.

책으로 출판된 우간다 최초의 영어소설은 바르바라 키메녜의 『칼라산다』(1965)와 『칼라산다 재고(再考)』(1966)다. 카바카 정부에서 관리로 일했던 키메녜는 이 두 편의 단편 모음집에 시골 전원 생활의 해학적인 이야기들을 담아냄으로써 우간다 현지인의 문학적 상상력을 보여주었다.

아프리카 문학사에서 아체베, 소잉카와 함께 가장 비중 있게 언급되는 사람은 우간다의 아촐리족 시인(詩人) 오콧 프비텍이다. 1931년 우간다 북쪽 굴루 지방에서 태어난 프비텍은 모어인 아촐리어로 시를 썼으며 아프리카 탈식민지 문학의 선구자로 식민주의 잔재를 몰아내는 데 앞장섰다. 그는 문학어로서 토속어의 사용을 강조했으며, 소잉카를 비롯한 당시 일부 시인들 사이에서 유행하던 유로모더니즘의 대척점에서 아촐리족의 구연시 전통을 답습해 『라위노의 노래』(1966)와 『오콜의 노래』(1970)라는 두 편의 장편시를 발표했다. 마치 시(詩)로 구성된 소설 같은 느낌이 들게 하는 이 두 작품은 '오콜'과 '라위노'라는 아내와 남편을 등장시켜 서구 문화를 동경하고 아프리카 문화를 경시하는 사대주의적 세태를 비판한다. 다음은 210여 쪽에 달하는 『라위노의 노래』 도입부다. 시인은 여기서 오콜의 아내 라위노의 입을 통해 서구 문화를 맹목적으로 따르는 사람들을 희화적으로 풍자한다. 『라위노의 노래』는 1980년대에 가서야 하이네만 출판사의 아프리카 작가시리즈에 편입되지만 이미 발표와 동시에 아프리카 시문학의 정전(正殿)이 된 작품이다.[54] 프비텍의 다른 작품들과 마찬가지로 이 작품도 아촐리어로 쓰인 다음 나중에 영어로 번역되었다.

> 남편은 나를 거절합니다.
> 그는 내가 이교도에 불과하고
> 악귀들을 믿으며
> 위생 규칙을 모르고
> 미신적 관습과 건강을 혼동하기 때문이라고 말합니다.
> (중략)
> 백인들의 약이 강한 것은 사실이지만 아촐리의 약 또한 강합니다.
> 병자들은 운명의 시간이
> 아직 오지 않았기에 낫는 것입니다.
> 그러나 파가크로 떠날 날이 오면
> 아무도 당신의 길을 막을 수 없습니다.
> 백인의 약도,
> 아촐리의 약도,
> 십자가도, 로사리오도,

54 장태상. 2000. 「세계의 시 - 아프리카편1.」, 『시와 생명』: 258-259.

식용쥐의 발톱도,
코뿔소의 뿔도,
그 어떠한 것도 파가크로 가는 길을 멈출 수는 없습니다.
(이하 생략)

프비텍은 1956년 그의 유일한 소설인 『라크 타르』를 발표했다. 나중에 『하얀 이』라는 제목으로 번역된 이 소설은 풍자적 필법으로 아프리카의 현대화가 전통 사회에 끼친 부정적인 영향을 다루었다. 어려서 부모를 여읜 주인공은 사랑하는 소녀와 결혼하기를 원하지만 삼촌이 도와주지 않자 결혼 지참금을 마련하는 데 실패한다. 주인공은 결혼 비용을 벌기 위해 도시로 나가 열심히 일하지만 저축한 돈을 모두 잃어버리고 빈손으로 고향에 돌아온다. 작가는 이 작품에서 서구화로 인한 가족 관계의 붕괴가 야기한 비인간적인 결과, 즉 모두가 외면하는 물질만능의 사회에 내동댕이쳐진 불쌍한 고아 소년의 개인적 비극을 통해 사회적 비극을 말하고 있다.

프비텍은 마케레레대학에서 학생들을 가르쳤고, 우간다 국립극장의 총 책임자를 역임했으며, 1967년 이디 아민 정부에 의해 해임된 후에는 케냐로 망명해 나이로비대학의 아프리카 연구소를 중심으로 활동했다. 1978년과 1979년에는 방문 교수 자격으로 미국 텍사스대학과 나이지리아 이페대학에 체류했으며, 1982년 이디 아민이 실각하자 우간다로 돌아가 마케레레대학에서 글쓰기를 가르쳤다. 프비텍은 1982년 뇌졸중으로 사망했지만 풍자와 독백과 내러티브적 요소를 특징으로 하는 그의 시작법(詩作法)은 '동아프리카 가요학파(歌謠學派)' 또는 '오콧 학파' 등으로 불리며 후학들에 의해 계승되고 있다.

우간다의 작가들은 케냐, 탄자니아의 작가들과는 달리 정치 사회적 주제에 큰 관심을 보였다. 이것은 독재자 이디 아민의 등장을 전후로 한 조국의 현실과 관련이 있는 것처럼 보인다. 말레이시아계 우간다인 피터 나자레스의 『갈색 망토 속에서』(1972)는 아민이 아시아 사람들을 추방하기 전(前) 오보테 정권 하에서 살던 아시아인들의 주변적 위치를 다루고 있다. 간다족 출신의 헨리 킴부그웨는 에네리코 세루마라는 필명으로 활동하다가 케냐로 망명해 동아프리카 출판사에서 일했다. 그는 인종 간의 문제를 다룬 『경험』(1970)과 단편 모음집 『심장 판매인』(1971)을 집필했다. 『심장 판매인』의 표제소설 '심장 판매인'은 최첨단 의료 기법인 심장 이식 수술이 가난한 현지인들에게 의미하는 바를 풍자적으로 묘사한 작품이다. 알루미디 오시냐의 『필드 마샬 압둘라 살림 피시의 놀라운 무용담: 또는, 하이에나가 그의 것을 어떻게 얻었는가?』(1976)는 실화에 바탕을 둔 소설로서 동물들을 등장시켜 이디 아민 시대의 정치가들과 정치 현실을 풍자했다. 구연문학의 전통을 계승한 정치소설인 존 나겐다의 『토마스 테보의 계절들』(1986)과 독립 직후 쿠데타의 격랑에 휩싸인 가상의 어떤 아프리카 국가의 정치 현실을 묘사한 로버트 세루마가의 『음지(陰地)로의 복귀』(1969)도 비슷한 부류의 정치소설이다.

우간다의 모든 지성인들이 정치 성향을 띤 것은 아니었다. 일부는 문인들의 정치적 행동이 국론을 분열시킨다고 주장했다. 일례로, 타반 로 리용은 작가나 시인들이 행사할 수 있는 영향력은 극히 미미하다고 말하면서 탄자니아 소설가들의 집단행동이나 응구기의 정치선동을 비판했다.

타반 로 리용은 국내의 정치 문제에는 의도적으로 무관심했지만 응구기와 마찬가지로 신식민주의 척결에 동참하면서 구연문학의 전통을 계승하는 아프리카 문학의 정체성을 추구했다. 그는 미국에서 공부한 후 이디 아민 정부에 의해 입국이 금지되자 케냐의 나이로비대학에서 프비텍과 함께 학생들을 가르쳤다. 그는 응구기, 오우오르-아늄바 등과 함께 나이로비대학에서 영문과를 없애는 데에도 앞장섰다. 타반 로 리용은 이때 다음과 같은 유명한 말을 남겼다. "우리는 눈이 있지만 보지 못한다. 우리는 귀가 있지만 듣지 못한다. 우리는 읽지만 우리가 읽는 것을 이해하지 못한다." 타반 로 리용은 아프리카 문학의 발전을 방해하는 것은 오래전에 이식된, 그래서 무의식적으로 추종하게 된 신식민주의의 가면을 쓴 서양문학의 잔재라고 생각했다. 그가 '문화적 국수주의자' 또는 '아프리카 문화의 순수성을 지나치게 강조하는 인종주의자'라는 비난을 받는 것은 이런 이유에 기인한다.

타반 로 리용은 서구의 영향에서 벗어나고자 노력했지만 예술과 예술가의 자율성에 대해서는 누구보다도 서구적인 사고방식을 가지고 있었다. 그는 정치적, 교훈적, 계몽적 성격의 작품보다는 소설 형식의 실험에 몰두했다. 타반 로 리용은 1971년에 발표한 단편모음집 『제복 입은 사람』의 서문에서 독자들에게 소설을 읽을 때 기승전결의 틀에 박힌 구조가 아닌 이야기의 자연스러운 흐름을 음미하고 창조적인 상상 속에서 단어와 구, 문장의 의미를 생각하라고 주문했다. 그의 또 다른 단편모음집으로는 『픽시온즈』(1969)가 있다.

동아프리카 문학사에 있어 우간다의 위치는 두드러졌다. 오콧 프비텍, 라자트 네오기, 타반 로 리용은 문학적 능력과 문화적 소신에 가득 찬 사람들로서 이들이 이끌어갈 우간다 문학의 미래는 창조적 정신으로 충만한 것처럼 보였다. 그러나 독재자 이디 아민의 등장은 모든 장밋빛 전망을 한순간에 앗아갔다. 작가와 시인, 학술지와 문학계간지의 편집위원들은 대중을 선동했다는 이유로 투옥되거나 시민권을 박탈당한 후 국외로 추방되었으며 일부는 자발적으로 망명의 길을 택했다. 우간다는 희망의 땅에서 절망의 땅으로 바뀌었고 사람들은 각자 다른 곳에서 새로운 희망을 찾아야 했다.

케냐의 나이로비대학은 우간다와 탄자니아의 정치 상황으로 인해 재능 있는 작가들이 모여드는 장소가 되었다. "그러나 중요한 것은 유능한 문인들의 단순한 확보에 있었던 것이 아니다. 한 장소에 집결된 사람들 사이에서 이루어진 교류와 경쟁과 협동은 작품의 양에 있어서 단순한 산술급수적 효과만을 가져오는 데 그치지 않고 그 이상의 발전을 가능하게 했다."[55]

1960년대 케냐 소설의 중요한 소재는 마우마우 독립투쟁이었다. 마우마우는 백인들한테 토지를 몰수당하고 살던 곳에서 쫓겨난 케냐 중부 고원 지대의 농경민족인 키쿠유족이 1952년부터 1960년까지 영국 식민정부를 상대로 벌인 무장 독립 운동이다. 이 투쟁은 영국의 분열 공작과 1956년 지도자였던 데단 키마씨가 체포되어 처형됨으로써 쇠락의 길로 들어섰지만 많은 사람들한테 큰 영향을 미쳤다. 키쿠유 젊은이들은 숲으로 들어가 자유투사가 되었고 가족들은 난민 수용소로 뿔뿔이 흩어졌다. 마우마우 독립 운동은 문학에도 큰 영향을 주었다. 케냐의 작가들은 자유를 위해 피를 흘린 영웅들의 이야기가 망각의 늪으로 사라지기 전에 그것을 기록으로 남겨야 한다는 사명 의식에 사로잡혔다.

---

55 장태상. 2007. 「아프리카의 현대 영어권 문학」. 권명식편 『아프리카의 언어와 문학』. 다해. 225쪽.

마우마우 투쟁을 소재로 한 작품에는 두 가지 부류가 있다. 첫 번째는 자유투사들의 무용담을 다룬 것이고, 두 번째는 영국인들의 가혹한 보복이 불러일으킨 보통 사람들의 두려움과 상반된 심리 상태를 다룬 것이다. 응구기의 『아이야 울지 마라』(1964)는 마우마우 투쟁을 소재로 한 최초의 소설로서 메자 므왕기를 비롯한 이후의 다른 작가들에게 큰 영향을 주었다.[56] 『아이야 울지 마라』는 동아프리카인이 쓴 최초의 영어소설로서 마우마우 기간 중에 발생한 폭동으로 한 가정이 붕괴되어 가는 과정을 은조로게라는 어린 주인공의 눈을 통해 묘사한다. 마우마우 투쟁을 다룬 작품들 중에서 일부를 소개하면 다음과 같다.

『숲속의 시련』(1968) 고드윈 와치라: 자유투사들의 단결을 이끌어내는 지도자의 지도력, 투사들이 숲속 생활에서 겪는 정서적 불안, 투사가 되기 위한 맹세 의식 등을 묘사하고 있다.

『효험(效驗)의 재』(1968) 레오나드 키베라 & 사무엘 키베라: 자유투사들의 출몰로 마을 주민들이 겪는 고통과 투사들에 대한 주민들의 이중감정을 묘사하고 있다.

『뭄비의 딸』(1969) 채러티 와치우마: 채러티 와치우마는 여류작가로서 반 자서전적 소설이다. 마우마우 투쟁이 확산되자 영국 식민정부는 비상사태를 선포한다. 이 소설은 비상사태 하에서 마을 사람들의 감정 변화와 변화된 삶을 그리고 있다.

『땅은 우리의 것이다』(1970) 존 카로키 은조로게: 식민정부에 대한 충성과 아프리카 민족주의 사이에서 갈등하는 어떤 추장에 대한 이야기이다.

『죽음의 향기』(1975), 『사냥개를 위한 시체』(1977) 메자 므왕기: 독립투쟁을 하는 사람들의 용기 있는 행동을 찬양하는 내용이지만 그들이 느꼈던 두려움과 그들 사이에 존재했던 갈등도 함께 말하고 있다.

『데단 카마씨의 시련』(1975) 응구기와 씨옹고: 응구기가 나이로비대학의 동료인 미체레 무고와 함께 만든 연극으로 마우마우 투쟁을 이끌다 체포되어 처형당한 키쿠유족 영웅 데단 카마씨에 관한 이야기다. 1976년 나이로비 국립극장에서 상연되었다.

마우마우 투쟁을 직접 다루지는 않았지만 당시에 활동했던 사람들이 주요 등장인물로 나오는 소설들도 있다. 응구기의 『피의 꽃잎』(1977)과 『하나의 밀알』(1967)

---

56 메자 므왕기는 『아이야 울지 마라』를 읽고 작가가 되려는 결심을 했다고 한다.

은 독립을 위해 목숨을 바친 애국지사의 덕으로, 그리고 민초들의 불행과 고통의 대가로 물질적 부를 누리며 부정을 일삼는 사회 지배층의 부도덕을 폭로한다. 이 작품들 속에는 마우마우 투쟁을 회상하는 대목과 자유투사들의 이야기가 빈번히 등장한다. 응구기의 '주체성 선언' 이후에 쓰인 『십자가 위의 악마』(1982)도 독립 후의 케냐를 배경으로 하지만 소설 속의 등장인물은 과거에 겪은 비극으로 인해 고통 받는 사람들이다. 이 작품은 노동자와 농민의 삶을 힘들게 하는 장본인이 바로 오늘날의 정치가들이라는 것을 일깨워주는 우화적 소설이다. 앞에서 소개한 적이 있는 찰스 망구아의 『입 안의 흔적』(1972)은 약간 다른 시각에서 마우마우 투쟁을 조명했다. 여기서 망구아는 사람들에게 중요했던 것은 생존의 절박함이었으며 영국인과 자유투사는 그들 모두에게 공포의 대상이었다고 말한다. 므왕기 루헤니의 『미래의 지도자』(1973), 케네스 와테네의 『만얏타의 일몰』(1974), 그레이스 오곳의 『졸업생』(1980)도 마우마우 투쟁으로 인해 불행을 경험한 사람들이 나오는 소설이다.

이 시기의 케냐 소설에서 관찰되는 또 하나의 특징은 전통문화의 영향이다. 이것은 오콧 프비텍, 타반 로 리용과 같은 우간다 작가들뿐만 아니라 탄자니아 작가들한테서도 관찰되는 동아프리카 현대문학의 공통 요소로서, 이에 대한 이해 없이 동아프리카 문학을 이해하는 것은 불가능하다. 전통문화를 소설 텍스트에 반영하려는 노력은 문학을 통해 과거를 보전하고 서양문학과 구별되는 아프리카 문학의 정체성을 추구하기 위한 것이었다. 일례로, 응구기의 다섯 편의 소설은 모두 키쿠유 전통 시가(詩歌)를 포함한다. 응구기는 이런 것을 통해 독자들에게 아프리카 전통문화의 중요성을 말하며, 소설이라는 낯선 장르에 친숙한 이미지를 부여하고, 또 그렇게 함으로써 그의 소설 형식을 서구의 소설 형식과 대등한 위치에서 경쟁하는 존재로 끌어올렸다. 동아프리카의 작가와 시인들에게 있어 '전통'은 암흑의 시대에 태어나 곧 사라져야 할 열등한 존재가 아니라 서구문화와 경쟁하는 자랑스러운 존재였다. 치누아 아체베의 소설이, 하나의 예외도 없이, 문화충돌을 주제로 한 것처럼, 응구기를 비롯한 동아프리카의 작가들도 소설이라는 틀 안에 아프리카적 내용물을 채워 넣음으로써 아프리카의 문화와 전통에 '영원히 사라지지 않을' 가치를 부여했다.

아프리카 작가들은 등장인물의 성격 묘사를 할 때 장황한 설명 대신 속담의 풍부한 이미지를 이용하거나 새로운 속담을 만들어내기도 한다. 작품에 삽입된 노래와 민담은 독자들에게 문화적 의식을 심어주며 사건 전개에 자연스러움을 더한다. 응구기의 『샛강』(1965)에는 주인공 와이야키와 그의 형제들이 어떤 거인에 관한 이야기를 듣는 대목이 나온다. 이 거인은 숲을 개간해 경작지를 만든 키쿠유 전설 속의 인물로서 죽은 조상들과 가깝게 지내는 존재다. 와이야키는 이 이야기를 통해 부족에 대한 자긍심과 일체감을 느낀다. 그는 어머니로부터 부족의 역사에 관한 이야기를 들으면서 인내의 미덕에 대하서도 배운다.

독립을 전후로 한 케냐의 정치 사회적 변화 속에서 동아프리카 현대문학의 발전을 위한 작가들의 노력은 두 가지 방향으로 전개되었다. 첫째는 도시를 무대로 한 '사랑'이라는 통속적 소재에서 벗어나 독립을 위해 싸운 자유투사들과 영국 식민 통치의 어두운 면을 다루는 민족문학의 성격을 띤 작품들이 나오기 시작했다는 것이다. 일부 작가들은 여기서 한 걸음 더 나아가 정치적 선동을 목적으로 하는 저항문학을 추구했다. 어떤 경우이건 미래를 위한 변화는 꼭 필요한 것이었다. 둘째는 구전 전통의 영향이 소설에서도 두드러졌다는 점이다. 시는 아프리카에서 가장 오래된 문학 장르로서 현대시가 등장한 후에도 프비텍과 같은 시인들에 의해 그 전통이 계승될 수 있었지만 허구에 기초한 소설은 완전히 낯선 장르였다.[57] 동아프리카의 작가들은 이 낯선 장르가 요구하는 규범적 요건을 충족하면서 다른 한편으로는 구전 전통의 요소들을 이용해 소설을 아프리카화된 소설로 만들고자 노력했다. 그것은 아프리카 문학의 정체성에 관한 문제였다. 그리고 그 '정체성'의 중심에는 다음 절에서 살펴볼 응구기의 '주체성 선언'이 있었다.

4.6. 저항문학과 언어 선택의 문제: 응구기와 씨옹고

응구기의 작품은 서아프리카의 작가들과는 다른 특징을 보여준다. 아체베에서 흔히 관찰할 수 있듯이 서아프리카 작가들의 일차적 관심은 서구와 아프리카라는 두

57 아프리카의 많은 전통 사회에서 문학성을 구성하는 중요한 요소로 사실성과 도덕성을 꼽는다. 일례로, 서아프리카 나이지리아의 하우사족은 사실이 아닌 이야기는 문학으로 간주하지 않는다.

세계의 충돌이 야기한 인간의 문제였으며 동시에 현지인들에게 문화적 자긍심을 심어주는 것이었지만 응구기를 비롯한 동아프리카 작가들은 제국주의의 파괴성에 대해서 보다 공격적인 입장을 취했다. 교사로 자처하는 아체베의 문장들이 종종 애매하고 비유적인 반면 응구기의 문장들은 비록 그가 교사로서의 역할을 말하지는 않았지만 훨씬 직관적이고 간결한 모습을 드러낸다.[58] 응구기는 백인들의 통치가 아프리카인들의 삶에 미친 파괴적인 영향과 자유투사들의 투쟁 등과 같은 정치적인 주제를 주로 다루었으며 케냐가 독립한 후에는 정치가들의 변화를 위한 작가들의 역할을 강조했다. 응구기는 저항주의 정신에 투철한 작가라고 할 수 있으며 남아공의 작가들과 많은 것을 공유한다. 우리나라 시인 김지하에 대한 그의 관심도 이런 맥락 속에서 이해할 수 있다.[59]

아체베가 그랬듯이 응구기도 아프리카의 과거와 전통에 가치를 부여했다. 그러나 둘 사이에는 큰 차이가 존재한다. 아체베는 지난 수백 년 동안 야만의 전통으로 폄하되던 아프리카의 문화를 서구의 문화와 대등한 위치에서 충돌하는 존재로 묘사함으로써 독자들에게 자긍심을 심어주었으며 미래에 대한 희망도 과거의 연장선상에 있음을 강조했다. 그는 스스로 교사임을 자처했지만 선동가는 아니었으며 소잉카와 달리 정치적 성향도 띠지 않았다. 이에 반해 응구기는 스스로 교사임을 부인했다. 응구기에게 있어 아프리카의 전통은 식민주의와 신식민주의의 음모에 저항하기 위해 아프리카인들을 하나로 묶어주는 연결고리 같은 것이었다. 일례로, 그의 작품 속에 삽입된 민담은 키쿠유족의 일체감을 위한 의식(儀式)으로서의 민담이었다. 『하나의 밀알』에 나오는 자유투사들을 찬양하는 노래나 숲속에서 치러지는 자유투사들의 입문식에 나오는 전통 시가(詩歌)는 등장인물들을 묶어주고, 독자와 등장인물들을 묶어주고, 더 나아가 작가와 등장인물과 독자들을 묶어주는 문화적 끈으로 작용했다.

응구기는 1938년 케냐의 중부 고원 지대인 리무루에서 출생해 마우마우 투쟁 기간 중에 이곳에서 학교를 다니며 유년시절을 보냈다. 그는 1964년 우간다의 마케레

---

58 King, Bruce. 1974. 'Introduction.' In Literatures of the World in English. (ed.) Bruce King. pp. 1-22. London: Loutledge & Kegan Paul.

59 Ngugi wa Thiong'o. 1986. Decolonizing the Mind. p. 8 & p. 81. London: James Currey. (이석호(역). 1999. 『탈식민주의와 아프리카문학』. 인간사랑.)

레대학을 졸업하고 나이로비에서 잠시 저널리스트로 활동했으며, 1967년 영국 리즈 대학에서 유학을 마친 후에는 귀국하여 나이로비대학에서 학생들을 가르쳤다. 응구기는 1978년 케냐 정부에 의해 연금 상태에 놓이게 될 때까지 나이로비대학의 문학과 학과장으로 재직했지만 연금에서 풀려난 후에는 대학에 복귀하지 못했다. 응구기의 작품들에서 관찰되는 공통된 특징은 사회의 모순을 폭로하고 탄압에 맞서 투쟁하는 주인공들을 설정함으로써 독자들의 현실 참여를 유도하는 것이다. 그의 널리 알려진 작품으로는 다음과 같은 것들이 있다: 『아이야 울지 마라』(1964), 『샛강』(1965), 『하나의 밀알』(1967), 『피의 꽃잎』(1977), 『십자가 위의 악마』(1982).

『아이야 울지 마라』는 영어로 출판된 동아프리카 최초의 소설이다. 이 소설은 마우마우 투쟁 기간 중에 발생한 한 가정의 불행을 한 젊은이의 고통스러운 자아 의식의 성숙이라는 심리적 주제와 결부시켜 성공적으로 그리고 있다. 『아이야 울지 마라』는 키쿠유족의 중심 거주 지역인 케냐의 중부고원을 무대로 하여 식민 통치의 실상, 선교사들의 교육, 세계대전 기간 중에 아프리카에서 차출된 병사들, 식민정부의 토지 소유권 박탈, 마우마우 투쟁에 대한 일반인들의 이중감정, 민간인 사상자들, 가족의 해체, 키쿠유 자본가 계층의 출현, 학생과 교사의 관계, 노동자와 고용주의 관계, 연인들 사이의 관계와 같은 다양한 주제들을 다룬다. 이 소설에는 특히 대화가 많이 나오며 키쿠유 단어와 스와힐리어 단어들도 자주 등장한다.

소설의 주인공 은조로게는 학교에서 부유한 지주의 딸인 므위하키와 가까이 지낸다. 주인공 은조로게의 아버지 응고토는 므위하키의 아버지인 야코보의 땅에서 식민지 관리 미스터 하우랜즈를 위해서 일한다. 응고토는 1차 대전에 종군했으며 희망을 품고 고향에 돌아왔었다. 2차 대전에 참전한 그의 장남 보로는 최근에 귀향했지만 전쟁에 같이 갔던 동생의 죽음으로 쓰라린 마음의 상처를 안고 있다. 응고토의 또 다른 아들 코리는 독립 운동에 연루되어 있다. 정부에 대한 사람들의 요구가 폭동으로 이어지자 보로와 코리는 숲속으로 들어가 자유투사가 되고 어린 은조로게도 현실에 대한 냉담한 태도에서 점점 벗어나게 된다. 응고토의 집은 야코보와 하우랜즈에 의해 항상 감시를 당한다. 어느 날 응고토의 한 아내와 코리가 사소한 이유로 체포되며 코리는 감옥에 갇힌다. 장남인 보로가 자유투사가 되었기 때문에 집에 남은 다른 아들

카만이 가족을 부양한다. 그러나 보로가 야코보의 죽음에 연루되자 은조로게와 카만은 체포되어 심한 매를 맞고 고문을 당한다. 응고토는 가족의 붕괴를 필연적인 사실로 받아들인다. 그는 감옥에 갇힌 두 아들을 구하기 위해 자기가 살인을 했다고 거짓으로 자백한다. 이러한 와중에 보로는 하우랜즈를 죽이고 체포된다. 주인공 은조로게는 현실을 직시하고 가정을 돌보지만 현실은 그가 감당하기에는 너무 벅차다. 케냐를 벗어나 어디론가 가고 싶은 은조로게는 자살하고 싶은 충동을 느끼지만 그의 어머니를 통해 구원을 받는다.

응구기는 『아이야 울지마라』에서 독립을 위한 투쟁을 자세히 묘사한다. 독자들은 공부하고 싶은 욕망에만 사로잡힌 은조로게를 이해할 수 없지만 응구기는 이를 통해 그의 다른 작품들에서와 마찬가지로 교육의 중요성을 강조한다. 응구기는 은조로게처럼 내면 지향적 사람이건 보로처럼 행동 지향적 투사이건 대부분의 중심 등장인물들을 문화충돌의 희생자로 그리지만 소설의 말미에서 은조로게를 살려둠으로써 미래에 대한 희망을 암시한다.

응구기의 두 번째 소설인 『샛강』은 그가 마케레레대학의 재학생 시절에 썼지만 『아이야 울지마라』보다 늦게 출판되었다. 1920년대와 30년대의 케냐를 배경으로 해서 키쿠유족의 전통과 역사를 소개하는 이 작품은 토지가 농경민인 키쿠유족한테서 차지하는 의미를 설명한다. 이 외에도 『샛강』에는 부족의 단결을 상징하는 의식으로서의 할례에 대한 전통주의자들의 집착과 이에 대한 기독교도들의 반대와 같은 종교적 주제, 전통적 지혜와 현대적 지식을 동시에 갖춘 지도자의 필요성, 일반적인 교육의 중요성 등과 같은 교육적 주제들이 관찰된다.

계곡을 사이에 두고 마주보고 있는 카메노, 마쿠유 두 부족은 각각 키쿠유 전통과 기독교 사상을 대변한다. 『샛강』은 이 두 부족의 갈등을 배경으로 한다. 독립심이 강한 주인공 와이야키는 전통에 대한 맹목적인 고수를 반대한다. 교육의 중요성을 믿는 그는 현대식 교육을 통해 키쿠유족 내의 분파주의를 없애고 종족의 단결을 꾀하고자 한다. 응구기는 이 소설에서 종족 내의 분파주의가 야기하는 파괴적인 영향을 다루고 있다. 시간이 지남에 따라 점점 용기 있는 지도자로 성숙해가는 와이야키는 처음에는 성공한 것처럼 보이지만 나중에는 사람들한테서 배척을 당하게 된다.

조슈아의 영향으로 기독교는 마쿠유족 사이에서 그 세력을 점점 넓혀나간다. 조슈아는 그의 딸이 죽자 그것은 그녀가 전통을 따랐기 때문에 벌을 받은 것이라고 생각하며 이후로는 시리아나의 미션스쿨은 부족의 전통 생활 방식을 포기한 학생들만 받아들일 거라고 맹세한다. 주인공 와이야키는 귀족 가문 출신이다. 그는 카메노족의 지도자로서 조상과 전통에 대해서 배우며 기독교를 가까이 하지 말라고 교육받는다. 그러나 고상한 가문의 마지막 혈통인 와이야키는 백인의 비밀을 알아내기 위해서는 시리아나의 미션스쿨에 다녀야 한다고 생각한다. 그는 자기 부족이 백인들의 지혜를 배우면 더 강해질 거라고 믿는다. 와이야키는 기독교인이 아닌 사람들도 서구식 교육을 받을 수 있는 학교를 설립한다. 이 작품에서 응구기는 주인공 와이야키를 전통의 수호자로 그리고 있지만 와이야키도 인간인 이상 많은 한계성을 드러낸다. 그는 비록 잠시 동안이지만 교회와 미션스쿨에서 소녀들과 어울렸고 지금은 교회 집사의 딸인 냠부라를 좋아하고 있다. 냠부라의 헌신적인 사랑과 조언은 그로 하여금 정규 교육만으로는 부족을 구할 수 없다는 것을 깨닫게 한다. 이 시점에서 와이야키는 부족의 진정한 지도자가 되지만 때는 너무 늦었다. 와이야키의 오랜 경쟁자인 카보니는 그와 냠부라의 관계를 폭로하고 그는 처벌을 받게 될 운명에 놓인다.

응구기는 『샛강』에서 어떠한 희망이나 대안을 제시하지 않는다. 이 소설을 읽으면 부족주의는 아프리카인들을 이미 오래전부터 갈라놓았고 최근에 들어온 기독교는 그것을 더욱 심화시켰다는 느낌, 그리고 두 개의 서로 다른 삶의 방식을 접목시키려는 노력은 결코 성공할 수 없다는 느낌을 받게 된다. 와이야키의 개종과 냠부라에 대한 사랑, 그리고 이로 인한 그의 파멸은 이것을 말해준다.

응구기의 세 번째 소설 『하나의 밀알』은 이 세상의 어떤 문학 작품과 비교해도 손색이 없을 만큼 뛰어난 작품으로 평가받는다. 키쿠유 신들을 상징하는 기코뇨와 그의 아내 뭄비는 중요한 등장인물로서 그들의 다툼, 뭄비의 부정, 기코뇨의 투옥 등은 키쿠유족의 독립투쟁 당시 일어났던 많은 사건들을 상징한다. 기코뇨와 뭄비가 기코뇨의 정치 투쟁과 수감 생활로 고통을 받은 반면, 또 다른 인물인 카란자와 무고는 독립투쟁을 그들의 사욕(私慾)을 위해 이용한다. 백인의 하인으로 출세한 카란자는 백인들의 통치가 계속되기를 바란다. 무고는 타바이 사람들한테서 영웅으로 존경받지만 사실 그는 자유투사인 키히카를 배신했으며 그의 죽음을 초래한 장본인이었다. 자기 종족이 직면한 위기 상황에서 자신의 무능에 대한 열등감과 키히카의 행동력에 대한 질투는 새로 부임한 식민지 관리 존 톰프슨에게 키히카를 팔아넘기게 했던 것이다. 그러나 이러한 사실을 모르는 사람들은 무고를 용기 있는 사람이라고 생각한다. 그들은 무고가 식민 당국에 아부하는 자들의 손에서 어떤 임신한 소녀를 구해주려는 발작적인 충동을 느꼈다는 것과 리라 캠프에서 반항적인 모습을 보여주었다는 것에 대해서만 알고 있다. 그러나 무고의 이런 도발적인 행동은 키히카를 배신한 것에 대한 속죄 의식에서 비롯되었던 것이다. 무고는 어느 날 진정으로 용기 있는 모습을 보여준다. 그는 키히카의 운명과 관련된 그의 비열했던 과거를 마을 사람들 앞에서 자백함으로써 내면의 명예를 되찾는다. 여기서 무고의 과거의 행동에 대한 죄의식은 대다수 평범한 사람들한테서 관찰되는 죄의식을 상징하며 그의 자백은 이 죄의식에서의 해방을 의미한다.

이 소설에서 독립을 위해 몸과 마음을 바쳤던 사람들은 국민을 약탈하는 데 눈이 먼 정치 지도자들이 독립의 결실을 독차지 하고 있다는 것을 알게 된다. 과거로 빈번히 돌아가는 장면들은 등장인물들의 현재와 과거를 연결하고 독자들은 이 현재가 과거의 단순한 연장에 불과하다는 것을 알게 된다. 사건들, 장소들, 등장인물들은 『하나의 밀알』을 괴상하고 복잡한 구성의 소설처럼 보이게 만들지만 사실 이러한 것들은 앞서 말한 이 소설의 중심 주제를 표현하기 위한 장치에 불과하다. 식민지 시대부터 시작해서 독립투쟁 시기를 거쳐 독립된 현재에 이르기까지 긴 시간을 다루고 있는 이 작품에서 키쿠유 등장인물들의 감동적인 경험은 『하나의 밀알』을 서사시적 소설로 만든다.

그러나 독립 후의 케냐 사회에 미래에 대한 희망이 전혀 없는 것은 아니다. 응구기는 신뢰와 노력에 의해 부족 간의 갈등과 불신에서 벗어날 수 있다고 말한다. 이 소설의 마지막 장면에서 기코뇨는 뭄비를 위해 의자를 조각한다. 의자 위에는 임신한 여인이 앉아 있다. 태어날 아기는 미래의 케냐를 상징한다.

응구기는 네 번째 소설 『피의 꽃잎』에서 민초들의 불행과 고통의 대가로 사익(私益)을 추구하면서 경제적 불평등을 고착화시키는 정치가들과 부패한 지주들을 보다

신랄한 어조로 공격한다. 그는 이 소설에서 가난하고 억압받는 자들의 편에 서 있으며 그들이 강하고 부유한 사람들 밑에서 겪는 비극을 폭로한다. 『피의 꽃잎』은 키쿠유 시골마을 일모로그를 배경으로 한다. 이 마을에서 발생한 삼중 살인사건을 수사하는 경찰은 수사가 진행됨에 따라 용의자로 의심받는 등장인물들 간의 복잡한 관계와 그들과 살해된 사람들 사이의 관계를 밝혀낸다. 므왈리므 무니라의 추억과 완자, 카레가, 압둘라의 회상은 독립 후 12년의 세월을 배경으로 하지만 희망을 가지고 투쟁을 하던 시기도 포함하고 있다. 응구기의 초기 소설들에 나온 주제들이 많이 관찰되는 이 작품은 피의 꽃잎을 파괴하는 부정부패의 실상을 독자들에게 각인시킨다.

『피의 꽃잎』은 1부와 2부에서 키쿠유 전 지역을 휩쓸고 있는 가뭄을 자세히 묘사한다. 정치적으로는 케냐의 무질서한 상황을 배경으로 하며, 케냐타, 카리우키, 음보야, 오딩가와 같은 정치가를 암시하는 인물들이 나온다. 이 소설에 삽입된 키쿠유어와 스와힐리어는 응구기의 초기 작품들의 문체에서 아프리카적 분위기를 느낄 수 없다는 비판에 대한 반응이라고 볼 수도 있으며, 그가 토속어를 사용하는 연극에 몰두하게 되면서 생겨난 자연스러운 현상이라고 볼 수도 있다. 성경의 인용, 휘트먼과 블레이크 등의 인용은 그의 초기 소설들에서와 마찬가지로 예언적이며 계시적인 분위기를 자아낸다. 책의 제목은 데렉 월콧으로부터 따왔는데 이것은 응구기가 카리브해 문학에 관심이 있었다는 것을 말해준다. 1부, 2부, 3부의 각 제목은 예이츠의 시 「재림(再臨)(The Second Coming)」의 마지막 행에서 빌려왔다.[60] 『피의 꽃잎』은 상징적인 표현을 위해 신화, 우화, 노래, 속담, 풍자극과 같은 전통문학의 다양한 장르들을 이용했다.

응구기의 식민주의와 신식민주의에 대한 반감은 점차 그로 하여금 그가 지금까지 사용해 온 문학어에 대한 회의를 품게 만들었다. 그는 영어를 버리고 키쿠유어를 사용하기로 결심한다. 응구기의 이 행동은 영연방 문학계에 큰 충격을 주었으며 이후 탈식민주의 문학 경향을 띠는 작가들 사이에서 중요한 담론의 대상으로 부상했다. 언어 선택과 관련된 응구기의 말은 자못 처절하기까지 하다.

---

60 아체베의 『무너져 내리다』도 예이츠의 이 시에서 책의 제목을 따왔다.

언어를 둘러싼 갈등은 사실 약 100여 년 전부터 시작되었다. 1884년에 유럽의 자본주의 국가들은 베를린에 앉아 아프리카의 전 대륙을 인종별, 문화별, 언어별, 그리고 식민지별로 나누어 무작위 분할을 개시하였다. 아프리카 대륙의 운명은 언뜻 보면 서구 중심부 국가들의 협상 테이블 위에서 늘상 결정되어 왔던 것처럼 보인다. 아프리카 대륙 내의 수많은 자치정부가 식민지로 전락했던 것도 베를린의 협상 테이블 위에서였고, 동일한 전철을 밟으면서 아프리카가 신식민지로 함몰해 들어갔던 것도 런던과 파리, 그리고 부뤼셀과 리스본의 협상 테이블 위에서였다. 현재까지도 이어지고 있는 베를린에서 그어진 아프리카 지도는 철저하게 유럽국가들의 경제적, 정치적, 문화적 속셈을 반영한다. 물론 성경을 한 손에 든 당사국 외교관들은 그 주장을 거부한다. 그러나 베를린에서의 1884년 아프리카 대륙 분할이 유럽국가의 언어 분할을 따른 것이라는 주장을 거부하기는 힘들 것이다. 과거의 식민지에서 작금의 신식민지로 전락한 아프리카 국가들은 유럽의 언어로 그들 자신을 규정하기에 이른 것이다. 소위 영어권 아프리카 국가들, 불어권 아프리카 국가들 혹은 포르투갈어권 아프리카 국가들이라는 명명법이 그것이다. 심지어는 언어적 예속 상태를 벗어나려는 지난한 몸짓을 보여야 할 작가들마저도 제국주의자들의 이식 언어를 그대로 답습하고 있는 실정이다. 정서상, 그리고 문제제기의 방식에서 매우 급진적이고 친아프리카적인 성향을 보이는 작가들이 어느 순간 내거는 한 공리를 보라. 아프리카 문화의 르네상스는 유럽 언어와 불가분의 관계를 맺고 있다는 공리를. 나 역시 그 점을 진작 깨닫지 못했던 것이 못내 아쉽다.[61]

응구기는 동아프리카에서 가장 큰 정치적 탄압을 받은 작가다. 이것은 그의 소설이 케냐 사회의 지배 계층의 위선을 고발했기 때문이며 일반대중으로 하여금 현실의 모순을 직시하고 정치에 관심을 갖도록 유도했기 때문이다. 흥미로운 것은 그가 본격적으로 정부의 탄압을 받게 되는 시기가 그의 모어인 키쿠유어로 작품 활동을 시작한 시기와 일치한다는 점이다. 『응가히카 은덴다』(1977)는 서구의 문학 관념에서 벗어나 전통적인 방법으로 만들어진 것인데[62] 동료들과 마을 사람들도 그 창작 과정에 개입했다. 응구기는 이 작품이 공연된 후 약 1년간 감옥에서 복역했다. 응구기가

---

61 Ngugi wa Thiong'o. 1986. Decolonizing the Mind. London: James Currey. (이석호(역). 1999. 『탈식민주의와 아프리카문학』. 인간사랑. 26-27쪽.)

62 Ngaahika ndeenda = 나는 내가 원할 때 결혼 할 것이다.

영어로 글을 쓸 때 그의 비난을 받던 사람들은 기분은 유쾌하지 않았지만 직접적인 위협 요소는 발견하지 못했다. 그러나 그가 영어를 버리고 키쿠유어를 선택하게 되면서 대중과 가까운 위치에 서게 되자 사정이 달라졌던 것이다.

동아프리카에서 정치적 성격을 띠는 소설은 더 이상 영어로 쓰이지 않는다. 이러한 측면에서 볼 때 동아프리카의 영문학은 이미 쇠퇴기에 들어섰는지도 모른다. 아프리카에서 글쓰기와 읽기는 다양한 요소들의 관계망 속에서 이해되어야 한다. 작가와 독자들 사이의 거리감, 언어 선택과 관련된 복잡한 문제, 문인들에 대한 정부의 탄압, 그럼에도 불구하고 추구해야 할 아프리카 문학의 정체성 등. 이런 것은 아프리카 작가들만이 겪는 문제로서 아프리카의 현대사가 그렇듯이 그들에게 씌워진 또 다른 운명의 굴레인지도 모른다. 아체베나 소잉카의 경우에서처럼 한 개인의 능력을 세계 문학계에서 인정받는 유일한 길은 제국주의 언어를 통해서만 가능하다는 논리는 응구기 같은 사람들에게는 받아들이기 힘든 것이었다. 스와힐리어로 많은 시집과 산문집을 펴낸 동아프리카의 시성(詩聖) 샤반 로버트, 요루바어로 왕성한 작품 활동을 한 나이지리아의 파구느와, 이 밖에도 하우사어, 암하릭어, 줄루어, 소토어로 글을 쓰는 수많은 토속어 작가들을 배제한 채 영어나 불어로 글을 쓰는 사람들만이 마치 아프리카를 대표하는 것처럼 떠들어대는 비평가와 서평가들, 그리고 이들의 장단에 맞춰 서점에서 책을 사는 부유한 독자들. 아프리카 현대문학의 전개 과정에 언어를 무기로 한 신제국주의의 음모가 숨어 있다는 주장은 응구기와 같은 작가들에게는 거부하기 힘든 논리로 작용했다. 모어인 키쿠유어와 동아프리카의 교통어인 스와힐리어만을 사용해 전통적인 소재와 방법으로 작품 활동을 하겠다고 선언한 응구기는 세계문학사에 독특한 족적을 남긴 작가이자 아프리카 현대문학의 진정한 탄생을 위해 노력한 사람으로 기억될 것이다.

4.7. 남아공의 칼라드 문학:
알렉스 라 구마, 피터 아브라함스, 에제키엘 음팔렐레

남아공은 아프리카의 타 지역에 비해 백인과 접촉한 역사는 깊지만 유럽어를 사용하는 문학은 상대적으로 늦게 태동했다. 이것은 네덜란드 이주민의 후손인 아프리카너와 흑인들의 적대 관계에 기인하지만 근본적인 원인은 영국인들한테 있었다. 영국 선교사들의 토속어 보존 정책과 그로 인한 토속어 문학의 출현은 영문학의 탄생을 지연시키는 요인이 되었다. 남아공 문학의 또 다른 특징은 종족 구성의 다양성에 기인한다. 남아공은 서아프리카나 동아프리카와는 달리 작가들 중에 백인도 있었고 칼라드 같은 흑백 혼혈인도 있었다.

칼라드는 시대별로 다양한 뜻을 지니지만 주로 백인과 아프리카인 사이에서 태어난 혼혈인을 가리키는 의미로 사용된다. 남아공 백인 정부는 흑인과 백인의 결혼을 금지했기 때문에 칼라드는 출생과 동시에 사회적 이방인으로 간주되었다. 인종 간의 성행위를 금하는 부도덕법, 집단 거주 지역법, 인구 등록법, 인종별 분리 교육을 규정한 반투 교육법 등은 남아공 정부의 유색인 탄압을 위한 수단이 되었다. 칼라드 지식인은 이러한 정책에 저항했고 이 저항 의식은 문학으로 표출되었다.

칼라드 문학의 가장 큰 특징은 언어에 있다. 소설 텍스트에 나오는 피진 영어는 작가와 독자의 일체감을 확인시켜주며 영국식 표준 영어로 대변되는 중심부 문학과 구별되는 주변부 문학의 정체성을 보여준다. 이 밖에도 현지어에서 차용된 관용구, 더러운 환경을 묘사하는 어휘, 인종적 경멸을 나타내는 은어 등은 소외되고 차별받는 집단의 목소리를 상징한다. 인간의 존엄성이 부정되는 자들의 분노 앞에서, 과거에 대한 향수를 불러일으키는 아체베의 언어, 인간의 보편적인 문제를 강조하는 소잉카의 언어, 키쿠유족 전통을 설명하는 응구기의 '영국식' 언어[63], 소위 '길거리 사람들의 심장에 이르는' 에크웬시의 언어는 무책임한 자들의 한가로운 말장난에 불과했다. 알렉스 라 구마의 『한밤의 산책』의 언어는 불결하고 잔인한 장면들을 있는 그대로 보여준다. 그것은 가장 추악한 현실을 알리는 가장 '추악한' 도구처럼 보였다.

본 절은 알렉스 라 구마를 중심으로 남아공의 칼라드 문학을 소개한다. 피터 아브

---

63 응구기 소설의 등장인물들은 그들의 사회적, 교육적 배경과는 상관없이 모두 영국식 표준 영어만 사용한다.

라함스와 에제키엘 음팔렐레도 비교 차원에서 간략히 언급될 것이다. 칼라드는 유색인이라는 점에서 흑인과 비슷하지만 인구 구성비에 있어 소수라는 점에서 독특한 위치를 차지한다. 칼라드 문학이 백인들을 중심으로 전개된 국가 형성 과정에서 어떻게 저항문학의 기수로 부상할 수 있었는가는 단순히 소수문학이라는 차원을 넘어 인간의 존엄성을 위한 투쟁이라는 관점에서 조명되어야 한다.

4.7.1. 피터 아브라함스와 에제키엘 음팔렐레

1919년 3월 19일 요하네스버그에서 출생한 아브라함스는 남아공의 정치적, 인종적 문제에 관심이 많았으며 칼라드로서의 경험을 소재로 한 『골리로의 귀환』(1953), 『자유를 말하라』(1954)와 같은 자서전도 집필했다. 그의 주요 작품으로는 『도시의 노래』(1945), 『마인 보이』(1946), 『천둥의 길』(1948), 『황량한 정복』(1950), 『우도모를 위한 화환』(1965), 『그들 자신의 밤』(1965) 등이 있다. 도시화와 산업화가 흑인들에게 미치는 영향을 다룬 아브라함스의 대표작 『마인 보이』는 『도시의 노래』에서와 마찬가지로 백인에 의해 혹사당하는 흑인들의 삶을 묘사한다. 시골에서 일거리를 찾아 요하네스버그에 온 주인공 쑤마는 힘들고 고독한 삶에 직면한다. 영원한 이방인으로서 겪어야 하는 심리적 역경 이외에도 말레이 캠프에서 겪는 광부로서의 생활은 인간에게는 불가능한 마치 짐승만이 견딜 수 있는 종류의 삶이었다. 주변의 동료들조차 그의 마음에 드는 사람은 없었다. 사람들은 도박에 탐닉했고 쑤마가 광산촌에 도착해서 본 것은 그들의 돈을 노리는 창녀와 포주들뿐이었다. 더 이상 잃을 것도 없는 상황에서 자기의 안위를 돌보지 않는 맹목적인 용기가 그에게 남은 유일한 것이었다. 시간이 지나면서 그는 광부로서의 직업에 자신감을 갖게 되고 백인들은 이러한 면을 높이 평가해 그를 보스 보이로 임명한다. 쑤마의 첫 번째 성장은 자기가 책임자가 아닌 흑인이라는 것을 인식하는 순간에 찾아온다. 이것은 그를 이해하고 도와주려는 패디의 마음을 받아들이는 데 방해가 된다. 그는 패디가 백인인 이상 흑인들의 인간 이하의 삶을 이해하는 데 한계가 있다고 생각한다. 그러나 패디는 모든 남아공 사람은 흑백의 이분법적 사고를 버려야 하며 그래야만 진정한 화합이 실현된다고 말한다. 쑤마는 결국 패디의 생각이 옳다는 것을 알게 되고 흑인도 백인도 아닌 단지 사람들만이 존재한다는 것을 깨닫는다.

요하네스버그와 그 주변의 작은 도시들을 배경으로 한 『마인 보이』는 사회적, 심리적, 윤리적 측면에서 많은 메시지를 전달한다. 도시와 시골에 거주하는 사람들의 삶의 다양한 유형, 직장에서 관찰되는 인종 간의 구분과 갈등, 노동조합의 정치적 기능 같은 사회적 주제와 더불어, 흑인들이 도시로 이주하게 되면서 겪게 되는 어려움, 도시에서 경험하는 소외 의식, 빈곤과 차별에서 비롯된 정신분열, 우울증과 같은 심리적 주제들도 이 소설에서 큰 비중을 차지한다. 작가는 사람들이 인간의 존엄성을 지키기 위해 투쟁하는 과정과 사회의 도덕적 기준이 돈이 지배하는 산업현장에서 쓸모없는 가치가 되어가는 과정에 대한 묘사에서 흑인과 칼라드에 대한 백인의 경제적 착취를 고발한다. 그것은 주변부 집단의 집단의식의 분출이며 동시에 작가 개인의 경험에 기초한 일반화된 모형이다. 아체베의 문화충돌이 아체베 이후의 작가들에게 영향을 미쳤듯이 아브라함스가 『마인 보이』에서 다룬 주제들도 이후의 작가들에게 큰 영향을 주었다.

아브라함스는 남아공의 급박한 현실 속에서 점차 정치적 성향을 띠게 된다. 그리고 이것은 그로 하여금 존재하는 세계만을 묘사하는 데서 탈피하여 가상의 세계를 묘사하게 만든다. 1956년에 나온 『우도모를 위한 화환』은 이 부류에 속하는 작품이다. 이 소설의 줄거리는 다음과 같다. 런던에서 공부하는 일단의 학생들은 아프리카에서 추방된 어떤 늙은 애국자의 정신적 지도 아래 그들의 조국을 해방시킬 계획을 세운다. 이들 중 하나인 우도모는 독립이 임박함에 따라 조국 해방 운동에 동참하기 위해 영국을 떠나 팬 아프리카에 돌아온다. 여기서 팬 아프리카는 아프리카의 단결을 상징하는 가상의 국가다. 우도모는 각고의 노력 끝에 팬 아프리카의 수상이 되지만 여러 가지 어려움에 봉착한다. 그는 진정한 자유를 얻기 위해 세 가지 적들과 싸워야 한다. 부족주의와 빈곤과 백인들이 그가 극복해야 하는 것들이다. 우도모는 백인들의 힘을 약화시키는 데는 성공하지만 빈곤을 퇴치하는 데는 어려움을 겪는다. 그는 이 과정에서 백인들의 도움으로 학교와 병원을 짓고 어린 학생들을 해외로 보내 공부시킨다. 우도모는 빈곤이라는 장애물도 넘지만 부족주의를 없애는 데는 실패한다. 사람들은 백인들의 도움이 필요하다고 생각하는 그를 이해하지 못한다. 그는 철

두철미한 성격의 소유자로서 냉정한 면을 드러내기도 한다. 우도모의 가장 친한 친구 두 명이 전통과 과거에 대한 그의 비판을 비판하자 그는 공익을 위해 사적인 감정은 버려야 한다고 말하면서 음헨디를 배신한다. 우도모는 그가 속한 정당 내에 존재하는 부족주의에 의해 희생된다. 우도모의 친구 마비는 우도모가 암살된 후 유럽에 있는 우도모의 전(前) 애인 로이스에게 편지를 보내 우도모는 부족의 영광만을 고집하는 사람들에 의해 살해되었지만 그가 꿈꾸었던 자유와 변화에 대한 희망은 결코 죽지 않았다고 말한다.

1965년에 출간된 아브라함스의 소설 『그들 자신의 밤』은 남아공의 인도인 반정부 단체에 자금을 대주는 어떤 지하 조직의 활동과 관련된 혁명적 주제를 다룬다. 작가는 여기서 남아공에 존재하는 모든 인종적 요소들 사이의 관계를 예술적 형태로 빚어낸다. 이 소설에는 다양한 인종적 배경을 가진 사람들이 등장한다. 인도인 행동주의자 삼미 나이도, 인도인 저항 단체에 자금을 운반해주는 흑인청년 응코시, 인도인 상류층에 속하며 응코시와 사랑에 빠지는 여성 평화주의자 디, 학교 선생인 흑백 혼혈인 밀드레드, 백인 관리 칼 반 아스 등이 나온다. 아브라함스는 이 소설에서 행동을 강조하며, 인종주의가 사라지지 않는 한 사회의 평화는 불가능하고, 사람들은 영원한 고통의 상태에서 벗어나지 못한다고 주장한다. 아브라함스는 그날이 올 때까지 많은 사람들이 죽어야 하며 또 수많은 저항이 실패로 끝나겠지만 확고한 신념을 가진 사람들은 그날을 위해 끝까지 싸울 것이라고 말한다.

아브라함스의 소설은 남녀 간의 관계, 특히 서로 다른 인종에 속하는 사람들 간의 사랑을 다루는 경우 통속적인 흥미와 선정성에 치우친 멜로 드라마적 성향을 드러낸다는 비판을 받는다. 1948년에 나온 『천둥의 길』은 작가의 인종적 배경을 반영하듯이 칼라드의 사회의식에 초점을 맞추고 있다. 칼라드인 학교선생 래니 스와르츠는 보어인[64] 여성 새디와 사랑에 빠지지만 새디의 주변 사람들이 이 사실을 알게 되면서 두 사람은 결국 살해당한다.

---

64 보어인: (영국인을 제외한) 네덜란드계 이주민을 중심으로 한 남아공 백인 정착민을 부르는 말. '보어'는 '농부'를 뜻하는 네덜란드어 '부어(Boer)'에서 왔다. 오늘날에는 '보어인' 대신 '아프리카너(Afrikaner)'라는 말이 보편적으로 사용된다.

1950년에 나온 『황량한 정복』은 인종 간의 갈등을 역사적 관점에서 조명한 소설이다. 이 작품은 1934년에서 1935년에 걸쳐 일어난 보어인의 북방 이주를 소재로 하여 보어인과 마타벨레인 사이에 벌어진 전쟁의 비인도적인 측면을 묘사했다. 아브라함스는 이 소설에서 어느 한쪽에 치우치지 않은 객관적인 입장을 취한다.

아브라함스의 소설들은 전체적으로 간결하고 직선적인 문체상의 특징을 바탕으로 사실에 기초한 사건들을 생동감 있게 묘사한다. 특히 그의 자서전과 여행기는 아주 뛰어난 작품으로 평가받는다. 그의 소설들은 그가 억압받는 사람들의 편에 서 있지만 동시에 이상주의에 빠져 있다는 것도 보여준다. 아브라함스는 인간에 대한 인간의 잔학성과 잔악상을 파헤치는 데 관심이 있지만 그 스스로 어떤 답을 제시하지 않으며 또 그러한 답을 알고 있는 척하지도 않는다.

1919년 프리토리아의 슬럼가에서 태어나 가난한 농장에서 어린 시절을 보낸 음팔렐레는 열세 살이 되어서야 정규 교육을 받기 시작했다. 그는 1940년 요하네스버그에서 영어와 아프리칸스어 교사 자격증을 취득하고 교편 생활을 시작하지만 1952년 반투교육법에 반대했다는 이유로 교사직에서 해임된다. 이후 영국 런던대학교에서 학사학위와 석사학위를 따고 나이지리아의 이바단 대학에서 강사로 일했으며 프랑스 파리에서 '블랙 오르페우스'의 편집이사로 활동했다. 그는 케냐와 잠비아에서도 잠시 학생들을 가르쳤고 미국의 덴버 대학교에서도 영어와 흑인문학을 강의했다. 음팔렐레는 수필가, 평론가, 아프리카 문화연구가로도 유명하다. 그의 대표작으로는 『2번가 아래로』(1959), 『산 자와 죽은 자』(1961), 『아프리카의 이미지』(1962), 『회오리바람 속의 목소리』(1972), 『방랑자들』(1970)이 있다. 『2번가 아래로』, 『방랑자들』은 자서전적 소설이다. 최초의 자서전인 『2번가 아래로』는 프리토리아의 빈민굴에서 태어나 환경적 요인을 극복하고 남아프리카 공화국대학에서 석사 과정을 최우등으로 마친 최초의 유색인이 되기까지 겪은 이야기를 다룬다. 인종 분리 정책하에서의 인종적, 정치적, 경제적 현상들을 언급하는 이 작품은 교사이면서 동시에 예술가인 음팔렐레의 다양한 면모를 보여준다. 『2번가 아래로』는 아프리카문학의 고전 반열에 드는데 그 이유는 이 작품이 아파르트헤이트 하에서 자행된 인간에 대한 비인도적 행위를 탁월하게 묘사했을 뿐만 아니라 교육과 창작에 대한 작가의 뛰어난 통찰력을 보여주기 때문이다.

또 다른 자서전적 소설 『방랑자들』은 남아공을 등지고 새로운 터전을 찾아 아프리카 대륙을 방랑하는 많은 흑인 정치 망명객들의 고난과 외로움을 서정적으로 묘사한다. 음팔렐레는 여러 편의 단편소설도 썼다. 그는 피진 영어를 포함하는 다양한 변이형의 영어로 남아공에서 억압받는 사람들이 직면한 문제들을 날카롭게 파헤쳤다. 독자들은 그의 텍스트 속에서 격렬하면서도 동시에 익살스럽고 연민의 정을 유발하는 그의 재능을 발견한다.

4.7.2. 알렉스 라 구마

라 구마의 작품들은 한 개인의 내면세계나 가치관에 대한 묘사에서 벗어나 다양한 인물을 중심으로 전개되는 삽화적 구성을 특징으로 한다. 그는 독자들을 특정한 사람의 눈에 비친 세상으로 인도하는 것이 아니라 남아공이라는 기이한 세상에서 관찰되는 불행과 불결(不潔)에 대한 묘사를 통해 인간이 어떻게 파멸되어 가는가를 보여준다. 사건들은 모두가 폭력적이다. 도덕, 선, 진실 따위로 인해 갈등하는 사람들은 어디에서도 찾아볼 수 없다. 라 구마의 소설은 사회에 대한 거시적 묘사이며 독자들은 억압받는 자들의 비극과 관련된 모든 미시적 상상을 하게 된다. 끝없이 이어지는 폭력과 빈곤은 모두에게 해당되는 집단적 불행이다. 소잉카의 『해설자들』이 여섯 젊은이들의 눈을 통해 나이지리아의 모순을 해석하며 또 독자들에게 스스로 해석할 여지를 남겨 둔다면 라 구마의 소설은 해석 그 자체를 거부한다. 고향마을로 돌아가 할아버지한테서 추장 자리를 이어받을 것인가, 아니면 전통을 포기하고 외교관이 되어야 할 것인가 따위의 선택도 존재하지 않는다. 끝없이 걷어차이는 자들의 투덜거림만이 있을 뿐이다. 그 이상을 넘어서는 형이상학적 고민의 부재는 오히려 더 큰 현실감을 부여한다.

남아공에서 칼라드와 흑인 종족들은 정치적, 경제적, 사회문화적으로 각각 독립된 집단을 이루기 때문에 그들은 다수이자 동시에 파편화된 소수다. 이들은 상이한 이해관계 속에서 단합과 분열을 거듭하며 20세기 초부터 시작된 보어인들의 민족주의에 대항해 왔다. 남아공의 유색인 문학은 이러한 이유로 인해 처음부터 집단적 성격을 띨 수밖에 없었다. 그러나 카프카에게 있어 문학이 항상 민족의 문제로 귀착되었다면 이들에게 있어 문학은 박탈당한 인간의 존엄성을 되찾기 위한 투쟁의 도구로서의 문학이었다. 피부색에 따라 인종 간의 계급이 정해지고 흑인과 백인의 성적 접촉이 처벌을 받으며 이들 간의 결혼이 금지되는 사회, 불법감금과 고문, 투옥이 만연된 사회에서 끼니를 걱정하며 살아가는 가난한 사람들에게 민족이라는 단어는 오히려 논점을 흐리게 하는 것이었다.

라 구마의 작품 속에 형이상학적 고민이 없다는 것은 그래서 더 자연스럽다. 그는 있는 그대로를 보여준다. 지저분한 카페, 싸구려 화장품을 바른 칙칙한 얼굴들, 남루한 의복, 잔인한 사건들, 살인에 대한 합리화와 자부심, 차별받는 것에 대한 투덜거림, 백인 경찰의 경멸적인 표현, 경찰 앞에서 두려움을 느끼는 사람들, 총에 맞아 죽어 가면서도 어린 시절의 가난과 학대를 회상하는 사람, 빈 깡통과 쓰레기가 나뒹구는 거리 등. 독자들은 이를 통해 명시적인 메시지의 추구는 그것이 이념적인 논리로 귀착되건 안 되건 라 구마에게 있어 분명 이차적인 문제였다는 것을 알게 된다.

라 구마는 1925년 2월 20일 남아공 케이프타운에서 태어나 1985년 10월 11일 쿠바의 하바나에서 사망했다. 그는 고등학교를 졸업한 후 저널리스트로 활동하기에 앞서 가게 점원, 공원(工員), 장부 정리 등의 다양한 일을 했다. 흑인 해방 운동을 하던 가정에서 용감한 자유투사의 아들로 태어난 그에게 정치는 처음부터 운명이었는지도 모른다. 라 구마는 1956년 요하네스버그에서 클립타운 민중의회를 설립하는 데 중요한 역할을 했고, 여기서 역사적으로 유명한 '자유헌장'을 작성하는 데 주도적으로 참여했다. 라 구마는 1956년 반역죄로 체포된 적이 있으며, 1960년 남아공 경찰의 시위대에 대한 발포로 많은 사상자가 발생한 샤퍼빌 학살 사건 때는 재판도 받지 않고 5개월간 구류된 적도 있었다. 그는 급진적 성향의 신문 '신세대'의 발간에도 깊게 관여했으며, 유색 인종 회의와 같은 단체에서 남아공 정부의 인종 분리 정책에 저항했고, 이로 인해 악명 높은 로빈 아일랜드 감옥에 투옥되기도 했다. 라 구마는 1966년 영국으로 망명하기 전 거의 5년 동안 가택연금 상태에 있었다. 그는 1979년까지 영국에 체류했으며 말년에는 쿠바로 건너가 아프리카 민족 회의를 이끌었다.

라 구마의 소설은 개인적인 경험과 관찰에 바탕을 두고 있다. 아브라함스의 소설이 '편집된' 적의와 반감을 담고 있다면 라 구마의 소설은 있는 그대로를 보여준다. 그는 『한밤의 산책』(1962), 『세 겹 밧줄』(1964), 『돌나라』(1965), 『계절의 마지막 안개 속에서』(1972), 『때까치의 시간』(1979) 등과 같은 중편소설과 많은 단편소설을 썼으며, 대상들에 대한 정밀한 묘사를 통해 다양한 감정을 환기시키는 분위기를 창조적으로 표현했다. 그의 첫 번째 소설 『한밤의 산책』은 모순된 사회가 사람들을 어떻게 파멸시키는 지 보여준다. 『세 겹 밧줄』에서는 칼라드가 집단적으로 거주하는 게토에서 한 가정이 인종 차별 정책으로 인해 해체되어 가는 모습을 그리고 있으며, 『돌나라』는 작가의 로빈 아일랜드 감옥에서의 경험을 소재로 한다. 라 구마의 작품들은 그가 남아공을 떠나 망명 생활을 하고 있다는 느낌을 주지 않는다. 그의 소설은 그가 항상 사람들과 함께 있고 그들의 불행에 깊게 연루되어 있다는 느낌을 준다.

라 구마의 대표작인 『한밤의 산책』은 6번 구역이라고 불리는 케이프타운의 칼라드 거주 지역을 배경으로 한다. 이 작품에는 1950년에 제정된 집단 지역 거주법을 비롯한 여러 차별적인 법규들에 대한 칼라드의 반응이 나온다. 그러나 이 소설의 보다 큰 관심사는 폭력이 난무하는 사회가 그 사회의 구성원들, 즉, 탄압하는 자와 탄압받는 자 모두를 어떻게 파괴시키는 가를 보여주는 데 있다. 소설의 장면들은 썩은 냄새와 썩은 기름과 오물 찌꺼기가 난무하는 세상에 대한 이미지로 채워진다. 이런 세상은 불결하고 다 부서지고 쓰레기통이 여기저기 나뒹구는 칼라드 신분에 속하는 주인공 마이클 아도니스의 집에서 극치를 이룬다.

> 마이클 아도니스는 그가 살고 있는 좁고 높은 건물의 입구에 들어섰다. 오래전, 한때는 어떤 품위와 아름다움을 지녔을 테지만 지금은 넓은 출입구를 장식하는 빅토리아풍의 회반죽만이 벗겨져 너덜거리고 모진 세월의 흐름 속에서 검게 변해 있었다. 출입구의 바닥에는 흰색과 검은 색의 석판들이 깔려 있지만 무수히 많은 사람들에 의해 짓밟히고 먼지와 찌든 기름과 재들로 범벅이 되어 사각형의 윤곽은 희미해졌고 지금은 흡사 끔찍한 피부병을 앓고 있는 모습을 하고 있었다. 출입구의 한쪽에는 쓰레기통들이 나뒹굴고 썩은 과일, 상한 음식, 부패한 물, 그 밖의 흔한 썩은 냄새들을 발산하고 있었다. 접시 물 색깔의 고양이 한 마리가 쓰레기통에서 생선 대가리를 앞발로 긁어내리고 있었다.

아도니스는 계단을 오르다가 쓰레기 더미와 깨진 병과 낡은 장화 밑에 깔려 있는 생선 대가리와 씨름하고 있는 고양이를 발견한다. 그는 발로 쓰레기통을 뒤집어 생선 대가리를 풀어놓는다. 고양이는 바닥에 누런 국물 자국을 남기며 그것을 끌고 간다. 고양이에 대한 묘사는 곧 이어 등장하는 한 여인에 대한 묘사와 대구를 이룬다. 아도니스는 고양이에게 선심을 쓴 후 위층으로 올라가다가 계단을 내려오는 어떤 여자와 마주치고, "차라리 너하고 노는 게 낫겠는데"라고 불쑥 내뱉는다.

> 그녀는 내려와 첫 번째 계단에 서서 이빨 사이의 틈을 드러내며 그에게 웃어 보였다. 두꺼운 입술에 번들거리는 립스틱을 핏빛처럼 붉게 처발라 그녀의 검은 얼굴에서 마치 상처처럼 뻣뻣하게 보였다. 철사처럼 올이 성긴 머리털은 때 묻은 리본으로 머리 뒤쪽에 조랑말의 꼬리 모양으로 묶여 있었고, 블라우스와 스커트 아래의 몸은 작고 돌출된 유방을 제외하면 그다지 특별한 것이 없었다. 그리고 비싸 보이는 굽이 평평한 노란색의 새 가죽신을 신고 있었는데 폐물 더미에서 챙긴 듯한 인상을 주었다.

『한밤의 산책』 전체를 압도하는 분위기는 불결함과 침울함과 잔혹함이다. 불결함은 주변 환경에 관한 것이고, 침울함은 등장인물의 심리 상태에 관한 것이며, 잔혹함은 행동에 관한 것이다. 이런 이미지들은 그것들이 지속적으로 병치된다는 점에서 거대한 의미적 대구의 연쇄를 이루며 따라서 이 작품에 관한 한 텍스트 조직의 원리로 작용한다. 반복적으로 등장하는 이미지들은 중간중간 삽입되는 폭력적인 사건들과 행위들을 더욱 돌출시킨다.

중심 집단의 문학이 사람들의 내면세계와 개인적 관심사에서 출발하며 주변에 대한 서술은 단지 이것들과 관계를 맺는 부차적인 요소로 처리되는 경향이 있는 데 반해 소수 집단의 문학에서는 전자보다는 후자에 큰 비중이 두어지는 경우가 종종 있다. 라 구마는 개인에 대한 환경의 영향을 환경 자체에 대한 구체적인 묘사를 통해 효과적으로 전달한다. 그의 환경에 대한 묘사에서 독자들은 그 환경 속에서 살아가는 사람들에 대한 선명한 이미지를 구축한다. 거칠고 부당한 세계에 버려진 핍박받는 영혼들의 이미지는 독자의 뇌리에 한번 각인되면 좀처럼 지워지지 않는다. 일견 소홀하게 처리되고 있는 것처럼 보이는 인격 묘사는 오히려 주변에 대한 세밀한 관찰에 힘입어 돋보이게 되며 결국 등장인물들의 불행과 두려움은 한층 더 가까이 느껴지게 된다. 『세 겹 밧줄』에 나오는 어떤 마을에 대한 묘사가 궁극적으로 노리는 것은 여기서 살아가는 사람들이다.

> 북서쪽에 비구름이 쌓여가고 있었다. 처음에는 높은 바람에 실려 온 솜털같이 부드러운 모습으로, 그 다음에는 실타래처럼 둔하게 움직이는 구름으로, 그리곤 마침내 높이 올라간 난간처럼 쌓여가고 있었다. 그것은 마치 수평선을 가로지르는 거친 회반죽의 벽처럼 보였다. 그래서 태양은 희미한 미광(微光)조차 잃었고 오직 회색빛 망사 뒤의 창백한 인광(燐光)만이 있었다. 바다도 회색빛이었다. 지친 바람에 펄럭이는 담요처럼, 굼뜬 파도에 따라 움직이는, 차가운 금속과 같았다. …
>
> 국도와 기찻길을 따라 늘어선 판잣집과 폰도키 오두막의 사람들, 시외의 모래땅에 사는 사람들은 하늘을 바라보다가 습기를 잉태한 구름들이 산마루에 걸려 있는 북서쪽을 응시했다. 빗줄기가 지붕을 두드리며 쏟아지자 일꾼들은 훔친 종이 상자들을 집으로 날랐고, 지붕을 보강하기 위해 녹슨 양철판과 깡통을 주워 모았다. 바람이 불 때 지붕을 낮추기 위해 굵은 돌들을 들어 올려 헝겊을 이어 붙인 지붕과 서까래를 묶었다.

사람들의 행동유형은 안정감, 세련미, 자기성찰 따위와는 무관하다. 독자들은 칼라드 집단 거주 지역에 사는 사람들, 그들의 눈빛, 그들이 사용하는 말 속에서 분리된 집단의 파멸된 인간성을 느낀다. 『세 겹 밧줄』에서 원시적인 복수심에 불타오르는 론니는 자기의 여자 친구 수지를 칼로 찌르면서 일말의 가책도 느끼지 않는다. 『한밤의 산책』의 주인공 아도니스는 우발적인 살인을 한 후 두려움에 휩싸인다. 그러나 이 두려움은 곧 살인 행위에 대한 합리화로 대체된다. 합리화는 단순하게 이루어진다. "젠장, 우리는 모두 오래전에 목이 매달린 존재들이잖아. 법이란 도대체 무엇 때문에 있는 거지? 우리들 불쌍한 누런 잡종들을 걷어차기 위해서." 아도니스는 더 나아가 자신이 이제는 다른 건달들과는 구별되는 한 차원 상승한 존재가 되었다는 사실에 자부심을 느낀다. 그에게 남아 있는 유일한 아쉬움은 그가 사람을 죽이는 용기를 가졌다는 것을 친구들 앞에서 자랑스럽게 떠벌릴 수 없다는 사실뿐이다.

사람들은 모두가 정상이 아니다. 자신의 존재를 부정함으로써 타자의 존재마저도 부정하는 사람들은 이성(理性)의 여러 군데가 망가진, 아니 돌이킬 수 없을 정도로 훼손된 심각한 중증의 변이형들이다. 불륜을 저지른 아내의 정부(情夫)를 죽이겠다고 달려드는 플립, 그와 싸우다 칼에 찔려 창자를 쏟아내며 죽어가는 컬리, 컬리의 손가락 사이로 꾸역꾸역 새어 나오는 창자를 손으로 틀어막는 플립, 구경꾼들, 경찰 콘스타블 랄트의 칼라드에 대한 경멸, 총에 맞아 생명이 경각에 달린 윌리보이를 자동차에 싣고 가다가 가게에 들려 태연히 담배를 사는 콘스타블의 모습, 냄새나는 게토의 계단을 오르며 그곳의 모든 사람들이 죽는다 해도 자기 근무 시간 중에 사건이 발생하지 않는다면 전혀 신경 쓰지 않겠다고 말하는 콘스타블의 운전수, 조의 아버지의 어머니에 대한 폭력, 그 분풀이로 가해지는 그에 대한 어머니의 학대, 잘못이 없으면서도 경찰의 출현에 두려움을 느끼는 건물 내의 사람들, 그들의 풀기 없는, 짐승 같은, 오랜 세월 가난이 할퀴고 간 얼굴들.

라 구마에게 있어 불행은 집단적이다. 모두 비극적인 삶을 살기에 집단적이며, 서로 싸우며 상처를 주기 때문에 집단적이다. 또한 누구나 비극적이라는 점에서 그것은 사회적이다. 그러나 아무도 그들을, 혹은 그들 중의 하나를, 불행에서 구할 수 없으며, 설사 구한다 하더라도 그것은 큰 의미를 지니지 않는다. 라 구마는 집단적이며 사회적인 비극을 묘사하며 그에게 있어 어느 특정인의 구제는 오히려 논점의 혼동을 초래할 뿐이다.

개인적 고뇌에 사로잡혀 번뇌하는 모습은 어디에서도 찾아볼 수 없다. 단지 보어인 경찰인 콘스타블 랄트만이 부정(不貞)한 아내에 대해 어떤 행동을 취해야 할지 고민한다. 랄트의 운전수도 한 여자를 놓고 비슷한 갈등에 빠진다. 그러나 선택할 수 없다는 것은 역설적으로 선택할 여지, 즉, 자유가 있다는 것을 말해준다. 그것은 누런 잡종들에게는 불가능한 사치이다.

남아공의 전원적인 풍경에 익숙한 사람들한테 라 구마가 보여주는 지저분한 거리와 카페, 사람들의 누추한 모습은 낯설게 다가온다. 특히 냄새는 불결함에 대한 묘사의 중심에 있다. 땀 냄새와 찌든 담요에서 나는 악취, 환기가 안 되는 침실, 역겨운 음식, 습기 찬 방구석에서 나는 곰팡이 냄새는 남아공의 아름다운 모습을 연상하는 사람들의 기대를 일순간에 무너뜨린다. 불결함에 대한 묘사는 사람들의 거친 말투, 잔인한 사건들과 번갈아 가며 등장한다. 이러한 요소들의 반복적 병치는 라 구마의 텍스트의 문법을 이루며 작품 전체를 일관성 있게 관통한다.

불결함, 침울함, 잔혹함이 궁극적으로 향하는 곳은 절망이다. 인간의 기본적인 존엄성이 거부당하는 자들이 선택할 수 있는 길은 없는 것처럼 보인다. 흑인들과는 달리 칼라드한테는 돌아갈 고향조차 없다. 시련과 절망 속에서 사람들은 서서히 파멸의 길을 걷는다. 주인공 아도니스는 직장에서 해고된 후 술에 취해 집에 돌아가는 도중에 알콜 중독자이며 한때 배우로 일했던 아일랜드계 백인 도티를 만나서 그와 술을 마시게 되고 우발적으로 그를 살해한다. 아도니스의 친구이자 감옥에 다녀온 윌리보이는 우연히 도티의 시체를 발견하고 그를 살인자로 오해한 콘스타블 랄트의 총에 맞아 죽는다. 직장에서 해고된 아도니스는 두 명의 백인 경찰에 의해 쫓기고 있었으며 도티에 대한 그의 공격은 그를 파멸시키려는 사회에 대한 무의식적인 반격이었다. 살인을 한 아도니스는 두려움에 휩싸였지만 자기가 한 일에 대해 점점 자부심을 느끼면서 승리감에 도취된다. 라 구마는 이 사건을 통해 모순된 사회가 인간을 어떻게 변화시키는 가를 보여준다. 윌리보이의 억울한 죽음도 경찰의 잘못된 관행을 폭로함으로써 소설의 목적에 부응한다. 결국 아도니스도 윌리보이도 도티도 백인 경찰 콘스타블도 광기와 폭력이 난무하는 사회의 희생자들이었던 것이다.

『한밤의 산책』에서 불결함과 악취는 영어와 아프리칸스가 혼합된 우스꽝스러운 언어와 조화를 이룬다. 이 언어는 남아공의 칼라드 사이에서만 통용된다. 그것은 피진 스타일의 영어도 아니며, 하녀나 집사들에 의해 모방되는 불완전한 아프리칸스도 아니다. 그것은 혼혈인, 영원한 이방인들의 말이다. 영국계 백인과 흑인 사이에서 태어난 아내, 아프리카너와 흑인 사이에서 태어난 남편, 이러한 결합이 만들어내는 특수한 언어 상황은 칼라드의 불결한 거주환경과 부당한 사회환경 속에서 한층 돋보인다.

어색한 문법, 동사의 일치 현상의 무시, 부적절한 대명사의 사용, 자주 등장하는 아프리칸스 단어, 은어(隱語), 그 밖의 저속한 표현들은 독자들에게 그들이 남아공의 칼라드 마을 한복판에 와 있는 듯한 느낌을 준다. 특히 빈번히 관찰되는 부정을 뜻하는 표현은 사람들의 부정적인 의식세계를 반영한다. 중복 부정은 이러한 것들 중에서 두드러지게 관찰되는 현상이다.

me, I never work for no white john (4 page)
nobody can go nowhere (10 page)
Cully doesn't say nothing but ... (18)
I haven't got no white uncles (15)
Well, he didn't have no right living here with us Coloureds (29)
He never mos told us nothing (69)
You don't get nothing to eat (70)

사람들은 자신의 행위와 관련된 깊은 성찰을 하지 않는다. 살인을 했을 때나 살인범으로 오인 받았을 때에도 단세포적으로 반응한다. 아도니스는 도티의 방에 초대되어 함께 술을 마신다. 그는 도티를 살해하기 직전 도티가 자신을 엉클(아저씨)이라고 칭하자 "I haven't got no white uncles"이라고 격렬하게 되받아친다. 아도니스는 도티를 술병으로 내리쳐 살해한 후 자기 방으로 돌아와 백인인 도티가 어떻게 해서 칼라드가 사는 건물에 섞여 살게 되었는지 궁금해한다. 그는 도티가 그들과 함께 살 권리가 없다고 말한다. "Well, he didn't have no right living here with us Coloureds."

중복 부정과 함께 Be 동사의 비표준적인 형태와 조동사의 불일치도 종종 관찰된다.

Well, the negroes isn't like us. (16)
You'se not my uncle either. (25)
He don't mean nothing. (54)
What the hell he do that for? (69)
They'se a bunch of gangsters. (74)
Jesus, isn't we all people? (75)

그 밖의 부적절한 어법의 예를 유형별로 제시하면 다음과 같다.

whites done it (16) (done → have done)
they said he did look properly at some woman (16) (woman → women)
Anyway those whites are better than ours (16) (ours → we/us)
Heard it at a meeting (17) (Heard → I heard)

Me go to jail for a toit? (19) (Me → I)

The law don't like white people being finished off (29) (don't → doesn't)

등장인물들은 불완전한 영어 문장 속에 아프리칸스 단어를 섞어서 말하는데 이러한 어법은 작품 전체를 통해 희극적 일관성을 부여한다. 이것은 라 구마가 있는 그대로의 환경을 묘사하듯이 있는 그대로의 언어 생활을 묘사하고 있음을 말해준다. 다음은 자주 쓰이는 아프리칸스 단어들이다.

baas (master)
bedonerd (crazy)
bliksem (miscreant)
donder (wretch)
hoit/hotnot (원래 아프리카너들이 호텐토트를 가리킬 때 쓰는 말이지만 『한밤의 산책』에서는 칼라드를 경멸적으로 부르는 말로 사용된다.)
jong (young man)
mos (just)
oubass (old master)
verdomde (damned)
volk (person)

끝으로 철자와 발음이 변형된 영어 단어도 많이 관찰되며 은어와 속어도 자주 등장한다.

Hullo → Hello
blerry → bloody
capitalis → capitalism
or'er → order
goose 애인
white john 백인

그러나 작가적 시점에서는 완벽한 표준 영어가 사용되며 위에서 언급한 변이형들은 등장인물의 대화에서만 관찰된다. 라 구마는 모든 사람들이 표준 영어를 사용하는 케냐의 응구기나, 피진을 사용하는 나이지리아의 투투올라와 구별되며, 표준의 범주에 속하지만 현지화된 영어를 구사하는 아체베와도 다른 면을 보여준다. 알렉스 라 구마의 언어는 어떤 의도된 이념을 지향하지 않으며 언어적 풍요로움을 추구하지도 않는다. 그것은 불결하고 망가진 세상에서 살아가는 사람들이 쓰는 현실의 언어다.

4.8. 아프리카 문학의 정체성과 언어적 실험: 개브리얼 오카라

본 절은 아프리카 문학의 정체성 추구라는 맥락에서 개브리얼 오카라의 소설 『목소리』의 문체론적 특징을 분석한다. 오카라가 활동하던 시기는 아프리카 문학의 고전들이 탄생하던 시기로서 이것들의 모범적 가치는 지금도 변하지 않고 있다. 그러나 고전이나 정전(正典)만으로는 한 시대의 문학을 완전히 설명할 수 없다. 소위 위대한 작품들의 그늘에 가려 그 문학사적 의의를 제대로 평가받지 못한 작품들 중에도 시대적 소명에 부응하고 문학 담론의 장(場)에 크게 기여한 것들이 많이 있다. 개브리얼 오카라의 소설 『목소리』도 이들 중의 하나다.

오카라는 언어를 통해 픽션이라는 장르의 아프리카적 정체성을 추구했다. 언어 선택의 문제는 아프리카의 작가들에게 있어 다른 어떤 것보다도 중요한 것이었다. 투투올라의 『야자주 술주정꾼』에서 사용된 피진 영어는 엉터리 영어와 불완전한 문법이라는 초기의 혹평에서 벗어나 문체론적 자주성이라는 담론으로 이어졌고, 아체베는 구연문학의 요소들을 텍스트에 접목시킴으로써 그의 소설이 전통과 단절되지 않았다는 것을 보여주었다. 오카라도 이러한 실험을 창조적으로 시도한 사람이다.

본 절은 두 개의 핵심 주제를 다룬다: 시인의 소설과 언어적 혼성. 제1주제 '시인의 소설'은 오카라의 텍스트에서 관찰되는 시적 요소들에 관한 것이다: 상징과 암시, 대구, 구연시의 특징인 부연적 묘사 등. 첫째, 상징과 암시는 『목소리』의 사건 및 사건 전개와 깊은 관련을 맺는다. 주인공 오콜로가 추구하는 '그것'은 물욕이 만연한 사회에서 행방불명된 내면의 가치를 상징하는데 이 내면의 가치는 선과 정의를 구현하기 위해 꼭 필요한 것이다. 오콜로는 '그것'을 찾아 끊임없이 배회하며 탐욕에 눈먼 사람들은 이 행동에 위협을 느끼고 그를 살해한다. 상징이 배회, 두려움, 살인이라는 사건들과 관련된다면 암시는 다가올 역경에 대한 암시나 다가올 죽음에 대한 암시처럼 앞으로 일어날 일들을 예언한다는 점에서 사건 전개와 관련된다. 둘째, 통사 구조의 대응과 음운대응은 텍스트에 형태적 안정감을 부여한다. 텍스트에 안정감과 율동을 주는 대구, 비슷한 단어의 반복, 운(韻) 따위는 이조족의 구연시작법에서 빌려온 것들이다. 이것은 오카라 소설의 문체론이 아프리카의 구연문학에 기초하고 있다는 것을 말해준다. 셋째, 구연시의 특징인 부연적 묘사와 구절들의 인과적, 종속적 관계도 자주 눈에 띈다.

제2주제 '이조어와 영어의 언어적 혼성'은 소설 텍스트에 문화적 컨텍스트를 입히는 것으로서 다섯 가지 방법으로 실현된다: 신조어(新造語), 연어(連語), 언어적 차용, 의미적 확장/변화, 어휘적 전자(轉字)의 문맥적 의미.[65] 이 방법들을 관통하는 하나의 공통점은 이조어의 문법과 복합어에 영어 단어를 하나씩 축어적으로 대입시키는 것이다. 오카라는 이를 위해 이조어 문장을 먼저 떠올리고 나중에 그것을 영어로 옮기는 방법을 택했다. 그에게 있어 언어는 메시지 전달에만 국한되는 도구가 아니었다. 언어는 문학의 문화적 정체성을 증명하는 도구였다.

4.8.1. 시인의 소설

오카라는 1921년 남동나이지리아의 바옐사주(州) 부모운디에서 태어났다. 그의 부친은 귀족 가문의 혈통을 이어받은 사업가였으며 기독교도였다. 오카라는 시골에서 초등학교를 마친 후 14세가 되어서야 현대식 교육을 받기 시작해 나중에는 우무아히아대학과 야바대학에서 공부했다. 그는 영국 시인 윌리엄 워즈워드의 『이른 봄에 쓴 시』에 감명을 받아 시인이 되기로 결심했다. 첫 번째 시작(詩作) 『넌강의 부름』은 1953년 나이지리아 예술제 문학 부문 수상작으로서 1957년 이바단대학의 문학

---

65 Yeibo, Ebi. 2011. 'Nativization of English in African Literary Texts: A Lexico-Semantic Study of Transliteration in Gabriel Okara's The Voice.' International Journal of Humanities and Social Science 1(13): 202-208.

정기 간행물 블랙 오르페우스에 발표되었고 그의 모든 시들 중에서 가장 애송되는 시가 되었다. 이 시의 화자는 표면상 넌강에 대한 향수를 노래하지만 시인은 강과 배를 개인의 운명과 인생을 상징하는 수단으로 이용했다.[66] 주술적 리듬과 아기를 달래는 듯한 표현, 유령처럼 따라다니는 어린 시절에 대한 그리움은 고향을 떠나 삭막한 도시에 갇혀 살아가는 현대인들의 고독을 어머니의 손길처럼 따스하게 어루만진다. 또 다른 시 『피아노와 북』은 전통과 현대 사이에서 갈등하는 아프리카 지성인들의 고뇌를 표현한다. 피아노는 서구를, 북은 아프리카를 상징하는 이 시에서 시인은 문화적 전통에 충실한 삶이 내포하는 담백(淡白)과 순수(純粹)를 예찬한다. 문화적 전통은 시적 영감과도 관련된다. 토킹 드럼은 시상(詩想)을 자극하고 시인은 창조적 충동에 침몰하며 자연은 이에 맞춰 조화로운 춤을 춘다.[67] 『바람의 영혼』과 『내가 선택했다면』은 철학적 관점에서 운명을 말하고 있으며 비아프라 내전과 관련된 시들은 초기의 작품들이 보여주던 신비주의적 색채 대신 현실에 절망한 민중의 절규를 읊는다. 오카라는 1950년대의 시들과 1960년대의 전쟁시들을 함께 묶어 1978년 시집 『어부의 기도(祈禱)』를 발표했다. 『어부의 기도』는 1979년 영연방 시(詩) 문학상을 수상했다.

오카라의 소설 『목소리』는 물질만능주의를 비판한다. 독립 전(前) 식민 정부를 공격하던 정치가들은 독립 후(後) 정권을 장악하자 과거에 영국인들이 했던 행위를 반복하며 사적인 이익을 추구하는 데 몰두했다. 지방의 지도자들도 예외는 아니었다. 권력에서 소외된 대부분의 지성인들에게 있어 독립된 현재는 독립 전보다 더 암울해 보였고 과거에 꿈꿨던 장밋빛 미래는 현실 어디에서도 찾아볼 수 없었다. 위정자들의 부패는 함께 투쟁했던 사람들을 배신하는 행위였으며 후손들이 누려야 할 영광을 앗아가는 것이었다. 오카라는 노골적인 표현보다는 상징과 암시를 통해 이들을 비판했다. "『목소리』는 문학을 통해 사회를 정화하고자 했던 오카라의 시적 사명감의 소

---

66 Manheim, James. 2015. 'Okara, Gabriel 1921-.' Contemporary Black Biography (2003) ⟨http://www.encyclopedia.com⟩.

67 Maduakor, Obi. 2011. 'Okara, Gabriel.' In The Encyclopedia of Twentieth-Century Fiction. (ed.) Brian W. Shaffer. p. 1270. Blackwell Publishing Ltd.

설적 승화였다."[68]

『목소리』는 돈과 권력이 난무하는 타락한 사회에서 생의 의미를 추구하는 한 젊은이의 비극적인 이야기다. 이 비극은 독립 후 현실에 저항했던 많은 아프리카 지성인들의 운명을 대변한다. 오카라는 1973년 린드포즈와의 인터뷰에서 이 운명에 대해 다음과 같이 말했다. "그것은 젊은 사람이건 늙은 사람이건 큰 소리로 말할 수 있는 용기를 가진 사람들이 경험한 역경이었습니다. 우리 중의 많은 사람들이 다른 사람들 속에 섞여 조용히 처신하도록 강요받았습니다. 만일 누군가 그 당시에 그렇게 하지 않았다면 -아마 지금도 그럴 테지만- 글쎄요, 오콜로를 강물에 빠뜨렸던 폭력이 그 사람도 빠뜨렸을 겁니다."[69] 오콜로는 아체베의 주인공들처럼 문화충돌의 희생자로 묘사되지 않으며, 다음 절에서 살펴볼 알루코의 주인공들처럼 모순된 가치 사이에서 균형점을 찾는 합리적 존재로 부각되지도 않는다. 그는 타락과 탐욕에 떠밀려 오래전 사라진 '당연히 있어야 하는 것'을 되찾기 위해 정신병자처럼 계속 똑같은 질문 "그것을 얻었습니까?"를 사람들한테 한다. 삶의 이상적 지표를 전파하기 위해 죽음을 불사하며 자신의 의지를 관철하는 오콜로의 이러한 모습은 그리스도의 숭고한 희생을 연상시킨다.

이조어로 목소리를 뜻하는 오콜로는 주인공의 역할과 상징어로서의 역할을 동시에 한다. 이 목소리는 혼자서 외치는 목소리이며 아무도 듣지 않는 목소리다. 오콜로는 '그것'을 찾아 끊임없이 회의에 찬 질문을 던지고 마을 사람들은 이 행동을 못마땅해 한다. 주인공이 찾는 '그것'은 독자에 따라 신념, 내면의 목소리, 아프리카의 운명, 생의 의미 등 여러 가지로 해석될 수 있다.[70] 오콜로는 마침내 추방되는데 이것은 그의 질문이 사람들의 생활방식에 위협이 된다고 판단되었기 때문이다. 도덕적 사명감은 그를 다시 고향으로 돌아오게 하지만 추장 이종고와 그의 추종자 아바디 박사를 비롯한 마을 원로들의 위선을 들추어내면서 결국 죽임을 당한다. 사람들은 그를 강

---

68 Obiechina, Emmanuel. 1972. 'Art and Artifice in Okara's The Voice.' p. 32. Okike 1(3): 23-33.

69 Lindfors, Bernth. 1974. 'Dem-Say: Interviews with Eight Nigerian Writers.' p. 43. Occasional Publications No. 9.

70 Manheim, James. 2015. 'Okara, Gabriel 1921-.' Contemporary Black Biography (2003) 〈http://www.encyclopedia.com〉.

물에 빠뜨려 살해한다.

오콜로의 죽음은 무의미한 죽음이 아니다. 그의 질문은 나중에 그 의미를 깨닫게 된 주민들의 자발적인 혁명을 통해 영원히 살아남는다. 오카라는 이 작품에서 물욕에 탐닉하는 자들을 고발하며 삶의 가치가 사람들의 겉모습이 아닌 내면의 자질에 의해 정의되어야 한다는 메시지를 전달한다.

『목소리』는 상징과 암시로 가득 찬 시적 소설이다. 우선, 주인공과 주요 등장인물들의 이름이 상징적이다. 앞서 말했듯이 '오콜로'는 이조어로 목소리를 뜻한다. 청자를 찾아 외치는 이 목소리는 반향 한 점 없는 황량한 벌판에서 혼자 부르짖는 목소리다. 사람들은 오콜로의 '그것'이 무엇을 의미하는지 알고 있으며 오콜로 또한 사람들이 '그것'을 알고 있다는 것을 알고 있지만 둘 사이에 교류는 없다. 이것은 침묵보다 더 답답한 현실을 상징한다. 추장의 이름 이종고는 종골로고(Zongologo), 즉 '거대한', '약자를 괴롭히다'라는 단어의 의음(擬音)이다. 따라서 이종고가 사람들을 괴롭히는 것은 당연한 일처럼 느껴진다. 이종고는 독선적인 인물로 '그것'을 찾아 떠도는 오콜로의 행동에서 자신의 권위에 대한 위협을 느낀다. 또 다른 등장인물인 아바디는 이종고의 오른팔 노릇을 하며 오투투라는 사람을 추방하는 일에 앞장선다. 아바디는 '위', '복부'를 뜻하는 암바디(Ambadi)를 연상시키는 말로 이기심을 상징한다.

상징은 사람들의 이름에만 국한되지 않는다. 후행하는 사건을 암시하는 선행하는 사건에 나오는 대상들이 상징인 경우가 많다. "귀먹고 말 못하고 앞 못 보는 사회가 약자를 괴롭히는 사람과 탐욕에 눈먼 사람들에 의해 좌지우지 될 때 개혁의 유일한 희망은 오콜로가 그랬던 것처럼 타협을 거부하는 그리스도적인 구원(救援) 운동밖에 없었다. 오콜로는 순응을 거부하는 사람이 된 것에 대한 대가를 치러야만 했다. 그는 솔로가로 가는 길 위에서 그를 기다리고 있는 박해(迫害)의 불길한 전조(前兆)를 느꼈다."[71]

"The outboard engine-canoe [in which Okolo traveled to Sologa] laboured against

71 Ashaolu, Albert Olu. 1979. 'A Voice in the Wilderness: The Predicament of the Social Reformer in Okara's The Voice.' p. 115. International Fiction Review 6(2): 111-117.

the strong water of the river. It was rain's time. So the river was full up to its brim and the water's power passed power. So the outboard engine's sound was like the sound of an aeroplane as it pushed the canoe against the formidable power of the water." (p. 58)

선체 바깥쪽에 엔진이 달린 카누(오콜로는 이 안에서 솔로가로 여행했다)는 강의 거센 물살을 거슬러 힘겹게 움직였다. 우기(雨期)였다. 그래서 강은 넘칠 만큼 가득 찼고 물살의 힘은 최대치에 달했다. 선체 바깥쪽의 엔진이 가공할 물살의 힘을 거슬러 카누를 밀고 나갈 때 그 소리는 마치 비행기 소리처럼 들렸다. (58쪽)

위의 인용문에서 물살을 거슬러 힘겹게 나아가는 카누는 추장 이종고와 마을 원로들의 권위에 맞서 싸우는 오콜로를 상징하며 생명을 위협하는 폭풍우는 그에게 닥쳐오는 운명을 상징한다. 『목소리』의 상징과 암시는 이렇게 현재와 미래를 연결하는 고리 역할을 하며 이야기를 이끌어간다는 점에서 텍스트를 국부적으로 장식하는 수사학적 역할을 넘어 사건들을 응집력 있게 배열하는 조직의 원리가 된다.

『목소리』의 텍스트를 시적으로 만드는 것은 상징과 암시에만 국한되지 않는다. 운(韻), 통사적 대구, 어휘의 반복처럼 서로를 의식하는 언어 단위들은 작품의 주제와 연관된 선악의 개념들 위에 포개져 시적 율동을 만들어낸다. 이러한 것들은 이조족의 전통 구연문학에서 흔히 관찰되는 요소들이다. 아래의 인용문은 아프리카의 구연문학이 오카라의 문체에 얼마나 큰 영향을 주었는지 잘 보여준다. 이조어식 표현 방법도 눈여겨 볼 필요가 있다.

Some of the townsmen said Okolo's eyes were not right, his head was not correct.

…

So the town of Amatu talked and whispered; so the world talked and whispered. Okolo had no chest, they said. His chest was not strong and he had no shadow. Everything in this world that spoiled a man's name they said of him, all because he dared to search for it.

…

Okolo started his search when he came out of school and returned home to his people. When he returned home to his people, words of the coming thing, rumours of the coming thing, were in the air flying like birds, swimming like Fishes in the river.

위의 단락들은 -마을 사람들의 오콜로에 대한 묘사가 특별히 시적일 필요가 없다는 점에서- 『목소리』의 텍스트가 전반적으로 시적이라는 것을 간접적으로 말해준다. 대구와 결합된 자음운(子音韻)은 소리의 흐름에 중단되지 않는 율동을 더한다. 일례로 아래의 문장은 시의 반행(伴行)들을 연상시킨다. 통사적 대구에 포개진 right와 correct는 의미적 대구를 이루며 동시에 각운을 만들어낸다.

Okolo's eyes were not right, his head was not correct

두 번째 단락의 첫 문장 So the town of Amatu talked and whispered; so the world talked and whispered 역시 불완전한 통사적 대구를 이루며 talked와 whispered의 ed 또한 음성적으로 대응한다. 그 다음 문장 Okolo had no chest, they said는 평범한 문장처럼 보이지만, 파열음인 chest의 t와 said의 d는 지금까지 조용히 진행되던 음성 대응의 존재감을 갑자기 부각시키며, 그 여운은 뒤이어 나오는 문장 His chest was not strong and he had no shadow의 치경마찰음 strong의 s와 shadow의 sh를 통해 두운의 형태로 부활한다. 두 번째 단락의 마지막 문장 Everything in this world that spoiled a man's name they said of him, all because he dared to search for it도 목적절인 밑줄 친 부분의 전방 도치로 인해 of him과 for it이 구절 말에서 '전치사+대명사'라는 동일한 구조를 실현한다. 시적 대응은 세 번째 단락의 마지막 문장에서 절정을 이룬다.

When he returned home to his people, words of the coming thing, rumours of the coming thing, were in the air flying like birds, swimming like Fishes in the river.

통사적 대구 위에 얹혀진 words of the coming thing의 words와 rumours of the coming thing의 rumours 사이에 존재하는 한 쌍의 자음운은 뒤이어 나오는 were in the air flying like birds, swimming like Fishes in the river에서 두 쌍으로 늘어난다: flying/swimming; birds/Fishes. 일상의 어순에서 flying like birds 다음에 와야 할 부사구 in the air는 이를 위해 도치되어 가운데로 들어갔다. 시적 응집력은 소리 차원을 넘어 문장 차원으로 확대되기도 한다. 밑줄 친 When he returned home to his people은 그 앞 문장 Okolo started his search when he came out of school and returned home to his people의 두 번째 절 returned home to his people을 반복하고 있다. 후행이 전행의 일부를 반복하는 이러한 현상은 아메리카 인디언의 민담 구조, 즉, 텍스트 조직의 원리로서의 행 분할 구조와 비슷하며 아프리카의 구연 민담에서도 종종 관찰된다.

위에 인용된 세 단락은 구전성의 일반적 특징인 첨가적, 반복적, 종속적 성격을 동시에 드러낸다. 아래는 우리말 번역문이다.

> 어떤 읍내 사람들은 오콜로의 눈이 바르지(right) 않다고, 그의 머리가 정확(correct)하지 않다고 말했다.
>
> …
>
> 아마투시(市)는 그렇게 말하고 속삭였다; 세상은 그렇게 말하고 속삭였다. 사람들은 오콜로가 가슴(chest)이 없다고, 그의 가슴은 강하지 못하고 그림자(shadow)가 없다고 말했다. 사람들은 그에 대해 한 남자의 이름을 망치는 세상의 모든 것이라고 말했다. 그 모든 것들은 그가 건방지게도 그것을 찾고 있기 때문이었다.
>
> …
>
> 오콜로는 학교를 나와 고향 사람들한테 돌아와 그것을 찾기 시작했다. 그가 고향 사람들한테 돌아왔을 때 다가오는 것(coming thing)의 말들이, 다가오는 것의 소문들이 새들처럼 공중에서 날고 있었고, 강 속의 물고기들처럼 헤엄치고 있었다.

첫 번째 단락의 ‘눈이 바르지 않다고’와 ‘머리가 정확하지 않다고’는 비슷한 의미의 반복이고, ‘아마투시(市)는 그렇게 말하고 속삭였다’, ‘세상은 그렇게 말하고 속삭였다'는 의미적 대구를 이루는 쌍 '아마투시-세상'을 제외하면 동일한 표현의 단순 반복이다. 세 번째 단락에서도 '다가오는 것'이라는 구절이 두 번 사용되고 있다. 두 번째 단락의 '사람들은 오콜로가 가슴(chest)이 없다고, 그의 가슴은 강하지 못하고 그림자(shadow)가 없다고 말했다'에서는 앞의 내용을 풀어서 설명하는 부연적 기법이 관찰된다. 마지막으로, '그 모든 것들은 그가 건방지게도 그것을 찾고 있기 때문이었다'는 선행하는 문장과 종속적 인과 관계를 이룬다.

끝으로, 표준 영문법의 위반은 언어에 대한 새로운 느낌을 창조한다. 여기서는 몇 개의 예만 소개하고 자세한 것은 다음 절에서 다룰 것이다.

> Who are you people be? (26쪽)
> If you are coming-in people be, then come in (27쪽)
> You cannot a thing I have done not put on my head (66쪽)
> How can you on my head put a thing that happened not? (66쪽)

4.8.2. 언어적 혼성(混成, hybrid)

『목소리』에 대한 비평계의 반응은 -오카라의 시(詩)가 대륙 안팎에서 높은 평가를 받았던 것과는 달리- 호(好)와 불호(不好)로 나뉘었다. 소잉카는 "『목소리』의 자의식에 찬 언어는 자기애적 수단, 즉, 하나의 구실에 불과하며, 소설의 주인공은 그 언어의 울타리에 갇혀 불가해한 존재로 남아 자기를 창조한 사람에 대해 명상한다"고 희화적으로 평했지만,[72] 아프리카 문학의 정체성 추구에 몰두했던 사람들은 이 작품의 언어에 주목했다. 나이지리아의 평론가 오비에치나는 "이조어의 역할이 이야기의 염세적 분위기와 도덕적 말투에 부응하는 둔중하고 뒤틀린 동작을 등장인물의 행동에 제공한다"고 칭찬했다.[73] 이렇게 상반된 평가를 받던 『목소리』는 나중에 하이네만 출

---

72 Manheim, James. 2015. 'Okara, Gabriel 1921-.' Contemporary Black Biography (2003) 〈http://www.encyclopedia.com〉.

73 ibid.

판사의 아프리카 작가 시리즈에 편입됨으로써 다시 한번 세인의 주목을 끌게 된다.

오카라에게 있어 언어는 메시지에 문화의 색깔을 입히는 것이었고 문학의 존재 가치를 확립하는 도구였다. 제국주의자들의 언어로 문학이라는 유물을 만들어 후대에 전해야 했던 아프리카의 문인들은 문학적 소통과 문화 정체성 사이에서 늘 고민했다. 문학어의 선택과 관련된 아프리카 지성인들의 태도는 이러한 맥락 속에서 이해되어야 한다. 오순다레는 세 가지 유형을 언급한다.[74] 첫 번째는 순응주의자들로서 세네갈의 셍고르처럼 제국주의자들의 언어에 노골적으로 의존하는 사람들이며, 두 번째 부류인 점진주의자들은 중도적 견해를 표방하면서 영어의 탈영국화와 재(再) 아프리카화를 통해 아프리카어의 섬세한 특징을 정교하게 전달해야 한다고 주장한다. 저명한 문학 이론가 알리 마즈루이의 입장이 여기에 속한다. 마지막으로 왈리나 응구기 같은 급진주의자들은 영어나 불어를 버리고 아프리카의 토속어들을 사용해야 한다고 말한다. 아프리카의 작가들 중에는 아체베, 오카라, 투투올라, 아마디, 아우노르처럼 점진주의적 태도를 취하는 사람들이 가장 많다.

오카라는 당대의 어떤 작가보다도 창의적이며 실험적인 방법으로 영어 표현의 이조어화를 시도했다. 이것은 예술로서의 텍스트가 사회의 선악과 관련된 것을 '인지적으로 두드러지게' 표현하는 데 기여했다. 영문법을 무시하고 이조어의 어순에 따라 단어들을 배열하는 전자(轉字 transliteration)법에 기초한 표기는 도덕이나 가치판단과 관련된 것들에 적용되었다. 일례로, 연자 부호(連字符號 hyphen '-')는 단어들의 병치를 통해 인지적 집중을 실현한다는 점에서 상기한 목적에 부응했다. 『목소리』의 32쪽에 나오는 문장 We are <u>know-God</u> people '우리는 <u>신을-아는</u> 민족이다'에서 밑줄 친 know-God는 영문법에 맞지 않는 어구다. 이것을 표준 영어로 다시 쓰면 We are the people who knows the God가 되어야 할 것이다. 그러나 이 문장은 이조어 화자의 인지적 분산을 초래한다.

이조어 틀 위에 구축된 오카라의 영어는 나이지리아 영어도 아니고 현지의 자연과

---

74 Osundare, Niyi. 2004. 'What is the Nationality of your Idiom? African Writers and the Language Question.' In Forms and Functions of English and Indigenous Languages in Nigeria. (eds.) Owolabi & Dasylva. Ibadan: Group Publishers.

문화와 제도를 반영하는 확장된 어휘 목록의 영연방어도 아니다. 그것은 작가 차원에 국한된, 그리고 『목소리』의 지면 위에만 머무는 개인적 방언으로서 독자들은 지금까지 보지 못한 새로운 영어 표현의 세계를 경험하게 된다.

오카라의 영어는 표준 영어의 프레임에 현지어의 비유적 표현을 단순 삽입하거나 구연문학의 요소들을 덧씌우는 아체베와 같은 작가들의 방법과는 다른 방법을 보여준다. 알로는 아프리카의 작가들이 주로 사용하는 문화적 옷 입히기의 관례화된 패턴에 아래와 같은 것들이 있다고 말한다.[75]

i. 신조어, 차용
ii. 토속적인 직유와 은유의 사용
iii. 현지어에서 전이된 수사학적 장치
iv. 속담이나 관용구의 번역
v. 문화적 발화 양식의 사용
vi. 통사적 장치들과 일탈의 사용
vii. 언어 전환과 언어혼합
viii. 전자(轉字 transliteration)

영어에 문화적 옷을 입히는 흔한 방법이 현지어의 수사적(修辭的) 표현이나 상투어구의 삽입이었던 데 반해 오카라의 방식은 다분히 파괴적인 것으로서 영어와 이조어의 혼성(混成 hybrid)을 특징으로 한다. 영문법의 파괴는 영시(英詩)의 의도적인 억지 강세와 비슷한 것으로서 텍스트의 흐름에서 긴장이나 유머가 느껴지도록 해 해당 부분을 전경화시킴으로써 독자들의 주의를 끈다. 파괴는 소설의 대(大) 주제인 윤리적 이상(理想)과 관련된 어구에서 주로 발생하며 이조어식 어법으로 실현된다. 오콜로의 아버지는 오콜로의 손을 잡고 마지막 가쁜 숨을 몰아쉬며 다음과 같이 말한다.

"I could have been a big man be (a)," his father had whispered with his last voice, holding Okolo's hand, "if the straight thing (b) I had not spoken, if the straight thing

75 Alo, M. A. 1998. Style in Language and Communication. Port-Harcourt: Aeddy Link.

I had not done. But I have a sweet inside (c) and clean (d) as the eye of the sky (e). ... What your inside tells you to believe, you believe (f) and, always the straight thing do and the straight thing talk and your spoken words will have power and you will live in this world even when you are dead. So do not anything fear (g) if it is the straight thing you are doing or talking." (『The Voice』 p. 105-106)

오콜로의 아버지는 그의 손을 잡고 마지막 숨을 몰아쉬며 그에게 속삭였다. "내가 옳은 것을 말하지 않고 내가 옳은 것을 행하지 않았다면 나는 큰 인물이 되었을지 모른다." 그러나 나는 순수한 마음을 가졌고 맑은 하늘처럼 깨끗하다. ... 네 마음이 믿으라고 말하는 것, 너는 그것을 믿어라, 그리고 항상 옳은 것을 행하고 옳은 것을 말해라, 그러면 네 말 한마디 한마디가 힘을 갖고 네가 죽더라도 너는 이 세상에서 살게 될 것이다. 그러니 네가 행하고 말하는 것이 옳은 것이라면 어떤 것도 두려워하지 마라."(『목소리』 105-106쪽)

『목소리』의 윤리적 강령을 담고 있는 듯한 -마치 성자의 말처럼 들리는- 이 유언은 오콜로가 앞으로 감내해야 할 운명을 암시한다. 메시지의 핵심은 모두 이조어식 어법으로 표현되었다. 옳은 것, 정의, 진실을 뜻하는 the straight thing (b), 순수한 마음을 뜻하는 a sweet inside (c), 맑은 하늘을 뜻하는 the eye of the sky (e)는 이조어 명사구를 축어적으로 번역한 것이다. do not anything fear (g)에서 목적어 anything과 동사 fear의 전도, you believe (f)에서 선행하는 목적절 What your inside tells you to believe를 받는 대명사 it의 생략, I could have been a big man be에서 동사 be (a)의 출현은 모두 표준 영어에서 벗어난다. I have a sweet inside and clean as the eye of the sky에서 형용사 clean (d)도 동사 have와 어울리지 않는다.

『목소리』에 대한 예이보의 어휘-의미론적 연구는 이 소설에서 이조어와 영어 사이에 다섯 유형의 번역 장치가 가동되고 있다는 것을 보여준다.[76]

i. 신조어(新造語 Coinage or neologism)

---

76 Yeibo, Ebi. 2011. 'Nativization of English in African Literary Texts: A Lexico-Semantic Study of Transliteration in Gabriel Okara's The Voice.' pp. 205-208. International Journal of Humanities and Social Science 1(13): 202-208.

ii. 연어(連語 Collocation)

iii. 언어적 차용(言語的 借用 Linguistic borrowing)

iv. 의미적 확장/변화(意味的 擴張/變化 Semantic extension/shift)

v. 어휘적 전자의 문맥적 의미(語彙的 轉字의 文脈的 意味 Contextual meaning of Lexical transliteration)

신조어는 오카라의 소설에서 가장 많이 관찰되는데 주로 단어들을 나란히 늘어놓는 복합어의 형태를 띤다. You know-nothing people '너는 아무것도 모르는 사람이다'(121쪽); We are know-God people '우리는 신을 아는 민족이다'(32쪽); Black-coat-wearing man '까만 외투를 입고 있는 남자'(37쪽). 이런 유형의 복합어에서는 영어가 이조어를 표현하기 위한 종속적인 지위로 전락한다.

연어는 관습적으로 함께 사용되는 단어들을 부르는 말이다. 예를 들면, '황금 같은 기회'에서 golden은 chance가 아닌 opportunity와 조합을 이루기 때문에 golden chance는 올바른 표현이 아니다. 오카라는 『목소리』의 주제인 선과 악의 이미지를 전달하기 위해 연어 규정에 어긋나는 단어 쌍을 만든다. 부패한, 타락한 세상을 뜻하는 corrupted world 또는 depraved world 대신 사용된 spoilt world는 부패와 타락의 상위 개념인 이조어의 '망가진 세상'을 표현한다. straight things, turned world, stinking things도 영어의 연어 규정에서 벗어난 말들이다.

언어적 차용은 한 언어가 다른 언어의 요소를 받아들이는 것이다. 오카라는 영어로 쓰인 텍스트에 토속적인 느낌을 주기 위해 이조어 표현법을 차용해 그것을 영단어로 채운다. 그 차용과 채움의 결과가 영어 어법에 맞는 경우도 있고 맞지 않는 경우도 있다. 이조어를 직역한 Things that follow me '나를 따라오는 것' 〈수호신〉(62쪽), One with black face '까만 얼굴을 가진 사람' 〈숯처럼 까만 얼굴을 한 베니쿠루쿠루라 불리는 바다의 신〉(63쪽)은 순전히 이조식 영어표현이다. 오카라는 영어에 이조어와 등가를 이루는 단어가 있는 경우에도 언어적 차용을 시도한다: day's eye 〈날씨〉(61쪽); bad head 〈불운〉(68쪽); take the canoe to the ground 〈해변에〉(53쪽). 이것은 차용이 영어의 어휘적 공백을 메우기 위한 수단이 아니라 의도적인 두 언어의 혼성을 지향하고 있다는 것을 말해준다.

의미적 확장은 영어 단어에 이조어의 정서를 덧칠할 때 일어난다. (a) What I do with my money does not touch you '내가 내 돈 갖고 하는 게 너하고 무슨 상관이냐'(92쪽); (b) Did he no part of your body touch? '그 남자가 네 몸을 건드리지 않았니?'(65쪽). 문장 (a)의 touch는 '관계'라는 의미로 확장되었고, 문장 (b)의 touch는 '성적 접촉'의 의미로 확장되었다. (b)에서는 동사와 목적어의 순서도 바뀌었다.

어휘적 전자의 문맥적 의미는 이조어의 축어적 번역을 말하는 것인데 영어권 화자도 인지적 노력이나 문화적 지식 또는 사건을 둘러싼 문맥을 통해 그 의미를 짐작할 수 있다. 일례로, entered our ears(51쪽)가 heard를 뜻한다는 것은 쉽게 알 수 있다. 그러나 영어권 화자가 모든 어휘적 전자를 다 이해하는 것은 아니다. surface-water things (hypocrisy) '위선'(36쪽), search with all his shadow (spiritedly) '활발하게'(23쪽) 등의 표현은 이조족 이외의 다른 사람은 그 뜻을 가늠하기 힘들다.

오카라의 소설 『목소리』 대한 지금까지의 설명을 요약하면 다음과 같다. 첫째, 협의의 문체론적 시각에서 볼 때, 이 소설의 가장 큰 특징은 상징과 암시다. 상징은 이야기의 주제와 관계를 맺고, 암시는 구체적인 사건들의 전개와 관계를 맺는다. 주인공 오콜로는 '그것'의 행방을 수소문하며 다닌다. 이 행동은 사람들의 심기를 불편하게 하고 마침내 그를 죽음으로 몰고 가지만 그가 죽은 후 사람들은 '그것'이 상징하는 것을 알게 된다. 탐욕이 지배하는 세상에서 더 이상 존재하지 않는 '그것'은 정의, 선, 윤리 등으로 정의될 수 있는 정신적 가치다. 암시는 사건들을 예언하는 것이다. 일례로, 아버지의 임종 앞에서의 맹세는 오콜로가 앞으로 겪게 될 고난을 예언하며, 폭풍우가 몰아치는 선상(船上)에서의 여행은 그의 죽음을 예언한다.

둘째, 이조족 구연시 전통에서 빌려온 대구(對句)와 운(韻)은 이 소설의 주제와 연관된 개념들이 반복적으로 얽히는 틀로서 텍스트에 안정감과 리듬감을 제공한다. 셋째, 부연적 설명과 문장들 사이의 종속적인 의미 관계도 눈에 자주 띄는데 이것은 아프리카의 다른 작가들처럼 오카라도 구전성과 문자성의 결합을 시도하고 있다는 증거다.

마지막으로, 투투올라의 영어는 현실 세계의 영어였지만 오카라의 영어는 작가에 의해 만들어진 영어다. 『야자주 술주정꾼』의 엉터리 문법과 피진 영어가 백인들에 의해 과대평가 되었다는 주장이 아프리카의 비평가들 사이에서 제기된 적이 있지만, 오카라의 영어는 개인적인 호불호와 상관없이 표준 영어를 창조적으로 변형한 언어적 실험으로 받아들여졌다. 오카라의 소설이 아프리카의 독자들뿐만 아니라 영어를 모어로 쓰는 사람들에게도 신선한 충격을 주었다는 사실은 흥미롭다. 아마존 닷컴에서 판매되는 『목소리』의 고객 리뷰 란에 실린 한 단락의 글은 이 소설에 대한 영어권 독자들의 반응을 압축적으로 대변한다.[77]

아프리카 산문 픽션에 나타난 영어의 토착화

DOMESTICATION OF THE ENGLISH LANGUAGE IN AFRICAN PROSE FICTION - By Vakunta on November 26, 2010

개브리얼 오카라의 소설 『목소리』(1964)는 그의 모어인 이조어를 영어로 번역하고자 시도한다. 그는 "아프리카 말의 생생한 이미지를 포착하기 위해 나는 나의 생각들을 영어로 먼저 표현하는 습관을 멀리 한다"라고 말한다. 오카라의 글쓰기 스타일은 문법과 관용구가 근본적으로 변형된 다양한 영어를 생산해낸다. 이 소설에서 우리가 읽는 영어는 표준화된 영어가 아니라 또 하나의 다른 언어를 끊임없이 암시하는 토착화된 영어다. 이 이중어성(二重語性)은 그의 픽션을 획일화된 독자들에게 독특하고 도발적인 존재로 각인시키며, 그것은 "우리의 관념과 생각과 철학을 우리의 고유한 방식으로 표현하기 위해 이용할 수 있는 나이지리아 영어 또는 서아프리카 영어가 있어야 한다"고 오카라가 믿기 때문에 더욱 그렇다. 오카라가 How can I change my inside? I see in my inside that your spoken words are true and straight '어떻게 내가 마음을 바꿀 수 있는가? 나는 당신의 말이 진실하고 솔직한 것을 내 마음 속에서 본다'(49)라고 썼을 때, 아프리카인이 아닌 영어권 독자들은 저자가 단어를 바꾸고 영어를 토착화시켜 그것이 이조어와 그 문화의 무게를 실어 나르게 하고 있다는 것을 알게 된다. 이러한 글쓰기 스타일은 당면한 예술적 문제를 해결해야 할 필요성에서 비롯된다. 아프리카적 개념, 사고방식, 문화의 특성을 유럽어, 즉 영어로 번역해야 할 필요성. 이 소설은 정말로 매혹적이다!

---

77 http://www.amazon.com/Voice-African-Writers-Gabriel-Okara/

4.9. 또 다른 문화충돌: 티모시 알루코

티모시 알루코는 남서 나이지리아 요루바족 출신이다. 아체베의 문화충돌과는 다른 문화충돌을 말한 그는 아체베와 동시대를 살았던 작가였지만 늘 아체베의 그늘에 가려져 있었다. 아체베와 구별되는 알루코의 특징은 다음과 같다. 첫째, 알루코는 서사시적 영웅을 연상시키는 인물보다 평범한 보통 사람들의 삶에 더 큰 관심이 있었고, 둘째, 중립적인 관점에서 아프리카의 문화와 서구 문화를 대했다. 그는 변화하는 사회를 묘사하기 위해 문화충돌을 다루었지만 그의 소설들이 지향하는 것은 문화 간의 대립을 뛰어넘는 조화로운 세상이었다. 본 절은 알루코의 문화충돌과 이와 연관된 그의 문체론에 관한 것이다.

알루코는 아체베나 소잉카에 비해 덜 알려진 인물이지만 아체베 이상으로 문화충돌이라는 주제에 몰두한 사람이다. 그는 1918년 남서나이지리아의 일레샤에서 태어나 2010년 사망할 때까지 정부 관리, 교육자, 작가로 활동했다. 런던대학교에서 토목공학을 전공한 그는 귀국하여 공무원으로 사회에 첫발을 내딛었다. 알루코는 1940년대부터 단편소설을 쓰기 시작해 1945년 영국문화원이 주최한 문학상의 단편소설 분야에 당선되었으며 1963년에는 대영 제국 4등 훈장을 수여받았다.

알루코의 소설 『한 남자, 한 아내』(1959)는 나이지리아 출판공사에서 출간된 최초의 영어소설이다. 1967년 하이네만 출판사는 이 작품의 문학적 가치를 인정해 하이네만 아프리카 작가 시리즈에 포함시켰다. 알루코의 작품들 중에서 독립 이전의 사회를 배경으로 한 것은 다음과 같다. 『한 남자, 한 아내』(1959); 『한 남자, 하나의 칼』(1964); 『친척과 감독』(1966); 『명예로운 장관』(1970); 『존엄한 폐하』(1973).[78] 알루코는 말년에 이르러 두 편의 자서전도 집필했다. 『나의 공직 시절』(1994); 『내 인생의 이야기』(2007). 『내 인생의 이야기』는 소잉카의 자서전 『아케: 어린 시절』처럼 유년기의 아름다운 추억을 그리고 있다.

알루코의 소설들은 모두 풍자소설로 1920년대부터 1960년대에 걸쳐 요루바 사회에서 일어난 신구(新舊) 가치의 충돌을 다룬다. 그의 대표작 『한 남자, 한 아내』는

---

78 1980년 이후에 출간된 알루코의 소설은 다음과 같다: 『피고석의 잘못된 사람』(1982); 『우리 자신의 국가』(1986); 『부적절한 행동』(1993).

기독교와 전통종교를 둘러싼 어느 시골 마을 사람들의 이야기다. 주요 등장인물은 목사인 데이비드와 로야신, 이들이 첫 번째로 개종시킨 조슈아와 제레미아, 조슈아의 아들 야콥 등이다. 『한 남자, 한 아내』는 구성이 산만하다는 느낌을 준다. 끊임없이 이어지는 사건들은 독자들의 주의를 분산시키고, 등장인물의 잦은 교체와 죽음은 이야기의 연속성을 훼손시킨다. 이런 점에서 오콩쿼라는 한 인물을 중심으로 이야기가 전개되는 『무너져 내리다』는 훨씬 일관성이 있다. 『한 남자, 한 아내』는 긴장을 창조하는 데 있어서도 최상급의 부류에 들지 못한다. 느리게 진행되는 사건들의 정적인 묘사 속에서 앞으로 다가올 동적인 긴장을 암시하는 이체베의 작품들, 알루코의 소설들과 비슷한 삽화적 구성을 보여주지만 개인들 간의 긴장이 개인과 사회 간의 긴장으로 발전하는 소잉카의 『해설자들』은 확실히 『한 남자, 한 아내』보다는 한 수 위의 작품이라는 평가를 받는다.

위에 나열된 몇 가지 한계성에도 불구하고, 알루코의 소설들은 독립적인 문학 전통을 수립했다. 그의 소설들은 첫째, 문화 간의 파괴적인 충돌을 경계하고 있으며, 둘째, 삽화적 구성과 정적인 전개 방식은 풍자 및 유머와 결부되어 문화들의 만남이 낳는 혼돈의 이미지를 예술적으로 포착한다는 점에서 사건 중심의 설명적, 설교적 성격을 띠는 아체베의 작품들과 비교된다. 셋째, 주인공은 서사시적 인물이 아닌 평범한 사람이다. 난세의 영웅과 범부는 각각 '이끌고' '이끌려간다'는 점에서 불가분의 관계에 있다. 아체베의 오콩크워와 에제울루가 전자를 대변한다면 알루코의 인물들은 후자에 속한다. 이하(以下)의 내용은 알루코와 아체베의 상기(上記)한 차이점에 관한 상술(詳述)이다.

아체베의 소설이 서로 유기적인 관계를 맺는 사건들의 집합체로서 발단에서 대단원에 이르기까지 동적인 긴장감을 유지한다면 알루코의 소설은 삽화적 사건들이 만들어내는 이미지의 집합체이다. 『한 남자, 한 아내』에서도 개개의 사건들은 동적이지만 그것들이 함께 통일된 이야기를 이루는 대신 모두 종교적 위선이라는 동일한 행동에 대한 묘사를 시도한다는 점에서 이 사건들이 궁극적으로 지향하는 것은 정적인 이미지라고 할 수 있다. 비슷한 방법을 사용한 또 다른 작가로 소잉카가 있다. 그러나 소잉카의 『해설자들』이 독립 후 요루바족을 중심으로 한 나이지리아 사회의 모순과 부패상을 묘사한다면, 『한 남자, 한 아내』는 기독교와 전통종교의 만남이 가져온 독립 전 요루바 사회의 혼돈을 묘사한다. 또한, 『해설자들』이 사회에 대한 만화경적인 이미지를 담고 있다면, 『한 남자, 한 아내』는 이 중에서도 문화충돌과 관련된 것들을 따로 모아놓은 것처럼 보인다.

그러나, 이미지가 모든 것을 배제하는 것은 아니다. 사실, 알루코의 소설들은 지나칠 정도로 많은 사건들로 이루어져 있다는 비판을 받는다.

> 소설에서 믿기 어려울 만큼 많은 사건들이 꼬리를 물고 일어나며 등장인물들은 연이어 빠르게 등장한다. 구심점이 없으며 종국에는 작품 전체가 산산조각으로 해체된다.[79]

동일한 소재의 중첩된 사용, 일례로, 결혼과 이혼을 반복하는 로야신 목사의 행동은 구성상의 흠으로 간주되며 사람들의 잦은 죽음도 꼭 필요한 것이 아니다. 아이를 낳다가 죽는 야콥의 아내와 천연두로 죽는 추장 아솔로의 아내, 역시 천연두로 죽는 천연두 신을 섬기는 대제사장 바다, 체포를 면하기 위해 독약을 마시는 아솔로, 천둥과 번개의 신 샹고에 의해 죽임을 당하는 조슈아 등, 주요 등장인물의 죽음과 새로운 인물의 출현은 캐릭터에 대한 그간의 묘사가 독자들의 마음에 체류하는 시간을 단축시킴으로써 소설에 대한 밀도 있는 감상을 방해하는 것처럼 비춰진다. 그러나 불필요한 것처럼 보이는 이러한 사건들은 서로 느슨한 관계를 맺으며 -마치 소잉카의 『해설자들』에서 산만하게 결합된 에피소드들이 나이지리아라는 사회의 불합리한 이미지를 담아내듯이- 서구 문명을 처음 접한 독립 전 요루바 사회의 혼돈을 묘사한다. 여기서 공통 소재로 이용되는 죽음은 바로 이 혼돈을 상징한다.

죽음은 요루바 사회의 특징적인 현상이었다. 이것을 이해하면 알루코의 소설에 나오는 죽음이 기이한 설정이 아니라는 것을 알게 된다. 아프리카의 어떠한 종족도 요루바족만큼 죽음과 가깝게 지냈던 종족은 없었다. 서아프리카 열대 우림 기후대에 세워진 최초의 흑인 제국인 오요 제국의 붕괴 이후, 요루바 지역이 영국의 남서나이

---

79 Dathorne, O. R. 1975. African Literature in the Twentieth Century. p. 76. Minneapolis: University of Minnesota Press.

지리아 보호령이 될 때까지, 19세기 초부터 약 70년 동안 이어진 요루바 도시국가들 사이의 내전은 말로 표현하기 힘들 정도로 참혹했다. 당시에 기록되고 촬영된 선교사들의 문헌과 사진에 따르면 싸움에 패한 한 도시의 인구 전체가 목이 잘린 상태로 발견된 사례도 있었다.[80] 질병으로 인한 대규모의 사망도 흔한 일이었다. 특히, 서양인이 옮긴 천연두는 치명적이었다. 천연두로 죽는 야콥의 아내와 추장 아솔로의 아내, 천연두 신을 섬기다 역시 천연두로 죽는 바다는 문화충돌의 시대가 만들어낸 수많은 불행의 한 단면을 사실적으로 포착하고 있다. 그래서 알루코의 소설에 나오는 죽음은 당시 요루바 사회의 실상(實狀)과 작가의 의도를 고려할 때 리얼리즘을 구현하고 있는 것이다.

종교적 위선은 알루코가 묘사하는 이미지의 핵심을 이루며 죽음을 비롯한 사건들은 이 중심 소재의 배경을 구축하기 위한 장치로 기능한다. 요루바 사회에서 종교는 삶의 모든 부분을 관장한다. 올로두마레라는 절대신 개념을 갖고 있는 요루바족의 이파는 자연관, 인생관, 우주관을 함께 엮는 내적으로 통일된 체계를 갖추고 있다는 점에서 기독교와 이슬람에 뒤지지 않는 종교로 간주된다. 요루바인의 탄생에서 죽음에 이르는 삶의 전 과정을 지배하는 이파는 요루바 전통의 상징이었고 기독교는 이 전통에 가장 큰 위협 요인이 되었다. 알루코의 가장 큰 관심사는 백인들의 신을 섬기는 목사들의 위선이었다. 아프리카의 전통종교는 미신으로 폄하되고 백인들의 신은 재물을 탐하는 사제들에 의해 숭배되는 현실, 이 현실은 서양인들이 초래했고 아프리카인들이 경험한 현실이었다. 알루코의 소설을 구성하는 많은 사건들은 이것을 비추는 조각난 거울이었다.

알루코의 문체는 교사로 자처하는 아체베의 교훈적인 문체와 대비된다. 알루코의 모든 소설들이 그렇듯이, 『한 남자, 한 아내』도 풍자와 유머를 바탕으로 한다.[81] 개종자 조슈아의 아내를 임신시키는 로야신 목사와 또 다른 목사 데이비드의 근엄함 뒤

---

80 요루바 도시국가들은 결국 살육의 두려움을 피해 라고스에 있던 영국 무역대표부를 찾아가 스스로 영국의 식민지가 되는 길을 택했다. 영국은 인적, 물적 자원의 부족을 핑계로 이들의 요청을 거절하다가 자원개발과 안전한 무역로(貿易路)를 보장받는 조건으로 인도적인 차원에서 마지못해 받아들이는 척했다.

81 풍자는 '타자의 행동이나 말투를 과장해서 흉내 내어 그의 이미지나 그가 속한 집단의 이미지를 파괴하는 것'을 말하며, 유머는 '기대에 어긋나는 인지적 불일치에 의한 웃음'을 말한다.

에 숨겨진 위선은 이 작품의 중심 소재다. 급여 인상을 요구하는 로야신에 대한 데이비드의 설교는 풍자와 유머로 가득 차 있다.

> You and I, my dear Royasin, are workers together in the Lord's vineyard. Why must you and I seek after worldly returns when we know that returns a hundred-fold await us in Heaven? Isolo here looks difficult. Here men and women continue to worship trees, rivers and rocks. Here your labours are required. … Will you desert Him? Will you abandon this little oasis of the Church of Christ in this desert of heathenism - all because of another two shillings and six pence increase in salary?[82]
>
> 로야신씨, 당신과 나, 우리는 하느님의 포도원에서 함께 하는 일꾼들이오. 천국에서 수백 배의 보상이 우릴 기다리고 있는데, 당신과 내가 왜 세속적인 보상을 추구해야 한단 말이오? 이솔로가 이곳에서 다루기 힘이 드오. 여기선 남자와 여자들이 나무와 강과 바위들을 계속 숭배하고 있소. 이제 당신의 노동이 요구되고 있소. … 주님을 버릴 작정이오? 당신은 우상 숭배의 이 사막에서 주님 교회의 이 작은 오아시스를 포기할 작정이오? - 모두 2실링 6펜스의 급여 인상 때문에 말이오?

위의 인용문에서, 근엄한 자세로 설교를 하는 데이비드 목사에 대한 묘사는 독자들이 알고 있는 그의 위선과 공명한다. 여기서 wait for, leave, give up 을 대신하는 await, desert, abandon 과 같은 문어체 표현은 데이비드 목사의 이미지를 훼손하기 위해 그의 격식화된 말투를 과장되게 묘사하는 단어들이다.

데이비드 목사의 설교는 표면적으로는 로야신을 향하지만 그 안에는 요루바족의 종교인 이파를 폄하하는 기독교의 우월 의식이 깔려 있다. 나무, 강, 바위는 이파의 자연관을 이루는 것들이다. 요루바 신(神) 올로두마레는 젖은 땅을 마른 땅으로 바꾸고 천지만물을 창조하기 위해 천상의 주민들인 오리샤를 지상에 내려 보냈다. 오리샤들은 지상에서 임무를 완수한 후 각자 자기가 만든 대상 속으로 들어가 자연물과 일체가 되었다. 자연과 조화롭게 지내야 한다는 요루바족의 믿음은 이러한 신화에 기초한다. 알루코는 데이비드 목사라는 한 개인의 발언을 통해 그 발언 뒤에 웅크리

82 Aluko, T. M. 1977(1959). One Man, One Wife. pp. 11-12. London: Heinemann.

고 있는 기독교의 이미지를 파괴한다.

풍자와 더불어 유머도 눈에 띈다. 로야신에 대한 데이비드 목사의 거창한 설교를 접한 독자들은 로야신의 번민과 회의에 대단한 무엇이 있을 거라고 생각하지만 설교 말미에 나오는 "모두 2실링 6펜스의 급여 인상 때문에 말이오?"라는 문장을 통해 그 이유가 단지 얼마 되지도 않는 작은 돈에 대한 집착 때문이었다는 것을 알게 된다. 독자들은 이 대목에서 기대에 어긋나는 인지적 불일치를 경험하며 한바탕 웃게 된다.

총 스물여덟 개의 에피소드로 구성된 알루코의 세 번째 소설 『친척과 감독』에서 유머는 작품에 일관성을 부여하고 풍자의 효과를 극대화한다. 첫 번째 에피소드에서 영국 유학을 마치고 고향에 돌아온 주인공 타이터스 오티에게 친족 간의 위계와 의리를 장황하게 설명하는 타이터스의 종조부(從祖父) 올드 조엘은 가문의 어른으로서 조상과 전통을 상징하는 권위적인 인물이다. 조엘의 연설에 삽입된 유머는 풍자를 한층 돋보이게 한다. 옷맵시를 정돈하는 그의 엄숙한 권위는 마지막에 나오는 침을 흘리는 행위로 엉망이 된다.

> 그는 잠시 멈췄다. 그는 어깨 위에 걸쳐 있는 천을 다시 추스렸다. 한입 가득 찬 침이 그의 오래된 목을 타고 흘러내렸다.[83]

조엘은 친족 간의 우애를 강조하고 타이터스와 그의 당숙인 시미언이 서로 도와야 한다고 말하면서 동시에 이들 사이를 이간질할지도 모를 어떤 가상의 인물에게 괴기한 저주를 퍼붓는다. 그리고 이에 화답하는 여인네들의 아멘 소리는 등불 몇 개만이 이른 새벽을 비추는 방 안에서 유머의 긴 여운을 남긴다.

> One woman intoned: 'Glory be to God. Hallelujah.'
>
> …
>
> 'Whoever comes between the two of you will be grounded to pulp in a motor accident.'

---

83 Aluko, T. M. 1966. Kinsman & Foreman. p. 4. London: Heineman Educational Books.

'Amen, Amen.'[84]

한 여성이 낮은 소리로 읊조렸다: '신에게 영광을. 할렐루야.'

...

'너희 둘 사이에 끼어드는 자는 누구이건 간에 자동차 사고를 당해 과육처럼 걸쭉하게 갈아 뭉개질 것이다.'

'아멘, 아멘'

『친척과 감독』의 첫 번째 에피소드(제1장)의 마지막 문장은 조엘의 지금까지의 설교를 비웃듯이 막을 내린다.

Then for a long time afterwards, Titus Oti, Bachelor of Science (Engineering), graduate of the University of London, remembered nothing.[85]

그리고 그 후 오랫동안, 런던대학 졸업생인 이학사(공학) 타이터스 오티는 아무것도 기억하지 못했다.

위 문장의 현대적인 단어들, Bachelor '학사', Science '과학', Engineering '공학' 등은 여덟 쪽에 걸쳐 지루하게 반복된 친족을 뜻하는 말들, the son of the son of my brother '내 형제의 아들의 아들', great aunt '고모할머니', both side of the family '친가와 외가', Oluode our ancestor '우리의 조상 올루오데' 등과 대비되면서 제1장 전체를 하나의 거대한 유머의 연쇄로 구조화한다.

알루코는 보통 사람들이 살아가는 현실에 관심이 있었다. 『한 남자, 한 아내』에서 조슈아는 성실한 기독교인이지만 첫 번째 부인과는 상의도 없이 두 번째 부인을 얻으려고 한다. 이것은 일부일처제를 요구하는 기독교의 교리와 충돌한다. 아체베의 소설에서는 주인공들이 어느 한 쪽을 대변하는 경향이 있지만[86] 조슈아는 특별한 이

---

84 ibid. p. 7.

85 ibid. p. 8.

86 『무너져 내리다』와 『신의 화살』의 주인공 오콩크워와 에제울루는 전통주의자이며, 『더 이상의 평안함은 없다』의 주인공 오비는 서구적 사고방식을 따른다.

념을 지니지 않은 평범한 사람이다. 알루코는 이러한 점에서 씨프리안 에크웬시와 비교된다. 에크웬시는 아프리카의 대중소설을 대표하는 작가로서 아체베처럼 교사로 행세하지 않았으며 '보통 사람들의 삶을 묘사하고픈 순수한 열정에서 길거리의 사람들이 이해할 수 있는 평범한 진실의 심장'에 이르고자 노력했다. 그러나 에크웬시의 보통 사람은 『재규어 나나』의 여주인공 재규어 나나와 『사랑이 속삭일 때』의 여주인공 아쇼카처럼 매춘부나 강제결혼의 희생양이 되는 사회적 약자라는 점에서 알루코의 보통 사람과는 다르다.

『한 남자, 한 아내』가 기독교에 대한 풍자라면, 알루코의 두 번째 소설 『한 남자, 한 칼』은 당시 유행하던 정치 슬로건 One Man, One Vote '한 사람, 한 표'를 패러디한 것이다. 이 소설도 요루바 전통 사회를 흔드는 새로운 사고(思考)의 문제점을 다룬다. 한 가지 차이점은 첫 번째 소설이 종교와 관련된 반면, 두 번째 소설은 식민행정의 부정적인 면을 다루고 있다는 점이다. 지방 관리의 독단적인 행동, 이에 대한 전통주의자들의 반발, 그리고 기독교가 조장하는 사회분열은 사람들을 혼돈으로 몰아간다. 『한 남자, 한 칼』도 큰 사건을 둘러싼 작은 사건들이 보여주는 사회의 실상에 대한 파노라마적 묘사다. 큰 사건은 코코아나무에 불어 닥친 질병이다. 흑인 최초로 지방행정관이 된 블랙 화이트맨은 농작물의 질병을 퇴치하기 위해서는 농장을 전부 파괴해야 한다고 주장한다. 이 계획은 개인적인 목적을 위해 사람들을 선동하는 극렬분자 벤자민 벤자민의 반대에 부딪혀 좌초된다. 『한 남자, 한 칼』은 이 과정에서 드러나는 보통 사람들의 다양한 반응을 그리고 있다.

알루코의 세 번째 소설 『친척과 감독』은 '이발라'라는 소도시를 배경으로 한다. 어떤 공공사업의 책임자로 고향에 파견된 타이터스 오티는 같은 부서에 있는 십장(什長) 시미언이 그의 친척이라는 것을 알게 된다. 시미언은 지위를 악용해 사익을 취한다. 이 소설은 공적 임무와 사적 관계 사이에서 고민하는 타이터스에 초점을 맞춘다. 타이터스가 처한 현실은 아체베의 『더 이상의 평안함은 없다』의 젊은 주인공 오비가 처한 현실과 유사하지만 그는 오비만큼 분명한 의식을 소유한 사람이 아니다. 아체베는 오비라는 개성적인 인물을 통해 전통과 현대라는 두 세상에 걸쳐 있는 사람이 어떻게 문화충돌의 희생자가 되어 가는지 보여주지만 알루코의 타이터스는 소설의 주제와 관련된 갈등을 설명하는 보조적 장치에 불과하다.

『친척과 감독』에서 갈등은 적대적인 집단들 사이에서만 발생하는 것이 아니다. 갈등은 기독교로 개종한 사람들의 마음속에서도 일어난다.

> 모라키뇨는 그것이 대부분의 신자들이 하는 행위라는 것을 생각하면서 탄식했다. 그들은 일요일에 두 번 예배에 참석했고 한 주에 한 번 성경 수업에 참석했다. 그들은 하루에 두 번 신에게 기도하면서 이런 저런 것들을 빌었다. 그러나 그들의 기독교적 신앙심이 즉각적인 답을 줄 것처럼 보이지 않는 문제들에 대해서는 밤에 이파 사제나 샹고 사제들한테 가서 그 신들의 중재를 은밀히 간청했다.[87]

『친척과 감독』도 보통 사람들이 연루된 삽화적 사건들로 줄거리를 이끌어간다. 알루코의 작품들이 그렇듯이, 이 소설을 읽고 나도 머릿속에는 특정한 인물과 관련된 이야기의 굵은 선이 남지 않는다. 만연된 부패, 정부의 무능, 해외 원조 기관의 무관심, 토착 신앙과 결합된 기독교의 이미지 등이 함께 작용해 만들어내는 불합리의 영상(映像)만이 남는다.

알루코는 그의 소설에서 파괴분자들을 경계하기 위한 도구로서 -그들이 개혁주의자이건 전통주의자이건- 문화충돌이라는 소재와 더불어 풍자와 유머를 사용한다. 천연두 퇴치를 둘러싼 사람들 사이의 이견(異見)은 일부다처제와 관련된 종교적 대립과 함께 알루코의 대표작인 『한 남자, 한 아내』의 갈등 구조를 이룬다. 이 갈등 구조는 어느 한 쪽을 지지하기 위한 것이 아니라 타협을 거부하는 극단주의자들을 비판하기 위해 설정된 것이다. 질병과 싸우기 위해 현대의학의 도움이 필요하다고 주장하는 기독교인들과 쇼포나 신에게 제물을 바쳐야 한다고 주장하는 마을 원로들 사이의 갈등은 문화적 격변기의 사회에서 얼마든지 일어날 수 있는 일이다. 문제는 갈등 그 자체가 아니라 그것을 이용해 상대방을 옭아매려는 과격분자들의 준동이다. 그것은 어느 쪽이 승리를 하건 사회적 분열로 이어질 수 있다.

알루코의 소설에서 몰락(沒落)은 사회 전체가 아닌 일부에만 국한된다. 『한 남자, 한 아내』에서 대제사장 바다의 죽음은 한 개인의 몰락이다. 이 유머는 행위와 결과

---

87 Aluko, T. M. 1966. Kinsman & Foreman. p.150. London: Heineman Educational Books.

사이의 인지적 불일치가 지각되는 시점이 늦다. 그 이유는 천연두 신을 섬긴 사람은 천연두로부터 보호받을 것이라는 오랫동안의 기대가 무너지는 순간에 독자들이 비로소 웃게 되기 때문이다. 여기서 백인들이 옮긴 천연두가 무서워 천연두 신을 숭배하는 대제사장의 행동과 죽음은 전통과 전통의 운명을 말하는 것처럼 보이지만 사실은 한 개인에 국한된 것이다. 그것은 『무너져 내리다』의 주인공 오콩크워의 죽음과는 달리 전통 전체가 무너져 내리는 것을 의미하지 않는다.

알루코의 작품에서 비난의 대상은 다중적이다. 『한 남자, 한 칼』은 까만 백인이라 불리는 현대식 교육을 받은 최초의 흑인 지방행정관 블랙 화이트맨과 현지의 유력인사 벤자민 벤자민 사이의 갈등에 초점을 맞춘다. 알루코는 코코아나무 질병이 다른 곳으로 퍼지는 것을 막기 위해 농장을 전부 파괴해야 한다고 주장하는 화이트맨뿐만 아니라 사람들을 선동해 이득을 취하려고 화이트맨의 계획을 방해하는 벤자민을 모두 비난한다. 그의 다른 소설들과 마찬가지로 이 소설도 갈등의 봉합은 절제된 행동을 통해서만 가능하다는 메시지를 전달한다.[88] 알루코의 소설은 서구적 가치를 지지하는 사람이건 전통 가치를 옹호하는 사람이건 극단적인 행동은 공동체의 평화를 해친다고 말한다. 여기서 문화충돌은 단지 이를 증명하기 위한 수단에 불과한 것이다.

알루코는 속담의 사용에서도 아체베와 다른 면을 보여준다. 아체베가 전통을 묘사하거나 전통에 적대적인 것을 풍자하기 위해 속담을 이용한 반면, 알루코는 속담을 오로지 문체론적인 차원에 국한시킨다.

> 그리고 나서 조엘은 타이터스가 앉아 있는 곳으로 세 걸음을 옮겼다. 그는 그의 왼손을 잡고 그를 끌어당겼다. 타이터스는 그 노인을 따라 시미언이 시가를 피우며 앉아 있는 곳으로 갔다. '시미언, 이 사람이 자네 친척 새뮤얼의 아들 타이터스네. 나는 오늘 그를 자네의 아들로 자네한테 넘겨주네. 자네는 그가 공공사업부에 나가고 들어가는 것을 지도해줘야 하네. 자네는 정부 사업의 복잡한 것들을 모두 알고 있지 않나. 타이터스가 정부 사업에 대해 알고 있는 것은 책에서 읽은 게 전부일세. 그는 동전의 뒷면을 모른다네. 자네는 그것을 알고 있지. 기차가 백 년 동안 쉬지 않고 달린다고 해서 그 앞에는 항상 땅만 있는 것은 아니잖나? 어떤 아이가 아버지만큼 많은 옷을 가지고 있다고 자랑하면, 그것은 동시에 아버지

88 Killam, Douglas. 2004. Literature of Africa. p. 6. London: Greenwood Press.

만큼 많은 누더기를 가지고 있다고 자랑하는 것이 아닌가?

그리고 자네 타이터스, 자네는 내 입에서 나오는 말을 경청해야 하네. 자네는 시미언이 가라고 하는 곳으로 가야 하네. 그가 자네한테 길이 없다고 하면 길이 없다는 걸 알고 돌아서야 하네. 그가 안전하다고 말하는 사람들과 어울리게. 그가 위험하다고 가리키는 사람들은 피하게. 오늘부터 시미언의 눈이 자네의 눈이 되도록 하게. 그의 손이 자네의 손이 되도록 하게. 실은 바늘이 만들어놓은 길을 따라가지 않나?

뱀이 있기 때문에 들쥐들은 그 새끼들을 양육해 어른 쥐로 키우는 것이라네. 자네 시미언은 인간 뱀들의 행동에 구애받지 말고 자네의 아이 타이터스가 정부 사업에서 성공할 수 있도록 안내해야 하네.'

'아멘, 아멘.' 사람들이 합창했다.[89]

위의 인용문은 『친척과 감독』에서 영국 유학을 마치고 고향에 돌아온 타이터스와 그의 친척 시미언을 상생(相生)의 관계로 묶어주려는 올드 조엘의 설교에 나오는 한 대목이다. 이 설교에 삽입된 속담은 상황을 요약하고, 향후에 전개될 사건을 암시하며, 자칫 길어질 수 있는 설명을 압축한다. 아체베와 알루코는 둘 다 속담을 이용해 소설이라는 새로운 장르의 문화적 정체성을 추구하고자 했다. 한 가지 차이점은 아체베의 속담이 조상과 전통을 위해 봉사한 반면, 알루코의 속담은 조상과 전통에 얽매이지 않았다는 점이다. 일례로, 위 인용문에 나오는 속담들은 정의로운 행동보다는 앞으로 등장할 시미언의 부정한 행동을 정당화하는 데 일조한다.

알루코는 문화충돌의 이면에 존재하는 아체베식의 가치, 즉, 아프리카의 전통문화에 고상한 이미지를 부여하는 데에는 인색했다. 그는 과거와 조상보다는 동시대의 현상에 주목했으며, 전통을 지키기 위해 싸우는 소수의 영웅적 인물들에 초점을 맞추는 대신, 혼돈의 시대를 살아가는 평범한 사람들의 일상에 관심이 있었다. 그의 소설에 나오는 사람들의 행동은 작품을 관통하는 굵직한 사건들의 뼈대를 이루는 대신, 서로 느슨한 관계를 맺는 삽화적 사건들을 구성한다. 그 결과 만들어지는 것은 등장인물들이 휩쓸려가는 문화충돌의 세상에 대한 이미지다. 이 이미지는 풍자와 유머를 통해 선명하게 그려진다.

---

89 Aluko, T. M. 1966. Kinsman & Foreman. pp. 6-7. London: Heinemann Educational Books.

알루코는 전통도 비판했다. 『한 남자, 한 아내』에서 풍자와 유머는 기독교를 겨냥하지만 이파 사제의 행동도 비난의 화살을 비켜가지 못한다. 알루코는 어느 한 세계만을 옹호하지 않는다. 그는 단지 잘못된 것을 말하고 있을 뿐이다. 그가 지향하는 것은 절대 가치로서의 전통도 아니며, 아프리카의 현실을 무시하는 서구적 가치도 아니다. 알루코에게 있어 이상적인 세상은 독선과 불합리가 사라진 세상이다. 따라서 새로운 가치와 이념을 무비판적으로 찬양하는 사람들과 전통을 앞세워 군중을 선동하는 사람들은 모두 극단주의자들로서 사회의 건전한 발전에 전혀 도움이 안 되는 사람들이다. 알루코는 문화충돌의 시대에, 문화충돌을 소재로 해서, 문화충돌을 넘어서는 문학 전통을 수립한 작가다.

제5장
구전 전통과 현대 사회

아프리카의 구전 전통은 다음과 같은 특징을 가지고 있다. 첫째, 예술과 기능 및 정신의 복합체로서 아프리카 문화에 대한 담론의 중심된 위치를 차지하며; 둘째, 사회의 주변부 집단에 의해서만 공유되는 역사의 잔존물이 아닌 동시대의 전반적인 문화현상으로서 개별 상황에서 창조되거나 재창조되고; 셋째, 전통이라는 단어가 암시하는 폐쇄성과는 달리, 변화를 주도하는 데 깊게 관여하며; 넷째, 아프리카 문화의 정체성을 추구하는 데 있어 중요한 역할을 한다. 본 장은 크게 두 부분으로 이루어져 있다. 제1부는 아프리카 구전 전통의 주요 장르들인 찬양시, 서사시, 속담, 민담의 정의, 분포, 기능, 형태적 특징을 소개하며, 제2부는 현대사회에서의 구연 예술가들의 의식변화, 구전 전통의 생산과 소비, 신구술성(新口述性), 민족시학 등의 문제를 다룬다.

본론에 들어가기에 앞서, 구전 전통이라는 용어를 선택한 이유에 대한 설명이 필요하다. 원칙론적인 차원에서, 우리가 다루는 것이 입에서 입으로 전해져 내려온 모든 것을 가리키는가, 아니면 특정한 상황에서 문화적 형식에 따라 입을 통해 발화된 텍스트를 의미하는가, 아니면 청중을 대상으로 구연되는 총체적인 구연 상황까지 포함하는가에 따라 구전, 구술, 구연 중에서 적절한 단어가 선택되어야 할 것이다. 어떤 전통이 미(美)를 식별하여 가늠할 수 있는 심미성을 가진 독립된 장르로 인식될 때에는 문학이나 예술이라는 말을 뒤에 붙일 수도 있다. 방향을 조금 틀어, 전통이라는 말의 '전통적' 의미에 충실하다 보면 한 집단에 의해 오랫동안 공유되어 온 것들에 큰 비중을 두게 된다. 또한 민담이나 속담과 같은 장르가 사회 주변부 집단의 집단정신을 구현한다는 통념을 받아들이면 민속이라는 용어를 사용할 수도 있다. 그러나 나이지리아에서 세 번째로 많은 인구를 가진 남동나이지리아의 익보족처럼, 정치권력이나 경제력에 따른 중심부와 주변부의 구분이 존재하지 않는 경우, 민속이라는 말을 사용하는 것은 있지도 않은 중심부 집단을 연상시키기 때문에 불합리하다.

전통이라는 단어에 '변화에 대한 저항'이라는 의미가 내포되어 있다면 구전 전통이라는 용어도 논란의 여지가 있다. 왜냐하면 우리가 보게 될 아프리카의 구전 전통은 변화에 대해 수동적이며 방어적인 태도가 아닌 역동적이며 주도적인 태도를 취하기 때문이다. 어떤 현상이 전통으로 간주되려면 얼마의 시간이 필요한가? 이런 문제까지 거론하면 상황은 더 복잡해진다. 텍스트를 주된 전달 매체로 하는 표현 행위의 다면성이 완벽한 하나의 용어를 허락하지 않는 한, 다수의 학자들이 묵인하는 것을 선택하는 게 혼란을 최소화하는 방법일지도 모른다. 각자가 선호하는 용어가 있겠지만, 필자는 세계적인 전문학술지 Oral Tradition을 참고하여 Oral을 구전으로 옮기고 Tradition을 전통으로 옮겨 구전 전통이라는 말을 사용한다.

5.1. 찬양시

구연시의 하위 범주인 찬양시는 특정한 대상을 찬양하는 시(詩)다. 찬양의 대상에는 제한이 없다. 구연 찬양시는 아프리카의 거의 모든 종족들한테서 관찰된다는 점에서 아프리카를 대표하는 구연문학 장르라고 할 수 있다. 본 절에서 다룰 내용은 찬양시의 정의와 스타일, 시인과 청중의 상호작용, 찬양시의 사회적 기능, 찬양시의 분포, 전문성과 예술성의 개념, 즉흥 개작, 찬양 시인의 종류와 사회적 지위, 문자로 된 찬양시의 구연 등이다.

찬양시는 시이기 때문에 이미지가 중요하며 이야기적 요소는 큰 비중을 차지하지 않는다. 관대함이나 용기 같은 추상적인 개념, 자전거나 비행기 같은 문명의 이기도 찬양의 대상이 될 수 있지만, 가장 일반적인 대상은 역사적 영웅이나 동시대의 정치가와 같은 사람이다. 찬양시의 골격을 이루는 것은 찬양 별칭이다. 아프리카 전통 사회의 성인 남성은 누구나 한두 개의 찬양 별칭이 있는데, 본인이 직접 짓기도 하며 주변의 동료들이 지어주기도 한다. 남아공 줄루족의 줄루 샤카처럼 수백 개의 찬양 별칭을 갖는 경우도 있다. 한 편의 찬양시는 시의 주제와 관련된 구전되어 내려온 찬양 별칭을 근간으로 한다. 시인은 머릿속에 저장된 핵심 이미지들의 복잡한 연상 작용을 통해 기존의 찬양 별칭 목록에 자기가 만든 것들을 더한다. 아래의 시에서 밑줄 친 부분이 찬양 별칭이다.

'비를 부르는 사람'의 자신을 찬양하는 시

아안동가족, 앙골라

아무리 두껍게 지어진 집도,

레인 맨!
나의 침입을 막을 수는 없다.
나는 오두막과 지붕의 지배자,
나는 '전인미답'의 손자.
아름다운 풀들의 어머니,
초원의 아버지.
나의 화살은 목표물을 놓치지 않고,
오두막의 주인을 찾는다.
나는 토벽의 사냥꾼, 흰개미의 창조주,
하늘과 땅에서 공포를 몰고 오는 자.
내가 아침에 갑자기 방문할 때면, 사람들은 말한다.
'그는 우리의 입술을 잘라내 우리의 입을 막았다,
그는 우리에게 싱그러운 과일들을 주고,
비를 내리고 버섯들을 가져온다,
상아처럼 하얀.'

찬양시의 스타일은 한마디로 정의하기 힘들다. 구조는 건물을 지을 때 반드시 따라야 하는 원칙처럼, 텍스트를 조직하는 구성의 원리로서 그것을 밝히는 작업은 어렵지만, 일단 밝혀내면 그에 관한 더 이상의 설명은 불필요하다. 그러나 스타일은 다르다. 구조가 원칙이라면 스타일은 선택이기 때문이다. 일례로, 건물을 세운 후 외벽을 무슨 색으로 칠할 것인가는 스타일의 영역에 속한다. 찬양시도 마찬가지다. 여러 명의 악사와 합창단을 대동하는 시인이 있는 반면 외줄 현악기 하나만 가지고 전국을 방랑하는 사람도 있다. 다음은 아프리카의 구연 찬양시에서 자주 관찰되는 현상들이다.

찬양시에는 직유와 풍자가 많이 등장한다. 풍자가 많이 나오는 이유는 어떤 사람에 대한 찬양은 그 사람과 적대 관계에 있는 사람에 대한 비방과 등가를 이루기 때문이다. 비유적 언어 중에서 직유의 비중이 높은 이유는, 일례로 '금속으로 된 벽처럼 어떤 것도 그 위에 싹틀 수 없는'에서 알 수 있듯이, 찬양시의 골격을 형성하는 찬양 별칭 자체가 직유를 포함할 때가 많기 때문이다. 구연 찬양시에서 직유가 선호되는 것은 비유적 관계에 놓이는 두 대상에 대한 청자의 인지 속도와 관련이 있다. 직유는 비교 대상들이 겉으로 드러나 있어서 청자가 그 관계를 파악하는 데 어려움이 없다. 이에 반해 은유는 하나가 감추어져 있기 때문에 청자가 그것을 파악하는 데 상대적으로 긴 시간이 필요하다. 시인의 입에서 빠르게 쏟아져 나오는 텍스트에 은유가 많이 섞여 있으면 시인과 청중 사이의 즉각적인 의사소통은 불가능할 것이다. 그러나 발화되어 공중으로 사라지는 텍스트가 아닌, 독자들이 반복해서 읽을 수 있는 유형의 실체, 즉 글로 쓰인 문자시(文字詩)는 이런 제약에서 자유롭다. 문자시에서 은유를 많이 볼 수 있는 것은 이런 이유에 기인한다.

일반적으로 시 낭송에는 음악이 수반되지 않지만, 찬양시 구연에는 음악이 수반된다. 이것은 구연 찬양시의 큰 특징이 텍스트와 음악의 상호작용이라는 것을 말해준다. 그러나 구연 서사시와는 달리, 음악의 리듬이 찬양시의 구연을 지배하지는 않는다. 오히려 찬양시의 텍스트에 음악이 종속되는 경향이 있다. 음악과 텍스트의 관계는 구연 서사시를 소개할 때 자세히 언급될 것이다.

시인들이 자주 사용하는 이미지는 그들의 머릿속에 불러내기 쉬운 방법으로 존재한다. 시인들은 그것을 핵심 이미지의 형태로 머릿속에 저장하고 구연 상황에서 그것을 불러내 팽창시키는(적용하는) 방법을 어려서부터 배운다. 유능한 사람일수록 찬양 대상에 적합한 이미지를 선택하는 데 짧은 시간을 소비한다. 최근 들어 시인들의 이미지 수련 과정에 대한 연구가 많이 이루어지고 있다.

찬양시에는 다른 장르들이 거의 삽입되지 않는다. 이것은 찬양시의 길이가 비교적 짧기 때문이기도 하지만, 찬양시라는 장르의 특징이 내용보다는 이미지 표현에 비중을 두기 때문이다. 그러나 속담이 삽입되는 경우는 종종 있다. 하우사 시인 단 끄와이로는 속담을 이용해 찬양시를 짓는 전통을 수립했는데 최근에 그를 모방하는 사람들이 늘어나고 있다. 하우사 찬양시 전통이 이 새로운 '전통'을 어떻게 계승할지는 두고 볼 일이다.

시인과 청중의 상호작용은 찬양시를 특징짓는 가장 중요한 요소다. 시인의 구연에 대한 청중의 반응은 단순히 후렴구를 따라 부르는 것처럼 소극적일 때도 있지만 적극적일 수도 있다. 시의 구체적인 내용이나 구연 스타일에 청중이 이의를 제기하고 시인이 이를 받아들여 내용이나 스타일을 수정하면 이때 청중은 창작 과정에 직접 관여하게 되는 것이다. 유능한 시인일수록 청중의 태도에 예민하게 반응하고 능동적으로 대처한다.

찬양시는 그 성격상 사회 지배층의 가치를 대변하는 경향이 있다. 가문, 혈통, 지위, 신분, 권력, 권위, 부(富), 관대함 따위는 대부분의 아프리카 전통 사회에서 지배층의 가치로 간주되는 것들이다. 시인들은 청중 앞에서 이러한 것들을 찬양함으로써 지배층의 우월적 존속을 정당화한다. 많은 경우 사회 가치와 지배층의 가치가 동일하다는 점에서 시인들은 사회체제의 유지에 순기능적인 역할을 한다.

아프리카의 전통 사회에서 각각의 직업집단은 전문 찬양 시인을 고용해 그들의 직업을 찬양하기도 한다.

23. 신이여 풍성한 번영을 약속하소서.
24. 자, 보세요. 청중들이 자리에 앉았군요.
25. 모든 사람들이 좋은 직업을 갖기를 바라면서,
26. 진지한 충고를 드리겠습니다.
27. 여성분들, 당신들이 신앙심이 깊다면,
28. 모두 직업을 가져야 합니다. 직업이 없는 여성은 당나귀입니다.
29. 자, 소녀들은 기도해야 합니다.
30. 또 북을 쳐야 합니다. 당신들은 무슨 망아지들인가요?
31. 사람이라면 누구나 일을 해야 합니다.
(중략)
125. 신이여 우리에게 돈을 주소서.
126. 저는 결혼한 여성들의 이해를 구하며,
127. 매춘부들을 찬양합니다.
128. 푼투와, 그 도시에는
129. 서양식 매춘부들이 있다고 합니다.
130. 유럽풍 집에 사는 그녀들
131. 맥주를 마시고 담배를 피우며

132. 희고 깨끗한 가운을 입고 있네요.
133. 보세요, 여기 있는 5파운드짜리 지폐
134. 아세요? 누구나 50파운드를 버는 건 아닙니다.
(중략)
176. 아이들 앞이 아니라면 보여줄 수 있어요.
177. 다리를 벌리고 앉아.
(중략)
198. 자, 오늘, 젊은 여성들한테 말하고 싶습니다.
199. 다리를 어떻게 벌리는지 한번 배워보세요, 자 보세요.

위의 하우사 구연시는 이슬람 사회에서 언급조차 금기시되는 매춘을 주제로 하여 직업의 평등을 노래한다. 여기서 시인 메무나 코게는 여악사(女樂士)들이 악기를 올려놓기 위해 어떻게 다리를 벌리는지 보여주고 청중은 이 행위에 감추어진 선정적 암시에 즐거워한다.[1]

서사시가 주로 왕국이나 제국이 존재했던 지역에서 관찰되는 반면, 찬양시는 아프리카의 거의 모든 지역에서 관찰된다. 찬양시는 남부아프리카에서도 크게 발전했는데, 응구니어(語) 계열에 속하는 줄루족과 소토족, 은데벨레족의 영웅찬양시는 아주 유명하다. 남부아프리카에서 찬양시가 발전한 가장 큰 이유는 이슬람이 이 지역에 뿌리를 내리지 못했기 때문이다. 찬양시는 그 성격상 속세의 인물을 찬양하는데 이슬람은 신과 모하메드 이외의 다른 대상을 찬양하는 것을 금지한다. 그러나 서아프리카와 동아프리카의 이슬람 사회에서도 찬양시는 구연되었다. 술탄이나 왕은 그들의 권력의 토대가 되는 민간의 전통을 무시할 수 없었으며, 다른 한편으로는 찬양시가 그들이 속한 사회 지배층의 가치를 옹호하는 이상, 이슬람과 찬양시의 공생을 어느 정도 묵인할 필요성을 느꼈다. 중앙아프리카의 반투족과 피그미들한테서도 찬양시 전통을 볼 수 있지만 예술성과 전문성에 있어 아프리카의 다른 지역에 뒤처지는

1 Mack, Beverly B. 1983. "Waka daya ba ta kare nika': One song will not finish the grinding: Hausa women's oral literature.' In Contemporary African Literature. (eds.) Hal Wylie, Eileen Julien and Russell J. Linnemann. p. 26. Washington, D.C.: African Literature Association and Three Continent Press, INC.

경향이 있다.

찬양 시인은 그들의 생계를 구연 행위에 의존한다는 점에서, 그리고 유능한 시인이 되기 위해 구연 기술을 어려서부터 체계적으로 연마한다는 점에서, 전문가라고 할 수 있다. 그러나 전문성의 정도는 개인에 따라 다르다. 오랜 수련 기간을 거친 후 시인으로서의 활동에 생계를 전적으로 의존하는 경우도 있지만 다른 생계 수단을 동시에 갖는 경우도 있다. 전문성은 예술성과도 관련된다. 전통 사회는 물론 현대 아프리카 사회에서도 시인의 전문성은 예술성과 비례한다. 찬양 시인들은 더 많은 부와 명성을 얻기 위해 시인이 되고 난 후에도 끊임없이 재능을 갈고 닦는다.

시인의 예술성을 평가하는 기준은 문화상대적이다. 시인의 아름다운 목소리와 텍스트의 아름다운 이미지는 많은 집단이 중시하는 미적 요소다. 그러나 이런 것보다 구체적이고 생생한 이미지가 더 중시되는 경우도 있으며, 시의 내용보다 '어떻게 부르는 가'에 더 큰 비중을 두는 사회도 있다. 즉흥개작 능력이 시인의 예술성을 평가하는 기준이 되기도 한다. 청중의 돌발적인 요구에 응해 즉석에서 시를 짓는 것은 유능한 시인들만 할 수 있는 창조적 예술 행위다.

서아프리카의 이슬람 사회에서 찬양 시인의 사회적 지위는 일반적으로 매우 낮은 편에 속한다. 그 이유는 이들이 이슬람이 허용하지 않는 속세의 대상을 찬양하기 때문이다. 시인은 크게 두 부류, 즉 궁정 시인과 자유 계약 시인으로 나뉜다. 궁정 시인은 왕이 거주하는 궁궐에 상주하면서 국가의 공적인 행사에 불려나가 왕이나 국빈을 찬양하는 시를 읊었다. 이들은 궁궐에 소속된 노예로서 그 신분을 세습하는 대신 각종 공역과 부역을 면제받았다. 오늘날 북부나이지리아 하우사-풀라니 지역에는 궁정 시인들이 아직까지도 존재한다. 궁정 시인들과는 달리 자유 계약 시인들은 부유하고 관대한 후원자를 찾아 전국을 돌아다닌다. 이들은 방랑 시인이라고도 불리는데 예술적 재능에 있어 천차만별의 차이를 드러낸다. 텔레비전이나 라디오에 단골로 나오는 일류 시인들이 있는 반면, 초라한 행색으로 이들의 시를 모방하며 구걸을 일삼는 사람들도 있다.

이슬람이 오래전에 뿌리를 내린 서아프리카의 사헬 기후대나 열대 사바나 기후대, 동아프리카의 해안 도서 지방에서는 신과 이슬람의 교리를 찬양하는 시가 청중들 앞에서 낭송되었다. 이러한 종교시는 창작 당시의 매체가 글이기 때문에 문자시의 범주에 포함된다. 그러나 문학은 창작 과정만을 전제로 하는 개념이 아니다. 문학은 문학장이라는 틀 속에서 이해해야 한다. 글 문학의 문학장은 텍스트, 시인, 작가, 독자, 비평가, 서평가, 출판사, 서점, 문학상 등의 요소로 구성되며, 구연문학의 문학장은 구연텍스트, 구연자, 구연 행위, 악기의 연주, 청중, 무대, 시인과 청중의 상호작용 등으로 이루어진다. 그렇다면 낭송되는 문자시의 문학장은 무엇인가? 그것은 문자문학과 구연문학의 문학장이 혼재된 모습을 보여줄 것이다. 혼재되는 정도는 다양하여, 어느 한쪽의 비중이 더 큰 경우도 있을 것이다. 한번 낭송된 문자시가 청중의 기억을 통해 다른 무대에서 또 낭송 될 때에는 문자성보다 구전성이 부각되는 경향이 있다. 문자성과 구전성은 서로 간섭하지 않는 배타적인 개념이 아니라 서로 섞이며 상호작용하는 개념이다.

끝으로, 아프리카의 시(詩) 전통에는 찬양시만 있는 것이 아니다. 찬양시는 보다 상위 개념인 구연시에 속하는 많은 하위 범주들 중의 하나다. 다음은 필자가 문학잡지 『시와 생명』(2000년)에 번역 소개한 아프리카의 구연시다. 이 시들은 구연시의 범위가 얼마나 넓은지 잘 보여준다.

속죄 의식에서의 불노래

팡족, 카메룬/가봉

불, 불, 아래 화덕의 불, 위 화덕의 불,
달빛, 햇빛,
밤에 반짝이는 별, 빛을 가르는 별,
천둥의 신, 바람의 신.
우리에게 빛을 주는 태양의 불,
속죄를 위해 나는 그대를 부르노라, 불, 불,
사라지는 불, 그대의 뒤에서 모든 것은 죽고,
사라지는 불, 그대의 뒤에서 모든 것은 살고,
나무들은 불에 타고, 재들, 재들만이 남고,
풀은 자라고, 풀은 씨를 맺는다.

불, 우리의 친구, 나는 그대를 부르노라, 불, 속죄를 위해.
불, 나는 그대를 부르노라, 불, 화덕의 수호자'
그대는 지나가고, 그들은 쓰러지고, 아무도 그대를 정복하지 못하노라,
불!
나는 속죄를 위해 그대를 부르노라.

조상에 대한 주술사의 기원

익보족, 나이지리아

오늘은 무엇이 나올까?
성공, 실패? 죽음, 생명?
하! 물살은 거슬러 흐르지 못하는 법.
어떤 영령이 사악한 그림자를 드리워
진실의 빛을 가로막는가?
나는 이 신성한 지팡이를 들어 그것을 내리친다.
동쪽은 여기고, 서쪽은 저기 있도다.
태양은 터져 생명으로 통하고,
보라 햇살을 타고 진실이 오는 것을!
하늘과 땅이 나를 지켜보고 있도다.
나의 혀가 어찌 방황할 수 있겠는가?
백발은 거짓의 적.
오라, 조상의 영령들이여, 오라!
당신의 아들 곁으로!
이 예언의 구도자가 무엇을 할 수 있는 가를 증명하라,
우리의 명성의 근거를
정오에 잘려진 응구우 나무는
태양이 서산으로 기울기 전에
새 싹으로 그 칼날을 조롱한다.
대답하라! 대답하라! 당신의 아들에게!

사랑의 찬가

아안동가족, 앙골라

나무제지! 그대는 진코노의 정원에서 온 꽃.
너무도 격조 높게 심어져 이를 수가 없도다!
그대의 고상한 자태는 숭배의 대상,
그대의 아름다움은 아알롬베의 머리를 돌리게 한다.
지코콜라의 사람들도 넋을 잃고,
그대에게 선물을 주려고 분주히 달려온다.
나무제지의 아름다움은 형언할 수 없는 존재.
진코노의 꽃은 별처럼 빛나고,
그녀가 오기에 앞서 나는 멀리서 보았다.
나무제지! 이슬 맺힌 그대의 눈은 그다지도 맑은가!
그대의 이는 마치 어제 나온 것 같고,
그대의 눈은 뿔 없는 어린 암소의 것과 같도다!
나무제지! 샘물처럼 맑은 그대의 눈을 뜨오.
그대의 이 - 미소 지어 보오,
그리하여 모두 찬미할 수 있도록.
우리는 샛별이 나타날 때까지
우리의 놀이를 잠들게 하고,
나는 나무제지가 있는 한 떠나지 않는다.
그녀가 있는 곳,
달은 태양이 되고, 밤은 밝은 낮이 되고,
우리는 밤의 총신(寵臣)이 되고, 우리는 달의 궁정 노예가 된다.
그대여 있는 곳에서 항상 별처럼 빛나니
그곳이 어딜지라도 나는 그대를 따르겠소.
나는 그대의 흔적을 알 수 있으니,
많은 여인들 중에서도
떠오르는 봄의 태양처럼 그대는 언제나 빛난다오.
'아름다움을 먹고 살 수는 없지요,' 그대는 말하지만,
나는 맹세하거니와

그것만을
먹고 살겠소.

내가 사랑을 할 때

베르베르족, 모로코

그대와 사랑을 할 때,
그것은 낟알을 씻는 것과 같습니다.
한 알
한 알
나는 먹고, 또 먹고, 온 들판을 가득 먹지만,
나의 마음은 여전히 채워지지 않습니다.

가난한 구혼자를 거절하는 소녀의 노래

바쉬족, 콩고 민주 공화국

저랑 결혼하고 싶다고요?
무엇을 줄 수 있나요? 좋은 논밭을?
　아니요, 저는 집밖에 없습니다.
뭐라고요? 집밖에 없다고요? 그러면 우리는 어떻게 살지요?
부카부로 가보세요. 거기서는 많은 돈을 벌 수 있어요.
그러면 음식도 사고 다른 물건도 살 수 있어요.
　아니요, 저는 그곳에 못 갑니다. 저는 그곳 사람들을 모른답니다.
　저는 줄곧 여기서 살아왔고 또 여기서 살고 싶습니다.
당신은 멍청한 남자군요. 저랑 결혼하고 싶다면서 아무것도 없잖아요.
부카부에서 돈을 벌어 물건들을 사주지 않으면
저는 당신과 결혼하지 않겠어요!

신부 들러리의 노래

르완다족, 르완다

아름다운 신부여, 울지 마세요.
당신의 결혼은 행복할 것입니다.
그리고 자신을 위로하세요.
당신의 남편은 좋은 사람이 될 것입니다.
그리고 어머니처럼, 숙모처럼,
당신은 많은 자녀들을 갖게 될 것입니다.
두 명, 세 명, 네 명 …

다른 모든 이들이 그랬듯이, 아, 이제 그만 단념하세요.
남자는 하이에나가 아닙니다.
남편은 천둥벼락이 아닙니다.
당신의 어머니는 당신의 아버지의 아내였습니다.
당신의 남편은 당신이 맷돌질만 하다가 죽도록 내버려두지 않습니다.
항아리만 씻다가 죽도록 내버려두지 않습니다.
아무도 땔감을 구하다가 죽지는 않습니다.
아무도 빨래 때문에 죽지는 않습니다.

그것은 우리의 결정이 아닙니다.
우리는 당신의 떠남을 원치 않고,
우리는 당신을 너무도 사랑합니다.
그렇게 만든 것은 당신의 아름다움,
당신은 너무도 화사하니까요.
아, 울지만 사실은 웃고 있군요!

안녕, 당신의 남편이 여기 있습니다.
아, 당신은 이미 우리의 위로가 필요 없군요 …

바닷가로 돈 벌러 간 남편을 그리는 아내의 노래

바울레족, 코트 디브와르

동구 밖
멀리서
돌멩이나 나무를 보면
그때마다 나는
그것이 나의 남편이라고
생각합니다.
생각합니다.

여인 불평

익보족, 나이지리아

일 때문에 밖에 나갔다가
남편이 어떤 소녀와 손잡고 걷는 것이
내 눈에 들어 왔습니다. O
나는 남편한테 물었습니다. 그녀와 무슨 일을 하고 있나요 O?
그는 말합니다. 닥쳐, 입 닥쳐!
그의 하녀라고 말합니다. O!
우무 칠 라 에두 우와!

그의 하녀 O!
나는 시어머니에게 말했습니다. 보세요, 언젠가
하녀가 아내가 될 것이라고 O
하녀가 아내가 될 것이라고 O
그리고 남편은 저 작은 밭을 둘로 나누겠지요. O
그리고 남편은 저 작은 대추야자 숲을 둘로 나누겠지요. O!

나는 마을 한복판으로 달려갔습니다.

우리의 교장 선생님 집으로 O
우리의 교장 선생님 집으로 O
교장 선생님은 말합니다. 울지 마라, 내 아가야
남편을 참회하게 만들겠다고,
교회에서 결혼한 사람이 두 명의 아내를 갖는 것은 부정한 짓이라고,
교회의 법을 어기는 것이라고
O.

사랑의 수수께끼

스와힐리족, 케냐

질문:
전령이여, 나의 친구여, 너무 크지도 않고 너무 작지도 않은,
정원이 있는 곳, 키 큰 나무가 있는 곳으로 가 보게나.
모든 것을 주신 분, 하느님은 그것이 향기로 충만하도록 창조하셨으니,
자스민도 아니고 스테파노티스도 아닌, 그 꽃이 무엇인지 말해 보게.

자스민도 아니고 스테파노티스도 아닌, 장미도 아니고 팬더너스도 아닌,
친절한 주님께서 진한 향기로 창조하신,
그것을 보는 모든 사람의 마음을 어루만지는 꽃.
당신들, 이 땅의 학자들이여 말해 보게, 그 꽃이 무엇인지를.

온 나라의 학자들이 공중 회랑에 앉아 있네.
그것은 멀리서 왔다네. 아주 먼 아시아에서.
장미과에도 속하지 않고 석류나무 과에도 속하지 않는,
무화과도 아니고 올리브도 아닌, 그 꽃을 말해 보게.

무화과도 아니고 올리브도 아닌, 그렇다고 싱그러운 야자도 아닌,
슬플 때는 영혼을 치료해 주고,
걱정과 분노와 격정을 마음속에서 몰아내는 꽃.

놀라지 말고 그 꽃을 말해 보게.

말해 보게나. 놀라지 말고.
꽃이 피는 그 먼 땅은 이집트에 있다네.
포도덩굴이라고는 생각지 말게, 그러면 당신은 시리아로 갈 수도 있으니.
열심히 생각해 보면 말할 수 있다네.

대답:
그 꽃은 사랑, 당신의 마음속에 있습니다.
당신은 외롭지 않습니다. 사랑은 몸을 뜨겁게 하고,
항상 멋진 선물과 물건을 줍니다.
사랑에 경계가 없는 것은 그 꽃의 경이로운 힘 때문입니다.

사랑에는 경계가 없고, 사랑에는 끝이 없습니다.
사랑의 의미는 모두에게 분명합니다. 이 수수께끼의 은유가 바로 그것입니다.
두 사람이 서로를 사랑할 때는 같은 기분 속에서 살아갑니다.
아, 나는 말을 마쳐야 하겠군요. 우리는 그 꽃을 알고 있습니다.

사랑하는 소녀가 친척이라는 소리를 들었을 때

아촐리족, 우간다

나는 친척을 만나고
나는 그곳에 가서 또 친척을 만나고!
나는 이곳에 와서 돌조각을 찾고
불알을 내리치고!
틱, 틱, 틱.

장송가

에웨족, 토고

그는 죽었네.
노랫소리도
북소리도 없이.
그는 가난했고,
그의 집도 가난했다네.
우리는 모두 죽음의 것들.
나는 홀로 집에 있다가 비탄의 울음소리를 들었네.
아, 나의 형제가 갔으니,
나는 슬픔에 잠겨
북을 치네.
둥 둥 둥

망부가(亡夫歌)

바소토족, 레소토

미망인들:
우리를 남겨두고,
우리를 슬픔 속에 남겨두고,
우리를 비탄의 절망 속에 남겨두고
그는 떠났습니다.
나한테 날개가 있다면 저 하늘로 날아가련만!
하늘에선 밧줄이 왜 안 내려오나요?
밧줄에 몸을 묶고 올라가,
그곳에 가 살으련만.

새로운 미망인들:
아! 얼마나 어리석은가!

저녁이 오면, 나는 창문을 열고,
그가 돌아오는 소리를
고요한 정적 속에서 귀 기울여 듣습니다.
바라봅니다.

모든 미망인들:
아! 아!
그들은 정말로 갔습니까?
그들은 정말로 우리를 버렸습니까?
그들이 간 곳에서
그들은 다시는 돌아올 수 없는 것입니까?
그들은 우릴 보러 다시는 돌아올 수 없는 것입니까?
그들은 정말로 갔습니까?
도대체 얼마를 채워야
저승의 만족은 끝이 납니까?

전쟁에서 아들을 잃은 노파의 노래

밤바라족, 말리

노파:
디오세는 병사들을 헛되이 잃었습니다.[2]
당신은 병사들을 어디에 두었습니까?
당신은 병사들을 어디에 두었습니까?

디오세의 영혼:
나는 지금 먼 길을 가고 있으니
가서 백인들한테 물어보라.

---

2 1915년 추장 삼바와 디오세는 프랑스에 대항해 반란을 일으키지만 실패함. 디오세는 요새를 폭파하고 병사들과 함께 자살함.

가서 병사들한테 물어보라.
그리고 피로 말라버린 저 수로의 기슭을 바라보라.

노파:
디오세는 도망치지 않았지만 명예를 잃었습니다.
삼바는 달아났고 백인들은 용감했습니다.
삼바는 두려웠고, 마산톨라의 삼바는 영웅이 아니었습니다.

소녀들:
그들은 전쟁을 시작했습니다.
그들은 오라비들을 끌고 가 헛되이 죽였습니다.
노파:
나는 이제 아들이 없으니 먹을 것도 없습니다.
나는 입을 옷도 없습니다.
그리고 나는 늙었습니다.

소녀들:
할머니, 울지 마세요.
우리가 당신을 편안히 돌볼 테니까요.
삼바와 디오세는 다 잊으세요, 그들은 이미 슬픈 영혼이 되었습니다.

부름 (발췌)

기쿠유족, 케냐

영광은 승리 없이 이룰 수 없다.
그대여 무엇을 기다리는가?
땅을 위한 투쟁이 계속되는데 그대는 어디 있는가?
그대여 무엇을 기다리는가?

합창:

그대여 무엇을 기다리는가?
기다리던 순간이 왔는데
그대여 무엇을 기다리는가?

그대는 아직 동참하지 않았는가?
그대여 무엇을 기다리는가?
마오 마오 투쟁에 동참하라.
그대여 무엇을 기다리는가?

그대가 아무리 부자라 하더라도
그대여 무엇을 기다리는가?
땅은 민족의 진실한 부(富)
그대여 무엇을 기다리는가?

*　　　*　　　*

단결은 힘이다.
그대여 무엇을 기다리는가?
마오 마오는 민족의 투쟁
그대여 무엇을 기다리는가?

우리는 자유를 위해 싸운다.
그대여 무엇을 기다리는가?
그대는 자유를 원치 않는가?
그대여 무엇을 기다리는가?

항아리 놀이를 하는 소녀들의 노래

디딩가족, 우간다

독창:

우리는 어머니처럼 항아리를 만든다.
항아리, 항아리는 어디 있나?

합창:
항아리는 여기 있지.
우리는 어머니처럼 항아리를 만든다.
먼저, 항아리의 바닥을.

독창:
한 조각, 한조각, 한 겹, 한 겹,
부드러운 손가락은 점토를 반죽하고,
긴 손가락은 점토를 빚고,
힘센 손가락은 모양을 내고,
한 조각, 한 조각, 한 겹, 한 겹,
우리는 항아리를 만든다.

합창:
우리는 항아리를 만든다,
한 조각, 한 조각, 한 겹, 한 겹,
배는 하이에나의 배처럼 커지고,
양을 통째로 먹은 하이에나의 배처럼.
배는 쌍둥이 엄마의 배처럼 커진다.
아름다운 항아리, 어머니의 항아리,
쌍둥이 엄마처럼 불거진다.

독주:
오, 강의 점토야,
우리의 손에 구부려지고,
동그랗고 예쁘게 휘어지어라.
튼튼한 어깨와 가는 목,
한 조각, 한 조각, 한 겹, 한 겹,

부드러운 손가락은 반죽하고,
긴 손가락은 빚고,
튼튼한 엄지는 모양을 내고,
아름다운 항아리, 어머니의 항아리.

모두 함께:
항아리, 어머니의 항아리.

존재

플라니족, 나이지리아

백성은 왕이 없는 곳에 존재하지만
왕국은 백성이 없는 곳에 존재할 수 없다.
풀은 풀을 먹는 것이 없는 곳에 존재하지만
풀을 먹는 것은 풀이 없는 곳에 존재할 수 없다.
물은 물을 마시는 것이 없는 곳에 존재하지만
물을 마시는 것은 물이 없는 곳에 존재할 수 없다.

5.2. 서사시

서사시는 찬양시와 더불어 아프리카에서 가장 전문화된 장르에 속한다. 고풍스러운 표현, 난해한 어휘, 음악적 요소, 역사성 따위는 서사시가 연상시키는 것들로서 일반인의 접근을 가로막는 요소로 작용한다. 서사시의 구연은 종종 특정한 집단에 의해 독점되는 경향이 있으며, 특히 영웅을 주인공으로 하는 민족 서사시는 신성시되어 이방인 앞에서는 모습을 잘 드러내지 않는다. 며칠에 걸쳐 구연되는 것도 있으며, 보통의 이야기꾼들이 긴 서사시에서 떨어져 나간 일부를 민담으로 구연하기도 한다. 아프리카의 서사시에 대한 이해는 높은 민족지학적 지식을 요구하는데 그런 지식을 갖춘 연구자들은 많지 않았다. 서사시라는 이름 아래 출판된 텍스트도 시적 요소가 결여된 긴 이야기에 불과한 경우가 많았으며, 반대로, 이야기적 요소가 없는 암시적인 언어들의 나열에 그친 경우도 있었다.

아프리카 구연 서사시의 연구 주제는 다양하다. 먼저, 서사시의 정의에 관한 문제가 있으며, 시인, 서사시의 내용, 구조와 스타일, 사회적 기능, 구연 과정, 발생연대, 기원, 저작권의 문제 등이 있다. 최근에는 민족시학적 관점에서 동서양의 시학 전통에서 벗어난 민족 언어학적 요소들에 대한 연구도 중시된다. 본 절은 찬양시와 서사시의 관계, 서사시의 발생, 서사시의 정의 등을 설명하고, 서아프리카를 포함한 아프리카 서사시들의 줄거리를 개관한 후, 마지막으로 아프리카 구연 서사시의 특징을 분석하는 차원에서 영웅의 이미지를 살펴볼 것이다.

5.2.1. 아프리카 구연 서사시의 특징

유사 장르의 존재는 아프리카의 구연 서사시에 대한 연구를 어렵게 만든다. 찬양시는 사람이나 물건, 추상적인 개념을 찬양하는 시로서 내용보다 이미지가 부각되는 형식이다. 찬양시도 음악을 동반하며 비유적인 표현이 많이 나타나고, 전문 수련을 받은 사람들이 구연하는데, 문제는 찬양시가 역사적 영웅을 소재로 할 때 일어난다. 찬양시가 영웅을 소재로 하면 이야기적 요소가 개입한다. 이때, 시인에 따라 시적 요소와 이야기 요소 중에서 어느 한쪽이 더 중시될 수 있다. 두 요소가 엇비슷한 비중을 차지하는 경우도 관찰된다. 줄루족과 소토족 같은 남부아프리카 반투족의 찬양시가 여기에 해당한다. 그러나 특정한 장르에 대한 분석을 외부에서 강제된 틀에 기대지 않고 문화내적인 차원에서 시도하면 많은 것들이 명료해진다. 우리가 알아야 할 것은, 남부아프리카의 찬양시 전통에서 이야기적 요소가 결여된 것은 용인되지만 이미지가 부족한 것은 용인되지 않는다는 점이다. 현지인들에게 중요한 의미를 갖는 것이 무엇인지 찾아내는 작업은 관련된 장르에 대한 연구의 첫걸음이다.

서사시의 발생을 둘러싼 학자들 사이의 공방은 아프리카의 구연문학사에서 한때 가장 뜨거운 이슈 중의 하나였다. 흥미롭게도 이 논쟁의 기원은 피네건의 저서 『아프리카의 구연문학』에서 비롯되었다. 피네건은 이 기념비적 저서에서 -제목이 암시하듯이- 아프리카의 구연문학에 대한 연구는 지금까지의 기능적 측면에 대한 관심에서 벗어나 문학적 측면에 관심을 두어야 한다고 역설했다. 그녀는 이를 위해 방대한 일차 자료와 출판 문헌들에 의지해 아프리카 구연문학의 심미적 요소들을 분석했다. 아프리카 구연문학의 예술성을 다룬 글들이 없었던 것은 아니지만, 대부분 단편적인 차원에 머물러 있었다는 것을 생각하면, 피네건의 저서가 갖는 중요성은 아무리 강조해도 지나치지 않다.

피네건은 『아프리카의 구연문학』에서 신화, 전설, 우화, 찬양시, 속담, 수수께끼, 가면극, 무속문학 등 많은 장르의 존재에 대해서 인정하면서 서사시에 관해서는 회의적인 입장을 취했다. 당시까지 수집, 분석된 서사시와 관련된 자료들이 어떤 명확한 결론을 이끌어 내기에는 부족했으며 피네건도 이를 지적했다는 점에서 그녀의 유보적인 입장은 정당화될 수 있다. 그럼에도 불구하고 그녀의 몇 가지 관점은 분석적인 시각에서, 그리고 때로는 비판적인 시각에서 언급될 필요가 있다. 왜냐하면 이를 통해 우리는 아프리카 구연 서사시의 존재를 둘러싼 논쟁의 어느 한 쪽을 지지할 수 있을 뿐만 아니라, 이 장르의 정체성에 대한 이해에 한걸음 더 가까이 다가갈 수 있기 때문이다.

피네건은 먼저 서사시라고 알려진 것들이 시적 내러티브라기보다는 대부분 산문적 내러티브라고 주장한다. 출판된 텍스트에 관한 한 그녀의 주장은 틀렸다고 할 수 없다. 그러나 이것은 아프리카의 구연문학을 연구하는 학자들 사이에서는 오래전부터 인지되어 온 상투적인 문제였다. 사실 수집가에 의해 재구성된 텍스트가 원(原) 구연에 포함된 요소들을 모두 충실하게 반영하는 것은 현실적으로 불가능하다. 아프리카의 구연문학을 다루는 적지 않은 문헌들이 긴 이야기의 요약된 줄거리나 시적 요소들이 떨어져 나간 텍스트만을 기록하고 있다는 사실, 그리고 그것이 기능과 구조분석에 있어 큰 어려움을 초래하지 않았다는 사실은 서구 학자들의 자문화중심주의의 한 단면을 보여주는 것이었다. 아프리카의 구연문학은 상당한 전문가라 할지라도 오랜 시간에 걸친 연구와 분석에 의하지 않고서는 그 예술적 요소를 찾아낼 수 없으며, 설사 찾아냈다 하더라도 그것을 활자의 형태로 외부에 소개하는 것은 아주 힘든 일이다. 니아네는 만데카족의 순자타 서사시를 기록했는데[3] 원(原) 구연이 시적 성격을 띠고

---

3 Niane, Djibril Tamsir. 1960. Soundjata; ou, l'Epopee Mandingue. Paris: Presence Africaine. 이 책은 픽켓에 의해 1965년 영어로 번역되었다. Picket, G.D. 1965. Sundiata: An Epic of Old Mali. London: Longman.

있었다는 것은 니아네 스스로 그것을 구연한 시인과 나눈 이야기를 통해서 알 수 있다.

아프리카의 구연 서사시에 관한 피네건의 또 다른 주장은 서사시라고 보고된 많은 문헌들에서 내러티브적(이야기적) 요소를 관찰할 수 없다는 것이다. 그녀는 이 문헌들이 서사시보다는 찬양시 성격을 띤다고 말하는데 이는 올바른 견해라고 할 수 있다. 문제는 서사시라는 제목으로 출판된 책들이 그 제목을 달 만한 자격을 갖추지 못했음에도 불구하고 서사시라는 제목을 달고 있다는 것이다. 일례로, 「아당그메족의 민족적 서사시」라는 논문에서 푸플람푸는 암시적인 어구를 설명하기 위해 수많은 주석을 달고 있는데[4] 이 주석의 도움 없이 이 책을 읽는 것은 불가능하다. 정확히 말하면 푸플람프가 소개하는 텍스트는 이야기적 요소가 현저히 결여된 찬양시로 간주되어야 할 것이다.

서사시는 영웅에 관한 시적 내러티브(이야기)다. 구연 서사시 전통이 있는 아프리카의 종족들은 다음과 같은 특징, 즉, 사냥이 사회적으로 중요한 의미를 가지며, 잘 다듬어진 이주와 팽창, 전쟁과 정복의 역사가 있고, 정교하게 발달된 성년 의식 제도와 자발적인 단체 활동의 전통이 있다. 그러나 황제나 왕이 다스리는 정치제도와 전쟁 및 정복의 역사가 반드시 있어야 하는 것은 아니다. 아프리카의 서사시를 연구해보면 서사시가 다양한 사회 구조, 종교제도, 역사적 배경을 가진 지역들에서 발생하고 있다는 것을 알 수 있다. 전쟁과 정복의 역사가 없는 종족들도 서사시 전통이 있다는 것은 서사시라는 장르가 기본적으로 정치와 무관하다는 것을 말해준다. 이런 점에서 아프리카의 구연 서사시도 인간의 창조성을 반영하는 여러 장르들 중의 하나라고 할 수 있다.[5]

서사시가 '영웅을 주인공으로 하는 시적 이야기'라고 할 때, '시적'이 뜻하는 바는 종족마다 다르다. 일례로, 만데카족의 순자타 서사시에서는 다양한 형태의 긴장이 가장 중요한 시적 요소로 간주된다. 이 시적(詩的) 긴장은 다음과 같다. 순자타 서사시는 세 가지 방법, 즉, 내러티브 형식, 속담 형식, 노래 형식으로 청중에게 전달된다.

---

4 Puplampu, D.A. 1951. 'The National Epic of the Adangme.' African Affairs 50(200): 236-249.

5 따라서, 사회는 원시시대에서 야만의 시대를 거쳐 문명의 시대로 나아가며 서사시는 야만의 시대에 속하는 영웅의 시대에 탄생해서 영웅의 시대가 끝나고 난 다음에도 오랫동안 준역사적 기록물로 존재한다는 주장은 잘못된 것이다.

시인은 연주되는 악기와 이 형식들을 창조적으로 결합해서 사용한다. 각각의 형식과 악기 사이의 관계는 차이점을 드러낸다. 즉, 텍스트를 구성하는 시행의 리듬과 멜로디는 전달 형식에 따라 악기의 리듬 및 멜로디와 조화를 이루기도 하고 반동적인 부조화를 이루기도 한다. 부조화는 심미적 긴장을 생산한다. 만데카 구연 시인의 예술적 재능의 정도는 이 긴장을 얼마나 창조적으로 다룰 수 있느냐에 따라 결정된다.

아프리카의 구연 서사시에 나오는 주인공들은 역사적 인물이 아닌 '영웅적 자질을 가진 동시대의 평범한 존재'일 수도 있다. 이 점은 매우 중요하다. 왜냐하면, 영웅은 항상 사람이지만 '영웅적'이라는 말은 반인반수, 동물, 또는 작은 곤충한테도 적용될 수 있는 말이기 때문이다. 콩고에 거주하는 몽고족의 일파인 함바족의 쿠두케세 서사시와 음볼레족의 로포케포케 서사시의 주인공들은 인간과 동물의 성질을 모두 갖고 있다.[6] 아프리카 구연 서사시의 주인공들은 사람이 아닌 경우도 종종 있으며, 사람인 경우에도 고대 그리스로마의 문헌에 나오는 영웅들과는 달리 초자연적 능력을 소유하지 않는다. 그들은 인간적이고, 두려움과 번민에 휩싸인 나약한 존재들이지만, 불굴의 인내심을 발휘하여 파도처럼 밀려오는 시련을 극복하면서 자신의 한계성, 즉, 불가능에 도전한다.

서사시는 시간적 순서에 따라 일어나는 사건들로 구성되며, 영웅의 탄생에 얽힌 일화, 소년기와 성장 과정, 시련과 도피, 전쟁터로 가는 길, 전투 장면 등이 기승전결의 구조 속에 배치된다. 인물이나 배경에 대한 정적인 묘사도 중요하다. 영웅이 느끼는 두려움, 갈등과 분노, 충동과 인내심, 최후의 결단 따위가 장황하게 묘사되고 정작 역사적 순간으로서의 전투 장면은 짧게 처리되기도 한다.

아프리카의 구연 서사시에서 가장 중요한 요소로 간주되는 것은 주인공인 영웅의 이미지다. 먼저, 영웅의 출생을 둘러싼 신비한 사건과 영웅의 조숙성은 공통적으로 관찰되는 현상으로서 다른 대륙의 서사시 전통에서도 한때는 중요시되었을 거라는 가정을 해 볼 수 있다. 영웅의 초자연적 능력과 관련해서는, 그것이 인간에 내재하는 힘이라기보다는 외재적인 것으로서 주로 마법과 관계된다는 사실이다. 신(神)과의 싸움 또는 신에 대한 불경(不敬)은 영웅이 초자연적인 힘을 행사할 때 종종 일어나는 현

---

6 쿠두케세 서사시와 로포케포케 서사시는 길이가 상대적으로 짧은 편이다.

상이지만 아프리카의 구연 서사시에서는 좀처럼 관찰되지 않는다. 자존심과 자만심도 인내심과 함께 아프리카 구연 서사시의 영웅을 특징짓는 자질들 중의 하나다. 영웅의 내면세계를 묘사하는 슬픔과 두려움, 불안, 분노, 심리적 갈등 따위는 감정상의 소재인데 시인은 이것을 통해 마치 피안의 세계에 살고 있는 어떤 불가사의한 존재 또는 무시무시한 존재처럼 인식될 수 있는 영웅을 청중들과 같은 인간으로 환원시킨다. 아래의 인용문은 아프리카의 구연 서사시에 나오는 영웅의 이미지를 잘 요약하고 있다.[7]

> 청중들이 영웅의 용기와 지혜를 정신없이 찬탄하고 있을 때, 또는 불굴의 인내심을 감동적으로 음미하고 있을 때, 구연자는 그들의 뒤편에서 그 교묘한 솜씨를 암암리에 발휘하여 또 다른 걸작을 만들어낸다. 청중은 마치 최면술에 걸린 것처럼 관찰자의 영민한 분석력을 상실하고 도저히 수습할 수 없는 대혼란의 상황 속에 침몰한다: 우아한 자긍심, 그것의 남용(자만심), 불의에 대한 적개심, 스스로 적개심을 유발하는 잔인성, 전통 가치의 수호자로서 백성들을 약속의 땅으로 인도하려는 열망, 神에 대한 불경스러운 도전, 질서의 파괴, 초자연적 능력, 彼岸의 존재, 凡夫와도 같은 나약한 내면세계의 일면, 파멸과 재앙을 불러올 것 같은 충동심, 성마름, 성자와도 같은 인내심, 아버지와 다투는 패륜적 행위, 세상의 모든 정신적 은총이 집결된 듯한 고매한 인격.
>
> 일화들이 결합되어 한 편의 서사시를 만들어내듯이 작은 이미지들이 결합되어 큰 이미지를 만들어낸다. 독립된 사건들의 감흥이 영웅의 긴 이야기 속에 묻혀 가듯이 개개의 이미지들은 시간이 지나면서 희미해져 가지만 그 누적된 엷은 농도의 層은 하나씩 쌓여감에 따라 선명한 색깔을 띤, 그러나 원색은 아닌, 분해할 수 없는, 농축된 영웅의 이미지로 성장해간다. 馬車에 올라탄 사람이 하나하나의 나무와 바위와 풀벌레 소리에 체류하는 시간은 길지 않지만 시간의 흐름이 엮어내는 아름다운 풍경을 감상할 수 있듯이 청중은 발화되어 공중으로 덧없이 사라지는 텍스트의 흐름 속에서 영웅을 느낄 수 있다. 아프리카의 구연 서사시는 '이미지들의 오케스트라'이다.

영웅의 이미지는 다음 절에서 아프리카를 대표하는 구연 서사시 전통의 줄거리들을 먼저 살펴본 후 다시 언급될 것이다.

---

7 장태상. 2006.「아프리카의 구연 서사시에 나타난 영웅의 이미지」. 182쪽.『외국문학연구』제24호: 163-184.

5.2.2. 아프리카 구연 서사시의 분포

본 절은 아프리카의 주요 서사시를 서아프리카의 서사시와 동부, 중부, 남부 아프리카의 반투족 서사시로 나눠서 소개한다. 지금까지 보고된 서아프리카의 서사시에는 말리 공화국 만데카족의 순자타 서사시, 밤바라족의 몬존 서사시, 소닝케족의 가시레 서사시, 플라니족의 실라마카 서사시, 나이지리아 이조족의 오지디 서사시, 가나 공화국 아당그메족의 클라마 서사시 등이 있다. 반투족의 서사시에는 콩고 민주 공화국 냥가족의 므윈도 서사시, 몽고족의 리안자 서사시, 레가족의 무빌라 서사시, 짐바브웨 함바족의 쿠두케세 서사시, 콩고 민주 공화국 음볼레족의 로포케포케 서사시, 가봉 공화국 팡족의 아코마 음바 서사시와 음벳 서사시, 잠비아 베나무쿠니족의 카페페 서사시 등이 있다.

만데카족의 순자타 서사시[8]

13세기에 살았던 말리 제국의 왕 순자타의 일대기를 다룬 이 서사시는 아프리카 대륙 전체를 통해 가장 많은 연구 및 출판 자료를 갖고 있다. 순자타 서사시는 한때 말리 제국에 속했던 지역들에서 구연되며, 말리 공화국, 세네갈, 감비아, 기니, 코트디부아르, 부르키나파소, 가나 등지에 분포하는 만데 어군의 종족들을 하나로 묶어주는 구심점이 되고 있다. 구연되는 실제 내용은 지역에 따라서 차이점을 보여주지만, 어떤 경우이건 다음의 세 가지는 반드시 포함한다. 순자타의 탄생에 얽힌 사건들; 순자타의 청년시절과 만데 땅으로부터의 망명; 순자타의 귀향과 만데 땅의 탈환. 순자타 서사시의 내용은 다음과 같다.

순자타의 아버지 파라쿠 마간 체니는 어느 날 위대한 왕이 될 아들을 낳게 될 것이며 이를 위해서 어떤 사냥꾼이 데려올 여인과 결혼해야 한다는 계시를 받는다. 이후 이야기는 많은 사람들을 죽인 어떤 물소를 찾아 숲속을 여행하는 두 명의 사냥꾼을 등장시킨다. 사냥꾼들은 한 노파를 만나 친구가 된다. 이 노파는 바로 그들이 찾고 있던 물소였다. 물소가 둔갑술을 써서 노파로 위장했던 것이다. 노파는 사냥꾼들에게 물소를 죽일 수 있는 방법을 가르

8 Innes, Gordon. 1974. Sunjata: Three Mandinka Versions. School of Oriental & African Studies, University of London.

쳐주면서 한 가지 조건을 제시한다. 그 조건이란 그들이 물소를 죽인 다음 그에 대한 상으로 그 지방의 왕한테 가장 못생긴 여인을 요구해야 한다는 것이었다. 사냥꾼들은 노파의 도움으로 물소를 죽인 후 소골론이라고 불리는 추한 여인을 상으로 받는다. 그러나 이들 중 어느 누구도 그녀를 아내로 맞아들이길 원치 않는다. 그 이유는 그녀의 몸에서 한 줄기의 강한 빛이 발산되었기 때문이다. 사냥꾼들은 여행을 계속해서 순자타의 아버지 마간의 마을에 도착하고 소골론을 그에게 바친다. 소골론과 마간의 첫째 부인인 사수마 베레테는 같은 날 임신해서 같은 날 아들을 낳는데 그들의 이름은 순자타와 당카란투마였다. 마간은 순자타가 그의 상속자라고 선언하고 질투심 많은 사수마는 순자타를 저주한다. 순자타는 7년 동안(9년이라고 하는 사람들도 있음) 걷지 못했다. 그러나 어느 날 순자타는 큰 쇠막대기에 의지해 일어난다. 그는 청년으로 성장하면서 비범한 사냥술과 마법의 기술을 터득하고 숲속의 영령들과 친구가 된다. 순자타의 자질과 용맹이 알려지고 사람들이 그를 따르게 되자 그와 이복형제인 당카란투마 사이에 갈등이 싹트고 그 골은 깊어진다. 순자타는 자신은 물론 어머니와 누이의 생명마저 위협을 받게 되자 그들을 데리고 모시라는 나라의 메마로 피신하여 사냥을 하면서 살아간다. 그는 곧 모시의 왕에게 인정을 받으며 그곳에 오래 머물러도 좋다는 말을 듣는다. 그가 모시 땅에서 망명 생활을 하는 동안 그의 이복형제인 당카란투마가 소소의 대장장이들의 왕인 수망구루에 의해 만데 땅에서 쫓겨나는 일이 발생한다. 공포가 도처에 만연하고 모든 신탁은 순자타를 만데카족의 유일한 구세주로 지목한다. 순자타를 찾아 만데 땅으로 다시 데려가기 위한 전령들이 속속 도착하고 고향의 참상을 전해들은 순자타는 귀향길에 오른다. 그의 어머니 소골론은 귀향 도중에 죽는다. 순자타는 많은 왕들과 동맹을 맺고 수망구루로부터 만데 땅을 되찾기 위해 군대를 조직한다. 그러나 그의 상대인 수망구루는 가공할 힘을 지닌 인물이었다. 순자타는 두 번에 걸친 싸움에서 패하지만 그의 누이와 수망구루의 조카인 파콜리의 도움으로 수망구루의 비밀을 알아내는 데 성공한다. 마침내 그는 키리나의 평원에서 완전한 승리를 거둔다. 한편 수망구루는 북쪽으로 달아나다가 함정에 빠지지만 자신을 돌로 변형시킨다. 끝이 개방된 이 서사시는 순자타가 죽을 때까지 이룩해 놓은 말리 제국의 팽창과 번영을 찬미하기도 하고, 순자타가 조상들이 맺은 풀라니족과의 협정을 파기하고 물에 빠져 하마가 되었다고도 하며, 또 어떤 이형은 순자타의 후손에 대한 이야기와 함께 현재에 이르기까지 말리 제국의 역사를 다룬다.

밤바라족의 몬존 서사시[9]

1787년부터 1827년까지 지금의 말리 공화국 영토인 세구 지방을 다스리던 왕 몬존과 그의 아들 다 몬존의 이야기다. 세 개의 긴 이형이 독립적으로 출판되었다. 이 외에도 비슷한 이야기들이 많이 전해지고 있지만, 전체를 아우르는 체계적인 분석은 아직까지 시도된 적이 없으며 각각의 이형들 사이의 관계에 대한 연구도 미진한 편이다.

(1) 다 몬존과 두가: 세구의 왕인 몬존에게는 여러 명의 시인이 있었다. 이들 중 하나의 아들이 코레의 왕인 두가를 방문하여 그곳에 머물기로 결정한다. 이 사실을 알게 된 몬존은 크게 노하여 자기 아들인 티에폴로를 보내 두가를 잡아 오라고 명령하지만 티에폴로는 몬존의 말을 거절하고 죽임을 당한다. 그러나 다른 아들인 다는 아버지의 명령에 따라 군대를 소집하여 두가를 잡으러 나선다. 다는 코레 주위에 막사를 치고 두가를 포위하는데 두가는 이것을 심각한 상황으로 인식하지 않는다. 두가는 다를 어떤 연회에 초대한다. 다에 대한 많은 소문을 듣고 다를 흠모하게 된 두가의 첫 번째 아내는 그날 밤 다를 도와주기로 결심한다. 다는 두가가 쓰러지면 그녀와 결혼하겠다고 약속한다. 두가의 아내는 두가와 악어 신을 받드는 제사장의 신탁을 엿듣고 다에게 그 계시의 내용을 알려준다. 싸움에서 져 생포된 두가는 독수리로 둔갑한 후 다시 강력한 부적의 힘을 이용해 사자로 둔갑한 다음 다의 아버지 몬존의 임박한 죽음을 경고한다. 두가는 총으로 자살하고, 다는 약속한 대로 두가의 아내와 혼인하려고 하지만 아버지 측근들의 반대에 부딪힌다. 두가의 아내는 이들에 의해 몰래 살해된다. 몬존은 두가의 예언대로 갑자기 병을 얻어 죽고, 다는 세구의 새로운 왕으로 등극한다.

(2) 세구의 다 몬존: 이 이형은 약 40년 동안 세구를 다스린 다 몬존을 찬양하는 내용이다. 다 몬존과 그의 왕국인 세구, 다 몬존의 현자들, 예언자들, 전사들, 백성들, 마법의 장치들을 중심으로 이야기가 전개된다. 여기서 다 몬존은 '어느 누구와도 권력을 공유하지 않는 사람', '지상에서 가장 영예로운 주인'으로 묘사된다.

(3) 다 몬존과 카르타의 씨에마: 다 몬존이 그의 속지(屬地)의 지도자인 씨에마의 반란을 진압하는 내용이다. 다 몬존의 지배를 받는 데 싫증이 난 카르타의 씨에마는 어느 날 다 몬존에게 반기를 들 궁리를 한다. 그는 뻔뻔스럽고 몰염치한 어떤 노파의 도움으로 다 몬존을 모욕할 계략을 꾸민다. 이 대목에서 시인은 모욕을 위한 준비 과정, 모욕을 전달하는 전령들, 실제적인 모욕, 그 이후의 대화를 매우 자세히 묘사한다. 씨에마의 모욕에 크게 화가 난

---

9 Ba, Amadou H. 1966. 'Monzon et le roi de Koré.' Présence Africaine 58: 99-127.

다 몬존은 3개월 동안 싸움을 준비한 후 카르타로 쳐들어간다. 많은 전투에서 다 몬존의 병사들이 씨에마의 병사들을 격파하자 씨에마는 본인이 직접 전장에 나선다. 그는 다양한 마법의 장치들을 지니고 있으며, 22개의 혼합물로 몸을 씻으면 상처를 안 입는 불사조의 몸을 갖고 있다. 씨에마는 다 몬존의 정예병을 완전히 격파하지만 플라니 추장 함보데디오 파테에게 패하여 세구로 붙잡혀온다. 사람들은 씨에마의 공개적인 처형을 기다리지만 그가 어떻게 되었는지는 아무도 모른다. 오직 니제르강만이 진실을 알고 있다. 씨에마를 생포한 함보데디오는 다 몬존의 사위가 된다.

몬존 서사시의 연과 행들은 매우 시적인 아름다운 문구로 이루어져 있다. 간결한 경구들이 삽입된 고상한 연설, 살아 숨 쉬는 듯한 대화, 축제나 전쟁에 관한 생생한 묘사, 주술 장면에 대한 자세한 설명, 찬양과 저주 등이 특히 돋보인다.

플라니족의 실라마카 서사시[10]

실라마카 서사시는 서정적이며 시적인 작품이다. 이 서사시는 풀라니족의 지도자 실라마카의 다 몬존에 대한 반란을 소재로 한 것으로서 말리 공화국의 풀라니족뿐만 아니라 니제르 공화국의 풀라니족도 공유하며 밤바라족 시인들한테도 널리 알려져 있다. 실라마카는 역사적으로 실존한 인물이다. 극도로 아름다운 이 서사시에서 시인은 끝없이 전개되는 사건들 속에 찬양어구와 경구, 품격 있는 대화, 도발적이며 도전적인 표현들을 서정적으로 삽입한다.

다 몬존에게 충성을 서약한 풀라니 지도자 함마디의 아들로 태어난 실라마카는 태어난 지 40일 만에 범상한 자질을 보이기 시작한다. 실라마카는 다 몬존의 사신들이 공물을 걷으려고 아버지의 거처를 방문했을 때 쇠똥파리가 이마에 앉아 피를 빠는 데도 꿈적하지 않았다. 그는 아버지의 노예인 부바의 아들 풀루루와 가까이 지낸다. 다 몬존의 사신들은 이 범상치 않은 소년의 이야기를 다 몬존에게 전하고 다 몬존은 현자들에게 자문을 구한다. 현자들은 '끔찍한 아이'의 탄생이라고 예언하면서 오직 강력한 마법만이 그를 죽일 수 있다고 말한다. 그러나 어떠한 마법도 실라마카와 그의 친구 풀루루를 파괴하는 데 성공하지 못한다. 실라마카와 풀루루는 점점 어른으로 성장한다. 어느 날, 많은 남자들의 처절한 구애를

10 Ba, Amadou H and L. Kesteloot. 1968. 'Une épopée peule: Silmaka.' L'Homme 8: 9-36.

냉혹하게 물리친 어떤 젊은 여자가 실라마카에게 사람들의 입에 회자되는 그의 용기, 특히 다 몬존에 대한 그의 용기를 한번 증명해보라고 요구한다. 실라마카는 흙점을 보는 주술사를 찾아가 자문을 구한다. 그는 불사조의 힘을 얻기 위해 갈라마니 숲에 사는 신성한 독사를 산 채로 잡아 독사의 몸에 표시를 한 다음 가죽을 씌워 혁대로 차고 다녀야 한다는 말을 주술사로부터 듣는다. 수백 명의 전사들이 독사를 잡는 데 실패하자 실라마카는 직접 백마(白馬) 소페레카그네를 타고 나가 독사를 잡아 혁대로 만든다. 이후에는 서쪽에서 온 세 명의 방랑 시인들이 플라니 4대 지도자들의 마을을 차례로 방문하는 긴 이야기가 나온다. 실라마카의 용기는 온천지에 소문이 난다. 그러던 중, 또 다른 영웅인 함보데디오가 실라마카의 친구를 모욕하는 일이 발생하고 이에 격분한 실라마카와 함보데디오 사이에 싸움이 벌어진다. 실라마카는 이 싸움에서 이기지만 함보데디오에게 자비를 베풀며 함보데디오는 용서를 구한다. 이야기는 다음 해로 넘어간다. 실라마카의 마을에서 공물을 거두어들이고 있던 다 몬존은 실라마카가 금(金)을 숨기고 그를 모욕한다는 소식을 듣는다. 다 몬존은 기병을 보내 실라마카를 생포하려고 하지만 번번이 실패한다. 그러나 풀라라디오와의 싸움은 실라마카에게 불리하게 전개된다. 실라마카는 전세가 여의치 않자 고향으로 돌아가 그의 누이와 친구인 풀루루의 위로를 받으며 힘을 비축한 후 풀라라디오가 이끄는 5백 명의 기병과 다시 싸우고 마침내 그를 죽이는 데 성공한다. 다 몬존은 시간이 갈수록 점점 더 많은 기병을 보내지만 실라마카와 풀루루는 소수의 병사만으로 이를 모두 물리친다. 실라마카는 수많은 사람들의 죽음을 목도하면서 삶에 대해 회의하기 시작한다. 그는 점쟁이를 찾아가 자문을 구하는데 점쟁이는 그의 영예로운 죽음을 예언한다. 그사이 다 몬존은 많은 현자들과 예언자들의 도움으로 실라마카를 죽일 강력한 마법을 준비한다. 실라마카는 마지막 전투에 임하기에 앞서 친구인 풀루루를 함보데디오에게 보내 비밀 메시지를 전달한다. 그는 이 메시지에서 그의 임박한 죽음을 언급하며 함보데디오에게 최고 지도자의 자리를 위임한다. 마침내 실라마카는 아직 할례를 치르지 않은 어린 알비노가 쏜, 까만 수송아지 뼛가루가 묻은 화살을 맞고 죽는다. 실라마카의 말은 죽어가는 영웅을 태우고 마을로 돌아오지만 그를 위해 울어줄 사람은 풀루루밖에 없다. 다 몬존은 많은 병사들을 실라마카의 마을로 또 보내지만 풀루루는 그의 아들과 실라마카의 아들을 말 등에 태우고 달아난다. 풀루루는 공격해 오는 기병들을 실라마카의 마법의 창으로 둘로 나눈다. 하나는 그가 쫓고 다른 하나는 그를 쫓고 있다. 그리고 밤이 되자 모든 인간들이 사라진다. 그 후 이들이 어디로 갔는지는 아무도 모른다. 전설에 따르면 모두 하늘로 올라갔다고 한다. 한편 실라마카로부터 지도자의 자리를 물려받은 함보데디오는 실라마카가 다스리던 지역이 더 이상 세구의 속령이 아니라는 확답을 다 몬존으로부터 받아내는 데 성공한다.

이조족의 오지디 서사시[11]

나이지리아 동남부에 거주하는 이조족의 서사시로서 서막의 도입부와 전체 줄거리의 요약본만 전해진다. 내용은 다음과 같다.

> 오루아라는 도시국가에 살고 있는 장군들 중에서 오지디는 가장 출중한 장군이다. 어느 날 왕이 죽고 오지디의 바보 동생인 테무게데게가 왕으로 추대되자 불만을 품은 오지디는 오루아와 그 도시의 결정을 모욕한다. 이에 몇몇 장군들이 공모해서 오지디를 살해한다. 오지디의 부인과 그녀의 어머니는 오지디가 죽자 그들의 나라로 돌아간다. 그리고 오지디의 부인은 비로소 임신한 사실을 알게 된다. 정상적인 임신 기간이 끝난 후 폭풍우가 몰아치는 어느 날 7일간의 산통을 겪은 오지디의 부인은 어린 오지디를 낳는다. 이야기의 나머지 부분은 어린 오지디가 관련된 사건들, 그가 친할머니이자 마법사인 오레아미 밑에서 겪는 수련 과정, 가문의 영광을 되찾기 위한 오지디의 모험과 전쟁 등을 다룬다. 오지디는 이 과정에서 자신의 한계를 초월하는 행동, 때에 따라서는 비정상적인 행동을 서슴지 않고 하지만 신성한 천연두 왕의 방문을 받고 난 다음에는 몸과 마음이 정화된다.

서아프리카의 구연 서사시에는 지금까지 언급된 것들 말고도 가나의 아당그메족의 클라마 서사시, 세네갈 동부와 말리 공화국 북서부에 거주하는 소닝케족의 가시레 서사시 등이 있다고 알려져 있지만 출간된 자료의 부족 때문에 이들에 대한 소개는 현재로서는 불가능하다.

냥가족의 므윈도 서사시[12]

콩고 민주 공화국에 거주하는 냥가족의 이 서사시는 아버지와 싸우는 므윈도라는 영웅에 관한 이야기다. 일부 지역에서는 므윈도 대신에 므윈도 음보루, 카보루 카 므윈도, 카부트와켄다라는 이름이 사용된다.

> 추장 쉐므윈도와 그가 가장 사랑하는 아내 사이에서 태어난 므윈도는 날 때부터 걸었고

---

11 Clark, J. P. 1988. 'The Ozidi Saga.' Black Orpheus 2(2): 18-24.

12 Biebuyck, D. and K. Mateene. 1971. The Mwindo Epic from the Banyanga: Congo Republic. Berkeley and Los Angeles: University of California.

말을 했다. 사내아이를 원하지 않았던 쉐므윈도는 므윈도를 죽이려고 하지만 므윈도는 이를 모면한다. 므윈도의 아버지는 그를 통 속에 넣어 강물에 띄우고 그는 통에 갇힌 채 물뱀과 결혼한 고모 이양구라를 찾아 나선다. 고모에 의해 구출된 므윈도는 고모와 함께 아버지가 있는 고향으로 돌아가는 여행길에 오른다. 여행 도중에 그는 어머니의 배 속에서 가지고 나온 어깨가방과 마법의 홀로 신비한 일들을 행한다. 므윈도는 드디어 아버지가 떠나고 없는 마을에 도착해서 마을을 파괴한 후 지하세계로 아버지를 찾아 나선다. 그는 지하세계를 여행하면서 헤라클레스와 같은 초인적인 힘으로 불가사의한 일들을 행한다. 므윈도의 아버지는 마침내 므윈도에게 돌아온다. 그는 아버지와 함께 고향으로 돌아가면서 그가 죽인 많은 존재들을 다시 소생시킨다. 고향에 돌아온 므윈도는 모든 집단이 참석한 회의를 소집한다. 그는 왕국을 둘로 나누어 하나는 자기가 다스리고 다른 하나는 아버지가 다스리게 한다. 그러나 이야기는 여기서 끝나지 않는다. 어느 날 사냥 중에 키리무라는 용이 므윈도의 피그미들을 잡아먹는 일이 발생한다. 므윈도는 용을 격퇴하고 피그미들을 구출하는데 이 일은 그의 친구이자 용의 친구인 번개의 신을 화나게 한다. 번개의 신은 므윈도를 잡으러 땅으로 내려와 달과 해와 별들이 살고 있는 천상의 세계로 그를 데려간다. 므윈도는 천상의 세계에서 몸과 마음을 정화한 후 많은 경고와 규정을 가지고 다시 지상에 내려와 훌륭한 추장이 되어 백성들을 평화롭게 다스린다.

몽고족의 리안자 서사시[13]

리안자 서사시는 콩고 민주 공화국에 거주하는 몽고족의 서사시로 지금까지 칠팔 개의 이형(異形)이 출판되었다. 이 서사시의 도입부는 리안자의 조상과 세상의 창조에 대해서 말하는데 도입부의 길이는 이형에 따라 다르다.

리안자의 어머니 음봄베는 리안자를 임신한 후 로사우라는 매우 귀한 나무 열매만 먹는다. 그녀의 남편 일렐레는 이 나무 열매를 얻는 데 성공하지만 어느 날 그 신비한 나무 주변에 있던 동물들과의 싸움에서 죽는다. 남편의 부음을 접한 음봄베는 다양한 동물과 인간을 낳다가 마침내 남자인 리안자와 여자인 은송가를 낳는다. 어떤 이형에 따르면 리안자는 어머니의 종아리를 통해서 나오는데 그의 아버지 일렐레가 사용하던 모든 무기와 훈장을 갖고 나오며 은송가는 아름다운 처녀의 모습으로 나온다. 리안자는 태어나자마자 아버지의 복수를 위해 길을 떠난다. 그는 피그미와 몽고족의 다른 부족들, 개미, 벌, 장수말벌, 곤충

13 Boelaert, E. 1957. Lianja-VerhalanI: Ekofo-versie. Tervuren: Muséeroyal du Congo Belge.

등으로 이루어진 군대를 이끈다. 리안자는 드디어 아버지의 원수를 죽인 후 백성들을 어떤 강가에 있는 약속의 땅으로 인도한다. 그 과정에서 그는 숲속의 여러 부족들을 복속시키고 여동생의 요청에 따라 그들을 군대에 편입시킨다. 리안자가 진군해 갈 때 그를 따르던 사람들은 각자 적당한 땅을 골라 정착한다. 약속의 강가에 도착한 그는 백성들을 그곳에 정착시킨 후 여동생은 엉덩이에 형은 무릎에 어머니는 어깨에 매달고 하늘로 올라간다. 리안자의 후손이 다른 부족들과 싸우는 내용을 포함하는 이형도 있고 그의 딸이 백인의 조상을 낳았다는 이형도 있다.

레가족의 무빌라 서사시[14]

콩고 민주 공화국에 거주하는 레가족의 서사시로서 도입부는 영웅의 탄생에 관한 이야기로 시작한다.

무빌라의 아버지는 41명의 부인과 39명의 아들, 1명의 딸이 있다. 주인공 무빌라는 그의 아버지가 가장 사랑하는 마흔한 번째 부인한테서 탄생했다. 그는 어머니의 배 속에서 이미 말을 했으며 마법의 주문을 사용했고 스스로 이름을 지었으며 태어날 때는 창과 칼, 방패와 혁대, 목걸이, 부하들을 넣어가지고 다니는 어깨가방, 사랑의 호각을 가지고 나왔다. 그는 또 긴 손톱과 코끼리 꼬리처럼 생긴 눈썹을 갖고 있었다. 무빌라의 내면에는 그가 언제든지 대화할 수 있고 조언을 구할 수 있는 어떤 무형의 실체가 있었다. 그는 엄청난 힘과 미래를 예측하는 능력과 공중을 날아다니는 기술을 지니고 있었으며 상처를 입지 않는 불사조의 힘은 없지만 대신 부활할 수 있는 능력이 있었다. 무빌라는 세상에 나오자마자 비범하게 행동하며 모든 형제들의 손윗사람으로 행세한다. 어느 날 그는 새로운 마을을 짓기로 결심하고 아버지와 형제 하나만 남겨둔 채 집을 떠나 다른 형제들과 함께 낯선 곳에 정착한다. 그리고 얼마 지나지 않아 그는 아버지의 부음을 전해 듣는다. 무빌라는 그의 형제인 '젊은-위대함'을 아버지의 죽음에 대한 책임을 물어 비난하며 '젊은-위대함'은 먼 곳에 있는 마을로 달아난다. 여기서부터 본격적인 사건들이 전개된다. 도망간 형제를 찾는 무빌라의 이야기는 여러 가지 역경과 역경에 대한 그의 도전, 그리고 성공에 이르는 일련의 사건들을 포함한다. 무빌라는 카붕굴루를 유혹해서 결혼하고 카붕굴루는 그의 가장 훌륭한 조력자가 된다. 그는 주술사들과 싸우고 두 번째 아내를 유혹해서 또 결혼하며 그의 누이와 눈이 맞아 달아

---

14 Biebuyck, D. 1983. 'Mubila, een epos der Balega.' Band 12: 68-74.

난 남자를 추적한다. 그는 또 '반쯤-눈이-감긴-처녀'를 만나고 '물고기'를 만나고 '물-뱀'을 만나고 '달팽이-껍데기-수집가'를 만난다. 하나의 사건은 다른 사건에 이어지고 완전히 해결된 것처럼 보이는 갈등은 또 다른 갈등으로 이어진다. 무빌라는 이 과정에서 사람이 지나간 흔적이 있는 140개의 교차로에서 항상 새로운 딜레마에 직면한다. 그는 어느 날 난폭한 적과 싸우다가 창에 찔려서 죽는다. 무빌라의 새로 태어난 아들 '재(Ashes)'는 무빌라의 시체를 찾아 길을 떠난다. 무빌라는 아들과 아내를 보자 다시 살아난다. 새로운 사건들이 다시 전개되고 무빌라는 자기를 죽인 '날카로운 소리를 내는-노래'와 그에게 호의를 베푼 붕고에를 찾아 나선다. 무빌라는 아내들과 형제들의 도움으로 많은 영웅들, 많은 의인화된 동물들과 싸움을 치른다. 다시 세 번째 아내와 결혼한 그는 사냥, 꿀 채집, 나무 쓰러뜨리기, 올가미 놓기, 주사위놀이, 공놀이를 한다. 무빌라는 마침내 브와미 집단에 가입해 두 번째 할례를 치른다. 그는 다시 죽지만 또 부활하고 사건들은 끝없이 일어난다. 무빌라는 140개의 길이 난 교차로에서 계속 새로운 딜레마에 봉착한다. 이 서사시는 긴 이야기에 비해 갑작스럽게 끝난다. 무빌라는 고향에 돌아와 어떤 침입자를 물리치고 사람들은 북을 치며 춤을 춘다.

함바족의 쿠두케세 서사시[15]

콩고 민주 공화국에 거주하는 몽고족의 일파인 함바족과 음볼레족의 서사시는 상대적으로 길이가 짧은 편이다. 함바족의 쿠두케세 서사시와 음볼레족의 로포케포케 서사시의 주인공들은 인간의 속성과 동물의 속성을 동시에 가지고 있다는 점에서 앞서 나온 서사시의 주인공들과는 다르다.

쿠두케세 서사시는 서로 마법의 속임수를 쓰는 음보데통가와 에한졸라에 얽힌 이야기로 시작한다. 전반부는 이 속임수와 관련된 사건 때문에 이들이 숲속을 여행하는 이야기다. 그 뒤를 이어 체타콜로와 응겡구라는 의인화된 동물들의 모험담이 나온다. 어떤 아름다운 목소리에 이끌려 숲속을 수백 마일 여행한 체타콜로와 응겡구는 젊은 여자들이 주렁주렁 매달려 있는 큰 나무를 발견한다. 그들은 나무 위의 여자들에게 다가가려고 하지만 번번이 실패한다. 마침내 쿠두케세가 등장한다. 쿠두케세는 점치는 데 쓰이는 호리병박을 들고 나타나 마법을 이용해 여자들한테 다가가는 데 성공한다. 그는 한 명은 자기가 갖고 나머지 여자들은 동물들한테 나눠준다. 쿠두케세는 여행을 하면서 그의 여자를 빼앗으려는 많

---

15 Jacobs, J. 1963. 'Het epos van Kudukese: de 'Culture Hero' van de Hamba.' Africa Tervuren 9: 33-36.

은 적들을 무찌른다. 그는 적들과 싸우다가 두 번이나 죽지만 매번 다시 살아난다. 그러나 마법사인 오풍가에 의한 세 번째 죽음은 너무나 치명적이어서 다시 소생하지 못한다. 오풍가는 쿠두케세를 땅에 묻고 그의 아내를 차지하는데 그녀는 이미 임신한 상태였다. 얼마 후 오풍가는 쿠두케세의 추종자들에 의해 살해된다. 이 소식을 들은 쿠두케세의 아내는 해산을 한다. 그녀는 여러 가지 존재들, 즉, 강을 낳고, 거대한 거미를 낳고, 또 다른 영웅인 오캉가테를 낳는다. 오캉가테는 어머니의 배 속에서 말을 했으며 키가 큰 완전한 성인의 모습으로 태어난다. 오캉가테의 어머니는 그를 낳다가 죽는다. 동네 아이들은 오캉가테의 훌륭한 행실에도 불구하고 그를 고아라고 놀린다. 이에 격분한 오캉가테는 그의 어머니를 다시 살려낸다. 그는 또 그의 아버지가 어떻게 죽었는지 알아내기 위해, 그리고 그를 다시 살려내기 위해, 여러 사건들에 연루되지만 매번 실패한다. 그는 어머니에게 양동이, 양, 돼지, 코끼리, 대장장이 등을 선물하며 심지어 해와 달을 가지고 나타나기도 한다. 이 이야기에서 오캉가테가 위기에 처할 때마다 그를 구해주는 것은 그의 어머니가 낳은 큰 거미다. 이 서사시도 갑자기 끝난다. 어떤 시인은 오캉가테와 그의 어머니와 큰 거미가 굶어죽었다고 하며 어떤 시인은 오캉가테가 죽어서 동굴에 묻혔다고 한다.

음볼레족의 로포케포케 서사시

주인공 로포케포케는 반은 설치류 반은 인간의 형상으로 묘사된다. 이야기는 어떤 사냥꾼이 여자들이 모여 있는 큰 나무를 발견하는 것으로 시작한다.

사냥꾼과 그의 부하들은 그 나무에 가까이 갈 수 있는 방법을 찾아내지 못한다. 그들은 사람을 보내 사자(死者)들의 혼령이 머무는 곳에 살고 있는 바케세 보농가를 불러온다. 바케세는 여자들에게 다가가는 데 성공한다. 그는 한 여자를 아내로 맞아들여 마법의 주문을 전수하고 강력한 부적을 준 후 함께 많은 동물들을 격퇴한다. 바케세는 어느 날 보숭가의 마을에 도착하고 둘 사이에 갈등이 싹튼다. 바케세는 그에게 날아오는 창들을 지붕 위에서 막아내며 보숭가의 백성들을 죽이지만 결국 보숭가에 의해 살해되고 보숭가는 바케세의 아내를 차지한다. 그러나 바케세의 아내는 이미 아이를 가진 상태였다. 보숭가는 귀한 과일들만 먹는 그녀에게 그것들을 구해다 준다. 그러던 중 보숭가는 죽은 자들의 혼령에 의해 살해된다. 임신한 여인은 1년 동안 죽은 첫 남편을 잊지 못해 계속 우는데 그럴 때마다 바케세가 죽인 사람들이 다시 살아난다. 그녀는 어느 날 일곱 명의 자식을 낳는다. 그 중의 막내가 로포케포케이다. 로포케포케는 태어나자마자 그의 아버지 바케세가 죽은 곳이 어디냐고 묻는다. 그는 자기 힘을 과시하기 위해 냉혹한 일들을 많이 행한다. 로포케포케와 그의 형제들은 7년 동안 어떤 코끼리를 찾아다니는데 이 코끼리는 일찍이 로포케포케가 한 번 죽인 적이 있지만 마법을 이용해 다시 살아나 도망친 코끼리다. 마침내 어떤 마을에서 그 코끼리를 발견한 로포케포케는 코끼리들과 공놀이 시합을 한다. 그는 큰 통나무로 공을 쳐올린다. 공은 하늘 높이 태양의 높이만큼 올라가고 로포케포케는 절망에 빠진 코끼리들을 잡아서 집으로 돌아온다. 돌아오는 길에 그는 롱곰보와 롤라캉가라 불리는 칼로 그가 통과하는 마을에 사는 사람들을 많이 죽인다. 그가 로마미강을 건널 때는 강이 양쪽으로 갈라지기도 한다. 그는 어떤 일곱 형제들이 사는 마을을 차례로 방문하는데 항상 파괴적인 모습으로 나타난다. 로포케포케는 고향으로 돌아온 후에도 그의 형 바셀레와 아무 소득도 없이 7년 동안 싸운다. 그는 누이인 망가나를 죽이고 바셀레와 다시 싸움을 시작한다. 다른 많은 싸움에도 연루되는 로포케포케는 매번 놀라운 무용(武勇)을 보여준다. 이 서사시는 로포케포케가 그의 아들에게 그의 힘을 보여주기 위해 벌이는 일련의 사건으로 끝을 맺는다. 로포케포케는 로마미강의 모든 하마들을 죽이려고 하다가 죽는다. 그의 아들들도 이 하마들을 죽이려고 하다가 모두 죽는다.

팡족의 아코마 음바 서사시[16]

아코마 음바 서사시는 가봉과 카메룬 공화국의 팡족 및 그 주변 종족들한테서 전해지는 엥공의 지도자 아코마 음바에 관한 이야기로 독특한 줄거리가 특징이다.

아코마 음바는 오누이 간의 근친상간으로 탄생하는데 어머니의 배 속에 150년 동안 있었다. 그는 세상에 나오자마자 주위 사람들을 공포의 도가니에 몰아넣는다. 이로 인해 그는 에캉족의 어떤 남자에게 주어지는데 이 남자는 나중에 그의 어머니와 결혼해 그의 양부가 된다. 양부는 그를 '코끼리의 주름, 음바의 아들'이라고 부른다. 시간이 지나면서 아코마 음바는 더욱 용맹스러워진다. 사람들은 그를, 마치 그가 그의 양부인 음바를 창조하기라도 했듯이, 음바의 창조자라는 뜻에서 아코마 음바라고 부른다. 젊은 아코마 음바는 많은 공적을 쌓고 모든 에캉족의 지배자가 된다. 아코마 음바는 그의 백성을 이끌고 엥공에 터전을 마련한다. 불멸의 종족인 에캉족은 아코마 음바를 그들의 왕으로 받든다.

---

16 Pepper, Herbert. 1972. Un mvet de Zwè Nguéma: Chant épique Fang. Paris: Armand Colin.

아코마 음바와 아보 마마의 갈등이 부각되는 이야기도 있다.

추장 오퉁구 음바의 임명을 둘러싸고 아코마 음바와 아보 마마 사이에 의견 충돌이 일어나자 아보 마마는 오퉁구 음바를 도시에서 멀리 떨어진 숲속으로 보낸다. 그러던 중 두 명의 사촌이 같은 날 태어난다. 그들의 임무는 오퉁구 음바를 찾아서 그를 죽이는 것이었다. 그러나 사촌 중의 하나인 멩가나 음바는 이 임무를 수행하기 전에 '아무도 필적할 수 없는 어떤 것'을 찾아서 여행을 떠난다. 그는 '음핌 에키에'라는 왕이 다스리는 곳에 도착해 여자로 변신한다. 아코마 음바는 이 소식을 듣고 군대를 조직해서 음핌 에키에와 전쟁을 벌인다. 그는 음핌의 땅과 백성을 큰 바위 안에 가두고 그것을 집으로 가져온다. 아코마 음바의 신하가 된 음핌과 그의 백성들은 에캉족을 위해 모든 농사일을 한다. 이후 아코마 음바는 아보 마마와 전쟁을 하는데 여러 번에 걸친 패배를 극복하고 최후의 승자가 된다.

팡족의 음벳 서사시[17]

음벳 서사시는 (바로 앞에서 소개한 아코마 음바 서사시에 나오는) 엥공 땅에서 그 불멸성을 훔치려고 하는 사람들에 관한 이야기다. 불멸성을 훔치려고 하는 오쿠 사람들이 어떻게 해서 엥공 사람들과 갈라서게 되었는지 설명하는 이 서사시는 엥공의 불멸성의 기원, 엥공의 지도자들과 그들의 연대기, 그리고 이들과 관련된 흥미 있는 사건들로 시작한다. 도입부가 끝나면 곧 이어 위의 두 집단 사이의 갈등이 전개된다.

오쿠의 지도자 종 미드지는 엥공에 도전장을 내민다. 그 이유는 엥공에 있는 앙고네 엥동이라는 사람 때문에 그들이 숨을 제대로 쉴 수 없기 때문이다. 종 미드지의 사신이 도착했다는 소식을 듣고 엥공 사람들은 전쟁에 대비하기 위해 아코마 음바의 명령에 따라 집결한다. 이때 앙고네 엥동은 단신으로 종 미드지와 싸우기 위해 떠나려고 하는데 응쿠당이라는 소녀의 요청으로 무기를 내려놓는다. 응쿠당은 수많은 남자들의 청혼에도 눈 하나 깜빡이지 않은 소녀였지만 지금은 왠지 모르게 한 번도 본 적이 없는 종 미드지를 연모하는 마음이 생겼다. 그 이유는 단지 종 미드지라는 이름이 마음에 들었기 때문이다. 응쿠당은 종 미드지의 사신을 만나는 것이 힘들다는 것을 알고 그녀의 어머니를 졸라 어머니와 함께 오

---

17 Towo-Atangana, G. 1965. 'Le mvet, genre majeur de la littérature orale des populations Pahouines.' Abbia 9-10: 171-172.

쿠에 있는 외삼촌 집으로 간다. 응쿠당은 오쿠로 가는 도중에 종 미드지가 그의 아내 에소네 아벵 이외의 어떤 여자도 안중에 없다는 것을 알게 된다. 외삼촌 집에 도착한 응쿠당은 종 미드지를 데려와 달라고 외삼촌한테 부탁한다. 그녀는 오쿠에 머무는 동안에도 많은 남자들의 구애를 받지만 은수레 아파네라는 소년한테만 관심을 보인다. 한편 종 미드지는 응쿠당이 오쿠에 도착했다는 소식을 듣는다. 그는 화가 났지만 다른 한편으로는 호기심이 발동해 무장을 한 후 그의 아내와 함께 응쿠당을 찾아 나선다. 재앙이 닥쳐오고 있음을 느낀 은수레 아파네는 응쿠당과 그녀의 어머니를 깨워 그들과 함께 엥공으로 돌아가는 길에 오른다. 종 미드지 일행은 응쿠당을 추격하고 드디어 여덟 갈래의 길이 난 어떤 교차로에서 이들을 만난다. 그리고 이야기는 다시 복잡하게 전개된다. 종 미드지가 응쿠당의 목을 베자 은수레 아파네는 종 미드지의 아내의 목을 벤다. 두 개의 목을 손에 든 은수레 아파네는 마법의 공을 타고 엥공 땅으로 돌아온다. 엥공의 아코마 음바는 마법의 거울을 통해 이 사건들을 이미 다 알고 있었다. 엥공에서는 은수레 아파네가 죽어야 한다고 결론을 내린다. 그러자 은수레 아파네는 마법의 공을 타고 엥공을 탈출한다. 종 미드지는 은수레의 마을을 파괴하며, 엥공의 병사들은 쇠로 만든 날개를 타고 종 미드지를 추격한다. 은수레 아파네는 그의 마을로 돌아가 종 미드지와 싸움을 벌인다. 싸움은 계속되다가 엥공의 무사 중 한 명이 그 싸움을 인계받는다. 종 미드지는 갑자기 몸을 움직일 수 없게 되자 땅속으로 도망쳐 그곳에서 조상들의 보호를 받는다. 그는 나흘 후에 마법의 무기로 무장을 하고 땅속에서 나온다. 심하게 부상을 당한 엥공의 병사들은 새로운 방법을 찾는다. 그들은 깃털로 종 미드지의 눈을 멀게 한 후 그를 생포해서 엥공으로 데려가고 나머지 다른 병사들은 오쿠 땅을 계속 파괴한다. 포로가 된 종 미드지는 감시가 허술한 틈을 타서 탈출해 오쿠에 있는 조상들한테 돌아간다. 그의 조상들은 그를 엥공 사람들처럼 불멸의 존재로 만들기로 결심하지만 이 계획은 그를 잡기 위해 엥공에서 온 어떤 전갈에 의해 방해를 받는다. 아코마 음바는 멀리서도 이러한 일들을 모두 알고 있었다. 종 미드지가 불멸성을 얻게 되면 큰 위협이 될 거라고 생각한 그는 조상들에게 그것을 막아달라고 간청한다. 종 미드지는 평범한 사람으로 돌아오지만 조상들한테서 다시 마법의 총을 받는다. 이 총은 발사된 총알이 목표물을 끝까지 쫓아가는 마법의 총이다. 동굴 속에 숨어 있던 종 미드지는 밖으로 나와서 총알을 무차별 발사한다. 엥공의 병사들은 등에 자석으로 된 방패를 붙여서 총알을 막고 마법의 공을 이용해 그를 엥공으로 데려온다. 종 미드지는 다시 붙잡혀 와 모든 부적들이 제거된 후 방에 갇힌다. 아코마 음바는 종 미드지의 배를 폭발시키고 그는 드디어 죽는다.

베나무쿠니족의 카페페 서사시[18]

잠비아에 거주하는 베나무쿠니족의 카페페 서사시는 반투족의 서사시 중에서 가장 먼저 소개한 냥가족의 서사시와 여러 가지 면에서 비슷하다.

> 카페페는 아버지의 뜻에 반하여 태어나지만 어머니와 사촌들과 어떤 노파의 도움으로 성장한다. 어느 날 그는 최고의 신 레사의 딸과 결혼하기 위해 길을 떠난다. 카페페는 여행 중에 어려움이 닥칠 때마다 어떤 노파한테서 받은 마법의 깃발을 이용해 문제를 해결한다. 그는 코끼리, 물소, 독사, 사자, 큰 강, 산 등의 장애물을 만나지만 이를 모두 극복하고 마침내 레사의 도시에 당도한다. 카페페는 이곳에서 그에게 부과된 많은 시험들을 성공적으로 통과한 후 레사의 딸을 아내로 맞이한다. 그는 집으로 돌아오는 길에 새로운 난관에 봉착하지만 모든 것을 슬기롭게 극복한다. 그러나 집에 도착하자마자 카페페의 아내는 지상의 따분한 삶에 싫증을 느끼고 하늘나라로 다시 돌아간다. 카페페도 그녀를 따라가서 천상에 머물기로 결정한다.

5.2.3. 영웅의 이미지

아프리카의 구연 서사시를 정의할 때 '영웅적(heroic)'이라는 말을 사용한 적이 있다. 여기서 분명히 짚고 넘어가야 할 점은 이것이 '영웅(hero)'과 동의어가 아니라는 것이다. '영웅적'은 영웅의 자질을 일컫는 말로서, 불굴의 의지, 인내심, 시련의 극복, 자신의 한계성에 대한 시험, 불가능에 대한 도전 등을 의미한다. 용어를 이렇게 정의하면 '영웅'이 등장하지 않아도 서사시의 범주에 속하는 경우를 상상해 볼 수 있다. 서사시의 주인공이 사람이 아닌 경우가 여기에 해당되는데 아프리카의 서사시 전통을 조사해 보면 이런 예가 종종 관찰된다. 구연 서사시의 분포(5.2.2.)에서 이미 보았듯이 콩고에 사는 몽고족의 일파인 함바족과 음볼레족의 서사시에 나오는 주인공들은 인간과 동물의 특성을 함께 갖고 있다는 점에서 순자타를 비롯한 서아프리카의 서사시들과 구별된다. 요약하면, 아프리카 구연 서사시의 주인공이 반드시 인간일 필요는 없다는 것이다. 동물적 속성을 지닌 존재도 '영웅적' 자질을 가지고 있는 한 서사시의 주인공이 될 수 있다. 이하(以下)의 단락은 앞에서 소개된 아프리카의 구연

18 Torrend, J. 1921. Specimens of Bantu Folk-lore from Northern Rhodesia. pp. 98-144. London: Kegan Paul.

서사시에 나오는 영웅들의 특징을 자세히 살펴본다.

일반적으로 영웅은 고귀한 가문의 혈통을 갖는다. 순자타의 아버지 파라쿠 마간 체니는 말리의 왕이었고 그의 어머니 소골론은 물소를 토템으로하는 부족의 여인으로서 신비한 힘을 가지고 있다. 아버지가 상징하는 속세의 정치권력과 어머니가 상징하는 신성한 종교적인 힘을 동시에 물려받은 순자타는 장차 그에게 닥칠 시련이 아무리 가혹하다 할지라도 그것을 극복할 수 있는 능력을 갖춘 인물로 암시된다.

아프리카의 서사시 주인공들이 지배계급의 혈통을 갖는 것은 흔한 현상이다. 플라니족의 실라마카 서사시의 주인공 실라마카는 마치나족 추장 함마디의 아들이고, 밤바라족의 몬존 서사시는 세구의 왕 다 몬존의 일대기를 다루는 내용이며, 남동나이지리아 이조족의 오지디 서사시의 오지디의 아버지는 오루아라는 도시국가의 장군이다. 출신과 관련된 이러한 특징은 서아프리카의 서사시뿐만 아니라 캄빌리 서사시나 므윈도 서사시 같은 반투족의 서사시에서도 관찰된다. 이것은 서양의 서사시 전통에서도 예외가 아니다. 호머의 일리아드에 등장하는 아킬레스는 펠레우스 왕의 아들이자 바다의 요정인 테티스의 아들이며, 아킬레스의 상대자로 나오는 반(反)영웅 헥터 역시 신성한 혈통을 이어받은 왕의 아들이다.

작품 속 주인공의 고매한 혈통은 그것을 구연하는 시인에게 권위와 자긍심을 준다. 시인은 그 권위와 자긍심을 서사시의 시작을 알리는 상투어구에서 표현하는데, 이 상투어구는 청중에게 앞으로 구연될 텍스트의 신성함을 암시하며 동시에 진지한 경청 태도를 요구한다. 만데카족의 순자타 서사시를 구연하는 어느 시인의 다음과 같은 말에서 이것을 느낄 수 있다.

> 나는 방랑 시인. 나, 드젤리 마모도 코야테, 빈토 코야테와 드젤리 케디안 코야테의 아들. 웅변술의 달인. 아득한 옛날부터 코야테는 말리의 왕자들인 케이타를 위해 일해 왔다. 우리는 말을 담는 그릇. 수 세기나 된 비밀들을 담고 있는 저장소. 웅변술은 우리에게 어떠한 비밀도 용납하지 않는다. 우리가 없다면 왕들의 이름은 망각 속으로 사라질 것이다. 우리는 인류의 기억. 우리는 젊은 세대를 위해 말로써 왕들의 행실과 공적을 소생시킨다. 나는 나의 아버지 드젤리 케디안한테서 지식을 전수받았고, 그는 또 그의 아버지한테서 지식을 전

수받았다. 역사는 우리에게 신비를 품지 않는다.[19]

영웅의 출생을 둘러싼 신비한 사건은 아프리카 구연 서사시의 단골 소재다. 고귀한 가문의 혈통에 신비한 탄생의 이미지가 결합되어 영웅은 범인이 도저히 이를 수 없는 지고한 곳, 마치 현실 세계의 가장 먼 곳에 있는 듯한 이미지를 부여받는다.

순자타의 탄생에 얽힌 일화는 이 서사시의 이형(異形)들만큼이나 다양하다. 그의 아버지는 어느 날 위대한 왕이 될 아들을 낳게 될 것이며, 그러기 위해서는 미지의 세계에서 온 사냥꾼들이 데려올 어떤 여인과 결혼해야 한다는 계시를 받는다. 한 이형에 의하면 순자타는 어머니 배 속에 칠 년 동안 있었고, 건기임에도 불구하고 천둥과 번개를 동반한 폭풍우가 몰아치다가 갑자기 그 모든 것들이 멎고 하늘이 맑아질 때 탄생했으며, 그의 상대자인 수망구루는 그의 정복자가 말리에서 태어날 것이라는 말을 그 며칠 전에 그의 예언자들한테서 들었다. 영웅의 신비한 탄생은 아프리카의 서사시에서 전형적으로 관찰되는데, 이로 미루어 볼 때 다른 대륙의 서사시에도 이러한 일화들이 있었을 거라고 추정할 수 있다.

영웅의 어린 시절과 관련된 것들 중에서는 영웅의 조숙성이 가장 부각된다. 므윈도 서사시에서 므윈도는 어머니의 배 속에 있을 때 어떤 방법으로 세상에 나올 것인가에 대해서 진지하게 고민했다. 그는 보통의 방법으로 나오면 여자의 아이라는 놀림을 받을 것이고, 입으로 나오면 토해냈다는 소리를 들을 것이기 때문에 어머니의 가운데 손가락을 통해서 태어난다. 그는 또 중무장을 하고 나오며, 날 때부터 걸었고 말을 했다. 쿠두케세 서사시에서 쿠두케세의 아내는 해산을 하는데 여러 가지 존재들을 낳는다. 강을 낳고, 거대한 거미를 낳고, 마침내 또 다른 영웅인 오캉가테를 낳는다. 기적과 같은 현상을 보이며 출생한 오캉가테는 어머니의 몸속에서 말을 했으며, 태어날 때부터 완전한 어른의 모습이었고 매우 큰 키를 갖고 있었다. 리안자 서사시의 리안자는 동물들과 함께 태어난다. 그의 어머니 음봄베는 남편의 부음에 접하자 개미와 새와 다양한 사람들을 낳기 시작하다가 마침내 리안자와 그의 누이 은송가를 낳는다. 어떤 이형에 따르면 리안자는 어머니의 경골(脛骨)을 통해 세상에 나오

---

19 Niane, D. T. 1965. Sundiata: An Epic of Old Mali. (translated) G. D. Picket. p. 1. London: Longmans.

는데 아버지가 지니던 모든 무기와 훈장을 가지고 나오며 동생인 은송가는 아름다운 처녀의 모습으로 태어난다.

무빌라 서사시에서 무빌라도 어머니의 배 속에서 말을 했으며 마법의 주문을 사용했고 자기 이름을 스스로 정했다. 그는 태어날 때 창과 칼, 방패와 채찍, 목걸이, 추종자들을 넣어 가지고 다니는 어깨가방, 사랑의 호각 등을 가지고 나온다. 오지디 서사시의 오지디의 어머니는 칠 일간의 산통을 겪은 후 오지디를 낳는다. 아코마 음바 서사시에서 아코마 음바는 오누이 간의 근친상간으로 출생하는데 어머니의 자궁 속에서 백오십 년 동안 살다가 태어난다. 아코마 음바는 어머니의 배설 기관을 통해서 나오는 것이 싫어 위를 째고 세상에 나온다. 로포케포케 서사시에서 주인공의 어머니는 죽은 남편 바케세를 그리워하며 일 년 동안 우는데 그럴 때마다 그녀의 남편이 죽인 사람들이 모두 살아난다. 그녀는 어느 날 일곱 아이들을 낳는다. 그중 막내인 로포케포케는 태어나자마자 그의 아버지가 죽은 곳이 어디냐고 묻는다.

영웅의 혈통과 출생에 관한 내용이 차지하는 비중은 서사시 전통에 따라, 그리고 시인에 따라 다르지만, 영웅의 비범한 자질은 정도상의 차이는 있을지 모르지만 아프리카의 모든 구연 서사시에서 중요하게 다루어진다. 비범성은 용기와 구별된다. 용기가 두려움을 극복하는 정신력에 바탕을 둔 개념인 데 반해 비범성은 용기를 포함하는 것으로서 종종 나이에 걸맞지 않은 선천적 능력을 의미한다.

영웅의 비범함에 대한 묘사는 어린 시절의 묘사에서 출발한다. 실라마카는 쇠똥파리가 얼굴에 앉아 피를 빠는데도 눈 하나 깜빡이지 않았다. 순자타는 항상 심각했으며 보통의 아이들이 관심을 보이는 일에는 흥미가 없었다. 그는 또래의 아이들과 어울리는 것을 수치스럽게 생각해서 그에게 말을 걸거나 접근하는 아이들의 머리를 부숴버렸다. 순자타는 일곱 살 때까지 앉은뱅이였다. 그의 어머니 소골론은 이것 때문에 그의 아버지 마간의 첫 번째 부인인 사수마 베레테한테서 모욕을 당하곤 했다. 하루는 소골론이 베레테한테 음식의 맛을 내는 데 필요한 바오밥 나뭇잎을 따다 달라고 부탁하자 베레테가 병신 아들한테 일을 시키지 왜 자기한테 시키느냐고 핀잔을 준다. 어린 순자타는 이 모든 것들을 기억하고 있었다. 순자타가 드디어 일어서게 된 날 그는 바오밥 나무를 뿌리째 뽑아서 어머니의 거처 앞에 갖다 놓았다. 그는 또 아버지의 대장장이에게 이 세상에서 가장 무거운 쇠막대기를 만들어 달라고 한 다음 그것을 한 손으로 잡고 활처럼 구부려 버렸다.[20]

영웅의 초자연적인 능력이 영웅의 비범함으로 이해되는 경우도 있다. 이것은 중앙 아프리카 반투족의 서사시에서 많이 관찰된다. 무빌라의 내면에는 그가 언제든지 의논할 수 있고 어려움에 처했을 때 도움을 청할 수 있는 무형의 존재가 있었다. 그는 엄청난 힘과 더불어 앞날을 예측하는 능력과 공중을 날아다니는 능력이 있었으며, 죽지 않는 불사조의 힘은 없지만 대신 부활할 수 있는 능력을 가지고 있었다. 무빌라는 태어나자마자 비범한 행동을 하며 마치 자기가 모든 형제들의 맏형인 것처럼 행동한다.

옥페후는 아프리카의 구연 서사시에 나타나는 영웅의 초자연적인 능력을 두 가지로 정리했다.[21] 첫째는, 영웅이 초자연적인 존재를 인정하고 그 존재에 도움을 청하는 경우다. 순자타가 키타 코우로우라는 산신령이 보호하는 키타 만사를 물리치기 위해 이 산신령에게 제물을 바치는 행위가 여기에 해당한다. 그는 백 마리의 흰 수소, 백 마리의 흰 숫양, 백 마리의 흰 수탉을 제물로 바친 후 키타 만사를 물리칠 수 있는 힘을 얻는다. 둘째는, 영웅 스스로 초자연적인 힘을 행사하는 경우다. 므윈도는 콩가 홀(忽)의 마법의 힘에 의존하여 응쿠바를 비롯한 여러 신들과 싸운다. 캄빌리 서사시의 캄빌리도 주술의 힘에 의존하여 적들을 물리친다.

영웅이 초자연적인 힘을 행사할 때 영웅과 또 다른 초자연적인 힘 사이에서 갈등이 부상할 때가 있다. 이것은 서양의 고대 서사시에 흔히 나오는 소재다. 일리아드에서 아킬레스는 신들에게 경의를 표하고 공손하게 행동하지만 가끔 복종을 거부하기도 한다. 아킬레스는 강의 신 스카만드로스와 육체적 결투를 하며 아폴로 신에게 불경스럽게 행동하기도 한다. 신에 대한 아킬레스의 도전은 그가 헥터를 죽일 때 절정에 이른다. 그는 친구인 페트로클로스의 죽음을 복수해야 한다는 일념에 자신의 생명 따위는 아랑곳하지 않는다. 아킬레스는 쓰러져 있는 헥터 위에서 다음과 같이 말한다.

---

20 아프리카 전통 사회에서 대장장이는 신분이 높았다. 그들은 사냥꾼이자 전사였으며 그들의 기술은 신비한 영역에 속했다. 따라서 대장장이들의 우두머리가 만든 무기는 통상 신비한 힘을 갖는다. 그러나 그 신비한 힘마저도 순자타 앞에서는 맥을 추지 못했다.

21 Okpewho, Isidore. 1979. The Epic in Africa. pp. 113-119. New York: Columbia University Press.

Die: and I will take my own death at whatever time. Zeus and the rest of the immortals choose to accomplish it.

죽어라: 나는 언제든지 죽을 각오가 되어 있다. 제우스신과 다른 불멸의 존재들이 그 시기를 선택할 것이다.

영웅과 신의 갈등은 아프리카의 구연 서사시에서는 거의 볼 수 없다. 앞서 소개된 므윈도의 행동이 예외가 되는 것은 사실이지만 그 밖의 서사시에서는 이러한 갈등이 관찰되지 않는다.

아킬레스는 초자연적인 힘을 내재적으로 소유하지만 아프리카 구연 서사시에 나오는 영웅들의 초자연적인 힘은 외재적이다. 아프리카 서사시의 영웅들의 인간적인 면이 여기서 다시 한번 부각된다. 이들의 초자연적인 힘은 마법에 의존하는 경우가 많다. 마법의 힘은 영웅이 소유한 물건이나 특정한 대상과의 접촉에서 비롯되기도 하며, 금기시되는 것을 보거나 만지는 행위, 또는 어떤 비밀의 폭로에서 비롯되기도 한다. 마법의 힘이 영웅이 가진 물건에서 나오는 예로는 므윈도의 콩가 홀(忽)을 들 수 있다. 캄빌리 서사시에서 대장장이들이 캄빌리에게 만들어준 작은 활과 화살, 오지디 서사시에서 주술사 오레아메가 마법의 부채로 땅속에서 불러낸 대장장이가 오지디에게 만들어준 칼, 순자타 서사시에서 대장장이들의 왕인 파라코우로우가 순자타에게 만들어준 사냥용 활 따위도 유사한 예에 속한다.

그러나 영웅의 초자연적인 힘은 그의 소유물보다는 접촉, 접근, 비밀의 폭로와 같은 간접적인 수단에 의지하는 경우가 더 많다. 옥페후는 이것을 접촉의 마법(a magic of contiguity)과 반대의 마법(a magic of counterforce)으로 나눠서 설명한다.[22] 영웅의 소유물이 영웅의 초자연적인 힘의 행사를 직접 실현하는 반면, 접촉의 마법과 반대의 마법은 영웅의 상대자인 반영웅(反英雄 anti-hero)의 힘을 무력화하는 데 이용된다.

접촉의 마법이 등장하는 예로 캄빌리 서사시와 실라마카 서사시를 들 수 있다. 캄빌리는 그의 적 체쿠라를 죽일 때 체쿠라의 전처(前妻)이자 자기의 현재 아내인 쿰바의 도움을 받는다. 쿰바는 주술사 바리로부터 그녀의 전 남편인 체쿠라한테 가서 그

---

22 ibid. pp. 113-119.

의 머리카락, 겨드랑이 털과 사타구니 털, 샌들, 두 장의 낡은 팬티를 가져오라는 말을 듣는다. 쿰바에게 이러한 것들을 빼앗긴 체쿠라는 금방 무력화되어 캄빌리의 총 한 방에 쓰러진다. 실라마카 서사시에서는 주인공이 일시적으로 무력화되는 대목이 나온다. 실라마카는 싸움터에 나가기 전에 타마린드 나무 밑에서 휴식을 취하는 버릇이 있는데, 주술사에 의해 마법에 걸린 아직 할례를 치르지 않은 어떤 알비노 청년이 이 나무 아래에서 말 위에 오르자 실라마카의 힘이 사라진다.[23] 반대의 마법은 보거나 만져서는 안 되는 금기를 위반하거나 다른 사람이 알아서는 안 되는 비밀이 알려짐으로써 힘이 사라지는 경우를 말한다. 오지디 서사시에서 오지디의 적인 아제자비페는 병아리, 새로 태어난 아기, 아직 가마를 통과하지 않은 항아리, 아직 유약을 칠하지 않은 초벌구이 접시를 보면 초능력이 사라지기 때문에 이러한 것들은 그에게 금기시되는 물건이다. 순자타 서사시의 순자타의 여동생은 수망구루에게 가서 그를 사랑하는 척하며 그의 힘을 없앨 수 있는 비밀을 알아낸다. 수망구루는 순자타의 여동생에게 자기의 비밀, 즉, 일 년이 채 안 된 하얀 수탉을 죽여서 며느리발톱을 빼낸 후, 그 안을 순금 가루와 순은 가루로 채운 다음, 그것을 총에 장전해서 그에게 쏘면 그가 죽는다는 사실을 발설한다. 여동생을 통해 이 비밀을 알게 된 순자타는 키리나의 평원에서 수망구루에게 최후의 승리를 거둔다.

아프리카 서사시 전통에서 영웅의 초자연적인 힘이 마법에 의존하는 예들을 살펴보았다. 그런데 마법은 단순히 영웅의 이미지를 묘사하는 데서 그치지 않고 사건들이 전개되는 방식에도 관여한다. 마법은 적들에 대한 영웅의 승리를 보다 확실하고 보다 치명적인 것으로 만들어 등장인물들 사이의 갈등을 한 방에 산뜻하게 정리함으로써 이야기가 대단원을 향해 갈 수 있도록 준비한다.

영웅은 자존심을 생명보다 소중하게 여긴다. 평범했던 영웅의 삶이 갑자기 바뀌는 계기가 사소한 자존심의 상처에서 비롯되는 경우도 있다. 범인들이 땅을 치며 통곡할 대 재앙(大災殃)에는 초연한 반면 작은 것에 집착하고 비통해 하는 행위는 동서고금의 영웅들이 종종 공유하는 특성이다. 제갈공명의 화공(火攻)에 속아 적벽대전에

---

23 알비노는 색소 결핍증 환자를 부르는 말이다. 피부색이 종이처럼 하얗다. 알비노는 일부 지역에서는 신성시되고 일부 지역에서는 재앙을 야기하는 불길한 징조로 받아들여진다.

서 수십만의 대군을 잃고 죽을힘을 다해 도망치던 조조는 새벽이 되자 병사들이 거의 전멸했다는 소식을 듣지만 무덤덤한 반응을 보인다. 그러나 곧이어 자기가 아끼던 장수 한 사람을 잃었다는 사실에 소리 높여 슬피 운다. 작은 것에 예민한 반응을 보이는 이러한 행위는 아프리카의 서사시에서도 관찰된다. 아코마 음바 서사시에서 멩고노 음바는 어느 날 아내에게 맛있는 음식을 요구했다가 아내로부터 남자가 자질구레하다는 핀잔을 듣자 자존심이 상한다. 그는 짐을 꾸려 집을 나서면서 아무도 필적할 수 없는 위대한 업적을 달성하기 전에는 결코 돌아오지 않겠다고 맹세한다.

자존심은 자신의 존재에 스스로 높은 가치를 부여하는 심적 상태로 다음의 두 가지 형태로 나타난다. 첫째는, 자존심이 자기 능력을 과대평가하는 자만심으로 표출되는 경우로서 이것의 극단적인 예를 중국 역사소설 삼국지에서 찾을 수 있다. 조조는 자신의 한계성에 대한 도전, 인내심, 결단력, 연민의 정 등을 소유한 영웅임에는 틀림없지만 다른 한편으로는 잔인함과 자만심도 돋보이는 인물이다. 아프리카의 영웅들한테서도 자만심이 관찰된다. 다음은 순자타와 수망구루 사이의 대화다.

Sumanguru: 나는 바위틈에 핀 야생의 얌이다. 나로 하여금 말리를 떠나게 할 수 있는 사람은 아무도 없다.

Sunjata: 나는 우리 진영에 바위를 산산조각 내는 일곱 명의 장인(匠人)이 있다. 그 다음에는, 얌아, 내가 너를 먹을 것이다.

자존심의 두 번째 형태는 자긍심이다. 자긍심은 자신의 능력에 대한 믿음으로서 아프리카의 영웅들은 항상 그것을 시험하고자 한다. 그들은 그 시험을 위해 위험을 무릅쓰기도 한다. 따라서 그들이 겪는 시련은 비참한 것이 아니라 품격 있고 우아한 시련이 된다. 험난한 산악 지대로 도망간 수망구루를 목숨을 걸고 추격하는 순자타의 행동 속에서 그러한 정신을 엿볼 수 있다. 영웅의 자긍심은 그리스의 서사시에서도 아름답게 묘사된다. 삶과 죽음 사이에서 잠시나마 갈등하지만 결국 편안한 삶보다는 불멸의 영광을 위해 트로이 벌판에서의 일전(一戰)을 택하는 아킬레스의 결정은 외부에서 강제된 것이 아닌 스스로 선택한 것이다.

아프리카의 많은 서사시인들은 영웅의 지혜와 용기를 창조적으로 묘사하며 그에 관한 일화들을 끊임없이 생산해낸다. 그러나 지혜와 용기는 영웅이 자기의 한계성을 시험하는 과정에 등장하는 이차적인 자질에 불과하다. 실라마카는 냉혹하리만치 아름다운 한 여인에게 구애하는데 그 여인은 그에게 그의 용기를 증명해보라고 요구한다. 실라마카는 백마(白馬) 소페레카그네를 타고 나가 갈라마니 숲에 사는 신성한 독사를 산 채로 잡아 독사의 몸에 표시를 한 다음 가죽을 씌워서 혁대로 만든다. 이 에피소드에서 용기 그 자체는 목적론적 가치가 아니다. 그것은 아름다운 한 여인의 환심을 사는 행위, 다시 말해, 모든 남자들이 실패한 구애(求愛)라는 불가능에 대한 도전에 수반된 부차적인 자질이다.

영웅의 어린 시절의 용기도 자주 언급되는데 이 경우 그것이 어떤 자체적 의미를 갖는다기보다는 영웅의 비범성을 예시하는 수단으로 이용되는 경향이 있다. 지혜에 관한 묘사도 마찬가지다. 먼저 용기부터 살펴보면, 순자타는 열한 살 때 고향 땅 말리를 떠나 와가도우 지역으로 피신하여 치세 왕의 궁궐을 찾아가 그곳에 은신하게 해달라고 부탁한다. 치세 왕과 그의 형제들은 순자타를 뚫어지게 응시하지만 순자타는 조금도 흐트러지지 않고 그들을 쏘아본다. 순자타의 용기에 감탄한 치세 왕은 순자타가 사람들을 어떻게 지배하는지 알고 있으며 장차 위대한 왕이 될 거라고 예언한다. 태어나자마자 아버지를 죽인 원수가 누구인지 묻고 그를 찾아 복수의 길을 떠나는 리안자의 용기도 잃어버린 가문의 명예와 자존심을 되찾기 위한 것으로 해석할 수 있다.

지혜는 등장인물의 행동이나 계획보다 그들의 대화를 통해 간접적으로 묘사되는 경우가 많다. 이때 속담이나 경구가 함께 사용되는 것을 많이 볼 수 있다. 만사 콩콘의 딸을 사랑하는 만딩 보리와 그의 이복형 순자타의 대화에서 우리는 지혜와 지혜의 긴장감 있는 대결을 본다.

Manding Bory: 알고 있다, 형제여, 그러나 암소를 마구간으로 유인하기 위해서는 먼저 송아지를 끌어들이는 것이 필요하다는 것을 그대에게 알려주고 싶다.

Sunjata: 물론 그렇다, 암소는 사람을 따라 들어올 것이다. 그러나 조심하라, 암소가 화나면 유인하는 사람이 위태로워질 수 있다.

지혜와 더불어 영웅의 지적 능력도 종종 언급된다. 지적 능력에 대한 묘사에서는 아프리카의 전통 게임이 자주 등장한다. 순자타는 만사 콩콘과의 생명을 건 워리 게임에서 이기고, 오지디는 팽이 게임에서 결코 지는 일이 없다. 므윈도는 세부룽구 신과의 게임에서도 승리한다.

용기 및 지혜와는 달리 인내심은 영웅의 본질적인 자질이다. 시인은 텍스트의 상당 부분을 영웅의 인내심을 설명하는 데 할애한다. 흥미로운 것은 인내심의 동기나 결과는 짧고 단순하게 처리되는 경우가 많다는 것이다. 고귀한 가문의 혈통도 나면서부터 이미 그렇게 정해진 것으로서 인내심과는 무관하다. 그것은 범인이 소유할 수 없는 것이지만 깊은 감동과 경외의 대상은 아니다. 그러나 인내심은 다르다. 청중은 유능한 시인이 만들어내는 감정이입의 긴 터널을 지나면서 영웅의 고난과 인내를 간접 체험하며 영웅도 그들과 같은 민족이라는 사실에서 긍지와 자부심을 느낀다.

망명지에서 조국 말리로 돌아가는 순자타 일행의 긴 여정은 비참하게 묘사된다. 갈증과 허기, 수망구루의 가공할 힘과 잔인함에 대한 소문, 다가올 전쟁에 대한 공포는 병사들의 혈관에 흐르는 피를 시시각각 마르게 한다. 어머니 소골론의 죽음도 순자타에게 큰 정신적 상실감을 준다. 그러나 이들은 절망의 피를 뿌리고 다시 일어서는 야수처럼 원시적 인내심의 정수를 발산한다. 순자타는 그의 종아리 살을 도려내 배고픈 병사들에게 먹인다. 이야기는 절정을 향해 나아가지만 청중은 그 흐름에 보조를 맞출 수 없을 정도로 매 순간의 감흥에 탈진한다.

인내심과 더불어 영웅의 인간적인 면은 아프리카의 구연 서사시에서 공통적으로 강조되는 자질이다. 삶과 죽음 사이에서 느끼는 갈등과 두려움, 그것을 극복하고 장엄한 결정을 내리는 순간, 싸움의 준비 과정, 전쟁터로 가는 긴 여정 등과 같은 영웅의 극한의 시련 속에서 볼 수 있는 인간적인 면모는 영웅과 청중을 함께 묶어주는 감정이입의 중요한 끈이다. 시인들은 영웅의 이러한 면을 자세히 묘사하지만 정작 영웅이 상대방을 쓰러뜨리고 최후의 승리를 거두는 실제적인 힘의 사용이나 물리적인 전투 장면은 짧게 처리되는 경향이 있다. 일례로, 캄빌리 서사시의 주인공 캄빌리는 마법의 힘을 빌려 체쿠라를 무력화시킨 후 총 한 방으로 그를 제압한다.

끝으로, 하나의 구연은 많은 상황적 요인들, 다시 말해 구연자의 예술적 취향이나 청중의 구성, 또는 구연이 행해질 당시의 사회적 분위기와 불가분의 관계를 맺는다. 따라서 지금까지 설명한 영웅의 자질들 중에서 하나가 다른 하나보다 더 비중 있게 다루어지는 구연 상황도 있을 것이다. 인류의 모든 예술이 그렇듯이 아프리카의 구연 서사시도 예술가 개인의 독창성과 사회적 시대성을 반영한다.

5.3. 속담

문자의 사용이 극히 일부에 국한된 아프리카의 전통 사회에서 속담은 현지인들의 일상의 언어 생활에서 중요한 위치를 차지했다. 1962년에 출판된 하우사어 사전은[24] 이것을 잘 보여준다. 992쪽에 달하는 이 사전의 방대한 예문들 중에서 속담의 비중이 30%가 넘는다는 사실은 하우사어에 대한 이해가 속담에 대한 이해 없이는 불가능하다는 것을 말해준다. 아프리카 문학 불후의 고전 『무너져 내리다』를 쓴 나이지리아의 익보족 작가 치누아 아체베는 익보족의 언어 생활에서 차지하는 속담의 중요성을 야자유에 비유해 다음과 같이 말했다.

> Proverbs are the palm-oil with which words are eaten.
> (속담은 말과 함께 먹는 야자유다.)

익보인들은 서너 마디의 말 가운데 하나는 속담으로 대체한다. 그들은 말을 함부로 하지 않는다. 항상 듣는 사람의 태도와 기분을 염두에 두며 자신의 발화를 아름답게 장식하려고 노력한다. 청자의 입장에서 볼 때 아름다운 속담을 담고 있는 말은 청각을 감미롭게 자극하며 그 맛을 평범한 다른 단어들과 함께 잘근잘근 씹어서 음미한다. 마치 야자유가 섞인 음식의 맛을 즐기듯이 속담이 섞인 말의 운치를 즐긴다. 줄루 속담에 대한 넴베지의 진술도 줄루어와 속담의 관계를 명료하게 요약한다. "속담이 없다면 그 언어는 살이 없는 뼈에 불과할 것이며, 영혼이 없는 육체에 불과할 것이다."[25]

---

24 Abraham, R. C. 1962. Dictionary of the Hausa Language. London: University of London Press.

25 Nyembezi, C. L. S. 1954. Zulu Proverbs. p. 8. Johannesburg: Ravan Press.

아프리카인들의 속담 사용은 통상적인 의미에서의 속담 사용과 다른 면이 있다. 법정에서 이루어지는 피고와 원고 간의 공방에 속담이 등장하기도 하고[26] 텍스트가 아닌 북을 통해 전달되는 속담도 있다.[27] 속담은 정치가의 연설, 신문 기사, 현대시와 현대소설의 텍스트 속에서, 서사시와 찬양시 같은 구연문학 장르에서, 그리고 무속인의 점술 속에서 다양한 형태로 그 모습을 드러낸다.

"속담은 한 사회 내에서 반복적으로 발생하는 전형적인 상황들에 붙여진 전략적 이름이다."[28] 속담은 훈계, 경고, 충고, 위로, 예언, 격려, 저주, 풍자 등과 같은 화자의 상황적 전략을 실어 나르며, 동시에 모든 상황적 전략을 아우르는 문화적 전략을 적재한다. 문화적 전략의 예를 몇 개 들면, 가나의 아칸족의 속담은 모든 상황적 전략 위에 포개지는 수사학적 전략이 있으며, 나이지리아의 하우사족의 속담은 일반적으로 개인 간의 관계 보호를 중시한다.

아프리카의 구연문학 장르들 중에서 속담만큼 문화내적인 속성을 강하게 드러내는 장르는 없다. 속담은 거의 모든 지역에서 관찰되고 또 그 형태와 내용이 비슷해 보이기 때문에 일견 이해하는 데 큰 어려움이 없어 보이지만 실상은 접근하기가 가장 까다로운 장르들 중 하나다. 본 절의 목적은 아프리카의 속담에 대한 민족지학적 이해를 돕기 위한 하나의 틀을 제시하는 데 있다. 이 틀은 속담에 관한 통문화적 사고의 재성찰을 반영하는 것으로서 연구자의 관심사에 따라 수정되거나 확장될 수 있을 것이다.

소쉬르의 언어학이 주로 단어와 관련된 것이고, 한때 수십 년을 풍미했던 촘스키의 통사론이 추상적인 문법 구조를 강조했다면, 폴란드 태생의 영국인 인류학자 말리노프스키에 의해 시작되어[29] 하임즈에 의해 체계화된[30] 언어 현상에 대한 사회언어

---

26 Messenger, John C. 1965. 'The Role of Proverbs in a Nigerian Judicial System.' In The Study of Folklore. (ed.) Alan Dundes. pp. 299-307. Englewood Cliffs, N.J.: Prentice-Hall. ; Yankah, Kwesi. 1986. 'Proverb Rhetoric and African Judicial Processes: the Untold Story.' Journal of American Folklore 99(391).

27 Burke, Kenneth. 1967. The Philosophy of Literary Form. p. 296. Baton Rouge: Louisiana State University Press.

28 ibid. p. 296.

29 Malinowski, B. 1926. Myth in Primitive Psychology. New York: Norton.

30 Hymes, Dell. 1990. 'Ethnopoetics.' Text 10(1).
-. 1994. 'Ethnopoetics, Oral-formulaic Theory, and Editing Texts.' Oral Tradition 9(2).
-. 1998. 'When Is Oral Narrative Poetry. Generative Form and its Pragmatic Conditions.' Pragmatics 8(4)

학적 연구는 실질적인 언어 수행을 지배하는 문화 규칙들을 탐구한다. 동일한 태도가 구연문학에도 적용된다. 문장의 발화를 지배하는 문법 규칙들 이외의 규칙이 있듯이, 구연문학에도 텍스트 구성과 관련된 조직의 원리와 함께 사회문화적 규칙이 있다. 던디즈와 아레와는 1964년 검퍼즈와 하임즈가 편집한 『의사소통의 민족지학』에서 구연 장르의 발화를 지배하는 문화적 요소들에 대한 연구 필요성을 강조하는 과정에서 속담 사용의 민족지학적 규칙을 언급한다.[31]

> 민속문학의 발화의 민족지학을 연구하기 위해서는 분명히 텍스트에만 국한될 수는 없다. 속담에 대해서, 그리고 무엇이 속담으로 간주되는가에 대해서뿐만 아니라 속담이 발화되는 상황의 다른 구성 요소들에 대해서도 질문할 필요가 있다. 속담을, 또는 특정한 속담을, 누구에게, 어떤 경우에, 어떤 곳에서, 어떤 사람이 있거나 없는 장소에서, 어떤 전달 통로에 의지하며(예, 말, 북, 기타), 누가 사용할 수 있는가를 지배하는 규칙들은 무엇인가? 속담 또는 어떤 속담의 사용에 관한 규칙이나 제약이 특별한 주제와 관련이 있는가? 아니면 발화자와 수신자 사이의 특정한 관계와 관련이 있는가? 속담이나 특별한 속담의 사용을 가능하게 하거나 불가능하게 하는 또는 적절하게 하거나 부적절하게 하는 데 관여하는 상황적 요인들은 정확히 무엇인가?

속담의 민족지학적 연구는 민족시학에도 관심을 갖는다. 전통 시학이 율격이나 각운 등을 분석한다면 민족시학은 이와 더불어 다른 어떤 것에 대한 관심을 함축한다. 민족시학은 어떤 이론적 틀 속에 구속되는 것도 아니고 시학의 분과학문적인 성격을 띠지도 않는다. 그것은 하나의 연구 동향으로서, 전통 시학이 문자 문화권 밖의 제 민족의 시(詩) 전통을 분석하는 데 한계성을 갖고 있다는 생각에서 출발한다. 시학과 민족시학은 모두 예술로서의 텍스트를 연구 대상으로 한다는 점에서 상호 배타적인 것이 아니라 보완적인 관계를 갖는다. 민족시학은 통문화적인 원칙의 정립보다는 문화내적인 관점에서 장르들의 텍스트 조직의 원리, 즉 텍스트의 심미적 구조를 기술한

---

31 Arewa, E. Ojo and Alan Dundes. 1964. 'Proverbs and the Ethnography of Speaking Folklore.' In The Ethnography of Communication. (ed.) Gumperz John J. and Dell Hymes. pp. 70-85. Special publication of American Anthropologist 66(6) pt. 2.

다. 민족시학은 아메리카 인디언의 구연문학 연구에서 본격화되어 최근에 관심을 끌고 있는 분야로서 텍스트에 대한 언어학적 미시분석과 민족지학적 문맥에 대한 분석이 결합되어 이루어지는 구연문학의 민족 언어학적 분석이다.[32] 구연문학이 문자문학과 대립되는 개념으로 사용되며, 구전성, 구연시학, 구연자질과 같은 말에서 풍기듯이 문자를 매개로 하지 않는 언어예술의 일반적인 특징을 강조할 때 하나의 보편성에 대항하는 또 다른 보편성의 문제가 부상하지만, 특정 집단의 구연문학이라는 주제로 넘어가면 문화적 요소가 주 관심사로 부상한다.[33] 민족시학은 구연시학의 문화적 측면이다. 본 절은 아프리카 속담 전통의 민족지학적 자질들 중에서 특히 발화의 민족지학과 민족시학의 제 측면을 속담의 전략, 구조와 스타일, 사회적 자질 등을 중심으로 기술한다.

한 사회 내에서 유사한 상황이 끊임없이 반복되어 일어날 때 -자주 접하는 물건이나 대상에 이름이 붙여지듯이- 사회는 그것을 장황한 설명 없이 간단히 부를 수 있는 이름을 만들어낸다. 이러한 이름들은 청자에 대한 화자의 태도를 적재할 수 있다는 점에서 다분히 전략적이다.

속담이 전략적 이름인 것은 맞지만 주도적으로 부각되는 전략은 사회마다 다르다. 속담이 가장 먼저 떠올리는 것 중의 하나는 속담의 교훈적 전략이다. 이 '교훈'은 일견 속담 전략의 핵심을 이루는 것처럼 보인다.[34] 문자가 없는 사회에서 그 사회의 문화적 가치와 행동 기준을 설명하고 보전하는 텍스트는 시간이 지나면서 속담처럼 암기하기 쉬운 형태가 되었을 것이다. 아프리카의 전통 사회에서 수수께끼는 아이들이 사용하고 속담은 주로 어른들이 사용한다는 사실, 또는 아이들이 어른 앞에서 속담을 인용할 때 사전에 허락을 구해야 한다는 사실은 흥미롭다. 일반적으로 속담의 지혜는 연장자들만 가진 덕목으로 간주되며 연하자가 연장자의 면전에서 속담을 사용

32 Bright, William. 1990. 'With One Lip, With Two Lips: Parallelism in Nahuatal.' p. 437. Language 66(3): 437-452.

33 장태상. 2000. 「민족시학과 구연문학」. 227쪽. 『외국문학연구』 7: 227-285.

34 요루바족은 속담의 교훈적 측면을 강조한다. 이것은 그들의 '속담에 대한 속담' 에 잘 나타나 있다. Owe l'esin oro; bi oro ba sonu owe l'a fi nwa a. '속담은 말(馬)과 같다. 진실이 행방불명되었을 때 우리는 그것을 찾기 위해 속담을 이용한다.'

하는 것은 건방진 행동으로 비춰진다. '현명한 아이에겐 속담으로 말한다'는 가나의 판테족의 격언도 판테 사회에서 속담의 일차적 기능이 무엇인지 말해준다.[35]

교훈적 기능이 속담 사용의 중요한 측면임에는 틀림없으나 이것과 속담을 동일시 하는 것은 잘못된 것이다. 교훈은 속담의 많은 전략들 중의 하나에 불과하며 실제로 속담이 반드시 교훈적이어야 하는 것도 아니다. 한국 속담 '백지장도 맞들면 낫다'와 '사공이 많으면 배가 산으로 올라간다'는 논리적으로 양립할 수 없는 모순된 속담쌍이다. 백지장도 두 사람이 같이 들면 훨씬 나은데 하물며 사공이 많으면 배는 더 잘 나아갈 것이다. 속담이 한 사회의 문화적 진리를 코드화 하고 있다는 주장은 이렇게 의미적으로 대립되는 속담쌍을 설명하지 못한다. 한 걸음 더 나아가, 모순되는 속담들과는 별개로, 교훈성이 전혀 느껴지지 않는 속담도 있다. '얌전한 고양이가 부뚜막에 먼저 올라간다', '똥 묻은 개가 재 묻은 개 나무란다', '하룻강아지 범 무서운 줄 모른다' 등이 교훈적 내용을 담고 있다는 주장은 이상하게 들린다. 그렇다면 속담이란 무엇인가? 속담은 버크의 말대로 단지 상황을 다루는 이름일 뿐이다. 상황은 다양한 인간관계 속에서 부상하기 때문에 이 이름 또한 청자를 향한 화자의 다양한 전략을 반영한다. 그리고 그 전략의 책임과 권위는 익명의 먼 문화적 과거로 전가된다.

5.3.1. 속담의 시적 구조

속담의 전략들 중에서 시적(詩的) 또는 수사학적 전략이 중시되는 사회가 있다. 속담을 이용해 발화를 심미적으로 포장하는 전통은 아프리카에서 자주 관찰된다. 시적 요소가 없는 교훈적 속담보다 교훈적 요소가 결여된 시적 속담을 선호하는 가나 공화국의 아칸족의 예는 유명하다.[36] 보아디의 관찰을 원문과 함께 인용하면,[37]

A careful observation of language in context will reveal that in Akan society the

---

35 Christensen, James Boyd. 1958. 'The Role of Proverbs in Fante Cultures.' Africa 28.

36 아칸족은 가나의 아산테족, 판테족, 아킴족, 아크와핌족 등을 부르는 포괄적인 말이다. 따라서 스스로 자신을 아칸족이라고 부르는 종족은 없다.

37 Boadi, Lawrence. 1972. 'The Language of the Proverb in Akan.' In African Folklore. (ed.) R. M. Dorson. pp. 183-185. Bloomington: Indiana University Press.

primary function of proverbs is aesthetic or poetic and not didactic. ... The thesis I would like to develop is that native speakers are sensitive to the poetic value of proverbs whether or not these contain a moral truth. Further, the varied emotional and intellectual reactions shown by native speakers to proverbs are conditioned more evidently by the aesthetic value of these proverbs - the quality of the imagery and of the wit -than by their moral content or truth value.

상황 속의 언어를 자세히 관찰해 보면 아칸족 사회에서 속담의 일차적 기능은 교훈적인 것이 아니라 심미적이거나 시적인 것임을 알 수 있다. … 내가 전개하고자 하는 요지는 속담들이 도덕적 진실을 포함하건 안 하건 원주민들은 속담들의 시적 가치에 민감하다는 것이다. 더 나아가, 속담들에 대해 원주민들이 보여주는 감정적이며 지적인 다양한 반응들은 속담들의 도덕적 내용이나 진리치에 의해서보다는 이러한 속담들의 심미적 가치 -즉 이미지와 재치의 질에 의해서 보다 분명하게 결정된다.

아칸족 사회에서 속담은 속담 어휘의 이미지에 따라 등급이 매겨지는데 이미지가 진부하지 않고 구체적일수록 등급이 올라간다. 아래의 설명은 바로 위에서 언급한 보아디의 논문에서 발췌한 것이다.

1. s woamma wo y nko antwa nkron a, wontwa du.
당신이 우리의 이웃들이 아홉 개를 잘라가도록 허락하지 않는다면, 당신은 열 개를 잘라가지 못할 것이다.

2. Dabi y bio.
미래의 날은 또 다른 것이다.

속담 1은 '해준 것만큼 받는다'는 뜻이며, 속담 2는 '처음의 바보가 항상 바보는 아니다'라는 의미로서 한 사람이 다른 사람한테서 사기를 당했거나 아니면 어떤 이유로 인해 다른 사람을 도와준 것을 후회하면서 복수를 다짐할 때 사용된다. 이 두 개의 아칸어 문장은 문법 구조, 운(韻), 발화된 문맥 등으로 판단할 때 속담으로 간주되며 교훈적 내용을 담고 있지만 진지한 상황에서는 잘 사용되지 않는다. 이 속담문의 이미지는 너무나 평범하고 진부한 것이기 때문에 만약 누군가 중요한 순간에 이 속담을 사용한다면 그는 주변 사람들한테서 다음과 같은 조롱을 받는다.

n'anontee
그의 입술은 아직 마르지 않았다. (아직 어른이 되지 않았다는 의미)

그러나 아래의 속담들은 정 반대의 성격을 갖는다.

3. aserewa su agyenkuku su a ne to pae.
아세레와가 아그옝쿠쿠처럼 노래하다간 엉덩이가 찢어진다.

4. aserewa mo danta k se a, etu no hwe h.
아세레와가 기저귀를 차면 균형을 잃고 자빠진다.

속담 3의 아세레와는 아칸 사회에서 가장 작은 새로 간주되며 아그옝쿠쿠는 큰 새들 중의 하나다. 아세레와가 아그옝쿠쿠의 목소리를 흉내 내기 위해서는 성대의 근육을 최대한 긴장시켜야 하고 그러다 보면 -우리말 속담에서 뱁새가 황새를 쫓아가려고 하다가 가랑이가 찢어지는 것처럼- 허파와 배가 파열될 것이다. 속담4의 단타는 남자들이 들판에서 일할 때나 전쟁터에서 싸울 때 허리에 두르는 여러 겹으로 된 천을 부르는 말인데 여성들이 은밀한 부분을 가리기 위해 사용하는 헝겊을 뜻하기도 한다. 속담 3, 4가 속담 1, 2와 다른 점은 두운이나 리듬에 있어서의 차이가 아니라 구체적인 이미지에 있어서의 차이다. 속담 3, 4는 매우 광범위한 상황에 적용될 수 있지만 사용된 어휘들은 일반적이거나 추상적인 것들이 아니다. 속담 3, 4의 메시지는 시적 요소와 결합하는데 이 시적 요소는 구체적인 이미지들 사이의 상호작용에 기인한다. 속담 3에서 아세레와와 아그옝쿠쿠는 이국적인 정서가 풍기는 구상명사(具象名詞)다. 동사 '수'와 '파에'는 둘 다 동작명사(動作名詞)이지만 후자는 물리적 격렬함을 수반하는 행위를 함축한다. 아세레와와 아그옝쿠쿠 사이의 작음과 큼이라는 의미적 대립이 동사 '수'와 '파에'의 의미적 대립과 상호작용하면서 이 속담의 유머는 한껏 고조된다. '수'가 자발성과 결단성을 함축하는 동사라면 '파에'는 경직성과 불활성과 굼뜸을 함축한다. 그러나 의미상의 충돌은 여기서 끝나지 않는다. '수'는 기쁨과 활력과 생명의 의미를, '파에'는 고통과 전멸과 파괴의 의미를 부차적으로 갖는다. 결국 이 속담에서 심미적 가치를 결정하는 것은 구체적인 이미지들 사이의 대립이다.

속담 4도 문법 연결사로서의 기능을 하는 형태소들을 제외하면 사용된 단어들 사이에서 풍부한 연관성을 보여준다. 작은 새가 큰 기저귀를 차고 있는 모습은 우스꽝스럽다. 이에 더해 여성들이 은밀한 부분을 가리는 데 사용하는 물건이 전반부에 등장하고 육체적인 근육질의 운동을 묘사하는 동사가 후반부에 등장함으로써 선정적 분위기가 연출된다. 이미지의 대립에 수반된 이 선정성은 속담의 철학과는 별개로 작용한다. 아래의 속담도 비슷한 교훈을 전달하며 구체적인 단어들이 나오지만 단어들 사이에 흥미 있는 상호작용이 없다는 점에서 아칸족 관점에서 썩 훌륭한 속담은 되지 못한다. 이러한 부류의 속담은 진지한 상황에서는 사용되지 않는다.

abofra te fufuo a, te nea bek n' ano.
아이는 자신의 입에 맞는 양만큼만 입에 넣어야 한다.

형태는 이미지와 함께 속담의 시적 측면에 깊게 관여한다. 아칸족의 예가 이미지에 관한 것이었다면 서아프리카의 또 다른 종족인 하우사족의 예는 '이미지가 포개지는 틀로서의 형태'의 중요성을 보여준다. 형태는 종종 그 자체로서 텍스트를 아름답게 만들기도 한다.

하우사 속담은 통사적으로 구분되는 두 개의 반행(半行), 즉, 전반부와 후반부로 나누어지는데 각각의 반행은 같거나 비슷한 수의 음절로 이루어져 있어 양적인 차원에서 균형을 이룬다.[38] 속담의 전반부와 후반부 사이에는 양적 균형과 더불어, 통사적 대구를 통한 통사적 균형, 음운적 대응을 통한 음운적 균형, 그리고 유사하거나 반대되는 의미의 병치를 통한 의미적 균형 등, 다양한 차원의 균형이 존재한다. 양적 균형

---

38 Jang, Tae-Sang. 1999. 'A Poetic Structure in Hausa Proverbs.' Research in African Literatures 30(1): 83-115.

과 함께 이러한 유형의 균형들이 텍스트의 두 부분 사이에서 발생한다는 사실은 속담의 구조와 관련된 중요한 가설을 낳는다. 즉, 하우사 속담 텍스트는 서로 긴밀하게 상호작용 하는 두 개의 구절(반행)로 조직되어야 하며, 구절들 사이에는 적어도 한 종류 이상의 균형이 있어야 한다. 결국 조직의 원리로 간주되는 것은 구체적인 언어 자질이 아니라 추상적인 수준에서의 구절들 간의 상호작용이 되는 것이다. 아래의 속담들은 다양한 수준의 구절 간(間) 상호작용의 예를 보여준다.[39]

〈양적 균형〉
Ido ba ya mutuwa // tozali ya tashe shi. (7//7) - 완전균형 -
'눈은 죽지 않는다, 안티몬이 눈을 깨운다.'
Gwanin ruwa / shi ruwa kan ci. (4/5) -불완전 균형 -
'물에 능숙한 사람, 그를 물이 먹는다.'

〈양적 + 음운적〉
Giwa ba ta da cizo // hannun nan ake tsoro. (7//7)
'코끼리는 물지 않는다, 그 코다 사람들이 두려워하는 것은.'
Mai-gado ya so kwana / mai-tabarma sai shi naɗe. (7/8)
'침대 주인은 자기를 원하는데, 매트리스 주인은 그것을 접어야 한다.'

〈양적 + 통사적〉
Ana ga doki // kana ga ƙura. (5//5)
'사람들은 말(馬)을 본다, 너는 먼지를 본다.'

〈양적 + 의미적〉
Rijiya ta BAYAR / guga ta HANA. (6/5)
'우물은 주지만, 양동이가 거절한다.'

39 –. 2002. 'Aspects of Poetic Balance and Cohesion in Hausa Proverbs.' Journal of African Cultural Studies 15(2): 215-236.

〈양적 + 어휘적〉

Sai da riga // kasa riga. (4//4)

'옷의 매각, 옷의 결핍.'

〈양적 + 음운적 (구절 말) + 통사적〉

Allah ya gyara rimi // ceɗiya ta bar fushi. (7//7)

'신은 판야나무를 아름답게 만들었고, 무화과나무는 노여움을 멈추었다.'

〈양적 + 음운적 (구절 말) + 의미적〉

An bai wa KURA // jiran AKUYA. (5//5)

'하이에나는 받았다, 돌볼 염소를.'

〈양적 + 음운적 (구절 초) + 어휘적 (구절 말) + 통사적 + 의미적〉

A ƊAUKI kanwar baki // a BA awakin baki. (7//7)

'가져가라 손님의 잿물을, 주어라 손님의 염소에게.'

〈양적 + 음운적 (구절 말) + 어휘적 (구절 초) + 통사적 + 의미적〉

Laifin BABBA rowa // laifin YARO ƙiwa. (6//6)

'어른의 흠은 인색함이고, 아이의 흠은 고집이다.'

균형을 이해하는 것은 어려운 일이 아니다. 우리는 일상의 언어 생활에서 이 말을 자주 사용한다. 발화 가능한 몇 개의 문장을 예로 들면 다음과 같다. '왼쪽 지붕 밑에는 창문이 있는데 오른쪽 지붕 밑에는 창문이 없어서 균형이 안 맞는 것 같다.' ; '대전 캠퍼스에는 있는데 서울 캠퍼스에는 없잖아. 균형을 맞추려면 서울 캠퍼스에도 하나 만들어야 돼.' 이 예문을 통해서 알 수 있는 것은 두 가지다. 첫째, 균형은 어떤 것이 어느 한쪽에만 있으면 성립이 안 되며, 둘째, 균형은 인간이 지향하는 이상적인 심리 상태라는 점이다. 불균형, 비대칭은 인간을 불안하게 만든다. 균형은 또한 자연계, 생태계의 질서로서 그것이 상실될 때 불안정이 야기되며 결국 불균형을 없애고 안정을 추구하기 위한 과정이 반복된다. 흥미로운 것은 이러한 과정이 속담에서도 관찰된다는 점이다. 하우사 속담에서 자주 목격되는 생략과 도치, 속격화는 구절들 간의 균형을 달성하기 위한 통사적 압력의 한 형태다. 아래의 첫 번째 예문 (i)에서는 명사구의 부분 도치에 의해 양적 균형이 실현되며, 두 번째 예문(ii)에서는 전치사의 목적어의 도치에 의해 불완전한 양적 균형의 개선과 음운적 균형이 실현되고, 세 번째 예문(iii)에서는 계사구문의 계사의 도치에 의해, 네 번째 예문(iv)에서는 전치사구의 도치에 의해 음운적 균형이 실현된다. 다섯 번째 예문(v)에서도 속격화에 의해 양적 균형과 음운적 균형이 실현된다. 마지막 예문(vi)에서는 음운적 균형을 위해 계사 'ne'가 생략된다.

i. Gobara daga kogi // magani nata Allah. (7//7)
'강의 큰 불 / 그것의 약은 신이다.'
* Maganin gobara daga kogi / Allah ne.
'강의 큰 불의 약 / 신이다.'

ii. Biyan bashi /daɗi gare shi. (4/5)
'빚 갚기 / 즐거움이 그것에 있다.'
* Daɗi / yana ga biyan bashi.
'즐거움이 / 빚 갚기에 있다.'

iii. Wofi kan masara //goyon ne farilla. (6//6)
'옥수수 술의 쓸모없음 / 그 속이 진짜다.'
* Wofi kan masara // goyon farilla ne.
'옥수수 술의 쓸모없음 / 그 속이 진짜다.'

iv. Murnar kare / ga wutsiya take. (4/6)
'개의 즐거움 / 꼬리에 그것이 있다.'
* Murnar kare / tana ga wutsiya.
'개의 즐거움 / 그것은 꼬리에 있다.'

v. Kome duhun dare / gari ya waye. (6/5)
'밤의 어두움이 아무리 심해도 / 새벽은 온다.'

* Kome dare yana da duhu / gari ya waye.
'밤이 아무리 어두워도 / 새벽은 온다.'

vi. Rigar sarki / doki. (4/2)
왕의 옷은 말(馬)
Rigar sarki / doki ne.
왕의 옷은 말(馬)이다.

생략, 도치, 속격화 중에서 가장 전형적으로 관찰되는 것은 생략이다. 하우사인들은 갈등과 긴장이 싹틀 수 있는 일상의 대화에서 그 대화가 파국적인 상황으로 발전할 가능성이 있을 때 그것을 막기 위해 노골적인 표현이 생략된 속담을 사용한다. 속담의 시적 구조에 깊이 관여하는 생략이 이렇게 속담의 전략과도 관계를 맺는다는 사실은 속담의 기능과 심미적 구조가 독립적으로 존재하는 것이 아니라 긴밀하게 상호작용 한다는 것을 말해준다. 필자가 1992년 북부나이지리아 카노주의 주도(州都) 카노에서 만난 우스만이라는 초로(初老)의 한 남성은 속담 사용에 매우 능숙한 사람이었는데 그가 말한 내용을 간추리면 다음과 같다.

> "나는 청자를 화나게 만들거나 당혹하게 만드는 직접적인 표현을 피하고 싶을 때 종종 속담을 사용합니다. 간혹 사람들이 이해하지 못하는 속담을 사용하는 경우도 있습니다. 나는 청자에게 무엇인가를 말하지만 청자가 그 의미를 나의 면전에서 알아차리는 것을 원치 않습니다. 청자는 나중에 그 뜻을 다른 누군가에게 물어볼 것입니다. 이러한 행위는 매우 효과적인데, 왜냐하면 나는 청자의 기분을 상하게 하지 않으면서도 그의 주의를 끌고 그에게 깊은 인상을 남길 수 있기 때문입니다. 어떤 친구들은 이런 것 때문에 나를 좋아하기도 합니다."

아래의 한국말 해석에서 둥근 괄호로 둘러싸인 부분이 하우사 원문에서 생략 처리된 내용이다. 하우사 속담은 종종 상상하기 힘든 두 개의 사건을 병치해 놓음으로써

청자에게 일단 충격을 준 다음 그로 하여금 다시 곰곰이 생각해보게 한다.[40]

Karambanin bawa // da sallar azahar. (6//6)
'노예의 수선 떨음, 오후의 기도. (노예가 자기 분수를 모르고 주인과 함께 오후 기도에 참석하려고 부산을 떨면 혼난다.)'

Karambanin akuya / gai da kura. (7/4)
'염소의 수선 떨음, 하이에나에게 인사하기. (염소가 주제넘게 하이에나에게 인사하려고 하다가는 큰 화를 당한다.)'

Kan kare // sai kura. (3//3)
'개의 머리, 오직 하이에나(만이 먹을 수 있다.)'

구조와 관련해 한 가지 확실하게 해 두어야 할 것은 구조가 어떠한 문맥에서 쓰이건 간에 모두 원칙을 말하고 있다는 것이다. 사람에 따라 구조와 스타일에 차이를 두지 않는 경우도 있지만 일반적으로 후자가 텍스트를 예술적으로 만드는 선택적 자질이라고 한다면 전자는 이들 중에서 텍스트 조직의 원리, 즉, 텍스트를 구성하는 언어 단위들의 배열을 지배하는 원리를 따로 떼어 부르는 말이다. 하나의 현상이 자주 발생하며 시적인 면을 드러낸다 하더라도 그것이 텍스트를 조직하는 데 전반적으로 관여하지 않는다면 스타일은 되지만 구조, 구조적 원리, 조직의 원리로 간주되지 않는다. 혹자는 구조가 전체를 구성하는 부분들 사이의 관계망, 즉 시스템(체계)을 뜻한다고 생각하지만[41] 구연문학을 연구하는 대다수의 사람들은 앞에서 말한 의미에서의 구조에 관심을 가지며 실질적인 연구 결과도 이를 반영한다.

구절들 간의 상호작용이 하우사 속담 구조의 본질이며 상호작용의 유형으로 음절수에 기초한 양적 균형 이외에도 음운적 균형과 통사적 균형이 있다고 말했다. 음운

---

40 Skinner, Neil. 1988. 'Lexical Incompatibility as a Mark of Karin Magana.' In Studies in Hausa Language and Linguistics. (eds.) Graham Furniss and Philip J. Jaggar. pp. 236-245. London: Kegan Paul International Limited.

41 인류학, 정치학, 경제학, 생물학 등에서의 구조는 이런 구조를 의미한다.

적 균형은 구절 말(末)이나 초(初)에서 이루어지는 음절 또는 모음의 대응을 통해 실현되며 운(韻 rhyme)의 일종이라고 볼 수 있다. 통사적 균형은 통사적 대구에 의해 달성된다. 일반적으로 대구는 스타일로서 이것이 구조로 기능하는 예는 아프리카의 구연문학 전반에서 거의 찾아볼 수 없다. 설사 그렇다 하더라도, 통사적 대구가 하우사 속담에서 광범위하게 관찰되며, 그 결과 속담 텍스트를 조직하는 데 있어 그것이 절대적인 원리로 작용하지는 않지만 상당히 중요한 역할, 즉, 운(韻), 의미적 대구, 이미지 등이 얹히는 기본 틀로서 작용한다는 점은 중요하다. 그렇다면, 하우사 속담의 통사적 대구는 스타일인가 구조인가? 구연문학의 여러 장르에서 통사적 대구가 스타일이 되는 경우를 살펴보면 한 가지 공통된 현상, 즉, 문제의 텍스트가 전체의 일부를 이루고 있을 때에 한해서 스타일로 기능한다는 것을 알 수 있다. 미인(美人)의 화사함이 돋보이기 위해서는 평범한 사람들이 있어야 하듯이 어떤 현상이 부각되기 위해서는 부각되지 않는 것이 필요하다. 대구도 뒤로 밀려나는 부분을 배경으로 해서 앞으로 튀어나온다. 이제 하우사 속담에서 대구가 스타일로 간주되기 힘든 이유가 분명해진다. 하우사 속담의 대구는 자신의 돌출을 위해 뒤로 밀려나 줄 후위(後位 background)가 없다. 대구는 속담의 전반부와 후반부 사이의 문법 구조의 동일성인데, 여기서 전반부와 후반부의 합은 그 자체로 전체를 이루며 따라서 동시에 부분이 될 수 없기 때문이다. 오히려 대구는 유사하거나 반대되는 의미들, 다양한 종류의 운, 복잡한 이미지들이 그 위에 부분적으로 포개지게 함으로써 이들을 전방으로 돌출시키고 스스로는 후위(後位)로 전락해 뒤로 밀려난다. 그러나 대구가 스타일을 위한 틀이 된다는 것이 대구가 구조라는 것을 의미하지는 않는다. 하우사 속담에서 대구가 많이 관찰되는 것은 사실이지만, 그것은 어디까지나 선택 사항이며 모든 속담이 대구를 강제적으로 포함해야 하는 것은 아니다.

하나의 구조 속에 다른 구조가 둥지를 틀 때도 있다. 하우사 속담의 구절들 사이의 균형의 상실은 구조의 파괴라고 부를 수 있는 재앙을 초래하는데 종종 이 폐허 속에 또 다른 작은 구조가 둥지를 트는 경우가 있다. 그 작은 것은 몰락한 구조 속에서 자신의 화사함을 드러낸다. '둥지를 튼 구조'는 그래서 구조이자 동시에 스타일이다. 아래의 속담에서 전반부와 후반부는 양적으로 심한 불균형의 상태에 있지만, 후반부

자체는 균형을 이루고 있으며 마치 전체 속에 둥지를 튼 모습을 하고 있다. 작은 구조의 탄생이란 이것을 일컫는데 그것은 큰 구조의 희생 없이는 불가능하다. 부분의 안정은 그것을 감싸는 전체의 불안정과 대비되며 전방으로 돌출된다.

Hanyar Gwanja / ga nisa // ga riba. (4/(3//3))
'그완자로 가는 길 / 멀지만 // 이득이 있다.'

Shan tabar kwaɗo / ga baki // ga hanci. (5/(3//3))
'개구리의 흡연 / 여기 입이 있고 // 여기 코가 있다.'
Baƙin jinin muzuzu / mai-kaza zagi / maras-kaza zagi. (7/(5/6))
'들고양이의 불운 / 닭 주인도 욕하고 / 닭이 없는 사람도 욕한다.'

Inuwar gabaruwa / ga sanyi // ga k'aya. (7/(3//3))
'큰 아카시아 나무의 응달 / 여기 응달이 있고 // 여기 가시가 있다.'

Karatu / ga mad'aci a farkonka / ga zak'i a k'arshenka. (3/(8/7))
'공부 / 처음에는 쓰지만 / 나중에는 달다.'

Gonar k'ofa / mai-wuya // mai-dad'i. (4/(3//3))
'대문 앞의 밭 / 어렵지만 // 즐겁다.'

Shukan risge / had'a da kaka // shuka da rani. (4/(5//5))
'늦게 하는 파종 / 추수기에 땅 파고 // 건기에 심는다.'

Haifuwar guzuma / d'a kwance / uwa kwance. (6/(3/4))
'늙은 암소의 해산 / 송아지도 눕고 / 어미 소도 눕는다.'

Zama / da zaki // da harbi. (2/(3//3))
'꿀 / 달지만 // 쏜다.'

Birnin rairai / da wuyar tayarwa // da saurin rushewa. (4/(6//6))
'모래로 지은 도시 / 짓기는 어려워도 // 허물기는 쉽다.'

하우사 속담의 전반부와 후반부, 즉 구절들 간의 상호작용은 의미적 측면에서도 이루어진다. 형태론적 분석에 비해 의미 분석은 난해한 작업에 속한다. 속담이 '한 사회 내에서 반복적으로 발생하는 상황들에 붙여진 전략적 이름'인 이상, 속담 텍스트의 의미적 다양성은 상황과 전략의 다양성에 비례할 것이기 때문이다. 하우사 속담의 구절들 사이에는, 현 단계에서 모든 것을 규명할 수는 없지만, 다양한 의미적 상호관계가 존재하는 것처럼 보인다. 상식에 반하고, 경험에 반하는, 마치 망치로 머리를 내리치는 것처럼 청자에게 논리적 충격을 가하고, 그리하여 그로 하여금 혼란의 늪에서 사색하게 하는 것, 그것이 하우사 속담 텍스트의 축어적 의미다. 아래의 예문에서 소위 '망치로 내리치기'는 속담의 전반부와 후반부의 의미 충돌에서 비롯된다. 그리고 마침내 하나의 이름, 하나의 통일된 의미가 부상한다. (a)에서 병치된 두 구절의 의미는 논리적으로 양립할 수 없다. 이에 반해 (b)는 구절들 사이에서 의미적 모순이 발생하지는 않지만 통념을 부정하면서 그것을 엉뚱한 말로 대체한다.

a. Wane maraya ne // ba maraya ba ne. (6//6)
'그는 고아다, 그는 고아가 아니다.'

b. Namiji ba daga wajen mace ba ne // amma mace daga wajen namiji ne. (12//12)
'남자가 여자한테서 나오지 않았다, 여자가 남자한테서 나왔다.'

단어가 사람들, 물건들, 개념들을 언급하는 기호인 것처럼, 상황을 언급하는 속담은 한 사회에서 반복적으로 발생하는 상황들에 붙여진 전략적 이름이다. 그리고 단어가 분절적인 요소들로 분해될 수 있는 것처럼 속담도 부분들로 나누어진다. 나비를 뜻하는 단어 '버터와 파리의 복합어 butter/flies'에서처럼 하우사 속담의 구절들도

상호작용으로 인해 하나의 의미가 부상하는 복합어의 부분들과 비슷한 면이 있다.[42]

5.3.2. 속담에 관한 통념의 제 문제

속담에 관한 통념은 첫째, 속담은 교훈적이며, 둘째, 형태와 의미가 고정되어 있고, 셋째, 길이가 짧다는 것이다. 먼저 속담이 교훈적이라는 생각이 잘못된 이유는 속담의 정의와 전략에 대해서 말할 때 이미 언급했다.[43] 속담의 형태와 의미가 고정되어 있다는 통념도 근거가 박약하다. '소 잃었는데 아직 외양간도 안 고쳤습니다.' 이 속담은 1997년 7월 1일 전라도 지역에서 발생한 도로변 산사태와 관련해 KBS 1TV의 9시 뉴스 시간에 아나운서가 사용한 것으로서 소를 다시 잃지 않기 위해 외양간을 고쳐야 하듯이 또 다른 산사태에 대비하기 위해서 산사태 방지 공사를 서둘러 해야 한다는 의미를 전달한다. 흥미로운 것은 이 속담이 정반대의 의미를 지닌 '소 잃고 외양간 고친다'에서 창조적으로 변형되어 사용되었다는 점이다. 실제로 '소 잃고 외양간 고친다'는 전라도에서 산사태가 일어나기 약 한 달 전에 발생한 강원도 동해안 무장공비 잠수정 침투 사건과 관련된 뉴스 보도, 즉, 국방부의 뒤늦은 해안 경계 강화 조치를 비난하는 문맥 속에서 동일한 TV 채널의 동일한 아나운서에 의해 먼저 사용되었다. '소 잃었는데 아직 외양간도 안 고쳤습니다'의 예는 한 언어에 정통한 화자가 기존의 속담을 창조적으로 변형시켜 사용할 수 있다는 것을 보여준다.

속담의 창조적 사용은 단순한 어휘 차원을 넘어서기도 한다. 앞 단락에서 본 '소 잃고 외양간 고친다'와 '소 잃었는데 아직 외양간도 안 고쳤다'에서처럼 텍스트의 주요 어휘 항목은 그대로 둔 채 문법만 바꿔서 의미상 대립되는 모순된 속담쌍을 만드는 것도 가능하다. 속담 목록에 없는 변형된 속담은 화자의 개인적인 견해를 반영함에도 불구하고 형태상 속담으로 간주되기 때문에 문화적 권위를 부여받는다. 뛰어난 수사학적 능력이 있는 사람은 자기 의견을 말하면서도 그것을 먼 문화적 과거와 연계시킴으로써 그 발화에 대한 책임에서 벗어난다.

---

42 Jang, Tae-Sang. 2002. 'Aspects of Poetic Balance and Cohesion in Hausa Proverbs.' Journal of African Cultural Studies 15(2): 215-236.

43 교훈은 속담의 여러 전략들 중 하나에 불과하며 교훈적인 속담보다 교훈과 무관한 속담이 압도적으로 더 많다.

아프리카 전통 사회에서의 속담 사용은 더욱 창조적이다. 속담의 새로운 의미가 상황 속에서 부상하는 경우도 있다. 일례로, 아체베의 소설 『무너져 내리다』는 속담 발화자에 의해 속담의 총칭적 상황(일반적 의미)이 수정되는 예를 보여준다. 수정된 의미는 등장인물들 사이의 갈등을 종결짓고 사건 전개에 빠른 템포를 부여한다. 주인공 오콩크워의 아버지 웅오카는 빚 독촉을 하러 온 오코예의 면전에서 아래의 속담을 발화한다. 익보인들 중에는 이 속담을 좌우명으로 삼고 있는 사람이 많이 있으며 상당수의 아프리카인들도 이 속담을 좋아한다.

> The sun will shine on those who stand before it shines on those who kneel under them. (12)
>
> '태양은 꿇어 엎드린 자보다 서 있는 자를 먼저 비춘다.'

위의 속담은 발화자의 두 가지 의도, 즉, 거짓된 표층의 의도와 그 뒤에 숨은 진짜 의도를 동시에 섬김으로써 『무너져 내리다』의 제1장에 나오는 한 사건의 말미를 완성한다. 이 속담의 일반적 의미는 '하늘은 소심하고 비관적인 사람보다 대범하고 긍정적인 자세를 지닌 사람을 먼저 돕는다'이지만, 웅오카는 사람들한테 진 빚을 기억하기 위해 벽에 분필로 그어놓은 큰 빚을 뜻하는 큰 막대기와 작은 빚을 뜻하는 작은 막대기들을 가리키면서 오코예의 작은 빚보다 큰 빚을 먼저 갚겠다는 취지로 이 속담을 사용한다. 그는 벽에 그려진 큰 막대기와 작은 막대기를 이 속담의 서 있는 사람과 꿇어 엎드린 사람에 비유한다.

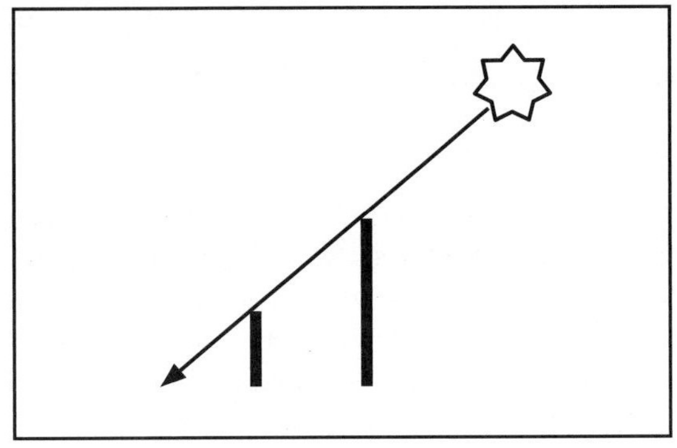

그러나 즉석에서 꾸며진 이 단발성 의미 뒤에 웅크리고 있는 것은 본래의 의미다. 웅오카는 빚 때문에 꼭두새벽에 잠을 깨운 오코예를 소인배로 조롱하고 있는 것이다. 모욕을 당한 오코예는 갑자기 튀어나온 이 능청스러운 의미에 저항하지 못한다. 웅오카는 "마치 큰 빚을 먼저 갚겠다는 듯이 코담배를 한 움큼 꺼내 들었다. 오코예는 양피(羊皮)를 말아 들고 집으로 돌아갔다." 장황하게 시작된 둘 사이의 갈등은 이렇게 산뜻하게 정리된다.[44]

이 속담은 하루하루를 빚으로 연명하는 웅오카의 무책임한 삶을 묘사한다. 두 사람의 대화는 일견 웅오카의 승리로 끝난 것처럼 보이지만, 『무너져 내리다』에서 시종일관 꿇어 엎드린 사람은 성공한 오코예가 아니라 실패한 웅오카다. 오코예의 '빚을 갚아라'와 웅오카의 '못 갚겠다'를 소재로 한 이 짤막한 에피소드를 감싸는 첫 문장 "오코예도 음악인이었다. 그는 오게네 징을 연주했다. 그러나 그는 웅오카와 같은 낙오자는 아니었다."(11)와 웅오카의 아들 오콩크워의 개인적 성취를 언급하는 다음 단락의 첫 문장 "웅오카는 살아생전 칭호 하나 따지 못했으며 빚만 잔뜩 진 채 죽었다."(12)는 그 사이에 삽입된 "태양은 꿇어 엎드린 자보다 서 있는 자를 먼저 비춘다."(12)가 최종적으로 노리는 것이 무엇인지 암시한다. 이 속담은 한 명이 말한 것처럼 보이지만 실제로는 두 명의 주인(발화자)을 섬긴다. 한 명은 눈앞의 상황을 타개하기 위한 임시방편으로 이 속담을 사용하고, 또 다른 한 명은 그런 등장인물의 '꿇어 엎드린' 모습을 묘사하기 위해 바로 그 등장인물의 입을 빌려 이 속담을 발화하는 이 소설의 화자(話者)다.

속담의 총칭적 의미의 수정은 오콩크워가 아들 늬예에 대한 기대를 포기하는 대목에 나오는 아래의 속담에서도 관찰된다. 이 속담은 주인공의 심리적 반전을 묘사한다. 오콩크워는 늬예가 남자답지 못하다는 것은 알고 있었지만 그의 조부 웅오카를

---

44 속담의 이중화법은 아프리카의 여러 종족들 사이에서 관찰된다. 속담의 표면적 메시지와 실제로 의도된 메시지가 서로 다른 '이중성'은 특히 잔데족의 속담에서 두드러지며, 냔자족도 '반대로 말하기'라는 장르를 가지고 있을 정도로 이중화법을 많이 사용한다. 통가족의 속담에서도 실제의 의미와 겉으로 드러난 의미가 전혀 다른 예들이 관찰되며, 캄바족의 '어두운 말'을 뜻하는 '은디모'도 유사한 장르에 속한다.(Simmons, D. 1958. 'Cultural Functions of the Efik Tone Riddle.' Journal of American Folklore 71.) 나이지리아의 하우사족은 청자를 노골적으로 자극하지 않기 위해 암시적인 언어를 사용한다. 하우사족은 속담을 '말 접기'라는 뜻의 '카린 마가나'라고 부른다. 말을 접어서 그 안에 진짜 내용을 담아 전달한다는 뜻이다.

닮았다는 사실은 인정하고 싶지 않았다.[45] 그러나 그는 어느 순간 모든 것을 체념하고 현실을 받아들인다.

> Living fire begets cold, impotent ash.(142)
> '타오르는 불꽃도 차갑고 무기력한 재를 낳는다.'

위의 속담에서 타오르는 불꽃과 차갑고 무기력한 재가 뜻하는 것은 남자답고 강한 어떤 존재와 그 존재가 낳은 어떤 유약한 대상을 가리킨다. 여기서 주목해야 할 것은 중간에 다른 세대(世代)가 끼어들지 않는 '낳음'의 직접성이다. 그러나 독자들은 오콩크워의 독백에서 '대를 건너뛰지 않는' 이 직접성이 수정되고 있다는 것을 알게 된다.

> 그는 포효하는 불꽃이었다. 오콩크워는 타들어 가는 장작을 보면서 그 이름을 떠올렸다. 그는 타오르는 불꽃이었다. 그런 그가 어떻게 여자 같은 못난 아들을 낳는다는 말인가? 어쩌면 그는 내 아들이 아닐지도 모른다. 그렇다! 그는 내 자식이 아니다. 결국 아내가 나를 가지고 놀았구나. 내 결코 용서치 않으리라. 그런데 눠예가 그의 조부이자 내 아버지인 웅오카를 닮지 않았는가? 오콩크워는 그 생각을 마음속에서 떨쳐버렸다. 그는 타오르는 불꽃이었다. 그런데 어떻게 계집애 같은 아들을 낳을 수 있단 말인가? 눠예의 나이에 그는 씨름 실력과 두려움을 모르는 용기로 이미 유명 인사가 되어 있었다. 오콩크워는 무겁게 한숨을 내쉬었다. 타들어가던 장작도 마치 동정이라도 하듯이 따라서 한숨을 내쉬었다. 그 순간 오콩크워는 눈을 번쩍 떴고 모든 것을 분명하게 보았다. 타오르던 불꽃도 차갑고 무기력한 재를 낳는구나. 오콩크워는 다시 한숨을 깊게 내쉬었다.(141-142)

이 '불꽃' 속담의 수정된 의미에서는 할아버지와 손자의 관계가 아버지와 아들의 관계를 대체한다. 오콩크워는 눠예가 웅오카의 유약함의 화신(化身)이라는 것을 알고 소스라치게 놀란다. 놀라는 것은 독자들도 마찬가지다. 독자들은 이제 타오르는

---

45 "But Nwoye resembled his grandfather, Unoka, who was Okonkwo's father. He pushed the thought out of his mind."(141)

불꽃 속에 발현되지 않고 남아 있던 웅오카의 흔적을 발견한다.[46]

익보인들의 속담 사용에서 관찰되는 또 다른 특징은 속담의 중의성(重義性)이다. 오콩크워가 느와키비에한테서 얌의 씨를 빌리는 장면에서 발화된 아래의 속담은 오콩크워의 자립심을 표현한다.

> The lizard that jumped from the high iroko tree to the ground said he would praise himself if no one else did.(25)
> '높은 이로코 나무에서 뛰어내린 도마뱀이 아무도 칭찬해주지 않자 스스로 자신을 칭찬하겠노라고 말했다.'

이 속담은 어떤 대단한 일을 한 사람이 아무도 칭찬해주지 않자 스스로 자기를 칭찬하는 상황에서 사용되는데 오콩크워는 이 속담으로 아래의 두 메시지를 동시에 전달한다.

> (a) 나는 아무도 나를 칭찬해주지 않아서, 나 스스로 칭찬한다.
> (b) 나는 아무도 나를 도와주지 않아서, 어려서부터 나 스스로 자립해 왔다.

그러나 오콩크워는 그가 발화한 속담이 (b)만 의도하는 것처럼 전후 문맥을 포장한다. 그는 느와키비에한테 얌의 씨를 부탁하러 온 처지에 자신을 노골적으로 칭찬하는 행위가 자칫 무례하다는 인상을 줄 수 있기 때문에 아래 인용문의 밑줄 친 부분에서 알 수 있듯이 (b)를 전면에 내세우며 (a)를 그 뒤에 감춘다.

> 벌써 짐작하셨겠지만 도움을 청하러 왔습니다. 밭은 개간해 놓았는데 심을 얌이 없습니다. 요즘처럼 젊은이들이 힘든 일을 싫어하는 세상에 얌을 믿고 꿔달라는 부탁을 어떻게 생각하실지 잘 알고 있습니다. 저는 힘든 일이 두렵지 않습니다. 높은 이로코 나무에서 뛰어내린 도마뱀이 아무도 칭찬해 주지 않자 자기가 자신을 칭찬하겠노라고 했답니다. <u>저는 대부분의 사람들이 아직 엄마 젖을 빨 나이에 스스로 생계를 꾸려나가기 시작했습니다.</u> 얌의

46 이 속담은 상징적 해석, 즉, 타오르는 불꽃과 재가 익보족의 과거의 영광과 현재의 몰락을 의미한다는 해석도 가능하다.

씨를 조금만 빌려주시면 절대 실망시키지 않겠습니다.(25)

속담과 관련된 또 다른 통념은 형태가 짧다는 것이다. 속담은 반드시 하나의 문장으로 이루어져야 하는 것은 아니다. 여러 개의 문장으로 된 것도 있으며, 이야기 형식으로 전달되는 것도 있다. 교훈적인 우화가 시간이 지나면서 축약되어 핵심 내용만을 담는 간략한 속담이 되었을 거라고 추정하면 축약된 것을 다시 푸는 과정도 있을 것이다. 노래로 전달되는 속담에서는 같거나 유사한 속담이 반복되기도 한다. 아래의 하우사 속담은 대화 형식을 취하는 여러 개의 문장으로 되어 있는데 재미있는 것은 선행하는 문장의 끝부분이 후행하는 문장의 머리 부분을 이룬다는 점이다. 이 반복성은 속담 전체에 어떤 청각적 응집력을 부여한다.

Shimge gabanka.
Shimge ya hana 'dan maciji wucewa?
'Dan maciji tsawo ya kama.
Tsawo nashi ya yi kamar ya zare.
Zare fari ya kama.
Fari nashi ya yi kamar ya 'dan tinkiya.
'Dan tinkiya shan ruwa ya kama.
Shan ruwa nashi ya yi kamar ya alkama.
Alkama ja ta kama.
Jan nata ta yi kamar ta garuwa.

'당신 앞에 있는 울타리.
울타리가 작은 뱀이 들어가는 것을 방해할까?
안으로 들어가려고 하는 것은 긴 뱀이다.
그것의 길이는 실의 길이와 비슷하다.
흰 실이 들어가려고 한다.
그것의 흼(whiteness)은 양(lamb)의 흼과 비슷하다.
물을 마심으로 인해 양이 잡힌다.
그의 물 마심은 밀의 물 마심과 비슷하다.

안으로 들어가려고 하는 것은 빨간 밀(wheat)이다.
그의 빨감은 이빨에 문질러지는 담배 꽃의 빨감과 비슷하다.'

아래의 속담들에서는 각각의 구절이 어떤 의미 연쇄를 이루는 전체의 부분으로 기능하며 뒤로 갈수록 그 의미가 구체화된다.

Da arziki a garin wani gara a garinku; a garinku, ma, a ce, 'a wajenku'; a wajenku, kuma, a ce, 'a gidanku'; a gidanku, kuma, a ce, 'Kai ne mai-arziki', ya hi kyau.

'다른 사람의 도시에 있는 돈보다 너의 도시에 있는 돈이 더 낫다. 너의 도시보다 너의 마을에 있는 돈이 더 낫다고 말들 한다. 너의 마을보다 너의 집에 있는 돈이 더 낫다고 말들 한다. 너의 집보다 '부자는 바로 너야'가 더 낫다고 말들 한다.'

Kome biya biya ne, domin hannu shi ke wa baki; baki shi ba da wuya; wuya shi ba da ciki; ciki shi ba da 'diwa; 'diwa ta ba da 'kasa; iyakar zaman duniya ke nan; wanda bai yi biya ba, wata rana sai shi ci ma wuya.

'내는 것은 다 내는 것이다. 왜냐하면 손이 입에다 주고, 입이 목에다 주고, 목이 배에다 주고, 배가 똥구멍에다 주고, 똥구멍이 땅에다 주기 때문이다. 이것이 바로 세상이 돌아가는 이치다. 내지 않는 사람은 언젠가는 곤란을 겪을 것이다.'

하우사인들은 속담으로 음운적 유희를 즐기기도 한다. 아래의 속담에서는 전달되는 메시지와 더불어 두운적(頭韻的) 말놀이(tongue-twister)가 관찰된다.

Da k'ato da k'wado suka je yawon k'oto; k'ato ya yi k'otonsa; k'wado ya yi k'otonsa; k'ato zai k'wace k'oton k'wado; ko kuma k'wado zai k'wace k'oton k'ato?

'거인과 개구리가 먹을 것을 찾아 나섰다. 거인이 먹이를 쪼았고, 개구리가 먹이를 쪼았다. 거인이 개구리의 먹이를 빼앗을까, 개구리가 거인의 먹이를 빼앗을까?'

Sarkin kano ya aiko; a kai masa fatal farin kado bakwai Kano; bara na kas kado, na kai masa fatal farin kado bakwai Kano; bana ban kas kado ba; na kai masa fatal farin kado bakwai Kano.

'카노의 왕이 사람을 보내 일곱 마리의 흰 악어가죽을 가져오도록 했다. 작년에 나는 악어를 죽였고, 카노에 있는 그에게 일곱 마리의 흰 악어가죽을 가져다주었다. 올해 나는 악어를 죽이지 않았다. 나는 카노에 있는 그에게 일곱 마리의 흰 악어가죽을 가져다주었다.'

속담뿐만 아니라 수수께끼에서도 긴 형태가 관찰된다. 탄자니아에 사는 산다웨족은 수수께끼를 탄타불레라고 부르는데 탄타불레는 이야기나 이야기 속에 나오는 노래를 가리키는 말이다.[47] 이 수수께끼 놀이는 우화처럼 주로 아이들한테 한정된다. 수수께끼와 우화가 한꺼번에 구연될 때는 수수께끼가 먼저 나오고 우화가 그 뒤를 따른다. 일반적으로 구연문학의 민족지학에서 구연자 및 청중의 구성과 관련된 규정과 더불어 구연 시기와 구연 장소에 대한 규정도 중요하다. 산다웨족의 문화에 따르면

---

47 탄타불레는 어떤 새들을 지칭하는 말이다. 산다웨족의 수수께끼에는 새들의 이미지, 새들의 이름, 새들을 암시하는 표현이 상투적인 문장들 속에 많이 등장한다. 이야기에 삽입되는 노래도 새처럼 날렵하게 난다는 의미에서 탄타불레라고 부른다. 수수께끼와 새 사이에 존재하는 연관성은 수수께끼가 행해지는 상황도 지배한다. 산다웨족은 씨를 뿌리는 농사철에는 수수께끼 놀이를 하지 않는다. 이 금기를 위반하면 새들이 날아와 농부가 뿌려놓은 씨앗들을 쪼아 먹기 때문이다. 산다웨족의 수수께끼를 하나 소개하면 다음과 같다.

1. A: Tantabule. (여기 수수께끼가 있다.)
2. B: Tankweta. (그걸 갖고 나서봐.)
3. A: Riorio. (리오 리오.)
4. B: Lafathwii. (무화과 나무의 새.)
5. A: Tantabule. (여기 수수께끼가 있다.)
6. B: Tankweta. (그걸 갖고 나서봐.)
7. A: Tsikhoon!usets'e'e. (내 집에는 입이 없다.)
8. B: ……… (……… 또는 틀린 대답.)
9. A: Humbukosee. (나한테 암소 한 마리를 줘.)
10. B: Humbuu. (여기 네 암소가 있다.)
11. A: Hapuhumbus'n/ige. (네 소는 내가 먹어버렸다.)
!'okai,tsikhoon!usets'. (만약 내 집에 입이 없다면.)
ei: Di'a (계란.)

위의 수수께끼에서 처음 네 행은 상투어구로서 모든 수수께끼의 앞에 온다. 이 상투어구는 청자의 동의를 구하는 기능도 함께 갖는다. 9~11행은 청자가 풀이에 실패했을 때의 상투어구다.

수수께끼와 민담은 주로 저녁 시간에 마을 한복판에서 구연되어야 한다.[48] 이것은 아프리카에서 매우 흔한 현상으로 모로코의 베르베르족한테서도 관찰된다.[49] 다시 본론으로 돌아가 여기서 주목해야 할 것은 어떤 장르의 길이가 그 장르의 범주화나 정의와 관련된 문제에서 항상 주도적인 역할을 하는 것은 아니라는 점이다. 한 가지 흥미로운 사실은 상대적으로 짧은 형태인 속담과 수수께끼를 같은 범주로 파악하는 집단이 없다는 것이다. 대부분의 아프리카 사회에서 수수께끼는 아이들만 사용하고 아이들이 문화적 개념을 습득하는 데 도움을 주는 반면 속담은 어른들이 배타적으로 사용하는 경향이 있다.

앞서 하우사 속담 사용의 유희성(遊戲性)을 언급했다. 이 유희성은 다른 방법으로 구현되기도 한다. 속담시(俗談詩 proverb songs)가 그것인데 속담시는 아프리카의 많은 종족들한테서 발견된다.[50] 속담시는 시나 노래의 형태로 전달되는 속담으로 정의되는 게 보통이지만[51] 내용상 속담 메시지를 포함하는 시나 노래로 정의하는 경우도 있다.[52] 현재로서는 어떤 것이 속담시를 정확하게 설명하는 것인지 알 수 없으며 따라서 이에 대한 추가적인 연구가 요구된다.

속담시는 그것을 지은 원저자의 이름이 전해지기도 하지만 대부분 작자 미상이다. 그러나 창의성과 익명성은 별개의 문제로서 지금 한 편의 속담시가 어떤 마을에서 만들어진 후 거기에 내재하는 심미적 또는 해학적 요소로 인해 주변 마을로 전파되어 나가는 상황을 가정해 볼 수 있다. 크내퍼트는 스와힐리 속담시를 연구해 다음과 같은 사실을 발견했다.[53] 그에 따르면 속담시는 보통의 시나 노래에 비해 형태가 짧고

---

48 Raa, Eric Ten. 1966. 'Procedure and Symbolism in Sandawe Riddles.' Man 1.

49 이러한 현상은 반투족한테서도 관찰된다. 벤다족 젊은이들은 저녁 시간에 수수께끼 놀이를 하며 즐거운 시간을 보낸다. 특히 먹을거리가 풍부하고 한가한 시간이 많은 마브후야하야 계절(6월~9월)이 수수께끼 놀이의 적기다. 씨를 뿌리는 칠리모 계절(10월~1월)에는 낮 동안의 힘든 노동으로 인해 저녁에는 휴식을 취한다. 밤늦게 수수께끼 놀이를 하며 자지 않는 아이들이 있으면 어른들은 다음날 아침 할 일이 많다고 타이르며 아이들을 침대로 보낸다. Beuchat, P. D. 1965. 'Riddles in Bantu.' In The Study of Folklore. (ed.) Alan Dundes. pp. 184-187. Englewood Cliffs, N.J.: Prentice-Hall.

50 속담시는 오세아니아의 여러 부족들 사이에서도 관찰된다.

51 시와 노래 사이에 엄격한 구분이 존재하지 않는 경우가 많이 있다. 나이지리아의 하우사족도 시와 노래를 둘 다 '와까'라고 부른다.

52 Knappert, Jan. 1976. 'Swahili Proverb Songs.' Afrika und Übersee 59: 105-112.

53 ibid. pp. 105-112.

율격이나 각운의 지배를 받는 것이 특징이다. 또한 많은 속담시들이 어떤 긴 원시(元詩)의 일부를 이루다가 나중에 떨어져 나가 독립적인 속담시가 되었을 거라고 추정된다. 이런 것들은 원시에서 시작이나 끝을 알리는 상투어구로서의 기능 또는 주제를 반복적으로 언급하는 후렴구로서의 기능을 했을 것이다. 스와힐리 속담시는 삶의 다양한 측면을 다룬다. 특히, 사랑을 노래하는 것은 표현이 간결하면서도 아름답다.

Ni ncha za ng'ongo
zisikushutue
hazina ushingo
Na hilo lijue
wangine wangawe
mwenyewe ni wewe

그것은 종려나무 잎의 뾰족한 줄기입니다.
그것이 당신을 놀라게 하지 않기를 바랍니다.
그것은 독을 갖고 있지 않습니다.
그리고 당신은 이것을 알아야 합니다.
다른 손님들이 있을 수 있지만
〈내 마음의〉 주인은 항상 당신이라는 것을.

이 속담시는 한 남성이 그가 사랑하는 소녀가 슬픔에 잠겼을 때 사용할 수 있다. 소녀는 자기 남자친구한테 다른 여자가 생겼다고 의심하며 그로 인해 마음의 병을 얻었다. 이 사실을 알게 된 남자친구는 소녀가 자기에게 화가 난 것이 아니라 자기를 다른 여자한테 빼앗길까봐 걱정하고 있다고 생각한다. 여기서 아래의 속담을 모르는 사람은 위 속담시의 첫 문장을 이해하지 못한다.

Aliyeumwa na nyoka, ng'ongo humtisha.

뱀한테 물린 사람은 종려나무 잎의 줄기만 봐도 놀란다.
〈직역: 뱀에게 물린 사람, 종려나무 잎의 줄기도 그를 놀라게 한다.〉

종려나무 잎이 엮여질 때 잎 가운데 줄기는 땅바닥에 버려지는데 그 모양이 까맣고 빛이 나면서 매끄럽고 똘똘 말려 있어 마치 뱀처럼 보인다. 위 속담시의 의미는 사실이 아닌 것에는 놀랄 필요가 없다는 것이다. 다시 말해, 비록 몰래 만나는 여자가 있지만, 그래서 전에도 마음의 상처가 있었겠지만, 남자들이 진정으로 사랑하고 충성을 바치는 대상은 첫 번째 여자이거나 조강지처라는 뜻이다.

속담시들 중에는 형식상 수수께끼를 연상시키는 것도 있다. 이러한 것들은 마지막 문장이 발화되지 않은 채 끝나는데 정상적인 스와힐리어 화자라면 생략된 부분을 쉽게 추측할 수 있다. 청자가 생략된 부분을 직접 말하는 경우도 있다.

Juzi nilikuja kwako.
na jana nikaja huko.
leo ninatoka kuko.

그저께 나는 네가 있는 곳에 갔다.
그리고 어제도 나는 그곳에 갔다.
오늘 나는 바로 거기서 왔다.

이 속담시의 생략된 행은 결론을 맺는 부분으로서 앞의 행들과 동일한 운(韻)을 유지해야 한다.

Naugua pendo lako.

나는 당신을 향한 사랑의 열병을 앓고 있다.

어떤 사람의 집을 하루가 멀다 하고 찾아가는 사람은 십중팔구 그 사람을 사랑하기 때문이다. 그렇다고 해서 이 시가 남녀 간의 애정만 다루는 것은 아니다. 서로 존경하거나 의지하는 친구 사이에서도 사용된다.

아래의 속담시는 이를 통해 스와힐리인들의 이상적인 여성상을 엿볼 수 있다는 점에서 흥미롭다. 말이 많은 여성은 남자의 평상심을 방해한다. 화가 난 남자는 화를 삭이느라 손톱을 물어뜯는 수밖에 없을 것이다.

Mke na mangi maneno
hakuachii usono.
utaziuma vitano,
kimoja kutosalia.

말이 많은 여자는
당신을 평화롭게 놔두지 않을 것이다.
당신은 다섯 개의 손톱을 모두 물어뜯을 것이며,
성한 것이 하나도 남지 않을 것이다.

위에서 첫 번째 문장이 정상적인 어순에서 벗어난 것을 알 수 있다. 즉, 명사 maneno '말'과 이것을 수식하는 형용사 mangi '많은'이 스와힐리어 문법상 maneno mangi가 되어야 하지만 위에서는 행말(行末)의 '---- o' 각운을 맞추기 위해 mangi maneno로 순서가 뒤바뀌었다.

어떤 속담시는 원저자가 알려져 있는 경우도 있다. 1940년 일흔 살의 나이로 세상을 떠난 라무에 살았던 무함마디 아부 바카리 마시히는 유명한 속담 시인들 중의 하나였다.[54] 노래꾼이자 악사이며 서예가이기도 했던 그는 다음과 같은 작품을 남겼다. 이 시는 오늘날에도 널리 애창되고 있는데 특히 마지막 행은 독립적으로 인용되기도 한다.

Haifai kutekana.
    na sute tumefanana.
Aso nduuye ni mwana.

---

54 '무함마디 아부 바카리 마시히'는 '무함마드 키주므와'로 더 잘 알려져 있다.

Tunyamae tusinene.
　　mambo pia yafenene.
Aso nduuye ni mwana.

서로 조롱하며 비웃는 것은 쓸모없는 짓이다.
　　그것은 우리 모두가 똑 같기 때문이다.
나쁜 형제가 없는 사람은 그의 아들이 나쁠 것이다.

우리 모두 침묵하며 말하지 말자.
　　세상사는 모두 서로 비슷한 법.
형제가 나쁘지 않은 사람은 아들이 나쁜 법이다.

속담이 노래나 시의 형식으로 발화되는 또 다른 예를 남부아프리카 응구니족의 전통에서도 볼 수 있다. 다음에 소개하는 것은 죽음을 주제로 한 응구니족의 노래로서 원래 결혼식장에서 불리던 것인데 요즈음에는 교회 집회에서도 들을 수 있다. 여기에 나오는 문장 '땅은 살찌지 않는다'는 이 노래의 중심 주제, 즉, '땅은 죽은 자들을 아무리 많이 취해도 만족할 줄 모른다'를 비유적으로 표현한다.[55]

땅은 살찌지 않는다. 그것은 머리에 깃털 장식을 한 사람들을 불러가고
우리는 땅에서 죽는다.
땅은 살찌지 않는다. 그것은 고매하게 행동한 영웅들을 불러가고
우리는 땅에서 죽어야 하는가?
　　들어라 오 땅이여. 우리는 그대로 인해 슬퍼하니,
　　들어라 오 땅이여. 우리는 모두 땅에서 죽어야 하는가?
……
땅은 살찌지 않는다. 그것은 필부들을 불러가고
우리는 땅에서 죽어야 하는가?
잠든 그대여 들어보라, 대지에 갇혀 그대는 누워 있으니.

55 Read, M. 1937. Songs of the Ngoni People. pp. 14-15. Bantu Studies 11.

우리는 모두 땅 속으로 가라앉는가?
들어라 오 땅이여, 서산으로 해는 저물고
우리는 모두 땅 속으로 들어간다. (Read 1937: 14-15)

하우사족은 속담시라는 장르는 없지만 최근에 속담으로 찬양시를 짓는 시인들이 등장해 관심을 끌고 있다. 이러한 변화는 주변 종족의 영향을 받은 것으로 보인다. 찬양시를 다룰 때 설명했듯이 찬양시의 골격은 '키라리'라는 찬양 별칭으로 이루어진다. 키라리는 형태적으로는 속담과 비슷하고 내용적으로는 수수께끼와 비슷한데 아래의 키라리처럼 대상의 성질을 비유적으로 말하는 이름이라는 점에서 수수께끼의 질문을 연상시킨다. 속담, 수수께끼, 키라리 사이의 유사성을 생각하면 속담으로 찬양시를 만드는 시인들의 출현은 별로 이상할 것이 없다.

낙타의 찬양 별칭(키라리): 짐승 중에서 가장 큰 것, 엄청난 재산, 누구든지 너를 잃으면 너를 찾아나서야 한다.

5.3.3. 속담 연구의 다양한 주제:
속담의 발화자와 청자, 비밀화법, 속담의 범주화, 속담 전달의 매체, 기타

속담의 발화자, 청자와 관련된 속담 사용 규칙은 속담 텍스트와 함께 기록되어야 할 중요한 사항들이다. 폴란드 태생의 영국인 사회인류학자 말리노프스키는 발화의 민족지학과 사회언어학의 토대를 구축한 인물로, 보다 친(親) 말리노프스키적 입장에서 말하면 이들 분과학문의 진정한 창시자로 간주될 수 있다. 그는 현지답사와 현장체험을 중시하는 과정에서 원주민 문화에 대한 연구자들의 학습을 강조했고, 이를 위해서는 그들이 그 언어에 정통할 필요가 있다고 말했다. 지금은 누구나 당연한 것으로 받아들이지만 진화론적 사고가 지배하던 당시의 영국 인류학 풍토에서 말리노프스키의 이런 생각은 혁신적인 것이었다. 그의 '상황의 문맥'은 인류학자나 민속학자는 물론 민족시학으로서의 구연문학을 연구하는 사람들도 잊어서는 안 될 대(大)원칙이다. 말리노프스키는 1926년 그의 저서에서 태평양상의 섬 트로브리안즈의 민담을 분류하고 민담의 '관습 헌장으로서의 기능'을 분석하면서 민담이 구연되는 실제 상황에 대해서 자세히 기록했다.[56]

> 텍스트는, 물론 극도로 중요하지만, 문맥이 없는 텍스트는 생명이 없다. 우리가 보았듯이 이야기가 들려지는 방법은 이야기의 흥미를 크게 향상시키며 이야기에 고유한 성격을 부여한다. 구연의 전반적인 성격, 목소리, 흉내, 청중의 격려와 반응은 원주민들에게 텍스트만큼이나 많은 것을 의미한다. 사회학자들은 원주민들로부터 단서를 얻어야 한다. 또한 우리는 재미있는 허구적 이야기와 관련된 개인 소유권의 사회학적 문맥, 사교적 기능, 문화적 역할을 명심해야 한다. 이러한 모든 요소들도 마찬가지로 관련이 있다. 모든 것들이 텍스트와 더불어 연구되어야 한다. 이야기는 원주민들의 삶 속에 살고 있는 것이지 종이 위에 살고 있는 것이 아니다. 어떤 학자가 이야기들이 싹트는 분위기를 상기시킬 수 없는 상태에서 이야기들을 대충 적어두기만 한다면 그는 우리들에게 단지 불구가 된 실제의 파편들을 제공할 따름이다.[57]

나이와 성(性 gender)은 장르들의 구연이나 발화에 직접 영향을 주는 요인이다. 대부분의 아프리카 전통 사회에서 수수께끼 놀이는 아이들이나 부녀자들한테서만 관찰되지만 속담은 남자 어른들만 사용하는 경향이 있다. 아이들이 속담을 사용하는 경우는 드물며 적어도 어른 앞에서는 사용하지 않는다. 보아디는 아칸족의 속담에 관한 연구에서 어른이 아이에게 속담을 발화하는 것은 흔한 일이지만 그 반대 현상은 상상하기 힘들다고 말한다. 속담은 그 자체로서 나이를 상징한다. 따라서 속담에 내재하는 교훈적 가치, 경험, 지혜 따위의 요소들은 아이들과는 어울리지 않는다. 속담의 심미적 측면도 나이와 관련이 있다. 지금 어떤 아칸족 어른이 이미지의 구체성이 결여된 진부한 속담을 사용한다면 그는 사람들한테서 '아직 어리다'라는 뜻의 '입술에 침도 마르지 않았다'라는 핀잔을 듣게 될 것이다.[58]

속담 사용 규칙은 실제 상황에서 수정될 수 있다. 요루바 사회에서 속담은 연장자

---

56 Malinowski, B. 1926. Myth in Primitive Psychology. New York: Norton.

57 ibid. p. 24.

58 Boadi, Lawrence. 1972. 'The Language of the Proverb in Akan.' In African Folklore. (ed.) R. M. Dorson. pp. 183-192. Bloomington: Indiana University Press.

들의 특권이지만 때에 따라서는 젊은이들도 사용한다. 그들의 풍습에 따르면 나이가 어린 사람도 먼저 허락을 구하면 나이 든 사람 앞에서 속담을 사용할 수 있다. 이때 공손함을 나타내는 상투적 문구는 다음과 같다: 제가 어르신 앞에서 감히 속담을 안다고 말하는 것은 아니지만 어르신들은 '……' 라는 속담을 사용합니다.[59] 규정과 현실 사이의 이러한 절충은 다른 장르에서도 관찰된다. 베닌의 전문 이야기꾼은 왕이 거처하는 곳을 방문하지 않는데, 그 이유는 '아크파타'라는 악기를 연주하면서 왕한테 이야기를 들려주는 사람은 곧 죽게 된다는 미신이 있기 때문이다.[60] 그러나 적절한 주문을 외우면 이 위험에서 벗어날 수 있다고 한다.

속담 사용은 다른 장르에 비해 시공간상의 제약으로부터 자유롭지만 특별한 목적하에 속담이 발화될 때도 있다. 속담을 이용한 비밀화법과 아프리카 전통 법정에서의 속담 사용이 여기에 해당한다. 다언어 사회에 살고 있는 아프리카인들은 최소한 두세 개 이상의 언어를 구사하는 게 보통이다. 모어, 이웃 부족의 언어, 지방 차원의 교통어, 국가 차원의 교통어, 공용어 등은 한 사람이 성장해 가는 과정에서 비공식적, 공식적으로 배우는 것들이다. 또한 각각의 유형은 영국식 영어, 나이지리아식 영어, 피진 영어처럼 다양한 변이형들을 갖는다. 사람들은 일상 생활에서 언어를 자주 바꾸며 같은 유형 내에서도 다른 변이형들을 선택하기도 한다. 화자와 청자의 교육 수준, 민족 정체성, 사회적 지위, 업무의 공식성, 친밀함의 정도는 언어 선택과 언어 전환에 영향을 주는 요인들이다. 이와 비슷한 현상을 속담 사용에서도 볼 수 있다. 하우사족 도시인 북부나이지리아 카노에는 남동나이지리아에서 온 익보족이 많이 거주하는데 두 종족은 대단히 껄끄러운 관계여서 종종 충돌을 일으킨다. 하우사족과 익보족 사이에서는 일반적으로 하우사어가 사용된다. 재미있는 것은 익보족을 포함한 다른 종족 앞에서 하우사인들끼리 말할 때 속담이 자주 인용된다는 점이다. 관공서를 방문한 하우사 민원인과 하우사 관리가 그들의 대화의 어느 한 순간에 청탁이나 뇌물과 관련된 메시지를 주고받는다면 그것은 동석한 다른 사람들이 알아들을 수 없

59 Arewa, E. Ojo and Alan Dundes. 1964. 'Proverbs and the Ethnography of Speaking Folklore.' In The Ethnography of Speaking Folklore. (eds.) Gumperz, John J. and Dell Hymes. p. 2. Special publication of American Anthropologist 66(6), pt. 2: 70-85.

60 Ben-Amos, Dan. 1967. 'Story Telling in Benin.' p. 54. African Arts / arts dafrique 1: 54-55.

게 이루어져야 할 것이다. 이러한 모습은 다양한 종족들이 모이는 대도시의 시장처럼 일회성 접촉이 많이 일어나는 곳에서 주로 관찰된다.

비밀화법은 같은 종족 내에서도 관찰된다. 한 예로 중앙아프리카의 콩고 민주 공화국에 거주하는 몽고족의 예를 들 수 있다. 몽고족 구성원들은 실생활에서 사용되는 속담의 의미를 대부분 알고 있지만 특정한 집단의 은밀한 의사소통을 위해 존재하는 속담들도 있다. 속담을 이용한 비밀화법은 정도상의 차이는 있지만 어느 사회에나 있는 것처럼 보인다. 하우사족도 몽고족에 비할 바는 못 되지만 동석한 어린이가 무슨 말을 하는지 알아듣지 못하게 할 필요가 있을 때 종종 속담을 사용한다.

속담은 시골마을의 재판정에서 사용되기도 한다. 양카가 말했듯이 이에 대한 지나친 강조는 재판관들의 논리적 판단이 속담에 의해 쉽게 무력화될 수 있다는 편견을 낳을 수 있지만[61] 원고와 피고가 판결을 내리는 사람들 앞에서 그들의 주장을 피력하고 결백함을 역설하고 상대방에 대한 공공의 적개심을 유발하기 위해 속담을 사용하는 것은 자주 목격되는 현상이다. 아래의 두 속담은 아낭 이비비오족의 속담이다.

> '야자나무 열매를 따 먹은 개는 호저를 두려워하지 않는다.'
> '숲속을 날아가는 한 마리의 자고새는 길을 남기지 않는다.'

첫 번째 속담은 '야자나무의 잔가시를 다룰 줄 알면 호저의 큰 가시도 두려워하지 않는다', 즉, '작은 것을 훔친 사람은 큰 것도 서슴지 않고 훔친다'는 뜻이다. 법정의 원고는 이 속담을 통해 피고의 나쁜 이력을 암시한다.[61] 두 번째 속담은 피고가 한 말로서 자기의 억울함을 믿어주는 사람이 없다는 뜻이다. 마지막으로, 아래의 속담은 원고와 피고가 아닌 재판관이 말한 것이다.

> "조용히-조용히'는 사냥감을 죽이지 못한다. 사냥감을 죽이는 것은 '저기-있어-저기-있어'이다.' (냔자족)

---

61 Messenger, J. C. 1959. 'The Role of Proverbs in a Nigerian Judicial System.' pp. 68-69. Southwestern Journal of Anthropology 15.

재판관은 이 속담으로 원고의 허술한 진술을 지적한다. 야단법석을 떨어야 사냥감을 그물 안으로 몰아넣을 수 있듯이 이것저것 증거를 제시하면서 설명해야 피고와의 싸움에서 이길 수 있다는 것을 강조하고 있는 것이다. 키쿠유족과 림바족도 재판정에서 속담을 사용한다.

'새 옷이 지어졌으면 헌 옷은 어디로 가나?' (키쿠유족)
'사람들은 침팬지가 못생겼다고 해서 쏘지 않는다.' (림바족)

위의 첫 번째 속담은 '새 옷을 지었으면 헌 옷을 버리듯이 분쟁이 해결되었으면 남아 있는 앙금을 떨쳐버려야 한다'는 뜻이고, 두 번째 림바족의 속담은 '침팬지가 아무리 못생겼어도 죽이지 않듯이 아이가 아무리 버릇이 없어도 심하게 다루어서는 안 된다'는 뜻이다. 이 속담은 젊은이를 상대로 싸움을 하려는 사람을 훈계하기 위해서 사용되었다.[62]

아프리카 속담 연구의 또 다른 주제는 속담의 범주화와 관련된 인식론적인 문제, 즉, 속담을 부르는 말 속에 내포된 장르의 문화적 정의와 관련된 문제다. 중앙아프리카의 콩고 민주 공화국에 거주하는 몽고족은 속담을 '보콜로'라고 부르는데 이 단어는 속담뿐만 아니라 풍자, 우화, 시 등을 일컫는 데에도 사용된다. 우리는 여기서 보콜로가 가리키는 자질이 이들 장르에서 공통적으로 관찰되는 시적(詩的) 요소이며, 속담에 대한 몽고족의 문화적 인식 또한 이것과 깊은 관계가 있음을 알 수 있다. 속담과 구연 민담 사이의 관계가 부각되는 예도 있다. 시에라리온에 거주하는 림바족의 '음보로'는 속담, 수수께끼, 우화를 통칭하는 말이며, 플라니족의 틴돌은 속담, 격언, 교훈적인 이야기를 묶어서 부르는 말이다. 자보족의 달레크파도 속담과 우화를 가리키는데 림바족과 풀라니족의 경우처럼 속담이 우화에서 시작과 끝을 알리는 상투어구로 이용된다. 달레크파는 '오래된 사건'을 의미하는 자보족의 고어(古語)로서 과거에 일어난 것을 현재의 상황에 적용한다는 뜻이다.

속담과 다른 장르들 사이의 경계가 분명한 경우에도 장르들 사이에 어떤 연관성이

62 Finnegan, Ruth. 1970. Oral Literature in Africa. p. 409. Oxford: Clarendon Press.

존재할 때가 있다. 앙골라의 킴분두족은 속담과 우화가 관련이 있다고 말한다. 이들에 따르면 우화는 속담을 자세히 풀어서 설명해 놓은 것이며 속담은 우화를 하나의 문장으로 압축해 놓은 것이다. 말라위와 잠비아에 거주하는 냔자족의 속담도 비슷하다. 일례로, '동정심이 자고새를 죽였다'는 속담이 있는데, 이것은 '어느 날 자고새가 비단뱀에게 도움을 청하러 왔고 비단뱀은 자고새를 도와준 대가로 자고새를 잡아먹었다'는 이야기에서 유래되었다. 교훈적인 텍스트가 축약되어 속담이 되었을 거라고 가정하면 축약된 것을 다시 푸는 과정도 있을 것이다. 민담 구연에서 구연자가 서두에 속담을 인용하고 현대소설에서 속담이 장(章) 또는 절(節)의 부제나 첫 문장으로 등장하는 경우가 이에 해당한다.

속담이 다른 장르들과 어떻게 다른가 하는 문제는 속담의 발생에 관한 문제와 더불어 속담을 연구하는 사람들이 해결하지 못하고 있는 난제 중의 하나다. 속담에 관한 통념을 언급할 때 말한 표현의 정형성, 교훈적 내용, 짧은 형태 등이 속담을 정의할 때 일차적으로 떠오르는 것들이지만 지구상의 모든 속담 전통이 이러한 틀 속에 구속되는 것은 아니다. 오래전 미국의 민속학회에서 속담 정의에 관한 논쟁을 잠시 중단하기로 합의한 적이 있다는 사실은 함축하는 바가 크다. 바로 앞 단락에서 살펴본 아프리카 구연문학 장르의 범주화와 관련된 예들은 속담이 우리가 생각하는 것처럼 항상 독립된 카테고리로 인식되는 것은 아니며 다른 장르들과의 구분이 모호한 경우도 있다는 것을 말해준다. 장르의 문화적 정의 및 범주화와 관련된 연구는 장르들의 이름 속에 감추어진 인식론적 암시, 텍스트 조직의 원리, 자주 목격되는 스타일적 요소, 그리고 해당 장르의 구연에서 관찰되는 중요한 사회적 자질을 함께 고려해야 한다.

속담이 청자에게 어떤 통로를 통해 전달되느냐 하는 것도 흥미로운 주제다. 속담은 주로 언어로 전달되지만 언어 이외의 방법도 가능하다. 스와힐리어를 제외한 사하라 사막 이남의 언어들은 대부분 성조가 있으며 하우사어처럼 음절의 길이가 음소적 지위를 갖는 경우도 있다. 음의 높낮이와 길이가 단어의 의미를 가르는 언어들의 화자는 이러한 초분절적 요소에 민감하게 반응한다. 일반적으로 타악기인 북은 음의 고저를 음의 강약으로 바꿀 수 있는데 서아프리카의 '북 속담'이라는 장르는 속담 텍스트의 성조와 음의 장단을 북으로 표현한다. 일례로, 추장한테 억울한 일을 당한 어떤 젊은이가 그 전후 사정을 마을 사람들에게 노골적으로 말하기가 곤란할 때, 그 사건을 암시할 수 있는 어떤 속담을 선택하고, 선택된 속담 텍스트의 성조와 음의 장단을 북으로 연주해 자기가 당한 억울한 사연을 공개적으로 알리는 상황을 생각해 볼 수 있다.

속담은 가나 공화국의 판테족의 경우처럼 군대의 깃발이나 그림, 기호를 통해 전달될 수도 있으며[63] 조각상이 어떤 속담을 상징할 수도 있다. 사금(沙金)의 무게를 재는 데 사용되는 아산테족의 청동 조형물은 익살스러운 모습을 하고 있는데 각각의 조형물은 특정한 속담을 상징한다. 예컨대, 배가 맞붙어 있는 두 마리의 악어 상은 '우리는 같은 배를 공유하지만 먹을 게 있으면 그것은 각자의 식도를 타고 내려간다'는 속담을 표현한다. 이 속담은 가족 구성원 중 하나가 나눔의 정신이 부족하여 모든 걸 혼자서 독차지하려고 할 때 사용된다.[64]

속담이 언어로 전달될 때에도 그 스타일은 특징적인 모습을 보여준다. 아프리카의 구연문학은 다장르적 성격을 띠는 경우가 흔하다. 많은 에피소드로 구성된 긴 형태의 내러티브는 에피소드 사이에 시, 노래, 속담, 찬양어구 등이 삽입되어 특별한 기능을 수행한다. 예를 들면, 만데카족의 순자타 서사시는 세 가지 형식, 즉, 이야기 형식, 노래 형식, 속담 형식으로 구연된다. 각각의 형식과 수반되는 악기의 리듬은 서로 조화를 이루기도 하고 반동적인 부조화를 드러내기도 한다. 버드에 의하면 순자타 서사시에서 시인의 재능은 이 부조화가 만들어내는 심미적 긴장을 창조적으로 다루는 능력에 의존한다.[65] 서사시가 속담으로 전달될 때 긴장은 최고조에 이른다. 이때 긴장이 영(零)에 수렴하는 경우는 잘 관찰되지 않는다. 시인은 악기의 리듬을 수시로 위반하고 빈번히 나타나는 변조는 행들 간의 경계를 모호하게 만들기도 한다.[66] 속담 형식에서 시인의 목소리는 항상 높게 유지되며 때에 따라서는 사람의 소리로는 믿어지지

---

63 Christensen, J. B. 1958. 'The Role of Proverbs in Fante Culture.' p. 240. Africa 28: 234-251.

64 Plass, M. W. 1967. African Miniatures, the Goldweights of the Ashani. p. 132. London: Longman.

65 Bird, Charles S. 1972. 'Aspects of Prosody in West African Poetry.' In Current Trends in Stylistics. (eds.) Braj B. Kachru and Herbert F. W. Stahlke. pp. 207-15. Edmonton, Alberta: Linguistic Research.

66 ibid. p. 214.

않을 만큼 빠른 속도로 텍스트가 낭송된다.[67] 기능적인 면에서 속담은 주제들 사이에 끼어들어 주제들을 묶어주는 역할을 한다. 속담 형식은 서사시를 구연하고 있는 시인에게 뒤이어 나올 에피소드에 대해 생각할 여유를 제공하기도 한다.[68]

속담 발화에 음성적 자질이 현저하게 개입할 때도 있다. 특히 속담에 사용된 어휘들이 시적으로 크게 부각되지 않을 때 이런 현상이 종종 발생한다. 한 예로, 림바족의 속담 '샅바를 걸쳤으면 유럽인처럼 걷지 마라'를 들 수 있다. 피네건에 따르면 이 속담의 매력은 시적인 언어에 있는 것이 아니라 발화 방법에 있다.[69] 림바족은 이 속담을 말할 때 샅바를 뜻하는 맨 마지막 단어 앞에 긴 휴지를 삽입하며 동시에 그 발음도 길게 잡아 늘인다. 참고로, 림바족의 문학 전통에서는 구연자의 행동이 고도로 정형화되어 있다. 먹는 장면을 묘사하기 위해 오른손으로 밥그릇을 들고 있는 행위, 화가 나서 때리는 동작을 보여주기 위해 짤까닥 하는 소리를 내면서 손을 아래로 휘두르는 행위, 극도의 놀라움을 표현하기 위해 손을 입에 대는 행위, 대상을 가리키기 위해 입을 삐죽 내밀고 머리를 돌리는 행위, 존엄과 긍지를 나타내기 위해 팔꿈치를 몸에서 밀어내는 행위. 이러한 것들이 없으면 림바족의 민담은 어휘나 구조 면에서 일상의 언어와 별반 차이가 없을 것이다.

---

67 Innes, Gordon. 1994. 'Some Features of Theme and Style in Mende Folktales.' p. 17. Sierra Leone Language Review 3: 17-18.

68 노래 형식은 연주되는 악기와 시인의 목소리 사이에 긴장이 거의 관찰되지 않는다는 점에서 속담 형식과 대립된다. 이야기 형식과 속담 형식에서는 악기의 멜로디가 항상 일정하지만 노래 형식에서는 각각의 노래가 고유한 멜로디를 갖는다. 기능적인 면에서 노래 형식은 스토리라인의 절정에 등장하며 중요한 사건들을 기념하는 것처럼 보인다. 이야기 형식에서는 리듬(박자)상의 긴장보다 멜로디(선율, 곡조)상의 긴장이 부각된다. 시인이 박자를 위반하는 경우도 있고, 기본적인 4분의 4박자 흐름에 휴지가 있는 행들이 끼어들어 가기도 하지만, 이런 것들이 크게 중요한 것은 아니다. 그러나 멜로디의 경우는 사정이 다르다. 서사시가 이야기 형식을 취할 때 악기는 보통 같은 멜로디를 유지하는데 시인은 이 멜로디를 일방적으로 무시하는 경향이 있다. 시인은 새로운 에피소드를 항상 높은 톤으로 시작한다. 그리고 그 톤은 점점 약화되어 끝에 가서는 낮은 톤으로 변한다. 인토네이션상의 이 대구는(동일한 톤 변화의 반복) 악기의 동일한 멜로디와 충돌하여 긴장을 발생시킨다. 속담이나 찬양 별칭이 이야기 형식에 삽입되는 경우도 있다. 이야기 형식은 서사시의 중요한 주제들을 표현한다.

69 Finnegan, Ruth. 1970. Oral Literature in Africa. p. 403. Oxford: Clarendon Press.

5.4. 구연설화

아프리카의 구연설화는 연구 대상 지역이 광범위하고 연구의 역사가 깊은 것이 특징이다. 이것은 후속 연구에 도움을 주기도 하지만, 연구자가 잘못된 용어를 선택하거나 역사가 오래된 특정한 학파의 이론을 고집함으로써 문화내적인 관점에서의 접근을 등한시하는 결과를 초래하기도 한다. 본 단원은 아프리카의 구연설화와 관련된 용어들의 적합성 문제에서 출발한다. 용어에 대한 비판적 성찰은 그 자체가 최종 목적이 아니며, 단지 이를 통해 아프리카 구연설화의 본질에 한 걸음 더 가까이 다가가기 위함이다. 주요 학파의 이론과 구연설화의 범주화에 관한 논의도 마찬가지다. 시대를 풍미했던 이론들은 각각의 통찰력을 갖고 있으며 우리는 이를 통해 구연설화라는 다면체의 모든 면을 이해할 수 있다. 본 단원은 다음과 같은 내용을 다룬다.

i. 용어에 관한 문제:	민담(民譚, Folktale), 산문설화(散文說話, Prose Narrative), 구연설화(口演說話, Oral Narratives)
ii. 아프리카 구연설화 연구의 역사:	진화론, 전파론, 심리분석이론, 기능주의, 형식주의, 레비스트로스의 구조주의
iii. 아프리카 구연설화의 범주화:	주인공에 따른 분류, 구연 상황에 따른 분류, 성격에 따른 분류, 신화, 전설, 우화, 구연설화의 특징

5.4.1. 용어 선택에 관한 문제

구연설화를 대체할 수 있는 용어로 '구연 민담'을 제시하는 사람들이 있다. 그러나 '민담'은 사회의 중심부에서 멀리 떨어진 주변부의 '교육을 받지 못한 사람들', '비합리적 사고', '상상력의 부재' 따위를 연상시키기 때문에 적절한 선택이라고 할 수 없다. 아프리카에는 중심부와 주변부의 구분이 없는 사회, 신분이나 부에 따른 계층 간의 분화가 없는 사회가 많이 있었다. '민담'이 불필요한 오해의 소지를 남길 수 있다면 사용하지 않는 것이 좋을 것이다.

'산문설화'는 '민담'보다 더 부적절한 용어로서 구연설화의 본질마저 흐릴 수 있다. 아프리카의 구연설화는 줄거리를 지닌 이야기다. 이야기는 매체 독립적이어서 다양한 방법으로 전달될 수 있다. 텍스트가 아닌 그림이나 영상(映像)으로 전달되는 경우도 있고, 노래가 이야기를 이끌어갈 때도 있으며, 림바족의 예처럼 몸동작이 다른 어떤 매체보다 중요한 역할을 하는 경우도 있다. 케냐의 키쿠유족은 영국 식민 지배 당시 마우마우 무장 독립투쟁을 했는데 전사들 사이에서 전쟁 이야기는 항상 노래로만 전달되었다. 민담 구연에 악기가 등장하기도 한다. 이때 구연자가 텍스트를 악기의 리듬에 맞추면 텍스트 밖에서 텍스트에 강제되는 어떤 외적(外的)인 힘이 존재한다고 할 수 있으며, 따라서 이때는 산문보다 운문이라는 말이 더 적합한 것처럼 보인다.

음악이 수반되지 않을 때에도 산문이라는 말이 부적절한 경우가 있다. 보통 구연자의 발화들 사이에는 휴지가 삽입되는데 이 휴지는 심미적 긴장을 만들어낸다. 발성법의 변화도 극적인 효과를 조성할 수 있다. 구연자는 높은 음, 중간 음, 낮은 음, 큰 소리, 약한 소리 등을 섞어가면서 이야기를 전달한다. 이 모든 것들은 산문이라는 용어로는 설명이 불가능한 것으로서 쓰인 텍스트를 벗어나면 '산문'은 하등의 의미를 갖지 못한다.

결국 '구연설화'는 'folk'가 연상시키는 '주변'과 관련된 선입견을 일소하며, 개인의 창의성을 무시하는 '집단정신'를 강조하지 않고, 대신 'oral'을 부각시킴으로써, 이야기를 전달하는 매체의 중심이 무엇인지 잘 보여주는 적절한 용어라고 할 수 있다.

5.4.2. 아프리카 구연설화 연구의 역사

아프리카의 구연설화를 연구하는 학자들은 생물학, 심리학, 인류학, 인문학 등에서 나온 이론들을 통해 구연설화를 분석하려고 했다. 본 절은 인류학적 진화론, 프로이트의 심리분석이론, 영국 사회인류학의 구조기능주의, 형식주의, 레비스트로스의 구조주의 등을 중심으로 이러한 시도를 소개한다. 이 과정에서 꼭 염두에 두어야 할 것은 어떠한 이론과 가설도 아프리카의 구연설화를 완벽하게 설명할 수 없으며 단지 다면체로서의 아프리카 구연설화의 한 측면만을 조명하고 있다는 것이다. 서로 다른 방향에서 비추는 모든 단면들에 대한 조명이 합쳐질 때 다면체로서의 전체도 비로소 환하게 빛날 것이다.

진화론

영국의 생물학자 찰스 다윈은 고대의 거대한 동물 화석과 현재의 작은 동물들 사이의 관계를 설명하는 과정에서 '변화'라는 개념을 생각했고, 변화가 '적응'과 결부되어 '진화'라는 개념으로 발전했다. 이 생물학적 진화론이 인류의 문화를 논하는 데 이용되기 시작했다. 인류학적 진화론에 따르면, 동시대의 사회제도, 가족제도, 종교, 문화, 정치, 경제, 정부 조직 등의 현상은 변화에 적응하며 발전해 왔고 세계 각지에 흩어져 있는 원시 사회는 이 현상들의 초창기 모습을 간직하고 있다. 인류학자들이 아프리카의 신화, 전설, 우화 등을 채집해서 분석한 것은 소위 문명화된 사회가 이미 상실한 오래전의 모습을 재구성하기 위한 것이었다.

독일의 철학자 아돌프 바스찬은 인간은 똑같이 창조되었기 때문에 유사한 발전단계에 있는 문화들 간에는 어떤 초보적 관념들이 공유된다고 믿고 미국의 인디언 설화와 아프리카의 구연설화를 비교했다. 그러나 바스찬과 같은 진화론자들은 이야기가 한 세대에서 다음 세대로 아무런 변화 없이 마치 앵무새의 노래처럼 전해진다고 생각했다. 이들은 연구 목적상 이야기의 줄거리만 필요했기 때문에 텍스트를 요약하고 편집했으며, 이야기의 텍스트 외적인 요소나 텍스트가 구연되는 콘텍스트를 무시함으로써 독자들에게 아프리카의 구연설화가 예술성이 없는 단순 조잡한 것이라는 잘못된 인식을 심어주었다.

전파론

진화론과 전파론은 둘 다 변화의 개념을 다루지만, 진화론은 수직적 현상으로서의 변화, 즉, 문화 발달 단계에 관심이 있으며, 전파론은 수평적 현상으로서의 변화, 즉, 문화 접촉에 의한 변화에 관심이 있었다. 문화들 사이의 유사성도 전자는 인류의 동일한 심리 구조에 기인한다고 생각했지만 후자는 전파에 기인한다고 생각했다.

전파론은 독일과 핀란드를 중심으로 발전했다. 독일의 그림형제는 많은 동화를 비교분석한 후 유럽의 언어들처럼 유럽 전역에 흩어져 있는 동화들도 중앙아시아 북쪽에 거주했던 아리안족의 이동을 따라 전파된 것이라고 주장했다. 이에 반해 같은 독일인 학자인 테오도어 벤페이는 유럽의 동화들이 유럽 밖에서 기인한 것은 사실이나 민족의 이동과 함께 들어온 것이 아니라 한 곳에서 다른 곳으로 입을 통해 퍼진 것이라고 말했다. 핀란드 민속학파의 창시자인 안티 아르네는 전 세계에 산재한 이야기들을 마술 비행 유형(magic flight type), 늑대 인간 유형(werewolf type)처럼 유형별로 분류했으며, 아르네의 뒤를 이은 또 다른 전파론자인 톰프슨은 분류의 기초 단위로 모티프를 이용했다. 유형이건 모티프이건 전파론의 목적은 이런 것들에 의지해 이야기의 원형을 재구성하고 그 이동 경로를 밝히려는 것이었다.

아르네와 톰프슨의 영향을 받아 아프리카 구연설화의 색인을 만드는 작업이 미국을 중심으로 전개되었는데, 대부분 대학의 박사학위논문 형태로 발표되었다. 이 중에서 학계의 주목을 받은 중요한 것들을 소개하면 다음과 같다.

Klipple, May A. 1938. African Folktales with Foreign Analogues. Bloomington: Indiana University Press.

Clarke, Kenneth W. 1957. A Motif-Index of the Folktales of Culture Area V: West Africa. Bloomington: Indiana University Press.

Arewa, E. Ojo. 1966. A Classification of Folktales of the Northern East African Cattle Area by Types. Berkeley: UCLA.

Lambrecht, Winifred. 1967. A Tale Type Index for Central Africa. Berkeley: UCLA.

유형 및 모티프 색인은 이야기들을 분류, 참조, 비교할 때 유용하게 활용되어 왔으며, 지금도 많은 학자들이 수집된 이야기의 기본적인 특징을 말할 때 이용하지만, 이러한 기능 이외의 다른 목적으로 사용하는 데는 한계성이 있다. 이것은 이야기의 기원과 전파에 관한 학자들 사이의 의견의 불일치에 기인한다.

심리분석이론

오스트리아 빈 출신의 정신과 의사이자 정신분석학의 창시자인 지그문트 프로이트는 정신질환자들의 과거를 회상하는 이야기에 등장하는 이미지와 상징이 인간의 성적(性的) 충동과 연관되어 있다는 사실을 발견했다. 그는 이 현상이 정상인의 꿈과 원시 사회의 신화나 우화에도 존재한다고 말했다. 회상, 꿈, 신화는 모두 무의식의 단계에서 발현되는 것들이다. 프로이트는 문명화된 사회와는 달리 고대 원시 사회에서는 본능에 대한 이성의 통제가 엄격하게 작동하지 않았으며 따라서 원시인들의 의식이 투영된 이야기에서는 현대인의 무의식의 세계에서 가능한 일들이 관찰된다고 주장했다.

이러한 맥락에서 소위 원시 사회의 흔적을 많이 가지고 있는 아프리카의 구연 민담에 프로이트의 심리분석이론이 어떻게 적용되는지 밝히려는 시도가 이루어졌다. 일례로, 허스코비츠는 1958년에 출간된 그의 저서 『다호메이의 이야기: 문화비교 분석』(Herskovits, M. and F. Herskovits. 1958. Dahomean Narrative: A Cross-Cultural Analysis. Evanston: Northwestern University Press.)에서 오이디푸스 이론과 다호메이 민담의 관계에 대해서 분석했다. 그 결과 아버지와 아들 사이의 경쟁 요소는 발견했지만 오이디푸스 신화에서 보이는 그 밖의 다른 특징들은 찾아내지 못했다. 갈등이 있으면 항상 해결이 있었다. 끝으로, 심리분석이론은 민담의 이형(異形)들 사이의 관계를 연구하는 데 이용되기도 했다. 심리분석이론을 추종하는 사람들 중에는 정신질환자의 상태를 분석하기 위해 환자의 과거 경험을 조사하는 것처럼 동일한 주제의 이야기의 이형들 간의 차이를 설명하기 위해 구연자의 성장 과정이나 개인적 배경을 조사해 보는 것이 필요하다고 말하는 사람들도 있었다.

구조기능주의

구조기능주의는 영국에서 태동된 사회인류학의 한 분파로서 진화론, 전파론, 심리분석이론과는 달리 한 집단의 문화적 행동에 관한 견해를 제시하기에 앞서 그 집단의 사회제도, 전통, 관습, 예술 따위를 현장에서 직접 관찰하고 그것들이 그 사회 구조의 유지 또는 변화에 어떻게 기여하며 어떻게 유기적으로 상호 연결되는지 문화 내적인 관점에서 탐구했다. 구조기능주의는 다음에 소개될 형식주의와 함께 20세기 초중반 아프리카의 구전 전통 연구에서 큰 역할을 했다. 이 학파에 속하는 사람들 중에서 널리 알려진 인물로는 영국에서 활동한 폴란드 태생의 인류학자 말리노프스키를 필두로, 래드클리프-브라운, 프란츠 보아스, 에드먼드 리치, 레이몬드 퍼스 등이 있었다. 인류학에서 현지 조사의 필요성을 강조한 말리노프스키는 문화적 자료들을 분석하는 과정에서 사회의 안정에 기여하는 요소들에 비중을 두었으며, 래드클리프-브라운은 한 집단의 문화를 그 사회 구조 전체와 관련시켜 연구함으로써 구조기능주의의 이론적 틀을 확립했고, 리치나 퍼스는 말리노프스키와는 달리 사회 변화를 초래하는 잠재적 갈등 요인과 이해관계에 더 큰 관심을 가졌다. 리치나 퍼스는 관찰 대상에 대한 상징적인 해석을 시도했기 때문에 상징적 인류학자라고도 불린다.

구조기능주의는 아프리카의 구연설화 연구에서 현지 조사에 바탕을 둔 분석을 시도해 체계적인 가설을 제시했다. 아프리카와 관련된 초기의 기념비적인 저술을 소개하면 다음과 같다.

Bascom, William. 1977. 'Oba's ear: A Yoruba myth in Cuba and Brasil.' In African Folklore in the New World. (ed.) D. J. Crowley. Austin: University of Texas Press. (요루바족의 종교 교리와 의식적(儀式的) 행사는 서아프리카의 요루바족과 신대륙의 요루바족을 결속시키는 역할을 한다.)

Vansina, Jan. 1965. Oral Tradition: A Study in Historical Methodology. (translated) H. M. Wright. Harmondsworth: Penguin. (르완다족의 왕실 계보에 관한 이야기는 르완다 사회 구조를 유지하기 위한 왕위세습제를 옹호한다.)

아래의 책들은 리치와 퍼스의 연장선상에서 갈등과 변화를 강조하며 상징적 해석을 시도한다. 이 책의 저자들은 아프리카의 구연설화가 사회 구조의 안정적 유지 또는 변화와 관련된 신념이나 의식, 태도를 다양한 방법으로 반영하고 있기 때문에 원시적 수준의 유치한 상상적 사고물이 아닌 고차원적인 상징적 사고물이라는 것을 증명하려고 노력했다.

Willis, R.G. 1964. 'Traditional History and Social Structure in Ufipa.' Africa 34: 340-52. (탄자니아 우피파족의 역사설화는 사회발달의 이중 구조를 반영하는 두 개의 대립적인 태도를 보여준다. 저자는 이것을 설명하기 위해 상징적인 해석을 시도했다.)

Shorter, A. 1969. 'Religious Values in Kimbu Historical Charter.' Africa 39: 227-37. (탄자니아 킴부족의 역사설화에 대한 상징적 해석을 통해 기원에 관한 이야기에 내재하는 사회 갈등 구조를 발견했다.)

Beidelman, Thomas. 1961. 'Hyena and Rabbit: A Kaguru Representation of

Matrilineal Relations.' Africa 31: 61-74. (탄자니아 카구루족의 동물 우화에 대한 상징적 해석을 통해 사회적 힘과 반사회적 힘들 간의 갈등을 관찰했다.)

형식주의

형식주의는 전파론처럼 이야기를 구성하는 단위들에 관심이 있었다. 그러나 이야기의 유형이나 소재가 아닌 추상적 차원의 형식적 소재를 찾아내려고 했다. 일례로, '물이 없었는데 주인공이 물을 다시 찾아왔다'와 '태양을 도둑맞았는데 영웅이 다시 되찾았다'는 겉으로 드러난 줄거리는 다르지만 기저를 이루는 뼈대, 다시 말해 '결핍'과 '되찾음'이라는 소재는 공유한다. 형식주의는 블라디미르 프롭에 의해 주창되었다.[70]

형식주의적 방법론을 이용해 아프리카의 구연설화를 연구한 대표적인 사람은 던디즈이다. 던디즈는 프롭의 지나친 형식성을 극복하고자 노력했다.

Dundes, Alan. 1971. 'The Making and Breaking of Friendship as a Structural Frame in African Folktales.' In Structural Analysis of Oral Tradition. (eds.) P. and E. Maranda. Philadelphia: University of Pennsylvania Press. (던디즈는 이 글에서 언어학의 음성과 음소라는 개념에 착안해 '모티핌'이라는 개념을 만들고 다섯 개의 모티핌을 추출했다: FRIENDSHIP, CONTRACT, VIOLATION, DISCOVERY, END OF FRIENDSHIP. 프롭의 단점을 잘 알고 있었던 그는 형식적 소재들의 수를 줄이려고 노력했고, 형식적 소재들을 사회와 관련시켜 설명함으로써 문화와 분리된 지나친 형식성을 지양했다. 그는 아프리카의 사기꾼 이야기에는 항상 우정과 단결이라는 요소가 등장하는데 아메리카 인디언의 이야기에는 이러한 것들이 없다는 것을 발견했다. 던디즈는 그 이유가 인디언들은 개인주의 성향이 강해서 처음부터 개인적 이해관계에 따라 행동하기 때문이라고 말했다.)

---

70 Vladimir Propp. 1968 (1928). The Morphology of the Folktale. (translated) L. Scott. Austin: University of Texas Press.

레비스트로스의 구조주의

레비스트로스의 구조주의는 사회는 갈등 관계에 있는 요소들과 다양한 이해관계들로 이루어져 있으며 이것들이 여러 가지 제도에 의해 균형을 이루고 있다고 주장하는 프랑스 사회학과 인간의 마음은 언어를 습득하는 과정에서 그 언어 내의 복잡한 개념들을 이원적 대립 구조로 파악한다고 주장하는 프라그 언어학파의 영향을 크게 받았다. 레비스트로스는 한 사회의 정신 구조는 그 사회를 구성하는 요소들 사이의 이원적(二元的) 갈등 관계의 망이며 신화(神話)는 이 갈등 관계를 관찰하기에 가장 좋은 대상이라고 생각했다. 그는 신화가 이 관계를 상징적으로 반영하기 때문에 신화 분석은 등장인물들의 지시적 의미가 아닌 상징적 의미들 간의 내적 관계에 치중해야 한다고 말했다.

레비스트로스의 구조주의는 혁신적인 방법론임에는 틀림없으나 무의식을 너무 강조함으로써 구연자의 의식단계에서 이루어지는 현상들을 무시했다. 특히, 이 이론이 구연자 개개인의 예술성을 간과하고 있다는 것은 큰 문제점으로 지적된다. 레비스트로스의 구조주의는 아프리카의 구연설화 연구와 관련해 영미권 학자들의 주목을 크게 받지 못했다.

5.4.3. 아프리카 구연설화의 범주와 특징

아프리카 구연설화의 범주와 관련해 완벽한 이론은 없다. 각각의 분류법은 장점과 단점이 있으며 이것을 안다는 것은 곧 아프리카 구연설화에 대한 이해에 한 걸음 더 다가섰다는 것을 의미한다. 첫째로, 아프리카의 구연설화는 주인공이 누구냐에 따라 동물 이야기, 사람 이야기, 신(神)들의 이야기, 요정 이야기로 나눌 수 있다. 신들의 이야기에 나오는 신들은 항상 신성한 존재로 묘사되는 것은 아니다. 에세 이파라는 요루바족 점술 텍스트에 나오는 신 오룬밀라는 이예와라는 여인과 정사(情事)를 벌이고 그녀를 임신시킨다. 이 신화에서는 사람들을 즐겁게 만드는 희극적 요소가 다른 어떤 요소들보다 크게 부각된다. 주인공에 따른 분류는 주된 등장인물이 누구인지를 분명히 표시하는 장점이 있지만 사람, 동물, 요정이 비슷한 비중을 차지하는 경우에는 분류 범주를 정하는 게 어려울 수도 있다. 또 다른 문제는, 일례로, 동물 이야기에서 어떤 동물이 마치 사람처럼 행동하면, 다시 말해 사람처럼 말하면서 사랑이나 질투, 미움 따위의 감정을 드러내면 동물 이야기라는 분류 자체가 무의미하다는 것이다.

아프리카의 구연설화는 트릭스터 테일즈, 딜레마 테일즈, 히스토리컬 테일즈로 나눌 수도 있다. 트릭스터 테일즈에는 항상 속임수가 등장한다. 견원지간의 동물들이 한때는 친했는데 어느 날 상대방에 대한 신뢰를 상실함으로써 (어느 한 쪽이 다른 쪽을 속이고 배반했기 때문에) 그 관계가 나빠졌다는 식의 줄거리가 이 범주의 특징이다. 딜레마 테일즈는 "배가 뒤집혀 어머니와 아내가 동시에 강에 빠졌다. 누구를 먼저 구해야 하는가?"처럼 답을 제시하기 힘든 난처한 질문을 던지면서 끝을 맺는다. 히스토리컬 테일즈는 왕이나 추장의 가문의 역사를 다루는 이야기, 실제로 있었던 전쟁에 관한 이야기, 역사적 인물이나 유명한 인물의 일화, 어떤 현상의 기원에 관한 이야기, 불굴의 인내심으로 불가능에 도전하는 영웅적 인물의 이야기 등이 있다. 일반적으로 영웅담은 다른 유형에 비해 시간적, 공간적, 행동적, 정치 사회적 스케일이 크며 높은 수준의 역사성을 갖는다.

구연 상황에 따른 분류도 있다. 예를 들어, 지금까지 언급한 것들 중 어느 하나가 한밤중 달빛 아래에서 구연되면 '달빛 아래 이야기(Moonlight tales)'가 되며, 요루바족의 종교인 이파 텍스트의 일부가 점술 의식에서 구연되면 '점술 이야기(Divination tales)'가 된다. 사냥꾼들이 휴식 시간에 구연하는 것은 '사냥꾼들의 이야기(Hunter's tales)'로 불리는데 이것은 사냥꾼이 숲속의 맹수, 유령들과 벌이는 싸움을 소재로 한다.

아프리카의 구연설화를 민속학의 분류 전통에 따라 '신화, 전설, 우화'로 나누는 사람들도 있다. 신화는 자연 현상을 포함하는 어떤 현상의 기원에 관한 이야기다. 기원은 세상의 창조나 민족 또는 국가의 탄생처럼 사회문화적으로 거시적 의미를 띨 때도 있고, 인간 경험의 다양한 측면에 관한 것일 수도 있다. 이때 신들이 등장인물로 나오는 경우가 많지만 신화가 반드시 신을 주인공으로 하는 것은 아니다. "모기는 왜 귀에서 앵앵거리는가?", "개는 자동차가 지나가면 왜 쫓아가며 짖어대는가?"처럼 동물의 행동의 기원을 말하는 것도 있고 공동체의 가치나 신념 등의 배경을 다루는 것도 있으며 어떤 관습의 기원을 설명하는 것도 있다.

전설은 반복적으로 언급할 가치가 있는 실존 또는 가공의 인물과 관련된 단편적인 일화로서 그 사건들의 발생 시기는 주로 역사시대에 속한다. 옥페후는 비교적 가까운 과거에 일어난 것을 역사적 전설, 먼 과거에 일어난 것을 낭만적 전설이라고 불렀다.[71] 전설은 신화에 비해 더 큰 실재성을 갖는다. 우화는 순전히 허구적인 성격의 이야기로 실재성과 관련된 사람들의 믿음의 정도는 거의 영(零)이다. 우화는 그 발생 시기, 발생 장소, 등장인물에 제한이 없어 태고적 이야기일 수도 있고 가까운 과거에 일어난 것일 수도 있으며 바다속 용궁 이야기도 가능하고 지하세계나 우주공간을 배경으로 할 수도 있다. 또한 사람이 주인공이 될 수도 있고 신이나 동물이 주인공이 될 수도 있다. 최근에는 도시를 무대로 하는 도시 우화가 유행하는 곳도 있다.

구연설화의 범주화와 관련된 문제와 함께 구연 행위에 대한 연구도 많이 이루어졌다. 아프리카 구연설화의 가장 큰 특징은 모든 구연이 구연자의 재능과 관련된 창조적 성격을 띤다는 점이다. 이야기꾼으로서의 구연자는 개개의 구연 상황에서 이야기의 이형(異形)들을 구연하는데 이때 큰 틀에서의 줄거리는 유지하되 세부적인 내용의 첨삭을 통해 현재의 구연이 앞에서 한 구연과 다른 느낌을 갖도록 시도한다. 최근에는 기존에 없던 완전히 새로운 이야기들이 상업적 목적하에서 만들어지기도 하며 정부나 공공 단체의 후원으로 정치적, 계몽적 성격을 띤 이야기들이 기획되는 경우도 있다.

구연자의 입을 통해 발화되는 텍스트보다 비언어적 요소들이 더 크게 부각될 때도 있다. 비언어적 요소들은 구연 상황을 예술적으로 만드는 문화적으로 정의된 스타일의 한 측면으로서 구연자의 얼굴표정, 몸짓 따위를 포함하는 총체적 개념이다. 시에라리온의 림바족은 구연자의 몸짓을 통한 의미 전달에 큰 비중을 둔다. 화가 난 것을 표현하기 위해 입을 삐죽 내미는 행위, 존엄을 표현하기 위해 팔꿈치를 내미는 행위 등, 텍스트의 비중이 최소화된 구연의 실제 모습은 마치 무언극 중간 중간에 언어가 조금 삽입된 듯한 느낌을 줄 정도다.

남아프리카 소토족의 이야기는 인간이 내는 소리라고 생각할 수 없을 정도로 빠른 속도로 전달된다. 구연자는 모든 문장의 앞머리에서 소리를 한껏 끌어올려 긴장을

71 Okpewho, Isidore. 1992. African Oral Literature: Backgrounds, Character, and Continuity. pp. 183-191. Bloomington: Indiana University Press.

극대화하고 뒤로 가면서 점점 그 강도를 낮추는데, 상고하저식 억양의 반복은 시종 일관 유지되어 마치 이야기 전체가 억양의 대구(對句)를 이루는 것처럼 보인다. 이러한 소리의 흐름은 간헐적으로 삽입되는 휴지에 의해 방해를 받으면서 독특한 심미적 효과를 만들어낸다. 문법적 요소가 텍스트의 구성을 지배할 때도 있다. 통사적 대구가 자주 관찰되는 경우가 여기에 해당하는데, 이때 대구를 이루는 행들 사이에서 다양한 형태의 상호작용이 관찰된다. 통가족의 예에서처럼 한 행의 첫 단어가 앞선 행의 마지막 단어와 동의어적 관계에 있거나 의미적 대구를 이룰 때도 있다. 결국, 아프리카 구연설화의 가장 큰 특징은 한 마디로 정의할 수 없는 그 파편화된 다양성이라고 보아야 할 것이다.

5.5. 아프리카의 구전 전통과 현대 사회

오늘날 아프리카의 구전 전통은 아프리카의 문화를 복원하고 재정립하는 데 이용되고 있다. 아프리카의 과거는 문자로 된 과거가 아닌 구전(口傳)의 과거로서 구전 전통의 망각은 과거의 망각을 의미한다. 현대 아프리카의 지성인들은 구전 전통을 문화의 핵심 담론으로 받아들이며 그들이 추구하는 아프리카 정체성의 출발점으로 인식한다.

5.5.1. 기능과 예술

아프리카의 구전 전통과 현대 사회라는 주제에 들어가기에 앞서 구전 전통의 기능과 예술이라는 소주제를 두 가지 관점에서 먼저 다룰 필요가 있다. 첫 번째는 예술에 대한 기능의 우위라는 연구 관행에 대한 비판이고, 두 번째는 현대 사회에서 아프리카 구전 전통의 의식적 기능에 관한 것이다. 구조기능주의는 아프리카의 구전 전통을 연구하는 데 있어 현지답사의 중요성과 구연을 둘러싼 상황의 기록을 강조했다. 그 결과 아프리카의 구전 전통은 수술대 위의 이론적 해부 대상에서 벗어나 비로소 문화내적인 관점에서 연구되기 시작했다. 그럼에도 불구하고 아프리카의 구전 전통에 내재하는 예술적 측면은 기능이라는 적자(嫡子) 앞에서 그 존재 가치를 오랫동안 인정받지 못했다. 안타까운 것은 동시대의 학자들 중에도 예술에 대한 기능의 우위를 당연시하는 사람들이 많다는 것이다. 구연 상황에 대한 자세한 기술은 꼭 필요하다. 청중의 반응, 구연자와 청중의 상호작용, 구연의 정치 사회적 문맥, 상황 속에서 부상하는 의미 등 관찰자로서의 연구자가 기록해야 할 사항들은 무수히 많다. 이러한 것들이 기록에서 누락되고 있는 것은 일반적으로 연구자의 인류학적 지식에 비해 문학적 지식이 부족하기 때문이다. 하나의 구연을 한 개인의 상상력의 결과물로 인식하지 않고 특정 집단의 정신의 산물로 인식하는 것이 가장 큰 문제다. 구연의 의미는 상황 속에서 부상하며 이 상황은 '예술'로 가득 채워진 상황이라는 것을 인식할 필요가 있다.

형식주의도 유사한 한계성을 드러낸다. 던디즈는 형식주의의 지나친 형식성에서 벗어나 자신의 연구를 사회와 관련시켰지만 구연자와 구연 상황을 자세히 기록하는 데에는 인색했다. 즉, 이야기의 구조나 내용의 차이에는 관심이 많았지만 개개의 구연 상황의 차별화된 특징에는 큰 관심이 없었다. 던디즈가 아프리카의 민담과 아메리카 인디언의 민담을 비교하는 과정에서 일반적 차원에서의 차이점에 절대적 비중을 두었다는 것도 비난의 화살을 피해 갈 수 없다. 본 절은 아프리카의 구전 전통과 현대 사회라는 주제를 공정하고 새롭게 정의된 기능과 예술이라는 관점에서 다룬다.

기능과 예술이라는 문제와 함께, 구전 전통의 '무의식적 기능'과 '의식적 기능'도 아프리카의 구전 전통과 현대 사회라는 주제를 다루는 데 있어 간략히 언급할 필요가 있다. 현대 아프리카 구전 전통의 기능은 의식적 기능, 다시 말해 기능의 기획을 특징으로 한다. 과거의 기능이 구연자의 피동적, 무의식적 구연에 의해 달성되었다면 현재의 기능은 누군가에 의해 의도적으로 계획된 기능이다. 이와 더불어 기능 역할자로서의 구연자의 의식 변화도 중요하다. 구연자가 스스로 무엇을 하고 있는지 안다는 것은 사회에 대한 구전 전통의 영향력이 이전보다 훨씬 더 커졌다는 것을 의미한다.

기능의 기획은 어려운 개념이 아니다. 아프리카의 여러 지역에서 에이즈 퇴치 운동이 전개되고 있는데 이 운동의 효과를 극대화하기 위해 속담과 우화가 종종 이용된다. 이 속담과 우화는 구전 목록에 이미 존재하는 것일 수도 있지만 새롭게 창조될 수도 있다. 이 새로운 창조의 문맥은 다음과 같은 것들을 포함한다: 기획의 궁극적 목적, 예산, 유능한 구연자의 선발 과정, 전파와 관련된 계획, 효과의 예측, 지속적인 모니터링 등. 끝으로, 이 모든 것들이 구연자의 입을 통해 발화되는 텍스트의 구성과 구체적인 자구(字句, wording)의 선택에 미치는 영향도 흥미 있는 분석 대상이 될 수 있을 것이다.

5.5.2. 민족시학(民族詩學, Ethnopoetics): 예술로서의 구전 전통에 대한 연구

아프리카의 구전 전통을 예술로 인식하면 연구 분야는 무한히 확장된다. 일반적으로 구전 전통이 표현 매체로 언어를 사용하기 때문에 문자문학 연구에 이용되는 것들이 구전 전통 연구에도 대부분 그대로 적용된다. 본 절에서는 특히 민족시학적 관점에서 텍스트의 구조와 스타일, 그리고 텍스트가 발화되는 구연 상황에 대한 최근의 연구 동향을 소개한다.

민족시학은 특별한 이론적 틀에 구속되는 것도 아니고 시학의 분과학문적인 성격을 띠지도 않는다. 그것은 하나의 동향으로서, 전통적 의미의 시학이 문자 문화권 밖에 있는 시적 전통을 이해하는 데 한계성을 갖고 있다는 생각에서 출발한다. 시학과 민족시학은 둘 다 텍스트를 다룬다는 점에서 상호 배타적인 것이 아니라 보완적인 관계를 견지한다. 언어학에 있어 일반언어학과 사회언어학의 관계가 시학과 민족시학의 관계와 비슷하다고 보면 될 것이다. 민족시학은 통문화적 원칙의 정립보다는 문화 내적인 관점에서 텍스트의 심미적 구성과 특성 그리고 텍스트를 둘러싼 상황적 문맥을 분석한다.

글로 된 텍스트에서는 이야기의 시작이나 끝, 또는 에피소드 간의 구분이 글자로 된 제목이나 부제, 행들 사이의 빈 줄처럼 가시적인 수단에 의해 달성되지만, 구연자가 입으로 텍스트를 발화하는 구연문학에서는 이것이 불가능하다. 따라서 민족시학은 텍스트의 경계 설정과 관련된 언어적, 비언어적 장치에 먼저 관심을 가지며, 내용면에서는 문화적 의미를 갖는 이미지와 그 창조 과정에 대해서 분석한다. 민족시학은, 마치 사회언어학이 통사 규칙과는 별도로 존재하는 발화의 민족지학적 규칙을 다루듯이, 구연 시기, 구연 장소, 청중의 구성, 구연자와 청중의 상호작용, 장르의 범주화와 관련된 문제를 탐구한다. 민족시학은 전통시학에서처럼 텍스트 조직의 원리로 작용하는 율격과 대구에도 관심을 갖지만, 이들과는 다른 방법으로 구현되는 언어단위들의 반복과 텍스트 분할에 더 큰 관심을 갖는다.

5.5.2.1. 구조에 대한 연구

사람에 따라 스타일과 구조에 차이를 두지 않는 경우도 있지만, 일반적으로 스타일이 텍스트를 심미적으로 만드는 수단이라고 한다면, 구조는 이들 중에서 텍스트 조직의 원리, 즉 텍스트를 구성하는 언어 단위들의 배열을 지배하는 원리를 가리키는 말이다. 한 편의 시에서 반복적으로 관찰되는 어떤 현상이 시적 분위기의 창조와 밀접하게 관련된다 할지라도 그것이 텍스트를 조직하는 데 전반적으로 관여하지 않으면 스타일은 되지만 구조로 간주되지는 않는다. 구조라는 말을 인류학과 정치학에서 말하는 구조에 국한시키는 경우도 있지만 구연텍스트를 분석하는 사람들 대다수는 여기서 말하는 구조에 관심을 가지며 실제 연구 결과도 이를 반영한다. 텍스트 조직의 원리를 규명하는 작업은 반복적인 현상을 찾아내는 것에서부터 시작한다. 야콥슨의 시학은 이러한 것들을 찾아내고 그것이 어떻게 텍스트를 돌출시키며 어떻게 독자나 청자의 주의를 텍스트에 집중시키는지 탐구하는 것이었다. "인생 전체를 통해 대구만큼 지속적으로 학문적 열정을 이루었던 주제는 없었다"는 그의 말은 시학의 본질이 무엇인지 잘 말해준다.[72]

율격과 대구는 구조와 관련된 전형적인 자질이다. 둘 사이의 차이는 여러 차원에서 설명이 가능하지만 가장 두드러진 점은 대구보다 율격이 구조와 더 밀접한 관계가 있다는 것이다. 율격과 대구는 둘 다 반복에 의해 실현되며, 그래서 율격도 거시적인 차원에서 대구의 일종이라고 볼 수 있지만, 율격이 이용하는 언어 층위와 대구가 이용하는 언어 층위는 서로 다르다. 전자는 강세나 음절의 길이 같은 초분절적 요소의 반복을 이용하고, 후자는 텍스트의 부분들 사이에서 이루어지는 문법 구조의 반복 혹은 유사하거나 반대되는 의미의 병치(竝置)를 이용한다. 또한 율격이 운문의 성격을 띤 텍스트에서 주로 관찰되는 반면 대구는 운문과 산문에서 공히 관찰된다. 율

---

72 Jakobson, Roman and Krystyna Pomorska. 1983. Dialogues. Foreword by Morris Halle. p. 100. Cambridge, Mass.: MIT Press.

격과 대구의 또 다른 차이는 율격이 텍스트 밖에서 텍스트에 강제되는 반면 대구에는 이런 강제성이 없다는 점이다. 대구가 텍스트를 조직하는 규범적 성격을 띨 때에도 그것은 해당 텍스트에만 국한된 현상으로 끝난다. 대구가 외적인 규준으로 기능하는 경우는 매우 드물다. 특히 운문에서는 그러한 예가 거의 관찰되지 않는다. 규칙적인 율격(isometric)을 따르는 텍스트에서 대구가 발생하는 것은 그 반복이 외부에 존재하는 어떤 본(本)을 따르기 때문이다. 만약 불규칙적인 율격(heterometric)이 허용된다면 텍스트의 부분들은 율격적이지만 대구를 실현하지는 않을 것이다.

구연 텍스트에서는 율격보다 대구가 많이 관찰된다. 이것을 구연 텍스트의 본질적인 특징, 즉, 반복적, 첨가적, 부연적 성질과 결부 짓는 사람들도 있다. 최근 들어 바간다족의 구연시가 율격적이라는 주장이 제기되면서 아랍 문학의 영향권 밖에 있는 아프리카에서는 율격이 거의 관찰되지 않는다는 전래의 학설이 수정되고 있지만, 아프리카의 구연설화는 물론 구연시에서도 대구가 압도적으로 많이 등장한다는 사실은 강조될 필요가 있다. 율격과 대구를 이처럼 자세히 언급하는 이유는 율격과 대구가 텍스트의 심미적 구성에 관여하는 이상, 이것들과는 다른 새로운 텍스트 조직의 원리를 발견하고자 하는 기대감에서이다. 일례로, 두자음(頭子音, onset)의 복잡한 결합이 모라의[73] 계산에 포함되는 바간다족의 시(詩), 율격시에서 행들 사이의 결속이 각운이 아닌 두운에 의해 달성되는 소말리족의 전통, 행 안의 모든 분절적 요소들이 율격에 관여하는 베르베르족의 예는 두자음은 율격에 좀처럼 관여하지 않는다는 종래의 주장과 상반된 것이다. 이것은 두자음만 이용하는 두운은 비체계적인 음성대응인 반면 모음(nucleus)과 말미자음(coda)을 이용하는 각운은 율격의 지배도 함께 받기 때문에 체계적이라는 주장을 반박한다. 그러나 이런 기대감은 단지 하나의 이유에 불과하다. 어떤 새로운 현상을 찾아내서 그것을 체계적으로 기술하는 것은 그것이 해당 집단의 민족시학이라는 점에서 그 자체로 큰 의의를 갖는다.

---

73 모라(sg. mora, pl. morae): '단자음+단모음(CV)'으로 이루어지는 경음절(light syllable)은 하나의 모라로 간주되고, '단자음+단모음+단모음(CVV)' 또는 '단자음+단모음+단자음(CVC)'으로 이루어지는 중음절(heavy syllable)은 두 개의 모라로 간주된다.

5.5.2.2. 스타일과 문맥에 대한 연구

민족시학에서 스타일에 대한 연구는 텍스트와 함께 비언어적인 구연 자질까지 포함한다. 그것은 비구성적 차원에서 구연 상황을 예술적으로 만드는 관습적 또는 창조적 표현 행위의 모든 면을 분석 대상으로 한다. 현대 아프리카 구연문학의 스타일에 대한 연구는 통문화적 관점에서 아프리카의 구연문학을 특징짓는 것들에 대한 연구, 한 집단의 구연문학 전반을 관통하는 문화 특정적인 요소들에 대한 연구, 개별 장르를 정의하는 것들에 대한 연구, 구연자 개인의 구연 기법에 대한 연구, 텍스트와 음악의 상호작용에 대한 연구, 구연에서 관찰되는 시각적, 동적 자질들에 대한 연구를 포함한다. 근래 들어 스타일에 대한 연구 중에서 이미지에 대한 연구가 부상하고 있는데, 일상적인 이미지와 함께, 의인화된 이미지나 동식물의 이미지, 이름이나 장소 따위의 어휘에 내재하는 상징 등이 관심을 끌고 있다.

문맥은 구연자의 구연 행위와 관련된 모든 요소들을 포괄적으로 부르는 말이다. 문맥에는 상황적 문맥과 비상황적 문맥이 있다. 상황적 문맥은 구연 상황 내에서 부상하여 구연에 영향을 주는 것으로서 구연자와 청중 간에 이루어지는 상호작용이 여기에 해당한다. 비상황적 문맥은 구연자, 구연 시기, 구연 장소를 지배하는 민족지학적 규정과 구연 행위의 사회적 의미를 포함하는 개념이다. 구연자, 구연 시기, 구연 장소에 관한 규정은 구연자와 청중 모두 알고 있지만, 구연의 사회적 의미나 기능은 구체적으로 인지되지 못하는 경향이 있다. 이러한 이유로 전자를 의식적 문맥, 후자를 무의식적 문맥이라고 부르기도 한다. 문맥을 다루는 데 있어 간과해서는 안 될 사항은 문맥적 요소들이 항구적으로 고정된 것일 수도 있지만, 구연이 이루어지는 현장에서 변형되거나 아니면 의미에 관한 것들이 종종 그렇듯이 상황 속에서 새롭게 부상할 수 있다는 점이다. 그러나 우리는 이론적인 무장을 한 채 어느 한 쪽에 미리 서 있을 필요는 없다. 아프리카의 민족시학은 개별 종족의 문화내적인 함축에 관심을 가지며, 따라서 설명력 있는 분석의 틀과 이론도 중요하지만, 일차적으로 아프리카 구전 전통의 일반성과 특수성을 가감 없이 인식하여 있는 그대로 기술하는 것이기 때문이다.

5.5.3. 구전 전통과 아프리카 문화의 정체성, 구전 전통의 생산과 소비

"전통이 존속하기 위해서는 사람들에 의해서 사용되어야 한다. 실제의 사용은, 예술적 문맥이건, 개인적 문맥이건, 정치적 문맥이건 간에, 교묘히 이용될 수 있고, 수정될 수 있고, 전통과 놀이를 할 수도 있다. 결과적으로 전통은 해석될 수 있고, 발전할 수 있고, 경우에 따라서는 그것을 통제하거나 추종하는 사람들에 의해서 조작될 수도 있다."[74] 오늘날, 아프리카의 구전 전통은 종족의 정체성, 문화적 정체성, 문학적 정체성을 확립하는 데 이용되고 있다. 만데카족의 순자타 서사시는 서아프리카 여러 나라에 흩어져 살고 있는 말리 제국의 후손들을 함께 묶어주는 고리 역할을 한다. 말리 제국이 망한 후 700년 이상의 시간이 지났지만 그 후예들은 순자타를 그들의 공통 조상으로 기억한다. 만데카족은 말링케족, 소닝케족, 밤바라족으로 크게 나뉘며 각각의 언어 내에도 수 십 개의 크고 작은 방언이 있다. 방언들은 서로 말이 통하지 않을 때도 있고 다른 곳에서 오랜 세월 떨어져 살았기 때문에 문화적 이질감이 존재하는 경우도 흔치 않다. 그럼에도 불구하고 이들이 순자타 서사시를 매개로 해서 같은 정체성을 추구하는 것은 흥미롭다. 아프리카에서 종족 정체성은 언어, 국가, 종교를 초월하는 개념이다. 일례로, 말이 통하는 이웃과는 정체성을 공유하지 않지만, 먼 곳에 사는 말이 통하지 않는 사람들과는 정체성을 공유하는 경우가 있다. 여기서 종족 정체성 형성에 구전 전통이 중요한 역할을 한다는 것을 알 수 있다. 다민족으로 구성된 아프리카 사회에서 종족 정체성과 관련된 정치적 선동에 구전 전통이 이용되는 예를 관찰하는 것은 어려운 일이 아니다.

문화적 정체성과 관련해 구전 전통의 역할이 가장 돋보이는 영역은 현대문학 분야다. 아프리카의 작가와 시인들은 구전 전통의 요소들을 그들의 작품 속에 반영한다. 서아프리카 현대소설의 효시로 간주되는 아모스 투투올라의 『야자주 술주정꾼』은 나이지리아 요루바족의 구연설화에 바탕을 두고 있다. 요루바 민담의 소재를 이용한 투투올라는 아프리카와 유럽이라는 두 개의 상이한 세계에 다리를 놓은 작가로 평가받는다. 아프리카 문학의 고전을 탄생시킨 아체베의 작품들에는 익보족의 속담과 격

---

74 Finnegan, Ruth. 1992. Oral Traditions and the Verbal Arts. A Guide to Research Practices. London: Routledge.

언, 민담, 신화 등이 많이 나온다. 예를 들어, 속담은 장황한 설명 없이 등장인물의 행동을 선명하게 묘사하고 사건 전개를 압축적으로 표현한다.

아프리카의 현대문학에 대한 구연문학의 영향은 개별 작가 차원을 넘어 장르 전반, 그리고 문학 담론 전반으로 확산되는 모습을 보여준다. 시와 달리 소설은 아프리카에 낯선 형식이었다. 따라서 소설이라는 장르를 규정하는 요소들이 아프리카에서는 새롭게 해석되기도 한다. 사하라 사막 이남의 아프리카에서 조상신과 주술은 현지인들의 삶과 분리될 수 없는 불가분의 관계를 맺어왔다. 이러한 문화적 배경 하에서 소설의 리얼리즘은 '인간과 함께 유령이 등장인물로 나오는' 아프리카적 리얼리즘으로 재탄생했으며, 유럽 모더니즘 계열의 시 전통을 멀리하고 아프리카 구연시 전통을 추구하는 사람들도 생겨났다. 이와 관련해 작가별, 장르별, 지역별로 아프리카 구연문학의 요소들이 현대문학에 어떻게 투영되고 있는지 그리고 이에 대한 작가와 독자들의 인식이 무엇인지 조사해보는 것도 유의미한 작업이 될 것이다.

오늘날 아프리카 구전 전통의 생산과 소비는 놀라운 성장을 거듭하고 있다. 이 성장의 배경에는 구연예술가들의 역할이 있었다. 사회 변화에 대처하는 구연예술가들의 태도는 작품의 주제와 자의식의 변화에만 국한되지 않는다. 예술적 전문성을 지닌 이들에게 있어 반응은 그것이 어떤 유형이건 (청중의 감상 태도에 대한 미시적 반응이건 사회 변화에 대한 경제적 반응이건) 경쟁과 생존을 위해 항상 신속하게 이루어진다. 자본주의에 기초한 서구 문명이 이들에게 주는 도전의 기회는 유혹적이었다. 전자기기의 발달과 보급이 초래한 예술 작품에 대한 수요의 증대는 구연예술가들의 상업적 본능과 결합해 수익성 있는 음반시장을 탄생시키고 이는 다시 재능 있는 사람들에게 도전의 유혹을 방사함으로써 아프리카의 구연문학의 생산과 소비, 그리고 재생산이 얼마나 빠른 속도로 팽창할지 아무도 예측할 수 없는 상태로 만들어 놓았다.

아프리카 구전 전통의 생산과 소비는 다음과 같은 소주제를 포함한다. 생산과 소비의 주체, 수동적 생산과 적극적 생산, 즉흥적 생산과 기획된 생산, 구전 전통의 소비 유형, TV와 라디오 등 공중파 방송에서의 소비, 음반시장을 통한 대량 소비, 상업적 기획을 통한 공연시장에서의 소비, 개인적 주문(注文)을 통한 소비, 교육이나 계몽을 위한 정책적 차원의 소비, 장르별 소비 시장의 규모, 대중문화시장에서 차지하는 구전 전통의 위상, 구전 전통과 영상(映像)산업 등.

오늘날 구연예술가들의 사회적 신분은 크게 향상되었으며 뛰어난 예술성을 지닌 사람들은 사회로부터 존경을 받는다. 심지어 서아프리카의 이슬람 사회에서조차 이들에 대한 과거의 차별이 사라져 가고 있다는 것은 흥미로운 변화라고 할 수 있다.

5.5.4. 구전 전통과 신(新) 구술성

찬양시나 구연설화 같은 구연문학 장르들이 아날로그나 디지털 음원을 통해 수요자에게 전달되는 과정에서 새로운 현상들이 발생한다. 이 새로운 현상을 전통적 의미에서의 구술성과 구별하기 위해 신 구술성이라고 부른다. 청중들 앞에서 구연되는 것을 실제 구연이라고 한다면 불특정 다수를 대상으로 하여 스튜디오 같은 곳에서 녹화되는 것은 구연을 사전에 계획하고 또 구연된 것을 사후에 수정할 수 있기 때문에 편집 구연이라고 한다. 신 구술성의 특징은 본질적으로 이 편집 구연에 기인한다. 편집 구연은 국내외를 막론하고 아직까지 많이 연구되지 않은 주제다. 본 절은 신 구술성의 특징을 텍스트, 스타일, 구조, 문맥의 관점에서 조명한다.

신 구술성은 창작과 감상의 여러 단계에서 기존의 구술성과는 다른 모습을 보여준다. 이것은 편집 구연이 문자문학처럼 창작과 감상의 분리를 전제로 한다는 사실에서 비롯된다. 구연자와 청중의 상호작용이 없어짐으로 인해 생기는 감정이입의 상실과 즉흥개작의 부재는 사람들이 인식하지 못하는 사이에 구연문학의 본질을 변형시키고 있다. 그것은 구연자의 입에서 발화되는 순간 공기 중으로 덧없이 사라지는, 일순간(一瞬間)의, 재생할 수 없는, 무형의 존재가 더 이상 아니다. 카세트테이프나 디지털 음원을 통해 감상하는 한 편의 찬양시는 원할 때마다 반복적으로 다시 들을 수 있는 유형의 실체다.

신(新) 구술성과 텍스트

텍스트의 유형성(有形性, tangibility)은 신 구술성의 중요한 특징이다. 유형성이란 반복적으로 재생될 수 있는 실체로서 감상의 시간적 제약이 사라진 것을 의미한다. 청자의 입장에서 텍스트를 언제든지 다시 들을 수 있다는 것은 많은 것을 시사한다.

먼저, 청중은 무대에서 완전히 분리되어 보다 객관적인 입장에서 텍스트를 청취할 수 있다. 텍스트가 장시간에 걸친 실제 구연을 편집해 놓은 경우라면 선택된 것은 누락된 부분에 비해 상대적으로 중요하다는 것을 알 수 있다. 그 중요한 요소들은 스토리와 플롯, 이미지 전달, 반복적 표현의 사용 여부 등 다양한 차원에서 분석될 수 있다. 신 구술성의 이러한 측면은 '생략될 수 없는 본질적인 것'을 탄생시킴으로써 해당 장르를 정의하는 핵심적인 요소들을 찾아내는 데 도움을 주기도 한다.

녹음이나 촬영은 청중이 없는 스튜디오에서 행해지는 경우가 많다. 여기에 상품의 대량 생산을 목적으로 한 정교한 편집 과정이 개입한다. 한 편의 짧은 작품을 만들기 위한 스튜디오에서의 작업이 한 달 이상의 시간을 요구할 때도 있을 것이다. 최상의 결과물을 얻기 위한 녹음, 삭제, 재녹음은 청중을 앞에 둔 실제 구연에서는 불가능한 것들이다. 신 구술성은 이러한 점에서 문자성(文字性)에 수렴한다. 그것은 시인이나 작가가 마음에 드는 문구(文句)를 얻기 위해 수많은 원고지를 찢어버리는 과정과 흡사하다.

편집 구연은 텍스트의 근본적인 변화를 초래한다. 편집 구연에서는 구술성의 일반적 특징인 반복적, 첨가적 표현 비중이 축소되고 종속적, 분석적 표현 비중이 강화되는 경향이 있다. 구연자와 청중의 상호작용과 감정이입이 사라진 상황에서 둘 사이의 교감과 이해 확인을 위한 기존의 표현 기법은 상대적으로 그 중요성이 약화될 수밖에 없다. 제한된 지면(紙面)처럼 제한된 녹음 시간도 장황한 표현 대신 경제적인 표현이 선호되게 만든다.

아프리카 구연예술의 가장 중요한 요소인 즉흥성의 비중이 축소되면서 무엇이 이를 대신하게 되었는지 탐구해 보는 것도 흥미로운 작업이 될 것이다. 전문 이야기꾼이 이야기의 기본 뼈대에 즉흥적으로 살을 붙이는 행위, 찬양 시인의 머릿속에 존재하는 핵심 이미지의 순간적인 팽창 등은 편집 구연의 특성상 더 이상 큰 의미를 부여받기 힘들다. 창작을 위한 충분한 시간이 확보된 상태에서 장시간에 걸친 편집은 몰입도 있는 줄거리와 아름다운 이미지를 창조하는 데 더 큰 비중을 두게 된다.

구연설화는 청중에게 현실의 세계에서 상상의 세계로 인식상의 이동을 요구하고, 감상을 위한 마음의 준비를 시키며, 구연이 끝난 후에는 그들을 가상의 세계에서 다시 현실의 세계로 인도하는 장치가 있다. 인식상의 전환은 에피소드와 에피소드 사이에서도 필요하다. 이러한 장치들이 없으면 청중은 이야기 전개상 그들이 어디에 위치하고 있는지 알 수 없다. 일반적으로 구연문학에서는 고정된 형태의 상투어구가 이 역할을 맡는다. 우리나라의 예를 들면, '옛날 옛날에', '그래서 행복하게 살았습니다'라는 표현은 옛날이야기에서 시작과 끝을 알리는 상투어구로 쓰이는 고정된 말이다. 그러나 유형성을 특징으로 하는 문자문학에서는 상투어구를 관찰하기가 힘들다. 왜냐하면, 책의 첫 문장은 누가 일러주지 않아도 이야기가 시작되고 있음을 말해주며, 장(章)들 사이의 공백은 이야기가 어떤 새로운 국면에 이르렀음을 말해주고, 책의 맨 마지막 문장의 구두점은 이야기가 다 끝났다는 것을 말해주기 때문이다. 편집 구연에서는 인식상의 전환과 관련된 상투어구가 실제 구연에 비해 상대적으로 덜 사용되는 경향이 있다. 상투어구에 관한 문제는 파브가 '이야기의 괄호묶음(bracketing the story)'이라는 용어로 많은 지면에 걸쳐 상세히 설명한 것처럼 구연텍스트 연구에서 중요한 비중을 차지한다.[75]

신(新) 구술성과 스타일 및 구조의 변화, 신(新) 구술성과 정치

시각적 효과의 감소와 청각적 효과의 강화는 신구술성의 또 다른 특징이다. 디지털 음원이나 CD 등에 녹음된 구연 상황은 시각적 감상을 물리적으로 불가능하게 한다. 구연설화를 녹음한 경우를 분석해 보면 청중을 앞에 둔 실제 구연에서 시각적으로 처리되던 것들이 청각적 장치에 의존하게 되는 것을 관찰할 수 있다. 일례로, 등장인물의 걸음걸이나 껑충껑충 뛰는 모습이 다양한 음향 효과로 대체된다. 주인공의 표정에서 읽을 수 있었던 분노, 기쁨 따위의 감정도 음향적 효과와 부수적인 언어를 통해서 전달된다. 또한 운문에 속하는 장르에서 자주 나타나는 반복적 표현은 구연자에게 즉흥개작을 위한 시간적 여유를 주며 동시에 청중과 구연자 사이의 감정이입에 일조하지만, 비대면 편집 구연에서는 이 비중이 축소되는 경향이 있다. 이러한 현상들에 대한 연구는 신 구술성의 특징을 이해하는 데 있어 꼭 필요하다.

구조는 신 구술성의 영향을 가장 적게 받는 영역이다. 그럼에도 불구하고 편집 구연에 기인한 즉흥성의 감소는 특정한 구조가 더 선호되는 결과를 초래할지도 모른

---

75 Fabb, Nigel. 1997. Linguistics and Literature. Oxford: Blackwell Publishers Ltd.

다. 시 장르의 초분절적 요소들의 배열과 관련된 미시적 구조와는 달리, 이야기 구성의 원리로서의 에피소드 배열과 관련된 거시적 구조에서 새롭게 부상한 구조가 무엇인지 살펴볼 필요가 있다. 이 구조가 전에는 존재하지 않던 새로운 것이라기보다 기존의 구조들 중에서 현대인들의 기호에 더 잘 부합하는 것일 수도 있다.

끝으로, 아프리카처럼 문학과 정치가 깊은 관계를 맺고 있는 곳은 드물다. 역사적으로 찬양 시인들은 권력자에 의탁해 그들의 후원으로 생계를 꾸려나갔다. 이 전통은 현대 사회에서 더욱 강화되는 경향이 있다. 한 사람의 후원자가 정당으로 대체되고 개인적 미덕에 대한 찬양이 정당의 이념에 대한 찬양으로 바뀔 뿐이다. 찬양시에서 한 인물에 대한 찬양은 그의 정적(政敵)에 대한 비난과 동일시되는데 이것은 현대 사회에서도 마찬가지다. 찬양시의 사회적 영향력을 고려할 때 그것을 정치적 목적으로 이용하는 것은 정치가들의 입장에서도 구미가 당기는 일이다. 남아프리카 줄루족과 소토족의 선거 유세에서 음반이나 카세트테이프에서 흘러나오는 말들이 커다란 확성기를 통해 유권자들에게 전달되는 모습은 흔히 볼 수 있는 풍경이다. 이러한 성격의 텍스트는 그 정치적 효과를 극대화하기 위해 단어나 어구 등이 여러 차례의 수정 과정을 거치는 전형적인 편집 구연의 결과물이다.

5.5.5. 구전 전통과 변화의 개념

'문자'가 종종 창조를 함축하는 반면 '전통'은 오래된 것 또는 변하지 않는 것을 의미하는 경향이 있다. 오래된 사회, 변하지 않는 사회는 낙후된 사회로서 발전을 위한 계몽의 대상이 되었으며 계몽은 서구의 아프리카 식민 지배를 정당화하는 도구로 이용되었다. 계몽이 오래 지속될수록 성스러운 임무에 매진할 그들의 시간도 오래 지속되는 것이었기에 '전통'은 변해서는 안 되는 것이었다. 이 자기합리적 사명감을 위해, 그리고 가부장적 온정주의의 대상으로 삼기 위해 아프리카의 전통은 항상 덜 성숙되고, 합리적 사고를 방해하고, 변화에 안간힘을 다해 저항하는 반항아로 계속 남아 있어야 했다.

"인류학자들의 임무는 전통적인 형태들을 상세히 기록하는 것이었다. 그들은 변화가 감지되는 경우에도 원형의, 전통적인 측면들만을 보았다. 전통 가족제도의 풍습, 전통 종교,

전통 정치제도 따위가 이들의 관심의 대상이었다."[76]

오늘날 이런 생각은 심각한 도전을 받고 있지만 아직도 전통을 변화에 대한 저항으로 인식하는 사람들, 보호의 대상으로 생각하는 사람들, 현대의 도시 생활과는 맞지 않는다고 주장하는 사람들이 있다. 우리가 이 책에서 말하는 전통은 이런 전통이 아니다. 아프리카의 구전 전통은 유전적으로 변화의 인자를 갖고 있다. 이하의 단락은 구전 전통의 내포적 개념으로서의 변화, 구전 전통의 주된 개념으로서의 창조와 종 된 개념으로서의 구전, 구전 전통의 재창조, 구연자의 의식 변화 등을 소개한다.

첫째, '변화'는 아프리카 구전 전통의 핵심 개념이다. 전해져 내려온 것을 단순히 그대로 전달하는 행위는 아프리카의 구연예술가들에게 있어 큰 수치이며 청중도 그것을 용인하지 않는다. 내용, 다시 말해, '무엇을 말할 것인가'는 그들에게 크게 중요하지 않다. 그들이 항상 우선시하는 것은 '어떻게 말할 것인가'이며 구연자의 능력을 판단하는 기준 또한 이것이다. 그렇다면 결론은 자명하다. 아프리카의 구연예술가들이 어려서부터 전문적으로 배우는 것이 바로 '어떻게 말할 것인가'와 관련된 즉흥개작 능력이라는 사실은 아프리카의 구전 전통이 변화를 창조의 가장 중요한 덕목으로 인식한다는 것을 말해준다.

텍스트 내용도 개작이 가능하다. 그러나 내용을 바꾸는 데는 한계가 있다. 아프리카 구연예술가들의 창조를 위한 열정은 그래서 텍스트를 초월하는 경우가 많다. 텍스트 이외의 다른 구연 자질에 주목해야 하는 이유가 여기에 있다. 목소리의 강약, 고저, 억양, 빠르기, 얼굴표정, 몸동작, 청중과의 상호작용 등을 포함한 전체 구연 상황에서 관찰되는 이러한 것들과 관련된 변화가 예술가로서의 구연자가 지향하는 것들이다.

아프리카 구전 전통의 또 다른 특징은 주된 개념으로서의 창조와 종 된 개념으로서의 구전이다. '닭의 목을 비틀어도 새벽은 온다.' 이 속담은 김영삼 전 대통령이 기존의 한국어 속담 사전에 있는 '밤이 아무리 길어도 새벽은 온다'를 변형시켜서 만든 것으로 '국민을 아무리 탄압해도 민주화는 달성된다'는 의미를 전달한다. 이것은 전

---

76 Finnegan, Ruth. 1992. Oral Traditions and the Verbal Arts. A Guide to Research Practices. P. 213. London: Routledge.

해져 내려온 것, 다시 말해 '구전(口傳)'을 이용한 새로운 '창조'다. 구연문학이 문학 활동의 중심을 이루는 사회는 우리의 경우보다 훨씬 동적이다. 일례로, '소 잃고 외양간 고친다'와 '소 잃었는데 아직 외양간도 안 고쳤다'에서처럼, 어휘 항목은 그대로 둔 채 문법만 바꿔 의미상 상충되는 모순된 속담 쌍을 만드는 방법은 아프리카에서 전형적으로 관찰되는 현상이다. 요약하면, 종 된 개념으로서의 구전은 주된 개념으로서의 창조를 위해 존재하는 것이다.

셋째, 장르들의 형식과 스타일도 변할 수 있다. 줄루족의 찬양시는 남아공의 급변하는 정치 상황에서 이야기적 요소의 비중이 강화되고 있으며 서아프리카 만데카족의 순자타 서사시는 감상과 관련된 청중의 시간적 부담감을 줄이려고 하다 보니 그 길이가 점점 짧아지고 있다. 소설 속에 삽입된 속담도 속담의 원래 기능에서 벗어나 인격 묘사나 사건에 대한 설명, 복선(伏線) 등을 위한 목적으로 사용된다. 서아프리카의 일부 지역에서 사회 전반에 뿌리를 내린 이슬람은 무속 신앙에도 영향을 미쳐 귀신을 찬양하는 시에 이슬람적 요소들이 등장하기도 한다. 오늘날, 아프리카 구연문학의 전래의 형식과 스타일은 정치적, 사회문화적, 종교적, 예술적 요구에 부응해 스스로 변하고, 재창조되고, 또 타협한다. 이러한 현상들이 누구를 위해서, 누구에 의해서, 어떻게 일어나는지 살펴보는 것은 흥미로운 작업이 될 것이다.

마지막으로, 구연자의 직업 의식도 빠르게 변하고 있다. 법적 강제성을 지닌 전근대적인 제도는 철폐된 지 오래되었지만 사람들의 머릿속에서 수직적인 사회 계층 개념이 완전히 사라진 것은 아니다. 그럼에도 불구하고 서구문화에 기인한 대중의 의식 향상은 구연예술가들의 경우에도 예외는 아니었다. 이들은 과거의 수동적인 역할에서 벗어나 자기 정체성을 공개적으로 표출하면서 의식화된 창작 활동을 전개하고 있다. 전통 질서를 부정하지 않으면서 동시에 새로운 가치를 옹호하는 이들에게 있어 바람직한 사회 변화를 위한 그들의 역할이 무엇인지는 자명하다. 남녀평등과 직업의 평등을 포함한 평등한 인간관계가 아프리카 구연예술가들의 주된 표현 가치로 부상한 것은 과거에 그들의 사회적 신분이 낮았던 사실에 기인한다.

5.5.6. 최근의 연구 동향

아프리카를 연구하는 데 있어 우리가 넘어야 할 가장 큰 장애물은 일반화의 오류다. 아프리카의 구전 전통은 종족의 수, 언어의 수만큼이나 다양하다. 제5장 '아프리카의 구전 전통과 현대 사회'는 가장 많은 집단에 의해 공유되는 현상들을 소개한 것에 불과하며 그 뒤에 공유되지 않는 수많은 다른 현상들이 있다는 사실도 중요하다. 본 절은 이것을 의식하면서 아프리카 구전 전통의 최근 연구 동향을 소개한다.

첫째는 연구 지역과 연구 대상의 확대다. 국내외 아프리카 관련 연구 기관과 연구자의 수가 늘어남에 따라 지금까지 잘 모르고 있던 아프리카 개별 종족의 문화에 대한 새로운 사실들이 밝혀지고 있다. 특히 우리나라의 경우, 한국연구재단이 후원하는 인문한국사업(HK사업)을 계기로 한국외국어대학교 아프리카연구소를 비롯한 다수의 연구 기관들이 서울과 지방에서 괄목할 만한 연구 성과를 내놓고 있다.

둘째는 문화 특징적인 현상들에 대한 연구 비중이 높아지고 있다는 것이다. 이는 거대한 이론을 구축하기 위해 사례 연구에 치중하던 과거의 경향에 도전하는 것으로서 바람직한 추세라고 할 수 있다. 일례로, 필자의 하우사 속담 구조에 관한 연구는 '이중 구조'와 '둥지를 튼 이중 구조' 같은 텍스트 조직의 원리에 주목하면서 속담의 기능만큼 속담의 시적 측면도 중요하다는 것을 밝히고 있다.[77] 이 밖에도 도시 우화의 탄생 과정, 포스트콜로니얼 트릭스터, 마법과 리얼리즘, 현대 작가들의 작품 속에 반영된 구전 전통, 천에 새겨진 무늬의 문화적 의미, 색깔과 관련된 상징 등 다양한 분야의 연구들이 개별 종족의 특징적인 문화 현상에 초점을 맞춘다.

셋째는 아프리카의 구전 전통과 아프리카 문화의 정체성에 관한 연구다. 이러한 연구는 크게 두 부류로 나뉜다. 먼저, '특정 집단의 특정 장르에 투영된 문화 정체성' 유형은 오랜 연구 전통을 자랑하며 현재에도 많은 사람들의 관심의 대상이 되고 있다. 소설이라는 장르의 아프리카적 정체성, 그 과정에서 대두되는 아프리카적 리얼리즘과 아프리카적 문체론, 아프리카의 현대시와 구전 전통, 아프리카의 대중음악과

---

77 Jang, Tae-Sang. 1999. 'A Poetic Structure in Hausa Proverbs.' Research in African Literatures 30(1): 83-115.
-. 2002. 'Aspects of Poetic Balance and Cohesion in Hausa Proverbs.' Journal of African Cultural Studies 15(2): 215-236.

구전 전통 등 현대 아프리카의 지성인들이 추구하는 이 정체성은 20세기 초 유럽에 체류하면서 '마치 이방인의 관점에서 아프리카의 문화를 대하는 자세로' 네그리뛰드 운동을 전개한 프랑스령 서아프리카 출신 작가들의 낭만적 정체성과 구별된다.

넷째, 아프리카에 불고 있는 민주화의 바람은 인종 간의 벽, 종족 간의 벽을 허물고 있다. 1994년 넬슨 만델라가 남아공 대통령에 취임하면서 백인 소수 독재는 종식을 고하고 흑인들이 사회 전면에 등장하기 시작했다. 인종 차별 금지, 정치보복 금지와 같은 제도적 변화와 함께 국민들 간의 화합을 위한 노력이 사회적 추세로 정착되고 있다. 이에 호응하는 문화예술계의 변화도 감지된다. 소위, 문화의 경계 허물기가 그것이다. 대학에서는 교수와 학생들이 중심이 되어 다양한 프로젝트를 수행하고 있는데 이 과정에서 구전 전통이 문화적 구심점으로 떠오르기도 한다. 일례로, 탄광촌에서 향수를 달래기 위해 흑인 광부들 사이에서 애창되던 이스까타미야[78] 같은 대중음악 장르가 인종과 종족을 초월한 문화유산으로 자리매김 하고 있으며 이에 대한 학술연구문헌도 나오고 있다. 아프리카에서 차지하는 남아공의 위상을 생각할 때 이것은 국지적 차원을 넘어서는 의미를 갖는다. 구전 전통을 이용한 문화 간 벽 허물기는 다민족으로 구성된 아프리카의 다른 나라들로 확산되고 있다.

끝으로, '상황 속에서 부상하는 의미'도 연구자들의 관심을 끈다. 관습화된 의미가 아닌, 개별 구연 상황 속에서 탄생하는 의미는 구전 전통의 역동성을 전제로 하는 개념이다. 삶의 일부로서의 아프리카의 구전 전통은 그것을 둘러싼 주변의 정치 사회적 환경에서 자유로울 수 없다. 보통의 상황에서 흥을 돋우기 위해 구연되는 이야기가 특정한 상황에서는 한 집단의 단결을 위한 정치적 도구로서의 역할을 할 때도 있다. 상황적 의미라는 개념은 속담을 살펴보면 금방 이해된다. 하나의 속담이 어떤 경우에는 위로의 목적으로 사용되지만 또 어떤 경우에는 비난의 목적으로 사용된다는 것은 상황적 의미, 다시 말해 상황 속에서 부상하는 의미가 무엇을 말하는지 보여준다. 현대의 아프리카 구연예술가들은 자기정체성이 뚜렷한 사람들이다. 이들의 눈과

---

78 이스까타미야는 발끝으로 가볍게 춤을 춘다는 의미를 지닌 남아공 줄루족의 말로서 댄스 스텝이 수반되는 깊고 부드럽고 꽉 찬 느낌을 주는 아카펠라(교회음악) 형식에 줄루족의 음악 전통이 결합된 남아공 대중음악의 한 장르다. 1960년대에 현재 우리가 알고 있는 음악 형식으로 발전했으며 조셉 샤발랄라가 이끄는 보컬그룹 레이디스미스 블랙 맘바조에 의해 국제적인 명성을 얻었다.

귀를 피해 갈 수 있는 사회 현안은 존재하지 않는다. 이들은 현안과 관련된 기존의 또는 미래의 발화들을 의식하며 끊임없이 대화하고 또 끊임없이 새로운 의미들을 만들어낸다.

제6장
조형 예술

아프리카는 현대 미술의 출발점이다. 아프리카와 유럽의 지난 수백 년의 교류사가 불행한 사건들로 점철되었다는 것을 생각해 볼 때, '현대 미술의 출발점'은 언뜻 이해하기 힘든 말처럼 들린다. 유럽의 정치가들이 자국의 이익을 위해 수단과 방법을 가리지 않고 아프리카를 수탈했다면 20세기 초의 서구 예술가들은 순수한 열정으로 아프리카 미술을 이해하려고 노력했다. 그러나 그 모든 과정이 순탄한 것만은 아니었다. 서양인들은 19세기에 가서야 아프리카 미술의 존재를 인식했지만 문화내적인 관점에서 그들의 미적 기준을 평가하려는 노력은 게을리했다.

6.1. 아프리카의 조형 예술과 현대 미술의 탄생

아프리카의 문학, 음악, 미술을 논할 때 우리가 늘 경계해야 할 것은 그 기능적 측면을 지나치게 강조하는 것이다. 인류학이나 민속학에서는 제도나 관습의 기능이 매우 중요하지만 모든 분야에서 다 그런 것은 아니다. 우선, 자주 언급되는 아프리카 예술의 기능적 측면을 살펴보면 다음과 같다.

첫째, 문자가 없던 사회에서 예술은 인간의 내면세계를 외부에 표현하거나 역사적 사건을 기록하는 언어적 기능을 대신했다. 베닌 제국의 청동 장식판은 특히 유명하다. 베닌 제국을 건설한 비니 또는 에도라 불리는 사람들은 모두 넓은 의미의 요루바족에 속한다. 베닌 예술은 15세기에 이곳을 방문한 포르투갈인들에 의해 세상에 알려지게 되었다. 1897년에는 영국의 침략으로 베닌의 수도가 함락되고 수천 점의 예술품이 약탈당해 런던의 대영박물관에 전시되었다. 외부 세계와 접촉하기 훨씬 이전부터 만들어지기 시작한 이 청동 장식판은 왕이나 전사들의 상(像)을 새겨 넣은 것으로서 역사적 사건들을 기록하고 기념하기 위한 것이었다.

둘째, 예술은 인간이 통제할 수 없는 초자연적인 힘과 인간 사이의 소통을 위한 도구로 이용되었다. 남서나이지리아 요루바족의 쇠로 만든 새 모양의 조형물은 막대기 위에 꽂는 장식물로서 오리샤의[1] 하나인 오사닌이라는 약초의 신을 상징하는데 질병

1 요루바족의 이파 신앙에 따르면, 우주의 오른쪽에는 '오리샤'라고 불리는 400개의 좋은 신이 있고, 왼쪽에는 '아조군'이라고 불리는 200개의 나쁜 신이 있다.

을 치유하고 마법을 물리치는 힘을 갖는다.

셋째, 예술품은 그 소장자의 신분과 지위를 과시하기 위해 만들어졌다. 2장에서 살펴본 가나의 아산테족은 아산테 제국을 건설한 종족이다. 아산테족의 의자는 왕이나 추장의 권위를 상징했다. 앉는 자리는 초승달처럼 둥근 형태로 되어 있고 받침목인 하단은 사람이나 동물의 형상을 조각했는데 의자 전체를 통나무를 깎아서 만들었다. 용도는 실용적이었지만 종교적인 의미도 띠고 있었다. 아산테족은 의자는 영혼이 앉는 자리라고 믿었기 때문에 사용하지 않을 때는 지나다니는 영혼이 앉지 못하도록 방 한 구석에 세워서 기대 놓았다. 아래의 그림은 아산테 왕실에서 사용되던 의자의 실제 모습이다.

아산테족의 걸상

넷째, 예술품은 집단의 신념이나 가치를 표현했다. 아래의 조각상은 잠비아와 콩고 민주 공화국에 거주하는 펨바라 불리는 욤베족의 모자상(母子像)이다. 아프리카의 어머니상은 크기, 의미, 친밀감의 정도, 스타일 등이 매우 다양하다. 어머니 상은 일반적으로 아름다움과 다산(多産)을 상징하며 부족의 시조격인 태고의 어머니를 표현한다. 상은 주로 사당에 안치된다. 사람들은 상 앞에서 아기를 갖게 해 달라고 소원하며 임신한 여인들은 순산(順産)을 빈다.

욤베족의 모자상(母子像) (31.8 x 11.4 x 9.5cm)

아프리카 조형 예술의 기능적 측면이 전반적으로 강조되는 분위기 속에서도 피카소, 마티스, 무어와 같은 사람들은 그 원시적 생명력과 기하학적 단순성에 주목했다. 원근법, 대칭, 시각적 통일성과 같은 회화의 기본 원칙이 무시되고 모든 것이 원통과 원추의 형태로 그려진 피카소의 '아비뇽의 처녀들'은 수천 년 서양 예술사를 뒤흔든 일대 사건이었으며 20세기 미술사의 문을 연 위대한 작품이 되었다. 피카소는 어느 날 흑인 미술의 추상적 단순성에 매료되었고 이것이 그의 작품 아비뇽의 처녀들에 그대로 투영되었던 것이다. 길게 찢어진 텅 빈 눈, 원통 모양으로 그려진 팔과 다리, 원추 모양의 코는 새로운 회화의 시작을 알리는 종소리가 되어 온 세상에 퍼져 나갔고 큐비즘이라는 예술사적 혁명의 길을 여는 시발점이 되었다. 조각가 헨리 무어를 비롯한 당대의 사람들도 아프리카 미술의 특징이 희망과 공포, 신앙을 묘사하는 강한 생명력이라는 것을 알고 있었지만 피카소는 여기서 한 걸음 더 나아가 그것을 그의 작품의 출발점으로 삼았던 것이다. 가장 뛰어난 천재의 천재성은 그에 버금가는 천재들조차 이해하기 힘들었다. 피카소의 친구들은 아비뇽의 처녀들을 보고 "이것이 그림이란 말인가?"할 정도로 개탄했다. 그의 절친 마티스도 머리를 흔들었고 브라크는 "이것은 우리에게 밥 대신 밧줄을 먹고 물 대신 석유를 마시라고 하는 것과 같다"라고 혹평했다. 그러나 몇 달에 걸친 수백 장의 데생과 연습 끝에 그의 나이 26세가

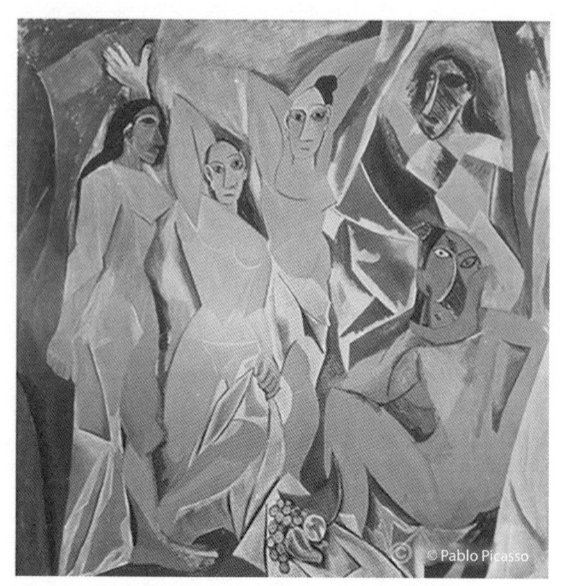

아비뇽의 처녀들(1907) (243.9 x 233.7cm) 뉴욕 현대 미술관 소장

되던 1907년 늦여름에 나온 이 작품은 회화, 조각, 건축, 영화, 문학을 비롯한 모든 장르의 나아갈 방향을 안내하는 이정표가 되었다.

6.2. 미학적 기준, 작품의 관찰, 가면

이 책에서 말하는 조형 예술은 문학, 음악, 극, 춤과 같은 시간 예술의 대척점에 있는 공간 예술을 통칭하는 개념, 다시 말해 미술과 거의 동의어적 관계에 있다. 따라서 회화, 조각, 조형물, 공예 등을 아우르는 넓은 의미로 사용된다.

아름다움을 추구하는 인간의 욕망은 인종과 종족을 초월하는 것이지만 아름다움을 정의하는 방식은 시간적, 공간적, 문화적으로 큰 차이를 드러낸다. 조각상도 마찬가지여서 이와 관련된 아프리카 각 종족의 심미적 기준을 문화내적인 관점에서 모두 기술하는 것은 불가능하다. 그렇다고 해서 아프리카 내에서 일반적으로 통용되는 기준이 없는 것은 아니다. 이 중에서 중요하다고 생각되는 것들을 소개하면 다음과 같다.

첫째, 아프리카인들은 눈에 보이지 않는 신이나 영령의 형상을 조각하지 않는다.

그러나 이 기준이 적용되지 않는 경우도 관찰된다. 남서나이지리아의 요루바족은 '이파'라고 불리는 통일된 종교, 철학 체계를 가지고 있는데 이파의 일부 신들은 조각상의 형태로 만들어진다.

둘째, 특정한 대상이 아닌 불특정한 인간이나 동물의 형상을 주로 묘사한다. 이러한 점에서 볼 때 아프리카의 조형 예술은 고대 그리스로마의 조형 예술과 많은 차이를 보여준다.

셋째, 노인이나 어린아이 대신 인생의 절정기에 있는 젊은 사람들의 상을 주로 만든다. 이것은 아프리카의 조형 예술이 힘과 다산을 상징하는 것과 관련이 있다는 것을 말해준다.

넷째, 좌우 대칭과 균형이 중시된다. 옆으로 돌아앉아 턱을 괴고 있는 모습이나 한쪽방향으로 비튼 몸이 아닌, 두 발은 지면에 밀착하고 양팔은 곧게 펴 몸에 붙인 채 정면을 응시하면서 똑바로 서 있는 인물상이 주류를 이룬다. 비대칭성은 금기시되는 것은 아니지만 작품의 중심부에는 잘 나타나지 않고 주변부에서만 관찰된다.

다섯째, 조각면의 돌출된 부분과 푹 꺼진 부분의 명암 대비를 통해 입체감을 표현한다. 아래의 조형물은 나무로 만들어진 콩고 민주 공화국 펜데족의 가면이다. 광대뼈, 코, 눈, 눈썹 주위의 불거져 나온 부분은 반사된 빛으로 인해 밝게 보이고 움푹 들어간 부분은 어둡게 보인다.

콩고 민주 공화국 펜데족의 가면

나이지리아의 요루바족과 말리 공화국의 밤바라족의 예를 통해 위에서 말한 것들이 구체적으로 어떻게 실현되는지 살펴보자. 톰프슨은 그의 저서 『아프리카 예술의 역동성』에서 요루바족은 예술 작품을 평가하는 정교한 기준을 가지고 있다고 주장한다. 그가 제시하는 열아홉 개의 기준들 중에서 여섯 개를 소개하면 다음과 같다.

1. 지조라: 실물과 추상 사이의 균형
2. 이파라혼: 모든 부분을 세세한 곳에 이르기까지 분명하게 표현함
3. 디돈: 빛과 그림자를 통해 조각면의 입체감, 명암, 부드러움을 강조
4. 기군: 수직성, 대칭성, 몸을 곧게 펴고 똑바로 서 있는 자세
5. 오도: 젊음, 인생의 절정기에 있는 사람을 묘사함
6. 툿: 안정감, 절제, 차분함

밤바라족의 조각상도 정도상의 차이는 있지만 전체적으로 다음과 같은 특징을 갖는다. 이마에 정면으로 박힌 눈, 가지런히 내려져 몸 옆에 밀착된 팔, 양 발에 고르게 실린 체중은 차분하면서도 절제된 느낌을 주며 관찰자의 시선을 머리에서 시작해 배를 거쳐 발끝까지 자연스럽게 이동시킨다. 실제보다 크게 묘사된 머리는 사고와 감정의 중심이 머리라고 생각하기 때문이며 여성의 큰 배와 튀어나온 배꼽은 다산을 상징한다.

작품에 대한 관찰과 감상은 주관적인 영역에 속한다. 지하철 벽면의 낙서나 그림, 전동차 내의 광고 문구에서도 심미적 감흥을 느끼는 사람들이 있다. 다른 민족이나 문화권의 예술 작품이라면 문제는 더 복잡해진다. 아(我)의 기준이 아닌 타(他)의 기준에서 감상하는 것은 많은 노력이 요구되는 행위이기 때문이다. 우선 해당 집단의 문화에 대한 이해가 필수적이다. 설사 그렇다 하더라도 관찰자 자신의 문화적 기준을 완전히 버릴 수는 없다. 그래서 다른 집단의 예술에 대한 감상은 어쩌면 아(我)의 기준과 타(他)의 기준의 절충인지도 모른다. 아래에 열거된 것들은 순전히 객관적 차원에서의 관찰을 위한 것들이다. 이러한 것들이 작품을 이해하는 데 얼마나 도움이 될지는 모르지만 최소한 작품과 관련된 가장 기초적인 정보라는 점은 분명하다.

1. 대상의 물리적 차원에 대한 관찰

가로, 세로, 두께, 무게 등에 대한 관찰

2. 사용된 재료와 관련된 관찰
   목재가 사용되었는가? 석재가 사용되었는가? 금속재가 사용되었는가?
   접착제와 접착 부위 등에 대한 관찰
3. 내용에 대한 관찰
   무늬, 그림, 장식, 글씨 등에 대한 관찰
4. 조각법에 대한 관찰
   양각(揚角)(돋을새김), 요각(凹角), 식각(蝕刻) 등에 대한 관찰
5. 형태에 대한 관찰
   선, 면, 색, 질감 등에 대한 관찰

마지막으로, 가면은 아프리카의 조형 예술을 대표하는 조각품으로 거의 모든 종족들한테서 관찰된다. 종교적 성격을 띠는 물건들이 호리병박으로 만든 큰 용기나 항아리 또는 사당과 같은 은밀한 장소에 보관되는 반면, 가면은 그것이 비록 종교와 관련을 맺는다 하더라도 일반에 공개되는 것이 보통이다.

가면은 주로 종교적, 주술적 성격을 띤 가면 의식에 등장한다. 여성은 보통 가면 의식에 참여하지 않지만, 많은 종족의 민담이나 신화를 분석해 보면 가면 의식이 원래 여성의 전유물이었으며 여성에 의해 시작되었다는 것을 알 수 있다. 오늘날 아프리카의 가면 의식은 주로 남성들이 주도한다. 가면 의식에서 가면은 두 가지 목적으로 사용된다. 첫째, 가면은 착용한 사람의 정체를 감춘다. 둘째, 가면을 쓴 사람은 해당 가면이 상징하는 대상, 즉, 신이나 사람 또는 특정한 의미로 간주된다. 가면은 조상이나 죽은 친척을 뜻하기도 하며 흉한 모습의 가면은 어떤 질병의 결과를 뜻하기도 한다.

아프리카의 가면은 사실성과 추상성이 결합된 경우가 많지만 극단적인 초현실성을 드러낼 때도 있다. 초현실성은 기하학적 단순성을 특징으로 한다. 서구의 예술 전통과는 달리 비대칭이나 불균형이 부각되는 예는 거의 관찰되지 않는다. 나중에 살펴보겠지만, 말리 공화국의 반디아가라 협곡 절벽에 굴을 파고 거주하는 도곤족의 가면은 아프리카에서 가장 초현실적인 모습을 보여준다.

6.3. 서아프리카 주요 종족의 조형 예술

본 절에서는 서아프리카를 크게 세 개의 권역 (1) 나이지리아 (2) 열대 사바나 기후대와 사헬 기후대 (3) 열대 우림 기후대로 나누어 설명한다. 첫 번째 권역인 나이지리아는 아프리카에서 가장 많은 인구를 가지고 있으며 가장 규모가 큰 종족들이 살고 있는 나라다. 나이지리아를 기후대에 따라 분류하면 여러 개의 권역으로 나눌 수 있지만 여기서는 이 기준을 무시하고 단일 권역으로 묶어서 다룰 것이다. 그 이유는 하우사족, 요루바족, 익보족, 에도족, 이조족과 같은 나이지리아 내의 큰 종족들이 한때 강대한 제국이나 왕국을 건설한 적이 있으며 문화적으로도 서로 영향을 주고받았기 때문이다.

두 번째 권역은 열대 사바나 기후대와 사헬 기후대에 사는 종족들이다. 이들은 오래전부터 이슬람을 받아들이고 북아프리카 및 중동의 아랍 세계와 교류했다. 우리가 살펴볼 열대 사바나 기후대와 사헬 기후대의 서아프리카는 서 수단으로 불리는 지역이다. 수단이라는 이름은 그리스로마 시대부터 사하라 사막 이남의 서아프리카를 부르는 말로 사용되었다. 따라서 서 수단은 서아프리카의 서쪽을 의미한다고 보면 된다. 서 수단의 종족들 중에서 도곤족, 텔렘족, 월로프족, 밤바라족, 세누포족, 만딩카족, 브와족, 모시족의 조형 예술을 살펴볼 것이다.

세 번째 권역은 기니만에서 가까운 대서양 해안 지역이다. 이곳은 열대 우림 기후대의 울창한 삼림 지역으로 이슬람의 영향권 밖에 있었기 때문에 가면 의식과 같은 이교도적 의식을 행하는 비밀 종교 단체와 관련된 예술이 발달했다. 기니 해안 지역은 대부분 소규모의 정치체로 나뉘어져 있었고 강력한 왕권을 토대로 하는 왕국은 기니만의 동쪽 끝에 국한되어 있었다. 이 중에서 요루바족, 에도족, 이조족은 첫 번째 권역인 나이지리아에 포함시켰기 때문에 여기서는 가나의 아산테족을 중심으로 같은 아칸어(語) 계열에 속하는 판테족과 바울레족, 현재의 베닌 공화국에 다호메이 제국을 세웠던 폰족, 그 밖에 비됴고족, 바가족, 멘데족, 단족의 조형 예술을 살펴볼 것이다. 이들 해안의 종족들은 북쪽의 사헬, 사바나 기후대의 사람들과 교역했으며 이들의 중계로 북아프리카 지역과도 교류했다. 15세기 말부터는 해안에 요새를 구축한 서양인과 접촉하게 되면서 노예 무역으로 축적된 경제력을 기반으로 한 강력한 정치체가 등장하기 시작했다. 기니만에 최초로 상륙한 유럽인은 포르투갈인이었다.

왼쪽: 가봉과 카메룬에 거주하는 팡족의 가면, 목재에 카올린(kaolin)이라 불리는 점토를 발랐다. 밤에 거행되는 가면극에서 분쟁을 해결하거나 나쁜 행실을 꾸짖는 목적으로 착용되었다. 차분한 얼굴 표정은 잘못 행동한 사람들한테 두려움을 준다. (베를린 민족학 박물관 소장)

오른쪽: 코트디부아르 북부, 말리 남동부, 부르키나파소 서부에 분포하는 세누포족의 가면 (뉴욕 브루클린 박물관 소장)

그 후 패권은 네덜란드를 거쳐 영국과 프랑스한테 넘어갔다.

6.3.1. 나이지리아의 조형 예술

본론에 들어가기에 앞서 녹 문화에 대해서 잠시 언급할 필요가 있다. 녹 문화는 기원전 10세기부터 기원후 5세기까지 중부나이지리아에서 번성했던 문화로 유약을 바르지 않은 적갈색의 점토를 불에 구운 테라코타 상(像)으로 유명하다. 이것은 서아프리카에서 출토된 최초의 조형물로 간주된다. 녹 문화는 1928년 나이지리아 플래토우주의 주도(州都)인 조스에서 주석을 채굴하다가 우연히 발견되었다. 테라코타 상은 대부분 실물 크기의 두상과 다양한 자세의 전신상이지만 동물을 소재로 한 것도 있다. 동물은 자연스럽게 묘사되었지만 사람의 머리는 원통이나 원뿔 모양을 하고 있는 것이 많다. 상들은 독특한 형태의 머리 장식을 보여주며 목걸이와 같은 장신구를 착용한 것도 있다. 녹 문화는 서아프리카 조형 예술의 역사가 고대까지 거슬러 올라간다는 것을 말해준다. 기록이 없어 단정할 수는 없지만, 녹 문화는 나중에 요루바족의 이페 왕국에 전해진 것으로 추정된다. 녹 문화를 건설한 사람들은 서아프리카에서 철기를 최초로 만들었으며 석기도 함께 사용했다. 타루가의 용광로는 기원전

왼쪽: 무릎에 턱을 괴고 앉은 남자, 38cm(높이) x 13cm(너비), 기원전 500년~기원후 500년
가운데: 여성, 48cm(높이), 900~1500년 전
오른쪽: 말과 기수, 53cm(높이), 1400~2000년 전

5~3세기에 조성된 것으로 보인다.

일반적으로 아프리카에서 발견되는 점토 상(像)에는 불에 굽지 않은 것과 불에 구운 것이 있다. 불에 굽지 않은 것은 아프리카 전 대륙에서 만들어졌지만 잘 부서졌기 때문에 보전과 수집이 어려웠고 따라서 큰 관심의 대상이 되지 못했다. 고대에 만들어져 현재까지 전해지고 있는 불에 굽지 않은 점토 상에는 차드 호수 주변의 다이마와 짐바브웨에서 출토된 것들이 있다. 전자(前者)는 평지의 흙무덤에서 발굴된 작은 상들인데 기원전 5세기 이전의 신석기 때 제작된 것으로 추정되며, 퇴적층에서 발견된 후자(後者)는 10세기 말에 만들어진 것으로 추정된다. 다이마와 짐바브웨에서 나온 것들은 점토가 아프리카에서 아주 오래전부터 조형물의 재료로 이용되어 왔음을 말해준다. 불에 구운 상들 중에서 가장 오래 된 것은 철기시대 녹 문화의 테라코타로 속이 빈 큰 형태가 특징이다. 이런 특징은 그보다 훨씬 이전에 어떤 원형적인 형태의 목재상이 있었음을 암시한다.

6.3.1.1. 이페와 요루바족

나이지리아를 관통하는 니제르강의 남쪽과 서쪽의 광활한 영토에 거주하는 요루바족은 거주 지역 내의 여러 집단들 사이에 독립적인 역사적, 문화적 전통이 존재한다. 따라서 요루바족은 북쪽의 하우사족이나 동쪽의 니제르강 건너편에 있는 익보족에 비해 상대적으로 결집력이 떨어진다. 이페도 이러한 도시들 중의 하나였다. 요루바 신화는 이페에서 세상이 창조되었다고 말한다. 요루바족도 이페가 갖는 종교적 지위를 부정하지 않는다. 12세기에서 15세기에 번성했던 이페는 남쪽의 열대 우림 기후대와 북쪽의 사헬, 사바나 기후대를 잇는 중계 무역으로 부를 축적했다. 오요 제국이 내분에 휩싸여 지방에 대한 통제력을 상실했을 때에는 그 위세가 절정에 달한 적도 있다.

이페 조각상은 자연주의적 색채가 두드러진다. 1910년에 처음으로 출토된 이페 조각상은 아프리카의 조형 예술에 대한 일반적인 인식을 바꾸어놓는 계기가 되었다. 그 이전까지 유럽인들이 아프리카의 예술에 대해서 품었던 생각은 19세기 말과 20세기 초의 아방가르드적 사고에서 벗어나지 못했다. 다시 말해 아프리카의 예술은 야성적이고, 원시적 생명력으로 충만하며, 기하학적 단순성과 추상성을 드러내고, 가면도 나무로 만든 가면만 존재한다는 생각이 그것이었다. 이페에서 발굴된 유물은 이런 선입견에 정면으로 배치되는 것이었다. 청동, 점토 등으로 제작된 실물 크기의 이페 조각상은 신과 인간, 동물을 포함하는 다양한 대상의 삶과 존재의 생생한 측면을 사실감 있게 묘사했다. 인물상에는 왕족과 귀족은 물론 이들의 수행원과 환자와 범죄자들까지 포함되어 있다. 이페 조각상은 인류 예술의 걸작 반열에 드는 것이었다.

이페의 조형 예술은 나중에 요루바 예술 전반에 큰 영향을 미쳤다. 요루바 인물상은 툭 불거져 나온 눈, 평행을 이루는 돌출된 입, 양식화된 귀를 제외하면 기본적으로 이페의 자연주의적 기법을 계승했다. 요루바 조형 예술은 많은 변이형이 존재하는데, 지역적 변이형과 더불어 종교나 의식(儀式)에 따른 변이형이 있다. 천둥의 신인 샹고는 쌍도끼를 상징하는 물건을 휴대하고 샹고의 제단에는 절구를 올려놓는데 그것은 절구로 곡식을 빻는 소리가 천둥소리와 비슷하기 때문이다. 샹고의 상 이외에도 도끼나 절구 따위의 상이 있는 것은 이런 이유에 기인한다. 샹고가 천둥의 신이면 오군은 철의 신이다. 오군은 전사의 신, 사냥꾼의 신, 대장장이의 신도 된다. 쇠는 칼을 만드는 데 이용되고 칼은 전사와 사냥꾼이 휴대하며 쇠를 다루는 사람은 대장장이이기 때문이다. 오군의 상을 제작할 때 오군을 숭배하는 집단의 특성을 반영하는 물건을 함께 조각하는 경우가 많다. 오늘날 오군은 트럭 운전사의 신도 된다. 트럭이 쇠로 만들어진다는 것을 생각하면 충분히 이해할 수 있다.

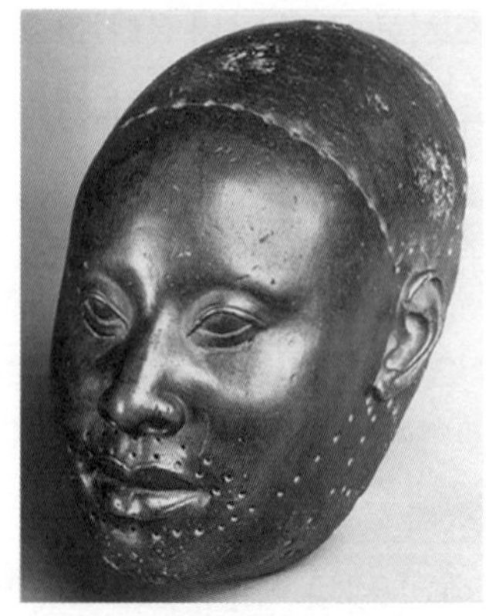

왼쪽: 이페 구리 가면, 1300년 경 (높이 29.2cm)
오른쪽: 이페 조각상, 왕관을 쓴 두상, 청동 주조, 14세기~15세기 초 (높이 35cm)

왼쪽: 요루바 신(神) 샹고와 쌍도끼 (브라질 리오 데 자네이로 국립박물관 소장)
오른쪽: 요루바 신(神) 샹고를 상징하는 기호

6.3.1.2. 에도족

에도족은 베누에강과 합류한 후 기니만으로 흘러들어가는 니제르강 서쪽에 거주한다. 에도는 언어, 종족, 지역을 동시에 가리키는 말이며 종족을 뜻할 때는 에도 대신 비니라는 말도 사용된다. 에도족은 과거에 베닌 제국을 건설했다. 제국의 수도는 에도였으며 베닌시티로 더 잘 알려져 있다. 에도족은 요루바족의 한 갈래로 이들이 세운 나라는 서아프리카 기니만 내륙에 건설된 가장 강대한 국가들 중의 하나였다.

베닌 제국의 역사는 11세기까지 거슬러 올라가며 15세기부터 시작된 포르투갈과의 노예 무역, 상아 무역을 통해 국력이 크게 신장되었다. 베닌 제국은 1897년 대영 제국에 병합되었다.

에도족은 14세기 말 이페에서 황동과 청동을 주조하는 기술을 받아들여 왕실의 제단을 장식하는 두상을 만들었다. 베닌 예술은 철저히 왕실 예술로서 신성한 존재나 위대한 왕을 기리는 데 사용되었다. 이페의 영향을 받은 두상과 가면은 자연주의적 특성을 드러내지만 자연의 대상에서 본질적인 것을 추출해 정해진 틀에 따라 변형하거나 단순화시키는 양식화(樣式化)를 보여줄 때도 있다. 양식화는 신이나 왕의 권위를 상징하는 표범이나 악어, 뱀, 물고기 같은 동물의 형상을 묘사할 때 주로 이용되었다. 17세기에는 왕이 도시에 행차할 때 길들인 표범을 줄에 묶어 끌고 다니는 경우도 있었다. 악어는 물의 파수꾼으로 불렸다. 악어는 왕을 상징했는데 그 이유는 악어가 사람을 죽이는 것이 마치 왕이 사형 선고를 내려 사람의 목숨을 앗아가는 것과 비슷했기 때문이다.

구리 합금으로 만든 조형물에는 사방에서 볼 수 있게 조각된 전신상(全身像), 공통의 기부(基部) 위에 세워진 군상(群像), 직사각형의 판 위에 새겨진 상이 있다. 이 중에서 외부에 가장 많이 알려진 것은 세 번째다. 조각판에서 볼 수 있는 원근법과 이야기적 구성은 15세기 말부터 베닌 제국과 교류한 포르투갈인들이 휴대했던 책의 삽화에서 영향을 받았지만 그 제작연대는 이보다 훨씬 과거인 13세기로 거슬러 올라간다. 왕궁 내부의 기둥이나 벽면을 장식하는 데 이용된 베닌 조각판은 일반적으로 베닌 청동판으로 알려져 있지만, '청동'이라는 이름과는 달리 황동으로 주조되었으며, 황동과 청동을 섞어서 만든 것도 있고 목재나 상아, 세라믹(도자기)으로 된 것들도 있다. 베닌 조각판은 직접납형주조법으로 만들어졌다.

직접납형주조법은 영어로는 로스트-왁스 캐스팅이라고 하며 정밀주조법 또는 매몰주조법으로 부르기도 한다. 직접납형주조법은 여러 단계를 거치지만 핵심 과정은 세 가지로 정리될 수 있다. 먼저 밀랍을 이용해 정교한 모형을 만들고, 점토와 같은 재료에 모형을 찍어 본(本)을 뜬 후,[2] 본(本) 속에 녹인 금속 용액을 부어서 만든다. 베닌

---

2 밀랍으로 만든 모형을 진흙 속에 넣은 다음 진흙을 굳힌다. 그리고 외부에서 열을 가하면 진흙 내부의 밀랍이 녹아서 밖으로 배출되고 밀랍이 있던 곳에는 텅 빈 공간이 생긴다. 모형을 찍어 본을 뜬다는 것은 이것을 말하는 것이다.

나이지리아 내에서 에도주와 베닌시의 위치

청동판은 직접납형주조법의 예술적 완성도의 정수를 보여준다.

1897년에 이루어진 영국의 베닌 정벌에는 여러 가지 이유가 있었다. 첫째는, 산 사람을 제물로 바치는 인신 공양이라는 악습을 없애기 위한 것이었고, 두 번째는 베닌 예술품을 약탈하기 위한 것이었다. 영국은 베닌을 공격하기 전부터 전리품으로 전쟁 비용을 충당할 계획을 수립했고 베닌의 수도가 함락된 후에는 수천 점의 예술품을 약탈하여 일부는 본국으로 가져가고 일부는 병사들에게 분배했다. 병사들은 나중에 그것을 경매 시장에서 팔았다. 흥미로운 것은 독일이 정부 차원에서 그것을 사들여 많은 베닌 예술품을 소장한 국가가 되었다는 점이다. 베닌 청동판은 프랑스와 미국으로도 팔려나가 현지의 여러 박물관에 흩어졌고 개인이 소장하고 있는 경우도 있다. 영국의 대영박물관에는 약 200여 점이 보관되어 있다.

두상, 전신상, 군상, 청동 조각판과 더불어 베닌 장신구도 유명하다. 13세기경 외국에서 수입된 청동봉은 팔찌를 만드는 데 이용되었는데 나중에는 황동봉도 이용되었다. 구리합금으로 된 팔찌는 주조가 아닌 단조로 만들었고 상아로 된 팔찌에는 양각(돋을새김) 기법이 사용되었다. 상아는 정교한 조각을 할 수 있는 단단한 조직을 갖고 있어 최상의 재료로 간주되었으며 그 희귀성으로 인하여 최고의 권위를 상징하는

16세기 포르투갈 병사를 묘사한 베닌 조각판

물건을 만드는 데 이용되었다.

에도족은 물건을 소유하는 사람의 신분과 물건의 용도에 따라 재료의 쓰임에 제한을 두었다. 몸에 지니거나 공식 행사 때 입는 휘장이나 예복 같은 왕권의 상징물은 상아나 산호로 만든 염주, 붉은색 천으로 만들었고, 의식과 제례에는 황동이 쓰였다. 붉은색은 적을 위협하는 신비로운 색으로 간주되었다. 왕이나 왕족이 아닌 일반인의 경우에는 상아나 황동 대신 나무가 사용되었다.

나이지리아에서 구리나 구리 합금을 이용한 조각의 역사는 이페나 베닌의 예보다 더 먼 과거로 거슬러 올라간다. 아남브라주(州) 익보 우쿠에서 밀랍으로 본을 떠 만든 구리로 된 동상(銅像)과 청동상이 발견되었다. 이것은 아프리카 조형 예술의 깊은 역사를 보여주는 것으로서 9세기 이전의 작품으로 추정된다. 오순주(州)의 고대 요루바 도시 일레 이페에서 출토된 유물들 중에는 오발루폰 가면과 타다의 사당에 안치된 동상(銅像)이 있다. 이것을 만든 사람들은 청동에 비해 연성이 떨어지는 구리가 주조에 적합하지 않다는 것을 몰랐을 수도 있으며, 특수한 기법을 위해 알면서도 사용했을 수도 있다. 모두 A.D. 500년경에 제작된 걸작에 속하는 작품들이다.

왼쪽: 왕대비를 상징하는 16세기에 만들어진 상아 가면 (23.8 x 12.7 x 8.3cm)
가운데: 상아로 만든 에고고 종(鐘). 상아로 만든 종은 아프리카 전 대륙을 통해 여섯 개밖에 없다. 오바(王)는 악령을 몰아내는 에모보 의식에서 이 종을 사용했다. 종 둘레에는 오바와 군대의 사령관이 양각되어 있다. 높이 35.9cm.
오른쪽: 상아로 된 소금통. 16세기 포르투갈인 방문객을 위한 기념품으로 제작. (19.1 x 7.6 x 8.3cm)

앞에서 일반인의 의식과 제례에는 나무가 이용되었다고 말했는데 지역에 상관없이 나무를 깎는 데는 비슷한 도구가 사용되었다. 아프리카의 장인들은 적당한 각도의 날이 달린 까뀌를 놀라울 정도로 능숙하게 다루었다. 그들은 빠른 속도와 숙련된 솜씨로 나무를 얇게 벗겨냈고, 빛을 포착해 반사하는 작은 단면을 이용해 훌륭한 시각적 효과를 창출했다. 세밀한 작업에는 칼이 쓰였으며 옷 따위에 매달기 위해 구멍을 뚫을 때는 불에 달군 끝이 뾰족한 쇠꼬챙이를 사용했다. 잘려나간 곳은 칼의 옆면이나 거친 나뭇잎에 모래를 묻힌 사포로 문질러 광을 냈다. 나이지리아의 이비비오족은 나무 표면을 불에 달군 도구로 지지거나 그을려 정교한 무늬를 새겨 넣었으며 코트디부아르의 단족은 기름을 칠하기 전에 표면을 어둡게 처리하려고 조각상을 진흙 속에 담가두기도 했다.

6.3.1.3. 이조족

이조족은 니제르강 하류 델타 지역에 거주하는 종족으로 일찍부터 서양인과 교류했다. 이들은 노예 무역에도 깊게 관여하여 내륙에 사는 익보족을 잡아다 해안에 요새를 구축한 백인에게 팔았고, 일부는 그들의 가사 노예로 활용했다. 이조족은 주로 어업으로 생계를 유지했다. 물을 삶의 터전으로 하는 이러한 특성은 종교와 예술에도 반영되어 수중동물은 이조 조형 예술의 중요한 표현소재가 되었다.

이조 어부들은 물의 신을 숭배하는 의식에서 사용하기 위해 악어나 하마 같은 수중동물과 사람의 형상이 혼재된 가면을 만들었다. 이들은 물의 신도 인간처럼 힘과 결점을 갖고 있으며 인간은 그들과 함께 살다가 세상에 다시 태어나 물 밖으로 나온다고 믿었다. 니제르강 삼각주 지대의 동쪽에 거주하는 리버스주(州)의 칼라바리 이조족은 현세의 부와 권력도 물신들이 관장한다고 생각했다. 칼라바리에서 가장 중요한 역할을 수행한 집단은 가장무도회를 주관한 에키네 단체였다. 에키네 남자들은 세련된 의상과 가면을 쓰고 북소리에 맞춰 춤을 췄는데 물신들의 춤을 모방하는 춤사위를 통해 물신의 존재와 그들이 행사하는 영향력을 과시했다. 머리 장식으로 착용하는 가면은 평상시에는 하늘을 향하고 있었기 때문에 춤추는 사람이 몸을 앞으로 구부릴 때에만 관중이 볼 수 있었다. 가면을 보관하는 사당은 조상이나 마을의 영웅을 기념하는 상을 안치하는 사당과 분리되어 있었다. 뛰어난 춤꾼은 사회에서 존경을 받았고 구성원들 사이의 분쟁을 조정하는 역할도 맡았다. 가면무도회에 참가한 사람들 중의 일부는 정말로 신이 들리는 경우도 있었다.

왼쪽: 20세기 초에 제작된 이조족의 나무 가면 / 오른쪽: 이조족의 조각상 ("적(enemy)의 얼굴들")

이조 조형 예술은 20세기 초 현대 미술의 출발점이 된 큐비즘을 탄생시켰다. 서부 이조 계열에 속하는 사람들은 에지리 상을 만들었다. 에지리 상의 상반신 또는 두부

(頭部)는 한 집안의 가장을 상징했고, 하반신에는 가정의 수호신을 상징하는 고도로 도식화된 코끼리나 표범 같은 네발짐승이 조각되었다. 유사한 조형물이 이조족의 거주지 북쪽 델타주(州)에 사는 에도족의 한 갈래인 우르호보족 전사들의 호전적인 전쟁 의식에서도 관찰된다. 이조족과 우르호보족을 비롯한 니제르강 삼각주 지대의 종족은 상(像)을 곡면으로 처리해 입체감을 부각하는 방법을 사용했다. 이것은 피카소, 브라크 등의 큐비즘에 큰 영감을 주었다. 입체파로 번역되는 큐비즘은 르네상스 이래 유럽미술을 지배해온 사실주의 전통과의 결별을 선언한 회화사의 일대(一大) 혁명이었다. 1907년에 발표된 피카소의 『아비뇽의 처녀들』이 그 최초의 작품으로 간주되지만 큐비즘이라는 용어는 1908년 마티스가 브라크의 풍경화를 평할 때 사용한 퀴브(입방체)라는 말에서 유래했다.

동쪽의 칼라바리 이조인들은 목공예품인 직사각형 모양의 제단 가리개를 만들었다. 가리개의 정 중앙에는 조상을 의미하는 얕은 돋을새김의 상이 있고 수행원들이 좌우로 배치되었다. 조상의 모습을 담고 있는 이런 조형물은 19세기 중반부터 제작되었는데 '죽은 자의 이마'라는 뜻의 '두에인 푸바라'라고 불렸다. 이것은 행복과 불행을 관장하는 운명이 신체 부위 중 이마와 연관되어 있다는 이조인의 믿음을 반영했다. 제단 가리개의 구성물과 사각형 틀은 이조인 소목장(小木匠)들이 유럽의 목공예와 판화, 사진 등을 이미 접했다는 것을 말해준다. 인물 배치는 왕과 수행원을 함께 조각한 베닌 제국의 청동판에서 영향을 받았다. 상은 직사각형 형태로 단순 처리된 몸통에서 알 수 있는 것처럼 도식적 형태를 보여준다. 이것은 상대적으로 자연주의적 색채가 강한 에도족과 요루바족의 예술과 대비된다. 1915년 칼라바리의 많은 사당과 그 안의 유물은 기독교 예언자이자 우상파괴주의자인 개릭 브레이드의 주도로 거의 모두 멸실되었다.

6.3.1.4. 익보족

익보족은 니제르강을 중심으로 동서 양쪽에 분포하지만 인구의 90% 이상이 동쪽에 거주한다. 이들은 열대 우림 기후대의 울창한 수림 지역에서 씨족을 단위로 하는

나이지리아의 니제르강 하류 삼각주 지대의 주요 도시와 이조족 및 익보족의 분포 지역

독립된 마을을 이루고 살았다. 세습적인 지도자는 이갈라족의 영향을 받은 북쪽과 베닌 제국의 영향을 받은 서쪽 변방 지역에만 있었다.

익보족은 사람들의 생득적 지위보다 노력을 통해 이룩한 성공을 가장 명예롭게 생각했다. 주인공 오콩크워의 운명에 대한 도전을 통해 유럽과 아프리카라는 상이한 두 세계의 문화충돌을 다룬 아체베의 소설『무너져 내리다』는 익보족의 이러한 전통을 자세히 묘사한다. 오콩크워는 무책임하고 유약한 아버지 웅오카를 경멸한다. 그는 아버지와 같은 실패작이 되지 않기 위해 열심히 일해서 큰 부자가 되었고 젊은 나이에도 불구하고 마을의 유지들만 들어가는 원로 회의의 일원이 되어 사람들로부터 존경을 받는다. 이 작품에서 발췌한 아래의 속담들은 개인적 성취, 자립, 겸손, 공존, 상조(相助), 내면의 자질 같은 익보족의 사회 가치를 표현한다.

* 개인적 성취

"아이도 손을 씻으면 임금님과 함께 먹을 수 있다." (12)

* 자립

"높은 이로코 나무에서 뛰어내린 도마뱀이 아무도 칭찬해주지 않자 스스로 자신을 칭찬하겠노라고 했다." (25)

"태양은 꿇어 엎드린 자보다 서 있는 자를 먼저 비춘다." (12)

* 겸손

“왕의 입을 보면 그가 그 입으로 어머니의 젖을 빨았다고 아무도 생각지 않을 것이다.” (29)

* 공존

“솔개는 솔개대로 둥지를 틀고, 독수리는 독수리대로 둥지를 틀게 하소서. 만일 누가 이것을 부정할 때는 그의 날개를 부러지게 하소서.” (22)

* 상조(相助)

“동물은 옆구리가 가려우면 나무에 대고 긁지만, 사람은 일가친척한테 긁어달라고 한다.” (153)

* 내면의 자질

“곡식은 겉을 보면 그 속이 익었는지 알 수 있다.” (25)

익보족의 문화는 그들의 예술에도 반영되었다. ‘힘의 장소’라는 축어적 의미를 가진 이켕가는 개인적 성취를 관장하는 뿔이 달린 신으로 칼과 도구와 농기구를 잡는 오른손의 힘과 기술을 상징한다. 머리에 뿔이 있는 인간의 형상이 이켕가의 전형적인 형태인데 기부(基部)에 머리와 뿔만 얹혀 있는 것도 있다. 이켕가는 이 밖에도 다음과 같은 다양한 의미를 갖는다: 기도와 제물을 통한 노력, 인간의 운명을 결정하는 ‘치’라고 불리는 개인의 신(神), 조상을 뜻하는 은디치에, 오른손을 뜻하는 아카 이켕가, 힘을 뜻하는 이케. 익보족은 노력, 성취, 업적이 모두 오른손의 힘에서 나온다고 믿는다.

이켕가에는 오른손에 칼을 들고 왼손에는 상아(象牙)나 적의 머리를 들고 있는 전사들의 이켕가, 공동체의 이켕가, 칭호를 딴 사람이 소유하는 이켕가 등이 있다. 익보족의 관습에 따르면, 개인적 성취를 이룬 사람이나 마을에 큰 공헌을 한 사람은 칭호를 딸 수 있었다. 한 사람이 평생 최대 네 개까지 딸 수 있으며 네 개를 모두 따면 마을의 영주가 되었다. 칭호를 하나도 따지 못한 남자는 무능한 사람으로 간주되었다. 익보족은 이런 남자를 ‘아그발라’라고 불렀다. 아그발라는 여성을 다르게 부르는 말

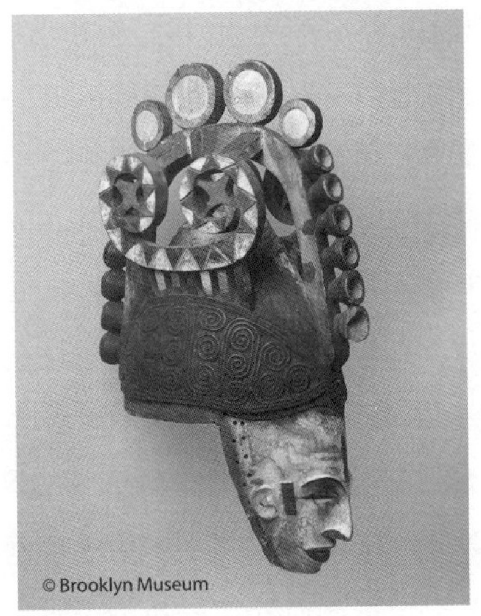
© Collectie Stichting National Museum van Wereldculturen

© Brooklyn Museum

왼쪽: 전사들의 이켕가, 높이 53cm, 폭 14cm, 1987년 이전에 제작
오른쪽: 처녀의 혼령을 상징하는 익보족의 투구 가면 (50.2 x 14.6 x 30.5cm)

이기도 하다. 이켕가는 나이지리아의 아남브라주, 에누구주, 델타주, 코기주에 사는 익보인들 사이에서 유행하지만, 남부나이지리아 니제르강 하류에 거주하는 다른 종족들한테서도[3] 개인적 성취와 자율성을 존중하는 유사한 문화와 이 문화를 반영하는 조형물들을 볼 수 있다. 개인의 노력을 통해 운명을 바꿀 수 있다는 믿음은 요루바족의 이파 신앙에서도 관찰된다. 요루바 종교관에 따르면, 인간은 태어날 때 운명의 머리에 해당하는 '오리'를 가지고 세상에 나오는데 좋은 오리를 갖고 태어난 사람은 인생에서 성공하고 손상된 오리를 갖고 태어난 사람은 실패하는 것이 일반적이지만 손상된 오리도 후천적인 노력과 끊임없는 제물을 통해 개선될 수 있다.

6.3.1.5. 풀라니족

유목민인 풀라니족은 크고 거추장스러운 물건 대신 생활 속에서 간단하게 구현할 수 있는 조형 예술을 발전시켰다. 이들은 칼집, 칼의 손잡이, 신발, 말안장, 돗자리, 장신구, 부적(符籍)처럼 일상의 삶에서 분리될 수 없는 대상을 그들 고유의 문화적 상징

3 이조족, 이샤족, 이소코족, 우르호보족, 에도족.

을 반영하는 기하학적 무늬로 장식했다. 부적과 장신구는 특히 유명하다. 풀라니 남성과 여성은 액운을 물리치기 위한 목적에서 또는 단순히 몸을 치장하기 위한 목적에서 부적을 휴대했다. 여성들은 금으로 된 귀걸이와 목걸이, 은이나 구리로 만든 팔찌를 착용했다. 워다베 부족의 젊은 여성들은 두꺼운 발찌를 차고 다녔으며, 구리나 황동으로 된 다리 장신구를 한 부족도 있었는데, 그 무게로 인해 여성들이 마치 소처럼 뒤뚱뒤뚱 걷는 '소걸음'은 남성들 사이에서 높은 인기를 누렸다. 텐트를 치고 접는 것은 여성들의 몫이었다. 풀라니 여성은 텐트의 안쪽 면과 바닥을 아름다운 수가 놓인 매트로 장식했다. 호리병박 용기와 나무 사발은 복잡한 겉치레를 멀리하는 유목민의 생활 방식을 고려할 때 가장 기본적이면서 동시에 가장 중요한 주방 도구였다. 우유와 치즈, 고기를 담는 이러한 그릇은 가축과 사람, 남성과 여성을 연결하는 의미가 있었고 거기에 가해진 정교한 세공 기술은 자연과 문화의 조화를 상징하는 것으로서 풀라니 예술의 정수를 구현했다.

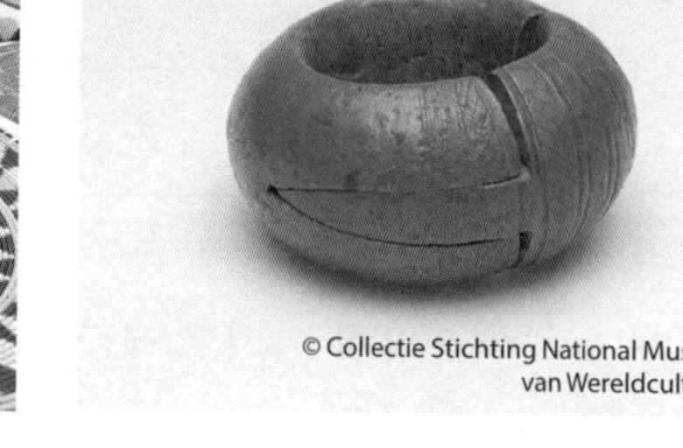

©hdptcar

© Collectie Stichting National Museum van Wereldculturen

왼쪽: 버터와 우유를 담는 호리병박 용기 (풀라니족)
오른쪽: 구리로 만든 팔찌 (5.3 x 10.6 x 10.6cm) (풀라니족)

아프리카 예술의 가장 큰 특징 중의 하나는 수집이 불가능한 것들이 많다는 점이다. 그 예로 풀라니족의 문신을 들 수 있다. 아프리카의 예술을 처음 접한 유럽인들은 어떤 것은 예술의 범주에 포함시켰고 어떤 것은 그 범주에서 배제했다. 가면이나 청동상 따위의 조형물은 예술로 인식되었지만 직물공예나 그릇, 도자기류는 기능적인 물건으로 폄하되었다. 수집해서 보관할 수 없는 것도 관심의 대상에서 제외되었다.

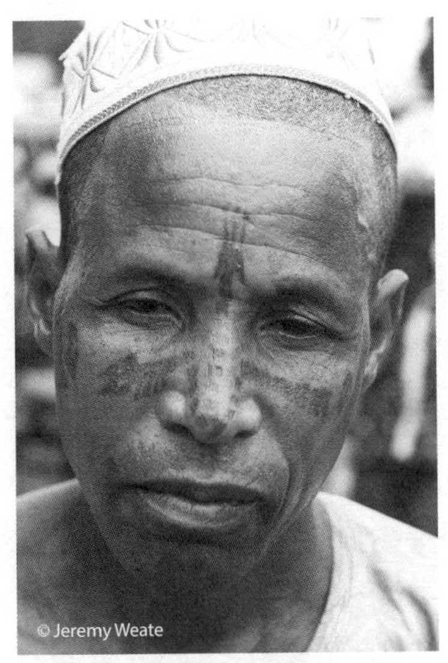

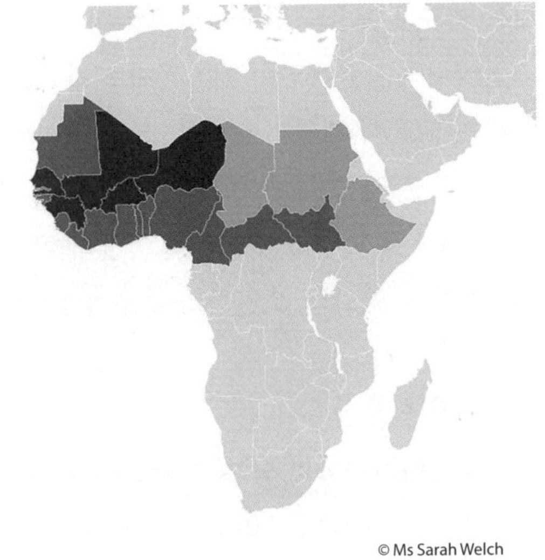

왼쪽: 얼굴 문신을 한 풀라니 남성
오른쪽: 풀라니족의 분포 지도 (색이 진할수록 풀라니족의 거주 밀도가 높음)

아프리카의 회화는 대부분의 경우 예술적 가치가 없는 것으로 간주되었는데 그 이유는 그림이 건물의 벽이나 바위 또는 사람의 피부에 그려져 수집하기가 어려웠기 때문이다. 창조의 심미적 동기는 복잡하다. 하나의 현상이 어떠한 형태로 존재하건 간에, 그리고 어떠한 기능을 가지건 간에, 감상의 대상으로서의 가치를 유지하는 한 예술로 인정되어야 한다는 것을 깨닫는 데는 많은 시간이 걸렸다. 수백 년 동안 지속된 서양인들의 편견이 바뀌게 된 것은 르네상스 이래 유럽 미술계를 지배해 온 사실주의 전통에 도전한 피카소와 같은 예술가의 등장, 그리고 1차 대전이 끝난 후에 일어난 유럽 지성계의 반성, 즉, 서구문화우월주의에 대한 비판적 성찰에 기인했다. 20세기 초 서양의 지식인들은 전쟁 중에 발생한 수많은 주검 앞에서 서구 문명의 모순과 위선을 목도했고 이에 대한 반작용으로 그들이 무시해왔던 다른 세상들을 그 세상의 시각으로 바라보기 시작했다. 주어진 대상이 예술에 속하는지 아닌지를 판단할 때 외부 관찰자의 기준 대신 현지의 기준을 적용하고 그 기준을 이해하려고 노력해야 한다. 나이지리아 티브족의 얌 농장의 괭이질이 잘 된 풍경, 남수단 공화국의 누어족과 딩카족의 거세된 전시용 수소, 풀라니 여성의 얼굴 문신도 단지 수집이 불가능하다는 이유로 예술의 범주에서 제외되어서는 안 된다.

풀라니족은 유목민이었던 관계로 가죽을 소재로 한 공예품도 많이 남겼다. 가죽은 대부분 밝은색 계열의 선과 면으로 장식되었고 가장자리는 화려한 술로 꾸며졌다. 풀라니족은 서쪽 세네갈에서 동쪽으로는 카메룬에 이르기까지 방대한 지역을 무대로 소 떼를 몰고 다녔기 때문에 이들의 예술은 그들의 이동 반경 내에 거주하는 베르베르족, 투아레그족, 도곤족과 같은 주변 종족들의 영향도 많이 받았다.

6.3.1.6. 하우사족

북부나이지리아와 남부니제르에 거주하는 하우사족은 모두 무슬림이다. 19세기 초 하우사 왕국들이 풀라니족 학자 출신의 우스만 단 포디오에 의해 멸망하고 하우사-풀라니 제국이 탄생한 이래, 그의 혈통을 이어받은 풀라니 왕들이 현재까지 왕위를 계승하고 있다. 북서나이지리아 소코토주(州)의 주도(州都)인 소코토에는 모든 풀라니 왕들의 우두머리인 술탄이 살고 있다. 소코토의 술탄은 우스만의 성전이 끝난 후 200년이 넘는 세월이 흐른 지금까지도 나이지리아의 풀라니족과 하우사족의 정신적 지도자로 군림하고 있다.

하우사족을 상대로 한 풀라니족의 성전은 하우사 사회에서 이교도적 풍습을 몰아내고 이슬람이 확고하게 뿌리를 내리는 계기가 되었다. 이러한 역사적 배경으로 인해 하우사 지역에서는 우상 숭배와 관련된 인물상 대신 다음과 같은 것들이 많이 관찰된다: 벽화, 얕은 돋을새김의 벽면 장식, 도자기, (인디고 염색물, 천, 가운, 모자 등에 수놓은) 자수, (가죽 신발, 가방, 칼자루, 칼집의) 가죽 세공, 금은 공예품, (나무 사발, 철, 바구니, 돗자리를 소재로 한) 생활 공예품.

가장 눈길을 끄는 하우사족의 조형 예술은 벽화와 벽면 장식이다. 하우사인들은 집 안의 벽을 화려한 색의 기하학적인 무늬로 칠하거나 얕은 돋을새김의 문양(文様)으로 장식했다. 최근에는 실외의 벽에도 이러한 치장을 하는 경향이 있다.

서아프리카의 직물 염색 기술 중에서 널리 알려진 것은 인디고 염색이다. 특히 하우사족의 염색 기술은 세계적으로 유명하다. 나이지리아에서 두 번째로 큰 도시이자 하우사족의 거점 도시인 북부나이지리아의 카노에는 아프리카에서 가장 오래된 인디고

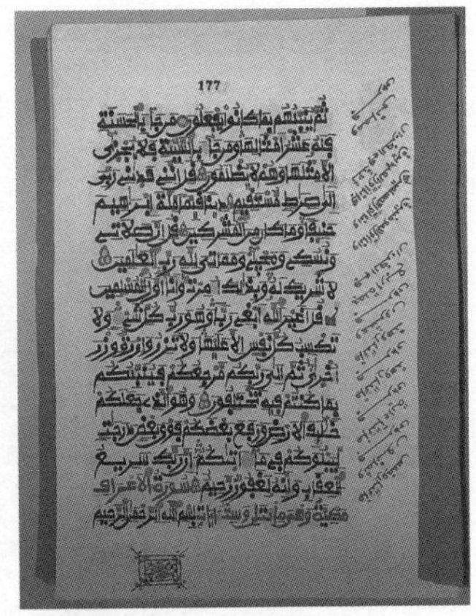

왼쪽: 카노 역사박물관 / 오른쪽: 마그레브 아랍어로 석판(石板)에 기록된 코란의 싯귀

염색 구덩이가 있다. '꼬파르 마타'라고 불리는 이 구덩이는 그 명성이 1498년까지 거슬러 올라가지만, 14세기 모로코의 여행가 이븐바투타의 기록에도 나오는 것으로 보아, 사업장으로서의 명성을 구축하기 훨씬 이전부터 존재했을 가능성이 있다. 꼬파르 마타의 대부분의 구덩이는 현재 쓰레기로 채워져 방치되어 있지만 일부 구덩이는 아직도 염색에 이용되고 있다. 하우사 염색공들은 염색될 천에 무늬를 새겨 넣기 위해, 천을 먼저 복잡한 형태로 접은 후, 염색에 저항하는 실을 박아 넣고, 인디고 구덩이에 넣는다. 얼마 후 인디고 물이 든 천을 구덩이에서 꺼낸 다음 실을 제거하면 실이 박혀 있던 자리는 염색이 되지 않았기 때문에 천의 본래의 색을 드러낸다. 하우사 인디고 염색은 사하라 횡단 무역에 종사하던 북아프리카의 베르베르인과 아랍인에 의해 전파된 것으로 추정된다.[4]

하우사족은 염색된 천이나 흰색의 천에 자수를 놓아 남성들이 밖에 나갈 때 입는 '리가'라고 불리는 외출복을 만든다. 자수는 섬세하고 화려하며 다양한 무늬를 특징으로 하는데 여성들보다 남성들의 의상에 많이 들어간다. 어린 나이에 집을 떠나 도회지의 이슬람 학교에서 숙박하며 자립심을 배운 하우사 청년들은 돈을 아끼기 위해 포목점에서 천을 끊어다 직접 자수를 놓는다. 우리로서는 상상하기 힘든 풍경이지만

---

4 Dutsenwai, S. A. 2010. 'Indigenous Hausa Indigo Dyeing in Northern Nigeria.' Multidisciplinary Journal of Research Development 15(5): 80.

엄연한 사실이다. 여성의 전통 외출복은 한 조각으로 된 직사각형의 천이다. 무늬가 있는 화사한 천이나 단색의 천으로 맵씨 있게 몸을 감싼 하우사 여성들의 자태는 눈부시게 아름답다.

인디고 구덩이에서 염색을 하는 하우사 남성

하우사족은 유목민인 풀라니족의 영향으로 양가죽이나 염소가죽에 문양을 새겨 넣은 가죽 공예품을 만들었다. 대표적인 것으로 말안장, 돗자리, 가방, 지갑, 칼자루, 칼집, 가죽신을 들 수 있다. 카노와 소코토는 양질의 가죽 생산지로 유명하며 하우사 제혁업자의 기술은 북아프리카나 유럽의 수준에 결코 뒤지지 않았다. 가죽 공예품은 실제 사용을 위한 기능성이 강조되었지만 그 예술적인 형태와 표면에 새겨진 무늬는 장인들의 독창성을 반영했다. 카노에서 가까운 쿠두시(市)에 있는 동굴 벽화와 중부 사하라 사막의 산악 지대에 있는 암각화의 연관성을 근거로 하우사 제혁법의 기원이 고대 이집트로 거슬러 올라간다고 주장하는 사람들도 있다.[5]

6.3.1.7. 에코이(에자감)족

에코이족은 나이지리아 남동쪽 크로스강 상류의 이콤 지방에서 시작해 카메룬 남서쪽에 걸쳐 분포하는 인구 약 20만의 작은 종족으로 에픽족, 아낭족, 이비비오족, 익

---

5 The Hausa Tanners of Northern Nigeria by Malcolm J. Lamb https://www.harmatan.co.uk/about/Hausa%20Tanners.pdf

보족 등과 교류했다. 에자감이라고도 불리는 에코이족은 은시비디라는 기호문자와 독특한 형태의 조형 예술로 학계와 미술계의 주목을 받아왔다.

상징적인 기호들의 집합인 은시비디는 그 수가 수천 개가 넘는 것으로 알려져 있는데 현재까지 약 500개 정도가 파악되었다. 각각의 은시비디 기호는 한자처럼 독립된 의미를 가진다. 이성 간의 사랑과 관련된 기호들이 많고 전쟁이나 종교와 관련된 것들은 은밀히 전수되었다. 사람들은 은시비디를 이용해 건물의 벽면을 무늬로 장식했고, 호리병박이나 그릇, 도구, 무기류, 목재나 금속으로 된 조형물, 천이나 가면무도회의 의상에도 이런 기호들을 그려 넣었다. 은시비디는 문신을 새기는 데에도 이용되었다.

은시비디의 정확한 기원은 알 수 없다. 가장 많은 기호를 사용했던 북 크로스리버주(州)의 에코이족이 최초의 발명자였을 가능성이 있지만 그 시작점을 익보족으로 보는 사람들도 있다. 은시비디는 한 집단에 의해 독점적으로 사용된 것이 아니라 남동나이지리아의 여러 종족들 사이에 공유되어 온 전통이라고 보는 것이 옳을 것이다. 서기 400년에서 1400년 사이에 기록된 은시비디의 초기 형태를 칼라바르에서 출토된 토기와 도자기, 걸상, 머리받침 등에서 확인할 수 있다. 발견된 유물에 새겨진 무늬를 은시비디와 어떻게 관련시키느냐에 따라 그 기원 연대는 수백 년을 왔다 갔다 하지만 최소한 16세기 이전부터 사용된 것은 분명해 보인다.

은시비디 기호는 크로스리버주(州)와 그 인근에 거주하는 에코이족, 에픽족, 이비비오족, 익보족 등의 비밀결사 조직인 엑페 사회에서 아직도 사용되고 있다. 엑페 단원들은 이칸이라 불리는 조상의 전령으로 간주되는데 이들은 비밀리에 치러지는 맹세 의식을 통과해야 하고 입회비를 낸다. 또한 품계에 따른 역할 구분이 있으며 승급을 할 때는 새로운 입회 의식과 승급비가 요구된다. 입회비와 승급비는 엑페의 주요 수입원이다. 엑페는 단원들의 유대감을 바탕으로 사법적 기능을 수행했다. 엑페 사회에서 부당한 대우를 받은 사람은 '엑페 집'에서 북을 치거나 가해자의 집 앞에서 호른을 분다. 사람들은 이 행위를 '엑페를 분다'라고 말한다. 조상을 대변하는 단원들은 정의를 실현하기 위해 가면을 쓰고 사건의 전말을 공정하게 심판했다. 에픽족은 은시비디가 엑페에서 유래했다고 주장하지만 앞에서도 말했듯이 그 기원은 불분명하다.

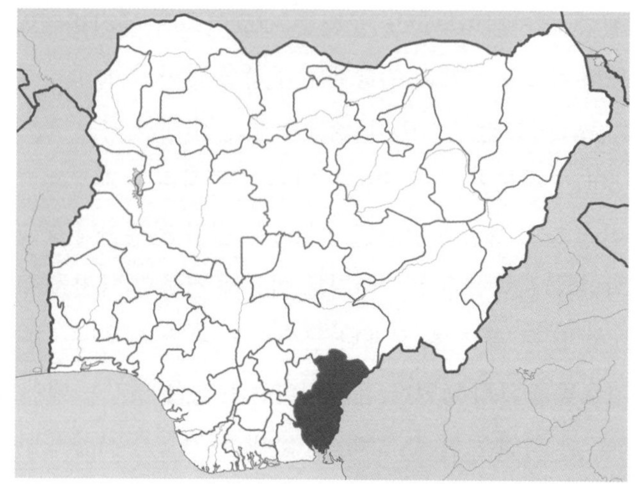

나이지리아 크로스리버주

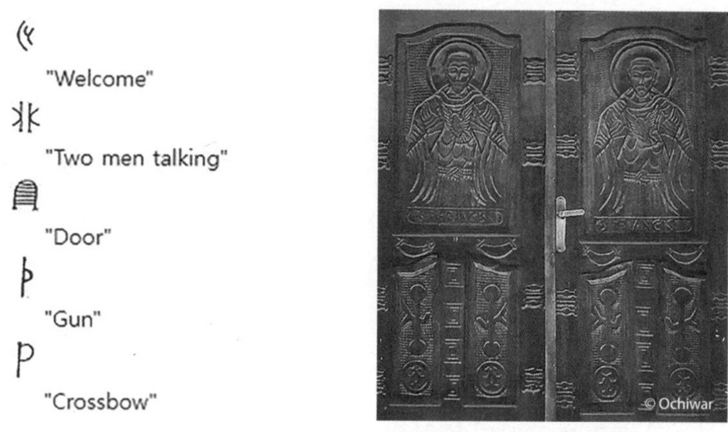

왼쪽: 은시비디 기호 / 오른쪽: 은시비디 기호가 새겨진 문 (익보족)

에코이족은 투구 가면과 석상도 만들었다. 투구처럼 얼굴과 머리 전체를 감싸는 투구 가면은 겉면을 가죽으로 덮었고 얼굴이 여러 개 달린 것도 있다. 가면에는 금속이나 나무로 된 이빨과 상감 세공으로 만든 눈이 있으며 머리카락을 코일처럼 길게 감아올린 형태도 있다. 이콤 주변의 북 에코이 지방에서는 900평방킬로미터에 달하는 39개의 발굴지에서 높이가 1피트에서 6피트에 이르는 295개의 단일 암체로 된 석상이 발견되었다. 석상은 대부분 현무암이지만 패각 석회암으로 된 것도 있다. 돌로 제작된 거대한 조형물이 잘 관찰되지 않는 서아프리카에 이렇게 큰 규모의 고립된 석상군이 존재한다는 것은 놀라운 일이다.[6] 에코이족은 이 석상을 조상을 기념한다는 뜻의 아크완쉬라고 불렀다.[7] 그들은 마을 근처의 공터나 숲에 아크완시를 세워 부족을 위험에서 보호해달라고 기원했다. 서른아홉 개의 발굴지 중 두 군데에서는 각각 서른 개가 넘는 석상이 발견되었고, 열 군데에서는 각각 열 개가 넘는 석상이 발견되었다. 발굴지 인근에서는 조각을 하기 위해 다듬어놓은 바위들이 함께 발견되었다. 에코이 석상은 1905년 파트리지에 의해 외부에 처음 알려졌으며 1960년대 후반 앨리슨에 의해 체계적으로 소개되었다. 영국령 나이지리아에서 삼림청 관리로 삼십 년 가까이 일한 앨리슨은 에코이 석상을 연구한 업적을 인정받아 나중에 런던의 대영박물관에서 근무했다.

왼쪽: 에코이족의 가죽을 씌운 엑페 투구 가면(나무, 가죽, 안료, 천). 머리를 코일처럼 위로 말아 올렸다.
가운데: 에코이족의 투구 가면
오른쪽: 에코이족의 석상, 현무암, 18~19세기, 높이 73.66cm, 보스턴 박물관 소장

사진 오른쪽의 석상은 물과 비바람에 씻겨 반들반들해진 현무암 계열의 바위를 타원형으로 간 다음 돌로 된 도구로 쪼아서 눈, 코, 입 등이 도드라지게 만들었다. 길게 양각된 중앙의 코는 얼굴 좌우의 대칭성을 강조한다. 눈썹 밑의 동그란 눈에서 눈물

---

6 Allison, Philip. 1968. African Stone Sculpture. New York & Washington: Frederick A. Praeger. p. 7.

7 Shaw, Ian and Robert Jameson. (eds.) 1999. A Dictionary of Archaeology. Oxford: Blackwell Publishers Ltd. p. 183.

을 연상시키는 띠가 볼을 타고 입 쪽으로 흘러내린다. 브이(V)자 형태의 턱은 여러 겹의 원으로 둘러싸인 돌출된 배꼽을 향하고 있다. 인간의 몸을 머리, 얼굴, 배꼽으로 단순화시켜 표현한 것이 흥미롭다.[8]

6.3.1.8. 누페족

니제르강을 주(州) 경계의 남단으로 하는 북서 나이지리아의 니제르주에 거주하는 누페족은 남으로는 요루바족, 북으로는 풀라니족과 이웃하고 있다. 15세기 중엽 니제르강과 카두나강 사이의 분지에 누페 왕국이 세워졌으며 1770년에는 지비리 왕이 이슬람으로 개종했다. 누페족은 그들의 왕을 에쭈 누페라고 불렀다. 에쭈 마아주치세에 전성기를 누린 누페 왕국은 1818년 마아주가 사망하자 왕위 계승을 둘러싼 내분에 휩싸였다. 1830년경 풀라니족 출신의 말람 덴도는 누페 왕국의 정치적 혼란을 수습하고 권력을 장악한 후 이슬람을 더욱 강화하는 정책을 추진했다. 말람 덴도는 18세기 후반부터 누페 왕국에서 이슬람 포교 활동을 해온 무슬림 학자이자 전사였다. 그러나 정복자인 풀라니족은 누페족에 빠르게 동화되어 두 집단은 사실상 하나가 되었으며 신분상의 차이, 즉, 풀라니 혈통을 이어받은 왕족을 중심으로 하는 상층부와 일반인 사이의 구분만 남게 되었다. 1841년에는 말람 덴도와 누페 여인 사이에서 태어난 마사바가 권좌에 올랐다. 마사바는 장군들 중의 한 명이 모반을 일으키자 우스만 자키와 연합해 반란을 진압하고 니제르강 근처의 도시 비다에서 우스만 자키를 에쭈 누페로 옹립했다. 1859년 우스만 자키가 죽자 다시 권력을 잡은 마사바는 비다를 도읍으로 하는 비다 이맘국을 세웠다. 이후 우마루 마지기, 말리키, 아부바카르가 마사바의 뒤를 이어 에쭈 누페가 되었다. 비다 이맘국은 1897년 영국의 왕립니제르회사가[9] 아부바카르를 폐위하고 무함마두를 꼭두각시 왕으로 앉힐 때까지 그 명맥을 이어나갔다.

누페족은 이슬람의 전파와 풀라니족의 정복에도 불구하고 국가의 지도자를 호칭

---

8 http://www.mfa.org/collections/object/carved-stone-atal-or-akwanshi-4773

9 1879년 연합아프리카회사로 출범했으며, 1881년 국립아프리카회사로 개명했고, 1886년 왕립니제르회사로 이름을 다시 바꾸었다.

할 때 이슬람 교단의 수장을 뜻하는 이맘 대신 에쭈 누페라는 명칭을 계속 사용했다. 비다 이맘국과 에쭈 누페의 상징적인 존재는 오늘날까지 이어지고 있다. 현재의 에쭈 누페는 2003년 9월 1일에 등극한 야하야 아부바카르다.

누페족은 얕은 양각 기법으로 무늬를 새겨 넣은 문, 바구니나 옷감을 짜는 기술, 금속 박판(薄板), 자수, 구슬공예, 나무 조각상 등의 조형 예술로 유명하다. 엘로라고 불리는 세속적인 공연과 은다코 그바야 의식에서 사용되는 가면도 주목할 필요가 있다. 엘로는 순전히 여흥적 성격의 행사로 오늘날에는 모하메드의 탄생일에 치러진다. 은다코 그바야는 이슬람이 뿌리내린 후에도 살아남은 대표적인 누페 전통이다. 이와 관련해 한 가지 흥미로운 것은 상당수의 누페 전통이 풀라니족이 통치한 누페 왕국과 비다 이맘국 시절을 거치면서도 보존되어 왔다는 사실이다.[10] 왕을 뜻하는 에쭈 누페라는 호칭도 이 중의 하나다. 마녀로부터 사람들을 보호하는 은다코 그바야 의식에서는 무명천으로 된 16피트 높이의 긴 가면이 사용된다. 가면은 안쪽의 대나무 막대기로 지탱된다.

왼쪽: 누페족의 원형 의자
오른쪽: 다양한 동물의 무늬가 새겨진 누페족의 문(門), 높이 74.5인치, 너비 35.5인치, 두께 1.5인치

누페 예술은 함께 섞여 살았던 요루바족은 물론 이페와 베닌의 영향도 크게 받았다. 중서부 나이지리아 니제르강 유역의 두 도시 타다와 젭바의 누페 마을에는 오래

---

10 Bravmann, R. A. 1974. Islam and Tribal Art in West Africa. Cambridge: Cambridge University Press. p. 37.

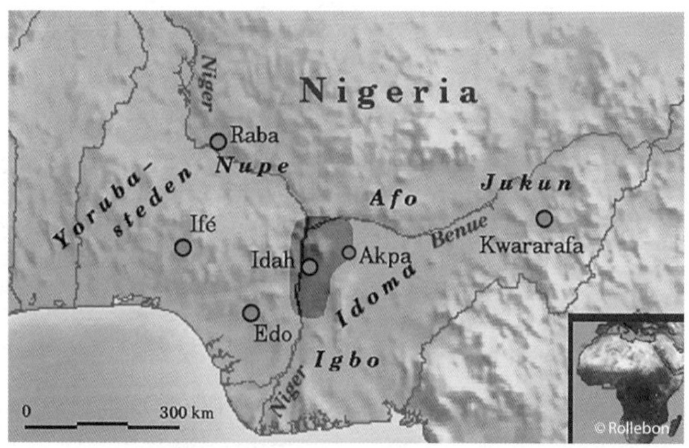

누페와 이갈라 왕국 (진한 색으로 칠해진 곳이 이갈라 왕국이다.)

전부터 내려오는 아홉 개의 청동상이 있다.[11] 전해오는 말에 따르면, 이 상들은 누페 왕국의 시조인 쪼에데 왕이 이갈라 왕국의 수도 이다를 탈출할 때 가지고 온 것이라고 한다. 이다를 도읍으로 한 이갈라 왕국은 이다 왕국으로도 불리는데 익보족 지역 북쪽에 있었다.

쪼에데의 아버지는 이갈라 왕국의 왕이었고 어머니는 누페 여인이었다. 이복형제들을 피해 이갈라 땅을 떠나 누페에 정착한 쪼에데는 많은 도시들을 정복하고 누페의 왕이 되었다. 사람들은 16세기 초 쪼에데가 이갈라에서 가져왔다고 전해지는 타다와 젭바의 상을 쪼에데 청동상이라고 부른다. 아홉 개의 상들 중에서 한 개는 이페에서 만든 것이 분명하고 또 다른 하나는 요루바 풍을 드러낸다. 나머지는 베닌과 니제르강 하류에서 전형적으로 관찰되는 특징을 보여주는데 이 중 세 개는 사하라 이남의 아프리카에서 가장 큰 청동상이다. 이페에서 북쪽으로 200km 떨어진 타다의 누페 마을에 있는 좌상은 이페 예술의 특징을 보여주지만 몸체에 대한 머리의 비율에서 알 수 있듯이 이페의 청동상보다 훨씬 더 자연주의적이다. 순수한 구리로 주조된 이 상은 당시 이 지역의 장인들이 상당히 높은 수준의 주조 기술을 가지고 있었음을 말해준다. 일반적으로 다른 금속이 섞이지 않은 용해된 상태의 구리는 다루기가 아주 까다롭다.

---

11 아프리카의 조형 예술에서 말하는 청동상은 구리로 된 동상(銅像), 구리에 아연이 첨가된 황동상, 구리에 주석이 첨가된 협의의 청동상을 모두 포함하는 의미로 사용된다.

아프리카의 조형 예술은 만들어진 장소나 시대에 따라 차이점을 드러낸다. 특히, 다음과 같은 것들이 이 차이를 유발하는 데 관여하는 것처럼 보인다. 첫째는 지리적 요인이다. 다른 모든 조건이 동일하다고 가정하면, 서로 다른 지역에 거주하는 사람들은 서로 다른 방법으로 물건을 만든다. 두 번째는 재료상의 차이에 기인하며, 세 번째는 개인적 요인으로 같은 장소와 같은 시기에 제작된 것이라 하더라도 예술가의 취향에 따라 스타일상의 변화가 발생하는 경우다. 마지막은 사회적 요인이다. 예술품의 창조는 해당 사회의 정치적, 종교적, 문화적 환경을 반영한다.

이상(以上)의 것들로 인해 지역 간에 스타일상의 차이가 발생하지만, 정반대로 그것을 희석시키는 요인들도 있다. 예술가는 여행이나 이주를 통해 한 곳에서 다른 곳으로 이동할 수 있다. 사백여 개의 종족이 함께 모여 사는 나이지리아 같은 곳에서는 개인의 이동에 의한 예술 양식의 전파가 빈번히 발생했다. 전쟁과 같은 국가적 차원의 접촉도 예술가의 이동을 초래한다. 임진왜란 때 일본에 끌려간 조선의 도공들이 일본의 도예 발전에 큰 역할을 한 것을 생각하면 쉽게 이해할 수 있다. 마지막으로, 예술품 자체가 움직일 수도 있다. 값비싼 조형물이나 예술적 완성도가 높은 것들은 시장에서 거래되었으며, 그 결과, 한 곳에서 만들어진 작품이 다른 곳에 도착해 그 지역의 예술에 영향을 주는 경우도 종종 있었다. 중부나이지리아처럼 많은 종족들이 밀집되어 있는 곳에서 어떤 특징이 여러 집단들 사이에서 공유되면 그 원인도 함께 분석되어야 할 것이다.

6.3.2. 열대 사바나 기후대와 사헬 기후대의 조형 예술

열대 사바나 기후대와 사헬 기후대의 조형 예술은 도식적(圖式的, schematic) 성격이 강하다. 필자는 여기서 도식이라는 용어를 '공간적 대상 또는 물리적 운동의 전형적인 특징을 기하학적으로 추출해 단순하게 표현한 것'으로 정의한다. 혹자는 이 도식적 스타일이 구체적인 모습을 띤 형상과 그 형상에 대한 숭배, 다시 말해, 우상 숭배에 대한 이슬람의 탄압을 피하기 위한 것이라고 주장하지만 아직까지 확실하게 밝혀진 것은 없다. 분명한 것은 서아프리카의 이슬람은 비종교적인 조형 예술에 대해 그것이 도식적이건 도식적이지 않건 극단적인 두 가지 태도 중 하나, 즉, 관용적이거나 철저하게 비관용적인 태도를 취했다는 것이다. 이 문제는 종교학적 분석이 요구되는 작업이기 때문에 여기서 더 이상 거론하지 않는 것이 좋을 것이다. 본 절에서는 지금까지 많은 연구가 이루어진 말리 공화국의 도곤족, 밤바라족, 코트디부아르의 세누포족, 부르키나파소의 브와족과 모시족 등의 예술을 가면, 조각상, 회화를 중심으로 살펴볼 것이다. 서 수단의 역사적, 문화적 고도(古都)인 젠네와 몹티의 건축물도 함께 언급될 것이다.

6.3.2.1. 도곤족

도곤족은 말리 공화국의 몹티주(州) 반디아가라시(市) 근방에 분포하며 인구는 약 70만 명 정도로 추산된다. 도곤어는 한때 만데어와 구르어에 포함된 적이 있지만 현재는 이조어처럼 나이저-콩고 어족 내의 고립된 언어로 분류된다. 말리의 중서부 고원 지대에 위치한 반디아가라 협곡은 니제르강의 서쪽 굽이와 평행으로 달리는 약 250km 길이의 단층지구대다. 14세기경 말리 제국의 영내에 살던 도곤족은 이슬람으로의 개종을 거부하고 이 지역으로 이주해 왔다.[12] 원래부터 이곳에 살던 텔렘족이 도곤족의 이주 이후 사라진 점으로 보아 두 종족이 서로 동화된 것으로 보인다. 텔렘족은 도곤족의 예술에도 그 흔적을 남겼다. 도곤족은 이슬람 세력과 프랑스 군대가 접근하지 못하도록 반디아가라 협곡 절벽에 집을 짓고 생활했다. 절벽을 따라 건설된 마을은 수백 개에 이른다. 사람들은 대부분 농사로 생계를 유지했고 대장장이와 가죽 세공인은 특별한 지위를 누렸다. 중앙 집권화된 정부 조직은 없었으며 부계 중심의 대가족으로 구성된 씨족 단위의 사회를 이루며 살았다. 마을의 촌장은 남자 원로가 맡았고 일부다처제가 허용되었지만 보편적으로 시행되지는 않았다. 도곤족의 독특한 주거 스타일과 외부와 단절된 상태에서 전수되어 온 예술 양식은 지난 1세기 동안 학계의 큰 관심의 대상이 되어왔다. 도곤족의 가면과 가면극은 특히 유명하다.

도곤족의 가면을 이해하기 위해서는 이들의 우주관과 종교관을 먼저 알아야 한다.[14] 도곤족은 암마가 우주와 그 안의 모든 것을 창조했다고 믿는다. 이하(以下)는 도곤족의 창조 신화다. 암마는 물의 요정인 놈모를 먼저 만들었고, 놈모는 자기증식을 해서 네 쌍의 쌍둥이, 즉 여덟 명의 조상이 되었다. 도곤족의 쌍을 이루는 조각상은

---

12 Williams, Stephen. 2011. 'Dogon - Africa's Scientists of Pre-science.' New African (November). p. 94.

태고의 이 조상들을 의미한다. 이 조상 중의 하나가 인간과 자연의 생명력을 상징하는 레베다. 레베는 부활의 신을 뜻하기도 한다. 도곤족은 레베와 가문의 조상을 숭배한다. 조상들은 매년 추수가 끝난 후 열리는 풍성한 수확을 경축하는 행사에서 부활한다. 도곤족은 가문의 조상을 기념하기 위해서 집안에 사당을 짓고 제례를 행한다.

도곤족은 지구상에서 가장 많은 가면을 사용하는 사람들이다. 약 80여 종류가 넘는 가면 중에서 하나를 제외한 모든 가면을 대장장이가 만들고 카나가 가면만 남성들로 구성된 아와 조직의 단원들이 만든다.

도곤족의 다마 의식과 시기 축제는 가면극으로 유명하다. 다마는 장례 의식에서 행해지는 가면극이며, 시기는 조상의 첫 번째 죽음, 즉, 레베의 죽음을 기념하는 행사로 60년에 한 번씩 열린다. 도곤족은 이 축제를 위해 레베의 영적인 힘을 모시는 큰 가면을 역시 60년에 한 번씩 다시 만든다. 이들의 신화에 따르면, 사람들이 새로운 터전을 찾아 떠날 때 땅에 묻힌 레베의 뼈를 함께 가져가기 위해 무덤을 팠는데 그 안에는 인골 대신 살아 있는 뱀이 있었다. 뱀은 레베의 부활하는 힘을 증명하는 것이었다. 도곤족은 새로 정착한 곳에 제단을 세우고 레베의 무덤에서 가져온 흙을 그 안에 넣었다. 이 제단도 레베라고 불린다. 마을의 연장자들 중에서 선출된 호곤이라 일컫는 레베의 사제는 종교 지도자이면서 정치적 역할도 수행했다. 호곤은 선출된 후 6개월에 걸친 통과의례를 거친다. 그는 이 기간 중에 하얀 옷을 입고 면도나 세수를 할 수 없으며 아무도 그를 만져서는 안 된다. 이 때 초경을 치르지 않은 소녀가 그를 돌보며 그의 거처를 청소하고 그에게 밥을 해준다. 소녀는 밤이 되면 자기 집으로 돌아간다. 통과의례를 마친 호곤은 가족과 떨어져 혼자 살아야 한다. 낮에는 그의 가장 어린 처가 시중을 들지만 해가 지면 그녀는 자기 처소로 돌아간다. 도곤족은 신성한 뱀인 레베가 밤마다 호곤을 방문해 그를 정화시키고 지혜를 전수한다고 믿었다.

다마는 죽은 사람이 이승에 대한 미련을 버리고 편안히 저승으로 떠나 조상으로서의 역할을 해주기를 기원하는 가면극이다. 중요한 인물이 죽었을 때는 며칠 동안 계속

---

13 도곤족의 종교와 예술에 관한 이후의 설명은 별도의 표시가 없는 한 모두 다음의 저서에 바탕을 둔다. Werness, Hope B. 2000. The Continuum Encyclopedia of Native Art. Worldview, Symbolism, and Culture in Africa, Oceania, and Native North America. New York & London: The Continuum International Publishing Group Inc. pp. 84-85.

되는 경우도 있다.[14] 다마는 망자와 유족의 위신을 고양시키는 기능도 갖는다. 가면극을 동반한 장례 의식은 남성들로 구성된 아와 단체가 주관한다.[15] 도곤족은 죽음이 사회에 분열과 혼돈을 야기한다고 믿었다. 다마의 도입부에 나오는 모의(模擬) 전투 장면과 시끄럽고 무질서한 춤이 이 혼돈을 상징하는데 가면극이 진행되면서 혼돈의 상태는 가라앉고 망자의 혼령은 위험하고 파괴적인 힘에서 사람들에게 우호적인 초자연적 능력을 소유한 조상으로 바뀌어간다. 다마 가면극에는 여러 종류의 가면이 등장한다.

왼쪽: 카나가 가면, 높이 37인치 (설명은 아래의 단락 참조.)
오른쪽: 사팀베 가면 (설명은 아래의 단락 참조.)

다마 장례 가면극에 나오는 300여 개의 가면 중에서 절반 이상이 카나가 가면이다. 가로줄이 두 개 있는 십자가 형태의 구조물이 가면에 얹혀 있고 각각의 가로줄 양 끝에는 짧은 팔이 수직으로 달려 있다. 이 상부 구조는 우주의 모습을 도식적으로 표현한 것이다. 평행을 이루는 두 가로줄 중 위에 있는 것은 하늘을 아래의 것은 땅을 나타낸다. 가로줄이 창조신인 암마의 팔과 다리를 의미한다고 말하는 사람들도 있다. 카나가 가면의 전체적인 생김새는 도곤족의 집을 정면에서 본 형상과 비슷하다.

---

14 Cotter, Holland. 2012. 'In Mali, Art as Real as Life Itself.' The New York Times, April 16, 2012.

15 Kanaga Mask by Christa Clarke for the Metropolitan Museum of Art, New York. https://www.khanacademy.org/humanities/art-africa/west-africa/mali1/a/mask-kanaga-dogon-peoples

심 가면도 가로줄이 두 개 있는 십자 형태를 취하지만 이 가면의 상부 구조는 카나가 가면과는 달리 가늘고 휘어지는 야자나무 가지로 만든다. 의인화된 가면의 몸체는 미완(未完)의 볼품없는 허약한 모습을 하고 있다. 가면에 묘사된 동물들은 씨족의 조상을 상징하며 새, 토끼, 영양, 원숭이 따위로 충만했던 태고의 천국을 상기시킨다.

사팀베 가면은 이 가면을 처음 손에 넣은 도곤족의 여자 조상과 인간이 불멸성을 상실하게 된 배경을 상징한다. 어느 날 사팀베 가면의 힘을 모르는 무지한 사람들이 이 가면을 강탈하는 일이 발생한다. 이후 불멸의 삶을 누리던 인간은 그 불멸성을 잃고 생의 끝에서 항상 죽음을 맞이하게 되었다. 이를 계기로 아와 단체는 영생을 누리지 못한 채 죽은 망자의 혼을 달래고 혼돈 속에서 질서를 되찾기 위해 가면극을 시작했다. 그들은 또 이 가면의 능력과 자연에 대한 지식을 사람들한테 알리는 임무도 떠맡게 되었다. 가면 꼭대기에는 무릎을 꿇고 있거나 쭈그리고 앉아 있는 앞에서 언급한 신화적 여성의 상이 조각되어 있다.

모든 가면의 어머니인 이미나 나 가면은 흔히 대 가면이라는 뜻의 그레이트 매스크로 불린다. 이미나 나 가면은 사람이 착용하기 위한 것이 아니다. 60년에 한 번씩 열리는 시기 축제에 모습을 드러내는 이 가면은 태고의 여덟 조상 중의 한 명이자 가장 먼저 죽은 레베의 무덤을 팠을 때 나온 살아 있는 뱀을 묘사하며 냐마라고 불리는 생명의 힘과 자연의 재생력을 표현한다. 도곤족 신화에 따르면 불멸의 삶을 살던 인간은 오랜 시간에 걸쳐 뱀으로 변하는 존재였다. 뱀처럼 길게 늘어진 이미나 나 가면은 뱀의 형상으로 죽은 레베의 혼이 담긴 용기, 즉, 레베를 상징하는 영물(靈物)로 간주된다. 높이가 2~3미터에 달하는 이 가면은 긴 통나무를 깎아서 만든다.

시기 축제에만 등장하는 시리게 가면은 대 가면인 이미나 나 가면의 축소판이다. 따라서 이 가면도 레베의 생명력, 즉, 냐마를 상징한다. 속이 들여다보이는 긴 널빤지 형태의 시리게 가면은 높이가 15피트 내외에서 20피트에 이르며 여러 칸으로 구획된 다층 구조는 오랜 세대를 거쳐 이어져온 도곤족의 유구한 역사를 상징한다. 서양 장기판을 떠올리게 하는 여러 가지 색으로 칠해진 무늬는 줄무늬로 짜인 수의(壽衣)를 연상시킨다. 장례식에서 거행되는 가면극인 다마의 가면들이 독립적인 대상을 상징하는 반면 시리게 가면은 조상과 자연의 집단적인 생명력을 표현한다.

토끼와 영양의 가면은 도곤족의 대표적인 동물 가면으로 다마 가면극의 처음 삼일 동안 등장한다. 숲의 주민으로 인식되는 동물들은 인간사에 영향을 미치는 위험한 존재로 인식된다. 됨묘라 불리는 토끼 가면은 머리 위에 토끼의 큰 귀를 본뜬 상부 구조가 있으며 공들여 그려 넣은 작은 점들이 가면의 전체 표면을 뒤덮고 있다.

왼쪽: 시리게 가면을 착용한 모습, 목재, 높이 175.3cm, 폭 17.8cm / 오른쪽: 토구 나 (말의 집)

도곤족은 절벽에 집을 짓고 사는 것으로 유명하다. 집 이외에도 체계적으로 설계된 신전, 문명과 질서를 상징하는 격자무늬가 있는 지도자의 집, '말의 집'이라는 뜻의 '토구 나' 등은 도곤족의 독특한 건축 양식을 보여준다. '토구 나'는 남자들이 모여서 중대사를 의논하는 공회당이다. 도곤족 지역에서 11세기 것으로 추정되는 서아프리카에서 가장 오래된 천 조각도 발굴되었다. 이것은 이 지역에서 11세기 이전부터 베틀이 사용되었다는 것을 말해준다. 반디아가라 절벽 동굴에서는 나무로 된 조각상도 출토되었는데 이 조각상은 15세기에서 17세기까지 거슬러 올라가는 것으로 밝혀졌다. 도곤족은 조각상이 이곳의 원주민이었던 텔렘족의 유산이라고 주장한다. 길고 단순한 형태의 상들은 종종 손을 들고 있는 자세를 취하는데 이것은 도곤족의 조상을 기념하는 상의 어떤 원형적인 형태인 것처럼 보인다. 도곤족은 이런 조각상을 본뜬 무늬와 동물의 도식적 형상을 문이나 자물쇠에 얕은 돋을새김으로 새겨 넣었다. 텔렘족은 혈통적으로 도곤족과 다른 사람들이지만 그들의 예술은 사라지지 않고 이렇게 도곤족에게 전수되었다.

왼쪽: 반디아가라 절벽의 도곤족 거주지 / 오른쪽: 반디아가라 절벽의 도곤족 집

6.3.2.2. 밤바라(바마나)족

수도 바마코를 중심으로 말리 공화국의 서부와 남부에 분포하는 밤바라족은 전체 인구가 약 250만에 달하는 이 나라의 최대 종족이다. 밤바라족은 바마나 또는 반마나족으로도 불린다. 말리 공화국 국민의 약 80%가 모어나 교통어로 쓰는 밤바라어는 만데 어군에 속하는 가장 큰 언어다. 말리는 프랑스의 식민 통치를 받았지만 불어보다 밤바라어가 더 많이 통용되고 있다.

밤바라족의 전통 사회에는 남성을 단원으로 하는 여섯 종류의 단체가 있다. 모든 남성은 자기 연령에 맞는 단체에 가입하여 정해진 역할을 수행한다. 이것은 한 남성이 나이를 먹음에 따라 이 여섯 단체를 순차적으로 거친다는 것을 의미한다. 각 단체는 그 단체를 상징하는 고유한 양식의 가면을 만들고 단원들은 특별한 행사가 있을 때 이 가면을 착용한다.[16]

은토모는 아직 할례를 받지 않은 소년들의 집단이다. 소년들은 두 종류의 가면을 사용한다. 하나는 계란형의 가면 꼭대기에 네 개에서 열 개에 이르는 빗처럼 일렬로

---

16 밤바라족의 가면에 관한 이하의 내용은 별도의 표시가 없는 한 아래의 출처에서 인용했다.
TRIBAL AFRICAN ART - http://www.zyama.com/bambara/

늘어선 수직의 뿔들이 있고, 다른 하나는 콧날이 솟은 코와 돌출된 입이 있는데 첫 번째 유형과 상부 구조는 비슷하지만 뿔 한가운데 또는 뿔 전면에 인물상이나 동물상이 조각되어 있다. 얼굴의 얇은 입술은 침묵의 미덕과 절제된 언어의 중요성을 상징한다.

코레는 은토모에서 7년을 보낸 십대의 소년들이 가입하는 단체다. 이들은 죽음의 의식을 거친 후 불과 남성성을 주제로 한 신성한 숲에서의 입문식을 통해 코레 사회 속으로 부활해 들어간다. 하이에나, 사자, 원숭이, 영양, 말 따위를 형상화 한 코레 가면은 지식, 용기, 활력 등을 상징한다. 단원들은 외설적인 동작이나 어릿광대짓으로 부도덕한 권위나 위선적인 행동을 풍자하는 데 가면을 사용했다.

치 와라는 젊은이들을 훌륭한 남편과 아버지로 교육시키며 농사일을 담당하는 집단이다. 치 와라 가면은 인간에게 농사를 가르쳐준 반인반수의 신화적 존재인 영양을 모방한 머리 장식을 달고 있다. 치 와라의 치(chi)와 와라(wara)는 각각 일과 동물을 뜻한다. 따라서 두 단어가 합쳐진 전체 의미는 일하는 동물이다. 과거에는 이 단체의 목적이 농사가 잘 되도록 구성원들 간의 협동심을 고양하기 위한 것이었지만 최근에는 훌륭한 농부를 뜻하는 것으로 바뀌었다. 가면극을 하는 사람들은 농사짓는 동물을 흉내 내는데 양손에 막대기를 쥐고 마치 영양처럼 껑충껑충 뛰어오른다. 지역 사회가 후원하는 농사경연대회에 등장하는 가면극에서는 수컷 영양과 암컷 영양이 쌍을 이루어 춤을 춘다. 태양과 땅을 상징하는 암수의 이 결합은 결실과 풍요를 나타낸다. 동부 밤바라족의 치 와라 가면의 머리 장식은 수직으로 서 있는 영양과 영양의 머리에 난 한 쌍의 뿔을 특징으로 한다. 수컷 영양의 머리에는 갈지자형으로 배열된 갈기와 우아한 곡선 형태의 뿔이 달려 있고 아기 영양을 등에 업은 암 영양은 곧은 뿔을 갖고 있다. 밤바라족의 치 와라 가면극은 고도로 양식화된 아프리카 예술의 가장 아름다운 사례 중 하나라고 할 수 있다. 감성적으로 조각된 머리 장식들이 열 지어 만들어내는 오묘한 율동은 살아 움직이는 영양의 자연미를 극적으로 포착한다.

코모는 전통을 수호하고 농사, 소송, 통과의례와 같은 공동체의 중요 사항을 관장하는 집단이다. 코모 가면은 영양의 뿔, 몸에 길고 뻣뻣한 가시털이 덮여 있는 호저의 깃, 조류의 두개골 등으로 장식된 동물의 길쭉한 머리 모습을 하고 있다. 짐승의 피,

왼쪽: 은토모 가면 (나무, 높이 18인치, 너비 9인치, 깊이 4인치)
오른쪽: 치 와라 가면의 머리 장식 (나무, 왼쪽은 암컷 영양, 오른쪽은 수컷 영양)

기장으로 만든 맥주, 씹어서 으깬 콜라너트 따위를 가면의 표면에 바르는데, 이것은 코모 가면의 강력한 힘을 과시하기 위한 것이다.[17]

코노는 시민의 도덕성을 강조하는 단체다. 코노 가면은 머리 위에 브이(V) 자로 달린 긴 귀와 길고 벌어진 주둥이가 있는 동물의 머리 형상을 띤다. 코노 가면은, 깃털, 뿔, 이빨 등으로 덮인 코모 가면과 달리, 우아한 단순미를 드러낸다. 밤바라족은 풍성한 수확을 기원하는 의식에서도 코노 가면을 사용한다.

그완 인물상도 밤바라족의 조형 예술에서 눈길을 끄는 대상이다. 밤바라족 사회에서 아이가 없는 결혼 생활은 그것이 인위적인 결정에 의한 것이 아닌 이상 비정상적인 현상으로 간주된다. 불임의 원인은 대부분의 다른 전통 사회에서 그랬듯이 여성의 탓으로 돌려졌다. 출산과 분만에 문제가 있는 여성들은 이러한 것을 해결하는 데 관여하는 그완이라는 단체에 가입했다. 임신에 성공하여 아이를 얻은 여성은 그완에 제물과 아이를 바치고 이 단체와 관련된 조각상의 이름을 따서 아이의 이름을 지었다. 그완 인물상은, 엄마와 아이, 아버지, 남자들과 여자들의 상처럼, 한 세트로 만들어져 사당에 보관되었다. 작은 것은 12인치에서 큰 것은 4피트에 이르는 상들은 이

---

17 https://www.brooklynmuseum.org/opencollection/objects/4810 (Brooklyn Museum)

그완 조각상 (나무, 높이 123.5cm, 너비 36.6cm, 깊이 36.5cm, 설명은 아래의 단락을 참조)

상적인 육체미와 성격 등을 표현하며 주기적으로 사당에서 꺼내져 연례행사에서 전시되었다. 깨끗이 씻긴 다음 기름을 바른 상들은 허리와 머리에 샅바와 두건을 두르고 몸에는 구슬 장신구를 단 채 의식에 나타난다. 전시(展示)에 소요되는 비용은 모두 마을의 여성들이 부담했다. 그완 인물상은 한결같이 우아하고 점잖은 자세를 취하고 있다.

밤바라족은 조상을 기념하는 상도 만들었다. 평평한 조각 면이 직각으로 만나는 직각교차법이 밤바라족과 도곤족의 조각상에서 공통적으로 관찰된다. 상은 대장장이들이 정련된 철을 사용해 제작했다. 대장장이들은 제련 기술을 세습적으로 독점했으며 흙을 쇠로 둔갑시키는 능력으로 인해 엄청난 힘을 통제하는 사람들로 인식되었다.

보골란피니라고 불리는 진흙 천은 밤바라족의 직물 예술을 대표할 뿐만 아니라 말리 공화국의 전통과 문화적 정체성을 상징할 정도로 큰 의미를 갖는다. 보골란피니의 '보고'는 '흙' 또는 '진흙'을, '란'은 '~와 함께'를, '피니'는 '천'을 의미한다. 보골란피니는 수제 무명천을 나뭇잎과 나뭇가지가 들어 있는 물에 담가 염색한 후 발효된 진흙으로 정교하게 무늬를 새겨 넣은 직물 또는 직물 예술을 뜻한다. 만드는 방법은 다음과 같다.[18] (1) 무늬가 없고 염색도 안 된 평직물을 만드는 사람은 남성들이다. 좁은 띠 형태로 짜인 조각들을 이어 붙여 직사각형의 넓은 천으로 만든다. (2) 앞서 말한 방법대로 천을 염색한다. (3) 노랗게 물든 천을 햇볕에 말린 후 한 계절 전에 연못에서 채집해 발효시킨 진흙으로 무늬를 칠한다. (4) 천이 마르면 짙은 검정색의 진흙은 회색으로 바뀐다. 천을 물에 씻어 지나치게 많이 묻은 진흙을 제거한다. 이 과정이 여러 번 반복될 때마다 진흙이 칠해진 곳은 점점 짙은 색으로 변한다. (5) 진흙이 묻지 않은 노란 부분에 표백제를 칠하면 갈색으로 바뀐다. (6) 천을 햇볕에 일주일 동안 다시 말린 다음 물에 씻으면 표백제가 씻겨나가면서 표백제가 묻었던 자리가 흰색이 된다. (7) 최종적으로, 짙은 색의 배경에 흰색의 무늬가 있는 천이 얻어진다.

보골란피니를 특별하게 만드는 것은 독특한 제조방법, 천의 조직, 색, 무늬가 만들어내는 아름다움과 더불어 그것이 내포하는 문화적 함축 때문이다. 천들은 고유한 이야기를 간직했으며 무늬 또한 특정한 개념을 상징했다. 천의 언어적 의미는 엄마한테서 딸로 전해지기도 했지만 전문적인 내용은 제한된 사람들 사이에서만 전수되었고 비전문가나 이방인은 이에 대해 전반적으로 무지했다. 그럼에도 불구하고 어떤 기본적인 문양들의 의미는 개별 집단과는 무관하게 전 밤바라족 사회에서 관습적으로 공유된다. 일례로, 나선형 원은 인생을 상징하고 동심원은 세상을 상징한다. 과거에는 천의 무늬가 인생에 대한 광범위한 명상을 표현하는 것으로 받아들여졌지만 오늘날에는 단지 패션 목적으로만 사용되는 경향이 있으며 서구식 의상에 잘 어울릴 수 있도록 복잡한 것 대신 단순한 패턴이 선호된다. 보골란피니는 소녀들의 성인식에서 음핵을 절제할 때 발산되는 힘을 흡수하는 것으로 알려져 있으며 결혼식이나 장례식에서도 착용된다. 말리의 크리스 세이두(1949년~1994년)는 보골란피니를 패션 상품으로 대중화시킨 디자이너로 유명하다. 주로 말리 공화국의 수도인 바마코에서 생산된다.

---

18 The History of Mud Cloth by Amy Azzarito
http://www.designsponge.com/2014/07/past-present-behind-mud-cloth.html

왼쪽: 시장에 판매 목적으로 전시된 보골란피니 (말리공화국 바마코)
오른쪽: 보골란피니 셔츠

6.3.2.3. 젠네의 대사원과 팀북투의 상코레 대학

말리 공화국의 수도 바마코에서 동북 방향으로 398km, 몹티에서 남서 방향으로 76km 떨어져 있는 젠네는 서기 850년에서 1200년 사이에 소닝케족 상인들에 의해 건설되었다. 젠네는 가나, 말리, 송가이 제국을 거치면서 북쪽의 팀북투와 함께 주로 금, 소금, 노예를 교역했던 서 수단의 사하라 횡단 무역 및 이슬람 문화의 중심 도시로 발전했다. 14세기부터 17세기까지 약 3세기에 걸쳐 전성기를 누린 젠네는 15세기 포르투갈이 서아프리카의 해안에 성채를 구축하고 대서양 무역이 활기를 띠게 되면서 서서히 쇠퇴하기 시작했다. 니제르강 내륙 삼각주 지대를 흐르는 바니강의 범람원 위에 건설된 젠네 대사원은 짚과 진흙을 섞은 어도비 점토로 지어진 전 세계에서 가장 큰 건축물이며 서아프리카 사헬 지역을 대표하는 가장 큰 이슬람 사원이다. 젠네와 몹티 근방에서는 연대가 불분명한 도기(陶器)도 발굴되고 있는데 가나 제국, 말리 제국과 관련이 있는 것처럼 보인다.

현재의 젠네 대사원은 세 번째로 복원된 것이다. 전설에 따르면, 13세기에 이 도시의 스물여섯 번째 왕이며 이슬람으로 개종한 최초의 술탄인 코이 콘보로가 최초의 사원을 건설했다. 콘보로의 후계자들은 사원 꼭대기에 두 개의 탑을 신축하고 사원을 둘러싸는 벽을 축조했다. 사원은 이후 수 세기에 걸쳐 확장되어서 16세기에는 도시 인구의 절반이 그 안에 들어갈 수 있을 정도였다. 이 첫 번째 건축물에 관한 기록을 처음으로 남긴 유럽인은 프랑스의 탐험가 르네 까이예다. 그는 '팀북투와 젠네 여행 일지'에서 대사원의 구조에 대해 자세히 기술했다.[19] 1827년 젠네를 방문한 까이예는 이 건물이 잔해로 변하기 전에 그것을 본 유일한 유럽인이 되었다. 까이예의 여행일지를 보면 사원의 보존 상태가 매우 안 좋았다는 것을 알 수 있다. 이것은 재정부족으로 인해 보수가 제대로 이루어지지 않았기 때문이다. 북쪽의 사하라 사막과 남쪽의 습한 사바나 지역 사이의 점이 지대인 사헬 기후대의 건축물은 빗물에 외벽이 씻겨나가기 때문에 주기적으로 진흙을 다시 발라주어야 한다. 1834년에서 1836에 걸쳐 두 번째 건물이 첫 번째의 잔해가 있던 터에 다시 지어졌다. 1893년 젠네가 프랑스 군대에 함락된 후 이 도시를 방문한 프랑스 언론인 펠릭스 듀보아는 이 두 번째 건물의 잔해를 바라보며 상상력을 동원해 그 원래의 모습을 데생으로 남겼다.[20] 듀보아의 그림은 다시 지어진 것이 원래의 것보다 더 크며, 일련의 뾰족탑으로 장식되었고, 같은 간격으로 배치된 기둥이 떠받치고 있었다는 것을 보여준다.

현재의 대사원은 프랑스 식민 당국의 주도로 1906년에 착공되어 1907년에 완공된 것이다. 건축을 실제로 지휘한 사람은 젠네의 석공(石工) 기능인 조합의 우두머리인 이스마일라 트하오헤였고 프랑스군이 주변 마을에서 데려온 현지인들이 강제노역에 동원되었다. 젠네 대사원의 전체적인 외관은 직선 형태가 주를 이루며, 출입구를 제외한 많은 곳들이 외벽으로 둘러싸여 있고, 거대한 기둥과 흙으로 된 지붕이 특색을 이룬다. 지붕에는 내부의 환기를 목적으로 뚫은 여러 개의 구멍이 있으며, 구멍 위에는 빗물의 침투를 막기 위해 점토를 구워서 만든 테라코타 뚜껑이 얹혀 있다. 건물 정면의 벽체에는 꼭대기에 첨탑이 돌출된 세 개의 웅장한 기둥과 같은 간격으로 나란히 배열된 의장(意匠) 기둥이 위용을 과시한다. 이러한 구조는 서로 조화를 이루며 건물의 외관 전체에 심미적 율동을 부여한다. 모든 기둥의 끝은 벽체 위로 돌출되어

19 Caillié, René. 1830. Travels through Central Africa to Timbuctoo; and across the Great Desert, to Morocco, performed in the years 1824–1828. (2 Vols.) London: Colburn & Bentley.

20 Dubois, Félix. 1896. Timbuctoo: the mysterious. (trans.) Diana White. New York: Longmans.

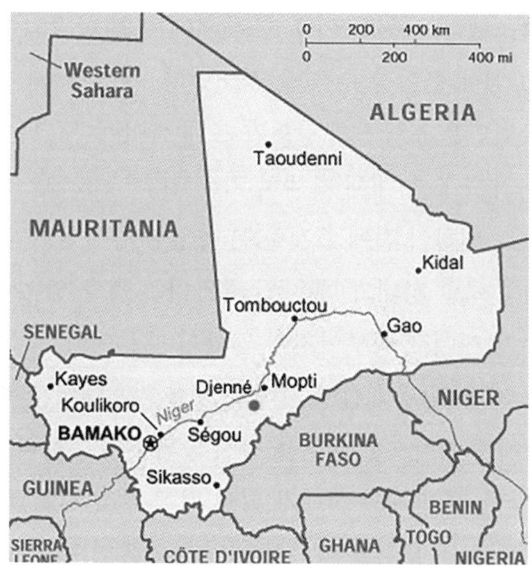

말리공화국과 니제르강 유역의 도시들

하늘을 향해 원뿔 형태로 솟았으며 첨탑의 최상단부에는 풍요와 순수(純粹)를 상징하는 타조 알이 놓여 있다. 지면과 수평을 이루며 외벽을 뚫고 나온 종려나무 기둥은 장식적 효과와 구조적 기능을 동시에 갖는다. 이 목재 기둥은 진흙을 다시 바를 때 높은 곳에서 공사를 할 수 있도록 해주는 비계(飛階) 역할도 한다. 듀보아의 소묘(素描)에 나오는 옛 건물과 비교해 보면 현재의 건물에서 몇 개의 혁신적인 변화를 관찰할 수 있다. 여성을 위해 따로 마련된 탁 트인 공간과 흙으로 된 기둥이 있는 주 출입구가 그것이다. 기둥이 있는 주 출입구는 말리의 두 종교 지도자의 무덤을 상징하는 것으로 알려져 있다.

빗물에 침식된 벽을 보수하는 작업은 축제 형식으로 거행된다. 매년 4월 우기가 시작되기 전에 벽을 보수하는 작업이 시작된다. 여기에 동원되는 일꾼은 수 세기의 역사를 자랑하는 이 도시의 석공 협회의 기능인들이다. 사람들은 길일을 택하기 위해 별자리를 살피고 종교적 토론을 벌인다. 강바닥의 진흙이 외벽을 바르기에 적합한 밀도를 갖는지 확인하는 작업도 이루어진다.[21] 악사들은 인부들의 사기와 흥을 돋우기

---

21 'Mud, glorious mud: Mali.' The Economist (15 March 2008). p. 60.

젠네 대사원

위해 음악을 연주하고 아이들은 주변에서 흥겹게 뛰어논다.

젠네 대사원을 둘러싼 논쟁 중의 하나는 프랑스 식민 통치 기간 중에 지어진 이 사원이 프랑스의 영향을 얼마나 받았느냐 하는 것이다. 1910년 젠네를 다시 방문한 듀보아는 크게 놀랐다. 그는 이 새로운 건물이 마치 고슴도치와 교회 오르간 사이의 이종교배 같다고 혹평했다. 듀보아의 독설은 절정을 향해 치닫는다. 그는 벽체 위로 솟은 원뿔 모양의 기둥 끝이 항문에 삽입하는 좌약의 신에게 바쳐진 바로크풍의 신전을 닮았다고 비판했다. 그러나 이와 반대되는 생각을 가진 사람들도 있었다. 장 루이 브흐쥬아는 내부의 아치를 제외하면 프랑스의 영향을 받은 흔적을 거의 찾을 수 없으며 세부적인 것을 포함한 건물의 모든 설계가 아프리카적이라고 주장했다.[22] 젠네 대사원과 젠네 시는 1988년 유네스코 세계 문화유산으로 지정되었다.

황금보다 책이 더 귀한 대접을 받던 곳! 11세기에 투아레그족이 건설한 팀북투는 서 수단의 중세 문화를 대표하는 곳이다. 특히, 상코레 사원과 그 안의 대학은 이 도시를 상징한다. 상코레, 징가라이 베르, 시디 야흐야 사원을 포함하는 팀북투의 건축 양식은 앞서 살펴본 젠네의 경우와 비슷하다. 현재 우리가 보는 팀북투의 사원들은

---

22 Bourgeois, Jean-Louis. 1987. 'The History of the Great Mosques of Djenné.' Africa Arts 20(3): 54–92.

여러 번에 걸친 재건축의 결과물로 이를 통해 이것들이 처음 지어졌을 당시의 원 모습을 상상하는 것은 불가능하다. 이하(以下)의 단락에서는 이 건물들의 예술사적 변천사보다 지성사적 의미가 부각될 것이다.

12세기부터 16세기까지 서아프리카 최고의 고등 교육 기관으로서 신학, 과학, 실용 기술 등을 연구하고 가르친 상코레 대학의 발전은 팀부투의 지정학적 위치와 무관하지 않다. 홍수기에 물에 잠기는 니제르강 범람원 북쪽 12킬로미터 지점에 있는 팀북투는 사하라 사막의 남쪽 끝 바로 아래에 위치하며 메카 성지 순례의 출발지이자 동시에 북쪽에서 내려오는 대상(隊商)의 최종 도착지였다. 혹독한 자연환경과 위험을 무릅쓰고 오랜 여행 끝에 팀북투에 도착한 사람들은 다시 길을 떠나기에 앞서 이 도시에서 짧게는 수개월 길게는 수년에 걸친 재충전의 시간을 가졌다. 순례자, 상인, 학자들 사이의 교류는 장사에만 국한되지 않고 학문적 소통의 장도 만들어냈다. 팀북투에서 코란을 읽고 이슬람학교에 기부를 하면 안전한 여행길을 보장받는다는 풍속도 이러한 분위기를 조장하는 데 기여했다. 니제르강 서쪽 굽이의 최하류 지역에 자리 잡은 팀북투는 서 수단을 지배한 모든 제국들의 지리적 변방이었다. 이것은 이 도시가 정치적 소용돌이에서 비켜나 학문과 교육의 중심지로서 중립성을 유지하는 데 도움을 주었다. 투아레그족, 풀라니족, 베르베르족, 소닝케족, 송가이족 등이 함께 사는 복잡한 종족 구성에도 불구하고 이슬람이라는 공통의 종교에 기인한 공존의 정신은 학문의 발전에 필요한 평화적 분위기를 구축했다. 말리 제국과 송가이 제국의 팽창 및 이슬람 부흥 정책은 다른 어떤 것보다도 긍정적인 요인으로 작용했다. 말리의 만사 무사 왕(1307년~1332년)과 송가이의 아스키아 대왕(1493년~1591년)은 이 도시를 서아프리카의 이슬람 교육의 메카로 만드는 데 큰 역할을 한 사람들이다.[23] 아스키아 대왕 치세에 전성기를 누린 팀북투는 송가이의 멸망 후 빠른 속도로 쇠락의 길을 걸었다.

서기 989년 팀북투의 대법관인 알-까디 아낍 이븐 마흐무드 이븐 우마르에 의해 설립된 상코레 대학은 이 도시의 다른 두 대학, 즉 징가라이 베르 대학과 시디 야흐야 대학과 함께 12세기부터 시작해 모로코의 침공으로 송가이 제국이 역사의 뒤안길로

---

23 Woods, Michael. 2009. Seven Wonders of Ancient Africa. p. 61. London: Lerner Books.

사라지는 16세기까지 서아프리카 이슬람 문화의 꽃을 피웠다. 처음 축조될 당시의 상코레 사원의 안뜰은 천상의 집을 본떠 만든 메카의 카아바의 실물과 똑같이 만들어졌다. 징가라이 베르 사원은 1327년 말리의 황제 만사 무사가 메카에서 돌아오는 길에 이집트에서 데려온 건축가 아부 에스 하끄 에스 사헬 리가 지었다고 전해진다. 상코레 사원의 남쪽에 위치한 시디 야흐야 사원은 1440년에 세워졌다. 2012년 7월 호전적인 이슬람 무장 단체인 안사르 디네는 세상이 종말을 맞을 때에만 열린다고 하는 시디 야흐야 사원의 정문과 성인들의 무덤, 그리고 이 사원에 보관되어 있던 많은 필사본을 파괴했다. 이슬람 신비주의의 한 교파인 수피즘의 종말신학에서는 세상이 끝에 이르면 모든 자연 질서가 전도되는 현상이 발생하고 따라서 안 열리던 문도 열리게 된다는 것이다. 샤리아에 입각한 신정정치를 추구하는 안사르 디네는 수피즘의 이러한 신비주의를 배격하기 위해 팀북투의 이슬람 사원에 대한 파괴를 감행했다. 이 안사르 디네(Ansar Dine)와 1980년대에 셰리프 오스만 하이다라에 의해 남부 말리에서 일어난 수피즘의 한 운동인 안사르 디네(Ançar Dine)는 별개의 단체다. 종교의 구원자 또는 신앙의 수호자라는 뜻의 안사르 디네(Ansar Dine)가 알제리 정부를 전복하기 위해 조직된 이슬람 마그레브 알-까에다와 연계되어 있다는 주장도 있다. 이 단체의 단원은 주로 알제리인이며 투아레그를 비롯한 사하라 사막의 원주민도 일부 포함되어 있다.

표준의 표준(Standard of Standards)! 정복자가 피정복자에게 붙인 경의와 경외의 표현이다. 저명한 교수들의 독립적인 강의로 운영되었던 상코레 대학은 서아프리카 전역에서 유학 온 학생들에게 문학, 철학, 신학, 수학, 물리학, 화학, 천문학, 의학, 법학, 역사학, 지리학 등을 가르쳤고 인격과 학식과 신앙심을 갖춘 많은 흑인 인재들을 배출했다. 당대의 유명한 석학 모함메드 바가요고와 아흐메드 바바는 이들 중의 하나였다. 모함메드 바가요고는 메카로 가는 도중에 이집트의 카이로에 있는 아즈하르 대학에서 명예박사학위를 받았을 정도로 뛰어난 인물이었고, 그를 사사한 아흐메드 바바 에스 수다네(1564년~1627년)는 서 수단 전 이슬람사를 통틀어 가장 위대한 무슬림 학자였다. 상코레 대학의 마지막 총장이었던 아흐메드 바바는 법률, 역사, 신학, 문법에 관한 60여 권의 책을 집필했으며 1,600권이 넘는 도서를 개인적으로 소장했다. 1592년 팀북투에 입성한 모로코인들은 침략에 항거하는 사람들을 탄압하고 이들의 저서를 불태웠지만 진실마저 파괴할 수는 없었다. 아흐메드 바바는 지중해 북부의 도시 페즈로 추방되었지만 그의 학식과 인격은 침략자들조차 감동시켰다.[24] 모로코인들은 그를 '표준의 표준'이라고 불렀다.

상코레 대학에서 현재의 박사학위에 해당하는 최고학위 과정을 이수하는 데는 약 10년이 걸렸다고 한다. 학생들은 졸업식에서 신성한 빛과 지혜, 지식과 도덕을 상징하는 전통 터번을 머리에 둘렀다. 소정의 과정을 마치고 졸업식장에 초대받기 위해서는 종교적 가르침을 실천하고 이슬람에 대한 깊은 지식을 습득해야 함은 물론 인격수양도 게을리해서는 안 되었다. 12세기경 인구 10만의 팀북투에서 상코레 대학에 다니는 학생들의 수가 25,000명에 달했다는 사실은 당시 교육의 중심지로서 이 대학의 위상이 어느 정도였는지 말해준다.[25]

말리의 팀북투의 상코레 대학 (2007년)

오늘날 팀북투는 과거의 잔해 속에 묻혀 있지만 아직도 많은 학생들이 상코레 대학에서 공부하고 있다. 아흐메드 바바의 이름을 딴 아흐메드 바바 센터에 소장된 13

---

24 Aylmer Von Fleischer. 2004. Retake Your Fame: Black Contribution to World Civilization Vol. 1. p. 237. AuthorHouse.

25 'The University of Sankore, Timbuktu' by Zulkifli Khair. http://www.muslimheritage.com/article/university-sankore-timbuktu

세기 이전까지 거슬러 올라가는 수만 점의 고문서는 의학, 과학, 경제학, 종교학, 천문학 등에 관한 중세 서아프리카인의 소중한 기록물로서 인류 지성사의 한 축을 차지한다. 이것들은 아랍어 또는 아랍어 자모음으로 현지어를 표기하는 아자미 문자로 쓰였다. 팀북투에는 아직도 많은 필사본이 존재하는데 대부분 개인이나 뼈대 있는 가문이 소장하고 있다. 해외의 고문서 수집상은 현지의 필사본 소장자들에게 높은 값을 제시하지만 이 문화적 자존을 파는 사람들은 거의 없다. 최근 들어 남아공의 타보 음베키 대통령의 도움으로 팀북투의 고문서를 체계적으로 보관하고 그 밀매매를 방지하려는 노력이 말리 공화국 정부 차원에서 추진되고 있다.[26] 팀북투는 19세기 말 풀라니족의 성전과 그 뒤를 이은 프랑스의 식민 지배가 시작되기 전까지 조상숭배자, 무슬림, 유대인, 기독교도 등이 오랫동안 평화롭게 공존하던 도시였다. 이 도시가 내전의 소용돌이에서 벗어나 다시 문화의 꽃을 피우는 날이 하루속히 다가오길 바랄 뿐이다.

6.3.2.4. 세누포족

세누포족은 코트디부아르의 북동쪽을 중심으로 부르키나파소의 남서쪽과 말리의 남동쪽 접경지대에 분포한다. 총인구는 약 3백만 명이고 언어는 나이저-콩고 어족의 구르어 계열에 속한다. 가나 공화국 북서부에도 '나파나'라고 불리는 약 5만 명 내외의 세누포족이 살고 있다. 세누포족은 농업을 주된 경제 수단으로 했다. 송가이 제국의 이슬람화 정책과 탄압을 피해 15세기 이후 지금의 말리 공화국 중부 지역에서 현 거주지로 남하해 온 역사적 사실이 말해주듯이 이들은 주변의 종족들과는 달리 대부분 정령 신앙을 믿는다. 세누포족의 예술도 그들의 이러한 신앙과 문화를 반영한다.

세누포 가면과 조각상의 기하학적 단순성은 20세기 초 피카소와 페르낭 레제를 비롯한 유럽의 미술가들에게 큰 영향을 미쳤고,[27] 이것은 다시 대서양을 건너 미국의 아방가르드 예술가들이 아프리카에서 영감을 받은 새로운 운동에 동참하는 계기가 되었다. 이후 세누포라는 말은 1930년대부터 현재까지 서아프리카의 조형 예술을 상징하는 고유명사처럼 사용되어 왔다. 우아한 자태를 드러내는 세누포족의 여성 인

---

26 ibid.

27 Read, Peter. 2008. Picasso and Apollinaire: The Persistence of Memory. p. 29. University of California Press.

물상, 가면, 기타 장식 예술은 세계의 미술품 애호가들 사이에서 아직도 큰 인기를 누린다. 오늘날 북미와 유럽의 유명 박물관은 대부분 세누포 조형물을 전시하고 있다. 현지의 예술가와 장인들의 활동은 최근 들어 더욱 활기를 띠고 있다. 이들은 포로나 산도고 의식에서 사용되는 것 또는 시장에서 관광객에게 팔기 위한 것 또는 해외의 수집가를 위한 고가의 예술품처럼 다양한 수요에 부응하는 물건들을 만든다. 코트디부아르 북쪽에 있는 도시 코르호고는 가면, 목재나 황동으로 만든 상, 직물 공예품 등을 생산하는 곳으로 유명하다.

세누포 청소년은 '포로'에 가입하여 각자 정해진 역할을 수행한다. 포로는 공동 생활의 출발점이다. 어린 소년들은 다양한 훈련을 받으면서 단체 속으로 통합되어 들어가고 공적인 책임을 완수할 수 있는 사회적 존재로 성장한다. 여성들만 가입할 수 있는 단체도 있다. 모계를 통해 계승되는 산도고는 인간의 길흉화복에 관한 점을 치는 일에 관여하며 사냥꾼과 농부, 장인들의 행동으로 인해 불편해하는 숲의 정령들과 소통한다.

세누포족은 창조신, 조상신, 자연신과 더불어 태고의 어머니 또는 태고의 여성이라 불리는 조상신을 받든다. 포로는 이 태고의 어머니가 인도하는 사회다. 남자들은 소년들의 단체, 청년들의 단체, 혼인을 하고 자녀를 둔 장년들의 단체처럼 연령에 따라 분류된 단체에 가입하여 소정의 햇수를 채우면 다음 단계의 단체로 이동한다. 통과의례에서는 가면과 조각상을 통한 수업이 행해진다. 사람들은 큰 기부(基部)가 있는 상들을 행렬을 지어 나르기도 하고 이리저리 흔들고 땅에 부딪히면서 조상들을 불러내 그들이 의식에 동참하도록 호소한다. 영적인 어머니로 간주되는 태고의 어머니 상과 의식에서 사용되는 물건들은 신성한 숲에 보관된다. 유종원은 소년들이 첫 번째 포로 사회에 가입하는 과정을 다음과 같이 기술한다.[28]

> 포로라는 비밀 결사는 세누포족의 신화에서 구전되어 오는 우주를 재현하는 종교 의식을 전담한다. 때문에 포로는 의식(儀式)과 전통의 복잡한 장면을 구체적으로 표현하기 위해 가면을 쓰고 행렬과 가무를 연출한다. 포로의 본부는 마을에서 멀리 떨어진 신간가

28 네이버 지식백과 '아프리카의 부족과 문화' (유종원, 2008년)

(Sinzanga)라는 '성스러운 숲' 속에 엄밀히 숨겨져 있다. 이 성스러운 숲은 포로의 모든 의식이 벌어지는 장소이며 그때 사용했던 가면과 악기, 목조각 등을 비밀리에 감춰 두는 곳이기도 하다. 포로의 의식이 진행되는 곳을 성스러운 숲속에 비밀리 두게 된 것은 이들 의식이 토속 신앙에서 모시는 '대지(大地)와 마을의 어머니'라는 지고신(至高神) '카티옐로'(katyelo)의 비호 아래 행해진다고 믿기 때문이다.

포로가 벌이는 가면 행사는 비단 그들의 통과의례 때뿐만 아니라 장례식이나 풍년제 등에서도 행해진다. 따라서 사용되는 가면은 연령 계층 그룹에 따라 지역별, 행사별로 각각 다른 형태로 나타난다. 통과의례는 보통 여러 차례의 단계를 거친다. 첫 번째 단계는 소년들이 첫째 포로에 가입하는 의식이며 이는 성인식에 준한다. 소년들은 할례 시술을 받고 가면을 쓴 다음 춤을 춘다. 춤은 탈혼 상태(脫魂狀態)에 이를 때까지 멈추지 않고 격렬한 동작으로 추어야 한다. 이런 의식은 소년들이 한 사람의 사회인이 되고 비밀 결사에 가입하여 포로의 임무와 봉사를 완수할 수 있도록 하는 하나의 고된 시련 과정이라 할 수 있다.

첫째 포로에 가입할 소년들은 성스러운 숲에 모여 가면을 쓰고 춤을 추며 그곳을 떠나 마을을 향한다. 마을을 거쳐 다시 숲으로 돌아오면 행사가 끝난다. 가면은 조개껍데기와 유리구슬로 엮어 만들어진다. 가면에는 굵직하게 땋은 꼬리가 등 뒤로 길게 늘어뜨려져 있고 앞이마는 코뿔새의 부리 모양과 같은 형상을 하고 있다. 코뿔새는 세누포족 사회의 신화에 나오는 성조(聖鳥)이다. 이들 가면 중에는 가끔 새 깃털을 여러 겹 머리 위에 달기도 한다.

세누포족의 조형 예술은 포로 사회와 깊은 관련이 있다. 크펠리에와 크포뉴구는 포로의 행사에 등장하는 대표적인 가면이다. 이 두 가면은 장례식에서도 사용되는데 죽은 자의 영혼이 조상들의 세계로 무사히 떠나는 것을 도와준다. 여자 혼령을 상징하는 크펠리에는 얼굴 부위가 작고 이목구비가 섬세한 것이 특징이다. 다른 가면들처럼 포로와 관련된 지식을 담고 있는 이 가면은 통과의례를 거치는 소년들에게 인간의 불완전함을 일깨워준다. 크포뉴구 가면은 이름과 형태뿐만 아니라 그것이 묘사하는 동물과 상징하는 의미도 다양하다. 이 가면은 세상의 기원, 중요한 전설, 조상과 자연에 대한 신성한 의무를 수행하는 동물들의 역할을 설명한다. 크포뉴구 가면은 하나의 틀 속에서 복수의 동물들의 특징이 묘사되거나 인간과 동물의 형태가 뒤섞인 모습을 하고 있는 경우가 많다.

왼쪽: 크펠리에 가면 (목재, 높이 30.5cm) / **오른쪽: 크포뉴구 가면** (목재, 길이 102.9cm)

크포뉴구 가면은 장례식에서 머리에 착용한다. 진흙으로 물들인 헐렁한 옷과 이 가면을 쓴 포로의 남성 단원들은 죽은 자가 이승에 남은 사람들에게 해코지를 못하도록 그를 조상들이 거주하는 세상으로 무사히 인도하는 강력한 힘을 연기(演技)한다. 가면의 눈과 큰 입은 무서운 이미지를 전달한다. 숫양의 뒤틀린 뿔과 활처럼 휘어진 영양의 긴 뿔, 악어의 사나운 이빨, 하이에나의 코가 한데 어우러져 현실세계에서는 볼 수 없는 새로운 동물의 형상이 만들어진다.

조상의 상(像)은 여성들의 비밀 단체인 산도고 의식에서 주로 사용되며 평상시에는 사당에 안치된다. 점술이 행해지는 사당은 상 이외에도 점치는 데 필요한 도구와 '포'라고 불리는 전령인 비단뱀의 이미지를 표현한 소품들로 장식된다. 산도고의 여사제는 사당을 찾아온 고객과 신령을 중개한다. 사람들은 신령의 분노를 가라앉히고 그들과 소통하기 위해 복채를 내고 황동 부적과 보석을 착용하며 산도고의 기본적인 가치를 반복해서 암송한다.

가면과 인물상, 황동으로 된 실물 조각의 축소된 모형들은 모든 세누포족 사회에서 공통적으로 관찰된다. 만드는 방법과 스타일도 지역적 편차를 거의 드러내지 않는다. 그 이유는 이러한 물건들의 제작이 수시로 거주지를 옮겨 다니는 동질적인 장인 집단에 의해 배타적으로 독점되기 때문이다.

인물상 중에서 여성 전신상은 세누포 조형 예술의 백미를 이룬다. 돌출된 유방과 부풀어 오른 배는 다산과 종족의 번식을 상징하며 동시에 여성의 숨겨진 육체미를 폭로한다. 특히, 아기를 안고 젖을 먹이는 어머니 상은 여러 가지 형태로 만들어지는데 모두 인간의 원초적인 본능을 표현한 창조적인 형식으로 평가받는다. 다산과 번식이라는 주제는 인물상에만 국한되지 않고 새나 동물의 상에서도 관찰된다.

다음 페이지의 왼쪽 사진은 시이벨레라고 불리는 여성 인물상이다. 시이벨레의 축어적 의미는 율동치기다. 의식에 참여하는 사람들은 이러한 형태의 상을 박자에 맞춰 땅에 부딪히며 태고의 여성 조상신을 불러낸다. 팔과 다리는 다른 상들에 비해 짧은 편이다. 팔은 넓적다리 위에 올려져 있고 다리는 육중한 원통형의 기부에 박혀 있다. 부드럽고 윤이 나는 까만 표면은 오래 사용한 목재 따위의 표면에서 볼 수 있는 고색(古色)을 발산한다. 팔은 사람의 손길에 많이 닳아 밝은 빛을 띠며 목은 장식물이 달린 펜던트 목걸이를 하고 있다. 양 손목과 팔의 상단부에는 각각 팔찌와 암링이 채워져 있고 양 볼과 유방의 윗부분, 뾰족하게 튀어나온 배에는 칼로 짼 선들이 깊게 그어져 있다. 심장을 본뜬 넓적한 얼굴, 무거운 눈꺼풀, 새김눈이 있는 입은 신비한 느낌을 준다. 귀는 납작하며, 브이(V)자 형태의 띠가 이마를 장식하고 있다.[29]

세누포 사회에서 장인(丈人)들은 독립된 집단을 이루며 결혼도 같은 직업군 내에서 하는 경향이 있다. 이들은 마을 내에서도 따로 떨어져 살며 농부들과는 다른 정체성을 갖는다. 농부와 장인은 손으로 만지는 재료가 서로 다르다. 전자는 흙을 만지지만 후자는 나무와 금속을 만진다는 점에서 둘 사이에는 명확한 사회적 거리가 존재한다.[30] 조각상을 통해 자연적 또는 초자연적 존재와 소통할 수 있는 장인들은 일반인의 두려움과 경외의 대상이 된다.

---

29 Wikipedia (Senufo people)

30 Förster, Till. 2013. 'Looking into Each Other's Faces: The Sculptors' Workshops in Northern Côte 'Ivoire.' In African Art and Agency in the Workshop. (ed.) Kasfir, Sidney Littlefield and Till Förster. p. 330. Bloomington: Indiana University Press.

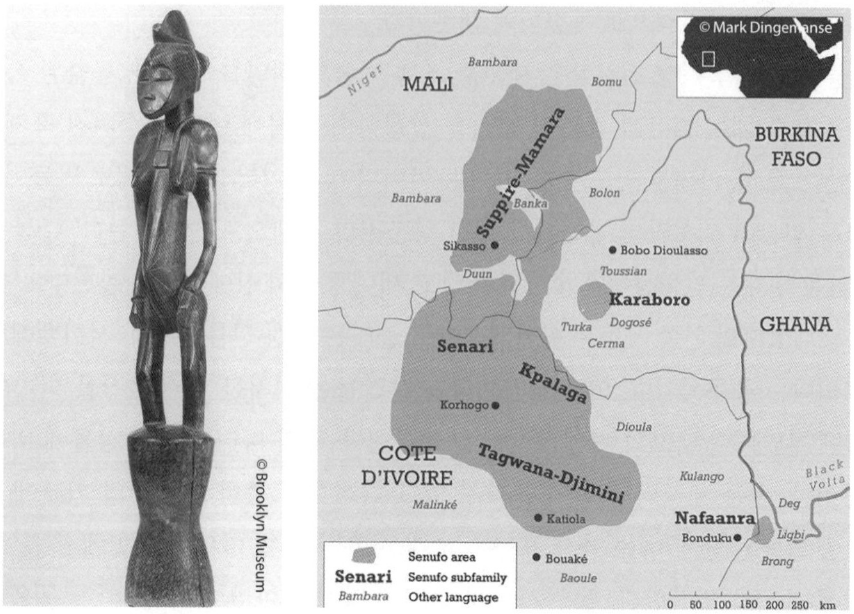

왼쪽: 율동치기 상(像)(Rhythm Pounder) (목재, 높이 102.9cm, 너비 15.2cm, 깊이 16.5cm, 19세기 말 ~20세기 초, 뉴욕 브루클린 박물관 소장)
오른쪽: 세누포족의 분포 지역

6.3.2.5. 브와족과 모시족

부르키나파소의 북서쪽과 말리 공화국의 남동쪽에 거주하는 브와족은 인구 약 40만의 작은 집단이지만 '도'라는 종교와 나뭇잎 가면 및 판자 가면으로 유명하다. 브와족의 서쪽에 사는 보보족과 브와족을 혼동한 프랑스 탐험가와 선교사들의 실수로 브와족은 오랫동안 보보족으로 불렸다. 이러한 이유로 아직까지도 브와족을 '레드 보보' 또는 '이스턴 보보'라고 부르는 사람들이 있다. 아프리카의 종족명이나 언어명 중에는 이렇게 잘못 붙여진 것들이 많이 있다. 일례로, 아프리카 4대 어족의 하나인 코이산 어족의 '산'은 코이족이 부시먼을 부르는 말로서 '이방인'이라는 뜻이다. 부시먼을 부르는 말 중에는 '바사르와'도 있는데, 이것은 '가진 것이 아무것도 없는 사람'이라는 뜻의 헤레로족 단어다.[31] 브와무라고 불리는 브와족의 언어는 나이저-콩고 어족의 구르 어군에 속한다.

---

31 참고로, 부시먼은 그냥 부시먼으로 불리는 것을 좋아한다.

브와족은 마을을 단위로 하는 자치체를 이루고 살았다. 사회는 세 개의 집단, 즉, 농부, 대장장이, 악사로 구성되어 있었다. 농부는 기장, 수수, 옥수수 등을 재배했고 환금작물인 목화는 프랑스 식민 통치 이후에 들어왔다. 농사일은 주로 남자들이 맡았다. 대장장이는 연장과 놋쇠로 된 물건을 만들었으며 그들의 아내는 도자기를 만들었다. 대장장이는 우물과 무덤도 팠다. 우물과 무덤을 파는 일은 땅과 접촉하는 행위로서 이것은 이들에게 특별한 사회적 지위, 즉, 분쟁을 해결하고 인간과 초자연적인 존재를 중재하는 역할을 부여했다. 공적인 행사에서 악기를 연주하고 시를 낭송한 악사들은 평상시에는 천을 짜고 염색하는 일을 했다. 마을의 중대사는 각 가문을 대표하는 남성들로 구성된 원로 회의에서 결정되었다.[32]

브와족의 영적인 삶은 '도'라고 불리는 종교 의식과 깊은 관련을 맺는다. '도'는 세상을 창조한 신(神)의 의인화된 아들이며 동시에 '도'를 숭배하는 조직을 일컫는 말이다. '도'는 생명을 주는 자연의 능력, 동식물이 성장하는 데 필요한 자양분의 원천, 숲과 경작지를 의미하기도 한다. 브와족의 신화에 따르면 세상은 디피니에 의해 창조되었다. 디피니는 절굿공이로 수수를 빻던 어떤 여인 때문에 부상을 당한 후 지구를 떠났고 대신 자기 아들인 '도'를 보내 그의 대리인 역할을 하게 했다. 세상에 내려온 '도'는 나뭇잎 가면으로 자신을 드러냈으며 점차 생명의 부활을 추구하는 종교 의식의 중심 존재가 되었다. '도'는 농작물 생산의 근원적인 힘으로 간주되었고 인간이 통제할 수 없는 자연의 힘을 중재하는 역할도 맡았다. '도'의 이 두 가지 기능은 농사를 최고의 직업으로 여기는 브와족한테 중요한 의미를 갖는다.[33] '도'는 작물의 파종이 끝난 후에 열리는 통과의례와 마을의 정화 의식에서 풀과 덩굴, 나뭇잎으로 몸 전체를 덮은 인간의 형상을 한 내세의 혼령으로 나타나 삶을 축복하고 자연의 힘이 연장되도록 도와주는데, 복면한 사람의 행동은 비인간적인 속성을 드러낸다. 여기서 풀, 덩굴, 나뭇잎은 혼령의 피부를 상징한다. 브와족의 각 가문은 -모든 구성원의 요청에 화답하는 '도'에 대한 종족 차원의 신앙과는 별도로- 특정한 영적인 힘을 숭배하며,

---

32 브와족의 조형 예술에 관한 이하의 설명은 별도의 표시가 없는 한 다음의 자료에 근거한다. African Art Museum (http://www.zyama.com/bwa/)

33 LaGamma, Alisa. 2002. Genesis: Ideas of Origin in African Sculpture. p. 60. New York: The Metropolitan Museum of Art.

그 힘을 상징하는 가면을 만들어 소유하고, 가면을 통해 그 힘과 소통한다.[34] 브와족의 가면에는 나뭇잎 가면 이외에도 판자 가면, 물소 가면, 뱀 가면, 나비 가면, 매 가면 등이 있다. 나비 가면과 매 가면은 가로 쪽이 긴 수평 가면이다. 이하(以下)의 단락은 판자 가면과 수평 가면에 대한 설명이다.

나무로 된 판자 가면은 남(南) 브와족한테서만 관찰된다. '바이리'라 불리는 판자 가면은 인간이 의탁하는 자연의 힘을 표현한다. 대부분의 바이리 가면은 선명한 색의 기하학적 무늬가 있는 하단부의 둥근 얼굴 위에 직사각형 모양의 널빤지가 얹혀 있고, 맨 꼭대기는 초승달 모양으로 장식되는데, 큰 것은 높이가 6~7피트에 달하는 것도 있다. 여러 개의 동심원으로 그려진 눈은 올빼미를 연상시키며 이마에서 뻗어 나온 고리는 코뿔새를 암시한다. 이 가면은 자연계의 구체적인 대상이 아닌 초자연적 힘, 즉, 씨족을 보호하는 숲의 신령을 구현하지만,[35] 영양, 혹 멧돼지, 물소, 원숭이, 악어, 뱀, 물고기, 새, 곤충과 같은 동물의 형상을 부분적으로 포함한다. 씨족의 원로들은 바이리 가면을 주문할 때 장인(匠人)들한테 가면의 표면에 조각될 추상적인 무늬를 자세히 설명한다. 무늬는 제한된 사람들만 이해하는 일종의 언어로서 통과의례에서 씨족 구성원들이 몸에 새기는 문양과 비슷한 경우가 많다.[36] 비전되어 내려오는 이러한 무늬는 시간의 흐름, 달의 위상, 인간과 조상과 우주를 지배하는 힘들 사이의 관계를 표현한다. 가면에 새겨진 까만색, 흰색, 붉은색의 무늬는 영적인 세계의 상징적인 어휘로서 사람들은 통과의례를 거칠 때마다 그것에 대해서 교육을 받으며 축적된 시간적 경험을 통해 점차 그 의미에 익숙해진다.[37] 나뭇잎 가면과 판자 가면 사이에는 이념적 긴장이 존재하는데 그 이유는 전자가 후자보다 훨씬 더 토착적이고 오래된 형태이기 때문이다.

브와족 사회에서 가면은 거의 모든 행사에 나타난다. 가면은 장례식이나 거상 기

---

34 ibid. p. 60.

35 Roy, Christopher D. 1987. Art of the Upper Volta Rivers. p. 296. Meudon, France: Alain and Françoise Chaffin.

36 Hanna-Vergara, Emily. 1996. 'Masks of Leaves and Wood among the Bwa of Burkina Faso.' Ph.D. Dissertation. p. 151. University of Iow.

37 Roy, Christopher D. 1999. 'The Laws of Man and the Laws of God: Graphic Patterns in Voltaic Art.' p. 235. Baessler-Archiv 47: 223-58.

간이 끝났을 때처럼 애도를 표하는 경우에 주로 사용되지만 추수기나 수확기에 치러지는 농번기 행사, 다양한 성격의 통과의례, 장날에 열리는 축제처럼 경축, 기념, 여흥을 위한 목적으로도 이용된다. 가면이 하나도 등장하지 않는 브와족의 사회적 모임은 상상하기 힘들다.

브와족은 나뭇잎 가면과 판자 가면 같은 수직 가면과 함께 나비나 매를 모방한 다색의 수평 가면도 만든다. 나비 가면은 동심원으로 장식되는 반면, 매 가면은 종종 무늬가 없는 흰색을 띤다. 매 가면을 쓴 사람이 머리를 나선형으로 돌리면 마치 가면이 회전하는 것처럼 보인다. 나비 가면과 매 가면은 숲에 사는 날아다니는 초자연적인 존재들을 상징한다. 자애로운 성품을 가진 이러한 존재들은 가면을 소유한 가정에 복을 내리고 그들을 보호한다.[38]

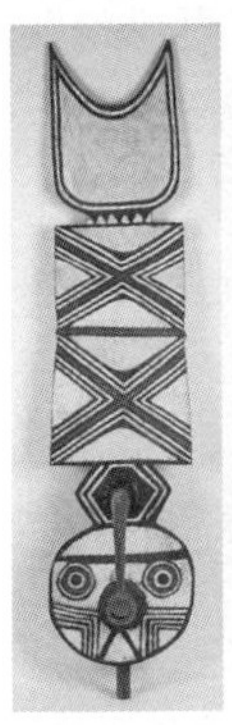

왼쪽: 브와족의 판자 가면(© Birmingham Museum of Art)
가운데: 판자 가면을 착용한 모습 / 오른쪽: 브와족의 나뭇잎 가면

브와족의 조형 예술에서 인물상과 동물상이 차지하는 비중은 상대적으로 미미하다. 상들은 점술 의식이나 다산과 풍작을 기원하는 의례에서 사용된다. 사람들은 상들의 행렬이 마을을 통과할 때 그 앞에 제물을 바친다. 점치는 데 쓰이는 끝이 구부러진 막대기나 신령을 상징하는 입상(立像)이 새겨진 팔찌처럼 점술과 관련된 조각품도 있다.

---

38 Finley, Carol. 1999. The Art of African Masks. Exploring Cultural Traditions. pp. 26-28. Minneapolis, MN: Lerner Publications Company.

역시 부르키나파소에 살고 있으며 브와족보다 인구가 많은 모시족은 15세기에서 16세기에 걸쳐 남쪽(가나 공화국 북부)에서 침략해 들어온 기마민족으로 오늘날 이 나라의 최대 종족으로 군림한다. 모시족은 총 1,200만 명의 인구 중 약 900만 명이 부르키나파소에 거주하며, 코트디부아르(150만), 가나(50만), 니제르(20만)에서도 모시족을 볼 수 있다. 부르키나파소에는 전체 인구의 40%를 차지하는 모시족 이외에도 구룬시족, 세누포족, 로비족, 보보족, 풀라니족을 위시한 60여 개의 종족이 살고 있다. 나이저-콩고 어족의 구르 어군에 속하는 모레어(語)를 사용하는 모시족은 훗날 노예 무역으로 번성한 아산테 제국, 다호메이 제국 등이 기니만에 등장하기에 앞서 서아프리카 내륙 열대 우림 기후대에 중앙 집권화된 제국을 건설한 유일한 종족이다. 모시족의 예술은 이러한 역사적 특성을 반영하여 정복자와 원주민이라는 이원성을 드러낸다. 인물상 형태의 조형물은 정치적, 의식적(儀式的) 목적으로 정복자들이 소유했으며 피정복민인 농부들은 가면을 통해 조상의 힘을 불러냈다.

6.3.3. 기니 해안의 조형 예술

서아프리카의 남쪽 대서양 연안 내륙은 전형적인 열대 우림 기후대로서 역사적으로 이슬람의 영향권에서 벗어나 있었다. 이 지역에서 중앙 집권화된 통치 체제를 근간으로 하는 강력한 제국은 -포르투갈, 네덜란드, 영국으로 이어지는 서양 세력이 해안에 요새를 구축하고 노예 무역을 시작한 이후 이들과의 교역을 통해 부상한 가나의 아산테 제국, 베닌 공화국의 다호메이 제국, 나이지리아의 베닌 왕국처럼- 주로 기니만의 동쪽에 치우쳐 있었다. 기니 해안의 예술은 대상을 사실적으로 묘사하는 경향이 있으며 서아프리카의 다른 지역에 비해 자연주의적 색채가 더 강하다. 본 절에서는 비됴고족, 바가족, 멘데족, 단족, 아산테족, 판테족, 바울레족의 조형 예술을 살펴볼 것이다. 특히, 아산테족의 금을 소재로 한 조각품은 전 세계를 통틀어 가장 정교하고 독창적인 금 예술의 진수를 보여준다.

6.3.3.1. 비됴고족과 바가족[39]

비야고 열도는 기니비사우 서쪽 대서양상에 위치한 약 88개의 섬으로 이루어져 있다. 이 중에서 사람들이 일 년 내내 거주하는 섬은 약 20개에 불과하다. 이 열도에 사는 비됴고족은 매우 호전적인 종족으로 오래전부터 큰 카누를 이용해 이 지역을 통과하는 선박들을 약탈했다. 비됴고족은 독특한 의상과 가면극으로 유명하다. 크고 무거운 머리 장식은 황소, 황새치, 상어, 하마, 악어 등의 모습을 하고 있으며, '이란'이라 불리는 수호신을 모시기 위해 제작되는 붉은 천으로 덮인 속이 빈 원통형의 조형물은 그 위에 사람이나 동물의 형상이 얹혀 있다. 이러한 형상은 전반적으로 사실주의적 묘사를 지향하지만, 자연의 형태에서 그 전형적인 특징을 추출해 관습화된 방법에 따라 단순화시키는 양식화(樣式化)를 보여주는 경우도 있다. 길게 돌출된 뾰족한 턱, 납작한 얼굴, 둥근 눈, 반원의 형태를 한 귀는 비됴고족의 조형물에서 관찰되는 양식화의 대표적인 예이다. 기니비사우의 수도인 비사우에서 열리는 축제는 케이프베르데와 브라질에서 열리는 축제와도 연관이 있다. 축제에는 풀이나 송진, 아교 따위에 적신 종이를 뜯어 붙이는 파피에 마세 기법으로 만든 의상이 등장한다.

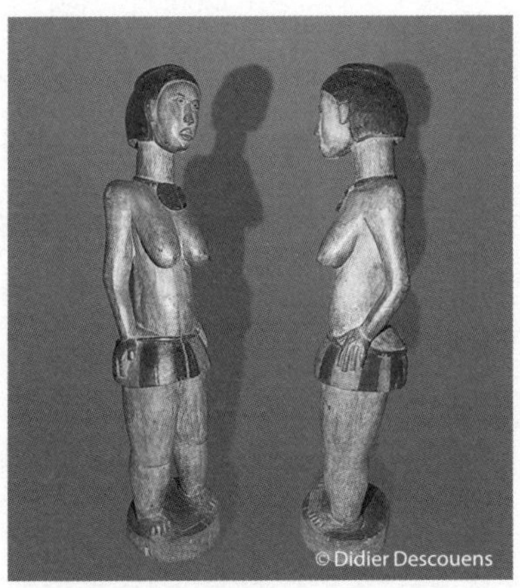

왼쪽: 비됴고족의 여자 상 / 오른쪽: 비됴고족의 사당에 안치된 조상 상

기니 공화국 북쪽과 기니비사우 남쪽 바닷가 늪지대에 사는 바가족도 비됴고족처

---

39 비됴고족은 비죠고족, 비야고족, 비요고족, 비싸고족, 아나키족으로도 불린다.

럼 15세기에서 16세기경에 이민족의 침탈을 피해 기니 내륙의 산악지방에서 현 거주지로 이주해왔다. 이 지역 최초의 정착민으로 간주되는 바가족은 이후 해안선을 따라 북쪽으로 이동해 마을 단위의 공동체를 이루며 생활했다. 바가족 사회는 16세기에 북쪽에서 내려온 포르투갈인들과 접촉하면서 큰 변화를 겪는다. 해안가에서 쌀과 콜라너트, 소금을 생산하던 바가족은 포르투갈인들의 내륙 진출에 필요한 식량과 생필품의 공급자가 되었고, 시간이 지나면서 바가족 여성과 결혼한 포르투갈 남성들의 숫자도 늘어났다. 당시 대서양 연안의 세네감비아, 카보베르데, 기니, 시에라리온 등지에 정착한 포르투갈인들은 종교 재판을 피해 본국에서 도망쳐 온 유대계 포르투갈인들이 대부분이었으며 개신교도들도 일부 포함되어 있었다. 이들은 현지의 유력 가문의 딸들과 혼인하여 새로운 정치 세력을 형성하고 무기류, 향신료, 노예 등을 거래하면서 지배력을 확대해나갔다. 이들의 이런 독자적인 행동은 당시 아프리카 식민지 쟁탈에 몰두하던 포르투갈 왕들의 분노를 초래하기도 했다. 18세기에 접어들면서 기니 중서부의 고지(高地) 푸타 잘론에서 시작된 풀라니족의 성전은 바가족 사회를 천천히 이슬람화하기 시작했다. 풀라니족은 이교도들의 노예화를 정당화하는 교리를 선포했는데 이것은 정령 신앙을 믿던 서 수단 대서양 연안의 종족들이 이슬람으로 개종하는 것을 촉진시켰다. 바가족도 풀라니족의 노예사냥에서 벗어나기 위한 방편으로 이슬람을 받아들였다. 기니는 19세기 말 프랑스의 식민지가 되었다가 1958년 독립하지만 독립과 더불어 등장한 마르크스주의 이슬람 정권이 추진한 아프리카 전통 신앙에 대한 탄압 정책으로 간신히 명맥을 이어오던 바가족의 문화유산은 소멸될 위기에 처했었다. 1984년 기니의 초대 대통령이자 독재자인 만딩카족 출신의 세크 투레가 사망하고 난 후 바가족의 전통 예술은 종족의 정체성 추구를 위한 노력과 결부되면서 재조명되었다.

바가족의 인구는 약 8만 명에 불과하지만 정령 신앙을 표현한 이들의 조형 예술은 그 세련된 심미적 특성으로 인해 많은 미술 애호가들의 관심을 끌었으며 전 세계 주요 박물관의 단골 소장품이 되었다. 가장 널리 알려진 바가족의 조형물은 님바 또는 둠바라고 불리는 가면이다. 이 가면은 큰 코, 길게 늘어진 유방이 달린 여성의 몸통, 볏이 달린 머리를 가지고 있으며, 보통 착용자의 어깨에 걸칠 수 있도록 조각된다. 님바

왼쪽: 바가족의 님바 가면 / 오른쪽: 바가족 마을 (1904년 프랑스령 기니에서 촬영)

가면을 쓴 사람은 라피아야자 섬유로 온몸을 가린다. 가면은 몸통 아래에 조각된 네 개의 다리로 독립적으로 설 수도 있다. 다산(多産)의 여신을 상징하는 님바 가면은 가나, 말리, 시에라리온, 세네감비아를 포함하는 서 수단 일부 지역에서 행해진 시모 가면 숭배 의식에서 사용되었다. 이 의식은 풀라니 성전의 영향으로 20세기 초에 이미 그 본연의 주술적 성격을 잃었으며, 독립과 더불어 시작된 세크 투레 정부의 우상 퇴치 정책으로 인해 현재는 종교적 색채가 완전히 배제된 단순한 전통가면극으로 계승되고 있다. 과거에는 시모 비밀 단체에 소속된 불임(不姙)의 여성들이 이 가면을 다산의 어머니로 부르면서 그 앞에서 임신을 소원했다. 님바가 상징하는 여성의 다산은 풍요로운 수확과 번영을 뜻하는 의미로 확장되어 농작물의 첫 수확을 경축하는 의식이나 결혼식 또는 아기가 태어났을 때 행하는 의식에서도 이 가면이 사용되었다. 시모 사회는 님바 가면 이외에도 반다 또는 보케라 불리는 다색(多色)의 가면을 만들었다. 반다도 다산을 기원하는 의식에서 사용되었는데 큰 것은 길이가 5피트가 넘는 것들도 있었다. 이 가면은 길게 늘여진 사람의 얼굴에 악어의 턱, 영양의 뿔, 뱀의 몸통, 카멜레온의 꼬리가 달린 특이한 형상을 하고 있다.

바가족의 예술은 일반적으로 다음과 같은 특징을 보여준다. 앞에서 기니 해안의 조형 예술이 자연주의적 특성을 드러낸다고 했는데 바가족은 해안의 종족들이 아닌 서 수단 지역의 전통을 계승했다. 가면의 형태도 특이하다. 바가족의 가면은 얼굴에 착용하는 형태가 아닌, 어깨 위에 올려놓거나 휴대가 가능한, 목재로 된 조각상의 형태를 취하는 경우가 많다. 가면은 사람들이 비밀 조직의 단원이 되기 위해 입문식을 치를 때 그들에게 상들이 의미하는 것을 가르치기 위해서 사용되었다. 바가족은 조상을 상징하는 조형물도 만들어 사당에 안치했다. 이러한 조형물은 인간과 동물의 형상을 동시에 구현하는 경우가 많았다.

6.3.3.2. 멘데족

멘데족은 서 수단 전역에 분산되어 있는 만데족의 한 분파로 템네족과 함께 시에라리온의 최대 종족으로 꼽힌다. 두 종족은 각각 이 나라 총인구의 30% 이상을 차지한다. 쌀과 얌, 땅콩, 코코아, 야자유 등의 농산물 재배와 사냥을 주된 생계 수단으로 했던 인구 약 300만 명의 멘데족은 시에라리온의 남쪽과 동쪽에 거주하며, 인구 약 250만 명의 템네족은 북쪽과 서쪽에 거주한다.

멘데족의 여성은 산데, 남성은 포로라는 단체에 가입했다. 산데는 입문식에서 여성들이 가면을 쓰는 아프리카에서 몇 안 되는 예에 속한다. 여성이 착용하는 소웨이 가면은 표면이 매끄러운 까만색의 목재로 된 투구 형태로서 물의 요정을 상징하며 어린 소녀들이 아름답고 강한 여성으로 성장하는 것을 의미한다. 이 가면은 여성의 이상화된 얼굴 모습을 보여주면서 동시에 종교적이며 철학적인 이념도 담고 있다. 입문식을 치르는 소녀들은 호조라고 불리는 하얀 점토를 몸에 바른다. 순백(純白)의 호조는 깊은 강바닥에서만 나오는 귀한 물질로서 청결함과 순결함을 뜻한다. 사춘기에 이른 소녀들은 모두 산데에 의무적으로 가입해야 했다. 소녀들은 이곳에서 일부다처제의 가부장적 사회가 요구하는 여성의 자기통제, 인내심, 품위, 아름다움, 지혜 등에 대해서 교육받았다.

멘데족 여성들이 착용하는 소웨이 가면은 서아프리카 여타 종족들의 가면과 많은 점에서 다르다. 가면의 겉 표면은 부드러운 윤기를 발산하며, 목 부위에는 목걸이가 조각되어 있고, 정교한 머리 양식은 건강과 부를 상징한다. 가면 하단부의 굵은 목을 감싸는 여러 겹으로 된 목걸이는 물결 형태로 조각되는데, 이것은 요정이 물에서 나올 때 생기는 잔파동을 떠올리게 하며, 다른 한편으로는 미(美)와 부(副), 다산과 생명력,

호조를 바른 멘데족 소녀들

건강 따위를 표상하는 신체의 지방 주름을 연상시킨다.

아름다움, 특히, 여성미를 판단하는 기준은 시대와 장소에 따라 다르다. 북부나이지리아의 하우사족 여성은 전반적으로 날씬한 편이지만 남서나이지리아의 요루바족은 풍성한 몸매의 여성을 선호한다. 이들의 최근의 의식 변화는 정확히 알 수 없지만, 확실한 것은 요루바족의 전통 여성미는 날씬함과 거리가 멀다는 것이다. 결혼 적령기의 요루바 처녀들이 출가하기 전에 방 안에 틀어박혀 운동도 하지 않은 채 밥만 먹었다는 이야기는 신체의 미를 재단하는 기준이 문화상대적이라는 것을 말해준다. 중국 당 현종의 애첩 양귀비도 전해 내려오는 그림을 통해 판단할 때 현재의 기준으로 보면 결코 미인의 체형은 아니었던 것 같다. 계란형의 갸름한 얼굴을 한 21세기의 한국 미녀들도 조선 시대에 태어났다면 박복한 상이라고 기피의 대상이 되었을 것이다.

얼굴 앞 부위만을 가리는 일반 가면과는 달리 큰 나무의 통 줄기를 깎아서 만든 투구 형태의 소웨이 가면은 군중 앞에서 거행되는 소녀들의 성인식에서 사용되며 추장의 즉위식이나 장례식에도 등장한다. 아프리카에서 가면으로 얼굴을 가리는 행위는 일반적으로 남성한테만 국한된 현상이라는 것을 고려할 때, 남자들이 조각한 가면을 여자들이 착용하는 멘데 풍습은 상당히 이례적이라고 할 수 있다. 소웨이 가면은 두 개 이상의 얼굴, 어떤 것은 네 개의 얼굴이 조각되는 경우도 있다. 투구 형태를 하고 있기 때문에 머리 위에서부터 뒤집어쓰며 기부(基部)를 이루는 둥근 목 부위는 어깨에 올려놓는다. 가면을 쓰는 여성들은 몸과 마음을 다 앗아가는 무시무시한 힘을 가진 소웨이 혼령과의 접촉을 피하기 위해 가늘게 찢어진 눈 부위를 제외하고 겉으로 드러난 열린 틈새가 하나도 없는 옷을 입는다.

산데 입문식에서는 여성의 음핵을 절제하는 의식이 거행된다. 소녀들은 미래에 경험하게 될 출산의 아픔을 예고하는 이 과정을 통해 성(性) 정체성을 가진 여성으로 다시 태어난다. 음핵을 절제할 때 겪는 고통과 인내심은 산데의 결속력과 여성들 간의 상조(相助)를 강화하는 데 기여한다. 아프리카 전통 사회의 여성 할례는 여성의 성적 욕망을 억누르기 위한 악습으로 유엔을 비롯한 세계 인권 단체의 노력에도 불구하고 근절되지 않고 있다. 안타까운 현실은 음핵이 제거되지 않은 여성을 정숙하지 못한 여성으로 간주하는 여성 스스로의 왜곡된 인식이다. 동아프리카 마사이족의 예에서 알 수 있듯이 정부의 계몽 활동에 극렬하게 반대하는 주체가 나이 든 여성이라는 사실은 일부다처제 사회에 뿌리 깊게 박혀 있는 여성의 자기 비하가 얼마나 심각한 수준인지를 보여준다. 아프리카 여성 교육의 중요성은 아무리 강조해도 지나치지 않을 것이다.

멘데족 남자들도 가면을 착용한다. 가면은 보통 나무로 만들지만 가죽이나 직물, 야자과 식물의 일종인 흰색의 라피아로 만들기도 한다. 코란 구절이 새겨진 머리 장식이 가면 꼭대기에 부착되는 경우도 있다. 포로는 산데에 대응하는 남자들의 비밀 조직으로 기니만 서쪽에 정착한 만데족에 의해 전파되었는데 시에라리온 말고도 라이베리아, 기니, 코트디부아르에서도 관찰된다. 포로는 법적, 종교적, 문화적 규정을 만드는 자치 단체였으며 전쟁과 평화를 결정하는 정치기구로서의 역할도 했다.[40] 포로의 모임은 건기에 해당하는 10월에서 이듬해 5월 사이에 숲속에서 열린다. 단원들은

40 Olukoju, Ayodeji. 2006. Culture and Customs of Liberia. pp. 24-147. Westport, CT: Greenwood Publishing Group.

왼쪽: 멘데족 여성들의 비밀 단체인 산데의 소웨이 가면 (19세기 말~20세기 초, 39.4 x 23.5 x 26cm, 브루클린 박물관 소장)
오른쪽: 멘데족 남성들의 단체인 포로의 그비니 가면

신분에 따라 크게 세 개의 부류로 나뉘는데, 첫 번째 부류는 추장과 원로들로 구성되며, 두 번째는 인간과 혼령을 중재하는 페티쉬 사제들이고, 세 번째는 일반인들이다. 나뭇가지로 덮인 천정과 벽으로 분리된 공간에서 열리는 포로 집회는 페티쉬 복장을 한 포로의 악령(惡靈)이 회의를 주재한다. 집회에서 사용되는 나무로 만든 다양한 가면들은 선한 혼령과 악한 혼령을 상징한다.

포로와 관련해 2009년에 발생한 사건은 전 세계 여권 옹호론자들의 이목을 집중시켰다. 2009년 추장의 딸인 '엘리자벳 심비와 속보-토투'가 새롭게 바뀐 규정에 따라 동부 시에라리온 니미냐마 지역의 최고 추장에 선출되자 포로의 남성 단원들이 여자는 포로의 구성원이 아니기 때문에 추장이 될 수 없다고 주장하면서 극렬한 반대 시위를 벌였다. 속보-토투는 시에라리온 인권 협회와 유엔 및 세계 여성 단체들의 지지 속에서 무장 경찰의 호위를 받으며 동부 코노 지방의 세와세에 있는 고향집으로 가는 자동차 퍼레이드를 벌였지만 무장 경찰의 등장에 분노한 포로 단원들의 돌세례를 받고 신변의 위협을 느껴 수도 프리타운으로 다시 돌아갔다. 이후(以後) 시에라리온 대법원은 2009년의 법 개정보다 관습적인 전통이 더 중요하다는 판결을 내렸고, 속보-토투의 남자 조카들 중 한 명이 그녀를 대신해 최고 주장 직에 올랐다.

멘데족의 비밀 단체는 약물(藥物)을 뜻하는 '할레'(복수형은 할레이시아)와 깊은 관련이 있다. 할레는 고유한 성질을 가진 자연 물질로서 포로와 산데의 주술사들은 모두 그것을 다루는 방법을 알고 있다. 이러한 이유로 할레는 비밀 단체를 부르는 말로 사용되기도 한다.[41] 멘데족 구성원이라면 누구나 다 가입하는 포로와 산데가 은밀한 조직이 아님에도 불구하고 비밀 조직으로 간주되는 것은 주술사들 사이에서만 소통되는 비밀 화법이 있기 때문이다.

멘데족의 가면은 응가파라고 불리는 열두 개의 혼령과 혼령들이 관장하는 할레의 힘을 상징한다. 여성들의 단체인 산데의 소웨이 가면과 남성들의 단체인 포로의 그비니 가면, 고보이 가면은 각각 동명(同名)의 의약 조직과 그 약물의 힘을 뜻한다. 모든 가면들 중에서 가장 강력한 것은 그비니 가면이다. 이 가면은 최고 추장의 즉위식이나 장례식 또는 그의 아들이 포로에 입문하는 의식에서 사용된다. 그비니 가면은 높은 권위를 상징하는 표범 가죽과 라피아 야자 섬유로 만들며 조개껍데기와 천 조각으로 장식되는데 가면 꼭대기의 표범가죽 한가운데에 둥근 거울이 박혀 있다. 여성들은 그비니 가면의 강력한 힘 때문에 항상 이 가면에서 멀리 떨어져 있어야 한다. 끝으로, 멘데족의 가면에는 주술적 성격의 가면만 있는 것이 아니다. 남자들의 공골리 가면과 여자들이 착용하는 곤데 가면, 사마와 가면은 유머나 풍자, 패러디를 표현하는 어릿광대 가면으로 순전히 여흥의 목적으로만 사용된다.

6.3.3.3. 단족

단족은 나이저-콩고 어족의 만데 어군에 속하는 종족으로 기니 공화국과 가까운 코트디부아르 서부에 약 160만 명, 라이베리아 동부에 약 20만 명이 살고 있다. 8세기경 말리와 기니로 추정되는 북쪽에서 현재의 위치로 내려온 단족은 10세기 이후 열대 우림 기후대로 남하(南下) 하는 과정에서 같은 만데족의 일파인 웨족 등과 전쟁을 치르며 호전적인 기질을 드러냈다. 이들의 주된 생계 수단은 농사로서 코코아, 커피, 쌀과 함께 카사바와 비슷한 마니옥이라 불리는 녹말뿌리 식물을 재배하며 사냥과 고기잡이도 병행한다. 중앙 집권화된 정치 조직은 없었으며, 종족 전체를 아우르는 최고 추장과 같은 직위도 존재하지 않았다. 마을 단위로 흩어져 생활하던 단족 사람들은 공동체의 운명을 좌우하는 중대사를 처리할 때 추장을 중심으로 한 원로 회

41 Boone, Sylvia Ardyn & Rebecca Busselle. 1986. Radiance from the Waters: Ideals of Feminine Beauty in Mende Art. p. 154. New Haven: Yale University Press.

의의 결정에 따랐다. 사회적 통합, 구성원들이 지켜야 할 규범, 충성심과 복종, 젊은 이들의 교육과 관련된 일들은 성인 남자들로 구성된 여러 단체들을 통해 수행되었다. 이러한 단체들은 숲에 사는 수호신을 섬겼으며 필요시에는 수호신의 도움을 요청했다. 표범을 상징하는 '고'라고 불리는 비밀 조직은 큰 영향력을 행사했다. 고의 권위는 오늘날까지 이어져 내려오고 있다. 단족의 삶 전반을 통제하는 이 표범 조직은 숲속에서 3~4개월에 걸쳐 치러지는 젊은이들의 성년식도 주재했다. 소녀들은 어른이 되기 위해서 받아야 하는 교육과 더불어 할례 의식도 통과해야 했다. 앞에서 살펴본 기니만의 다른 종족들처럼 단족의 소녀들도 음핵 절제술을 받았다.

단족의 세계관은 매우 독특하다. 이들은 세상사의 모든 현상이 각각 하나의 쌍을 이루는 상반된 두 개의 범주에 속한다는 이원론적 사고를 가지고 있다. 가장 중요한 이항대립은 마을과 숲이다. 마을은 인간이 스스로 통제할 수 있는 영역이지만 숲은 그것이 불가능하다. 둘 사이의 경계선을 넘는 것은 위험한 행동이기 때문에 숲을 개간해서 밭을 만드는 일처럼 불가피한 사정으로 인해 숲에 들어가야 할 때는 숲에 사는 초인간적인 존재들을 먼저 달래야 한다. 숲의 영령들도 인간사에 개입하기 위해서는 형체를 가진 존재로 변해야 한다. 단족은 모든 피조물이 창조주인 크라로부터 하사받은 영혼을 가지고 세상에 나온다고 믿었다.[42] '두'라고 불리는 이 영혼은 불멸의 존재로서 원 소유자가 죽으면 다른 대상으로 옮겨가 끝없이 부활하는데 그 계승자는 사람일 수도 있고 동물일 수도 있다. 숲에 사는 '두'는 자기 존재를 증명하고 인간의 숭배를 받기 위해서 특정한 사람과 관계를 맺어야 한다. 영혼들은 그들이 선택한 사람이 그들을 상징하는 가면을 쓰고 춤추는 것을 요구하기도 한다.

단족은 다양한 형태의 가면을 만든다. 몸 전체를 덮는 가면 의상은 이들의 사회적, 문화적 삶의 중심을 이루며 단순한 얼굴 가리개 이상의 의미를 가진다. 가면 의상은 보통 머리 장식, 종려나무 잎으로 만든 넓은 치마, 천으로 된 망토로 구성되며 착용자의 전신을 완전히 감싼다. 얼굴 부위의 가면은 혼령을 의미하고, 종려나무 잎과 헝겊은 각각 야생의 숲과 인간의 문명을 상징한다. 옴폭 들어간 얼굴, 돌출된 입, 넓은 이마를 특징으로 하는 단족의 가면은 종종 갈색의 녹청(綠靑)으로 덮여 있다. 오늘날의

---

42 Art & Life in Africa (University of Iowa Stanley Museum of Art) https://africa.uima.uiowa.edu/peoples/show/Dan

왼쪽: 단족의 가면 / 오른쪽: 개인이 휴대하는 단족의 축소된 미니어쳐 가면

가면극은 의식적 목적이 아닌 여흥의 목적 또는 관광객을 상대로 한 상업적 목적으로 공연되는 경우가 많지만, 집단 내의 갈등이나 통제가 필요한 상황이 발생하면 예전의 역할로 되돌아간다. 단족은 작은 모형 가면을 만들어 몸에 휴대하기도 한다. 사람들은 집을 떠나 먼 여행길에 오를 때 가문을 상징하는 가면을 축소해서 만든 미니어쳐 가면을 마치 액운을 물리치는 부적처럼 몸에 지니고 떠난다.

단족의 예술가들은 조형물을 통해서 전쟁, 평화, 교육, 경쟁, 규범, 축제와 같은 사회문화적 의미를 갖는 개념들을 표현했으며 양식화된 나무 수저나 복잡한 놀이판 같은 소품들도 만들었다. 한 가지 흥미로운 것은 조각상이 조상의 혼이나 특정한 영령을 상징하지 않았다는 점이다. 상은 주로 추장들의 주문을 받아 제작되었고 그것이 묘사하는 대상도 추장들의 애첩(愛妾)이었다. 가장 전형적인 모습의 여인상은 등에 아이를 업고 있는 형태다. 단족은 이런 물건들을 평상시에는 집안의 은밀한 곳에 보관했지만 가족의 경사가 있을 때나 귀한 손님이 내방하면 꺼내서 전시했다.

단족은 숟가락을 예술적으로 조각했다. 이들은 도움을 주기 위해 외부에서 방문한 사람이나 여행객을 환대하는 아름다운 풍습을 갖고 있었다. 손님을 영접하고 접대하는 일은 여성의 몫이었다. 수저는 이 일과 관련해 훌륭한 품성을 지닌 여성들의 권위를 상징하는 물건으로서 사람들은 수저가 부와 명예를 가져다주는 힘을 지녔다고 믿었다. 수저는 손잡이의 모양에 따라 여러 가지로 구별된다. 가장 흔히 관찰되는 것은 사람의 다리나 머리 형태를 한 손잡이다. 끝으로, 단족의 예술가들은 이러한 것들 이

외에도 추장의 지팡이나 황동으로 주조된 값비싼 여인상도 만들었다.[43]

6.3.3.4. 아산테족, 판테족, 바울레족

아산테족은 판테족, 바울레족과 함께 나이저-콩고 어족의 크와 어군에 속하는 아칸어 계열의 종족이다. 아산테 제국은 1670년에 창건되어 1902년까지 존속한 지금의 가나 공화국 중남부에 있던 국가로 수도는 쿠마시였다. 아산테 제국은 해안가에 요새를 구축하고 주둔하던 서양인 및 북쪽의 무슬림 종족들과 교역했으며, 19세기 말 네 차례에 걸친 영국과의 전쟁에서 패한 후 대영 제국의 보호령이 되었다. 이들의 조형 예술은 금 장신구와 금 공예품이 큰 비중을 차지하는데 그중에서도 왕위나 왕권을 상징하는 것들이 많이 관찰된다. 황금의자는 아산테족의 금 예술을 대표한다. 전설에 의하면 하늘에서 황금으로 된 의자가 최초의 아산테헤네인 오세이 투투의 무릎으로 내려왔다고 한다.[44] 사람이 죽으면 그 영혼이 그가 앉았던 의자에 머문다고 믿었던 아산테족은 아산테 제국의 영혼도 이 황금의자 안에 머문다고 믿었다. 금으로 된 조각품은 종류가 매우 다양하다. 어검(御劍)의 손잡이, 왕권을 상징하는 홀, 귀중한 물건이나 보석을 보관하는 용기, 돈으로 사용되는 금가루의 무게를 재는 데 쓰이는 저울 추 등이 금으로 제작되었다. 금속 추는 당시 기니만의 여러 종족들 사이에서 유행했는데 아산테족의 황금 추가 가장 정교했다. 황금 추는 속담을 상징하는 기하학적 형태를 띠고 있었다.

아산테족의 조형 예술은 크게 두 부류로 나뉜다. 첫째는 금속 세공품이고, 둘째는 조각상과 목각 장식품이다. 목재로 만든 상의 일차적 표현 주제는 여성의 다산과 아이들이었다. 다산을 기원하기 위해 만든 아쿠아바 상은 여성의 아름다움을 구현하는 원반 형태의 머리를 가진 인형으로 불임의 여성들이 휴대하고 다녔다. 어머니가 아이에게 젖을 먹이거나 아이를 안고 있는 에시 만사라고 불리는 상은 육아와 가족의 중요성, 모계를 통한 가문의 계승 등을 상징했다. 이러한 상들은 궁궐이나 집의 사당에 보관되었다. 금속 세공품은 금이나 황동을 주조해서 만들었는데 망치로 두드린

---

43 African Art Museum (http://www.zyama.com/dan/)

44 아산테족은 그들의 왕을 아산테헤네라고 부른다.

금속판을 사용하는 경우도 있었다.

아산테족은 금속을 주조할 때 납형법(蠟型法)을 사용했다. 납형법은 영어로 로스트 왁스 캐스팅이라고 하는데, 밀랍을 깎아 조형물의 모형을 만든 후, 고운 모래와 점토로 된 물질 속에 넣어 건조시킨 다음, 외부에서 열을 가해 액체가 된 밀랍을 밖으로 배출시키면 주형 내부에 빈 공간이 생긴다. 이 빈 공간에 용해된 금속을 부어 응고시킨 후 겉의 주형을 깨뜨려 조형물을 얻는다. 밀랍은 모형을 만들기가 쉽고 조각된 면이 매끄럽기 때문에 최종 주물의 표면도 정교하고 부드럽다. 이 주조법은 우리나라, 중국, 일본을 비롯한 동서고금의 많은 나라들에서 수천 년 전부터 조형물을 만드는 방법으로 사용되어 왔지만, 밀랍을 녹여 배출시키고 난 다음에 안에 남은 찌꺼기를 제거하는 일처럼 단계별로 거쳐야 하는 과정들이 높은 숙련도를 요구하기 때문에 최종 주물의 예술적 완성도는 장인(匠人)의 능력에 따라 많은 차이를 보여준다. 아산테 예술가들은 그들이 만든 물건을 통해서 알 수 있듯이 금을 신기에 가까울 정도로 정교하게 다루는 능력을 갖고 있었다.

궁궐이나 건물의 정문에 이슬람 문양이나 글자를 새겨 넣는 서예는 아산테 제국이 팽창하면서 북쪽의 이슬람 지역과 접촉하게 된 이후에 등장했다. 제국의 번영과 강력한 왕권은 예술에도 영향을 미쳤다. 권력 구조의 정점에서 큰 영향력을 행사한 황태후의 상, 우산 꼭대기의 목재에 금박을 입힌 장식, 정밀 주조법의 일종인 납형법으로 만든 금 세공품, 황제와 그의 처첩의 장례식에 쓰이는 용기, 테라코타 두상(頭像), 황족 여성들의 임신과 해산의 무사함을 기원하는 데 사용되는 목상(木像) 등이 당시 황실에 고용된 예술가들에 의해 만들어졌다.[45]

아산테족은 내륙에서 잡아 온 노예와 금을 해안에 거주하는 백인들한테 내다 팔고 그 대가로 총포와 화약, 구슬, 거울과 같은 무기류와 생활용품을 받았다. 수입된 물건들 중에 포함되어 있던 직물류는 새로운 예술 장르를 탄생시켰다. 아산테 직공들은 서양에서 들여온 천들의 실을 풀어서 그것을 다시 이용해 아름다운 무늬가 수놓아진 공예품을 만들었다. 켄테 천으로 알려진 이 직물의 대표적인 색도 금색이었다. 한때 왕족과 귀족의 전유물이었던 켄테 천은 나중에 가나의 일반인들 사이에서도 유통

---

45 모계를 통해 상속이 이루어지는 아산테 사회에서 여성의 가장 중요한 역할은 여아(女兒)를 출산하는 것이었다.

왼쪽: 왕권을 상징하는 금으로 된 지팡이 (아산테족)
오른쪽 위: 금박을 씌운 손잡이가 있는 의장검(儀裝劍) (칼날은 까만색이 도포된 쇠로 만들었으며 아래쪽으로 갈수록 날이 넓어진다. 칼자루는 나무 위에 금박을 입혔고 끝에 한 쌍의 사람 얼굴을 조각했다. 길이 27.5인치. 가장 넓은 쪽의 폭은 3인치 (아산테족))
오른쪽 아래: 금으로 된 장식용 방패 (아산테족)

되었으며, 현재는 미국 흑인들의 문화적 상징물로 간주되고 있다. 오늘날 켄테 천은 관광객들 사이에서도 큰 인기를 누린다. 초창기의 천은 명주실로 만들었지만 현재는 인조견이나 화학 섬유로 만든다.

아산테족과 더불어 같은 아칸 계열에 속하는 판테족은 해안에 주둔한 영국인과 우호적인 관계를 유지했다. 이들은 서양의 군대 문화에서 영감을 받아 병영을 본뜬 시멘트로 된 사당 건물과 군기(軍旗)를 모방한 깃발을 만들었다. 가나의 남쪽 해안가에 살던 판테족은 포르투갈이 기니만에 상륙한 이래 서양인들과 내륙을 연결하는 중개인 역할을 했다. 이후(以後) 기니만의 주도권이 네덜란드를 거쳐 영국으로 넘어가고 아산테족이 해안 무역을 독점하기 위한 전쟁을 일으키자 판테족은 영국과 연합하여 여러 차례에 걸쳐 아산테족과 싸웠다. 판테족은 가나에 약 500만 명, 코트디부아르에 약 50만 명이 살고 있다. 코피 아난 전 유엔사무총장이 판테족 출신이다.

판테족의 각 단위 부대는 고유한 무늬의 깃발과 휘장을 만들었다. 한 부대가 다른 부대의 상징이나 예술적 소재를 무단으로 사용하는 것은 모욕으로 받아들여졌으며 이러한 일로 인해 분쟁이 발생하는 경우도 종종 있었다. 아사포라고 불리는 판테족 전사 집단은 포수반이라는 시멘트로 된 사당을 만들었다. 아사포는 전쟁을 뜻하는 '사'와 사람을 뜻하는 '포'에서 유래한 말로서, 판테족 영토 내의 각 주에는 적게는 두 개에서 많게는 열네 개 이상의 아사포가 있었다. 주 밑의 도시에서는 아사포 산하의 작은 부대들이 운영되었다. 오늘날에는 가나 공화국의 정규군이 아사포의 역할을 대신하지만 지방에서는 아직도 아사포가 신에 대한 숭배 의식, 장례식, 연례적인 축제 행사 등에 관여한다. 아사포의 활동의 중심은 위에서 언급한 포수반이라는 사당이다. 힘과 명예를 상징하는 포수반은 바닷가에 있는 서양인의 군대 막사와 요새를 모방해서 만든 시멘트 구조물로 마을이나 부대의 신을 모시는 장소로 이용되었다. 포수반에는 군기(軍旗)와 북, 휘장 같은 물건들도 보관되었다. 건물은 보통 3층으로 지어졌고, 밝게 칠한 시멘트 조형물로 장식되었는데, 왕실의 권위를 상징하는 물건들처럼 전승되어 내려오는 속담이나 민담의 내용을 상징적으로 표현했다.

아산테족처럼 모계 사회의 전통을 가지고 있던 판테족도 아쿠아바 인형을 만들어 여아(女兒)의 탄생을 기원하는 데 사용했다. 판테족의 인형은 팔과 다리가 없는 직사각형의 몸통 또는 길쭉한 머리 부위만 있는 독특한 형태로 만들어졌다. 여성들은 다산의 상징인 인형 상(像)을 마치 살아 있는 아기를 다루듯이 먹이고 안고 목욕시켰으며 출산한 후에는 집안의 사당에 제물로 헌납했다. 판테족은 가면극의 전통은 없지만 정교한 북을 만들어 축제 때 사용했다. 북들 중에서 왕대비(王大妃)라고 불리는 큰 북은 두 다리와 유방이 달려 있으며, 속담, 수수께끼, 우화, 찬양 별칭 따위를 연상시키는 무늬들이 원통형의 북 둘레에 양각되었다.

바울레족은 다른 아칸 계열의 종족들한테서는 볼 수 없는 사회문화적 특징과 조형 예술의 전통을 갖고 있다. 무게를 재는 데 쓰이는 금으로 된 추는 아산테족의 금추와 비슷하지만, 가면은 세누포족의 영향을 받은 것처럼 보이며. 한때 조령상(祖靈像)으로[46] 사용되었을 것으로 추정되는 입상(立像)도 관찰된다. 세누포족의 예술 양식을 드러내는 조형물에는 박육조 형식의 문도 있다.[47] 인구 약 400만 명에 달하는

---

46 조상을 표현한 인상(人像)

47 박육조: 얕은 돋을새김

왼쪽: 판테족의 군대(軍隊) 사당인 포수반 / 오른쪽: 판테족의 군사 조직인 아사포의 기(旗)

코트디부아르 최대 종족 중의 하나인 바울레족은 지금으로부터 약 200년 전 프랑스의 침략이 본격화되기 훨씬 이전에 가나에서 기니만 서쪽을 따라 이동하여 현 거주지에 정착했다. 바울레족은 프랑스에 맞서 격렬하고 끈질기게 저항한 것으로 유명하다. 바울레족 사회는 개인주의와 평등주의에 기초했다. 사람들은 중앙집권화된 정치 조직과 서열화된 신분 구조를 싫어했으며, 주변의 다른 종족들한테서 흔히 관찰되는 또래 집단, 성년식, 할례, 사제(司祭), 비밀 조직 같은 것들도 찾아볼 수 없다. 마을들은 각각 독립된 지위를 가지고 있었고, 노예를 제외한 모든 구성원들은 마을 회의에서 자유롭게 토론에 참여할 수 있었다. 바울레족의 종교는 영혼의 불멸성에 기초한다. 이들은 가까이 할 수 없는 무형의 창조신인 냐미엔을 숭배했다. 대지의 신인 아시에가 지상의 인간과 동물을 지배한다고 생각했으며, 아무엔이라고 불리는 영령들은 초자연적인 힘을 소유한다고 믿었다. 바울레족은 조상을 신앙적으로 숭배했지만 실물로 형상화하지는 않았다. 모계 사회의 전통을 갖고 있던 이들은 조상의 혼이 깃들어 있는 의자를 만들어 의식에 사용했다. 얌과 옥수수를 주식으로 하는 바울레족은 고기잡이와 사냥을 병행했고, 커피, 코코아, 콜라너트를 환금작물로 재배했다. 해마다 열리는 농산물의 수확을 축하하는 행사에서는 갓 거두어들인 얌이 조상들의 제단에 바쳐졌다.

바울레족의 예술가들은 장인(匠人)으로서의 지위를 세습적으로 물려받지 않았다. 모든 것은 개인의 자유의사에 따라 결정되었다. 자율성과 개성을 중시하는 이러한 문화적 분위기는 예술에도 반영되었다. 다양성과 정교함, 세련된 완성도를 보여주는 이들의 조형 예술은 아칸 계열에 속하는 다른 종족들한테서는 찾을 수 없는 몇 가지 특징을 드러낸다.[48] 첫째, 바울레족의 목제조각은 이들의 초자연적인 세계관, 결혼관과 깊은 관련이 있다. 기부(基部) 위에 서 있는 조각상의 다리는 살짝 굽어 있고, 배 위에 가지런히 얹힌 손은 평화를 암시하며, 길게 잡아 늘어진 목은 얼굴을 지탱하는데 얼굴 위의 도드라진 칼자국과 불거져 나온 눈이 관찰자의 시선을 끈다. 머리모양은 매우 세부적이고 항상 땋은 형태를 하고 있다. 바울레족은 두 종류의 배우자, 즉, 현세의 배우자와 영적인 배우자를 갖는다. 후자는 남편과 아내가 지상에 태어나기 전에 같이 살았던 영적인 세계에서 만난 짝이다. 재미있는 것은 영적인 배우자가 이승의 배우자를 질투할 때가 있다는 것이다. 부부간의 불화를 야기하는 이러한 상황이 발생하면 사람들은 영적인 배우자를 기념하는 상을 만들어 집 안의 사당에 안치하고 정성스럽게 돌본다.

바울레족은 원숭이 상을 만들었다. 원숭이 상은 인상(人像)에 비해 얼굴과 머리가 크고 턱이 튀어나왔으며 이빨은 날카로운 모습으로 조각된다. 앞가슴에 모아진 두 손에는 사발이 들려져 있는 경우가 많다. 원숭이 상의 역할에 대해서는 여러 가지 해석이 존재한다. 혹자는 그것이 점술 의식에 관여한다고 말하며 혹자는 사람들을 마법사의 주술로부터 보호한다고 말한다. 원숭이 상이 숲에 사는 어떤 영령을 형상화시켜 놓은 것이라고 주장하는 사람들도 있다.

남자들만 착용하는 바울레족의 가면은 조상을 상징하지 않는다. 얼굴의 자연미를 강조하는 이들의 가면은 가면 의식의 성격에 따라 여러 종류로 나뉜다.[49] 추수기에 치러지는 여성의 장례식에서 사용되는 그바 그바 가면은 나이와 여성미를 강조하며, 은도마라 불리는 가면은 해와 달의 혼인 또는 쌍둥이의 얼굴을 묘사한다. 아프리카에서 쌍둥이를 바라보는 시선은 종족마다 다르다. 아체베의 소설 『무너져 내리다』를 보면 알 수 있듯이 남동나이지리아의 익보족은 쌍둥이를 금기시해서 쌍둥이가 태어나면 악마의 숲에 내다 버렸다. 이와는 반대로 바울레족은 쌍둥이의 탄생을 길조로 받아들인다.

유명 인사의 장례식에 등장하는 보누 아무엔 가면에는 외부의 위협으로부터 마을

---

48 African Art Museum (http://www.zyama.com/baule/)

49 ibid.

을 보호해주는 힘이 있다고 믿었으며, 촌극이나 무도회를 뜻하는 음블로 공연에서 착용되는 음블로 가면은 바울레 조형 예술의 가장 오래된 형태로서 특정한 개인의 얼굴을 나타냈다. 음블로 가면의 머리 꼭대기에는 수저나 빗 모양의 장식이 조각되었다. 윤기가 흐르는 표면은 깨끗하고 건강한 피부를 상징하며 넓은 이마와 눈을 내리깔고 있는 얼굴은 자기성찰적인 모습을 보여준다. 마지막으로, 마을주민들이 모두 참여하는 골리 가면극은 축제와 같은 여흥의 목적으로 행해지거나 중요한 인물의 장례식에서 거행되었다. 골리 가면은 머리에 달린 두 개의 뿔이 동그란 달 모양을 하고 있으며, 새, 빗, 동물의 뿔 등으로 장식되었다. 사람들은 골리 가면극을 보면서 야자술을 마시고 춤추고 노래한다.

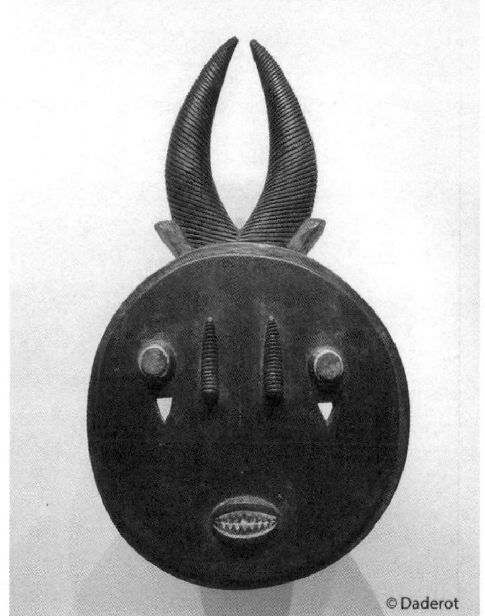
© Daderot

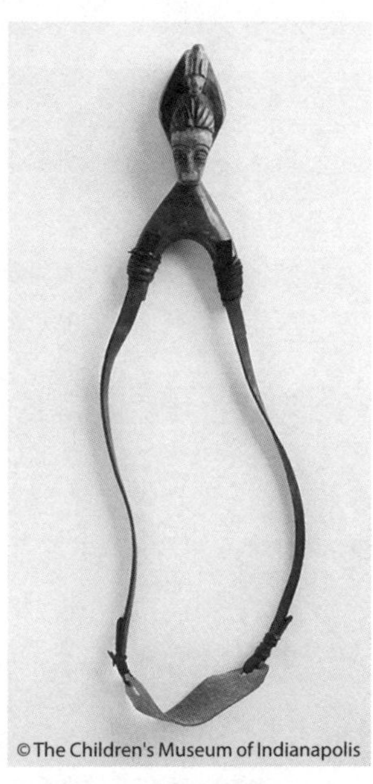
© The Children's Museum of Indianapolis

왼쪽: 골리 가면 (목재, 높이 41cm (바울레족)) / 오른쪽: 새총 (바울레족)

제7장
음식과 음식 문화

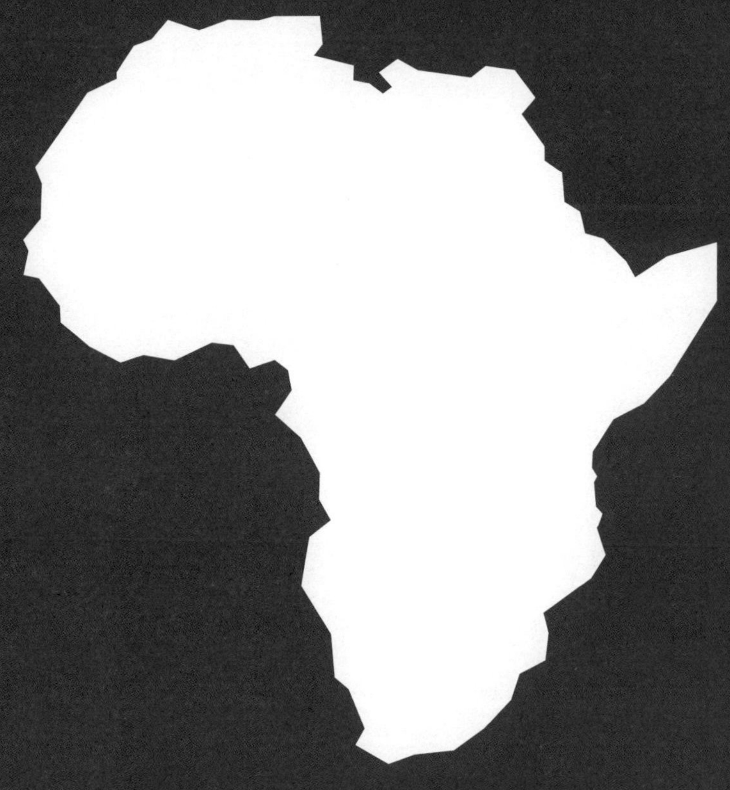

아프리카의 음식 문화도 우리의 음식 문화와 별반 다르지 않다. 비슷한 음식 재료를 사용하며, 비슷한 음식 저장 방법을 개발해 냈고, 경사스러운 날 초대된 하객들에게 음식을 대접하며, 조상에 대한 제사나 축제 때 쓰이는 음식을 준비하는 데는 일정한 형식과 절차가 있었다. 부자들은 명절에 가난한 이웃한테 음식을 나눠주며 계층 간의 화합을 도모한다.

서아프리카는 남북으로 약 3,000km, 동서로 약 6,000km에 이르는 방대한 땅으로서 서쪽과 남쪽은 대서양으로 둘러싸여 있고 북쪽은 사하라 사막의 일부를 포함한다. 동쪽 경계는 다소 애매하지만 차드 공화국과 카메룬까지 포함해서 말하는 것이 일반적이다. 서아프리카를 구성하는 나라들은 두 개의 집단으로 나누어진다. 북쪽에 있는 말리, 니제르, 차드 공화국은 사하라 사막의 영향을 크게 받고 있으며, 실제로 영토의 상당 부분이 사막인 경우도 있다. 역사적으로 이들 지역은 중동 및 북아프리카의 이슬람 세계와 깊은 관계를 유지해왔으며 사람들의 얼굴도 코카서스계의 피가 섞인 모습을 보여주는 경우가 있다. 울창한 수림의 보호를 받는 대신 사막이나 키가 작은 관목 지대에 거주하던 이 지역의 사람들은 농경 정착 생활을 하기가 힘들었다. 이들은 계속 옮겨 다니면서 대서양 연안과 자기들이 사는 사헬 기후대의 중간 지점에 살고 있던 열대 사바나 기후대의 종족들에게 이슬람 문명을 전파했다.

유목 생활을 하는 사람들 중에서 이동성이 가장 큰 종족으로 서쪽의 세네갈에서 동쪽의 카메룬에 이르기까지 서아프리카의 거의 모든 지역에서 발견되는 풀라니족을 들 수 있다. 풀라니족은 그들의 이동 반경 내에 있는 넓은 지역에 문화적 동질성을 구축하는 데 기여했다. 오늘날 많은 종족들이 살고 있는 서아프리카를 하나의 단위로 묶어 그곳의 음식과 음식 문화를 소개할 수 있는 것은 비슷한 기후와 토양이 만들어내는 비슷한 음식 재료라는 측면 말고도 풀라니족처럼 여러 종족들 사이를 분주히 왕래했던 사람들이 있었기 때문이다.

사하라 사막에 인접한 북쪽과는 달리 대서양 연안 내륙에 살던 서쪽과 남쪽의 종족들은 인간의 통과를 허용하지 않는 울창한 수림을 방패 삼아 흑인 문화의 순수성을 보존할 수 있었으며 외부와의 접촉이 차단되어 있었기 때문에 그들이 세운 왕국도 오랫동안 유지될 수 있었다. 이런 왕국이나 제국들은 수직적 위계질서가 지배하는 신분제 사회였다. 이런 사회에서 부와 권력을 소유한 상류층의 음식 문화는 하층민의 음식 문화와 구별되는 세련된 모습을 띠었을 것이다. 비록 문자로 된 기록은 없지만 서아프리카의 풍부한 구전 전통을 조사해 보면 음식과 관련된 흥미로운 사실들을 발견하게 될지도 모르며, 남·북미 대륙에 거주하는 흑인들의 문화도 아프리카 대륙에 살던 그들의 조상의 음식 문화를 재구성하는 데 도움을 줄 수 있을 것이다. 구대륙에서는 이미 사라진 것들이 신대륙에서 발견되는 예는 언어 현상이나 종교 현상 등에서 종종 있는 일이다.

약 4억 명에 달하는[1] 서아프리카인들은 아직도 대부분 전원적인 시골 생활을 영위한다. 집들은 흙벽돌로 지어지며 잎이 넓은 나뭇잎이나 풀잎으로 지붕을 덮는다.[2] 여성들은 마을의 공동 우물에서 물을 긷고, 마당 한가운데에 놓여 있는 항아리에 장작불을 지펴서 음식을 만든다. 하루의 가장 소중한 시간은 저녁밥을 먹는 시간이다. 사람들은 음식이 담겨 있는 항아리를 둘러싸고 앉아 그 날의 피로를 푼다. 일부다처제 사회에서 가부장을 중심으로 가족 구성원이 한 자리에 모여 시간을 함께 하는 이런 행사는 가족의 유대와 우애를 확인하는 중요한 기능을 갖는다.

농사를 짓는 일은 대부분 여성들의 몫이다. 남자들은 사냥, 대장간일, 염색일, 가죽을 다루는 일처럼 전문적인 직업에 종사한다. 그러나 산업화의 물결이 밀려들고 있는 곳에서는 교통의 요지를 중심으로 크고 작은 시장이 형성되고 있으며, 이곳에 잉여 농산물을 내다 파는 영세적인 상행위가 여성들의 새로운 일거리로 등장하고 있다. 장사를 통해서 현금을 손에 쥐게 된 사람들은 가까운 읍내나 도시에 나가 생필품과 부족한 영양분을 보충할 수 있는 가공식품이나 통조림 따위를 구입한다.

---

1 https://www.worldometers.info/world-population/western-africa-population/

2 진흙은 열을 차단하는 효과가 뛰어나다. 진흙 벽으로 된 집은 더운 날씨에도 안에 들어서면 서늘한 기운을 느낄 수 있다.

7.1. 서아프리카의 주된 음식 재료

서아프리카인들이 가장 많이 사용하는 음식 재료는 농산물이다. 사막성 기후를 띤 북쪽을 제외한 남쪽의 열대 우림 기후대와 그 위의 열대 사바나 기후대는 농작물을 재배하는 데 필요한 토양과 강우량을 가지고 있다. 사람들은 경작지를 확보하기 위해 불을 놓아 숲을 개간한다. 한 번 사용한 농지는 지력이 회복될 때까지 몇 년씩 휴무지로 두어야 한다. 과거에는 이런 농사법만으로도 충분한 양의 식량을 얻었지만 인구가 하루가 다르게 늘고 있는 오늘날에는 휴무지가 지력을 회복하기도 전에 다시 씨를 뿌리는 일이 흔하다. 이것은 식량 부족을 야기하는 원인이 되고 있다.

대서양 연안 내륙과 열대 사바나 기후대에서 많이 생산되는 농작물은 줄기나 열매가 아닌 뿌리에 영양분이 저장되는 카사바와 얌 같은 식물이다. 이것들로 만든 음식의 한 가지 특징은 인체에 흡수되었을 때 상당한 포만감을 주지만 다른 낟알 곡식들에 비해 열량이 부족하다는 것이다.[3] 이런 뿌리 식물 말고도 옥수수, 수수, 팥수수 등이 널리 재배되고 있다. 그러나 서아프리카인들이 가장 많이 소비하는 농작물은 쌀이다. 이들은 대부분 쌀로 만든 음식을 주식으로 하는데 많은 양의 쌀을 수입에 의존한다.

사하라 사막 남쪽의 사헬 기후대에서는 강우량이 부족하기 때문에 물이 많이 필요한 작물 대신 척박한 토양에서도 잘 자라는 수수나 땅콩 같은 것들이 재배된다. 북부 나이지리아 하우사족의 도시 카노는 땅콩 생산으로 유명하다. 여기서 생산되는 땅콩은 알이 작고 지방 성분이 적어서 씹을수록 담백한 맛이 나는 것이 특징이다.

오늘날에는 교통의 발달로 인해 사헬 기후대에서 생산된 땅콩이 서아프리카 전 지역으로 수출되고 있다. 땅콩을 주식으로 하는 사람들이 있다면 놀랍게 들릴 수도 있지만 이는 엄연한 사실이다. 필자가 90년대 초 당시 나이지리아의 수도인 라고스를 방문했을 때 알게 된 어떤 한국인 사업가의 공장에서 일하는 여성들은 점심값을 아끼기 위해 한 봉지의 땅콩과 냉수 한 컵으로 끼니를 때우고 있었다. 그 밖의 다른 지역에서도 땅콩을 먹고 있는 사람들을 길거리에서 가끔 볼 수 있었는데 이들이 땅콩을 간식으로 먹는 것이 아니라 허기진 배를 채우기 위해 먹는다는 것을 알게 된 것은 나중의 일이다.

곡물과 더불어 과일도 중요한 식재료다. 여러 가지 과일 중에서 감귤류에 속하는

---

3 이러한 이유 때문에 다이어트 하는 데는 아주 좋은 식품이다.

오렌지와 망고, 그리고 플랜테인이라[4] 불리는 커다란 요리용 바나나가 가장 인상적이었다. 플랜테인은 얇게 썬 다음 기름에 튀기거나 볶아서 곡물류의 다른 주식과 곁들여 먹는데 달콤하면서도 담백한 맛이 일품이다. 사헬 기후대에 사는 하우사족이 남쪽에서 수입된 플랜테인을 처음 맛보았을 때 그것을 도도라고[5] 불렀다는 사실에서 그 맛의 근사함을 능히 짐작할 수 있다. 플랜테인은 날것일 때는 매우 비린 맛을 내기 때문에 날것으로는 먹을 수 없다.

왼쪽: 플랜테인 / 오른쪽: 플랜테인을 얇게 썰어 프라이팬에 넣고 튀기는 모습

파인애플, 망고, 코코넛은 과일로서의 기능과는 별도로 물이 귀한 곳에서 수분을 섭취하기 위한 목적으로 이용된다. 당분이 많은 망고는 껍질을 벗겨 맨손으로 먹을 경우 손을 끈적끈적하게 만든다. 현지인들은 망고를 반으로 자른 후 씨를 제거하고 껍질을 그대로 둔 채 안쪽에서 바둑무늬 모양의 칼집을 낸 다음 반대편으로 뒤집어 불록하게 튀어나온 부분을 손을 대지 않고 입으로 떼어 먹는다. 비록 식습관과 관련된 사소한 것이지만 아프리카인들의 생활 지혜를 엿볼 수 있는 대목이다. 오렌지를 먹는 방법은 더욱 특이하다. 껍질을 벗긴 후 하나씩 떼어 먹는 것이 아니라 열매의 윗부분을 칼로 조금 도려낸 다음 몸통을 손으로 짜서 도려낸 곳을 통해서 나오는 과즙을 입으로 모두 빨아 먹은 후 더 이상 짤 수 없는 쭈그러진 상태가 되면 버린다.

농작물, 과일과 함께 가축도 주요 영양 공급원이다. 소나 말 같은 몸집이 큰 초식성 동물은 사헬 기후대나 열대 사바나 기후대에서는 사육이 가능하지만 비가 많이 오는

4 플랜테인(plantain) = 요리용 바나나

5 도도(dodo) = 하우사 우화에 나오는 도깨비의 이름

망고

열대 우림 기후대에서는 각종 풍토병으로 인해 사육이 힘들다. 대신 이런 곳에서는 염소나 양을 기른다. 서아프리카 무슬림들에게 있어 양은 아주 중요한 가축으로서 부자들은 라마단 금식이 끝나면 수십 마리의 양을 잡아서 가난한 이웃들에게 나눠주며 무슬림 형제애를 다진다. 양이 귀한 곳에서는 양을 램 촙처럼 조각내 불에 구워 먹지 않고 마치 작은 깍두기처럼 썰어 국에 넣고 끓여 먹는다.

바닷가나 강가에 사는 사람들은 물고기를 잡아 부족한 단백질을 보충한다. 삶아서 소금을 뿌린 후 살짝 말린 다음 불에 쬐어 연기로 훈제한 생선을 나무판 위에 쌓아놓고 파는 풍경은 아주 이국적이었다. 훈제 생선들은 일견 비위생적으로 보이지만 푸줏간의 소고기나 양고기에 비해 안전하며 맛도 꽤 좋은 편이다. 서아프리카 중서부 지역을 관통하는 니제르강과 동쪽의 베누에강은 거미줄처럼 얽힌 수많은 지류를 갖고 있어 바다에서 멀리 떨어진 내륙에 사는 사람들도 생선을 쉽게 먹을 수 있다. 유엔식량농업기구(FAO) 통계에 따르면 니제르강, 볼타강, 세네갈강, 베누에강처럼 큰 강이 있는 나이지리아, 가나, 세네갈, 카메룬, 코트디부아르 같은 나라는 말려서 훈제한 생선을 유럽에 수출하는데 영국 한 나라에만 일 년에 약 500톤이 넘는 생선이 수출되고 있다.[6]

서아프리카인들은 해충이나 유해한 동물들로부터 식량을 안전하게 지키기 위해 독특한 형태의 창고를 만들었다. 건기 때 왕성하게 활동하는 곤충류나 풀어놓고 기

---

6 수입되는 생선은 주로 메기(catfish)와 틸라피아(tilapia)다.

르는 가축은 거두어들인 곡식을 다음 추수기까지 조금씩 아껴 먹어야 하는 농부들에게는 사자나 하이에나 이상 가는 무서운 존재들이다. 서아프리카에서 자동차를 타고 들판을 지나다 보면 땅에서 30~50cm 정도 떨어져 세워진 흙으로 된 원통형의 곡물 저장고가 종종 보인다. 진흙은 바깥의 더운 공기를 차단하여 창고의 내부 온도를 서늘하게 유지시켜주며 지상에서 떨어져 있는 이유는 땅에서 기어 다니는 해충이나 들짐승이 접근하지 못하도록 하기 위해서다.

7.2. 서아프리카의 대표적인 음식

카사바, 얌 같은 전분질의 뿌리 식물은 쌀과 함께 주식으로 이용되는 경우가 많다. 가장 간단한 형태의 요리 방법은 이것들을 삶아서 고기나 생선과 곁들여 먹는 것이다. 삶은 얌은 당도가 떨어지는 고구마와 맛이 비슷한데 기름과 생강을 이용해 튀긴 생선과 같이 먹으면 그 맛이 일품이다. 얌은 삶아서 으깬 후 경단만 한 크기로 만들어 기름에 튀겨서 먹기도 하고, 토마토 조각이나 빨간색의 달콤한 후추와 버무려서 먹기도 한다.

얌을 이용한 요리의 대명사는 푸푸다. 서아프리카의 모든 가정에는 푸푸 절구가 있다. 껍질을 벗긴 얌과 플랜테인을 물에 넣고 삶은 후 적당한 크기로 잘라 푸푸 절구로 으깨면 처음에는 끈기가 없지만 뜨거운 물을 부으면서 계속 절구질을 하면 반죽하기에 알맞은 끈기를 지닌 상태가 된다. 절구질이 끝나면 반죽을 조금씩 떼어내 경단처럼 만들거나 한 사람이 먹기에 좋은 크기로 만들어 사발에 담아 수프와 함께 먹는다.

우기가 긴 지방에서 재배되는 쌀은 카사바나 얌에 비해 구하기가 어렵고 비싼 편이어서 특별한 경우에만 사용되는 경향이 있다.[7] 쌀로 만드는 대표적인 음식에 서아프리카 거의 전 지역에서 볼 수 있는 졸로프라이스가 있다. 졸로프라이스는 원래 세네갈 월로프족의 음식인데 쌀, 토마토, 양파, 후추, 열대 향신료를 함께 섞어 익힌 것으로 튀긴 닭고기나 소고기, 염소고기, 생선 따위와 곁들여 먹는다. 흔히 먹는 음식은 아니고 특별한 날 손님에게 대접하는 음식이다. 그러나 오늘날에는 대부분의 큰 도시

7 쌀 소비량은 점점 늘어나고 있다. 미국을 비롯한 해외에서 수입되는 쌀이 대부분을 차지한다.

왼쪽: 얌을 기름에 튀기는 모습 / 오른쪽: 얌

왼쪽: 푸푸 절구질을 하는 여인들 (토고 공화국) / 오른쪽: 땅콩 수프와 푸푸 요리

에서 졸로프라이스를 파는 식당을 볼 수 있다. 그만큼 대중적이고 인기 있는 음식이 되었다. 졸로프라이스를 만드는 방법은 다음과 같다. 끈기가 없는 쌀과 물을 프라이팬에서 물기가 없어질 때까지 가열한다. 쌀이 약 반쯤 익으면 토마토퓌레와 양파, 고춧가루(cayenne pepper), 백리향(thyme), 열대 향신료(mixed herbs), 버터, 후추, 소금을 넣고 미지근한 물에서 계속 끓이다가 쌀이 거의 다 익으면 얇게 저민 토마토 조각을 넣는다. 마지막으로 모든 재료가 완전히 익으면 튀긴 닭이나 생선을 곁들여 커다란 접시에 담아 내놓는다.

쌀을 이용한 음식으로 연회용 음식은 아니지만 서아프리카인들이 즐겨 먹는 투워가 있다. 원래의 명칭은 투원 쉰카파로 쉰카파는 하우사어로 쌀을 뜻한다. 쌀을 익혀서 으깬 후 큰 덩어리로 만들어 접시에 담아 양고기나 소고기 수프에 찍어 먹는다. 한국인들의 식성에 비추어볼 때 썩 호감이 가는 음식은 아니지만 값이 저렴한 편이므로 많은 사람들이 즐겨 먹는다. 가정에서 먹을 때는 덩어리를 크게 만들어서 여러 사람이 빙 둘러앉아 한 귀퉁이씩 차지하고 손가락으로 뜯어 먹는다. 흰색의 덩어리에 여러 사람의 손가락 자국이 나기 때문에 시각적으로 아름답게 보이지는 않는다. 투워에는 옥수수로 된 것도 있다.

© Bukky658 © Suleiman213

왼쪽: 졸로프라이스 / 오른쪽: 투원 쉰카파

주식과 연회용 음식이 있으면 스낵도 있을 것이다. 서아프리카에서 스낵은 가벼운 식사라기보다는 간식이나 군것질 거리로 이해하는 것이 옳다. 이런 종류의 음식은 종족에 따라 그 성격이 천차만별이지만 한 가지 공통된 점은 싼 값에 손쉽게 구할 수 있는 재료를 사용한다는 것이다.

콩가루와 밀가루 혼합물을 토마토를 갈아서 만든 물로 반죽해서 송편만 한 크기로 만들어 기름에 튀긴 꼬사이는 하우사족을 포함한 북부나이지리아인들이 즐겨 먹는 음식이다. 한 가지 흥미로운 사실은 이런 간단한 것을 사 먹는 데도 많은 현지인들이 미식가들처럼 행동한다는 점이다. 하루 종일 힘든 노동에 시달려 피곤한 몸이지만 더 맛있는 꼬사이를 파는 곳으로 가기 위해 두세 배나 먼 길을 돌아서 가기도 한다. 이런 취향의 사람들과 같이 지내다 보면 가끔 성가실 때도 있지만 시간이 지날수록 그들의 성가심이 고맙게 느껴질 때가 있다.

서아프리카 전체를 통틀어 가장 널리 알려진 스낵은 킬리윌리다. 사람들이 많이 모이는 시장터나 마을의 교차로 같은 곳에 가면 으레 킬리윌리를 파는 상인들을 만날 수 있다. 플랜테인이나 덜 익은 바나나를 동전 크기로 썰어서 고춧가루나 피망으로 만든 향미료 물에 살짝 담갔다가 꺼내 기름을 두른 프라이팬에서 노르스름해질 때까지 튀기면 겉이 바삭바삭하게 되는데 따뜻할 때 먹으면 매콤한 그 맛이 미각을 향기롭게 자극한다.

서아프리카의 음식을 소개하는 데 있어 빼놓을 수 없는 것이 스튜 류의 음식이다. 닭고기는 스튜를 만드는 데 사용되는 가장 흔한 재료다. 인기 있는 스튜로는 우선 땅콩 스튜를 들 수 있다. 땅콩 스튜는 닭고기와 으깬 땅콩, 토마토, 양파, 후추 등으로 만드는데 삶은 얌이나 고구마, 밤, 플랜테인 따위와 곁들여 먹는 것이 보통이다.

스튜에 대해서 말할 때 야자유를 빼놓을 수 없다. 야자유는 스튜뿐만 아니라 다른 음식에도 많이 사용되는 재료로서 야자유와 분리된 서아프리카인들의 삶은 상상 할 수 없다. 1986년 노벨상을 탄 월레 소잉카와 함께 아프리카 소설 문학의 양대 산맥을 이루는 치누아 아체베는 익보족의 언어 생활에서 차지하는 속담의 중요성을 강조하면서 야자유를 언급했다. “Proverbs are palm oil with which words are eaten. (속담은 말과 함께 먹는 야자유다.)” 사람들은 야자유가 들어간 음식의 맛을 즐기듯이 아름다운 속담을 품고 있는 말을 잘근잘근 씹어 그 맛을 음미한다. 야자유는 비타민 B를 풍부하게 함유하고 있다. 커다란 양푼에 담겨 있는 야자유는 두껍고 투명한 오렌지색의 막을 띠고 있어 보기에도 먹음직스럽다.

아프리카에 체류하며 알게 된 한 가지 사실은 그들에게 인기 있는 음식은 내 입맛에도 맞았다는 것이다. 다만 차이가 있다면 이방인이 그 맛을 이해하는 데는 시간이 좀 걸린다는 것이다. ‘고로’라고 하는 기호식품이 이러한 생각이 들게 만들었다. 고로는 하우사어로 콜라너트를 뜻한다. 알밤과 모양이 비슷한 콜라너트는 뒷맛이 떫은데 앞니로 조금씩 떼어 어금니로 씹으면서 그 맛을 음미한다. 주로 식사 후에 즐기는 이 콜라나무의 열매는 일종의 기호식품으로서 그 맛에 중독된 사람이 그것 없이 지내는 것은 마치 애연가가 식후에 담배 없이 지내는 것과 같다.

고로는 서아프리카의 광범위한 지역에서 생산되며 담배를 피우지 않는 사람들도 이 고로는 즐겨 씹는다. 저녁을 먹은 후 마을 공터에 돗자리를 깔고 앉아 있으면 어린 소녀들이 고로가 담긴 쟁반을 머리에 이고 주변을 맴돈다. 소녀를 불러 쟁반을 내리게 한 다음 통통하게 살찐 맛있게 생긴 놈을 하나 골라 조금씩 아껴 가면서 씹는 정취는 삶의 또 다른 낭만이다. 소화 작용과 기분 전환을 위한 고로의 효능은 하우사족이 빠른 일처리를 위해 주고받는 작은 선물을 뇌물이라는 말 대신 고로라는 애칭으로 부르는 것만 봐도 잘 알 수 있다.

© Sylvaline39

왼쪽: 응고된 야자유 / 오른쪽: 콜라너트

요즈음에는 서아프리카의 웬만한 소도시에서도 훌륭한 식당을 찾을 수 있다. 인도인, 레바논인, 중국인이 운영하는 레스토랑은 현지인이 운영하는 식당에 비해 청결한 편이지만 값이 비싸고 주로 자기들 음식만 파는 경향이 있다. 아프리카인이 운영하는 식당 중에서도 값싸고 질 좋은 식사를 제공하는 곳이 많이 있다. 필자가 북부나이지리아 카노에 머물 때 자주 방문한 곳이 있었다. 익보족 청년 서너 명이 운영하는 이 작은 식당은 당시 카노에 함께 머물던 외국인 학생들한테 인기가 아주 좋았다. 여기서 먹은 음식 중에 이방인의 향수를 달래주던 갈릭치킨이 있는데 생마늘 향과 어우러진 튀긴 통닭의 그 고소한 맛은 지금도 잊을 수 없다.

7.3. 서아프리카의 발효 음식

발효는 인류가 발명한 위대한 산물들 중의 하나다. 음식을 저장하며 맛을 변화시키고 독성을 제거하기 위해 사람들은 저마다 독특한 방식의 발효 기법을 만들어냈다. 아프리카도 예외는 아니다. 서아프리카의 발효 음식은 그 용도에 따라 크게 3가지로 분류된다. 주식으로 사용되는 것, 조미료로 사용되는 것, 음료수로 사용되는 것이 그것이다. 식물성 발효에는 카사바나 얌 같은 뿌리를 이용하는 경우, 곡물류를 이용하는 경우, 그리고 기름을 짜는 데 쓰이는 씨앗을 이용하는 경우가 있다. 이 밖에도 야자나무의 수액이나 동물의 젖을 발효시키기도 한다.

'가리'는 뿌리식물인 카사바를 발효시켜 만든 음식 중에서 가장 대표적인 것이다. 카사바는 청산을 함유하고 있어 사람이나 동물이 날것으로 먹으면 죽을 수도 있지만 절구나 맷돌을 이용해 으깨거나 발효시키면 그 독성을 제거할 수 있다. 가리는 껍질을 벗겨 으깬 카사바를 발효시킨 후 삶거나 기름에 튀겨서 만드는데 서아프리카의 많은 지역에서 주식으로 이용된다. 발효 과정은 단순하다. 절구를 사용해 으깬 카사바를 삼베처럼 미세한 구멍이 나 있는 자루에 넣고 그 위에 돌 같은 무거운 물체를 올려놓아 물기를 짜내면서 48~72시간 정도 방치해 두면 된다. 최근에는 나이지리아에서 카사바의 독성을 없애고 장기간 보관할 수 있는 저장 방법이 분쇄법과 발효 기법을 중심으로 활발히 연구되고 있다.

왼쪽: 가리 가루 / 오른쪽: 요루바어로 에바(Ẹ̀bà)라 불리는 접시에 담겨져 나온 가리 음식

푸푸도 카사바를 발효시켜 만든 음식이다. 푸푸는 가리와 달리 대기 중에서 발효시키지 않고 물속에서 발효시킨다. 연못이나 냇가의 고인 물에 카사바를 껍질을 벗기지 않은 채 3~5일간 담가 두면 발효가 일어난다. 집에 있는 물 항아리를 이용할 때는 껍질을 벗긴 후 적당한 크기로 잘라서 넣는다. 발효되면서 부드럽게 변한 카사바를 자루에 담아 무거운 것으로 눌러 물기를 제거하면 딱딱한 하얀 물질이 된다. 이것을 송편이나 경단만 한 크기로 반죽해 삶거나 튀겨서 먹는다.

발효 음식을 만드는 데는 옥수수, 수수, 기장 등의 곡식이 이용되기도 한다. 오기, 부루쿠투, 피토는 곡식을 발효시켜 만든 것인데, 오기는 수분을 90% 이상 함유하는 죽이고 나머지는 알코올성 음료다. 오기를 만드는 과정은 다음과 같다. 깨끗이 씻은 옥수수나 기장을 물에 하루나 이틀 담가 두면 어느 정도 발효가 되면서 부드러워진다. 물에서 꺼낸 낟알들을 젖은 상태에서 빻은 후 가는 체로 껍질을 걸러 낸다. 체를 통과한 것은 전분질의 침전물을 이루는데 1~3시간 동안 그대로 두면 2차 발효 과정을 거쳐 시큼한 맛을 내는 오기가 된다. 위에 고여 있는 물을 따라 버리고 마치 순두부처럼 곱게 응고된 오기를 적당한 크기로 잘라서 물을 붓고 저어주면 맛있는 죽이 된다.

부루쿠투와 피토는 알코올성 음료다. 부루쿠투는 수수로 만들며 피토는 옥수수로 만든다. 부루쿠투를 만들기 위해서는 우선 맥아 상태의 수수를 얻어야 한다. 수수를 하루나 이틀 물에 담갔다가 꺼낸 후 축축한 상태로 닷새 정도 방치해 두면 싹이 난다. 이것을 햇볕에 1~2일 동안 말리면 맥아가 된다. 마른 상태의 맥아를 곱게 간 다음 물을 넣고 발효된 카사바인 가리와 섞어 세게 저어 준 후 이틀 동안 발효시킨다. 이때 가리와 물과 맥아의 비율을 1:2:6으로 한다. 이렇게 만든 혼합물을 4시간 동안 끓인 후 다시 이틀 동안 숙성시키면 맥주와 비슷한 맛을 내는 뿌연 색의 부루쿠투가 된다. 진한 갈색의 피토도 유사한 과정을 거쳐 만들어진다.

발효는 음식과 술뿐만 아니라 조미료나 간식을 만드는 데도 이용된다. 이러한 것들은 보통 콩이나 과일, 열매의 씨로 만드는데 지역에 따라 그 방법이 다양해서 한두 개를 골라 일반화시키는 것이 불가능하다. 이름만 나열해 보면 하우사족의 다와다와, 요루바족의 이루, 익보족의 우그바 등이 있다.

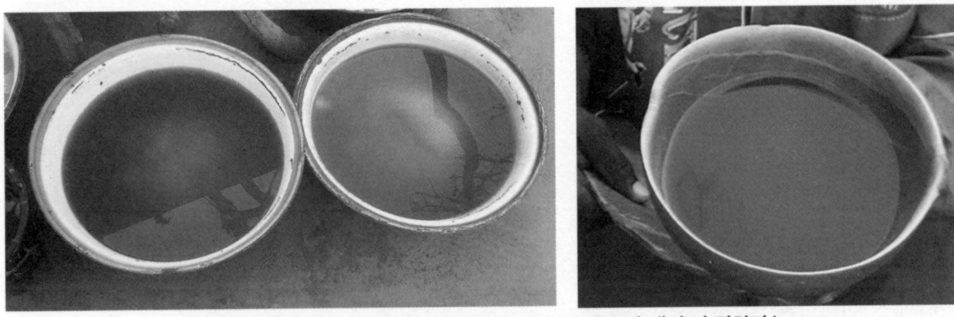

왼쪽[8]: 부루쿠투 / 오른쪽: 피토 (피토는 부루쿠투보다 색이 더 진하다.)

8 https://en.wikipedia.org/wiki/Burukutu#/media/File:Fermentation_process.jpeg

외래어 표기

가 Ga
가나 Ghana
가다메스 Ghadames
가라만테스 Garamantes
가리 Gari
가린 가바스 Garin Gabas
가오 Gao
가이야 Gaiya
간도키 Gand'oki
갈라 Ghala
갈라디마 Galadima
갓체 Gacce
개브리얼 루훔비카 Gabriel Ruhumbika
개브리얼 오카라 Gabriel Okara
갸만 Gyaman
게데비 Gedevi
게에즈 Ge'ez
게조 Gezo
겔로와르 Gelowar
고드윈 와치라 Godwin Wachira
고로 Goro
고보이 Goboi
고비르 Gobir
고우 Gow
고우라라 Gourara
고우르마 Gourma
고원 Yakubu Gowon
곤데 Gonde
곤자 Gonja
골리 Goli
공골리 Gongoli
괄티에로 야코페티 Gualtiero Jacopetti
구두 Gudu
구르마 Gurma
구안 Guan
구앙 Guang
구즈바 Gujba
굼수 Gumsu
궁구마 Gunguma
그레이스 오곳 Grace Ogot
그레이엄 퍼니스 Graham Furniss
그레이트 트렉 Great Trek
그레이트 풀로 Great Fulo
그린 Margaret Green
그린버그 Greenberg, J. H.
그베 Gbe
그비니 Gbini
그와리 Gwari
그와토 Gwato
그완두 Gwandu
그워니 무크타르 Gwoni Muktar
기르감 Girgam
기코뇨 Gikonyo
꼬사 Xhosa
꼬사이 'Kosai
나 파마간 Na Famaghan
나나 아스마우 Nana Asma'u
나마쿠아랜드 Namaqualand
나이로비 Nairobi
나이저-코르도판 Niger-Kordofanian
나이저-콩고 Niger-Congo
나일-사하라 Nilo-Saharan
나파나 Nafana

나파타 Nafata
나프사고원 Nafusah Plateau
냐미엔 Nyamien
냔자 Nyanja
냠부라 Nyambura
네그리뛰드 Négritude
네오기 Rajat Neogy
넥서스 Nexus
노트 Note
녹 Nok
누미디아 Numidia
누페 Nupe
느와키비에 Nwakibie
니아네 Niane
니아니 Niani
니오로 Nioro
님바 Nimba Mask
다 몬존 Da Monzon
다곰바 Dagomba
다나 Dhana
다르라이트 Darlight
다르에스살람 Dar es Salaam
다르푸르 Darfur
다마투루 Damaturu
다멜 Damel
다와다와 Dawadawa
다우라 Daura
다호메이 Dahomey
다호메이 아마존스 Dahomey Amazons
단 야하야 Dan Yahaya
달라 Dala
달레크파 Dalekpa
달롤 Dallol
당카란 투만 Dankaran Touman
댜오고 Dya'ogo
던디즈 Alan Dundes
데겔 Degel
데꾸아 Deggua
데낭케 Denanke
데니앙케 Denianke
데단 키마씨 Dedan Kimathi
데렉 월콧 Derek Walcott
데모틱 Demotic
데이렐 Elphinstone Dayrell
데이비드 마일루 David Maillu
덴디 Dendi
뎅키라 Denkyira
뎅키라헤네 보시안티 Denkyirahene Bosianti
도도마 Dodoma
도리 Dori
도마 Doma
도아클린 Doaklin
도티 Daughty
두가 Duga
두구와 Duguwa
두코도누 Dukodonu
둠바 Dumba
드라 Drâa
드럼 Drum
드포 Defoe
디 Dee
디아라프 분다오 Diaraff Bundao
디알로 Diallo
디암부르 Diambur
디완 Diwan
디크와 Dikwa
디파 아랍 Diffa Arab
딜레마 테일즈 Dilemma tales

딩귀라예 Dinguiraye
라노 Rano
라무 Lamu
라베 Rabe
라위노 Lawino
라이더 해거드 Rider Haggard
라이본 Raibon
라지흐 S.A. Rajih
라크 타르 Lak Tar
래드클리프브라운 Alfred Reginald Radcliffe-Brown
레나나 Lenana
레오 아프리카누스 Leo Africanus
레오나드 키베라 Leonard Kibera
레오폴드 세다르 셍고르 Léopold Sédar Senghor
레이디스미스 블랙 맘바조 Ladysmith Black Mambazo
레이몬드 퍼스 Raymond William Firth
렌두 Lendu
렙시우스 Richard Lepsius
로렌스 반 데르 포스트 Laurens van der Post
로버트 세루마가 Robert Serumaga
로빈 아일랜드 Robben Island
로즈메리 Rosemary
로타 폰 트로타 Adrian Dietrich Lothar von Trotha
로트너 Lottner
루가드 Frederick Lugard
루뭄바 Lumumba
루오 Luo
루완 바가자 Ruwan Bagaja
루이야 Luyia, Luhya
르네 까이예 René Caillié
리라 Rira
리무루 Limuru
리버레인 익보 Riverain Igbo
리엑 마차르 Riek Machar
리프 Rif
린드포즈 Lindfors
림바 Limba
립타코 Liptako
링갈라 Lingala
링구아 프랑카 Lingua Franca
마그레브 Maghreb
마기라 Magira
마드라사 Madrasa
마라케시 Marrakech
마르타 음랑갈라 Martha Mlangala
마리 코렐리 Marie Corelli
마리니드 Marinid
마모우 Mamou
마벨 Mabel
마브후야하야 Mavhuyahaya
마스크 Mask
마요르카 Majorca
마우리 Mauri
마우마우 Mau Mau
마이 다우드 Mai Daud
마이 두나마 Mai Dunama
마이 아흐마드 Mai Ahmad
마이 알리 가지 Mai Ali Ghaji
마이 우마르 이븐 이드리스 Mai Umar ibn Idris
마이 이드리스 알로마 Mai Idris Alooma
마이 이드리스 카타카르마비 Mai Idris Katakarmabi
마이 이브라힘 Mai Ibrahim
마인 보이 Mine Boy
마인호프 Meinhof
마카우 Makau
마케레레 Makerere

마쿠유 Makuyu
마흐디스트 Mahdist
마흐무드 카티 Mahmoud Kati
만다라 Mandara
만데 Mande
만뎅카 Mandenka
만딩고 Mandingo
만딩카 Mandinka
만딩코 Mandinko
만사 마간 Mansa Maghan
만사 사쿠라 Mansa Sakura
만사 술라이만 Mansa Sulayman
만사 아부 베키르 Mansa Abu Bekir
만사 왈리 Mansa Wali
만사 캉칸 무사 Mansa Kankan Musa
만얏타 Manyatta
말락 사까드 Malak Saggad
말람 Mallam
말람 덴도 Mallam Dendo
말람 이샤쿠 Mallam Ishaku
말레이 Malay
말리 Mali
말리노프스키 Bronislaw Kasper Malinowski
말리크 시 Malik Si
말링케 Malinke
말케 Malke
말콤 가쓰리 Malcom Guthrie
맘맘 샤타 Mamman Shata
맛사에실리 Massaesyli
맛시나 Massina
맛시닛사 Massinissa
맛실리 Massylii
맥그리거 J. K. Macgregor
메가라 Megara
메넬리크 Menelik
메디나 Medina
메루 Meru
메르카토르 Gerardus Mercator
메마 Mema
메무나 코게 Memuna Coge
메자 므왕기 Meja Mwangi
멘데 Mende
모리타니 Mauretania
모리타니 카이사리엔시스 Mauretania Caesariensis
모리타니 팅히타나 Mauretania Tingitana
모시 Mossi
모티펨 Motifeme
모함마두 그와르조 Mohammadu Gwarzo
모함마드 룸파 Mohammad Rumfa
모함메드 이븐 아부바키르 투레 Mohammed ibn Abubakir Toure
모함메드 콰리즈미 Mohammed Khwarizmi
몬존 Monzon
몰로포 Molopo
무고 Mugo
무르주크 Murzuk
무어 Moor
무함마두 메이 투라레 Muhammadu Mai Turare
무함마두 부하리 Muhammadu Buhari
무함마두 앗타히루 Muhammadu Attahiru
무함마드 룸파 Muhammad Rumfa
무함마드 벨로 Muhammad Bello
무함마드 코라우 Muhammad Korau
무함마드 키주므와 Muhammad Kijumwa
무함마디 아부 바카리 마시히 Muhammadi Abu Bakari Masihii
무함메드 엘 아민 엘 카네미 Muhammed el Amin el Kanemi

문얄 Munyal
뭄비 Mumbi
뭉고 파크 Mungo Park
므왈리므 무니라 Mwalimu Munira
므왕기 루헤니 Mwangi Ruheni
므위하키 Mwihaki
미들 아틀라스 Middle Atlas
미스터 하우랜즈 Mr. Howlands
미체레 무고 Micere Mugo
밀드레드 Mildred
바가 Baga
바가라 Baggara
바가우다 Bagauda
바간다 Baganda
바디아르 Badiar
바레이-코이 Barey-Koi
바루 Baru
바르나바스 카티굴라 Barnabas Katigula
바르바라 키메녜 Barbara Kimenye
바르바로스 βάρβαρος, barbaros
바방기다 Babangida
바쉬룬 Bashrun
바시 Basi
바알 Vaal River
바야지다 Bayajidda
바옐사 Bayelsa
바올 Baol
바와 Bawa
바울레 Baule
바이 링구얼 Bilingual
바이리 Bayiri
바카리 다아 Bakari Da'a
바칸다미야 Bakandamiya
반다 Banda
반디아가라 Bandiagara
반자 바크와이 Banza Bakwai
반투 Bantu
밤바라 Bambara
밤부크 Bambuk
베네 Bene
베로니카 Veronica
베르베르 Berber
베르베리즘 Berberism
베르타 클레이 Bertha Clay
베자어 Beja
베자이아 Bejaïa
베츄아날랜드 Bechuanaland
베한진 Béhanzin
벤다 Venda
벤더 Bender, M. L.
벤자민 음파카 Benjamin Mkapa
벨로 카가라 Bello Kagara
벰바어 Bemba
보노어 Bono
보누 아무엔 Bonu Amuen
보니 Bonny
보로 Boro
보르구 Borgu
보르노 Borno
보르사리 Borsari
보리 Bori
보보올라 Boboola
보소 Bosso
보솜트위 Bosomtwi
보조 Bozo
보케 Boke
본두 Bondu
볼로냐 Bologna

부 바카르 사아다 Bu Bakar Sa'ada
부루쿠투 Burukutu
부르 Bur
부르바 졸로프 Burba Jolof
부모운디 Bumoundi
부사라 Busara
분두 Bundu
불랄라 Bulala
블라디미르 프롭 Vladimir Propp
블랙 오르페우스 Black Orpheus
비니 Bini
비됴고 Bidyogo
비라인 Birain
비람 Biram
비르니 Birni
비리리 Biriri
비싸고 Bissago
비아프라 Biafra
비야고 Bijago
비올라 Viola
비요고 Bijogo
비자야 Bijaya
비죠고 Bidjogo
빌리 Billy
빌마 Bilma
뻬울 Peul
사가타 Sagata
사니 아바차 Sani Abacha
사마와 Samawa
사무엘 키베라 Samuel Kibera
사봉가리 Sabon Gari
사비 Savi
사아디 Saadi
사이파와 Sayfawa
사이프 Saif
사하라 아틀라스 Saharan Atlas
산다웨 Sandawe
산데 Sande
살라가 Salaga
살로움 Saloum
살바 키르 Salva Kiir
삼미 나이도 Sammy Naidoo
새뮤얼 마하레로 Samuel Maharero
새뮤얼 아자이 크라우더 Samuel Ajayi Crowther
샤가리 Shagari
샤리 Chari
샤리아 Sharia
샤퍼빌 Sharpeville
샹고 Shango
세구 Segu
세네-감비아 Sene-Gambia
세-동-홍-베 Seh-Dong-Hong-Beh
세레르 Serer
세바레 Sévaré
세베라 Sebera
세실 로즈 Cecil John Rhodes
세이드 사이드 Seyyid Said
세인트 조지스 캐슬 St. George's Castle
세쿠 아흐마두 Seku Ahmadu
세크 투레 Sekou Toure
세푸와 Sefuwa
세프 Sef
세프위 Sefwi
센나르 Sennar
셈 Sem
셈테엔데 Semteende
셰르셸 Cherchell
셰리프 오스만 하이다라 Chérif Ousmane Haidara

소 So
소골론 Sogolon
소닝케 Soninke
소르코 Sorko
소말리 Somali
소웨이 Sowei
소코토 Sokoto
손니 다오 Sonni Dao
손니 알리 Sonni Ali
송가이 Songhai
쇼나 Shona
쇼네칸 Ernest Shonekan
수망구루 Sumanguru
수세뇨스 Susenyos
수수 Susu
수투 Sotho
순자타 Sunjata
술라이만 나르 Sulayman Nar
쉐후 엘 카네미 Shehu El Kanemi
쉐후 우마르 Shehu Umar
슈와 아랍 Shuwa Arab
스와지 Swazi
스와힐리 Swahili
시네 Sine
시다모어 Sidamo
시디 야흐야 Sidi Yahya
시모 Simo
시빌리안 메이저 Civilian Major
시에라리온 Sierra Leone
시이벨레 Siibele
시티펜시스 Sitifensis
시팍스 Syphax
실라마카 Silamaka
실바누스 올림피오 Sylvanus Olympio
싱게 John Millington Synge
쑤마 Xuma
씨릴 Cyril
씨프리안 에크웬시 Cyprian Ekwensi
아가데스 Agades
아가우 Agaw
아가자 Agaja
아가자 트루도 Agaja Trudo
아고 오자 Ago Oja
아그네스 Agnes
아기에만 프렘페 Agyeman Prempeh
아나키 Anaki
아낭 Anang
아낭 이비비오 Anang Ibibio
아니 Anyi
아다마와 Adamawa
아단도자 Adandoza
아당그메 Adangme
아덱벤로 Adegbenro
아도니스 Adonis
아돌프 바스찬 Adolf Philipp Wilhelm Bastian
아람 Aram
아랍 안달루시아 Arab Andalusia
아로 Aro
아론디주오구 Arondizuogu
아루샤 Arusha
아르군 Argun
아르마 Arma
아마디 가야 Amadi Gaya
아마디오라 Amadiora
아마지그 Amazigh
아만세 Amanse
아만헤네 Amanhene
아망쿠아티아 Amanquatia

아모아풀 Amoaful
아무사 상고 Amusa Sango
아무엔 Amuen
아미나 Amina
아바 Aba
아방-가르드 Avant-garde
아베오쿠타 Abeokuta
아보 익보 Abo Igbo
아보메이 Abomey
아부 바크르 Abu Bakr
아부 에스 하끄 에스 사헬리 Abu Es Haq Es Saheli
아부바카르 Abubakar
아부바카르 단 아티꾸 Abubakar dan Atiku
아부바카르 아티꾸 나 라바 Abubakar Atiku Na Rabah
아부바카르 이맘 Abubakar Imam
아부바카르 이븐 우마르 가르바이 엘-카네미 Abubakar Ibn Umar Garbai El-Kanemi
아부자 Abuja
아브렘폰 Abremponus
아브론 Abron
아비시니아 Abyssinia
아비아캄 J. Abiakam
아비올라 Abiola
아비쿠 Abiku
아사포 Asafo
아산테 Asante
아산테만소 Asantemanso
아산테헤네 Asantehene
아샨티 Ashanti
아쇼가 Ashoka
아스키아 다우드 Askia Daud
아스키아 모함메드 Askia Mohammed
아스키아 무사 Askia Musa
아스키아 무함마드 Askia Muhammad
아스키아 이샤끄 Askia Ishaq
아스키아 이스마일 Askia Ismail
아시에 Asie
아신 Assin
아쌍블라주 Assemblage
아와 Emeka Awa
아왈 Awal
아우도가스트 Audoghast
아우레스 Aurès
아우카 이보 Awka Igbo
아월로워 Awolowo
아이르 Aïr
아자 Aja
아자세 Ajase
아즈하르 대학 Al-Azhar University
아지키웨 Nnamdi Azikiwe
아카바 Akaba
아칸 Akan
아쿠레 Akure
아쿠아바 Akua'ba
아크와무 Akwamu
아크와핌 Akwapim
아크완쉬 Akwanshi
아크파타 Akpata
아킨돌라 Akintola
아킴 Akim
아파르 Afar
아파르트헤이트 Apartheid
아팜 Apam
아폰소 드 아베이로 Afonso d'Aveiro
아폰자 Afonja
아프리칸스 Afrikaans
아하가르 Ahaggar

아호시 Ahosi
아흐마두 벨로 Ahmadu Bello
아흐마두 아흐마두 Ahmadu Ahmadu
아흐마드 알-파끼 알-마흐디 Ahmad al-Faqi al-Mahdi
아흐마드 탈 Ahmad Tall
아흐메드 바바 Ahmed Baba
아흐메드 알-만수르 Ahmed Al-Mansur
악바직베토 Agbadjigbeto
악보르 익보 Agbor Igbo
악숨 Axum, Aksum
안달루시아 Andalusia
안드리에스 보타 Andries Botha
안드리에스 스톡켄스트롬 Sir Andries Stockenström
안사르 디네 Ançar Dine
안사르 디네 Ansar Dine
안야 E. U. Anya
안젤리노 돌체르트 Angelino Dulcert
안티 아르네 Antti Aarne
알-까디 아낍 이븐 마흐무드 이븐 우마르 Al-Qadi Aqib ibn Mahmud ibn Umar
알라다 Allada
알라위드 Alawid
알라핀 Alafin
알렉 웩 Alek Wek
알렉스 라 구마 Alex La Guma
알루미디 오시냐 Alumidi Osinya
알리 마즈루이 Ali Mazrui
알리 콜렌 Ali Kolen
알-마길리 Muhammad b. Abd al-Karim al-Maghili
알마미 Almami
알-마수디 Al-Masudi
알모라비드 Almoravid
알모하드 Almohad
알-무라비팅 Al-Murabitin
알-바크리 Al-Bakri
알-수유티 al-Suyuti
알-오마리 Al-Omari
알-이드리시 Al-Idrisi
알칼라와 Alkalawa
알-크사르 알-카니르 Al-Ksar Al-Kanir
알-파자리 Al-Fazari
알폰소 Alfonso
알하지 우마르 탈 Alhaji Umar Tall
암하라 Amhara
압달라 이븐 야신 Abdallah Ibn Yasin
압둘라 Abdullah
압둘라히 부르자 Abdullahi Burja
압드 알라 이븐 야신 Abd Allah ibn Yasin
압드 알-살람 Abd al-Salam
압드라흐만 앗-사디 Abderahman As-Sadi
압바스 Abbasid Dynasty
앗티 Attié
액션그룹 Action Group
앤티 아틀라스 Anti-Atlas
앨리스 Alice
야바 Yaba
야아 아산테와아 Yaa Asantewaa
야우리 Yauri
야코보 Jakobo
야콥슨 Roman Jakobson
야텡가 Yatenga
얄룽카 Yalunka
엉클 타이워 Uncle Taiwo
에군 Egun
에네리코 세루마 Eneriko Seruma
에네케 Eneke
에누구 Enugu

에도 Edo
에드먼드 리치 Edmund Leach
에디온니센 Edionnisen
에레 Ere
에메 세제르 Aime Cesaire
에반스-프리차드 E. E. Evans-Pritchard
에세 이파 Ese Ifa
에스와티니 Eswatini
에시 만사 Esi Mansa
에야시 Eyasi
에우아래 Ewuare
에웨 Ewe
에제울루 Ezeulu
에제키엘 음팔렐레 Ezekiel Mphahlele
에쭈 누페 Etsu Nupe
에쭈 마아주 Etsu Ma'azu
에코 Eko
에키티 Ekiti
에픽 Efik
엑바 Egba
엑바도 Egbado
엔크루마 Dr. Nkrumah
엘 핫산 이븐 모함메드 El-Hassan ibn Mohammed
엘로 Elo
엘리자벳 Elizabeth
엘미나 Elmina
엠바콤 Embaqom
예리 Yeri
예리마 Yerima
오갈리 Ogali A. Ogali
오게네 Ogene
오고니 Ogoni
오고자 익보 Ogoja Igbo
오구 Ogu
오군 Ogun
오기 Ogi
오기디 Ogidi
오기소 Ogiso
오니짜 Onitsha
오두두와 Oduduwa
오두메구 오주쿠 Odumegwu Ojukwu
오딩가 Odinga
오란미얀 Oranmiyan
오로모어 Oromo
오로미아어 Oromia
오룬밀라 Ọrunmila
오르다호수 Ordahsu
오리샤 Orisha
오마르 Omar
오모어 Omotic
오바 Oba
오바 에웨도 Oba Ewedo
오바 에웨카 Oba Eweka
오바 오구올라 Oba Oguola
오바 오졸루아 Oba Ozolua
오바가도 Obagado
오비 오콩크워 Obi Okonkwo
오비리 예보아 Obiri Yeboa
오세이 본수 Osei Bonsu
오세이 코조 Osei Kojo
오세이 크와메 Osei Kwame
오세이 투투 Osei Tutu
오요 아자카 Oyo Ajaka
오요메시 Oyomesi
오우 Owu
오우알라타 Oualata
오우오르-아늄바 Henry Owuor-Anyumba
오워 Owo

오워도 Owodo
오웨리 익보 Owerri Igbo
오이겐 피셔 Eugen Fischer
오주쿠 Ojukwu
오칸비 Okanbi
오케츄쿠 Ikechukwu Okechukwu
오콜 Ocol
오콤포 아노키예 Okomfo Anokye
오콧 프비텍 Okot p'Bitek
오콩크워 Okonkwo
오키궤 Okigwe
오텐버그 Ottenberg
오툼푸오 오포쿠 와레 Otumfuo Opoku Ware
오트마 폰 페르슈어 Otmar Von Verschuer
오티 아켄텐 Oti Akenten
오프라 Offra
온우카 Wilfred Onwuka
올로두마레 Olodumare
올루 타요 Olu Tayo
올페르트 다퍼 Olfert Dapper
와까 Wak'a
와다이 Wadai, Ouaddai
와르 디아비 War Dyabi
와르-쟈비 War-Djabi
와산 크와이크와요 wasan kwaikwayo
와이야키 Waiyaki
완자 Wanja
왈라타 Walata
왈로 Walo
왈리 Obi Wali
왕가라 Wangara
요루바 Yoruba
요세프 멩겔레 Josef Mengele
우그바 Ugba
우데 A. O. Ude
우도모 Udomo
우도조르 Ifeoma Udozor
우르호보 Urhobo
우마루 무사 야르아두아 Umaru Musa Yar'Adua
우몬 Umon
우무 은나 Umu Nna
우무아히아 Umuahia
우무오피아 Umuofia
우스만 단 포디오 Uthman Dan Fodio
우자마 Uzama
우조마 Afam Uzoma
우첸나 은웨제 Uchenna Nweze
우크파비 아시카 Ukpabi Asika
욱호론 Ughoron
울슬리 Wolseley
움마 Umma
움메 Umme
움탄다지 Umthandazi
워다베 Wodaabe
월레 소잉카 Wole Soyinka
월로프 Wolof
월시 Walsh
웩바자 Wegbaja
위다 Whydah
윈네바 Winneba
윌리보이 Willieboy
윌리엄 워즈워드 William Wordsworth
유수프 이븐 타시핀 Yusuf ibn Tashfin
윤파 Yunfa
율리 바이어 Ulli Beier
은나도지에 Nnadozie
은네지 Nneji
은넨나 Grace Nnenna

은다마 Ndama
은댜댜네 은댜예 Ndyadyane Ndyaye
은데벨레 Ndebele
은디모 Ndimo
은디치에 Ndichie
은수카 Nsuka
은와츄쿠 Shakespeare C.N. Nwachukwu
은조로게 Njoroge
은지미 Njimi
은팀 갸카리 Ntim Gyakari
음바 A.N. Mba
음바리 Mbari
음바티안 Mbatian
음벰베 Mbembe
음보로 Mboro
음보야 Mboya
음블로 Mblo
음자브 M'zab
음쿠피야 Mkufya
응가이 Ngai
응가자르가무 Ngazargamu
응가파 Ngafa
응고토 Ngotho
응구니 Nguni
응코시 Nkosi
응콘니 N'konni
이갈라 Igala
이고도 Igodo
이구 Orlando Thomas Iguh
이냥가 Inyanga
이다 Idah
이도마 Idoma
이동 마탐바이 Idon Matambayi
이드리스 Idris
이드리스 이븐 압달라 Idris ibn Abdullah
이디 아민 Idi Amin
이란 Iran
이로코 Iroko
이루 Iru
이마지게너티 Imazighenity
이마지겐 Imazighen
이모하그 Imohag
이바단 Ibadan
이보-우크 Ibo-Ukwu
이브라힘 소리 Ibrahima Sori
이브라힘 자키 Ibrahim Zaki
이븐 바투타 Ibn Batuta
이븐 할둔 Ibn Khaldūn
이비비오 Ibibio
이사라 Isara
이상고마 Isangoma
이소코 Isoko
이스까타미야 Iscathamiya
이스마엘 음비세 Ismael R. Mbise
이스마일라 트하오헤 Ismaila Traoré
이스턴 그린즈 Eastern Greens
이스트 East
이슬람 마그레브 알-까에다 Al-Qaeda in the Islamic Maghreb
이야쉐레 Iyashere
이자예 Ijaye
이제부 Ijebu
이조 Ijo
이파 Ifa
이페 Ife
익보 Igbo
일라리 Ilari
일레 이페 Ile Ife

일레샤 Ilesha
일로린 Ilorin
일모로그 Ilmorog
자 알리아멘 Za Aliamen
자 코시 Za Kossi
자가와 Zaghawa
자그웨 Zagwe
자라 야곱 Zara Yaqob
자르마 Zarma
자리아 Zaria
자즈자우 Zazzau
자킨 Jakin
자타우 Jatau
잔데 Zande
잘롱케 Jallonke
잠시드 빈 압둘라 Jamshid bin Abdullah
잠파라 Zamfara
재규어 나나 Jagua Nana
제네테 Zenete
제르바 Jerba, Djerba
제리바 Jeriba
제임스 웰시 James Welsh
젠네 Jenne
젠네 치이니 Djenné Chiini
젤고지 Jelgoji
조 Joe
조모 케냐타 Jomo Kenyatta
조셉 샤발랄라 Joseph Shabalala
조슈아 Joshua
존 가랑 John Garang
존 나겐다 John Nagenda
존 카로키 은조로게 John Karoki Njoroge
존 톰프슨 John Thompson
졸로프 Jolof
졸로프라이스 Jjollof rice
죠셉 샤나한 Joseph Shanahan
죤 이케 John Ike
주다르 파샤 Judar Pasha
주앙 John
주카 Zuka
줄루 Zulu
줄리어스 녜레레 Julius Nyerere
지브릴 Jibril b. Umar
지비리 Jibiri
지야니드 Ziyanid
지오반니 레오네 Giovanni Leone
지크 Dr. Zik
지키 마가이 Jiki Magayi
진더 Zinder
징가라이 베르 Jingaray Ber 또는 Djinguereber
쫌베 Tshombe
차드어 Chadic
차코시 Chakosi
찰스 망구아 Charles Mangua
찰스 맥카시 Charles MacCarthy
채러티 와치우마 Charity Waciuma
척스 북숍 야바 Chuks Bookshop Yaba
총가 Tsonga
츄쿠케레 Chukwukere
츠와나 Tswana
치누아 아체베 Chinua Achebe
치케 오코니아 Chike Okonyia
칠리모 Tshilimo
카나게지 Kanageji
카네미 Kanemi
카넴부 Kanembu
카노 kano
카누리 Kanuri

카니아가 Kaniaga
카디스 Kadis
카라모코 알파 Karamoko Alfa
카란자 Karanja
카레가 Karega
카르타 Kaarta
카르타 씨에마 Karta Thiema
카리우키 Kariuki
카린 마가나 Karin Magana
카만 Kaman
카메노 Kameno
카보니 Kabonyi
카빌리 Kabyle
카빌리아 Kabylia
카스티야 Castile
카아르타 Kaarta
카야 마간 Kaya Maghan
카요르 Cayor, Kayor
카이가마 Kaigama
카이사레아 Caesarea
카찌나 Katsina
카첼라 Kachella
카칸포 Kakanfo
카타굼 Katagum
카탈로니아, 카탈루냐 Catalonia
카탕가 Katanga
카판찬 Kafanchan
카피르 Kaffir
칼 반 아스 Karl van As
칼라드 Coloured
칼라산다 Kalasanda
칼라하리 Kalahari
칼렌진 Kalenjin
캄바 Kamba
캇 Kat
캉가바 Kangaba
캐리 조이스 Cary Joyce
캡틴 윈덤 Captain Wyndham
캬리 Kyari
케냐타 Kenyatta
케네스 와테네 Kenneth Watene
케이타 Keita
케이프 코스트 캐슬 Cape Coast Castle
케이프 프런티어 Cape Frontier
케투 Ketu
켑비 Kebbi
코델리아 Cordelia
코드 스위치 Code Switch
코르호고 Korhogo
코리 Kori
코멘다 Komenda
코이 Khoi
코이 콘보로 Koi Konboro
코이라보로 센니 Koyraboro Senni
코이산 Khoisan
코토누 Cotonou
콘도아 Kondoa District
콜라너트 Kola Nuts
콜리 텡구엘라 Koli Tenguella
콜만 James Coleman
콤 북스 Comb Books
콥트어 Coptic
쿠마시 Kumasi
쿠마요 Kumayo
쿠쉬어 Cushitic
쿠시 오보둠 Kusi Obodum
쿠카와 Kukawa
쿰 Kum

쿰비 살레 Kumbi Saleh
쿼네 Qene
큐비즘 Cubism
크로스 리버 익보 Cross River Igbo
크리스탈 팰리스 Crystal Palace
크수어 Ksour
크와 Kwa
크와라라파 Kwararafa
크펠리에 Kpelie
크포뉴구 Kponyugu
클라우디우스 Claudius
클라크 J. P. Clark
키룬디 Kirundi
키리나 Kirina
키쿠유 Kikuyu, Gikuyu
키히카 Kihika
킨샤사 Kinshasa
킬리윌리 Kiliwili
킴분두 Kimbundu
타가자 Taghaza
타도 Tado
타르가 Targa
타르굼 Targum
타마지트 Tamazight
타바이 Thabai
타반 로 리용 Taban Lo Liyong
타반시 Tabansi
타와리오 Tawario
타쮸니아 Tatsuniya
타케 Take
타케다 Takedda
타피다 Tafida
탄타불레 Tantabule
탄툼케리 Tantumquerry
탐탐 Tam Tam
탕기에르 Tangier
탕헤르 Tangier
터스턴 쇼우 Thurstan Shaw
테르메스 Termes
테오도어 벤페이 Theodor Benfey
테와히도 Tewahedo
텍베수 Tegbesu
템네 Temne
텡구엘라 Tenguella
텡카미넨 Tenkaminen
토마스 테보 Thomas Tebo
토킹 드럼 Talking Drum
토파 Tofa
톤디비 Tondibi
톰프슨 Stith Thompson
투구르트 Touggourt
투부 Toubou
투워 Tuwo
투원 쉰카파 Tuwon shinkafa
튀니스 Tunis
트란스발 Transvaal
트랜지션 Transition
트리폴리 Tripoli
트리폴리타니아 Tripolitania
트릭스터 테일즈 Trickster Tales
트윈즈 세븐 세븐 Twins Seven Seven
틀렘센 Tlemcen
티그레 Tigre
티그레이 Tigray
티그리냐 Tigrinya
티모시 알루코 Timothy Aluko
티에도스 Tiedos
티이나아데 Tiinaade

티자니야 Tijaniyya
티피나그 Tifinagh
틴 히난 Tin Hinan
틴돌 Tindol
팀보 Timbo
팀부크투 Timbuktu
팅히스 Tingis
파슨즈 F. W. Parsons
파피에 마세 Papier-mâché
판테 Fante
판티 Fanti
패디 Paddy
페르낭 레제 Joseph Fernand Henri Léger
페야세 Feyiase
페잔 Fezzan
페즈 Fez, Fes
펜포인트 Penpoint
펠릭스 듀보아 Felix Dubois
펨바 Pemba
포 Fo
포도르 Podor
포로 Poro
포르토 노보 Porto Novo
포메나 Fomena
포수반 Posuban
포타코트 Port Harcourt
포트 메탈 크로스 Fort Metal Cross
포트 세콘디 Fort Sekondi
포트 아폴로니아 Fort Apollonia
포트 윌리엄 Fort William
포트 제임스 Fort James
포트 코멘다 Fort Komenda
포포 Popo
폰 Fon
폴 뉴먼 Paul Newman
푸굼바 Fugumba
푸타 본두 Futa Bondu
푸타 토로 Futa Toro
푸푸 Fufu
푸플람푸 Puplampu
푼즈 Funj
풀라 Fula
풀라니 Fulani
풀라닌 기다 Fulanin gida
풀라르 Pular
풀라-세레르 Fula-Serer
풀라아르 Pulaar
풀라쿠 Pulaaku
풀로 Pullo
풀베 Fulbe
풀풀데 Fulfulde
프라 Pra
프란츠 리터 폰 에프 Franz Ritter von Epp
프란츠 보아스 Franz Boas
프레드릭 포브즈 Frederick Forbes
프레드릭 호지슨 Frederick Hodgson
프레디 Freddie
프리타운 Free Town
플레밍 Harold C. Fleming
피터 나자레스 Peter Nazareth
피터 아브라함스 Peter Abrahams
피터 팔랑교 Peter Palangyo
피토 Pito
픽시온즈 Fixions
하데이자 Hadeija
하쉼 Hashim
하아풀라아르엔 Haapulaar'en
하우사 Hausa

하우사 바크와이 Hausa Bakwai
하이 아틀라스 High Atlas
하이네 Bernd Heine
하인리히 바르츠 Heinrich Barth
하프시드 Ḥafṣids
학키일로 Hakkiilo
할레 Hale
함달라히 Hamdallahi
함보데디오 파테 Hambodedio Pate
핫산 이븐 무함마드 Hassan Ibn Mahammad
햄 Ham, Hamitic
허스코비츠 M.J. Herskovits
헤레로 Herero
헤로도투스 Herodotus
헤베 Hebe
헨드릭 비트부이 Hendrik Witbooi
헨리 킴부그웨 Henry Kimbugwe
호조 Hojo
홈보리 Hombori
히마 Hima, Hema
히스토리컬 테일즈 Historical Tales

색인

ㄱ

가나 제국 11, 12, 34, 48, 59, 60, 64, 65, 80, 81, 82, 85, 87, 94, 109, 114, 128, 129, 148~155, 156, 159, 161, 163, 166, 169, 175, 190, 218, 222, 552
가면극 415, 517, 542~546, 548, 569, 571, 578, 582, 585
가면 의식 515, 516, 584
가시레 서사시 419, 424
가오 59, 60, 80, 81, 83, 84, 85, 103, 157, 158, 160, 162~165, 167, 168, 171, 172~176, 254, 257, 371, 372, 559
가장무도회 525
가톨릭 42, 43, 145, 205, 206, 239, 241, 243
감비아 12, 39, 47, 48, 54, 58, 88, 107, 109, 129, 132, 149, 220, 223, 231, 255, 256, 419, 570, 571
강제결혼 12, 106, 332, 386
개신교 50, 570
게에즈 문자 41
게에즈 문학 241, 242, 243, 244
게에즈어 42, 239~244
계몽주의 97, 133
고대 이집트어 62, 239
고립어 247, 254, 257, 258, 266
고비르 100, 102, 103, 120, 121, 167
고산 기후 30, 36, 37
공용어 12, 50, 67, 229, 230, 231, 233, 234, 235, 241, 256, 263, 473
교통어 12, 47, 59, 98, 140, 149, 225, 229, 230, 231, 234, 235, 240, 241, 256, 263, 271, 324, 349, 473, 547
구리합금 522
구약성경 41, 238, 240, 245
구연문학 13, 14, 106, 269, 270, 278, 279, 289, 290, 295, 296, 309, 310, 317, 318, 337, 364, 365, 369, 374, 394, 400, 414, 415, 443, 444, 445, 454, 455, 465, 471, 476, 477, 491, 494, 496, 497, 499, 502
구연설화 13, 14, 479~489, 493, 495, 497, 498, 499
구전성 371, 377, 400, 445
구전 전통 13, 14, 106, 301, 328, 341, 391, 393, 394, 483, 489, 490, 491, 494~497, 500, 501, 503, 504, 590
구조기능주의 480, 483, 484, 489
국어 선택 235
궁정 시인 399
그레이트 트렉 50
그레이트 풀로 제국 113, 114, 115, 116
그리스인 11, 62, 63
그리스 정교회 42, 242
그린버그 62, 108, 183, 184, 229, 237, 238, 246, 247, 253~259, 263, 264
그림형제 481
기능적 측면 211, 414, 509, 511
기독교 41, 42, 55, 58, 61, 63, 96, 121, 144, 145, 152, 172, 205, 206, 217, 239~244, 250, 270, 279, 282, 283, 286, 292, 322, 344, 345, 365, 380~387, 390, 526, 559
기르감 178
기하학적 단순성 14, 511, 515, 519, 559
꼬사족 76, 77, 78

ㄴ

나마족 27, 75, 78, 79, 80, 264
나미브 사막 26, 27, 28, 76
나미비아 23, 25, 27, 38, 39, 49, 54, 55, 56, 72~75, 77~80, 231, 260, 264, 265, 266
나이로비 36, 324~327, 334, 336~339, 343
나이저-콩고 어족 59, 108, 148, 190, 211, 220, 223, 236, 254, 255, 257, 258, 259, 263, 324, 542, 559, 564, 568, 576, 579

나이지리아 11, 12, 14, 23, 30, 31, 32, 35, 38, 39, 47, 48, 54, 55, 58~62, 70, 80, 87, 88, 93, 95, 96, 97, 98, 100, 101, 102, 105, 107, 108, 109, 112, 113, 114, 118, 121, 123, 124, 125, 127, 128, 130, 132, 134~138, 141, 142, 144, 145, 146, 167, 176, 177, 178, 180, 183, 185, 189, 190, 198, 201, 207, 211, 213, 217, 229~233, 235, 246, 247, 253, 257, 258, 263, 271~274, 277, 278, 280, 287, 288, 293, 296, 298, 301, 304~308, 311, 313, 315, 317~323, 329, 331, 336, 341, 349, 354, 355, 364, 365, 372, 373, 378~381, 393, 399, 401, 405, 413, 419, 424, 433, 442, 443, 453, 460, 466, 473, 495, 509, 513, 514, 516, 517, 518, 522, 523, 524, 527, 529, 531, 532, 534~539, 541, 568, 573, 584, 591, 593, 596, 598, 599
나일강 23, 29, 38, 40, 47, 55, 56, 62, 80, 185, 189, 247, 249, 251
나일-사하라 어족 95, 234, 236, 247, 251, 253, 254, 257
나일족 56, 248, 251
난민 79, 117, 248, 249, 251, 338
남수단 공화국 38, 40, 47, 56, 248, 249, 531
남수단무력전선 250
남아공 12, 13, 21, 22, 23, 25, 27, 35, 36, 38, 39, 44, 49, 50, 51, 54, 55, 56, 58, 73, 74, 75, 77, 78, 80, 210, 230, 231, 233, 260, 264, 265, 271, 304, 311, 342, 350~353, 355, 356, 357, 360, 361, 394, 502, 504, 559
내러티브 279, 336, 415, 416, 477
내전 45, 51, 53, 55, 61, 73, 96, 97, 137, 143, 144, 145, 162, 180, 217, 233, 248, 250, 251, 280, 293, 304, 305, 318~321, 366, 382, 559
네그리뛰드 223, 295, 504
네덜란드 21, 49, 50, 62, 76, 77, 193~197, 208, 209, 264, 350, 353, 517, 568, 581
노예 무역 40, 94, 97, 140, 142, 144, 145, 176, 182, 190, 194, 196, 197, 199, 200, 201, 208, 209, 215, 216, 217, 230, 255, 334, 516, 521, 524, 568
노예제도 122
녹 문화 14, 517, 518
누비아어 247
누어족 56, 248, 249, 250, 251, 531
누페족 14, 94, 97, 210, 538, 539
느사만코우의 전투 197
니제르강 14, 21, 23, 25, 31, 58~62, 80, 81~88, 100, 114, 124, 125, 134, 138, 140, 142, 144, 150, 156, 159, 160, 161, 163, 164, 165, 171, 174, 176, 177, 201, 206, 207, 208, 217, 254, 257, 258, 313, 322, 422, 518, 520, 524~527, 529, 538, 539, 540, 542, 552, 554, 556, 593

ㄷ

다이아몬드 26, 27, 48, 50, 51, 75
다호메이 12, 31, 48, 62, 94, 142, 199, 201, 211~219, 258, 313, 483, 516, 568
단편소설 319, 334, 355, 357, 379
당카란투만 156
대서양어 255, 256, 258, 259
대서양-콩고 어군 223, 257, 258
대영박물관 198, 202, 203, 210, 509, 522, 537
대장장이 102, 308, 420, 428, 436, 437, 519, 542, 543, 550, 565
대중문학 13, 106, 141, 311, 321, 324, 328, 329, 330~333
대중소설 141, 330, 331, 333, 334, 386
대중음악 106, 503, 504
대중통속소설 106, 141, 269, 281, 293, 331
더 이상의 평안함은 없다 284, 287, 290, 291, 298, 385, 386
데니앙케 왕조 115, 116
도곤족 14, 85, 515, 516, 532, 542, 543~547, 550
도자기 85, 521, 530, 532, 535, 565
독일 40, 50, 54, 55, 78, 79, 80, 108, 178, 183, 202, 236, 255, 256, 266, 481, 522
돋을새김 515, 522, 526, 532, 546, 582

동남아시아 49, 55, 206
동물형태관적 표현 212
동아프리카 문학국 327
동인도 회사 49, 50, 76
드라마 271, 293, 294, 297, 299, 300, 306, 310, 319, 353
드라켄스버그산맥 22, 23, 24, 73
딩카족 56, 115, 169, 220, 248, 249, 250, 251, 516, 531, 570

ㄹ
라고스 61, 136, 141, 143, 205~209, 211, 293, 306, 313, 314, 382, 591
라 구마 13, 269, 350, 355, 356, 357, 358, 360, 361, 363, 364
라위노의 노래 247, 335
라이베리아 15, 30, 32, 39, 43, 47, 48, 107, 231, 255, 256, 263, 264, 574, 576
래드클리프-브라운 483
레오 아프리카누스 83, 88, 103, 172, 173
레오폴드 2세 53, 54
로디지아 44, 45, 47
로마인 11, 62, 63, 103
로빈 아일랜드 356, 357
로포케포케 서사시 417, 419, 427, 428, 435
루가드 31, 113, 124, 133, 144
루오족 247
르완다 23, 38, 39, 53, 72, 231, 260, 261, 404, 484
리비아 25, 26, 28, 29, 39, 54, 56, 64~68, 70, 73, 176, 177, 179, 186, 231, 238, 244, 253
리안자 서사시 419, 425, 434
리얼리즘 14, 269, 279, 382, 496, 503

ㅁ
마사이족 56, 248, 251, 252, 253, 574
마인 보이 351, 352
마인호프 108, 254, 255, 259
마케레레대학 324, 325, 326, 328, 334, 336, 343, 344
만데어 148, 255, 256, 257, 259, 542
만델라 294, 304, 305, 504
만딩카어 255, 256
만사 무사 64, 87, 158, 159, 160, 162, 163, 164, 556, 557
말라위 37, 39, 44, 49, 54, 230, 231, 260, 476
말리노프스키 443, 471, 483, 484
말리 제국 11, 12, 34, 48, 59, 60, 64, 65, 80, 81, 82, 83, 85, 86, 87, 94, 118, 126, 129, 148, 149, 150, 153, 154, 155~163, 165, 166, 167, 169, 176, 190, 218, 222, 255, 256, 419, 420, 495, 542, 552, 556
말링케족 58, 60, 82, 107, 116, 123, 132, 148, 149, 150, 153, 155, 156, 161, 224, 495
말콤 가쓰리 237
맛시나 제국 84, 85, 86, 118, 124, 125, 126, 130~133
메자 므왕기 329, 339
멘데어 255, 256
명사 부류 체계 254, 255, 257, 261
모계 사회 69, 582, 583
모로코 21, 23, 25, 39, 54, 56, 62~67, 81, 83, 85, 86, 88, 114, 126, 129, 149, 152, 153, 157, 159, 172, 174, 175, 176, 231, 244, 403, 466, 533, 556, 557, 558
모리타니 23, 25, 35, 39, 47, 48, 56, 62, 63, 66, 71, 81, 86, 107, 109, 113, 128, 129, 149, 150, 152, 157, 159, 161, 220, 223, 256
모시족 14, 58, 60, 85, 94, 99, 156, 159, 163, 165, 167, 516, 542, 564, 568
모잠비크 22, 23, 37, 39, 40, 44, 49, 54, 230, 231, 260
모하메드 48, 63, 65, 106, 122, 131, 132, 186, 398, 539
몬존 서사시 419, 421, 422, 433
몸바사 40, 56
몹티 80, 81, 83, 84, 85, 86, 88, 157, 160, 171, 542, 552
무니저 내리디 61, 139, 141, 279, 281~284, 285, 290, 292, 296, 298, 309, 347, 380, 385, 388, 442, 459, 460, 527, 584
무빌라 서사시 419, 426, 435

무어인 63, 65, 83, 126, 152, 172, 175, 176
무함마드 벨로 121, 130, 186
문신 530, 531, 535
문자문학 13, 242, 270, 400, 445, 491, 497, 499
문자시 396, 400
문체론 270, 279, 284, 364, 365, 377, 379, 388, 503
문학상 61, 141, 232, 280, 294, 298, 309, 311, 318, 327, 328, 366, 379, 400
문학장 304, 325, 328, 331, 400
문화 보호 정책 133, 273
문화충돌 13, 269, 270, 279, 281, 284, 285, 286, 292, 297, 340, 344, 352, 367, 379, 381, 382, 386~390, 527
뭉고 파크 88, 117
므윈도 서사시 419, 424, 433, 434
미국 21, 24, 44, 54, 73, 74, 93, 95, 96, 108, 135, 136, 202, 210, 229, 237, 247, 248, 269, 272, 280, 284, 294, 303, 304, 307, 309, 322, 323, 329, 336, 337, 354, 476, 481, 482, 522, 559, 581, 594
민담 269, 274, 278, 289, 290, 312, 317, 318, 331, 334, 341, 342, 371, 393, 413, 466, 471, 472, 475, 476, 478, 479, 480, 483, 490, 495, 496, 515, 582
민속문학 444
민족시학 13, 393, 414, 444, 445, 471, 491, 493, 494
민족주의 52, 66, 67, 178, 241, 321, 322, 339, 355
민족지학 413, 443, 444, 445, 465, 471, 491, 494
민주화 66, 97, 304, 501, 504

ㅂ

바가족 15, 516, 568, 569, 570, 571, 572
바마나 제국 60, 82, 148
바마코 48, 80, 81, 82, 84, 85, 88, 150, 155, 157, 256, 547, 551, 552
바올 왕국 220, 223
바울레족 190, 405, 516, 568, 579, 582, 583, 584, 585
바타비아 공화국 50
반디아가라 85, 515, 542, 546, 547
반투교육법 354
반투어 12, 58, 231, 237, 254, 255, 257, 258, 259, 260, 261, 262, 264, 324
반투족 27, 40, 72, 73, 76, 264, 265, 266, 398, 414, 419, 432, 433, 436, 466
발찌 530
발효 15, 550, 551, 599, 600
밤바라어 81, 84, 149, 255, 256, 257, 547
밤바라 제국 60, 82, 148, 149
밤바라족 14, 58, 60, 82, 84, 85, 86, 107, 124, 125, 126, 130, 131, 132, 148, 149, 153, 163, 176, 409, 419, 421, 422, 433, 495, 514, 516, 542, 547, 548~551
범이슬람주의 182
베누에강 23, 31, 80, 98, 100, 114, 144, 177, 520, 593
베누에-콩고어 255
베닌 제국 12, 31, 48, 61, 62, 94, 134, 142, 201~211, 218, 258, 509, 520, 521, 526, 527
베닌 청동예술 12, 202
베드윈족 38, 55, 185
베르베르 11, 21, 25, 38, 55, 56, 59, 62, 63~68, 70, 83, 86, 99, 109, 150, 152, 153, 154, 155, 158, 164, 166, 169, 175, 177, 179, 222, 238, 242, 244, 254, 403, 466, 493, 532, 533, 556
베를린 회의 53, 54, 55, 78, 97
베타 이스라엘 41, 42, 43, 241
베한진 왕 217, 218
벨기에 53, 54, 62
벽면 장식 532
벽화 532, 534
보골란피니 550, 551, 552
보르누 제국 12, 48, 94, 101, 102, 103, 118, 119, 121, 123, 172, 176, 177, 178, 180, 181~189, 218, 253, 270
보어전쟁 51
보츠와나 23, 25, 26, 27, 38, 39, 48, 54, 56, 72, 73,

74, 75, 79, 260, 264, 265, 266
볼타어 256
부두교 211, 214
부르바 졸로프 220, 221, 223
부르키나파소 14, 23, 35, 39, 47, 48, 54, 69, 70, 71, 85, 108, 114, 149, 167, 198, 231, 244, 255, 256, 257, 419, 517, 542, 559, 564, 568
부시먼 11, 24, 27, 38, 55, 56, 71, 73~76, 254, 264, 265, 564
부족주의 55, 345, 352, 353
불어권 11, 54, 295, 348
브와족 14, 516, 542, 564, 565~568
비됴고족 15, 516, 568, 569
비밀화법 471, 473, 474
비아프라 내전 61, 96, 137, 293, 305, 318, 319, 320, 321, 366

ㅅ

사랑이 속삭일 때 312, 313, 318, 386
사실주의 121, 281, 526, 531, 569
사아디 왕조 86, 174, 175
사우디아라비아 130
사하라 사막 11, 12, 24, 25, 26, 32, 34, 35, 38, 47, 54, 58, 60, 62~65, 84~89, 94, 99, 101, 109, 110, 129, 152, 156, 161, 171, 175, 194, 237, 244, 254, 270, 334, 476, 496, 516, 534, 553, 556, 557, 589, 591
사하라 어군 247, 253
사하라 횡단 무역 64, 101, 102, 149, 151, 153, 154, 156, 160, 161, 163, 171, 174, 176, 180, 181, 188, 205, 533, 552
사헬 11, 14, 24, 25, 26, 34, 35, 48, 58, 62, 84, 87, 88, 101, 107, 108, 114, 200, 207, 218, 256, 270, 399, 516, 519, 541, 552, 553, 557, 589, 591, 592
사회언어학 443, 471, 491
사회인류학 249, 471, 480, 483
사회주의 40, 236, 333, 334
산다웨 73, 74, 264, 265, 266, 465
산족 24, 55, 56, 71, 73, 75, 76, 264, 265, 266
산하자 베르베르 150, 152, 153
살로움 왕국 220, 224
삽화적 구성 355, 380
상감 세공 536
상아 무역 230, 334, 521
상코레 대학 87, 170, 171, 552, 556, 557, 558
상코레 사원 87, 170, 174, 555, 557
샛강 308, 327, 341, 343, 344, 345
생체실험 79, 80
샤리아 122, 167, 182, 557
서인도 제도 198, 199
석상 311, 536, 537
성년식 251, 577, 583
성조 체계 245
성지순례 64, 98, 130, 161, 163, 169, 171, 179
세구 80, 81, 82, 83, 85, 86, 88, 114, 125, 130, 131, 132, 148, 149, 157, 160, 163, 421, 422, 423, 433
세네갈 23, 30, 32, 35, 39, 47, 48, 54, 58, 59, 62, 71, 82, 87, 107, 108, 109, 113~116, 128, 129, 130, 149, 150, 152, 155, 160, 220, 221, 223, 231, 255, 256, 373, 419, 424, 532, 589, 593, 594
세네감비아 12, 220, 223, 570, 571
세누포족 14, 516, 517, 542, 559, 560, 561, 562, 564, 568, 582
세레르 왕국 94, 224
세레르족 58, 62, 129, 132, 220, 222, 223, 224, 225
세쿠 아흐마두 84, 86, 124, 130, 132
세프 왕조 177, 178, 179, 180, 183, 184, 185, 188
센나르 왕국 189
셈어 42, 62, 237, 238, 239, 240, 242, 246, 254
셈족 41, 56, 238, 241
셍고르 223, 295, 373
소닝케족 58, 60, 81, 82, 86, 115, 125, 148, 149, 150, 151, 153, 154, 155, 166, 256, 419, 424, 495, 552, 556

소말리아 21, 39, 41, 54, 56, 230, 231, 240, 245
소말리인 238
소설의 정체성 269
소잉카 13, 61, 141, 146, 269, 271, 273, 280, 283, 293, 294~311, 335, 342, 349, 350, 355, 372, 379, 380, 381, 597
소코토 59, 109, 113, 118, 121~124, 128, 130, 132, 188, 189, 532, 534
속담시 466, 467, 468, 469, 471
속담의 범주화 471, 475
손니 알리 60, 155, 161, 163, 164, 165~169, 176
손니 왕조 60, 87, 164, 166, 169, 256
솔로몬 41, 42, 43, 240, 242
송가이어 60, 84, 247, 253, 254, 257, 258
송가이 제국 11, 12, 25, 34, 48, 59, 60, 65, 80~83, 86, 87, 94, 101, 103, 110, 113, 114, 118, 119, 126, 148, 149, 153, 155, 161, 162, 163, 169~176, 181, 218, 222, 254, 255, 256, 258, 270, 552, 556, 559
송가이족 58, 59, 60, 85, 98, 99, 162, 163, 166, 556
쇼나어 230, 260, 261
수니파 43, 70
수단 공화국 24, 34, 35, 38, 40, 42, 43, 47, 56, 109, 185, 189, 245, 248, 249, 253, 531
수단어 254, 255, 256
수렵채취 73, 265, 266
수사학 170, 292, 369, 374, 443, 446, 458
수수께끼 289, 290, 406, 407, 415, 445, 465, 466, 468, 471, 472, 475, 582
순자타 150, 153, 154, 155, 156, 158, 160, 164, 415, 416, 419, 420, 432~441, 477, 495, 502
쉐후 왕조 177, 188
슈와 아랍인 185, 186, 188
스바 왕국 240
스와지어 233, 260
스와힐리어 40, 41, 47, 230, 231, 233, 236, 246, 251, 261, 262, 263, 271, 324, 333, 334, 343, 347, 349, 468, 469, 476
스와힐리족 40, 406
스웨덴 50, 304, 311
스텝 기후 29~32, 34, 47, 70
스페인 54, 63, 64, 65, 81, 83, 86, 149, 152, 153, 159, 172, 175, 231
시네 왕국 220, 224
시문학 242, 243, 270, 309, 335
시바 여왕 41
시에라리온 15, 30, 39, 47, 48, 54, 116, 145, 155, 196, 255, 256, 475, 488, 570, 571, 572, 574, 575
시적 구조 446, 453, 500
신구술성 393, 499
신대륙 21, 87, 99, 142, 145, 206, 218, 256, 484, 590
신바빌로니아 43, 240, 241
신식민주의 97, 269, 337, 342, 347
신 오요 제국 143
신의 화살 285, 286, 290, 291, 298, 385
신정일치 116
신화 100, 146, 202, 238, 299, 308, 347, 383, 415, 479, 481, 482, 483, 486, 487, 488, 496, 515, 519, 542, 543, 545, 548, 560, 561, 565
실라마카 서사시 419, 422, 433, 437, 438
심리분석이론 479, 480, 482, 483
십자가 위의 악마 340, 343

ㅇ

아가데스 98, 120, 126, 157, 158, 161, 167, 168, 169, 172, 173, 177
아가자 왕 211, 213, 215, 216, 219
아라비아반도 38, 40, 41, 43, 55, 56, 87, 109, 163, 169, 237, 239, 270
아람어 239, 240, 241
아랍어 24, 42, 47, 62, 65, 68, 86, 102, 104, 151, 152, 173, 178, 185, 231, 232, 239~243, 270, 533, 559
아랍인 11, 40, 55, 56, 63, 64, 65, 68, 102, 129, 149, 159, 175, 177, 178, 185, 186, 188, 238, 239, 248, 533

아로츄쿠 신탁 139, 140
아르마족 175
아미앵 조약 50
아방가르드 148, 519, 559
아베오쿠타 143, 213, 214, 217, 274, 293
아보메이 왕국 212
아비뇽의 처녀들 14, 248, 511, 512, 526
아비시니아 41, 42, 240
아산테어 230, 258
아산테 제국 12, 31, 62, 94, 142, 190~201, 209, 218, 510, 568, 579, 580
아산테족 15, 31, 58, 62, 190, 191, 192~199, 217, 446, 477, 510, 516, 568, 579, 580, 581, 582
아스키아 대왕 60, 82, 83, 87, 164, 166, 167, 168, 169~174, 181, 256, 556
아스키아 왕조 87, 166, 169, 256
아시리아 239, 240, 241
아쌍블라주 212
아이야 울지마라 37, 344
아자미 문자 270, 559
아체베 13, 61, 139, 141, 269, 270, 272, 273, 279, 280, 281, 283~293, 295~300, 306, 308, 309, 311, 314, 315, 335, 340, 342, 347, 349, 350, 352, 364, 367, 373, 374, 379, 380, 382, 385, 386, 388, 389, 442, 459, 495, 527, 584, 597
아촐리어 247, 335
아카드어 239
아칸어 149, 190, 230, 258, 447, 516, 579
아칸족 142, 154, 156, 190, 443, 446, 447, 449, 472
아코마 음바 서사시 419, 429, 430, 435, 439
아킬레스 433, 436, 437, 439
아킴족 154, 190, 195, 196, 198, 200, 446
아파르트헤이트 49, 354
아프리카너 49, 50, 55, 71, 74, 75, 77, 78, 79, 350, 353, 361, 363
아프리카-아시아 어족 62, 95, 237, 238, 239, 244~247, 254
아프리칸스 49, 50, 80, 233, 354, 361, 363
아흐메드 바바 87, 170, 557, 558
악숨 왕국 41, 42, 240, 241, 242
알라다 왕국 212
알로마 대왕 182
알루코 13, 270, 367, 379, 380~390
알-마길리 70, 101, 104, 169
알-만수르 86, 174, 175
알모라비드 64, 65, 81, 129, 148, 149, 150, 152, 153, 154, 190
알모하드 64, 152, 153
알-바크리 64, 128, 149, 150, 151
알-오마리 64, 155, 159
알제리 24, 25, 35, 39, 54, 56, 62~67, 70, 81, 152, 157, 159, 161, 169, 177, 231, 244, 557
암각화 24, 73, 265, 534
암염 27, 85, 161
암하라어 42, 230, 231, 239, 244
암하라족 41, 239, 240
압바스 왕조 63
앙골라 23, 26, 27, 37, 39, 49, 51, 53, 54, 72, 75, 231, 260, 265, 394, 402, 476
앵글로-아산테 전쟁 12, 190, 192, 196, 197, 198, 199, 201
야자유 30, 48, 53, 144, 205, 207, 215, 289, 442, 572, 597, 598
야자주 술주정꾼 274, 276, 278, 279, 281, 293, 297, 328, 364, 378, 495
야콥 황제 243
양각 24, 515, 522, 524, 537, 539, 582
양식화 519, 521, 548, 569, 578
언어적 실험 13, 270, 303, 364, 378
언어적 혼성 364, 365, 372
언어 전환 229, 374, 473
언어 정책 12, 131, 229, 231, 235, 236, 333, 334
에도족 14, 31, 61, 62, 134, 142, 201, 202, 203, 207, 209, 217, 258, 516, 520, 521, 523, 526, 529
에리트레아 39, 41, 42, 43, 56, 240, 241, 245
에스와티니 39, 49, 54, 231, 233, 260

에우아레 대왕 204, 206, 208
에웨족 58, 62, 211, 408
에제키엘 음팔렐레 350, 351
에코이족 14, 534, 535, 536, 537
에크웬시 13, 269, 293, 311, 312~316, 318, 350, 386
에티오피아인 56, 238
에티오피아 정교회 41, 42, 241~244
에티오피아 제국 41, 43
엘미나성 193, 194, 197, 198, 208
엘 카네미 119, 177, 183, 184, 185, 186, 187, 188, 190
여성미 248, 573, 584
역사비교언어학 59, 229, 237, 238, 242, 254
연극 293, 295, 297, 299, 300, 310, 339, 347
열대 사바나 11, 14, 29, 30, 32, 34, 47, 48, 58, 70, 108, 257, 270, 399, 516, 541, 589, 591, 592
열대 우림 11, 12, 25, 29~32, 37, 47, 48, 58, 60, 62, 72, 84, 87, 88, 94, 99, 100, 102, 136, 142, 146, 154, 175, 177, 218, 381, 516, 519, 526, 568, 576, 591, 593
염색 265, 532, 533, 534, 550, 551, 565, 590
영국 12, 31, 35, 36, 37, 40, 44, 49, 50, 51, 52, 54, 55, 58, 76~79, 93, 94, 96, 101, 102, 113, 121, 124, 127, 132, 133, 137, 139, 141, 143~146, 190, 192, 194~203, 205, 208, 210, 217, 218, 231, 232, 235, 237, 246, 248, 249, 251, 255, 259, 263, 271~274, 276, 277, 278, 282, 286, 288, 292~297, 299, 300, 301, 303, 304, 309, 310, 312, 313, 322, 324~328, 331, 334, 338~341, 343, 350, 352, 353, 354, 356, 361, 365, 366, 373, 379, 381, 382, 384, 389, 443, 471, 473, 480, 481, 483, 509, 517, 522, 537, 538, 568, 579, 581, 593
영웅의 이미지 414, 417, 418, 432, 438
예루살렘 70, 240, 241
예멘 41, 240, 245
예이츠 347
오니짜 시장문학 61
오렌지자유국 50, 51
오르혹부아 왕 205, 208
오리샤 383, 509
오만 40, 56, 230, 237
오모 어군 238, 245, 246
오세이 투투 191~195, 199, 579
오요 제국 12, 31, 60, 94, 141, 142, 143, 145, 208, 209, 210, 215, 216, 217, 381, 519
오지디 서사시 419, 424, 433, 435, 437, 438
오카라 13, 270, 364, 365~369, 372, 373, 374, 376, 377, 378
오콜의 노래 335
오콧 프비텍 248, 335, 338, 340
옥수수 34, 48, 206, 452, 565, 583, 591, 596, 600
요루바 내전 143, 145
요루바 도시국가 143, 210, 217, 382
요루바족 14, 31, 58, 60, 61, 95, 96, 97, 99, 100, 105, 106, 107, 113, 134, 136, 141, 142~146, 203, 207, 208, 209, 215, 217, 233, 258, 271, 273, 274, 275, 278, 293, 297, 299, 301, 303, 310, 379~383, 445, 484, 486, 487, 495, 509, 513, 514, 516~520, 526, 529, 538, 539, 573, 600
요하네스버그 38, 50, 351, 352, 354, 356
용병 53, 54, 67, 71, 181
우간다 23, 38, 39, 40, 47, 53, 54, 72, 230, 231, 233, 247, 261, 324, 325, 326, 328, 333~338, 340, 343, 407, 411
우도모를 위한 화환 351, 352
우라늄 48, 51, 71
우마르 탈 82, 84, 86, 130, 131, 132
우상숭배 218, 282
우상파괴주의자 526
우스만 단 포디오 48, 59, 97, 100, 107, 118, 119, 120, 124, 125, 128, 130, 131, 182, 183, 185, 186, 187, 231, 532
우화 340, 347, 415, 463, 465, 475, 476, 479, 481, 482, 485, 487, 488, 490, 503, 582, 592
원근법 511, 521

월로프족 58, 62, 129, 132, 158, 163, 220, 222, 223, 224, 225, 516, 594
웩 248, 249
웩바자 왕 213, 219
위그노교도 50, 76
유네스코 67, 82, 85, 162, 265, 555
유대교 41, 241
유대인 41, 42, 43, 70, 78, 79, 80, 109, 169, 240, 241, 559
유머 328, 374, 380, 382, 383, 384, 385, 387, 389, 390, 449, 576
유엔 38, 44, 73, 249, 574, 575, 581, 593
율격 13, 121, 243, 444, 467, 492, 493
은데벨레어 233, 260, 261
은시비디 535, 536
은유 374, 396, 407
음바리 클럽 273, 274
음벳 서사시 419, 430
음핵 252, 253, 551, 574, 577
응구기 13, 37, 269, 295, 300, 309, 310, 311, 324~327, 329, 337, 339, 340, 341, 342, 343~350, 364, 373
응구니어 398
의미적 대구 358, 370, 372, 455, 489
이갈라족 134, 527
이드리스 왕조 63, 64
이디 아민 40, 325, 328, 334, 336, 337, 338
이바단 61, 134, 143, 144, 210, 272, 273, 280, 293, 306, 313, 354, 365
이베리아반도 63, 65, 86, 175
이븐 바투타 88, 155, 157, 161
이븐 야신 129, 152
이비비오족 134, 139, 474, 524, 534, 535
이스까타미야 504
이스라엘 41, 42, 43, 240, 241
이스트 102, 232, 233, 331
이슬람 문화 38, 54, 146, 148, 163, 182, 255, 256, 552, 557
이슬람법 104, 116, 119, 126, 129, 170
이슬람 사원 82, 96, 118, 552, 557
이슬람 성전 12, 59, 60, 82, 84, 105, 107, 111, 112, 115, 119, 120, 156
이슬람 신비주의 104, 557
이슬람의 전파 131, 154, 169, 538
이슬람 정권 570
이슬람 제국 48, 59, 113, 120, 127, 131, 133
이조족 14, 134, 140, 217, 258, 365, 369, 377, 419, 424, 433, 516, 524, 525, 526, 527, 529
이집트 23, 24, 28, 38, 39, 40, 42, 43, 47, 54, 56, 62, 64, 73, 100, 101, 104, 107, 122, 155, 159, 171, 179, 231, 238, 239, 241, 245, 253, 407, 534, 557
이차 대전 31, 45, 51, 78, 79, 322, 327, 343
이켕가 528, 529
이탈리아 40, 50, 54, 159, 172
익보족 14, 31, 58, 61, 95, 96, 99, 100, 105, 107, 134~141, 142, 144, 145, 207, 217, 233, 258, 280~283, 285, 286, 289, 290, 292, 298, 311, 313, 318, 321~324, 329, 393, 401, 405, 442, 462, 473, 495, 516, 518, 524, 526~529, 534, 535, 536, 540, 584, 597, 598, 600
인권 52, 54, 73, 75, 93, 106, 200, 271, 272, 304, 305, 574, 575
인도인 11, 35, 38, 40, 55, 353, 598
인디고 532, 533, 534
인물상 210, 513, 519, 532, 548, 549, 550, 559, 562, 563, 567, 568
인신 공양 218, 219, 220, 522
인종 분리 49, 271, 354, 356
인종 차별 49, 146, 357, 504
인종 청소 78, 80, 251
일레 이페 142, 202, 203, 204, 206, 523
일리아드 433, 436
일부다처제 106, 387, 542, 572, 574, 590
일부일처제 69, 106, 385
일차 대전 40, 55, 236, 266, 343, 531

ㅈ

자그웨 왕조 241, 242, 243
자르마어 60, 254, 258
자리아 100, 101, 102, 103, 105, 118, 121, 167, 172, 313
자수 158, 532, 533, 539
자연주의 519, 521, 526, 540, 568, 571
자유 계약 시인 399
자유투사 37, 330, 338, 339, 340~344, 346, 356
잔지바르 40, 56, 236
잘롱케족 116, 155, 156
잠비아 23, 39, 44, 49, 54, 72, 73, 231, 261, 265, 354, 419, 432, 476, 510
장례식 545, 551, 561, 562, 566, 573, 576, 580, 582, 584, 585
재규어 나나 312, 313, 315, 318, 386
저항문학 13, 269, 341, 342, 351
전설 11, 25, 97, 101, 142, 163, 193, 206, 212, 220, 242, 251, 321, 341, 415, 423, 479, 481, 487, 488, 552, 561, 579
전신상 202, 517, 521, 522, 563
전통문학 146, 270, 274, 327, 347
전통시학 491
전통주의자 184, 344, 385, 386, 387
전파론 479, 481, 482, 483, 485
점술 251, 443, 486, 487, 562, 567, 584
점토 103, 162, 412, 517, 518, 519, 521, 552, 553, 572, 580
정령 신앙 248, 559, 570
젠네 14, 80, 81, 82, 83, 84, 85, 87, 120, 125, 126, 148, 155, 157, 158, 160~163, 165, 169, 171, 172, 175, 542, 552, 553, 555
조상숭배 269, 281, 282, 559
조상신 14, 206, 496, 560, 563
졸로프라이스 594, 595, 596
졸로프 제국 12, 220, 221, 223, 224
주다르 파샤 86, 88, 175
주쿤족 94, 97, 103, 182
줄루어 230, 233, 246, 260, 264, 349, 442
즉흥개작 309, 399, 497, 499, 501
즉흥성 72, 498, 499
직각교차법 550
직유 290, 291, 292, 374, 395, 396
직접납형주조법 521, 522
진화론 72, 281, 471, 479, 480, 481, 483
짐바브웨 23, 25, 37, 39, 44, 45, 49, 53, 54, 73, 75, 230, 231, 261, 265, 419, 518

ㅊ

차드 공화국 24, 25, 176, 179, 185, 247, 253, 589
차드 어군 238, 246
차드 호수 12, 59, 98, 101, 118, 121, 176, 177, 178, 180, 181, 182, 184, 185, 187, 188, 189, 246, 247, 253, 518
찬양시 13, 243, 270, 303, 393, 394~398, 400, 413, 414, 415, 416, 443, 471, 497, 500, 502
찰스 망구아 330, 333, 340
청나일강 23, 189
초자연적 202, 208, 274, 283, 417, 418, 436, 437, 438, 509, 544, 563, 565, 566, 567, 583, 584
초현실성 515
추상성 14, 148, 515, 519
츠와나어 233, 260
친척과 감독 379, 384, 385, 386, 387, 389

ㅋ

카넴-보르누 제국 12, 48, 94, 176, 177, 178, 218, 253, 270
카넴부어 183, 184, 253
카넴부족 178, 185, 186, 187, 253
카넴 제국 59, 176, 177~183, 184, 190, 253
카노 31, 32, 70, 100, 101, 102, 103, 104, 107, 134, 135, 136, 167, 168, 169, 172, 173, 179, 181, 182, 183, 313, 453, 465, 473, 532, 533, 534, 591, 598
카누리어 183, 184, 247, 253

카누리족 25, 58, 59, 97~101, 123, 127, 132, 172, 177, 178, 180, 184, 187, 188, 233
카니아가 왕국 155
카메룬 23, 30, 35, 39, 47, 51, 54, 55, 59, 72, 98, 107, 108, 109, 114, 145, 176~179, 182, 185, 190, 231, 246, 253, 260, 263, 400, 429, 517, 532, 534, 589, 593
카사바 15, 30, 31, 206, 576, 591, 594, 599, 600
카요르 왕국 220, 223
카이로 64, 65, 155, 159, 179, 182, 184, 239, 557
카찌나 100, 101, 102, 103, 104, 167, 169, 172
카페페 서사시 419, 432
칼라드 11, 12, 13, 38, 55, 56, 77, 264, 350, 351, 352, 353, 355, 357, 359~363
칼라바리 이조인 526
칼라하리 사막 25, 26, 27, 34, 55, 56, 73, 74, 264, 266
칼렌진어 229, 247
캇강 정착촌 78
캉가바 150, 153~156, 164
케냐 22, 23, 36~40, 44, 47, 54, 56, 58, 229, 230, 231, 233, 245, 247, 248, 251, 252, 260, 309, 319, 324~327, 333, 334, 336~344, 346, 347, 348, 354, 364, 406, 410, 480
케이프 식민지 49, 50, 76
케이프타운 35, 36, 49, 50, 264, 356, 357
케투 143, 217
켑비 왕국 167
코란 41, 87, 96, 106, 107, 122, 159, 180, 182, 243, 533, 556, 574
코르도판 95, 255, 259
코발트 51
코이라보로 센니어 254
코이산 어족 95, 237, 264, 266, 564
코이족 14, 50, 56, 71, 73, 74, 75~80, 264, 265, 266, 534~537, 564
코코넛 204, 206, 261, 262, 592
코토누 218
코트디부아르 30, 32, 39, 47, 48, 54, 107, 198, 231, 255~258, 263, 517, 542, 559, 560, 568, 581, 583, 593
콜라너트 30, 81, 100, 152, 182, 191, 200, 549, 570, 583, 597, 598
콥트어 239, 242
콥트 정교회 42, 242
콩고 내전 51, 53
콩고 민주 공화국 37, 51~54, 72, 260, 263, 403, 419, 424~427, 474, 475, 510, 513
쿠데타 51, 250, 287, 288, 334, 337
쿠두케세 서사시 417, 419, 427, 434
쿠쉬 어군 238, 239, 241, 244, 245, 246
쿰비살레 64
쿼네 243, 244
큐비즘 148, 511, 525, 526, 616
크와 어군 190, 579
클립타운 민중의회 356
키쿠유족 36, 37, 338, 339, 342~345, 350, 475, 480
킬리윌리 596, 597

ㅌ

타마셰크어 68, 244
타마지트어 67, 244
타반 로 리용 337, 338, 340
탄자니아 11, 22, 23, 37~41, 44, 47, 54, 56, 58, 73, 230, 231, 233, 236, 245, 248, 251, 252, 260, 264, 265, 266, 324, 325, 326, 333, 334, 336, 337, 338, 340, 465, 484, 485
탈무드 240
탈식민주의 288, 342, 348
탈식민지문학 297
탕가니카 22, 40, 55, 236, 333
터키 42, 172, 181
테라코타 517, 518, 553, 580
테크루르 제국 94, 109, 115, 127, 128, 129, 130, 157, 158, 161, 167, 220, 223, 224

텍스트 조직의 원리 358, 371, 444, 454, 476, 491, 492, 493, 503
토고 39, 47, 48, 54, 58, 62, 87, 107, 198, 211, 212, 230, 231, 246, 257, 258, 321, 408, 595
토속어 230, 232, 233, 235, 270, 271, 335, 347, 349, 350, 373
토착 신앙 118, 222, 250, 286, 387
톤디비 전투 174
통과의례 252, 543, 548, 560, 561, 565, 566, 567
통사적 균형 449, 454, 455
통사적 대구 369, 370, 371, 449, 455, 489
투구 가면 529, 536, 537
투아레그족 21, 24, 25, 55, 59, 62, 67~71, 86, 120, 153, 163, 164, 165, 167, 169, 176, 181, 182, 244, 532, 555, 556
투워 595, 596
투콜로르 제국 82, 84, 85, 86, 116, 117, 118, 126, 127~131, 132, 133
투콜로르족 82, 84, 109, 116, 127, 128, 130, 131, 149, 158, 161, 163, 223
투투올라 13, 269, 272, 273, 274, 275, 277, 278, 279, 281, 293, 295, 297, 301, 306, 314, 326, 328, 364, 373, 377, 495
튀니스 64, 65, 101, 179, 182
트란스발 공화국 50, 51
트리폴리 64, 65, 66, 101, 181, 182
틀렘센 64, 70, 169
티그레어 42, 241
티그리냐어 42, 239, 240, 241
티자니야 126, 130
팀북투 14, 25, 68, 71, 80, 81, 83, 84, 85, 86, 87, 88, 101, 103, 114, 116, 120, 125, 126, 130, 131, 148, 154, 157, 158, 159, 160, 161, 163, 164, 165, 168~173, 175, 176, 200, 254, 257, 552, 553, 555~559

ㅍ

판테족 58, 195, 196, 197, 200, 201, 446, 477, 516, 568, 579, 581, 582, 583
페르시아 64, 98, 109, 149, 172, 240
페미니스트 106, 331, 332
페미니즘 106, 331, 332
페즈 64, 83, 172, 173, 184, 200, 558
편집 구연 497~500
포르토 노보 212, 215~218
포르투갈 40, 44, 49, 54, 76, 140, 152, 159, 161, 163, 174, 180, 194, 202, 204, 205, 206, 208, 209, 216, 217, 221, 222, 223, 230, 231, 270, 348, 509, 516, 521, 523, 524, 552, 568, 570, 581
포메나 조약 198
폰족 31, 58, 62, 142, 201, 211, 212, 214, 215, 217, 219, 258, 516
푸타 본두 113, 117, 118
푸타 잘론 109, 113, 114, 115, 116, 117, 118, 130, 155, 159, 221, 570
푸타 토로 109, 113, 114~118, 127, 128, 130, 223
푸푸 594, 595, 599, 600
풀라니 성전 86, 102, 113, 118, 119, 126, 127, 176, 183, 222, 571
풀라니어 59, 84, 108, 115, 124, 127, 155, 220, 231, 255, 256
풀라니족 12, 14, 35, 48, 58~61, 70, 82, 84, 85, 86, 96, 99, 100, 102, 103, 104, 107, 108~112, 113, 114, 115, 117~124, 126, 127, 129, 130~133, 135, 136, 143, 155, 156, 165, 169, 176, 177, 178, 182, 183, 185~188, 207, 210, 216, 223, 225, 420, 422, 475, 529~532, 534, 538, 539, 556, 559, 568, 570, 589
풍자 121, 335, 336, 337, 347, 379, 380, 382, 383, 384, 386~390, 395, 443, 475, 548, 576
프랑스 49, 50, 54, 55, 62, 65, 66, 67, 73, 76, 82~87, 93, 109, 113, 116, 117, 118, 126, 127, 130~133, 137, 160, 172, 189, 190, 197, 198, 201, 211, 212, 215~218, 221, 223, 258, 271, 277, 295, 354, 409, 486, 504, 517, 522, 542, 547, 553, 555, 559, 564, 565, 570, 571, 583

프리타운 48, 145, 255, 256, 575
플랜테인 592, 594, 597
피그미 11, 38, 55, 56, 71, 72, 73, 398, 425
피의 꽃잎 340, 343, 347
피진 35, 235, 263, 279, 297, 316, 350, 355, 361, 364, 378, 473
피카소 14, 148, 212, 248, 511, 526, 531, 559
피토 600, 601

ㅎ

하나의 밀알 340, 342, 343, 345, 346
하우사어 59, 98, 100, 102, 104, 121, 122, 124, 128, 131, 132, 134, 146, 229, 230, 231, 232, 233, 235, 237, 246, 254, 271, 349, 442, 473, 476, 595, 597
하우사족 11, 14, 32, 58~61, 70, 95~100, 103, 105, 106, 107, 113, 120~124, 126, 127, 131, 132, 134, 135, 136, 141, 144, 145, 165, 169, 177, 178, 182, 207, 231, 233, 341, 443, 449, 460, 466, 471, 473, 474, 516, 518, 532, 533, 534, 573, 591, 592, 596, 598, 600
하우사 칠왕국 12, 58, 60, 70, 97, 98, 100~104, 118, 142, 169, 177, 188, 231
하우사-풀라니 제국 12, 48, 58, 59, 60, 97, 100, 101~104, 113, 118, 120, 122, 124, 125, 127, 130, 131, 133, 134, 142, 143, 144, 155, 177, 182, 187, 188, 210, 218, 231, 270, 532
하이네만 309, 318, 327, 335, 372, 379
한밤의 산책 350, 357, 358, 359, 361, 363
해설자들 271, 294, 296, 305~308, 355, 380, 381
해양 기후 37, 38
햄-셈 어족 238, 254
햄어 108, 237, 238, 254, 255, 264
헤레로족 74, 78, 79, 80, 564
형식주의 277, 479, 480, 483, 485, 490
호텐토트 27, 56, 71, 75, 264, 363
홍해 41, 189, 240, 245
황금해안 190, 193, 195~201
흡착음 71, 75, 264, 266
히브리어 42, 62, 239, 240, 241
히틀러 53, 79

아프리카의 문화와 예술

서아프리카를 중심으로

초판 1쇄 2023년 3월 22일
초판 2쇄 2023년 12월 29일

지은이 장태상
발행인 고윤성
기획 신선호 박경민
편집장 장혜정
도서편집 박미현
디자인 정정은 김대욱 최재영
인사행정 이근영
재무회계 김문규 정예찬
전자책·사전 이지현
발행처 한국외국어대학교 지식출판콘텐츠원
02450 서울특별시 동대문구 이문로 107
전화 02)2173-2494~7
FAX 02)2173-3363
홈페이지 http://press.hufs.ac.kr
전자우편 press@hufs.ac.kr
출판등록 제6-6호(1969. 4. 30)
인쇄·제본 (주)케이랩 053)583-6885

ISBN 979-11-5901-921-0 [93930] 정가: 28,000원

* 잘못된 책은 교환하여 드립니다.

HUiNE은 한국외국어대학교출판부의 어학도서, 사회과학도서, 지역학 도서 Sub Brand이다. 한국외대의 영문명인 HUFS, 현명한 국제전문가 양성(International+Intelligent)의 의미를 담고 있으며, 휴인(携引)의 뜻인 '이끌다, 끌고 나가다'라는 의미처럼 출판계를 이끄는 리더로서, 혁신의 이미지를 담고 있다.